Diritto internazionale

In copertina:
Andrea Mantegna, *Trionfo della virtù*, 1502, Museo del Louvre, Parigi.

IUSTITIAM COLIMUS

Enzo Cannizzaro

Diritto internazionale

QUINTA EDIZIONE - RISTAMPA 2022 CON AGGIORNAMENTI ALLA CRISI UCRAINA

Giappichelli

VIA PO, 21 - TEL. 011-81.53.111 - FAX 011-81.25.100
http://www.giappichelli.it

ISBN/EAN 978-88-921-4536-8

G. Giappichelli Editore

Questo libro è stato stampato su carta certificata, riciclabile al 100%

Stampa: Rotolito S.p.A. - Pioltello (MI)

INDICE-SOMMARIO

pag.

CAPITOLO IV
I RAPPORTI TRA FONTI

pag.

Parte III

LE DINAMICHE SOGGETTIVE IN DIRITTO INTERNAZIONALE

Capitolo I

LO STATO

Capitolo II

ENTI STATALI A "SOVRANITÀ LIMITATA"

Capitolo III

GLI ENTI A SOGGETTIVITÀ LIMITATA

Parte V

CENTRALIZZAZIONE E DECENTRALIZZAZIONE NELLA DISCIPLINA DELLA RESPONSABILITÀ INTERNAZIONALE

Capitolo I

IL RAPPORTO BILATERALE DI RESPONSABILITÀ

PREMESSA

Questo libro intende descrivere, a fini prevalentemente didattici, l'ordinamento internazionale attraverso lo studio delle sue funzioni fondamentali. Esso si propone di contribuire all'inquadramento giuridico del processo di trasformazione in atto nel diritto internazionale: un fenomeno in gran parte misterioso che sembra talora sfuggire, nella sua dimensione sistematica e nelle sue implicazioni tecniche, alle classiche metodologie di analisi giuridica.

* * *

L'idea di scrivere un libro dedicato alla ricostruzione degli aspetti generali dell'ordinamento internazionale si è lentamente fatta strada nella mia mente nel corso di molti anni. Essa si è nutrita inizialmente delle attività di ricerca sui processi giuridici attraverso i quali l'ordinamento internazionale provvede all'espletamento delle sue funzioni fondamentali: la funzione normativa, il controllo sull'uso della forza, la soluzione delle controversie e sui loro nuovi modi di esercizio. Se tradizionalmente queste funzioni venivano svolte in forma decentrata, attraverso l'azione unilaterale degli Stati, si può oggi cogliere una tendenza a realizzare forme, ancorché imperfette, di gestione collettiva o addirittura istituzionale.

A questo tema sono riconducibili una serie di altri itinerari concettuali che ho seguito in tempi più recenti.

Il primo riguarda l'evoluzione che è in corso nella composizione della società internazionale. Ai protagonisti tradizionali delle dinamiche politiche dell'ordinamento, gli Stati, si affiancano oggi vari altri soggetti: in primo luogo, soggetti istituzionali, gestori di interessi collettivi; in secondo luogo, soggetti individuali, portatori di interessi propri, sovente anch'essi collettivi e non di rado contradditori con quelli statali.

Questa evoluzione si riflette quindi nella varietà delle forme di produzione e di legittimazione del diritto internazionale. La complessa composizione della società internazionale rende obsolete le concezioni che individuano nel consenso degli Stati il motore immobile dell'ordinamento. Parte di questo libro è quindi dedicata alle modifiche intervenute nei processi di produzione e di ricambio del diritto, che riflettono, a propria volta, l'evoluzione delle dinamiche sociali della comunità internazionale.

Un ulteriore fattore di ispirazione di questo libro è dato dalla mutevole dinamica degli interessi e valori dell'ordinamento. Il diritto internazionale odierno è dominato dall'esigenza di comporre la tradizionale forma bilateralista dei rapporti giuridici internazionali con lo sviluppo di una sfera di interessi e valori di carattere collettivo o universale: la pace e la sicurezza, innanzi tutto, ma anche molte altre, come la tutela di esigenze ambientali, la gestione di spazi comuni, la prevenzione e la repressione di catastrofi umanitarie, la povertà endemica in gran parte del mondo. Questa esigenza nasce invero dall'evoluzione del mondo giuridico internazionale, tradizionalmente caratterizzato dalla contrapposizione fra interessi egoistici degli Stati, e oggi sempre più marcatamente influenzato dall'esistenza di interessi generali.

Questi sparsi fili, tessuti nel corso di una riflessione pluriennale, sembrano quindi annodarsi nella ricostruzione dell'ordinamento internazionale come struttura di governo della comunità mondiale.

La redazione di questo libro mi ha ulteriormente convinto che le tradizionali categorie del diritto internazionale, proprie di un mondo giuridico assai semplice, si rivelino inadeguate a disciplinare le ben più complesse dinamiche sociali odierne. Il diritto internazionale contemporaneo sembra sorretto da una pluralità di fattori di legittimazione: il consenso degli Stati; l'assetto reale del potere politico di ciascuno di essi; l'attività delle istituzioni internazionali; la percezione comune di valori condivisi da parte delle comunità di individui.

È dalla composizione fra questi fattori, verosimilmente, che scaturiscono le regole che assicurano il governo della comunità mondiale. Nell'analisi di questo fenomeno risiede, forse, il contributo di questo libro all'intenso dibattito sulla capacità dell'ordinamento internazionale di assicurare tale funzione, talvolta indicata sinteticamente con la formula della costituzionalizzazione del diritto internazionale.

* * *

Ho scritto questo libro in costante interazione con il dibattito scientifico, consentita dal clima di apertura intellettuale che caratterizza il nostro tempo. Varie delle tesi che suggerisco sono state quindi discusse, nel corso di eventi culturali o di conversazioni private, con studiosi e colleghi, in Italia e all'estero. Ad essi, collettivamente, vorrei indirizzare un sentimento di gratitudine.

Nonostante le varie edizioni succedutesi nel tempo, questo libro continua a presentare – ne sono consapevole – una serie di manchevolezze, che riflettono esclusivamente la mia personalità e i miei limiti. Alcune di esse potranno, forse, trovare rimedio in futuro, nella progressiva realizzazione di un progetto intellettuale destinato a non trovare mai fine.

Al termine di ciascuna parte, il lettore rinverrà degli itinerari bibliografici. Li ho costruiti senza ambizione di completezza, del resto di impossibile realizzazione nella presente fase storica, caratterizzata dal primato dei criteri quantitativi di valutazione dei prodotti scientifici.

Vorrei, nel chiudere una ulteriore tappa di questo progetto, ricordare il contributo che ad esso è venuto dalla mia attività didattica, nella quale ho trasfuso energia e passione. Agli studenti delle varie Università e Istituzioni culturali presso le quali ho operato desidero indirizzare la mia gratitudine per aver costantemente stimolato la mia riflessione e scosso le mie certezze.

Roma, Università, agosto 2022

INTRODUZIONE

STRUTTURA E FUNZIONE DELL'ORDINAMENTO INTERNAZIONALE

1. *Stato e diritto nell'esperienza giuridica interna*

Nei moderni ordinamenti interni, l'ambiente giuridico è profondamente condizionato dalla presenza dello Stato. La struttura di tali ordinamenti e le loro funzioni fondamentali sono organizzate in maniera da riflettere l'esistenza di una forma di organizzazione sociale fondata sulle istituzioni statali.

La struttura degli ordinamenti statali è imperniata sull'esistenza di una autorità sociale, lo Stato appunto, posto in rapporto di supremazia rispetto agli altri consociati. L'esistenza di tale forma di autorità è quindi all'origine della distinzione fra la disciplina giuridica dei rapporti fra privati e quella che, invece, concerne i rapporti fra questi e lo Stato.

L'esercizio delle principali funzioni degli ordinamenti giuridici interni è quindi tipicamente istituzionalizzato. Sia la funzione normativa, sia la funzione di accertamento del diritto, sia, infine, la funzione esecutiva sono generalmente esercitate da istituzioni pubbliche sulla base di atti e procedimenti tipizzati.

Il fenomeno della istituzionalizzazione delle funzioni dell'ordinamento è facilmente percepibile attraverso l'osservazione empirica. Qualsiasi operatore giuridico ben sa come la massima parte delle regole che disciplinano in maniera minuta la vita dei consociati siano stabilite da istituzioni pubbliche. A propria volta, tali norme sono interpretate da altre istituzioni pubbliche, di carattere giudiziario, e applicate, anche coattivamente, attraverso una complessa struttura amministrativa. Norme e procedure pubbliche stabiliscono infine sanzioni in caso di violazione e procedure per la loro irrogazione. Insomma, la vicenda giuridica che va dal momento della formazione fino a quello dell'attuazione del diritto si svolge interamente entro l'ambito ordinamentale determinato dallo Stato.

Il carattere istituzionale degli ordinamenti interni è talmente radicato nella cultura giuridica e politica contemporanea da riflettersi in varie dottrine tendenti a identificare lo Stato con l'ordinamento giuridico o con singole funzioni di esso. Non a caso, l'ordinamento interno è classicamente definito come "ordinamento statale", quasi a sottolineare che esso procede dallo Stato e si riassume nell'ambito del potere statale. Volta a volta, lo Stato è definito come l'ente che possiede il monopolio dell'uso della forza, ovvero che è dotato della competenza a dettare regole per la soluzione dei conflitti, e così via.

Nella presente fase storica, l'esercizio istituzionalizzato di funzioni riflette quindi il carattere totalitario dei moderni ordinamenti statali. Ciò non vuol dire, evidentemente, che non possano esservi ordinamenti giuridici di carattere non statale, ma solo che i moderni ordinamenti statali tendono ad accentrare pressoché tutte le funzioni dell'ordinamento distribuendole fra vari organi e livelli di governo che allo Stato fanno variamente capo.

2. *Stato e diritto nell'esperienza giuridica internazionale*

Una impressione del tutto diversa si può ricavare dall'osservazione del mondo giuridico internazionale. Anche il panorama dei rapporti internazionali è dominato dalla ossessiva presenza dello Stato. In tale contesto, tuttavia, lo Stato non si presenta come autorità giuridica rispetto a una comunità di soggetti individuali sui quali esercita una stabile forma di dominio sociale. Lo Stato costituisce semmai uno dei destinatari delle regole internazionali, alle quali, quindi, è giuridicamente tenuto a prestare osservanza.

Il diritto internazionale, infatti, trae la sua origine storica e la sua stessa ragion d'essere dalla inesistenza di un potere politico universale e, quindi, dalla presenza di una pluralità di comunità territoriali politicamente organizzate: gli Stati, appunto. Mentre ciascuno di tali enti tende ad affermare la propria supremazia nei confronti della comunità di individui stanziata sul proprio territorio, nessuno Stato può pretendere di esercitare supremazia rispetto agli altri Stati.

L'esistenza di più enti sovrani non è peraltro un carattere necessario dell'organizzazione sociale della comunità mondiale. Essa deriva solo dalla constatazione dell'impossibilità di stabilire una forma di governo centralizzato della comunità mondiale.

Sul piano concettuale, la frammentazione del potere politico rappresenta quindi l'esito del processo di dissoluzione delle pretese universaliste tipiche dell'età degli imperi. Nella storia dell'Occidente, l'idea che i rapporti fra Stati sovrani siano governati dal diritto internazionale si è affermata in epoche piuttosto recenti, intorno alla metà del XVII secolo (v. *infra*, parte III, capitolo I, par. 1 e 2).

È l'esistenza di una molteplicità di Stati, quindi, ad aver originato l'esigenza di regole atte a consentirne la coesistenza. Il diritto internazionale, in questa accezione minima, costituisce quindi il diritto degli Stati; l'insieme cioè delle regole destinate a disciplinare i rapporti che si instaurano nell'ambito di questa comunità sociale formata non da individui bensì dalle comunità politicamente organizzate nelle quali essi sono più o meno spontaneamente raggruppati.

Questa circostanza – che cioè il diritto internazionale si sia formato al fine di disciplinare comportamenti di comunità politicamente organizzate – ha un riflesso immediato sulla struttura di tali regole e sulla possibilità di comporle in un sistema giuridico di tipo ordinamentale. Gli Stati, detentori in via esclusiva del potere politico "verso l'interno", tendono a monopolizzare altresì la gestione del potere politico "verso l'esterno" e a impedire, quindi, la formazione di salde strutture istituzionali capaci di imporsi rispetto ad essi.

L'addensamento del potere politico nell'epoca moderna al livello delle organizzazioni statali produce quindi effetti ben diversi nelle due dimensioni dell'esperienza giuridica: quella interna e quella internazionale. Nell'ambito degli ordinamenti interni, gli Stati tendono a rafforzare il proprio dominio sulla comunità territoriale attraverso la costituzione di un formidabile apparato istituzionale che eserciti in maniera centralizzata le funzioni dell'ordinamento. Nell'ambito dei rapporti internazionali, di converso, la presenza degli Stati, attori forti della vita politica internazionale, costituisce un ostacolo per la formazione di stabili forme di autorità che possano esercitare, con caratteri di supremazia, le funzioni di un ordinamento giuridico. Il diritto internazionale, alle sue origini, si configura quindi come un ordinamento singolarmente acefalo, privo cioè di autorità riconosciute e tali da imporsi ai propri consociati con carattere di supremazia.

Ma si può concepire un ordinamento sostanzialmente privo di strutture istituzionali? E, in caso di risposta positiva, come possono essere esercitate le funzioni essenziali dell'ordinamento, quali la funzione di produzione normativa, la funzione di accertamento del diritto, la funzione esecutiva? Quale sarebbe il grado di effettività di un ordinamento costruito su basi paritarie? Quale la sua capacità di governare i fatti sociali e di imporre il rispetto delle sue regole?

3. *Processi evolutivi dell'ordinamento internazionale*

Nel diritto internazionale classico, tali questioni non avevano molta rilevanza pratica. Anche ammettendo che le norme che regolavano i rapporti fra Stati potessero essere qualificate come un ordinamento giuridico, si sarebbe comunque trattato di un ordinamento primitivo, caratterizzato da un numero assai basso di soggetti, di norme, di fenomeni giuridici. È nell'ambito di un ordinamento avente queste caratteristiche che sono state elaborate le categorie concettuali classiche del diritto internazionale.

Il diritto internazionale di oggi è però molto più complesso.

Da un punto di vista soggettivo, la comunità internazionale non è composta solo da Stati, i quali pure continuano a rappresentare gli attori forti delle sue dinamiche politiche e giuridiche. Vi sono altri enti che già partecipano come attori alla vita delle relazioni internazionali.

La loro esatta individuazione non è però semplice. Il novero dei soggetti internazionali si è arricchito innanzi tutto in virtù della tendenza degli Stati a trasferire competenze a favore di organismi internazionali per la gestione comune di interessi collettivi. Inoltre, l'evoluzione del costume sociale, e la crescente internazionalizzazione dei fenomeni economici e sociali, ha fatto emergere valori e interessi di individui e di entità infra-statali, che chiedono di partecipare direttamente alla vita giuridica internazionale.

Nelle recenti analisi sulla struttura e sulla base sociale dell'ordinamento internazionale, un posto di rilievo spetta all'analisi delle posizioni soggettive internazionali che si indirizzano a individui o a gruppi di individui, comprese quelle che, nel loro complesso, sono indicate come i diritti dell'uomo. Al di là della retorica che talvolta avvolge tali profili, la definizione dello *status* giuridico degli individui nel diritto internazionale contemporaneo non è però agevole. Talvolta lo sviluppo del diritto internazionale permette di ricostruire in capo ad individui posizioni soggettive compiute, dotate cioè non solo di completezza dispositiva ma altresì di un apparato strumentale che consenta ai destinatari di farle valere e, quindi, di presentarsi come attori attivi nel mondo giuridico internazionale. Altre volte è possibile intravedere l'esistenza di "frammenti" di posizioni soggettive, normalmente incapaci di fondare pretese azionabili giuridicamente. Altre volte ancora, all'esistenza di posizioni soggettive complete dal punto di vista sostanziale non fa riscontro l'esistenza di un apparato strumentale posto a disposizione dei destinatari. Ciò è dovuto, d'altra parte, alle singolarità dei processi evolutivi dell'ordinamento, che da un lato tende in maniera crescente al riconoscimento di *status* giuridici individuali, senza, d'altro lato, procedere necessariamente alla revisione del sistema di rimedi, caratterizzati da una marcata natura interstatale.

In corrispondenza alla mutata struttura della comunità internazionale, anche la funzione del diritto internazionale odierno sembra in via di rapida mutazione. Al diritto internazionale non è affidato solo il compito di assicurare la coesistenza fra Potenze, proprio del semplice mondo giuridico internazionale di qualche tempo fa. Il diritto internazionale regola, oggi, una serie di altre situazioni: da un lato, ad esso viene affidata la gestione di interessi collettivi; d'altro lato, la crescente internazionalizzazione dei fenomeni economici e sociali rende indispensabile disciplinare con strumenti internazionali situazioni tradizionalmente regolate dal diritto interno.

Alla base di queste trasformazioni vi è verosimilmente una mutazione profonda della dinamica degli interessi che si è verificata soprattutto a partire dalla metà del secolo scorso e che ha drasticamente mutato la percezione del ruolo della comunità internazionale e del suo diritto.

Le guerre mondiali che hanno segnato la prima metà del XX secolo hanno fatto drammaticamente emergere l'esigenza di sicurezza collettiva, non tutelata o assai insoddisfacentemente tutelata attraverso gli strumenti normativi preesistenti. In questo periodo, inoltre, anche in reazione alle atrocità commesse nel corso del secondo conflitto mondiale, è venuta a completa maturazione la consapevolezza della necessità di un approccio comune alla tutela dei diritti fondamentali degli individui e dei popoli. La crescente interdipendenza degli Stati, e la formazione progressiva di una opinione pubblica transnazionale, hanno consentito quindi l'emersione a livello internazionale di esigenze collettive quali la gestione delle risorse comuni e dell'ambiente.

È in relazione a tali interessi, che esigono un approccio comune se non anche di carattere istituzionale, che emerge l'insufficienza delle categorie classiche del diritto internazionale, fondate sul presupposto della sovranità degli Stati e funzionali alla tutela dei loro interessi egoistici.

Tuttavia, le profonde trasformazioni nella composizione della comunità internazionale e nelle dinamiche dei suoi interessi non hanno prodotto lo sviluppo di meccanismi istituzionali corrispondenti a quelli che caratterizzano i moderni ordinamenti statali. Se, insomma, il diritto internazionale non è più solo il "diritto privato degli Stati", ben difficilmente può essere concepito come il "diritto pubblico della comunità internazionale". Verosimilmente, esso rileva dell'una e dell'altra esperienza senza però riassumersi completamente in alcuna di esse.

4. *Centralizzazione e decentralizzazione nelle funzioni dell'ordinamento internazionale*

Una conseguenza della natura "mista", a un tempo pubblica e privata, del diritto internazionale odierno, emerge dalle modalità di organizzazione delle sue funzioni fondamentali. Anche a riguardo, si può cogliere una tendenza evolutiva, il cui esito però non è del tutto certo. Se nel diritto internazionale classico le principali funzioni erano tipicamente esercitate su base decentralizzata, da parte cioè dei singoli Stati, oggi possiamo constatare lo sviluppo di meccanismi di carattere istituzionale.

Come si è detto, il diritto internazionale è sorto come ordinamento avente quali soggetti gli Stati sovrani, privo di forme di autorità sociale e fondato sull'eguaglianza sovrana dei suoi membri. L'inesistenza di strutture istituzionali era dovuta proprio all'intento di assicurare agli Stati, soggetti di tale ordinamento e teoricamente sottoposti all'osservanza delle sue norme, il controllo sui processi di produzione, di amministrazione e di attuazione del diritto. L'esercizio decentralizzato delle funzioni dell'ordinamento costituisce quindi solo il riflesso giuridico delle caratteristiche proprie della società internazionale e della distribuzione del potere politico al suo interno.

Lo studio degli ordinamenti interni rivela una situazione radicalmente diversa. Gli ordinamenti interni si sono formati proprio sul presupposto della esistenza di un potere statale che si esercita con carattere di supremazia rispetto ai consociati. La centralizzazione delle funzioni costituisce quindi un dato ineliminabile dei moderni ordinamenti statali.

Conviene precisare che l'esercizio centralizzato di funzioni statali presuppone solo la distinzione fra i titolari delle funzioni pubbliche – vale a dire gli organi o le istituzioni competenti ad esercitarle – e i destinatari di esse, vale a dire i consociati. La centralizzazione delle funzioni non esclude invece l'esistenza di un pluralismo istituzionale, il quale caratterizza variamente le moderne forme di Stato liberale. Anche in questa prospettiva, però, ciascuna istituzione – pur esprimendo una distinta articolazione della dialettica politica interna – contribuisce a formare l'unitaria volontà dello Stato, monopolista del potere politico interno e "gestore" dell'ordinamento giuridico.

L'opposizione fra esercizio centralizzato delle funzioni, tipico degli ordinamenti interni, ed esercizio decentralizzato, proprio dell'ordinamento internazionale, è tuttavia meno radicale di quanto non fosse qualche tempo fa. Se, classicamente, l'esercizio delle funzioni dell'ordinamento internazionale era affidato ai medesimi enti, gli Stati, che ne erano i destinatari, il diritto internazionale contemporaneo tende in maniera crescente a una forma di esercizio collettivo o addirittura istituzionale. Soprattutto in relazione all'insorgere di interessi e valori "comunitari", insomma, al tradizionale carattere decentralizzato si accompagna oggi una tendenza dell'ordinamento a dotarsi di forme, pur deboli e imperfette, di organizzazione istituzionale.

Uno dei tratti tipici dell'evoluzione dell'ordinamento è anzi dato, oggi, dalla costante ricerca di forme istituzionali di organizzazione dei poteri per il soddisfacimento degli interessi collettivi della comunità mondiale. La tensione fra le tradizionali strutture decentralizzate e l'irrompere di nuove forme istituzionali – centralizzate – di gestione di interessi collettivi rappresenta uno dei tratti tipici delle dinamiche del diritto internazionale contemporaneo e sarà assunto come elemento unificante della trattazione.

5. *Funzione normativa e tutela di interessi collettivi nell'ordinamento internazionale*

La tensione fra il classico esercizio decentralizzato delle funzioni e l'insorgenza di forme istituzionali si avverte innanzi tutto nell'ambito della funzione normativa.

Il rilievo costituzionale delle regole che disciplinano la funzione normativa è evidente sia sul piano logico che su quello sociologico. Sul piano logico, si tratta di norme strumentali, che indicano i modi con i quali si formano le regole materiali nell'ordinamento, ne stabiliscono l'efficacia, determinano l'esito dei conflitti normativi. In quanto relative alla produzione e all'efficacia di altre regole giuridiche, nonché alla coerenza dell'ordinamento, tali norme hanno quindi carattere necessariamente superiore.

Le regole che stabiliscono le procedure per la formazione del diritto hanno rilievo anche più generale in quanto determinano i processi di legittimazione sociale del diritto all'interno di una data comunità. Procedure istituzionali di produzione del diritto presuppongono la disponibilità dei consociati a osservare regole alla cui formazione essi non abbiano contribuito direttamente o nei confronti delle quali, addirittura, abbiano manifestato il proprio dissenso.

Procedure di questo tipo possono quindi operare solo in comunità integrate, caratterizzate da omogeneità sociale e condivisione dei valori fondamentali.

Queste condizioni si realizzano difficilmente in società fondate su un esasperato senso di autonomia dei loro membri, nelle quali i consociati sono meno disponibili ad accettare vincoli alla cui formazione essi non abbiano acconsentito. La creazione di procedure istituzionali ingenera quindi nei consociati il timore che si possano formare regole contrarie ai propri interessi individuali. In una società di questo tipo, il consenso unanime diventa il principale, se non addirittura l'unico, fattore di legittimazione del diritto.

L'ordinamento internazionale, caratterizzato dalla presenza di soggetti forti quali gli Stati, tende naturalmente verso meccanismi che assicurino loro il controllo del processo di formazione delle norme. Ne consegue che i procedimenti di formazione delle regole internazionali hanno soprattutto carattere decentralizzato: esse vengono prodotte ad opera dei medesimi soggetti che ne sono i destinatari. Le tipiche fonti del diritto internazionali sono quindi gli accordi, espressione del consenso degli Stati parte, e la consuetudine, espressione della prassi posta in essere da tali enti.

Il controllo degli Stati sui procedimenti di formazione del diritto è peraltro pienamente comprensibile in un ordinamento primitivo, nel quale le norme internazionali riflettano esclusivamente l'equilibrio fra gli interessi egoistici degli Stati. Esso appare meno adeguato in un sistema che include la tutela di interessi collettivi e di valori di carattere universale. È difficile immaginare che la tutela di interessi generali di una comunità possa emergere attraverso processi di carattere negoziale, i quali costituiscono normalmente la camera di compensazione degli interessi individuali.

L'esigenza di assicurare la tutela giuridica di interessi collettivi ha quindi un ruolo centrale nelle moderne tendenze dell'ordinamento a fare ricorso, accanto ai tradizionali procedimenti decentralizzati, anche a meccanismi capaci di imporre agli Stati regole giuridiche prodotte senza il loro consenso.

Nel diritto internazionale contemporaneo si possono intravedere vari meccanismi di questo tipo. Da un lato, i meccanismi normativi classici, gli accordi, la consuetudine, sono a volte utilizzati al di là dei loro limiti di applicazione, al fine di produrre norme obiettive dirette alla tutela di interessi collettivi, che si impongano ai destinatari prescindendo dal loro consenso o dalla loro partecipazione. Ciò accade soprattutto per gli accordi multilaterali, conclusi sovente sotto la pressione dell'opinione pubblica mondiale, per la tutela di interessi di carattere collettivo, quali la tutela ambientale o la tutela dei diritti dell'uomo. Tali accordi, conclusi da larga parte della comunità internazionale, sono sovente considerati come espressione di tendenze normative di carattere generale, applicabili cioè anche agli Stati che non ne sono parte.

Alla tendenza ad utilizzare le classiche fonti decentralizzate come meccanismi di produzione di diritto obiettivo si accompagna la tendenza ad istituire meccanismi di produzione del diritto di tipo istituzionale, soprattutto attraverso l'azione degli organi delle Nazioni Unite. A questa tendenza contribuiscono sia atti vincolanti delle Nazioni Unite, sia anche atti a carattere non vincolante. È difficile, ad esempio, sottovalutare l'impatto esercitato dalla Dichiarazione universale dei diritti dell'uomo sullo sviluppo del diritto internazionale contemporaneo.

L'esigenza dell'ordinamento internazionale di sviluppare strumenti per la tutela di interessi collettivi si avverte in maniera anche più evidente nell'ambito dei meccanismi di soluzione dei conflitti normativi. Il diritto internazionale classico non conosceva appositi meccanismi di soluzione dei conflitti fra interessi individuali e interessi collettivi, fondati su tecniche di tipo gerarchico. In un ordinamento paritario, infatti, è logicamente assai difficile ricostruire una gerarchia fra interessi che possa a propria volta generare una gerarchia fra fonti. Con molta fatica, l'idea di un diritto superiore, che esprima una gerarchia di interessi e valori avvertiti dall'intera comunità, tende oggi a farsi strada e ad influenzare l'evoluzione dell'ordinamento.

6. *Accertamento ed esecuzione del diritto*

Ancorché assai diverse fra loro, queste due funzioni hanno delle caratteristiche comuni.

Innanzi tutto, si tratta di funzioni di carattere strumentale. Esse non determinano direttamente la protezione giuridica di una certa posizione soggettiva sostanziale, ma si limitano a stabilire il modo per accertarne l'esistenza e per garantirne l'attuazione. In secondo luogo, proprio a ragione di ciò, esse costituiscono, negli ordinamenti interni, delle tipiche funzioni a carattere istituzionale. L'esigenza di disporre di strumenti obiettivi per accertare il diritto e per mandarlo ad esecuzione corrisponde ad un evidente interesse pubblico: quello della certezza del diritto sia nella fase dell'accertamento che in quella dell'esecuzione.

Di converso, nell'ambito dell'ordinamento internazionale classico, ambedue tali funzioni sono, sia pure con diverse articolazioni normative, esercitate a livello decentrato.

L'assenza di forme di istituzionalizzazione della funzione giudiziaria è dovuta ad una esasperata accezione della sovranità, che esclude che uno Stato possa essere sottoposto ad un procedimento giudiziario di soluzione delle controversie senza il proprio consenso.

La struttura della funzione giudiziaria è infatti logicamente connessa all'esistenza di una comunità caratterizzata da valori e interessi comuni, nell'ambito della quale l'esigenza di risolvere le controversie prevale sull'interesse del singolo a non assoggettarsi ad una determinazione obiettiva dei propri diritti e dei propri doveri. La necessità di un previo consenso per il funzionamento di meccanismi giudiziari di soluzione delle controversie può addirittura far dubitare della stessa esistenza di una funzione giudiziaria internazionale e potrebbe indurre a concludere che tali meccanismi vadano relegati alla sfera dei rapporti privatistici fra le parti.

In senso diverso si può peraltro valorizzare la recente tendenza a istituire tribunali internazionali permanenti, dotati di un apparato istituzionale complesso e di regole di funzionamento predeterminate. Tali enti hanno indubbiamente natura giudiziale, applicano il diritto internazionale ed operano come organi della comunità internazionale, pur nei limiti delle competenze loro attribuite. La loro attività dà quindi vita a orientamenti giurisprudenziali ormai consolidati, i quali contribuiscono in misura notevole allo sviluppo del diritto internazionale.

Notevole è l'influsso del diritto di origine giurisprudenziale in diritto internazionale. Il richiamo alla giurisprudenza internazionale costituisce ormai una metodologia comunemente accettata per la ricostruzione del diritto generale. L'impatto esercitato dai tribunali internazionali sullo sviluppo del diritto internazionale è particolarmente accentuato e, verosimilmente, superiore a quello esercitato dalla funzione giudiziaria in molti ordinamenti statali contemporanei. La sua diffusione è anzi tale da originare il timore che attraverso essa si possa dar vita ad un sistema di regole "parallele" rispetto al diritto prodotto attraverso comportamenti statali: una sorta di "diritto dei giudici" contrapposto al "diritto degli Stati".

Considerazioni in un certo senso analoghe possono essere fatte per quanto attiene alla funzione di attuazione del diritto. Tradizionalmente imperniata su un esasperato bilateralismo, essa sembra progressivamente mutare natura in relazione all'esigenza di tutelare interessi fondamentali della comunità internazionale.

L'ordinamento internazionale tende ormai a distinguere fra un rapporto bilaterale e un rapporto collettivo di responsabilità. Da un lato, sembra pienamente accettabile che la violazione di norme tese a tutelare interessi individuali di singoli Stati ingeneri un rapporto di responsabilità che si svolga unicamente fra lo Stato autore e lo Stato vittima dell'illecito. Tale è, ad esempio, il rapporto di responsabilità che si stabilisce in relazione alla violazione di un trattato bilaterale teso a disciplinare su base di reciprocità il trattamento degli investimenti.

Ben diverso appare, anche intuitivamente, il rapporto di responsabilità che fa seguito alla violazione di norme che tutelano valori fondamentali della comunità internazionale, quali, ad esempio, il divieto di genocidio. È evidente come, in questo caso, la violazione non lede interessi individuali di singoli Stati ma mette piuttosto in gioco interessi dell'intera comunità. La disciplina di tale rapporto esige quindi norme e procedure di garanzia particolari, appropriate alla tutela della sfera dei valori fondamentali dell'ordinamento.

7. *Forza e diritto nell'esperienza giuridica internazionale*

Carattere fondante di ciascun ordinamento giuridico è riconosciuto, esplicitamente o implicitamente, alle regole che disciplinano l'uso della forza. È sulla base del contenuto di tali regole, infatti, che si determina il passaggio dalla sfera della violenza come strumento per la soluzione dei conflitti a quella del diritto.

Varie concezioni hanno ispirato i classici studi di teoria politica relativi alla formazione delle moderne comunità di diritto.

Le concezioni contrattualiste tendono a identificare nel consenso il fondamento della sottrazione ai consociati del potere di usare la forza per fini individuali e dell'attribuzione di tale potere ad una istituzione che opera per finalità collettive. La costituzione di un'autorità sociale abilitata in via esclusiva ad utilizzare la forza sarebbe quindi il frutto di un processo di devoluzione di poteri operato dai consociati: il *pactum subiectionis*.

In contrapposizione a tale ricostruzione, le concezioni realiste tendono piuttosto a imputare tale fenomeno a un processo di autoaffermazione. Secondo tali concezioni, un ente si afferma come superiore rispetto ad altri e, quindi, come titolare esclusivo del potere di usare la forza, attraverso un processo di puro fatto, sovente caratterizzato dall'impiego della violenza fisica. Questo processo di autoaffermazione prescinde quindi, per lo meno nella sua fase iniziale, da forme di accettazione da parte dei consociati e non trova altra fonte di legittimazione che quella fondata sulla forza.

Rispetto a queste ricostruzioni, che si svolgono prevalentemente sul piano logico, il diritto internazionale ci fornisce una possibilità sconosciuta: la possibilità, cioè, di osservare – quasi sperimentalmente – il passaggio da una forma di organizzazione nella quale i consociati dispongono della possibilità di usare la forza per realizzare i propri interessi individuali, a una diversa forma di organizzazione nella quale essi ne sono privi.

L'analisi di questo processo sembra evidenziare come, al di là della percezione dell'arena internazionale come un mondo dominato unicamente dai rapporti di forza, una sorta di "stato di natura" a livello mondiale, l'ordinamento internazionale costituisca ormai una comunità di diritto, che ha stabilito regole e procedure per il controllo dell'uso della violenza.

Nel diritto internazionale contemporaneo, la regolamentazione dell'uso della forza è strutturata intorno ad un paradigma normativo singolare. In seguito ad un lungo e travagliato processo di evoluzione, l'ordinamento internazionale è pervenuto a sottrarre agli Stati il potere di usare la forza. Non solo gli Stati si sono spogliati del potere di fare la guerra, il quale ha costituito per secoli la prerogativa essenziale della sovranità. Essi hanno anche accettato di devolvere l'uso della forza a un meccanismo di carattere istituzionale, incardinato nel sistema delle Nazioni Unite.

I due elementi di tale paradigma sono peraltro del tutto autonomi. Come meglio si vedrà, essi non sono legati da alcun nesso di condizionalità. In altre parole, la circostanza che le Nazioni Unite non siano in grado di assolvere ai propri compiti di "monopolisti" dell'uso della forza non è una ragione sufficiente affinché gli Stati riprendano nelle loro mani tale potere.

Il divieto posto agli Stati di usare la forza si è formato in reazione al precedente regime giuridico, il quale concepiva, in misura più o meno ampia, l'uso della forza come uno strumento attraverso il quale gli Stati potevano realizzare unilateralmente i propri interessi. Alla luce della incapacità di tale regime di evitare gli abusi e di assicurare la stabilità del sistema internazionale, il divieto assoluto è quindi sembrato l'unico strumento efficace di controllo sull'uso della violenza bellica.

Lungi dal costituire espressione di ingenuo pacifismo, il divieto di uso della forza si caratterizza quindi, già dalle sue origini, come un meccanismo di controllo sociale dei conflitti. In relazione a tale funzione, esso si configura necessariamente come assoluto, con l'unica eccezione data dal diritto di legittima difesa.

Ben diversa è invece la portata della competenza ad usare la forza da parte delle Nazioni Unite. Gli Stati non hanno inteso infatti assegnare a tale istituzione una competenza generale ad usare la forza come strumento di garanzia del diritto. A tal fine sarebbe occorso infatti un grado di coesione sociale ben maggiore di quello proprio dell'ordinamento internazionale. La devoluzione in capo alle Nazioni Unite del potere di utilizzare la forza è funzionalmente limitata alla realizzazione dell'interesse collettivo per eccellenza: il mantenimento della pace e della sicurezza internazionale.

Vi è, quindi, nei meccanismi di amministrazione internazionale dell'uso della forza, uno iato di rilevanti implicazioni sistematiche: al divieto di usare la forza da parte di singoli Stati, tendenzialmente generale, non corrisponde una competenza altrettanto generale all'impiego della forza da parte delle Nazioni Unite. In altre parole, l'ambito di competenza degli organi ai quali è stato devoluto il potere di usare la forza non coincide con l'ambito della competenza degli enti che se ne sono spogliati. L'inevitabile conseguenza è che l'ordinamento internazionale ha rinunciato, nella gran parte delle situazioni, a utilizzare la forza come strumento di garanzia del diritto.

8. *Le regole sull'uso della forza come norme "strutturali" dell'ordinamento*

Questa considerazione sembra connotare in profondità i caratteri dell'organizzazione giuridica internazionale e, in particolare, gli strumenti di garanzia. Essa implica, infatti, la conclusione che nessun interesse giuridico, per quanto rilevante, possa giustificare l'impiego della forza a meno che la sua mancata realizzazione non rappresenti una minaccia per la pace e la sicurezza internazionale.

È evidente quindi il rilievo strutturale del regime dell'uso della forza nel sistema giuridico internazionale. Tale regime connota sia i caratteri sistematici dell'ordinamento che le singole articolazioni normative di esso. Conviene seguire analiticamente le due implicazioni che si dipanano dalla premessa.

La prima implicazione può essere colta sulla base di una analisi degli interessi sottesi al divieto di uso della forza. Tale regola indica che l'interesse a non usare la forza, e non porre in pericolo l'equilibrio del sistema, prevale su qualsiasi altro interesse, sia di carattere individuale che di carattere collettivo, con l'unica eccezione dell'esigenza del mantenimento della pace e della sicurezza internazionale.

È particolarmente interessante notare come l'interesse ad evitare l'impiego unilaterale della forza prevalga sull'esigenza di attuare coattivamente posizioni soggettive. Uno Stato, cioè, non potrà usare la forza neanche qualora questa costituisca l'unico mezzo per ottenere l'adempimento di un obbligo giuridico.

Questa constatazione indica come l'ordinamento internazionale preferisca lasciare inadempiuta una posizione soggettiva internazionale piuttosto che consentire l'uso individuale della forza da parte degli Stati. Le regole che disciplinano l'uso della forza sono quindi espressione di un ordine di interessi e valori del sistema internazionale nell'ambito del quale la tutela della stabilità prevale sull'interesse individuale di ciascuno Stato a garantire la realizzazione dei propri diritti.

Questa conclusione ha un accentuato rilievo sistematico e determina in profondità il modo di essere dell'intero ordinamento internazionale.

L'assenza di una forma di garanzia assoluta dell'adempimento degli obblighi internazionali implica un notevole affievolimento dell'effettività delle norme internazionali. È chiaro, infatti, che l'effettività di una norma giuridica dipende notevolmente dagli strumenti di garanzia che ne assistono l'esecuzione. La debole effettività delle norme internazionali condiziona, a propria volta, anche il modo di esercizio delle altre funzioni dell'ordinamento e si ripercuote sui processi di formazione, accertamento e attuazione del diritto. Se ne vedranno numerosi esempi nelle pagine che seguono.

Una seconda implicazione può essere tratta dalla circostanza che il processo di istituzionalizzazione dell'uso della forza è ben lungi dall'essere completo. Le Nazioni Unite non possono infatti utilizzare la forza al fine di assicurare l'attuazione del diritto internazionale. Si può cogliere, a riguardo, una profonda differenza rispetto a quanto accade negli ordinamenti interni, nei quali l'uso della forza da parte delle istituzioni pubbliche costituisce invece il tipico strumento per l'attuazione di norme giuridiche. Nel sistema internazionale, come già detto, l'uso della forza da parte delle Nazioni Unite è limitato funzionalmente al mantenimento della pace e della sicurezza internazionale. Solo a tal fine, infatti, le Nazioni Unite potranno utilizzare la forza, secondo i meccanismi e le procedure previste dalla Carta delle Nazioni Unite.

Lo svolgimento di questa premessa porterebbe però verso conclusioni difficilmente sostenibili sul piano logico e incongruenti su quello pratico. Non solo, infatti, l'ordinamento internazionale vieta di porre l'uso istituzionale della forza al servizio delle posizioni soggettive di singoli Stati, come sarebbe, ad esempio, qualora la forza venisse utilizzata per assicurare l'adempimento di un trattato. Il diritto internazionale vieterebbe altresì l'uso istituzionale della forza come strumento di garanzia di interessi e valori di carattere collettivo. Sarebbe addirittura vietato l'impiego istituzionale della forza al fine di tutelare valori fondamentali dell'ordinamento internazionale, come, ad esempio, l'esigenza di reprimere un genocidio o una grave e massiccia violazione dei diritti individuali fondamentali.

Questa conclusione non appare però molto coerente. Sarebbe davvero singolare che l'ordinamento avesse istituito un meccanismo istituzionale di amministrazione della forza, ma ne avesse, al contempo, vietato l'utilizzazione al fine di tutelare i valori fondamentali della comunità internazionale. Tali valori non potrebbero essere salvaguardati attraverso l'azione individuale degli Stati, in virtù del divieto assoluto di uso della forza da parte di questi. Essi non potrebbero egualmente essere salvaguardati attraverso l'azione istituzionale, in virtù della preclusione al suo impiego posta dalla Carta delle Nazioni Unite.

Questa apparente incongruenza trova però rimedio, ancorché parziale, nella prassi, che tende a considerare che la violazione di valori fondamentali della comunità internazionale costituisca, di per sé, una minaccia alla pace e alla sicurezza internazionale, sì da consentire l'attivazione dei meccanismi istituzionali di amministrazione della forza da parte delle Nazioni Unite.

Questa prospettiva non è del tutto esente da inconvenienti. In particolare, essa indica come la tutela dei valori fondamentali della comunità internazionale venga attuata attraverso le procedure e i meccanismi decisionali delle Nazioni Unite, che assegnano un ruolo rilevante agli orientamenti politici delle Grandi Potenze. Pur con questi limiti, non sembra irragionevole prospettare una linea di tendenza diretta a configurare l'impiego della forza come garanzia del diritto allorché siano in gioco interessi e valori fondamentali della comunità internazionale.

Insomma, le regole che disciplinano l'impiego istituzionale della forza hanno un rilievo centrale nel sistema in quanto esse determinano l'impossibilità per gli Stati, attori individuali del sistema, di utilizzare la forza come strumento di garanzia di proprie posizioni soggettive. Esse consentono, invece, che il "monopolista" dell'uso della forza, e cioè le Nazioni Unite, possa usarla al fine di garantire l'osservanza di interessi e valori fondamentali della comunità internazionale. Si tratta di un sistema concettualmente complesso, che connota in maniera considerevole la natura dell'ordinamento internazionale. Come si vedrà, la debolezza dei meccanismi decisionali delle Nazioni Unite condiziona pesantemente il suo funzionamento.

9. *Piano dell'opera*

La conclusione esposta nel paragrafo precedente induce quindi a iniziare l'analisi delle funzioni dell'ordinamento internazionale proprio dalle regole che disciplinano l'uso della forza, nella convinzione, cioè, che esse condizionino la struttura e il funzionamento di tutte le altre funzioni dell'ordinamento.

Questa scelta consente inoltre di evidenziare immediatamente la tensione fra la classica forma decentralizzata e le moderne tendenze istituzionali nella gestione delle funzioni internazionali. L'opposizione fra questi due modelli di gestione funzionale si avverte in maniera assai pronunciata proprio nell'ambito del sistema di amministrazione dell'uso della forza, con l'opposizione fra la centralizzazione in capo alle Nazioni Unite e le ricorrenti tendenze degli Stati a riaffermare il proprio potere unilaterale di usare la forza.

La seconda parte del volume è quindi dedicata alla funzione normativa. La trattazione concernerà in primo luogo i classici meccanismi decentralizzati di produzione di norme giuridiche quali l'accordo e la consuetudine. Ad essa farà seguito un breve capitolo concernente la graduale affermazione di procedure istituzionali di produzione del diritto. Uno spazio adeguato sarà quindi dedicato ai rapporti fra le fonti internazionali e, in particolare, all'affermarsi di meccanismi di tipo gerarchico di soluzione dei conflitti tesi a tutelare la sfera di interessi e valori superiori della comunità internazionale.

La terza parte tratterà dei mutamenti occorsi nella struttura della comunità internazionale, del declinante valore della sovranità statale nella società contemporanea, dell'insorgenza di nuovi attori a soggettività parziale. L'elemento comune ai vari capitoli sarà quindi la ricerca di una composizione fra le pretese degli Stati di presentarsi come i protagonisti esclusivi delle dinamiche politiche internazionali e le pretese di altri attori di contribuire a tali dinamiche e all'evoluzione del diritto.

Distinte parti del volume concernono la funzione strumentale di accertamento del diritto e quella concernente il sistema delle garanzie. Si tratta di aspetti nei quali, forse in misura maggiore di altri, si avverte la ricerca di un equilibrio fra l'apparato concettuale classico e le nuove esigenze della comunità internazionale.

L'ultima parte è quindi dedicata ai paradigmi concettuali che disciplinano i rapporti fra norme internazionali e diritto interno. Essi saranno descritti seguendo l'itinerario tracciato dalla opposizione dicotomica fra le aspirazioni universaliste e il particolarismo statalista. La considerazione di questo aspetto precede quindi l'analisi dei meccanismi positivi che disciplinano, nei moderni ordinamenti e in particolare in quello italiano, i rapporti con le norme internazionali.

Parte I

CENTRALIZZAZIONE E DECENTRALIZZAZIONE NELL'USO DELLA FORZA

INTRODUZIONE

La prima parte del volume sarà dedicata alla trattazione delle regole che disciplinano l'uso della forza nell'ordinamento internazionale. Tale scelta è dovuta soprattutto al particolare rilievo di tali regole, che delineano una delle più importanti funzioni dell'ordinamento: la funzione del mantenimento della pace e della sicurezza. Ci chiederemo quindi come è organizzata tale funzione nell'ordinamento internazionale. A tal fine, esamineremo dapprima i meccanismi che disciplinano l'uso decentrato della forza, da parte cioè di singoli Stati, per poi passare all'analisi dei meccanismi istituzionalizzati di amministrazione della forza, in capo alle Nazioni Unite.

In questa parte avremo quindi modo di osservare più da vicino le implicazioni pratiche della scelta dell'ordinamento internazionale di accentrare la funzione del mantenimento della pace e della sicurezza, lasciando invece a livello decentrato, in capo ai singoli Stati, la funzione di accertamento e di esecuzione coattiva del diritto. Vedremo, inoltre, come tale scelta si sia attenuata, nella prassi più recente e come, in particolare, i meccanismi di amministrazione centralizzata dell'uso della forza siano talvolta stati impiegati al fine di tutelare rilevanti interessi collettivi della comunità internazionale.

Nel primo capitolo, saranno quindi considerati i meccanismi normativi di controllo dell'uso della forza da parte di singoli Stati. Dapprima vedremo come si è sviluppato il divieto di uso della forza, quale è la sua struttura normativa e il suo contenuto, sia alla luce della Carta delle Nazioni Unite che del diritto generale. Esamineremo quindi le possibili eccezioni al divieto e, in particolare, l'istituto della legittima difesa.

Il secondo capitolo è dedicato all'analisi dei meccanismi istituzionali di amministrazione della forza. Ad una descrizione degli organi politici delle Nazioni Unite farà quindi seguito l'analisi delle regole della Carta che assegnano competenze nel campo del mantenimento della pace e della sicurezza internazionale. Un esame dei rapporti fra divieto di uso unilaterale e meccanismi istituzionali di amministrazione della forza completerà il capitolo.

Nel terzo capitolo esamineremo infine i meccanismi di amministrazione dell'uso della forza sul piano regionale, con particolare riguardo alla NATO.

CAPITOLO I
L'USO DECENTRALIZZATO DELLA FORZA

1. *Origini storiche del divieto di uso della forza*

Lo sviluppo di meccanismi normativi di controllo dell'uso della forza è frutto di una evoluzione recente dell'ordinamento internazionale. È infatti opinione diffusa in dottrina che il diritto internazionale nel secolo XIX fosse caratterizzato da un regime di libertà di ciascuno Stato nel decidere il ricorso alla forza.

Le opinioni dottrinali, invero, differivano relativamente alla individuazione dei presupposti di esercizio della libertà di impiegare la forza. Secondo alcuni autori, la discrezionalità degli Stati sarebbe stata assoluta. Di conseguenza, uno Stato avrebbe potuto impiegare la forza per qualsiasi motivo o a tutela di qualsiasi interesse.

Non è però agevole, dal punto di vista sistematico, prospettare l'esistenza di un ordinamento giuridico che consenta ai propri consociati la libertà assoluta di ricorrere alla violenza. Un ordinamento del genere sarebbe infatti incompleto, dato che esso avrebbe rinunciato a disciplinare con regole giuridiche il ricorso alla violenza. Ciascun soggetto sarebbe quindi libero di decidere se realizzare le proprie pretese sul piano giuridico o per mezzo della forza. Il ricorso alla forza costituirebbe un fenomeno patologico del diritto e non un oggetto di regolamentazione da parte di esso.

In una diversa prospettiva, si potrebbe immaginare che l'ordinamento internazionale ammettesse bensì il ricorso unilaterale alla forza, limitando però la possibilità di usare la forza da parte di uno Stato al perseguimento di propri interessi essenziali. In questo caso, avremmo allora un ordinamento apparentemente completo in quanto esso stesso disciplina con regole giuridiche il ricorso alla violenza. Per poter funzionare adeguatamente, tuttavia, tale ordinamento dovrebbe avere al proprio interno dei meccanismi obiettivi di valutazione dei presupposti che consentano il ricorso alla violenza, nonché dei meccanismi che permettano un efficace controllo sociale sul suo uso. Altrimenti la situazione sarebbe, dal punto di vista pratico, non molto diversa dalla prima.

Mentre ciascuno Stato rimaneva libero di ricorrere massicciamente all'uso della forza, nella forma della guerra, non mancavano degli strumenti, ancorché rudimentali, di controllo delle forme minori dell'uso della forza. Essi non avevano la funzione di escludere bensì quella di mitigare la discrezionalità degli Stati, condizionandola all'esistenza di una giustificazione. Si può ricordare, come esempio, la vicenda della nave *Caroline*, distrutta nel 1837 da truppe britanniche mentre era all'ancora sulla riva statunitense del fiume Niagara, in procinto di traghettare il fiume e di portare armi e insorti in territorio canadese (in J.B. MOORE, *A Digest of International Law*, 1906, vol. II, pp. 409-414). La questione della liceità dell'azione britannica venne lungamente discussa nel corso di una corrispondenza diplomatica con gli Stati Uniti. I due paesi furono d'accordo in via di principio che l'esigenza di impedire un attacco imminente potesse giustificare un'azione militare oltre frontiera, a condizione, tuttavia, che l'azione fosse strettamente necessaria e proporzionata rispetto a tale fine. Tali requisiti costituiscono ancor oggi delle forme di controllo sulle azioni di legittima difesa (v. *infra*, par. 7).

Non è del tutto chiaro come sia maturato nella coscienza giuridica della comunità internazionale il passaggio da un regime di libertà al divieto dell'uso unilaterale della forza. A tale mutamento ha verosimilmente contribuito una varietà di fattori, sia di carattere filosofico che di carattere pratico. Ad esso potrebbe aver contribuito anche la graduale affermazione dell'idea del diritto internazionale come ordinamento completo: capace cioè di governare ogni aspetto delle relazioni fra Stati e, quindi, di assolvere alla sua funzione sociale primaria, data dall'esigenza di assicurare la coesistenza pacifica fra Stati.

I primi tentativi di sottoporre l'uso della forza a regolamentazione risalgono al periodo successivo alla Prima guerra mondiale.

È utile menzionare a tal proposito taluni strumenti convenzionali dai quali emerge l'evoluzione verso il modello del divieto assoluto dell'uso della forza.

La Convenzione *Drago-Porter* del 18 ottobre 1907 limitava la possibilità del ricorso alla forza per il recupero di crediti contrattuali, circoscrivendolo ai soli casi in cui vi fosse un accertamento giudiziario in materia ed il Paese debitore rifiutasse di adempiere.

Il Patto della Società delle Nazioni del 1919 condizionava il ricorso alla guerra a taluni adempimenti preliminari atti a ridurre la discrezionalità della parte che intendeva ricorrervi. Il ricorso alla guerra era quindi subordinato al previo deferimento di una controversia al Consiglio della Società o alla Corte permanente di giustizia internazionale o ad un tribunale arbitrale. Le ostilità potevano essere iniziate soltanto dopo tre mesi dall'adozione della sentenza o del rapporto, nei confronti dello Stato che non vi si fosse conformato.

Questi due strumenti mostrano la tendenza non già a vietare la guerra, ma a consentirla come mezzo per la realizzazione di posizioni soggettive, ed in presenza di un accertamento imparziale di un illecito. Un ulteriore passo in avanti venne compiuto con il Trattato generale di rinuncia alla guerra come strumento di politica nazionale, spesso indicato come Patto *Briand-Kellog*, del 27 agosto 1928. Questo strumento conteneva, non senza qualche ambiguità destinata a suscitare continue controversie interpretative, un obbligo di non muovere guerra e un obbligo di soluzione pacifica delle controversie. È solo con la Carta Atlantica del 14 agosto 1941, adottata dopo che era emersa con chiarezza l'inidoneità del Patto della Società delle Nazioni a stabilire un sistema efficace di controllo della forza, che si affermò l'idea di un divieto assoluto.

Lo studio dei precedenti illustra la difficoltà di controllare efficacemente l'uso unilaterale della forza in un ordinamento, quale quello internazionale, privo di meccanismi imparziali di accertamento ed attuazione coattiva del diritto. La consapevolezza di questa difficoltà ha quindi accelerato l'evoluzione nella direzione di un divieto di tipo assoluto, escludendo completamente la possibilità di un impiego unilaterale della forza.

Questo orientamento venne chiaramente illustrato dalla prima sentenza che, nel secondo dopoguerra, ha accertato l'esistenza di un divieto di uso della forza. Si tratta del celebre caso relativo al *Passaggio nello stretto di Corfù (Regno Unito c. Albania)*, deciso dalla Corte internazionale di giustizia il 9 aprile 1949. In quel caso, la Corte venne chiamata, fra l'altro, a giudicare della liceità di un'operazione di sminamento operata dalla Gran Bretagna nel mare territoriale albanese, senza il consenso di questo Stato.

La Gran Bretagna invocava, a sostegno della propria azione, il c.d. diritto di intervento. La risposta della Corte su questo punto è assai interessante. La Corte ha sostenuto che il diritto di intervento costituiva l'espressione di una logica fondata sulla forza e non sul diritto. Tale logica non poteva quindi trovare cittadinanza nel diritto internazionale, sia pure alla luce del carattere imperfetto delle forme istituzionali di organizzazione della comunità internazionale («*The Court can only regard the alleged right of in-*

tervention as the manifestation of a policy of force, such as has, in the past, given rise to most serious abuses and such as cannot, whatever be the present defects in international organization, find a place in international law»). Questa conclusione è di particolare interesse in quanto tende a rigettare l'idea di un legame logico fra il divieto di uso della forza e l'esistenza di efficaci meccanismi istituzionali di amministrazione della forza. Ad avviso della Corte, invece, il divieto si giustifica con l'assenza di efficaci meccanismi di controllo sull'uso unilaterale della forza e, quindi, con il rischio di abusi da parte degli Stati forti.

2. *Il divieto di uso della forza nella Carta delle Nazioni Unite e nella prassi*

Il divieto di uso della forza è stato quindi stabilito, sul piano convenzionale, dall'art. 2, par. 4 della Carta delle Nazioni Unite: «I membri devono astenersi nelle loro relazioni internazionali dalla minaccia o dall'uso della forza, sia contro l'integrità territoriale o l'indipendenza politica di qualsiasi Stato, sia in qualunque altra maniera incompatibile con i fini delle Nazioni Unite».

Alla conferenza istitutiva delle Nazioni Unite, tenutasi a San Francisco nel 1945, l'inserimento nella Carta del divieto di uso della forza rappresentò l'incontro di due orientamenti. Il primo, di impronta idealista, vedeva nel divieto l'espressione compiuta della kantiana pace universale.

Nella parte seconda del suo saggio *Zum ewigen Frieden. Ein philosophischer Entwurf* (Per la pace perpetua, 1795), Kant sviluppava l'idea della necessità di un trattato universale teso a bandire la guerra nei rapporti internazionali (*foedus pacificum*). Nella visione kantiana, la pace universale sarebbe stata quindi assicurata attraverso il diritto e non attraverso l'equilibrio della forza fra le grandi potenze. L'idea della rinuncia del genere umano alla guerra per mezzo di un trattato ha chiare origini contrattualiste. Significativamente, Kant si limitava a prospettare la conclusione fra gli Stati di un *pactum societatis*, finalizzato soltanto a far cessare la conflittualità permanente e il dominio del più forte. Egli rigettava espressamente invece l'idea di applicare alle relazioni internazionali il *pactum subiectionis*, attraverso il quale si potesse formare nella comunità internazionale una forma stabile di autorità sociale: la federazione mondiale, attraverso una devoluzione di sovranità da parte degli Stati. Non sono del tutto chiari i motivi che hanno indotto Kant a non prospettare l'idea della federazione mondiale come rimedio allo stato di natura. Al di là delle spiegazioni che si rinvengono nel saggio del 1795, è possibile che tale costruzione gli sia apparsa come una forma di utopia dalla quale rifuggire.

Da questa limitazione, tuttavia, emergono i limiti di una costruzione puramente contrattualista del patto di pace perpetua. Tale costruzione appare fragile giuridicamente, in quanto gli Stati che hanno prestato il proprio consenso ben potrebbero revocarlo. Essa, inoltre, è fragile politicamente, in assenza di forme efficaci di garanzia dell'osservanza del patto ad opera dei consociati. Nel primo supplemento al saggio, intitolato *Von der Garantie des ewigen Friedens* (*Sulla garanzia della pace perpetua*), Kant si impegnava in una dimostrazione poco convincente delle forme di garanzia dell'obbligo contrattuale di rinuncia alla guerra.

Sia il problema dell'efficacia giuridica del patto per la pace perpetua che il problema delle garanzie della sua attuazione costituiscono questioni attuali del diritto internazionale. Essi sono la conseguenza dell'utilizzo di meccanismi contrattuali al fine di vietare l'uso della forza e di costruire forme, ancorché embrionali, di autorità sociale. Nei paragrafi seguenti esamineremo più da vicino i limiti di una costruzione puramente contrattualista e i possibili rimedi che possono essere rivenuti nel diritto internazionale contemporaneo.

Il secondo orientamento, più aderente ai dati realisti della comunità internazionale, vedeva nel divieto dell'uso della forza l'unica possibile forma di controllo sociale dei conflitti. Secondo questo orientamento, in presenza di forti disuguaglianze fra gli Stati e di forme assai deboli di istituzionalizzazione della comunità internazionale, il divieto di uso della forza rappresenta, di fatto, l'unica possibile tutela nei confronti di abusi perpetrati dagli Stati più forti.

In varie occasioni questa norma è stata riconosciuta corrispondente al diritto internazionale consuetudinario; vincolante, quindi, per tutti i soggetti della comunità internazionale e non solo per gli Stati parte delle Nazioni Unite.

Il carattere generale del divieto, già riconosciuto nella menzionata sentenza del *Passaggio nello stretto di Corfù*, è stato poi affermato in termini espressi nelle due sentenze della Corte internazionale di giustizia relative al caso delle *Attività militari e paramilitari in Nicaragua e contro il Nicaragua (Nicaragua c. Stati Uniti d'America)*, del 26 novembre 1984, competenza e ricevibilità, par. 73, e del 27 giugno 1986, merito, par. 173 ss., in particolare par. 188-192.

La Corte era chiamata a decidere della liceità di azioni militari e paramilitari operate direttamente dagli Stati Uniti, ovvero da bande armate dirette e controllate da questo Stato, sul territorio del Nicaragua. Dato che essa non aveva giurisdizione rispetto a comportamenti disciplinati da accordi multilaterali, fra i quali la Carta delle Nazioni Unite, era di particolare rilievo stabilire se il divieto di uso della forza fosse riconosciuto anche da una norma di diritto consuetudinario (spec. par. 183 ss.). La Corte accertò, allora, l'esistenza di due distinte norme, quella convenzionale, stabilita dalla Carta, e quella consuetudinaria, aventi entrambe ad oggetto il divieto dell'uso della forza, e sostanzialmente coincidenti. Il rilievo di questo accertamento è duplice. Non solo la Corte ha confermato l'esistenza di una norma consuetudinaria che proibisce l'uso della forza, ma ha anche stabilito che tale norma mantiene la sua autonomia concettuale, pur se essa è stata codificata dalla Carta delle Nazioni Unite e, quindi, incardinata in un più ampio sistema di sicurezza collettivo. Al fine di ricostruire l'esistenza di una norma consuetudinaria, la Corte ha dato rilievo soprattutto a varie dichiarazioni degli Stati, rese principalmente nell'ambito degli organi delle Nazioni Unite, dalle quali sarebbe possibile desumere un convincimento di essi circa l'esistenza del divieto. La Corte ha considerato anche taluni atti multilaterali quale la Convenzione di Montevideo sui diritti e doveri degli Stati del 26 dicembre 1933, nonché atti non vincolanti, quale la risoluzione dell'Assemblea generale 2625 (XXV), del 24 ottobre 1970, contenente la *Dichiarazione sulle relazioni amichevoli e la collaborazione fra gli Stati*, e l'Atto finale della Conferenza sulla Sicurezza e la Cooperazione in Europa, adottato ad Helsinki il 1° agosto 1975.

L'esistenza di un divieto consuetudinario di uso della forza è stata confermata anche in casi della prassi giudiziaria più recente, fra i quali è opportuno ricordare il parere della Corte internazionale di giustizia nel caso della *Liceità della minaccia o dell'uso delle armi nucleari*, dell'8 luglio 1996, e la sentenza della stessa Corte nel caso delle *Piattaforme petroliere (Iran c. Stati Uniti d'America)*, del 6 novembre 2003.

Nella sentenza del 19 dicembre 2005 nel caso delle *attività armate sul territorio del Congo (Repubblica democratica del Congo c. Uganda)*, la Corte dopo aver qualificato il divieto di uso della forza come una pietra angolare del sistema delle Nazioni Unite (par. 148), ne ha anche affermato la natura di norma consuetudinaria (v. i par. 161 ss.).

L'esistenza della regola che vieta l'uso della forza è stata recentemente ribadita dall'Assemblea generale delle Nazioni Unite nella risoluzione A/RES/ES-11/1 del 2 marzo 2022, che ha condannato in termini molto netti, nel par. 2, "l'aggressione della Russia contro l'Ucraina in violazione dell'art. 2, par. 4, della Carta". L'alto numero di voti a favore e, di converso, il ridottissimo numero di voti contrari, nonostante la condanna fosse rivolta contro uno dei membri permanenti del Consiglio di sicurezza, sembra certamente esprimere il pressocché unanime convincimento della comunità internazionale del divieto di uso della forza nel diritto internazionale contemporaneo.

3. *Il contenuto della norma sul divieto di uso della forza*

Non è però semplice determinare esattamente il contenuto del divieto di uso della forza.

La regola ha certamente un nucleo normativo ben definito, consistente nel proibire azioni di aggressione. La Dichiarazione dell'Assemblea generale sulla definizione di aggressione (risoluzione 3314 (XXIX) del 14 dicembre 1974) elenca una serie non esaustiva di ipotesi. Queste comprendono innanzitutto forme di aggressione "diretta", che vanno dall'invasione e dall'occupazione militare, anche se temporanea, al bombardamento da parte di forze aree, terrestri o navali, al blocco dei porti e delle coste. La Dichiarazione considera inoltre forme di aggressione indiretta, quali l'invio di bande di mercenari o la messa a disposizione del proprio territorio per attacchi contro il territorio altrui.

Ci si può chiedere, peraltro, se accanto a queste forme massicce di aggressione, il divieto di uso della forza comprenda anche forme minori di intervento, operate non contro l'integrità territoriale o l'indipendenza politica di un altro Stato – per utilizzare la formula dell'art. 2, par. 4, della Carta delle Nazioni Unite – bensì per scopi circoscritti.

Nelle pagine seguenti tratteremo quindi, nell'ordine, la questione della liceità delle rappresaglie armate, degli interventi a tutela di cittadini all'estero e degli interventi umanitari.

a) *Le rappresaglie armate*

Le rappresaglie armate hanno generalmente uno scopo retributivo, nel senso che esse sono condotte in risposta ad un illecito altrui, al fine di infliggere un costo sociale per tale illecito. Le rappresaglie armate sono coperte dal divieto di uso della forza anche qualora siano condotte in risposta ad un attacco armato. Tale sarebbe, ad esempio, il bombardamento in territorio nemico operato in reazione ad un analogo comportamento dell'altra parte. Conviene sottolineare però che, al fine di qualificare una certa misura come rappresaglia armata, occorre che l'attacco al quale si risponde sia già esaurito; altrimenti si verserebbe verosimilmente nella ben diversa ipotesi della legittima difesa, dato che l'uso della forza avrebbe come fine non già quello di retribuire il comportamento illecito altrui, bensì quello di respingere l'attacco (v. *infra*, par. 7).

L'orientamento favorevole ad includere tali comportamenti fra quelli vietati dal diritto internazionale si può ricostruire, soprattutto, attraverso le dichiarazioni di vari Stati in occasione di crisi internazionali. Uno dei primi casi di rappresaglia armata portato innanzi al Consiglio di sicurezza è il caso del bombardamento del Forte di Harib, in Yemen, ad opera della Gran Bretagna nel 1964. Questo orientamento si è poi rafforzato in occasione di numerose azioni armate operate a titolo di rappresaglia, nel corso del conflitto arabo-israeliano.

Fra i tanti casi, cfr. i dibattiti al Consiglio di sicurezza in occasione dell'attacco israeliano a Hebron, nel 1966, in SCOR, pp. 1292-1321 (e la relativa risoluzione 228 (1966) del 25 novembre 1966), nonché in occasione del bombardamento operato dalla Gran Bretagna nello Yemen, in SCOR, p. 1108 ss. (e la relativa risoluzione 188 (1964) del 9 aprile 1964), e degli attacchi portoghesi in Senegal nel 1969, in SCOR, p. 117 ss. (e la relativa risoluzione 273 (1969) del 9 dicembre 1969) e in Guinea nel 1970, in SCOR, p. 1516 ss. (e le relative risoluzioni 289 (1970) e 290 (1970), rispettivamente del 23 novembre e dell'8 dicembre 1970).

b) *Gli interventi a tutela di cittadini all'estero*

Interventi armati per liberare ostaggi detenuti all'estero sono stati operati soprattutto da Stati occidentali. Sovente l'azione è stata realizzata senza il consenso dello Stato territoriale ed anzi, a volte, in aperto dissenso da questo, sospettato di connivenza con i rapitori.

Vi è una certa prassi di questo tipo, che comprende soprattutto il *raid* operato da Israele a Entebbe, in Uganda, nel 1976 (v. spec. la posizione espressa dagli Stati Uniti in sede di Consiglio di sicurezza, UN doc. S/PV.1941, 12 luglio 1976, par. 77); quello operato dall'Egitto a Larnaca, nel 1978 (*ibidem*, 1978, pp. 1096-1097); quello tentato, ma non riuscito, dagli Stati Uniti nel deserto del Tabas, durante la crisi fra Stati Uniti ed Iran che fece seguito al sequestro del personale diplomatico e consolare statunitense a Teheran, nel 1980 (*Chronique des faits internationaux*, in *Revue générale de droit international public*, 1980, pp. 889-894). Più recentemente la Russia ha invocato come giustificazione principale al suo intervento militare in Crimea la necessità di proteggere la vita dei cittadini russi residenti nella penisola e dei contingenti militari russi ivi stanziati (UN doc. S/PV.7124, 1 marzo 2014, p. 5). Questa giustificazione è stata però rigettata con fermezza dagli Stati occidentali, i quali hanno qualificato l'intervento russo come una violazione del divieto di uso della forza e hanno adottato sanzioni unilaterali (v. *infra*).

Talvolta il riferimento all'esigenza di tutelare cittadini all'estero è stato invocato anche a sostegno di azioni su larga scala, aventi lo scopo di mutare il regime di governo di un Paese. Così, ad esempio, l'intervento degli Stati Uniti a Grenada nel 1983 venne motivato, fra l'altro, anche con riferimento all'esigenza di salvare studenti statunitensi che, per la verità, non sembravano in imminente pericolo (*ibidem*, 1984, pp. 484-490). Nel 1985, l'Italia si oppose ad un *raid* progettato da parte degli Stati Uniti mirante a liberare la nave Achille Lauro, sequestrata da attivisti dell'OLP, ed i suoi passeggeri, fra i quali numerosi cittadini statunitensi, di cui uno era stato ucciso dai sequestratori (*ibidem*, 1986, pp. 425-427).

Una argomentazione a sostegno della liceità di queste azioni è stata articolata in particolare in occasione del *raid* israeliano ad Entebbe. Nel corso dei dibattiti innanzi al Consiglio di sicurezza, Israele e gli Stati Uniti sostennero che l'attacco aveva carattere limitato, e non sarebbe stato diretto contro la sovranità territoriale o contro l'indipendenza politica di un altro Stato. L'azione israeliana sarebbe stata invece ispirata dallo scopo di provvedere direttamente alla tutela dei propri cittadini, in assenza di adeguata protezione da parte dello Stato territoriale. L'attacco avrebbe avuto quindi carattere limitato e l'azione avrebbe comportato solo una violazione nominale della sovranità ugandese. Per questo motivo, esso non sarebbe ricaduto nell'ambito di applicazione del divieto di uso della forza.

È evidente che, in tale ricostruzione, il divieto di uso della forza avrebbe un contenuto ristretto e non coprirebbe ipotesi *minoris generis*. Si può osservare, tuttavia, che gran parte della comunità internazionale ha espresso ferma condanna rispetto alla pratica dei *raids*. A tal fine, si è sostenuta l'improprietà della distinzione fra uso massiccio ed uso minore della forza. La logica del divieto imporrebbe infatti il carattere assoluto di esso, escludendo l'applicazione di una regola *de minimis*.

Nella sentenza relativa al caso della cattura del *Personale diplomatico e consolare statunitense a Teheran (Stati Uniti d'America c. Iran)*, del 24 maggio 1980, la Corte internazionale di giustizia ha dedicato un breve cenno all'azione tentata dagli Stati Uniti per liberare gli ostaggi. Pur senza esprimersi in maniera diretta sulla questione della sua liceità, che non le era stata deferita, la Corte affermò l'incompatibilità di uno strumento esecutivo di autotutela con la procedura di soluzione giudiziaria della controversia (v. par. 93 della sentenza).

c) *Gli interventi umanitari*

Meno consistente è la prassi relativa agli interventi umanitari in senso stretto. Con tale formula, generalmente, si indica l'intervento operato sul territorio di uno Stato al fine di arrestare massicce violazioni dei diritti fondamentali operate da tale Stato nei confronti della propria popolazione. In taluni casi, peraltro, le motivazioni strettamente umanitarie sono indistinguibili da motivazioni di altro tipo, sì da rendere assai difficile fondare su di essi una ricostruzione giuridica coerente.

Nella prassi successiva alla Seconda guerra mondiale vanno ricordati soprattutto gli interventi dell'India in Bangladesh nel 1971 (*Chronique des faits internationaux*, cit., 1972, pp. 547-550); della Tanzania in Uganda nel 1979 (*ibidem*, 1979, pp. 1058-1059) e del Vietnam in Cambogia nel 1978. In quest'ultimo caso, nonostante l'esistenza di una reale emergenza umanitaria, gli Stati occidentali espressero severe critiche nei confronti dell'azione vietnamita, indicando che esigenze umanitarie non potrebbero costituire una giustificazione per l'uso della forza (v. SCOR, pp. 2108-2111).

Non molto diversa doveva essere la situazione del diritto internazionale nel 1991, allorché taluni Stati occidentali operarono un intervento a favore della popolazione civile di etnia curda dell'Iraq del nord, fatta oggetto di massacri da parte dell'esercito iracheno dopo la prima guerra del Golfo. L'azione faceva peraltro seguito all'adozione da parte del Consiglio di sicurezza della risoluzione 688 (1991) del 5 aprile 1991, la quale tuttavia non conteneva alcuna autorizzazione all'intervento, ma si limitava a chiedere al governo iracheno di cessare i massacri e di consentire l'accesso sul proprio territorio alle organizzazioni umanitarie.

Alla luce di tali precedenti può, quindi, sorprendere la posizione espressa dagli Stati occidentali che hanno giustificato l'intervento della NATO in Kosovo nel 1999 proprio alla luce di esigenze umanitarie.

L'intervento venne operato dagli Stati membri della NATO in assenza di una risoluzione del Consiglio di sicurezza che l'autorizzasse. Una tale risoluzione sarebbe stata verosimilmente bloccata dal veto di Russia e Cina, che avevano fatto conoscere il proprio dissenso. Alcune precedenti risoluzioni del Consiglio di sicurezza avevano qualificato la situazione come una minaccia alla pace ed avevano indirizzato raccomandazioni alle parti in conflitto, senza tuttavia disporre alcuna misura sanzionatoria (v. le risoluzioni 1199 (1998) e 1203 (1998), rispettivamente del 23 settembre e del 24 ottobre del 1998). Nel corso dell'azione militare, Bielorussia, India e Russia presentavano al Consiglio di sicurezza una proposta di risoluzione (UN doc. S/1999/328) contenente una condanna dell'intervento, la quale però veniva respinta con 12 voti, mentre votavano a favore Cina, Namibia e Russia (in SCOR, p. 3989).

L'intervento della NATO in Kosovo ha occasionato un dibattito dottrinale ampio e variegato, sostenuto sia da argomenti strettamente giuridici che da argomenti ispirati piuttosto ad esigenze etiche. Argomenti giuridici e argomenti di carattere etico hanno riecheggiato lungamente anche nei fori del dibattito internazionale.

La questione è stata deferita alla Corte internazionale di giustizia dalla Repubblica Federale di Iugoslavia (Serbia e Montenegro) in una serie di procedimenti avviati contro tredici Stati membri della NATO, fra i quali l'Italia. La Corte ha respinto la richiesta di misure cautelari. Successivamente, con le sentenze pronunciate il 15 dicembre 2004, essa ha escluso di avere giurisdizione a definire le controversie.

Una volta concluso l'intervento, il Consiglio di sicurezza adottava la risoluzione 1244 (1999) del 10 giugno 1999, che prendeva atto della cessazione delle ostilità e disponeva lo stabilimento di una amministrazione internazionale del territorio del Kosovo. La risoluzione rinviava ad un successivo processo di negoziato la definizione dello *status* definitivo del territorio.

Questa vicenda sembra aver prodotto un certo mutamento di orientamento politico in taluni Stati occidentali i quali, a partire da essa, hanno teso a giustificare interventi armati unilaterali in situazioni di gravi crisi umanitarie. È tuttavia difficile parlare, a proposito, di uso minore della forza, dato che in ciascuno dei casi menzionati sopra l'intervento si è realizzato con un uso massiccio delle armi e con il chiaro intento di provocare un mutamento del regime, ritenuto direttamente o indirettamente responsabile delle violazioni dei diritti dell'uomo. L'esiguità della prassi, le particolari condizioni nelle quali i vari interventi sono stati compiuti, nonché l'opposizione di buona parte della comunità internazionale, rendono assai difficile sostenere che si sia verificato un repentino mutamento del diritto internazionale e la formazione di una norma *ad hoc* che consenta interventi caratterizzati da scopi umanitari.

La valutazione della liceità di interventi umanitari pone una serie di complesse questioni di carattere metodologico. In particolare, si pone il problema di vedere se il crescente rilievo delle esigenze di tutela dei diritti dell'uomo nella coscienza giuridica moderna abbia avuto l'effetto di comprimere il valore del principio di sovranità territoriale, sul quale si fonda in larga parte il diritto internazionale classico.

Nonostante la sua forza suggestiva, questo argomento non appare del tutto corretto. È certamente vero che le esigenze dei diritti dell'uomo tendono ad avere sempre maggior importanza nelle dinamiche giuridiche internazionaliste e premono in maniera accentuata sulle categorie classiche del diritto internazionale imperniate sulla tutela della sovranità territoriale degli Stati. Tuttavia, come si è detto, il divieto della forza non è stabilito esclusivamente a tutela della sovranità territoriale degli Stati bensì anche, e forse soprattutto, a tutela della stabilità del sistema internazionale e al fine di prevenire abusi riconnessi all'impiego unilaterale della forza. Difatti, in molti casi di interventi unilaterali disposti apparentemente con finalità umanitarie, gli Stati intervenienti sembrano aver perseguito anche interessi diversi da quelli strettamente umanitari. Un bilanciamento di interessi potrebbe tutt'al più giustificare misure militari limitate, strettamente circoscritte ad evitare emergenze umanitarie in atto, e che non pongano in pericolo la sicurezza collettiva e la stabilità del sistema. Tale sarebbe, ad esempio, un intervento circoscritto e limitato a prestare assistenza umanitaria. Non sarebbero, invece, giustificate azioni militari massicce, atte a produrre mutamenti nella struttura di governo degli Stati contro i quali sono dirette.

L'utilizzo della forza per la tutela dei diritti dell'uomo solleva anche difficili problemi di carattere etico. Un'interpretazione troppo rigida del divieto dell'uso della forza potrebbe comportare, si sostiene, l'impossibilità di far fronte all'azione di regimi che costituiscono una negazione dei valori di fondo sui quali si basa la convivenza internazionale. Gli autori che sostengono questa prospettiva fanno talvolta riferimento alla situazione di impotenza nella quale si troverebbe la comunità internazionale di fronte a regimi quale quello nazista nella Germania degli anni Trenta, soprattutto qualora il meccanismo di sicurezza collettivo disposto dalle Nazioni Unite non fosse in grado di funzionare adeguatamente (v. *infra*, capitolo II).

L'utilizzo di argomenti di carattere etico sembra però segnare il limite delle dinamiche giuridiche. È difficile, infatti, pensare che un ordinamento giuridico debba necessariamente prevedere delle regole atte a disciplinare situazioni estreme e, per molti versi, irripetibili quali quelle richiamate sopra. Situazioni di questo tipo sembrano, infatti, costituire fenomeni patologici rispetto al funzionamento normale delle regole dell'ordinamento, ed esigono quindi, per propria natura, rimedi eccezionali che, qualora non siano offerti dall'ordinamento giuridico vigente, vanno ricercati al di fuori di esso.

Qualsiasi ordinamento, in altri termini, ha dei limiti dati dal mancato funzionamento dei meccanismi di garanzia. Quando questi non funzionano adeguatamente, un soggetto può essere indotto a ricercare al di fuori del sistema la soddisfazione di esigenze fondamentali, sulla base di una semplice valutazione comparata circa i danni ed i benefici che comporta la fuoriuscita dal sistema, rispetto all'osservanza delle sue regole. In presenza di emergenze umanitarie che scuotano le coscienze, e in caso di mancato funzionamento del sistema di garanzia collettiva apprestato dall'ordinamento internazionale, ciascuno Stato potrà decidere se rimanere inerte o se non si imponga, invece, un'azione che, per propria natura, sarà contraria alle regole internazionali vigenti.

Un intervento militare necessario a fermare un regime che ponga in essere violazioni dei diritti dell'uomo, qualora i meccanismi di sicurezza collettiva si dimostrino inadeguati, costituirà quindi un atto illecito, pur se necessario ad assicurare il rispetto delle più elementari regole della convivenza umana.

Peraltro, la circostanza che lo Stato agente sia stato mosso da valutazioni meritevoli di considerazione, vale certamente ad attenuare l'illiceità del proprio comportamento. Non mancano nell'ordinamento giuridico internazionale, analogamente a quanto accade in molti ordinamenti giuridici nazionali, gli strumenti per valutare con indulgenza una rottura delle regole del sistema, rivelatasi necessaria al fine di tutelarne meglio i valori fondamentali ed evitare una più grave crisi di esso. In questo modo sembra di poter interpretare le reazioni, assai moderate, che hanno fatto seguito a taluni interventi militari oggettivamente illeciti, ma diretti in qualche modo a salvaguardare interessi fondamentali della comunità internazionale nel suo insieme.

Una soluzione al dilemma posto dagli interventi umanitari non viene neanche dalla dottrina della responsabilità di proteggere (*responsibility to protect*). Questa dottrina si è sviluppata negli ultimi anni ed è stata anche oggetto di attenzione da parte degli organi delle Nazioni Unite (v. il rapporto del Segretario generale *Implementing the Responsibility to Protect*, del 12 gennaio 2009, A/63/677).

La dottrina della responsabilità di proteggere si fonda su una nozione funzionale di sovranità. La sovranità non sarebbe oggetto di un diritto assoluto dello Stato ma costituirebbe piuttosto un insieme di prerogative e poteri concessi dal diritto internazionale al fine di assicurare il governo della comunità territoriale. Nell'ambito di tale concezione, le autorità di governo avrebbero la competenza primaria, ma non esclusiva, di assicurare il rispetto dei diritti fondamentali della popolazione. Qualora esse venissero meno ai propri doveri di protezione, la comunità internazionale avrebbe quindi la competenza ad agire in via sussidiaria.

Al di là della sua carica suggestiva, è però difficile determinare con precisione le conseguenze della dottrina sul piano normativo. Come emerge dai lavori intrapresi nell'ambito delle Nazioni Unite, le conseguenze della violazione del dovere di proteggere da parte delle autorità statali si avvertirebbero sul piano istituzionale. Le Nazioni Unite avrebbero competenza a sorvegliare l'adempimento del dovere di protezione e, in caso di violazione, ad intervenire in via sostitutiva, anche mediante l'uso della forza.

In questa prospettiva, l'effetto principale della dottrina sarebbe di allargare i presupposti di intervento delle Nazioni Unite e di consentire azioni coercitive al fine di reprimere gravi violazioni dei diritti dell'uomo.

In sostanza, la dottrina della responsabilità di proteggere non sembra poter fondare un potere unilaterale di intervento ad opera di singoli Stati al fine di reprimere gravi violazioni dei diritti dell'uomo. Essa si pone piuttosto nella diversa ottica di una ulteriore forma di istituzionalizzazione dell'uso della forza, che potrà essere utilizzata dalle Nazioni Unite per finalità umanitarie (cfr. *infra*, capitolo II).

Elementi in questa direzione possono essere ricavati dalla risoluzione del Consiglio di sicurezza 1973 (2011), concernente la protezione della popolazione libica nei confronti di attacchi operati da truppe governative. Nella risoluzione il Consiglio ha dapprima accertato la violazione dell'obbligo che incombe sul governo libico di assicurare la protezione dei propri cittadini, per poi autorizzare l'uso della forza al fine di far cessare gli attacchi. Un inquadramento analogo può ricevere la posizione assunta dal Consiglio di sicurezza in relazione al conflitto che dal 2012 oppone il governo siriano a forze armate ribelli. Sebbene il Consiglio di sicurezza non abbia autorizzato un intervento militare, a causa dell'opposizione della Russia e della Cina, nelle sue risoluzioni non ha mancato di deplorare le gravi violazioni commesse nei confronti della popolazione civile dalle forze governative, violazioni che hanno portato all'adozione di misure specifiche volte al controllo dell'attuazione da parte della Siria degli impegni internazionali assunti in merito al possesso e all'uso di armi chimiche (v. in particolare la risoluzione 2118 (2013)).

4. *Questioni metodologiche*

L'esistenza di una regola consuetudinaria che vieta l'impiego della forza è stata però messa in discussione in diverse occasioni. In particolare, taluni autori hanno prospettato una interessante questione metodologica, data dalla esistenza di una nutrita prassi di ricorso alla forza nelle relazioni internazionali. Come si può allora concepire l'esistenza di una regola consuetudinaria di divieto se il ricorso alla forza costituisce un dato costante delle relazioni internazionali? La tendenza degli Stati a ricorrere alla forza nonostante il divieto potrebbe infatti indicare che tale regola non si sarebbe verosimilmente formata ovvero si sarebbe formata in termini particolarmente restrittivi.

Questa tendenza dottrinale mira quindi a sottolineare come sia improprio ricostruire una regola consuetudinaria sull'uso della forza sulla base della giurisprudenza internazionale ovvero delle dichiarazioni di principio rese dagli Stati nell'ambito dei lavori di organizzazioni internazionali quali le Nazioni Unite. Le dichiarazioni rese in tali occasioni costituirebbero più che altro espressioni di desiderio degli Stati; una sorta, insomma, di "diritto ideale". La ricostruzione di una regola consuetudinaria andrebbe piuttosto condotta sulla base dei comportamenti fattuali degli Stati, i quali rifletterebbero invece l'aspra realtà delle relazioni internazionali, sulla base della quale andrebbe quindi determinato il "diritto reale".

Questa tendenza metodologica non appare però convincente. Essa si fonda su una enfatizzazione eccessiva dei casi in cui gli Stati ricorrono alla forza internazionale. Si tratta peraltro di casi che, pur se non infrequenti, non sono certo rappresentativi della vita delle relazioni internazionali, che è invece caratterizzata da una generale tendenza all'osservanza del divieto di uso della forza. Appare quindi improprio valorizzare poche decine di casi della prassi, per di più sparsi in un arco temporale assai ampio, in cui gli Stati hanno preferito ricorrere all'uso della forza, ponendo in ombra invece la diffusa tendenza ad astenersi dall'uso della forza e a regolare le controversie con strumenti pacifici.

In una direzione analoga si pone un argomento metodologico più impegnativo che è stato impiegato dalla Corte internazionale di giustizia nel menzionato caso *Nicaragua*. La Corte ha sottolineato l'esigenza di distinguere, nel soggetto che pone in essere un certo comportamento, l'intento politico rispetto a quello giuridico. Anche nei casi in cui uno Stato impiega la forza, quindi, occorrerebbe distinguere la condotta materiale, difforme dal divieto, dall'effetto giuridico che il soggetto agente si ripropone di ottenere. Se uno Stato impiega la forza, ma, invece di presentarla come lecita, tende a ricercare una causa di giustificazione, la sua azione non è tesa a indebolire il divieto o addirittura ad affermare un diverso regime di libertà ma, paradossalmente essa è tesa a rafforzare l'esistenza del divieto (spec. i par. 186, 207 e 208 della sentenza).

Questo argomento possiede una notevole forza persuasiva anche da un punto di vista di teoria generale. Qualora un soggetto agisce in difformità rispetto al diritto, ma senza porre in discussione l'esistenza di una regola, egli, indirettamente, finisce con il rafforzarne l'autorità. In altri termini, questo argomento fa riferimento non soltanto all'esistenza di comportamenti di fatto divergenti dalla regola, ma soprattutto all'*animus* o, come correntemente si dice, all'*opinio iuris* dei soggetti che pongono in essere un certo comportamento.

La correttezza di questo argomento emerge, fra l'altro, da una considerazione dei comportamenti di taluni Stati che hanno partecipato all'azione militare della NATO in Kosovo, nel 1999. Alcuni di essi hanno espressamente qualificato l'azione come illecita e tuttavia necessaria in relazione ad un evento di carattere eccezionale, quale una catastrofe umanitaria altrimenti inevitabile, precisando, altresì, che essa non avrebbe potuto costituire un precedente per ricostruire una regola giuridica. Senza pregiudizio sulla correttezza di tale ricostruzione, sembra plausibile ritenere che in tal modo questi Stati abbiano chiarito che, pur violando la regola sul divieto dell'uso della forza, essi non avrebbero inteso promuoverne la modifica, ma, anzi, ne avrebbero riconosciuto l'autorità.

L'argomento suggerito dalla Corte può apparire come astratto. A ben guardare, però, esso descrive le dinamiche reali della vita delle relazioni internazionali. È infatti assai difficile che gli Stati più forti – che sono anche quelli che più frequentemente ricorrono alla forza – intendano affermare puramente e semplicemente l'assenza di un divieto. Ciò facendo, infatti, essi affermerebbero un regime di libertà che dovrebbe valere anche per tutti gli altri Stati della comunità internazionale. Uno Stato che ricorre alla forza ha semplicemente considerato che il beneficio che si ripromette di ottenere dall'impiego della forza è superiore al costo sociale che consegue alla violazione. Di conseguenza, uno Stato che utilizza la forza tende a sottolineare l'unicità delle condizioni nelle quali esso ha operato e l'esistenza di cause giuridiche di giustificazione. Ciò al fine di evitare che il proprio comportamento possa servire da precedente per analoghe violazioni ad opera di altri Stati.

Un caso emblematico di questo iato fra condotte di fatto e giustificazioni in diritto è dato dal recente confronto armato scatenato dall'invasione del territorio ucraino da parte della Russia nel febbraio 2022, e ancora in corso. Nel suo discorso alla nazione del 24 febbraio 2022, dopo aver indicato l'esistenza di varie cause di giustificazione, fra le quali la commissione di atti di genocidio da parte dell'Ucraina contro le minoranze etniche russe, la richiesta di intervento da parte delle auto-proclamate repubbliche del Donbass e i precedenti interventi militari condotte unilateralmente delle potenze occidentali in vari teatri di crisi, il Presidente russo, Putin, ha pudicamente qualificato l'intervento militare come una "operazione militare speciale".

In chiave sistematica, queste considerazioni servono ad evidenziare il ruolo assai particolare svolto dal divieto di uso della forza nell'ordinamento internazionale. Esso costituisce infatti una forma di controllo giuridico dei conflitti. Ne consegue che la comunità internazionale riconnette all'esistenza del divieto un valore assai alto. È per questo motivo, quindi, che nel ricostruire la natura consuetudinaria del divieto occorre prendere in considerazione non solo le condotte materiali degli Stati più forti, ma anche il convincimento della comunità internazionale circa la necessità di mantenere una regola generale che vieti l'uso unilaterale della forza.

Dato che la violazione del divieto di uso della forza non comporta solo una violazione della sfera soggettiva dello Stato aggredito ma anche, sia pure in maniera diversa, di tutti gli Stati della comunità internazionale, è la reazione della comunità nel suo complesso a darci indicazioni in un senso o nell'altro.

Vero è che, soprattutto in ipotesi di violazioni ad opera degli Stati più potenti, le reazioni della comunità internazionale sono spesso contenute in note di protesta o in affermazioni rese di fronte ai fori multilaterali. Si tratta, quindi, di reazioni soprattutto di principio, che non si traducono in forme sanzionatorie. Come meglio vedremo, però, l'assenza di sanzioni effettive, aventi cioè un effetto dissuasivo diretto, che assistano il divieto di uso della forza, non è un elemento che possa, di per sé, determinare l'assenza di valore normativo. L'esistenza di un efficace sistema sanzionatorio, e la circostanza che un comportamento difforme dal diritto venga anche effettivamente sanzionato, sono infatti solo alcuni fra i tanti elementi che vengono in rilievo nel determinare l'esistenza di una regola ed il suo carattere giuridico. Semmai, ma questo è un discorso che sarà ripreso, tali elementi possono rilevare per determinare il grado di effettività di una certa norma, la sua capacità concreta, cioè, di imporsi a chi ne è destinatario.

5. *Il divieto di uso della forza nello scenario geopolitico contemporaneo*

Negli ultimi decenni il divieto di uso della forza si è dovuto confrontare con un'ulteriore insidia, data dal mutamento della struttura della comunità internazionale. Nel periodo del bipolarismo – così è generalmente indicata la polarizzazione della comunità internazionale attorno a due superpotenze, gli Stati Uniti e l'Unione Sovietica, dal secondo dopoguerra fino al venir meno del blocco socialista – il divieto di uso della forza era assistito da una formidabile garanzia fattuale, data dall'alta probabilità che un confronto armato fra le due superpotenze avrebbe condotto ad una mutua distruzione. La situazione geopolitica finiva quindi con il costituire una forma indiretta, ma assai efficace, di garanzia del divieto di uso della forza. I conflitti armati, difatti, potevano essere tollerati solo fino ad un certo grado di intensità: finché cioè essi non arrivassero a porre in pericolo l'assetto geopolitico allora vigente. Conflitti atti a mettere in pericolo l'assetto geopolitico, infatti, avrebbero determinato il rischio di una *escalation* incontrollabile.

Ci si potrebbe quindi chiedere se il divieto dell'uso della forza sia rimasto immutato anche alla luce del mutato assetto geopolitico.

L'equilibrio geopolitico attuale è fondato sull'esistenza di una unica Superpotenza, gli Stati Uniti, la quale ha goduto finora, a partire dal crollo dell'Unione Sovietica, di un ampio grado di indipendenza nei propri comportamenti rispetto alle reazioni degli altri Stati.

Questo carattere di dominanza potrebbe far credere che l'unica Superpotenza esistente non abbia alcun interesse a mantenere una forma di controllo giuridico dei conflitti fondata sul divieto di uso della forza. Da un lato, gli Stati Uniti ricaverebbero vantaggi per il fatto di poter realizzare con l'impiego della forza i propri obiettivi senza alcun intralcio giuridico. D'altro lato, in virtù della propria posizione di supremazia, essi potrebbero adeguatamente assicurare un controllo politico dei conflitti attraverso la propria supremazia politica e militare.

Secondo alcuni autori, difatti, la prova della rapida obsolescenza del divieto di uso della forza nel mutato scenario geopolitico sarebbe data dai vari interventi armati attuati dagli Stati Uniti negli ultimi decenni in varie aree del mondo. Tali interventi hanno suscitato invero molte reazioni verbali di condanna senza, però, provocare forme significative di sanzione da parte della comunità internazionale. La dirigenza degli Stati Uniti ha dato talvolta l'impressione di voler fare a meno del controllo assicurato dal divieto di uso della forza e di fare affidamento sulla propria forza militare al fine di mantenere la propria sicurezza e la sicurezza globale.

Conviene a riguardo menzionare la notissima Dottrina di sicurezza nazionale, adottata dal governo degli Stati Uniti nel 2002. Il documento contiene le linee essenziali della strategia di sicurezza alla quale gli Stati Uniti intendono conformare la propria condotta. Esso sembra rivendicare un'ampia libertà di azione e prospetta anche la possibilità di operare interventi bellici al fine di prevenire minacce alla sicurezza interna. Questo approccio sembra attenuato, ma non del tutto rimosso, nella Dottrina di sicurezza nazionale del 2010. Quest'ultimo documento afferma bensì la possibilità di un uso unilaterale della forza per tutelare interessi fondamentali degli Stati Uniti, condizionandolo però all'esaurimento di altre opzioni disponibili ed operando, per quanto possibile, in un quadro multilaterale (i testi sono disponibili su *www.whitehouse.gov*). Sul contenuto di questi documenti e, in particolare, sul concetto ormai notissimo della c.d. guerra preventiva, v. *infra*, par. 7, lett. *f*).

Una attenzione esasperata ai dati dell'attualità potrebbe inficiare l'analisi giuridica. Vero è che taluni documenti adottati dagli Stati Uniti, e taluni comportamenti tenuti in attuazione di essi, parrebbero indicare la volontà di questo Stato di affermare la propria libertà di determinare le condizioni per usare la forza, anche, se del caso, in maniera incompatibile con il divieto.

Tuttavia, una cosa è esercitare tale libertà e altra e ben diversa cosa è modificare attraverso tale esercizio la normativa internazionale. Lo scarso successo che ha accompagnato taluni recenti interventi operati dagli Stati Uniti sembra evidenziare che il mondo è troppo complesso da consentire a uno Stato, o anche a un gruppo di Stati, per quanto potenti, di assicurare un controllo unilaterale dei conflitti nelle varie aree del mondo. L'uso della forza da parte degli Stati Uniti, quindi, non ha indebolito il carattere normativo del divieto di uso della forza e, anzi, sembra rafforzarne la funzione come strumento giuridico per il controllo dei conflitti.

Recentemente, gli Stati Uniti sembrano aver maturato la consapevolezza che la dominanza strategica goduta per decenni possa attenuarsi o addirittura cessare. Nella dottrina di sicurezza nazionale del 2017, la Presidenza degli Stati Uniti prospettava il sorgere un nuovo bipolarismo fra il mondo occidentale, da un lato, e Cina e Russia dall'altro. Tale consapevolezza si sarebbe rafforzata, secondo notizie di stampa, nella nuova dottrina di sicurezza nazionale degli Stati Uniti, la cui pubblicazione è attesa negli ultimi mesi del 2022.

La fine del bipolarismo e le politiche egemoniche degli Stati occidentali sono state individuate come la giustificazione principale dell'intervento in Ucraina da parte della Russia. Nel suo discorso del 24 febbraio 2022, il Presidente russo Putin ha qualificato l'intervento militare in Ucraina come necessario per reagire alle politiche espansionistiche della NATO e per costruire un polo geopolitico alternativo all'Occidente.

Anche questo tentativo della Russia di giustificare, in chiave geopolitica, una chiara violazione del divieto di uso della forza sembra già fallito. Se pure la scarsa lungimiranza delle strategie geopolitiche occidentali degli ultimi decenni non ha certo contribuito all'effettività del divieto di uso della forza, le ripercussioni negative rispetto all'intervento militare in Ucraina sembrano indicare, ancora una volta, che la comunità internazionale non è disposta a rinunciare al divieto di uso della forza come strumento fondamentale di controllo dei conflitti.

6. *Struttura e valore normativo del divieto di uso della forza*

Il divieto di uso della forza esprime un interesse fondamentale dell'ordinamento internazionale. Esso indica come l'uso unilaterale della forza, ed il rischio di abusi che vi si accompagna, sia un meccanismo socialmente incontrollabile, suscettibile di mettere in pericolo la stabilità del sistema e la sicurezza collettiva. Tale considerazione spiega quindi la scelta dell'ordinamento di limitare l'azione unilaterale degli Stati anche qualora il ricorso alla forza appaia l'unica forma efficace di garanzia dei propri diritti ed interessi. Attraverso il divieto di uso della forza, l'ordinamento internazionale esprime quindi un particolare assetto di valori. In particolare, esso indica come l'interesse collettivo alla stabilità del sistema prevalga, in caso di conflitto, sull'interesse individuale degli Stati a realizzare coattivamente le proprie posizioni soggettive.

Il divieto di uso della forza ha quindi necessariamente una struttura e un valore particolare.

Quanto alla struttura, la regola non stabilisce solo una relazione giuridica bilaterale, fra lo Stato titolare dell'obbligo e lo Stato titolare del diritto. Essa non tutela infatti soltanto l'interesse dello Stato aggredito a non subire la violenza bellica altrui. La regola stabilisce un rapporto giuridico di carattere pubblicista, che intercorre, cioè, fra ciascuno Stato soggetto al divieto, da un lato, e una entità collettiva, la comunità internazionale nel suo insieme, dall'altro lato. È questa entità, infatti, ad essere titolare dell'interesse giuridicamente tutelato a mantenere un controllo sociale sui conflitti e ad evitarne la degenerazione. Questo concetto si esprime dicendo che il divieto dell'uso della forza è una regola *erga omnes*.

Il divieto di uso della forza ha anche un valore particolare. Esso, infatti, esprime necessariamente un interesse superiore ad altri interessi, di rango "ordinario". Se così non fosse, evidentemente, tale regola sarebbe soggetta alle normali dinamiche normative che si stabiliscono fra le varie regole dell'ordinamento internazionale. Lo Stato A potrebbe, ad esempio, violare il divieto ed usare la forza in risposta alla violazione di un'altra regola nei suoi confronti da parte dello Stato B. Tale possibilità è però logicamente incompatibile con l'esigenza di evitare il ricorso alla forza, anche qualora la forza sia usata da uno Stato al fine di attuare unilateralmente un obbligo internazionale. Come abbiamo visto, il divieto di uso della forza si è sviluppato nell'ordinamento internazionale proprio in relazione al rischio di abusi derivante dall'assenza di meccanismi obiettivi di controllo dell'uso della forza.

Per poter funzionare efficacemente, quindi, il divieto di uso della forza abbisogna di garanzie normative particolari. Esso non può cioè essere "relativizzato" nei rapporti con altre regole internazionali. Ciò si esprime generalmente affermando che la norma che stabilisce il divieto ha rango gerarchico superiore rispetto alle altre norme internazionali ordinarie; essa ha, come suol dirsi, carattere cogente (sul concetto di norma cogente, v. *infra*, parte II, capitolo IV, sezione IV).

7. *L'eccezione al divieto di uso unilaterale della forza: la legittima difesa*

a) *La nozione di legittima difesa nella Carta ONU e il diritto consuetudinario*

Unica eccezione al divieto di uso della forza espressamente indicata nella Carta delle Nazioni Unite è la legittima difesa. L'art. 51 la definisce come un diritto naturale (*inherent right* nel testo inglese, *droit naturel* nel testo francese). La terminologia dell'art. 51 lascia intendere che una diversa soluzione, che vincoli lo Stato aggredito a subire senza potersi difendere, sarebbe inesigibile.

L'art. 51, nella traduzione italiana, ha la seguente formulazione:

«Nessuna disposizione del presente Statuto pregiudica il diritto naturale di legittima difesa individuale o collettiva, nel caso che abbia luogo un attacco armato contro un Membro delle Nazioni Unite, fintantoché il Consiglio di Sicurezza non abbia preso le misure necessarie per mantenere la pace e la sicurezza internazionale. Le misure prese dai Membri nell'esercizio di questo diritto di legittima difesa sono immediatamente portate a conoscenza del Consiglio di sicurezza e non pregiudicano in alcun modo i poteri e la responsabilità spettanti al Consiglio di sicurezza, ai sensi della Carta, di intraprendere in qualsiasi momento le azioni che ritenga necessarie per mantenere o ristabilire la pace e la sicurezza internazionale».

Nella sentenza del 27 giugno 1986, relativa al menzionato caso *Nicaragua* (merito), la Corte internazionale di giustizia ha riconosciuto che la disposizione dell'art. 51 corrisponde, in larga misura, al diritto consuetudinario.

Il caso che ha dato origine a questo accertamento era interessante. Nella controversia fra Stati Uniti e Nicaragua, la Corte non aveva giurisdizione rispetto a controversie relative all'interpretazione o all'applicazione di trattati multilaterali. Dato che la Carta delle Nazioni Unite ha la natura giuridica di trattato multilaterale, la Corte ha identificato il diritto applicabile alla controversia nel diritto consuetudinario, il quale corrisponde largamente all'art. 51 della Carta, tranne che in alcune sue parti marginali, ad esempio, laddove esso impone obblighi di comunicazione dello Stato che opera in legittima difesa al Consiglio di sicurezza (v. par. 193 ss.).

Analogo accertamento è contenuto nella citata sentenza del 2003, relativa alle *Piattaforme petroliere*. In questa sentenza, l'istituto consuetudinario della legittima difesa è stato utilizzato per limitare gli effetti, apparentemente assai ampi, di una disposizione convenzionale, l'art. XX, par. 1, del Trattato bilaterale di amicizia, commercio e navigazione fra Iran e Stati Uniti, il quale prevede il diritto per ciascuna parte di adottare, in deroga rispetto agli obblighi imposti dal trattato, misure necessarie per proteggere propri interessi essenziali. La Corte ha tuttavia accertato che tale disposizione non dovesse essere interpretata isolatamente rispetto alla disciplina consuetudinaria relativa all'uso della forza. La Corte ha quindi escluso che tale disposizione conferisse a ciascuna delle parti il diritto di usare la forza al di là di quanto consentito a titolo di legittima difesa (par. 40 ss. della sentenza). Da questo argomento traspare l'idea che, qualora il trattato venisse interpretato nel senso di conferire a ciascuna delle parti il potere di usare la forza per tutelare propri interessi essenziali, esso risulterebbe in contrasto con la norma cogente che vieta l'uso della forza in diritto internazionale e sarebbe quindi invalido (v. *infra*, parte II, capitolo IV, sezione IV).

La norma sulla legittima difesa stabilisce un rapporto giuridico fra l'aggressore e l'aggredito. L'aggredito potrà usale lecitamente la forza contro l'aggressore, il quale ha agito illecitamente. Si tratta, quindi, in primo luogo, di un rapporto di carattere bilaterale.

Tuttavia, dato che il divieto di uso della forza ha carattere *erga omnes*, la sua violazione lede anche l'interesse alla sicurezza di tutti gli altri Stati nonché della comunità internazionale nel suo insieme. Ne consegue che, a propria volta, la legittima difesa può assumere una dimensione istituzionale ovvero collettiva.

Queste due dimensioni saranno illustrate nei due ultimi sub-paragrafi, una volta completata l'analisi dei profili strutturali della legittima difesa.

b) *La nozione di attacco armato*

Presupposto essenziale per l'esercizio della legittima difesa è costituito dall'esistenza di un attacco armato. L'uso della forza è funzionalmente legato a tale nozione, nel senso che esso è lecito solo in presenza di un attacco armato, e nella misura necessaria per respingerlo.

La nozione di attacco armato è stata oggetto di varie interpretazioni, tendenti ad allargare il novero delle situazioni nelle quali sarebbe lecito l'uso della forza. Gli Stati che hanno operato interventi a tutela di cittadini all'estero, o interventi umanitari, o interventi nei confronti del terrorismo, hanno generalmente sostenuto, in primo luogo, una nozione ristretta del divieto di uso della forza, in maniera da escludere l'illiceità della propria azione; in via subordinata essi hanno sostenuto una nozione ampia di attacco armato, in maniera da poter configurare la propria azione come lecita a titolo di legittima difesa.

La prassi è univoca nel ritenere che la nozione di attacco armato comprenda innanzi tutto i classici casi dell'aggressione mediante l'impiego della forza militare da parte di uno Stato nei confronti di un altro.

Secondo la Corte internazionale di giustizia la nozione di attacco armato comprende altresì forme di aggressione indiretta, operate da bande paramilitari che agiscano sul territorio di uno Stato per conto e sotto il controllo di un altro Stato. Di converso, l'esistenza di forme di appoggio ed assistenza a favore di gruppi armati impegnati in un conflitto interno, che si concretizzino in assistenza logistica, rifornimento di armi, e così via, non è equiparabile ad un attacco armato e non può giustificare, quindi, una reazione armata a titolo di autodifesa. Tali azioni andrebbero piuttosto considerate come un uso minore della forza. Nei loro confronti operano, quindi, le regole sulla reazione all'illecito (v. *infra*, parte V, capitolo I).

La distinzione fra forme di aggressione indiretta e forme di assistenza logistica è stata sottolineata dalla Corte internazionale di giustizia nella menzionata sentenza di merito relativa al caso *Nicaragua*. In quell'occasione, la Corte affermò che l'aggressione indiretta giustifica misure collettive di reazione, che possono giungere fino a comprendere forme di intervento armato da parte di Stati terzi, mentre le misure di assistenza logistica giustificano solo contromisure proporzionate, ma non implicanti l'uso della forza (v. par. 195, 211 ss. della sentenza).

La qualificazione giuridica del sostegno militare a favore di uno Stato impegnato in un conflitto armato, in particolare la fornitura di armi, addestramento e informazioni militari, è tornata recentemente all'attenzione in relazione al sostegno fornito da vari Paesi occidentali, nonché dall'Unione europea, a favore dell'Ucraina impegnata in un confronto militare con la Russia.

Questa situazione sembra diversa rispetto a quella che si è presentata alla Corte internazionale di giustizia nel caso *Nicaragua*. Mentre in quel caso la fornitura di armi in un conflitto armato era stata invocata come giustificazione per l'uso della forza in legittima difesa, nel conflitto russo-ucraino la fornitura di armi all'Ucraina è prestata dichiaratamente come una forma minore di legittima difesa nei confronti dell'aggressione russa, la quale, quindi, non implica il diretto coinvolgimento degli Stati terzi nel conflitto. Tale questione sarà approfondita nel paragrafo sulla legittima difesa collettiva. V., *infra*, sub-par. *g*).

Il concetto di attacco armato potrebbe subire una ulteriore evoluzione qualora ad esso venisse equiparata la nozione di attacco ai sistemi informatici, generalmente nota con il termine *cyber attacks*. Essa si riferisce ad attacchi attraverso sistemi capaci di bloccare il funzionamento dei complessi programmi che gestiscono infrastrutture strategiche, capaci, quindi, di comportare perdite, anche ingenti, di vite umane. Si pensi ad un attacco informatico capace di interferire con il funzionamento di centrali nucleari e di causare incidenti. Tale nozione è stata inclusa per la prima volta dalla NATO nella dottrina strategica adottata a Lisbona nel 2010 (v. *infra*, capitolo III). La dottrina strategica del 2022 poi chiarisce che anche un singolo *cyber attack* può essere considerato come un attacco armato e dar luogo alle conseguenze previste nel Trattato NATO per gli attacchi convenzionali, incluse reazioni di carattere militare.

c) *Legittima difesa contro enti non statali*

Crescente rilievo ha assunto negli anni più recenti la questione della natura giuridica di azioni militari transfrontaliere operate da enti non statali. Possono tali azioni essere equiparate senz'altro ad un attacco armato ai sensi dell'art. 51 della Carta? Può lo Stato attaccato operare azioni militari sul territorio di uno Stato terzo al fine di esercitare il proprio diritto di legittima difesa nei confronti di gruppi armati che vi hanno installato proprie basi?

La questione non è nuova, e, anzi, è stata ampiamente dibattuta in passato. Essa però si è riproposta con rinnovato vigore in relazione al fenomeno del terrorismo internazionale, che usa il territorio di Stati terzi per pianificare, organizzare e realizzare le proprie strategie terroristiche.

Nella tradizionale concezione del diritto internazionale come diritto di Stati, non vi era alcun posto per una dottrina della legittima difesa contro individui o gruppi di individui. In quanto non dotati dell'elemento della statualità, tali enti rimarrebbero estranei ai rapporti giuridici disciplinati dalla normativa internazionale sull'uso della forza. La legittima difesa, in altri termini, opererebbe solo nei rapporti fra Stati. Lo Stato attaccato potrebbe reagire mediante l'uso della forza solo qualora l'attacco, ancorché portato da individui o gruppi di individui, sia nondimeno imputabile ad un altro Stato. In caso contrario, lo Stato territoriale risponderebbe solo per non aver adeguatamente esercitato i poteri sovrani sul proprio territorio, sì da impedirne l'utilizzazione per fini vietati dal diritto internazionale.

Questa concezione ha verosimilmente ispirato la Corte internazionale di giustizia allorché essa ha indicato, nel parere relativo alle *Conseguenze giuridiche della costruzione di un muro nei territori palestinesi occupati*, del 9 luglio 2004, che la forza può essere utilizzata a titolo di legittima difesa solo in caso di un attacco di uno Stato contro un altro (par. 139). Successivamente, nella sentenza del 19 dicembre 2005, resa in merito alla controversia relativa alle *Attività armate nel territorio del Congo (Repubblica Democratica del Congo c. Uganda)*, la Corte internazionale di giustizia ha invece preferito lasciare impregiudicata la questione (v. il par. 160).

La rigida distinzione fra enti statali ed enti non statali, peraltro, non è sempre idonea a spiegare la complessa realtà internazionale. Talvolta, infatti, alcuni gruppi di individui, pur se privi dei requisiti della statualità, esercitano forme varie di controllo territoriale. È ragionevole ritenere che un ente che eserciti un controllo effettivo su di un dato territorio, pur se nominalmente posto sotto la sovranità di un altro Stato, possa essere destinatario diretto della normativa sull'uso della forza internazionale. Esso sarebbe destinatario della norma sul divieto di uso della forza, per modo che un attacco nei confronti di un altro Stato dovrebbe essere qualificato come attacco armato ai sensi dell'art. 51 della Carta. Di conseguenza, lo Stato attaccato ben potrebbe a reagire in legittima difesa, avendo però cura di circoscrivere la reazione alle strutture militari e di governo dell'ente non statale.

La prassi sembra indicare la possibilità di operare reazioni armate transfrontaliere nei confronti di gruppi armati a condizione che essi dispongano di un controllo territoriale che li renda, per questo aspetto, assimilabili ad un soggetto internazionale. Tale era, ad esempio, lo *status* del partito *Hezbollah* al tempo della seconda guerra del Libano. Pur partecipando alla coalizione governativa dello Stato libanese, tale ente era in grado di esercitare, attraverso proprie milizie, un controllo territoriale pressoché esclusivo della regione del sud del Libano, dalla quale operava attacchi nei confronti di Israele. La reazione armata di quest'ultimo, nel 2006, venne quindi qualificata come legittima difesa da vari Stati della comunità internazionale, limitatamente, però, alle azioni condotte nella porzione di territorio sotto il controllo delle milizie.

Il criterio del controllo territoriale *de facto* ha assunto rilievo anche nella prassi concernente le reazioni ad attacchi terroristici commessi da gruppi del radicalismo islamico.

Nel 2001, gli Stati Uniti hanno reagito in legittima difesa nei confronti dell'Afghanistan dopo gli attacchi terroristici sul territorio statunitense dell'11 settembre 2001 da parte dell'organizzazione Al Qaeda. La stretta connessione fra le strutture dello Stato afghano, controllate dal regime dei Talebani, e le strutture dell'organizzazione terrorista di Al Qaeda era infatti tale da ritenere che le due organizzazioni esercitassero congiuntamente le funzioni di governo territoriale dell'Afghanistan. Difatti, la legittima difesa è stata espressamente menzionata nelle due risoluzioni 1368 (2001) e 1373 (2001) adottate dal Consiglio di sicurezza nelle settimane immediatamente successive all'attacco. Il Consiglio di sicurezza, in altri termini, avrebbe ritenuto che l'attacco compiuto da Al Qaeda nei confronti degli Stati Uniti andasse imputato sia all'organizzazione terrorista che allo Stato afghano ed avrebbe allora giustificato una reazione diretta, a propria volta, contro ambedue tali enti.

L'idea che l'utilizzo della forza in risposta ad attacchi di enti non statali che dispongano di una base territoriale sia lecito a titolo di legittima difesa si è ulteriormente affermata in relazione al c.d. Stato islamico (detto anche ISIS, ISIL ovvero Daesh): una organizzazione islamica radicale che ha acquisito il controllo *de facto* di ampie porzioni del territorio dell'Iraq e della Siria, e che pratica attività di carattere terroristico.

Vari Stati, fra cui gli Stati Uniti e la Russia, hanno invocato la legittima difesa collettiva a fondamento delle operazioni militari intraprese contro lo Stato islamico (per un più accurato resoconto, v. *infra*, par. 8). All'indomani degli attacchi terroristi del 13 novembre 2015 a Parigi, la Francia ha dichiarato di essere stata oggetto di una aggressione armata da parte dello Stato islamico, e ha, a propria volta, agito in legittima difesa contro le strutture militari e governative nel territorio controllato dall'ISIS. Tale qualificazione giuridica è stata fatta propria dai 28 Stati membri dell'Unione europea i quali hanno attivato, per la prima volta, il meccanismo di assistenza previsto dall'art. 42, par. 7, del Trattato sull'Unione, che ha come presupposto proprio l'esistenza di un attacco armato ai sensi dell'art. 51 della Carta delle Nazioni Unite (v. il comunicato finale della riunione del Consiglio dell'Unione europea riunito al livello di ministri degli esteri, tenuto a Bruxelles il 16 e 17 novembre 2015). Infine, sempre in relazione agli attentati di Parigi del novembre 2015, il Consiglio di sicurezza, con la risoluzione 2249 (2015), ha invitato gli Stati ad adottare ogni misura, compatibile con il diritto internazionale, sul territorio controllato dallo Stato islamico, necessaria al fine di prevenire e reprimere attentati terroristici.

L'adozione di un criterio di carattere territoriale sembra appropriata in quanto tale criterio concilia le varie esigenze in gioco. Da un lato, vi è l'esigenza di consentire allo Stato attaccato di reagire nei confronti di azioni che presuppongono una elevata capacità militare. D'altro lato, però, vi è l'esigenza di limitare rigorosamente l'ambito spaziale della legittima difesa, evitando che le operazioni militari possano coinvolgere Stati terzi per il solo fatto di non aver prevenuto o represso l'uso del proprio territorio per finalità contrarie al diritto internazionale.

d) *Necessità e proporzionalità della reazione*

L'istituto della legittima difesa è esattamente definito da due elementi: un elemento di fatto – l'esistenza di un attacco armato – ed un elemento di diritto – la facoltà giuridica di utilizzare la forza al fine di respingerlo. L'uso della forza è quindi consentito, secondo una definizione ormai classica nella prassi e nella giurisprudenza internazionale, se necessario a respingere l'attacco e nella misura proporzionale a tale scopo.

Questi sono i classici limiti posti alla legittima difesa, riconosciuti già nel menzionato caso *Caroline*, occorso nel 1837.

È peraltro incerto il parametro alla luce del quale valutare la proporzionalità della reazione. Tradizionalmente, esso viene definito in ragione di un elemento oggettivo, dato dai mezzi impiegati per l'attacco o dalla scala di grandezza dell'azione offensiva. Questa soluzione però restringerebbe eccessivamente la facoltà dello Stato aggredito di determinare i mezzi di azione più appropriati per le finalità difensive. D'altra parte, non sembra ragionevole utilizzare un parametro di tipo soggettivo, quale l'esigenza di garantire la sicurezza dello Stato aggredito. Tale esigenza potrebbe infatti essere invocata per giustificare operazioni eccedenti di gran lunga sia le dimensioni dell'attacco originario che le esigenze difensive, fino a determinare forme di intromissione negli affari interni di altri Stati e provocare un mutamento del loro regime politico.

Una soluzione equilibrata sembra quella di adottare un criterio di ordine funzionale, che vincoli la scelta dei mezzi difensivi rispetto all'esigenza di respingere l'attacco e di realizzare la pienezza nella tutela della propria sfera territoriale.

Nella realizzazione di tale fine si esaurisce, tuttavia, la liceità dell'azione difensiva. Misure ulteriori, destinate a rimuovere definitivamente una minaccia e realizzare condizioni politiche di sicurezza non sono, quindi, ricomprese nell'istituto della legittima difesa, che ha solo la funzione di garantire in via provvisoria l'integrità della sfera territoriale dello Stato attaccato. Conviene aggiungere, peraltro, che i criteri della necessità e della proporzionalità non esauriscono i limiti giuridici posti all'azione in legittima difesa. L'uso della forza è anche limitato da altre norme internazionali, quali, ad esempio, quelle relative al diritto umanitario.

Una interessante analisi delle possibili interferenze fra diritto umanitario e legittima difesa è contenuta nel menzionato parere della Corte internazionale di giustizia del 1996 relativo alla *Liceità della minaccia o dell'uso di armi nucleari*.

La risposta armata ad un attacco già esaurito, qualora quindi le forze attaccanti siano rientrate nell'ambito del proprio territorio, non rientra nelle ipotesi di legittima difesa ma costituisce più propriamente una forma di rappresaglia armata ed è, quindi, coperta dal divieto di uso della forza. Egualmente non costituiscono forme di legittima difesa le misure di carattere militare tese a reagire ad illeciti internazionali diversi dall'attacco armato, quali, ad esempio, il sequestro di cittadini, la presa di ostaggi, il supporto ad azioni terroristiche, e così via (v. *supra*, par. 3).

e) *Legittima difesa e azioni preventive*

Nell'ambito della questione relativa alla possibilità di ricondurre alla legittima difesa le reazioni agli attacchi terroristici, si inserisce il problema della "legittima difesa preventiva".

Il problema consiste essenzialmente nel vedere se uno Stato possa agire con misure implicanti l'uso della forza nella fase antecedente un attacco armato. A favore di tale ipotesi si è sostenuto che sarebbe irragionevole impedire l'esercizio del diritto di autodifesa teso ad evitare un attacco imminente. Il diritto internazionale costringerebbe infatti uno Stato a subire un attacco armato pur potendone, con una azione preventiva, evitare o limitare i suoi effetti.

Non mancano tuttavia argomenti a favore della soluzione opposta; in particolare, l'uso della forza in via preventiva finisce con l'accentuare il rischio di abuso insito nell'impiego unilaterale della forza. In assenza di forme obiettive di accertamento, lo Stato che agisce in legittima difesa preventiva ha infatti una discrezionalità assai ampia nell'accertare l'esistenza delle condizioni che richiedono l'impiego della forza.

La possibilità di operare a titolo di legittima difesa nell'imminenza di un attacco è stata lungamente discussa nella intensa corrispondenza diplomatica che ha fatto seguito al menzionato caso *Caroline*, che peraltro non costituiva un'ipotesi di legittima difesa in senso proprio. Le parti furono d'accordo nell'ammettere l'impiego preventivo della forza in presenza di una «necessità di difesa immediata, e perentoria, che non permetta la scelta dei mezzi e che non dia possibilità di riflessione (*necessity of self-defence, instant, overwhelming, leaving no choice of means, and no moment for deliberation*)».

Proprio in ragione del rischio di abuso insito nell'istituto della legittima difesa preventiva, la dottrina che la giustifica tende a stabilire delle condizioni rigorose e, in particolare esige l'esistenza di un nesso stringente di prossimità fra l'azione e l'attacco che essa è diretta a prevenire. Questo presupposto non ricorre, quindi, qualora la connessione fra questi due sia ipotetica o remota.

Come legittima difesa preventiva venne qualificato da Israele il proprio intervento in Iraq nel 1981, realizzato al fine di distruggere un reattore nucleare che, secondo l'Iraq, era parte di un programma di sviluppo pacifico dell'energia atomica, sotto il controllo dell'apposita agenzia delle Nazioni Unite (IAEA). Israele sostenne di aver il diritto di impedire lo sviluppo di programmi nucleari da parte dell'Iraq, suscettibili di minacciare la propria sicurezza. Questa posizione venne però respinta da vari Stati, anche nel corso del dibattito in Consiglio di sicurezza che portò all'adozione della risoluzione 487 (1981) del 19 giugno 1981, di condanna dell'attacco israeliano. Anche l'Assemblea generale condannò l'attacco israeliano qualificandolo come un atto di aggressione (v. risoluzione 36/27 del 13 novembre 1981).

Non rientra nella nozione di legittima difesa la c.d. dottrina della guerra preventiva, adottata dall'amministrazione statunitense nel 2002 nell'ambito della propria strategia di sicurezza nazionale, dopo gli attacchi terroristici avvenuti l'11 settembre 2001. Difatti, in tale dottrina, l'intervento non è configurato come anticipatorio nei confronti di un attacco armato imminente, ma è invece teso a impedire lo sviluppo delle condizioni suscettibili di porre in pericolo la sicurezza degli Stati Uniti. Inoltre, l'intervento preventivo non è limitato funzionalmente dall'esigenza di impedire l'attacco, bensì è teso a rimuovere definitivamente la minaccia, attraverso un mutamento del regime dello Stato nei confronti del quale è portato. Ancorché presentata come un aggiornamento dell'istituto della legittima difesa, la dottrina della guerra preventiva sembra, piuttosto, diretta a modificare il diritto internazionale e ad allargare i presupposti di intervento unilaterale.

f) *Legittima difesa collettiva*

L'art. 51 della Carta delle Nazioni Unite prevede che la legittima difesa possa essere esercitata anche in maniera collettiva. In altri termini, le azioni militari necessarie per respingere un attacco armato possono essere operate anche da Stati terzi.

Tuttavia, l'esercizio del diritto di difesa collettiva, da parte cioè di Stati terzi, esige una richiesta di aiuto da parte dello Stato attaccato. Questo principio è stato riconosciuto come parte del diritto generale dalla Corte internazionale di giustizia nella sentenza del 1986 relativa al menzionato caso *Nicaragua* (par. 199).

L'esigenza della previa richiesta dello Stato attaccato al fine di abilitare uno Stato terzo a usare la forza a titolo di legittima difesa collettiva appare del tutto ragionevole. Tale limite ha, infatti, la funzione di evitare che Stati terzi possano prendere a pretesto la vicenda ed utilizzare la forza per propri fini, diversi dall'esigenza di prestare aiuto a favore dello Stato attaccato.

Tuttavia, questa circostanza evidenzia le difficoltà di inquadramento sistematico dell'istituto della legittima difesa collettiva. L'esigenza del consenso da parte dello Stato aggredito, infatti, potrebbe sembrare in conflitto con la struttura *erga omnes* del divieto sull'uso della forza. Come si è detto, infatti, un attacco armato non costituisce solo una violazione del divieto nei confronti dello Stato attaccato, ma anche nei confronti di ciascuno Stato della comunità internazionale. Di conseguenza, ciascuno Stato della comunità internazionale, e non solo lo Stato attaccato, è legittimato a reagire nei confronti dell'aggressore. Come si giustifica allora il riconoscimento di una posizione "speciale" in capo allo Stato aggredito, il quale ha il potere di determinare le modalità della reazione in legittima difesa ad opera di Stati terzi e addirittura di paralizzarne l'intervento?

In realtà, occorre considerare che la norma sul divieto di uso della forza tutela interessi di diversa natura. È del tutto logico, quindi, che la violazione del divieto possa, a propria volta, produrre reazioni distinte.

Un attacco armato viola innanzi tutto l'interesse dello Stato aggredito alla salvaguardia della propria integrità territoriale. Esso, quindi, giustifica una reazione, la legittima difesa, tesa a respingere l'attacco e ripristinare la sovranità territoriale. In questa logica, la legittima difesa collettiva è concepita come una sorta di delega conferita dallo Stato attaccato a Stati terzi a usare la forza al fine di tutelare la propria integrità territoriale. Sembra quindi ovvio che gli Stati che usano la forza a titolo di legittima difesa collettiva debbano operare nel quadro della strategia politica e militare determinata dallo Stato attaccato.

Tuttavia, un attacco armato viola anche l'interesse di tutti gli Stati, nonché della comunità internazionale nel suo insieme, alla stabilità del sistema e alla prevenzione e repressione di violazioni del diritto cogente. Come meglio vedremo, la nozione di diritto cogente è una nozione latamente pubblicistica, la quale include gli interessi fondamentali della comunità internazionale.

Sarebbe quindi incongruo subordinare al consenso dello Stato attaccato qualsiasi possibilità di reazione nei confronti della violazione di un interesse fondamentale di carattere collettivo.

La una possibile soluzione si trova nel regime della responsabilità internazionale nei confronti di gravi violazioni di interessi collettivi della comunità internazionale (v. *infra*, parte V, capitolo I). Come vedremo, in tale regime, ciascuno Stato terzo, agente individualmente, e senza bisogno del consenso dello Stato aggredito, non solo è legittimato, ma ha un vero e proprio obbligo di reagire nei confronti dello Stato aggressore.

Si pone, peraltro, il problema di determinare i rapporti fra questo nuovo regime, fondato sull'idea di una reazione collettiva e quello della legittima difesa, fondato sulla classica concezione bilateralista.

Da un lato, sembra ragionevole ritenere che i rapporti fra i due regimi siano fondati sul criterio della specialità. In forza di questo criterio, tutti gli Stati della comunità internazionale possono, e anzi debbono, reagire contro una aggressione con l'uso di mezzi non implicanti l'uso della forza. L'utilizzo della forza sarebbe invece riservato allo Stato attaccato e agli Stati da esso autorizzati.

D'altro lato, lo sviluppo del diritto internazionale, come emerge dagli Articoli sulla responsabilità internazionale, porta a ritenere che il dovere di determinare la cessazione di una violazione di interessi fondamentali di carattere collettivo debba spettare alla comunità internazionale, titolare di tali interessi. In questa prospettiva, non è irragionevole ipotizzare che lo Stato attaccato abbia, a propria volta, l'obbligo di cooperare con gli altri Stati della comunità internazionale, sia con quelli che operano in legittima difesa che con quelli che contribuiscono con misure non implicanti l'uso della forza, al fine di determinare gli obiettivi e le modalità delle azioni difensive, nel quadro degli interessi fondamentali della comunità internazionale.

La questione si è posta, ancorché non in maniera espressa, nel caso della cooperazione militare a favore dell'Ucraina in seguito all'aggressione russa. Le dichiarazioni della dirigenza ucraina hanno costantemente sostenuto che l'obiettivo delle operazioni militari fosse il recupero integrale dei territori occupati dalla Russia, sia in seguito all'invasione del 2022, che a quella, meno cruenta ma egualmente illecita, della Crimea, nel 2014. Di converso, gli Stati che hanno fornito armi, addestramento militare, materiale logistico e informazioni di *intelligence* a titolo di legittima difesa collettiva, hanno mantenuto una maggior cautela, sia rispetto all'obiettivo strategico dell'azione difensiva che rispetto a singole modalità di essa, dimostrando di non voler assumere né lo *status* di cobelligeranti né quello di meri ausiliari dell'azione difensiva, ma di voler contribuire a determinarne gli obiettivi e le modalità.

Ciò appare comprensibile anche in una dimensione sistematica. Il conflitto fra Russia e Ucraina è caratterizzato da una inusuale dimensione strategica, accentuata dallo *status* nucleare della Russia. Difatti, a questo intervento la Russia sembra affidare il compito di iniziare la revisione dell'attuale assetto strategico unipolare.

La *magnitudo* delle potenziali conseguenze del conflitto mette, quindi, alla prova l'istituto della legittima difesa, evidenziando i limiti della concezione classica, tesa unicamente al ripristino della integrità territoriale dello Stato attaccato, e sottolineando l'esigenza di una reazione collettiva che consideri tutti gli interessi in gioco.

g) *Legittima difesa individuale e azione istituzionale del Consiglio di sicurezza*

Nel sistema della Carta, la legittima difesa è concepita come un istituto di carattere provvisorio. Lo Stato che agisce in legittima difesa deve notificare la propria azione al Consiglio di sicurezza, e può agire solo fintantoché questi non abbia adottato le misure necessarie per il ristabilimento della pace e della sicurezza internazionale.

La legittima difesa è configurata, quindi, come una sorta di misura atta a consentire un primo intervento difensivo dello Stato, al quale dovrebbe far seguito l'azione istituzionale delle Nazioni Unite.

Sembra ragionevole ipotizzare però che l'inerzia del Consiglio non possa pregiudicare l'esercizio del diritto di operare con misure difensive. Uno Stato ha quindi il diritto di usare la forza a titolo di legittima difesa, a patto di rispettare gli altri limiti previsti da questo istituto, quando il sistema decisionale del Consiglio sia bloccato ovvero quando il Consiglio non intervenga per scelta politica.

Quest'ultima ipotesi si è verificata nel caso del mancato intervento del Consiglio di sicurezza dopo l'attacco terroristico dell'11 settembre 2001, che ha originato il successivo intervento degli Stati Uniti in Afghanistan. Come si è detto, la risoluzione 1373 (2001) contiene un riferimento alla legittima difesa, lasciando quindi intendere che l'attacco terrorista costituisse una aggressione ai sensi dell'art. 51 della Carta. Tuttavia, il Consiglio non ha ritenuto di intervenire direttamente né di autorizzare un intervento, poi attuato unilateralmente da parte degli Stati Uniti.

I rapporti fra legittima difesa ed azione istituzionale possono, peraltro, essere complicati da una divergenza di vedute fra lo Stato attaccato ed il Consiglio, quanto alle misure da adottare per ristabilire la pace e la sicurezza internazionale. Potrebbe verificarsi, ad esempio, che il Consiglio ritenga inopportuno intervenire con misure implicanti l'uso della forza, mentre lo Stato aggredito intenda adottare misure militari.

Una ipotesi del genere parrebbe essersi verificata nel 1982, in seguito all'occupazione delle isole *Falklands-Malvinas* da parte dell'Argentina, allorché il Consiglio di sicurezza adottò talune misure sanzionatorie nei confronti di tale Stato (v. le risoluzioni 502 (1982) e 505 (1982), rispettivamente del 3 aprile e del 26 maggio 1982), senza però prospettare un intervento militare ai sensi dell'art. 42 della Carta, mentre il Regno Unito agì con misure militari qualificabili come legittima difesa.

Una ulteriore complicazione può sorgere allorché le misure adottate dal Consiglio finiscono con l'ostacolare l'esercizio del diritto di legittima difesa. Questa ipotesi si sarebbe verificata, ad avviso della Bosnia-Erzegovina, allorché il Consiglio di sicurezza decretò, con la risoluzione 713 (1991) del 25 settembre 1991, un embargo totale sulle armi nei confronti dei Paesi coinvolti nella guerra in corso sul territorio della ex Iugoslavia. Ciò, ad avviso della Bosnia-Erzegovina, finiva con il ridurre, di fatto, la possibilità di difesa delle truppe bosniache.

Passando all'ipotesi opposta a quella considerata sopra, ci si può chiedere se l'esercizio della legittima difesa sia condizionato ad una previa autorizzazione del Consiglio di sicurezza. Trattandosi di un diritto "naturale" questa conclusione non sembra molto ragionevole, anche perché finirebbe con il bloccare l'esercizio dell'autodifesa in carenza di un intervento istituzionale. Vero è che, talvolta, alcuni Stati hanno subordinato il proprio intervento in difesa di uno Stato aggredito alla concessione di una autorizzazione del Consiglio di sicurezza. È però difficile dedurre da tali posizioni l'illiceità dell'azione unilaterale in assenza di autorizzazione. Esse sembrano piuttosto ispirate dalla preoccupazione degli Stati di precostituire una forma di legittimazione politica al proprio intervento.

In una prospettiva generale, il sistema della Carta, il quale affida al Consiglio di sicurezza amplissimi poteri in funzione dell'obiettivo del ripristino della pace e della sicurezza collettiva, non si è rivelato particolarmente effettivo. Certamente non lo è allorché le Grandi Potenze abbiano interessi individuali in un conflitto, anche di carattere locale. Lo è ancor meno allorché, come nel caso del conflitto in Ucraina, uno dei belligeranti sia un membro permanente del Consiglio di sicurezza. Neanche in questo caso, infatti, come meglio si vedrà, la Carta prescrive un obbligo di astensione del membro del Consiglio (art. 27, par. 3).

L'ineffettività del meccanismo istituzionale fa sì che l'unico rimedio nella Carta rispetto a un attacco armato sia dato dall'istituto della legittima difesa. Questa circostanza evidenzia vieppiù il ruolo della legittima difesa collettiva, come modalità tesa a consentire, accanto all'interesse dello Stato attaccato a respingere l'attacco e a ripristinare la propria integrità territoriale, anche la considerazione degli interessi della comunità internazionale nel suo insieme.

8. *Uso della forza e terrorismo internazionale*

Le categorie giuridiche sull'uso unilaterale della forza sono state messe alla prova, negli ultimi anni, dal fenomeno del terrorismo internazionale. Pur se non certo nuovo, esso sta acquisendo sempre maggior rilievo al punto da esigere, secondo alcune ricostruzioni, un adattamento della disciplina internazionale dell'uso della forza.

Il problema della liceità della reazione armata nei confronti di gruppi terroristici si sovrappone in maniera considerevole a quello della liceità dell'uso della forza nei confronti di enti non statali. La prassi utilizzata per ricostruire la disciplina giuridica dei due profili è sostanzialmente coincidente, così come le soluzioni raggiunte nei due casi sono largamente sovrapponibili. Recentemente, peraltro, la problematica dell'uso della forza contro il terrorismo sembra acquisire autonomia concettuale in corrispondenza, verosimilmente, al crescente rilievo del terrorismo islamico, teorizzato e praticato su larga scala da gruppi radicali, e alla reazione degli Stati colpiti da attacchi terroristici, che si è sovente concretizzata in massicce operazioni militari.

La questione ha acquisito drammatico rilievo in occasione dell'attacco terroristico dell'11 settembre 2001, compiuto da appartenenti all'organizzazione Al Qaeda, alle torri gemelle di New York e in altre parti del territorio statunitense. A tale attacco, gli Stati Uniti hanno reagito con imponenti operazioni militari contro l'Afghanistan, Stato che ospitava le sedi dell'organizzazione e che presentava una certa sovrapposizione delle sue strutture amministrative con quelle di Al Qaeda. L'azione degli Stati Uniti e dei loro alleati ha provocato la caduta del regime dei Talebani e l'instaurazione di un nuovo regime, sostenuto militarmente dagli Stati Uniti e da altri Paesi occidentali. L'intervento in Afghanistan non si inquadra, quindi, nelle classiche misure esecutive operate nei confronti di bande di terroristi all'estero, ma si è diretto contro le strutture statali e si è posto espressamente come obiettivo il mutamento di regime dello Stato afghano.

È possibile che la scala di grandezza senza precedenti dell'attacco terroristico dell'11 settembre 2001, e l'enorme emozione suscitata da esso nel mondo intero, siano state all'origine del largo consenso politico che ha accompagnato, almeno inizialmente, la reazione statunitense. Il Consiglio di sicurezza ha condannato l'azione terroristica con la risoluzione 1373 (2001) del 28 settembre 2001. La risoluzione reca un ambiguo riferimento al concetto di legittima difesa. Tale riferimento potrebbe indicare la volontà del Consiglio di fornire una legittimazione giuridica all'intervento unilaterale da parte degli Stati Uniti.

L'intervento degli Stati Uniti va inquadrato, quindi, nella più complessiva strategia di azione di questo Stato, che ha chiaramente manifestato il proprio orientamento ad utilizzare in modo massiccio la forza, anche attraverso interventi armati di carattere preventivo, nei confronti di Stati che praticano o sostengono azioni terroristiche. Contribuisce a chiarire tale strategia la definizione di taluni Stati come Stati canaglia (*rogue states*), i quali si sarebbero posti al di fuori delle regole elementari della convivenza internazionale e non godrebbero, pertanto, della protezione offerta dal diritto internazionale (v. la menzionata Dottrina statunitense di sicurezza nazionale del 2002, *infra*, par. 5. Sulla nozione di *rogue state*, v. *infra*, parte III, capitolo II, par. 3).

Vari autori hanno sostenuto, in sintonia con le posizioni espresse ufficialmente dall'amministrazione degli Stati Uniti, la liceità dell'impiego massiccio della forza contro Stati che praticano o sostengono il terrorismo. Per fondare una revisione della disciplina vigente, tuttavia, questa considerazione dovrebbe corrispondere ai convincimenti della comunità internazionale ed essere tradotta in regole compiute di comportamento.

Un ulteriore banco di prova per verificare la consistenza di tale orientamento è costituito dall'intervento in Iraq, operato dagli Stati Uniti e dalla Gran Bretagna nel 2003. Fra i tanti motivi prospettati al fine di giustificare l'intervento, tali Stati hanno indicato l'esigenza di prevenire il possesso di armi di distruzione di massa da parte di gruppi terroristici. La circostanza che tale timore non sia stato suffragato da alcuna prova, e che si sia rivelato infondato, ha certamente indebolito notevolmente questa tesi, ed ha posto in rilievo proprio i rischi di abuso riconnessi ad un accertamento unilaterale. La vicenda ha anzi contribuito a rafforzare l'idea che, in assenza di meccanismi di accertamento obiettivo delle condizioni che possano legittimare l'uso della forza, il divieto rappresenti l'unico strumento accettabile di controllo dei conflitti.

La questione della liceità di interventi armati contro gruppi terroristici, mai sopita, ha acquistato rinnovato vigore in relazione alle reazioni di numerosi Stati, non soltanto occidentali, nei confronti delle pratiche terroristiche da parte del c.d. Stato islamico (detto anche ISIS, ISIL o Daesh).

Come è noto, questa entità ha occupato per un tempo non irrilevante, ed occupa ancora, parti del territorio dell'Iraq e della Siria, esercitandovi *de facto* funzioni di governo. Lo Stato islamico, inoltre, ha teorizzato e praticato attività di carattere terrorista, sia sui territori di questi Stati, sia altrove, in Asia, in Europa e nell'America del nord.

L'argomento più frequentemente invocato per giustificare le operazioni militari contro lo Stato islamico è quello della legittima difesa.

Gli Stati Uniti e la coalizione alleata hanno dichiarato di agire a titolo di legittima difesa collettiva, su richiesta dell'Iraq (v. la lettera del Rappresentante permanente dell'Iraq presso le Nazioni Unite al Segretario generale del 25 giugno 2014, S/2014/440, e la lettera del Rappresentante permanente degli Stati Uniti presso le Nazioni Unite al Segretario generale del 23 settembre 2014, S/2014/695). Analoga posizione è stata assunta anche da altri Stati occidentali (v. la lettera del Rappresentante permanente del Regno Unito presso le Nazioni Unite al Segretario generale e al Presidente del Consiglio di sicurezza, del 23 settembre 2014, S/2014/851). Anche la Russia ha dichiarato di agire a titolo di legittima difesa, su richiesta di assistenza da parte della Siria.

In seguito agli attentati di Parigi del 13 novembre 2015, la Francia si è ritenuta vittima di un attacco armato da parte dello Stato islamico ed ha, di conseguenza, agito a titolo di legittima difesa individuale (v. la richiesta francese di attivazione del meccanismo di assistenza previsto dall'art. 42, par. 7 del Trattato sull'Unione europea e il comunicato finale della riunione del Consiglio dell'Unione europea riunito al livello di ministri degli esteri, tenutosi a Bruxelles il 16 e 17 novembre 2015). Altri Stati europei hanno seguito questa strada, e dichiarato di intervenire contro lo Stato islamico a titolo di legittima difesa collettiva (v., ad esempio, la risoluzione della Camera dei deputati (*Bundestag*) della Repubblica federale tedesca del 1° dicembre 2015, *Drucksache* 18/6888). Come si è già detto (v. *supra*, par. 7, lett. d), il Consiglio di sicurezza, con la risoluzione 2249 (2015) ha, in qualche modo, legittimato tale meccanismo. Il riferimento al controllo territoriale esercitato dallo Stato islamico è sovente menzionato, anche nella prassi diplomatica, come l'elemento essenziale in ragione del quale sarebbe lecito l'uso della forza a titolo di legittima difesa. v., ad esempio, la lettera del Belgio al Segretario generale delle Nazioni Unite e al Presidente del Consiglio di sicurezza del 7 giugno 2016, S/2016/523. Dopo aver indicato che lo Stato islamico occupa una porzione del territorio della Siria sul quale tale Stato non esercita alcun controllo, il Belgio ha precisato che le azioni in legittima difesa sarebbero state dirette solo nei confronti dello Stato islamico e non nei confronti della Siria.

Il controllo territoriale da parte dello Stato islamico sembra effettivamente giustificare l'uso della forza a titolo di legittima difesa, sia individuale che collettiva, contro le sue strutture militari e di governo. Tuttavia, nel caso specifico, non sembra che la legittima difesa costituisca lo strumento più appropriato per risolvere una situazione politicamente assai complessa. Le reazioni alle attività terroristiche dello Stato islamico si intersecano, infatti, con i molteplici conflitti che insistono nella medesima area: da quelli interreligiosi in Iraq alla guerra civile in corso da anni in Siria. Gli obiettivi dei vari Stati che dichiarano di agire in legittima difesa, lungi dal convergere verso il comune obiettivo della lotta al terrorismo, sembrano porsi strategie più ambiziose, miranti sostanzialmente a ridefinire a proprio vantaggio l'assetto geopolitico della regione. Proprio in ragione di ciò, i vari attori in gioco sono impegnati in una mutua contestazione della liceità delle rispettive condotte.

Il governo siriano, ad esempio, dopo una prima fase di sostanziale acquiescenza, ha elevato forti proteste nei confronti delle operazioni militari sul proprio territorio da parte della coalizione guidata dagli Stati Uniti (v., fra le tante, la lettera del Rappresentante permanente della Siria presso le Nazioni Unite al Segretario generale, del 21 settembre 2015, A/70/385-S/2015/727). Di converso, gli Stati occidentali tendono a contestare la liceità dell'azione russa, che non sarebbe rivolta solo contro lo Stato islamico ma, altresì, contro le forze che si oppongono al regime siriano.

Ancor più controverso appare un altro strumento, sovente utilizzato al fine di giustificare operazioni di antiterrorismo sul territorio di uno Stato terzo senza il suo consenso. Tale pretesa si fonda sull'esigenza di assicurare la sicurezza internazionale in luogo dello Stato territoriale, che non avrebbe la capacità di impedire che il proprio territorio sia usato per finalità terroristiche, o che addirittura non intenda operare al fine di prevenire o reprimere tali attività ("*unwilling or unable*").

Questa pretesa, non nuova in verità, è stata sostenuta in via generale dagli Stati Uniti, i quali ritengono di poter agire per rimuovere una minaccia terroristica qualora il governo dello Stato nel quale la minaccia è collocata non abbia la volontà, ovvero la capacità, di prevenire l'utilizzazione impropria del suo territorio (v. la lettera del Rappresentante permanente degli Stati Uniti presso le Nazioni Unite al Segretario generale del 23 settembre 2014, S/2014/695). Essa si è espressa sia nell'uso massiccio della forza che in azioni di tipo selettivo, condotte sul territorio di uno Stato terzo senza il consenso di questo, al fine di eliminare personale e strumenti di azione di gruppi terroristici, anche attraverso velivoli azionati a distanza (droni). Come si è detto, però (v. *supra*, par. 7), proprio non si vede come uno Stato possa essere obbligato a tollerare azioni militari sul proprio territorio in risposta a condotte di gruppi terroristici che non siano imputabili ad esso.

In definitiva, il fenomeno del terrorismo internazionale è indubbiamente all'origine di un certo sviluppo del diritto internazionale, il quale sembra oggi ammettere, in termini più larghi che in passato, reazioni in legittima difesa rivolte contro gruppi terroristici che abbiano acquisito una base territoriale, e che siano volte a prevenire la progettazione e la realizzazione di attacchi. D'altronde, non sembra invece che esso abbia sviluppato nuovi strumenti di azione tesi a consentire agli Stati di usare liberamente la forza, senza vincoli territoriali, per far fronte a minacce terroristiche.

Più in generale, non sembra che il diritto internazionale abbia elaborato nuovi strumenti, atti a consentire, attraverso azioni militari unilaterali, la realizzazione di obiettivi più ambiziosi quali la rideterminazione dell'assetto geopolitico di una regione e l'eliminazione permanente delle fonti di instabilità che hanno favorito l'insediamento di gruppi terroristici. Ciò non appare sorprendente alla luce della funzione del sistema di controllo dell'uso della forza da parte di singoli Stati, e della esigenza di evitare derive unilateraliste, le quali potrebbero risultare maggiormente dannose per la stabilità internazionale di quanto non sia la minaccia che esse sono tese a rimuovere. Molti degli Stati che oggi sono i più impegnati nelle operazioni di contrasto al terrorismo islamico sono quelli che hanno contribuito, con la propria azione unilaterale, a destabilizzare l'area nella quale il terrorismo ha poi trovato il suo terreno di coltura più fertile.

In definitiva, nonostante vi sia, oggi, un consenso della comunità internazionale sulla possibilità di utilizzare la forza in legittima difesa nei confronti di gruppi terroristici, i limiti giuridici e politici dell'azione unilaterale sono evidenti. Il perseguimento del più ambizioso obiettivo dello sradicamento definitivo del terrorismo e la determinazione di un assetto geopolitico stabile in una delle aree più conflittuali del mondo, sembra richiedere un approccio multilaterale che rimane, per il momento, un miraggio.

9. *Interventi su invito*

Una forma di impiego della forza molto discussa nella dottrina e nella prassi internazionale è l'intervento su invito. Questo istituto si concreta in un intervento militare di uno Stato nel territorio di un altro su richiesta di quest'ultimo, al fine di assicurare esigenze di ordine e sicurezza e di esercitare la propria attività di governo.

Vi sono indubbie analogie fra tale istituto e quello della legittima difesa. In ambedue, l'uso della forza da parte di uno Stato si fonda sul consenso di un altro che richiede assistenza militare. A differenza della legittima difesa, tuttavia, l'intervento su invito non ha lo scopo di assistere uno Stato che lo richiede da una aggressione esterna, ma bensì di assistere Stato nel ripristinare l'ordine e la sicurezza interna. Questa caratteristica è alla base della diversa disciplina dei due istituti.

Secondo la concezione tradizionale, l'intervento su invito è, in via di principio, del tutto lecito in quanto si fonda sul consenso del soggetto che può liberamente disporne. Se uno Stato esercita funzioni esclusive di governo su di un territorio, esso, logicamente, ben può esercitarle attraverso la richiesta di assistenza rivolta ad un altro Stato.

Nel senso della liceità dell'intervento su invito si è infatti espressa ripetutamente la Corte internazionale di giustizia. V. la sentenza del 27 giugno 1986, relativa al menzionato caso delle *Attività militari e paramilitari in Nicaragua e contro il Nicaragua (Nicaragua c. Stati Uniti*, merito), par. 246, nonché la sentenza del 19 dicembre 2005 nel caso delle *Attività armate sul territorio del Congo (Repubblica democratica del Congo c. Uganda)*, par. 42-54.

Questa concezione si fonda sulla premessa della personalità dello Stato, vista come una entità unitaria, la cui volontà deve essere espressa dagli organi aventi il potere di rappresentanza esterna. In questa prospettiva, non vi è certo posto per un intervento su invito formulato da parte di minoranze, di enti sub-statali o di gruppi ribelli. Come ha chiarito la Corte nel citato caso Nicaragua, se si riconoscesse il diritto di sollecitare un intervento interno non solo al governo dello Stato, ma anche a gruppi dell'opposizione, il principio del non intervento negli affari interni dello Stato sarebbe svuotato di contenuto.

Il problema di identificare l'organo abilitato a esprimere il genuino consenso dello Stato non ha un rilievo solo teorico. Esso, anzi, si è posto sovente, di fronte a richiese di assistenza fantasiosamente costruite al fine di giustificare veri e propri interventi militari dall'esterno. La prassi sembra indicare come, al fine di richiedere validamente assistenza militare esterna, occorra che la richiesta provenga da organi dotati di una certa effettività di governo. Sarebbero quindi invalide le richieste avanzate da organi privi di rappresentanza, quali, ad esempio, organi autoproclamati – spesso al solo fine di giustificare interventi stranieri –, organi non dotati di controllo effettivo, governi fantoccio, governi in esilio, e così via. Tuttavia, il diritto internazionale non sembra aver ancora sviluppato un criterio generale per identificare in maniera univoca gli organi che possano esprimere all'esterno la volontà dello Stato (v. *infra*, parte III, capitolo I, par. 5). In proposito, la risoluzione dell'Institut de droit international "*Assistance militaire sollicitée*", adottata nella sessione di Rodi del 2001, parla di una richiesta che rifletta la libera espressione di volontà dello Stato richiedente, e che indichi il consenso dello Stato relativamente alle condizioni e alle modalità dell'assistenza.

Per questo motivo, alcuni casi di intervento su invito nella prassi recente hanno suscitato delle perplessità. Fra i casi più noti, vi è l'intervento francese in Mali del 2013, giustificato dalla Francia sulla base di una richiesta da parte delle autorità maliane al fine di combattere gruppi terroristici insediati nel Paese africano. V. la lettera del 11 gennaio 2013 del Rappresentante permanente della Francia al Segretario generale delle Nazioni Unite e al Presidente del Consiglio di sicurezza, S/2013/17. Vari autori hanno avanzato dubbi sulla liceità dell'intervento a causa della scarsa legittimazione del governo del Mali, instaurato in seguito ad un colpo di Stato, nonché della scarsa effettività del suo controllo territoriale. Peraltro, la Francia ha sostenuto di agire nell'ambito della risoluzione del Consiglio di sicurezza 2285 (2012), la quale, invero, autorizzava solo un intervento multinazionale diretto dai Paesi africani.

Vi è una nutrita lista di interventi operati in analoghe situazioni. L'intervento dell'Unione Sovietica in Afghanistan del 1978 si è fondato sull'invito espresso da un governo provvisorio formato in seguito a un colpo di Stato poche ore prima dell'intervento. È anche possibile dubitare della libera espressione di volontà dello Stato allorché lo Stato non sia tale per il diritto internazionale (v. *infra*, parte III, capitolo I). Occorre quindi rigettare l'idea che l'intervento in Ucraina possa essere giustificato sulla base dell'invito rivolto alla Russia dalle due autoproclamate repubbliche del Donetsk e del Lugansk, che la stessa Russia ha riconosciuto come Stati poche ore prima dell'intervento.

La regola tradizionale che consente di chiedere assistenza militare esterna solo ad uno Stato, e non a singoli organi di esso, a minoranze, ad enti sub-statali ovvero a gruppi ribelli, appare del tutto ragionevole qualora l'assistenza sia richiesta per far fronte a far fronte a disordini episodici e di bassa intensità.

Al contrario, tale regola pone problemi complessi allorché sia applicata nell'ambito di veri e propri conflitti armati interni. In tal caso, evidentemente, essa ha l'effetto di creare uno squilibrio rilevante nella rispettiva posizione delle autorità che esercitino le prerogative sovrane e degli oppositori ribelli. Mentre le prime potranno chiedere ed ottenere assistenza militare esterna, tale possibilità è negata ai ribelli. È, questo, un riflesso della struttura classica del diritto internazionale, concepito come ordinamento nel quale la statualità costituisce l'unico criterio di legittimazione per l'esercizio del potere politico su una comunità territoriale.

Una eccezione a tale regola si è sviluppata in relazione al principio di autodeterminazione esterna. Come meglio si vedrà (v. infra, parte III, parte III, capitolo I, par. 3), con tale termine si intende la pretesa di popolazioni soggette a dominio razzista, coloniale o straniero, di poter liberamente determinare il proprio ordinamento politico. In proposito, la regola tradizionale è stata addirittura capovolta dalla prassi, con la conseguenza che uno Stato che detenga territori acquisiti in violazione del principio di autodeterminazione non potrebbe chiedere assistenza militare esterna al fine di reprimere l'aspirazione della popolazione all'autodeterminazione; e che, di converso, quest'ultima avrebbe invece il diritto di ricevere assistenza da Stati terzi.

Non sembra però corretto generalizzare la portata dell'eccezione fino ad applicarla anche a situazioni di autodeterminazione interna, ovvero a situazioni nelle quali sia compresso il principio democratico. Il diritto internazionale non sembra, allo stato attuale, impedire che un governo, per quanto privo di legittimazione democratica, possa chiedere e ricevere assistenza militare nei confronti di una rivolta interna; né esso consente che tale assistenza possa essere chiesta e ottenuta dai rivoltosi, ancorché al fine di far cessare un governo autoritario. Al contrario, la regola sull'intervento su invito è ispirata alla irrilevanza dei motivi che animano un conflitto interno. Una diversa soluzione, che consentisse a ciascuno Stato di valutare unilateralmente il carattere più o meno nobile di una rivolta, finirebbe con il consentire arbitrarie interferenze negli affari interni di uno Stato e sarebbe fonte di continue instabilità. Le recenti vicende degli interventi operati in sostegno alle varie fazioni che si combattono vicendevolmente nel conflitto in corso sul territorio evidenziano le perniciose conseguenze di un disinvolto impiego dell'istituto dell'intervento su invito.

Al fine di determinare in via generale l'ambito di applicazione della regola dell'intervento su invito, appare ragionevole l'adozione di un criterio che faccia leva non già sugli obiettivi perseguiti dalle parti in conflitto, quanto piuttosto sulla sua intensità e, quindi, sul controllo territoriale esercitato, rispettivamente, dal governo centrale e dai ribelli. In presenza, infatti, di un significativo controllo esercitato *de facto* dai ribelli su una porzione del territorio statale, il riconoscimento al solo potere centrale della possibilità di chiedere e ricevere assistenza militare esterna finirebbe con l'alterare il principio di non intervento negli affari interni dello Stato.

Ma quale sarebbe allora, in situazioni di questo tipo, la disciplina che meglio ricostituisca l'equilibrio fra le parti in conflitto: quella che consenta a ciascuna di esse di ricevere assistenza militare esterna o, al contrario, quella che vieta di prestare assistenza a qualsiasi parte? La seconda soluzione sembra logicamente quella più adeguata. Nell'ambito di conflitti caratterizzati da una pluralità di enti che esercitino, di fatto, un certo controllo territoriale sul territorio di uno Stato, l'intervento esterno costituirebbe verosimilmente un elemento decisivo per determinarne l'esito e, quindi, costituirebbe in ogni caso una violazione del principio del non intervento. Inoltre, interventi esterni a sostegno delle varie parti in conflitto, hanno sovente l'effetto di aggravare il conflitto medesimo e di favorirne l'*escalation*, mettendo maggiormente a repentaglio la pace e la sicurezza internazionale. Peraltro, la prassi, ancora in formazione, non consente una risposta definitiva.

L'istituto dell'intervento su invito può risultare, in determinate situazioni, incompatibile altresì con il carattere cogente del divieto di uso della forza. Ciò si verifica, in particolare, allorché l'invito non sia formulato *ad hoc*, in relazione cioè ad un conflitto già insorto, ma sia predeterminato attraverso un trattato internazionale. Qualora il trattato non stabilisca rigorosamente i presupposti dell'intervento, facendolo dipendere dal verificarsi di condizioni obiettive, esso potrebbe finire con il conferire un vero e proprio diritto di intervento militare allo Stato terzo.

Si faccia l'esempio di un trattato fra A e B, con il quale lo Stato A acconsenta preventivamente ad un intervento di B sul proprio territorio in caso di disordini. Clausole di questo genere potrebbero essere interpretate nel senso di conferire a B il diritto di accertare autonomamente l'esistenza di tali disordini e di intervenire senza riguardo all'esistenza attuale di un consenso da parte di A. In tal caso, però, il trattato potrebbe risultare invalido in quanto confliggente con il divieto unilaterale di uso della forza. Al fine di evitare tale situazione, occorrerebbe che il consenso dello Stato territoriale non possa essere manifestato in un momento antecedente rispetto ai fatti che potrebbero giustificare un intervento, ma che esso si debba concretizzare con una manifestazione specifica di volontà da parte dello Stato territoriale.

In questo senso si esprime la menzionata risoluzione dell'Institut de droit international relativa alla "*Assistance militaire sollicitée*", all'art. 4, par. 3.

CAPITOLO II

I MECCANISMI ISTITUZIONALI DI AMMINISTRAZIONE DELLA FORZA: IL SISTEMA DELLE NAZIONI UNITE

1. *Premessa*

Al divieto dell'uso unilaterale stabilito dell'art. 2, par. 4, corrisponde, nel sistema della Carta delle Nazioni Unite, l'istituzione di un sistema centralizzato di amministrazione della forza.

La Carta, adottata in forma di trattato il 26 giugno 1945 a San Francisco ed entrata in vigore il 24 ottobre dello stesso anno, contiene una serie di disposizioni che vanno ben oltre i limiti di uno strumento convenzionale. Essa, anzi, stabilisce un complesso sistema di obiettivi e di strumenti di azione che, nel loro insieme, tendono a definire le Nazioni Unite come una istituzione dedicata al perseguimento degli interessi collettivi della comunità internazionale. Fra le più rilevanti competenze che la Carta attribuisce alle Nazioni Unite vi è la promozione dei diritti dell'uomo, la cooperazione sociale ed economica fra gli Stati, la realizzazione dell'autodeterminazione dei popoli.

Nel presente capitolo, la trattazione del sistema istituzionale delle Nazioni Unite sarà finalizzata all'analisi della più tipica funzione che la Carta assegna all'organizzazione: quella dell'amministrazione accentrata dell'uso della forza. In questa materia, le competenze sono distribuite fra l'Assemblea generale, il Consiglio di sicurezza ed il Segretario generale.

2. *L'Assemblea generale: composizione e funzioni*

L'Assemblea generale è composta dai rappresentanti di ciascuno Stato membro. Le risoluzioni dell'Assemblea generale sono adottate, ai sensi dell'art. 18 della Carta, a maggioranza semplice, ovvero, per questioni c.d. importanti, inserite in un apposito elenco, con il voto di due terzi dei votanti.

Molte risoluzioni sono peraltro adottate per *consensus*. Tale termine indica un procedimento informale teso a favorire l'adozione di atti istituzionali. Il testo dell'atto viene redatto nel corso di negoziati fra gruppi di Stati. Una volta raggiunto il consenso su tale testo, esso viene quindi sottoposto all'Assemblea ed adottato in assenza di obiezioni, senza quindi passare ad una fase formale di voto.

Nel campo del mantenimento della pace e della sicurezza, l'Assemblea ha una competenza assai vasta, ma dal contenuto limitato. La sua competenza si estende, ai sensi dell'art. 10 della Carta, ad ogni questione relativa al mantenimento della pace e della sicurezza internazionale. Tuttavia, essa può solo discutere tali questioni e, ai sensi dell'art. 14, fare raccomandazioni. L'Assemblea non dispone quindi del potere di adottare misure vincolanti per gli Stati.

I poteri dell'Assemblea incontrano poi due limiti ulteriori: il primo di carattere procedurale, il secondo di carattere sostanziale.

Il primo limite è stabilito dall'art. 12, par. 1. La disposizione prevede che l'Assemblea generale non debba fare raccomandazioni riguardo ad una controversia o situazione qualora se ne stia occupando il Consiglio di sicurezza, al quale spetta, quindi, priorità in tema di mantenimento della pace e della sicurezza. Si tratta di un limite teso ad evitare che gli organi politici delle Nazioni Unite possano esprimere posizioni difformi rispetto alla medesima questione.

Nella prassi tale limite non è stato inteso in senso rigoroso, tanto da consentire ai due organi di esercitare simultaneamente le rispettive competenze rispetto alla medesima situazione. Ciò accade allorché l'oggetto delle risoluzioni del Consiglio di sicurezza concerna gli aspetti immediatamente funzionali al mantenimento della pace, mentre l'Assemblea generale si occupa di aspetti più generali, concernenti, ad esempio i profili di carattere umanitario, economico e sociale.

Un secondo limite, assai più rilevante, è stabilito dall'art. 11, par. 2, che prevede che «qualsiasi questione per la quale si renda necessaria un'azione deve essere deferita al Consiglio di sicurezza». Esso delinea, quindi, una competenza esclusiva del Consiglio in tema di azioni. Anche rispetto a questo limite non sono mancate interpretazioni tendenti a dare ad esso un contenuto restrittivo, in maniera da riconoscere un ruolo più incisivo per l'Assemblea generale. Pur se la nozione di «azioni» fosse interpretata in maniera restrittiva, tuttavia, rimarrebbe inalterata la competenza esclusiva del Consiglio rispetto a misure che implichino la coercizione militare.

Non sono mancati invero tentativi di assegnare all'Assemblea generale una competenza generale a promuovere azioni militari a tutela della pace e della sicurezza in caso di inazione del Consiglio. Nella celebre risoluzione 377 (V) del 3 novembre 1950, *Uniting for peace*, l'Assemblea ha rivendicato tale potere, stabilendo la possibilità di raccomandare azioni implicanti l'uso della forza quando si renda necessario un intervento ma il Consiglio sia bloccato dal meccanismo del veto (v. *infra*, par. 3). Successivamente, con una serie di risoluzioni, l'Assemblea generale ha promosso la costituzione di forze di intervento delle Nazioni Unite nella crisi di Suez del 1956 (UNEF I). La Corte internazionale di giustizia ha indicato che tali misure rientravano nell'ambito della competenza dell'Assemblea a raccomandare misure per il regolamento pacifico delle controversie, prevista dall'art. 14 della Carta. Si tratterebbe, quindi, di forze di interposizione, non aventi carattere coercitivo, le quali sfuggirebbero pertanto, secondo la Corte, all'ambito della competenza esclusiva del Consiglio. La Corte internazionale di giustizia ha espresso tale posizione nel parere del 30 luglio 1962 relativo a *Certe spese delle Nazioni Unite*, nel quale ha affrontato la questione del potere dell'Assemblea generale di ripartire fra gli Stati membri alcune spese dell'organizzazione, fra le quali proprio quelle affrontate per organizzare l'azione militare a Suez.

Nella prassi più recente, tuttavia, la risoluzione non è mai stata utilizzata come fondamento per la costituzione di forze delle Nazioni Unite. Essa si fonda su un presupposto giuridico assai fragile, dato che la Carta configura una vera e propria competenza esclusiva del Consiglio in materia di uso della forza. Anche da un punto di vista politico, inoltre, l'idea di promuovere operazioni militari delle Nazioni Unite senza il consenso unanime dei membri permanenti del Consiglio di sicurezza appare difficilmente realizzabile.

La risoluzione *Uniting for peace* è stata invece utilizzata più volte al fine di esprimere la posizione delle Nazioni Unite in situazioni nelle quali il Consiglio di sicurezza era impossibilitato a farlo in ragione del veto opposto o prospettato da uno o più membri permanenti. Ad esempio, la risoluzione A/RES/ES-11/1 del 2 marzo 2022 è stata adottata dall'Assemblea generale in sessione straordinaria sulla base di tale risoluzione.

La questione relativa ai limiti statutari dell'Assemblea generale è stata ulteriormente considerata dalla Corte internazionale di giustizia nel menzionato parere del 9 luglio 2004 sulle *Conseguenze giuridiche della costruzione di un muro nei territori palestinesi occupati* (par. 25-35), e, in termini sostanzialmente analoghi, nel parere del 22 luglio 2010 relativo alla *Conformità al diritto internazionale della dichiarazione unilaterale di indipendenza da parte dell'Autorità provvisoria del Kosovo* (spec. par. 41-42). Con queste richieste, l'Assemblea mostrava di volersi occupare di questioni politicamente molto rilevanti e, in un certo senso, di contrapporsi all'indirizzo prevalente in Consiglio di sicurezza. La Corte doveva quindi decidere se l'Assemblea avesse il potere di chiedere un parere consultivo su situazioni riguardanti il mantenimento della pace e della sicurezza già considerate dal Consiglio. La Corte ha risposto in maniera affermativa sulla base dell'interpretazione poc'anzi menzionata dell'art. 12 della Carta. Insomma, la prassi recente e la giurisprudenza della Corte internazionale di giustizia sembrano prefigurare una applicazione selettiva della risoluzione *Uniting for peace*, la quale consente all'Assemblea generale di esprimersi anche su questioni delle quali si occupa il Consiglio di sicurezza, ma non di promuovere azioni coercitive in caso di inazione del Consiglio.

Non sembra contrario alla Carta, quindi, il Meccanismo internazionale, imparziale e indipendente, istituito dall'Assemblea generale con risoluzione 71/248, del 21 dicembre 2016, al fine di raccogliere, consolidare, preservare e analizzare le prove delle violazioni del diritto umanitario e dei diritti dell'uomo, nel corso del lungo conflitto in Siria, ancora in corso al momento della redazione di questo libro. L'istituzione del Meccanismo non ricade, infatti, né nella eccezione prevista dall'art. 12, par. 1, in tema di litispendenza, né in quella prevista dall'art. 11, par. 2, in tema di azioni. Compito del Meccanismo è quello di raccogliere e conservare le prove della commissione di gravi crimini internazionali, e di renderle disponibili a qualsiasi tribunale, interno, regionale o internazionale, che possa esercitare, in futuro, la propria giurisdizione, secondo *standards* accettabili ai sensi del diritto internazionale. Il Meccanismo non esercita funzioni giudiziarie né possiede poteri di carattere coercitivo, ma fonda la propria azione esclusivamente sulla cooperazione volontaria di Stati e di organismi internazionali. La sua istituzione, quindi, potrebbe rientrare nell'ambito dei poteri implicitamente conferiti all'Assemblea per lo svolgimento della propria funzione, descritta in termini particolarmente ampia dall'art. 10 della Carta (per un argomento analogo concernente però la ben più impegnativa istituzione di tribunali internazionali penali da parte del Consiglio di sicurezza, v., infra, par. 4). Desta piuttosto qualche preoccupazione la circostanza che tale attività di raccolta e conservazione di prove, che potrebbero rilevare in un procedimento penale a carico di individui, venga svolta senza le garanzie che tipicamente assistono la raccolta di prove nei processi penali, sia interni che internazionali.

3. *Il Consiglio di sicurezza*

Ai sensi dell'art. 23 della Carta, il Consiglio di sicurezza è formato da quindici membri, di cui cinque hanno lo *status* di membro permanente (Cina, Francia, Russia, Regno Unito, Stati Uniti). I restanti sono eletti dall'Assemblea generale fra gli Stati membri delle Nazioni Unite sulla base di un sistema di rotazione.

L'art. 27, par. 1, prevede che le delibere aventi ad oggetto questioni di procedura siano adottate con nove voti su quindici. Per l'adozione di decisioni relative ad ogni altra questione, è necessario, ai sensi dell'art. 27, par. 2, che fra i nove voti favorevoli siano compresi i voti dei cinque membri permanenti. Nella prassi, questa esigenza si è in parte attenuata, consentendosi l'adozione di delibere anche con l'astensione di uno o più membri permanenti. Il voto contrario anche di uno solo di essi impedisce, comunque, l'adozione di una delibera; questa particolare tecnica decisionale consente quindi a ciascuno dei membri permanenti di porre il veto sull'adozione di una delibera del Consiglio.

Se l'art. 27, par. 1, configura la possibilità di veto solo per le questioni non procedurali, nella prassi tale possibilità si è estesa alla delibera relativa alla determinazione della natura sostanziale o procedurale della questione. Si parla, a tal proposito, di doppio veto, dato che un membro permanente avrebbe la possibilità di bloccare con un primo voto contrario l'adozione di una delibera che stabilisca che una certa questione ha natura procedurale, per poi utilizzare il proprio voto contrario per bloccare la delibera relativa alla questione principale.

L'art. 27, par. 3, prevede l'obbligo di astensione di uno Stato membro del Consiglio che sia parte di una controversia, ma solo in relazione a decisioni da adottare ai sensi del Capitolo VI della Carta, che assegna al Consiglio un ruolo conciliativo. Non vi è quindi alcun obbligo di astensione in relazione a decisioni da adottare ai sensi del Capitolo VII della Carta, che definisce i meccanismi giuridici di amministrazione della forza da parte del Consiglio.

La composizione ed il sistema decisionale del Consiglio di sicurezza riflettono l'ineguaglianza fra gli Stati membri. Alcuni di essi, generalmente indicati come le grandi Potenze, hanno il diritto di impedire al Consiglio di deliberare. Dato che il Consiglio di sicurezza ha la competenza esclusiva ad amministrare l'uso della forza nel sistema delle Nazioni Unite, l'esistenza di un potere di veto da parte dei membri permanenti equivale a dire che la forza non può essere utilizzata in maniera contraria agli interessi di una delle grandi Potenze.

Anche in relazione a tale considerazione, si è da tempo proposto il problema di trovare dei rimedi all'inazione del Consiglio di sicurezza che fa seguito all'uso del potere di veto. Si è visto nel paragrafo precedente che tale preoccupazione si è espressa periodicamente nell'idea di affidare all'Assemblea generale una funzione di supplenza rispetto al Consiglio.

In una prospettiva diversa, vari tentativi sono stati fatti per trovare un limite alla discrezionalità assoluta dei membri permanenti di apporre un veto alle risoluzioni del Consiglio di sicurezza, anche in controversie delle quali esse siano parti. Nel documento *Implementing the Responsibility to Protect*, del 12 gennaio 2009, A/63/677, il Segretario generale configura una limitazione del potere di veto, il quale non dovrebbe essere esercitato al fine di impedire un'azione del Consiglio di sicurezza tesa a tutelare il rispetto dei diritti individuali fondamentali. In termini analoghi, nel 2015, è stato proposto un codice di condotta per l'uso responsabile del potere di veto su proposte di risoluzioni tesa a prevenire o reprimere un grave rischio di catastrofi umanitarie (A/70/621–S/2015/978). Il documento è stato sottoscritto da oltre cento Stati, fra i quali, peraltro, non figura alcuno dei cinque membri permanenti del Consiglio di sicurezza.

Più di recente, il 20 aprile 2022, alla luce della paradossale situazione del veto opposto dalla Russia al fine di evitare che il Consiglio di sicurezza si occupasse della crisi ucraina causata proprio dall'intervento militare russo, l'Assemblea generale ha adottato la risoluzione A/76/L.52. La risoluzione prevede che, in ogni caso di veto apposto da uno o più membri permanenti del Consiglio di sicurezza, il Presidente dovrà convocare l'Assemblea entro dieci giorni al fine di discutere sulle motivazioni addotte dagli Stati che lo hanno apposto. È ragionevole ritenere che la nozione di "veto" includa solo quelle situazioni nelle quali una risoluzione votata da almeno nove membri non venga adottata a causa del voto negativo di uno o più membri permanenti.

Se pur la risoluzione non riduce sostanzialmente l'illimitata discrezionalità nell'uso del veto, essa sembra tesa a imporre allo Stato che ne faccia un uso irragionevole di assumersi la responsabilità politica di fronte della opinione pubblica internazionale e ai propri cittadini.

Si tratta di proposte aventi una apprezzabile ispirazione etica alle quali, però, non corrisponde un significativo effetto giuridico. Ben difficilmente esse indurranno un membro permanente a desistere dall'apporre il veto rispetto a una risoluzione che leda i suoi interessi essenziali.

4. *Le funzioni del Consiglio di sicurezza: il Capitolo VI della Carta e la funzione conciliativa*

L'art. 24, par. 1, della Carta assegna al Consiglio la responsabilità principale del mantenimento della pace e della sicurezza internazionale. Competenze specifiche sono quindi descritte dal Capitolo VI della Carta, che disciplina la funzione conciliativa del Consiglio, e soprattutto dal capitolo VII, che disciplina l'esercizio del meccanismo accentrato di uso della forza.

Il Capitolo VI riguarda controversie la cui continuazione sia suscettibile di porre in pericolo la pace e la sicurezza internazionale. Dato che si tratta di situazioni che non costituiscono un pericolo attuale, bensì solo potenziale, per la pace e la sicurezza internazionale, la competenza del Consiglio di sicurezza non ha carattere esclusivo ed il contenuto dei suoi poteri è assai limitato.

Il Capitolo si apre con l'art. 33, par. 1, che impone alle parti di una controversia di perseguirne una soluzione con mezzi pacifici. Il secondo paragrafo dell'art. 33 si rivolge al Consiglio conferendogli il potere di invitare gli Stati parte di una controversia ad avvalersi di tali mezzi.

Il Consiglio dispone di poteri più incisivi ai sensi dell'art. 36, par. 1, il quale consente di raccomandare alle parti l'utilizzazione di mezzi specifici per la soluzione di una controversia. L'art. 37, par. 2, stabilisce inoltre la competenza del Consiglio di raccomandare termini di regolamento, ossia di individuare una soluzione della controversia nel merito ed indicare quindi alle parti i comportamenti necessari per la sua realizzazione.

Il Consiglio dispone, inoltre, ai sensi dell'art. 34, di un potere d'inchiesta che gli consente di fare indagini su qualsiasi controversia o situazione, al fine di determinare se la sua continuazione sia suscettibile di mettere in pericolo il mantenimento della pace e della sicurezza internazionale.

5. Segue. *Il Capitolo VII della Carta e la funzione coercitiva*

Il Capitolo VII concerne, invece, situazioni di minaccia alla pace, di rottura della pace e di atti di aggressione e conferisce al Consiglio di sicurezza la competenza esclusiva a utilizzare i meccanismi accentrati di amministrazione della forza internazionale.

a) *I presupposti di azione del Consiglio*

L'art. 39 prevede che:

«Il Consiglio di sicurezza accerta l'esistenza di una minaccia alla pace, di una violazione della pace, o di un atto di aggressione, e fa raccomandazioni o decide quali misure debbano essere prese in conformità agli articoli 41 e 42 per mantenere o ristabilire la pace e la sicurezza internazionale».

L'art. 39 conferisce quindi al Consiglio una notevole discrezionalità nel valutare i presupposti per agire ai sensi del Capitolo VII. La discrezionalità del Consiglio corrisponde alla natura politica dell'accertamento delle situazioni che comportano una minaccia per la pace e la sicurezza internazionale. Essa tuttavia non è illimitata. Anche gli atti del Consiglio di sicurezza devono infatti essere conformi alla Carta, ed ai principi di diritto internazionale che vi si riflettono (v. *infra*, parte II, capitolo IV, sezione IV, par. 8).

Non è agevole peraltro far valere tali limiti, dato che la Carta non contiene alcun meccanismo specificamente volto ad assicurare il sindacato giurisdizionale della legittimità degli atti del Consiglio di sicurezza. Non è tuttavia illogico ammettere la possibilità di un sindacato giurisdizionale degli atti del Consiglio allorché tali atti vadano applicati da un giudice al fine di definire una questione deferita alla sua competenza.

Occorre fare una distinzione fra il sindacato relativo all'accertamento dell'esistenza dei presupposti di intervento da parte del Consiglio, ai sensi dell'art. 39 della Carta, e il sindacato relativo alle misure adottate dal Consiglio per mantenere o ristabilire la pace e la sicurezza internazionale.

Il primo appare praticamente assai difficile, dato che esso implica un giudizio su una valutazione di carattere discrezionale quale l'esistenza di una minaccia alla pace o di un atto di aggressione. Le difficoltà si accentuano in quanto l'art. 39 non impone al Consiglio di motivare tale accertamento. Nella prassi, la motivazione che sorregge l'accertamento del Consiglio è assai sommaria. Il sindacato giurisdizionale potrà avere ad oggetto soltanto l'arbitrarietà dell'accertamento del Consiglio o la macroscopica difformità rispetto ai dati di fatto.

La questione è emersa, senza trovare peraltro soluzione, nell'ambito delle due controversie relative alle *Questioni concernenti l'interpretazione e l'applicazione della Convenzione di Montreal del 1971 in seguito all'incidente aereo di Lockerbie (Libia c. Stati Uniti d'America, Libia c. Regno Unito)*, sottoposte nel 1992 alla Corte internazionale di giustizia. La controversia era sorta in seguito alla richiesta rivolta alla Libia da Stati Uniti e Gran Bretagna di estradare due cittadini libici accusati di aver provocato il disastro di un aereo britannico per finalità di terrorismo. In seguito al rifiuto libico, i due Stati occidentali avevano imposto sanzioni a suo carico. La Libia aveva quindi chiesto alla Corte internazionale di giustizia di accertare la contrarietà di tali comportamenti rispetto alla Convenzione di Montreal sul trasporto aereo civile del 1971, la quale prevede che, in caso di azioni terroristiche nei confronti di aerei civili, ciascuno Stato parte ha la facoltà di estradare l'accusato verso la parte richiedente ovvero di esercitare la propria giurisdizione penale. Avvalendosi di tale opzione, la Libia aveva aperto un procedimento penale nei confronti degli accusati. Tuttavia, il Consiglio di sicurezza, con le due risoluzioni 731 (1992) e 748 (1992), rispettivamente del 21 gennaio e del 31 marzo 1992, aveva imposto alla Libia di estradare i propri cittadini accusati dell'azione terroristica e qualificato il rifiuto libico come minaccia alla pace. Dato che, come meglio si vedrà, gli obblighi derivanti da una risoluzione del Consiglio di sicurezza prevalgono rispetto agli obblighi pattizi degli Stati, la Libia non avrebbe potuto avvalersi della facoltà concessa dalla Convenzione di Montreal, ma avrebbe dovuto estradare i propri cittadini. La Libia, tuttavia, chiedeva alla Corte di decidere la controversia senza applicare le due risoluzioni in quanto adottate in carenza dei presupposti di intervento del Consiglio di sicurezza. La Corte riteneva di non accogliere la richiesta libica in sede di giudizio cautelare dato che essa implicava un approfondito esame di merito (v. le due ordinanze dal contenuto analogo del 14 aprile 1992). Il procedimento non raggiungeva, tuttavia, tale fase in quanto veniva nel frattempo definito da un accordo transattivo fra le parti.

La questione dell'esistenza di limiti sostanziali alle risoluzioni del Consiglio di sicurezza emergeva dalla domanda di misure cautelari chieste alla Corte internazionale di giustizia dalla Bosnia-Erzegovina nel *Caso relativo all'applicazione della Convenzione sulla prevenzione e repressione del crimine di genocidio (Bosnia-Erzegovina c. Iugoslavia (Serbia e Montenegro))*. La Bosnia-Erzegovina chiedeva alla Corte di accertare, fra l'altro, il proprio diritto di ricevere armi ed equipaggiamenti militari da Stati terzi nell'ambito del proprio diritto di legittima difesa e, a tal fine, di disapplicare l'embargo sulle armi disposto dalla risoluzione del Consiglio di sicurezza 713 (1991) nei confronti delle parti in conflitto. La Corte, tuttavia, respingeva con ordinanza del 13 settembre 1993 la domanda bosniaca, in quanto diretta non già ad ottenere misure cautelari nei confronti della controparte quanto piuttosto a determinare il diritto applicabile nei confronti di Stati terzi rispetto alla controversia.

Il problema dei limiti sostanziali ai poteri del Consiglio di sicurezza si è posto ancor più di recente in relazione alle sanzioni adottate dal Consiglio nei confronti di singoli individui e all'esigenza di rispettare, nei confronti di questi, i diritti fondamentali dell'uomo. V. *infra*, par. 6.

b) *La nozione di minaccia alla pace*

Fra i presupposti di azione del Consiglio, l'esistenza di una minaccia alla pace appare quello maggiormente indeterminato. Il Consiglio ha utilizzato con frequenza tale nozione, ed ha quindi evitato di ricorrere alle altre e più impegnative nozioni contenute nell'art. 39, quali la rottura della pace o l'esistenza di un atto di aggressione.

Il contenuto di tale nozione si è molto esteso nella prassi. Il Consiglio ha accertato l'esistenza di una minaccia alla pace, ed ha quindi giustificato il proprio intervento ai sensi del Capitolo VII della Carta, anche in assenza di un uso della forza internazionale.

Soprattutto a partire dagli anni '90, il concetto di minaccia alla pace ha quindi subito una evoluzione, fino a comprendere situazioni di emergenza umanitaria (v. la risoluzione 770 (1992) del 13 agosto 1992, relativa alla situazione in

Bosnia-Erzegovina, nonché le risoluzioni 733 (1992), 751 (1992) e 794 (1992), rispettivamente del 23 gennaio, 24 aprile e 3 dicembre 1992, relative alla situazione in Somalia); violazioni su larga scala dei diritti fondamentali (v. la risoluzione 929 (1994) del 22 giugno 1994, relativa alla situazione in Ruanda); colpi di stato (v. la risoluzione 841 (1993) del 16 giugno 1993, relativa alla situazione in Haiti dopo la deposizione del presidente eletto, Aristide, da parte dell'esercito); crisi post-elettorali (v. la risoluzione 1962 (2010) del 20 dicembre 2010, relativa alla situazione in Costa d'Avorio dopo il rifiuto di riconoscere l'esito delle elezioni del 31 ottobre e del 28 novembre 2010, nonché la risoluzione 1975 (2011) del 30 marzo 2011, relativa alla crisi umanitaria che si era prodotta nello stato ivoriano); situazioni di gravi perturbazioni dell'ordine pubblico (v. la risoluzione 1101 (1997) del 28 marzo 1997, relativa alla situazione in Albania); situazioni nelle quali uno Stato dava appoggio a gruppi terroristici (v. le risoluzioni 1214 (1998) dell'8 dicembre 1998 e 1267 (1999) del 15 ottobre 1999, relative alla situazione in Afghanistan); situazioni di gravi emergenze sanitarie (v. la risoluzione 2177 (2014) del 18 settembre 2014, che ha qualificato la diffusione dell'epidemia si Ebola, in Africa come una minaccia per la pace e la sicurezza internazionale). Di converso, nella recente risoluzione 2532 (2020) del 1° luglio 2020, il Consiglio non ha qualificato la pandemia da Covid-19 come una minaccia alla pace ma come una situazione che potrebbe mettere in pericolo la pace e la sicurezza internazionale, chiedendo imperiosamente a tutti gli Stati una sospensione delle ostilità militari e una "pausa umanitaria", con l'eccezione delle azioni militari contro i terroristi designati come tali dal Consiglio di sicurezza. Nelle due risoluzioni 1970 (2011) e 1973 (2011), il Consiglio di sicurezza ha qualificato come una minaccia alla pace la situazione esistente nella Repubblica libica e, in particolare, l'impiego della forza da parte di truppe governative nei confronti della popolazione civile in seguito ad una sollevazione contro il regime.

L'allargamento della nozione di minaccia alla pace a situazioni di questo tipo ha consentito quindi al Consiglio di sicurezza di operare non solo a tutela della pace ma anche a tutela di interessi fondamentali della comunità internazionale, relativi in particolare al rispetto dei diritti fondamentali, in situazioni nelle quali la pace internazionale non era direttamente minacciata.

Questo processo di allargamento è di particolare rilievo, se si pensa che, nel disegno originario della Carta, i poteri del Consiglio sono funzionali solo al mantenimento della pace. L'estensione di tale nozione ha avuto quindi, come effetto, l'assunzione da parte del Consiglio di sicurezza di responsabilità al di là dell'ambito del mantenimento della pace in senso stretto, ed ha consentito in taluni casi una reazione istituzionalizzata a violazioni gravi dei valori fondamentali della comunità internazionale. Tale funzione è stata svolta dal Consiglio nell'ambito dei propri limiti funzionali e, quindi, con le potenzialità e le deficienze che ne accompagnano l'attività.

In altri termini, l'adozione di una interpretazione ampia della nozione di minaccia alla pace ha consentito di estendere i presupposti di azione del Consiglio di sicurezza e, quindi, di affidare al Consiglio non solo la tutela della pace e della sicurezza internazionale, ma anche la funzione di prevenire e reprimere la violazione di interessi fondamentali della comunità internazionale.

La tendenza a concentrare nel Consiglio di sicurezza tale funzione è bene esemplificata dalle vicende dell'intervento militare autorizzato dal Consiglio in Libia, al fine di far cessare gli attacchi governativi contro la popolazione civile, che si era sollevata contro il regime. Come si è detto, la risoluzione 1973 (2011) si fonda sull'esigenza di far cessare gli attacchi operati da truppe governative libiche contro la stessa popolazione.

Che questo ruolo del Consiglio di sicurezza non sia incompatibile con la Carta, ma anzi costituisca un logico sviluppo delle sue disposizioni, è confermato da talune convenzioni che, nel provvedere alla repressione di comportamenti individuali che costituiscono anche offesa ai valori fondamentali della comunità internazionale, fanno salve le competenze degli organi delle Nazioni Unite e prospettano quindi una reazione di tipo istituzionale; v. l'art. 8 della Convenzione sulla prevenzione e repressione del crimine di genocidio del 1948. Si vedano anche gli articoli 13, lett. *b*, e 16 dello Statuto della Corte penale internazionale che assegnano al Consiglio di sicurezza, rispettivamente, il potere di segnalare al Procuratore situazioni nelle quali ritiene che siano stati commessi crimini individuali, ovvero il potere di chiedere al Procuratore la sospensione di indagini o dell'azione penale. In entrambe le ipotesi è richiesto che il Consiglio agisca in base al Capitolo VII della Carta.

L'allargamento delle competenze del Consiglio di sicurezza segna una importante tendenza verso l'istituzionalizzazione della tutela dei valori fondamentali della comunità internazionale. Tale tendenza non è però priva di inconvenienti. Il Consiglio potrebbe astenersi dall'intervenire in situazioni nelle quali siano in gioco valori fondamentali, come ad esempio in situazioni di crisi umanitarie. Esso potrebbe inoltre adottare un atteggiamento diverso rispetto a situazioni analoghe. Il Consiglio di sicurezza è sovente criticato per la sua inazione ovvero per l'adozione di politiche di "due pesi e due misure". Si tratta di inconvenienti che derivano dalla natura politica del Consiglio e dalle difficoltà riconnesse al funzionamento del suo sistema istituzionale e che sono quindi difficilmente eliminabili. Nel sistema della Carta, infatti, è ben difficile ricostruire in capo al Consiglio un obbligo di agire ovvero un obbligo di predeterminare in maniera obiettiva il contenuto della propria azione.

Una volta accertata l'esistenza di una minaccia alla pace, di una rottura della pace o di un atto di aggressione, il Consiglio può fare raccomandazioni o decidere di agire con misure coercitive ai sensi degli articoli 41 e

42. L'accertamento dell'esistenza di tali presupposti di azione non vincola quindi il Consiglio ad adottare misure vincolanti. Anche una volta accertata l'esistenza di una minaccia alla pace, il Consiglio potrebbe non adottare alcuna misura ovvero limitarsi ad adottare raccomandazioni prive di valore vincolante. Tale discrezionalità si giustifica con il carattere politico della decisione.

Qualora il Consiglio decida l'adozione di misure atte a mantenere o ripristinare la pace e la sicurezza internazionale, esso dispone di una vasta gamma di mezzi. Gli articoli 41 e 42 della Carta disciplinano rispettivamente le misure non implicanti e quelle implicanti l'uso della forza.

6. *Le misure non implicanti l'uso della forza*

a) *Misure sanzionatorie rivolte agli Stati*

Ai sensi dell'art. 41, il Consiglio può decidere l'adozione da parte degli Stati di misure non implicanti l'uso della forza.

«Il Consiglio di sicurezza può decidere quali misure, non implicanti l'impiego della forza armata, debbano essere adottate per dare effetto alle sue decisioni, e può chiedere ai membri delle Nazioni Unite di applicare tali misure. Queste possono comprendere un'interruzione totale o parziale delle relazioni economiche e delle comunicazioni ferroviarie, marittime, aeree, postali, telegrafiche, radio ed altre, e la rottura delle relazioni diplomatiche».

La prassi di misure vincolanti non implicanti l'uso della forza era piuttosto scarna fino agli anni '90, e comprendeva essenzialmente i casi di embargo totale alla Rodesia del Sud negli anni '60 (v. le risoluzioni 232 (1966) del 16 dicembre 1966 e 253 (1968) del 29 maggio 1968), e l'embargo sulle forniture di armi al Sud Africa negli anni '70 (v. la risoluzione 418 (1977) del 4 novembre 1977). Assai più ricca è invece la prassi successiva agli anni '90, fase nella quale il Consiglio ha fatto ampio ricorso a misure non implicanti l'uso della forza. Si possono ricordare soprattutto le misure nei confronti dell'Iraq in seguito all'invasione del Kuwait nel 1990 (v. le risoluzioni 661 (1990) e 670 (1990), rispettivamente del 6 agosto e 25 settembre 1990, e 687 (1991) del 3 aprile 1991), quelle nei confronti delle varie parti implicate nel conflitto sul territorio della ex Iugoslavia fra il 1991 e il 1998 (v., ad esempio, le risoluzioni 757 (1992) del 30 maggio 1992 e 820 (1993) del 17 aprile 1993), nonché le misure operate nei confronti del regime libico in seguito alla repressione della rivolta popolare nei primi mesi del 2011 (v. le risoluzioni 1970 (2001) e 1973 (2011)).

Il modello classico di misure non implicanti l'uso della forza, dato dalle misure di embargo economico, non ha peraltro avuto molto successo. È infatti difficile ottenere un certo comportamento da uno Stato con condotte coercitive di tipo economico. Misure del genere sono state impiegate anche per lungo tempo senza produrre effetti risolutivi.

Le misure non implicanti l'uso della forza sono state talvolta rafforzate con misure strumentali, implicanti un uso limitato della forza. In taluni casi, infatti, il Consiglio di sicurezza ha autorizzato l'impiego della forza al fine di assicurare l'effettività di sanzioni adottate ai sensi dell'art. 41. In tali casi, peraltro, l'impiego della forza non ha costituito uno strumento direttamente finalizzato al mantenimento o al ripristino della pace, ma solo un mezzo indiretto per la realizzazione di tali obiettivi. Infatti, la forza è stata utilizzata generalmente non contro lo Stato la cui azione costituiva una minaccia alla pace, bensì contro condotte di privati in spazi internazionali in violazione delle sanzioni.

Il primo precedente di questo tipo risale alla crisi rodesiana. La risoluzione 221 (1966) del 9 aprile 1966, autorizzava gli Stati ad usare la forza per impedire l'arrivo di petrolio nei porti della Rodesia del Sud, in violazione dell'embargo stabilito da due precedenti risoluzioni (risoluzioni 216 (1965) e 217 (1965), rispettivamente del 12 e del 20 novembre 1965). Questo modello è stato, poi, largamente utilizzato in varie aree del mondo. In particolare si ricorderanno sia le risoluzioni che hanno consentito l'uso della forza per garantire l'effettività delle sanzioni economiche disposte nei confronti dell'Iraq, in occasione della prima guerra del Golfo (v. risoluzione 665 (1990) del 25 agosto 1990), che quelle che hanno disposto un meccanismo di controllo ed ispezione su navi dirette verso il territorio della ex Iugoslavia, nel mare Adriatico e sul Danubio (v. risoluzioni 787 (1992) del 16 novembre 1992 e 820 (1993) del 17 aprile 1993). Anche la menzionata risoluzione 1973 (2011) autorizza gli Stati ad utilizzare la forza in alto mare per ispezionare navi e aerei al fine di assicurare l'effettività delle sanzioni disposte nei confronti della Libia sia dalla stessa che dalla precedente risoluzione 1970 (2011).

b) *Le sanzioni individuali*

Lo scarso successo del classico modello di embargo economico ha quindi indotto il Consiglio di sicurezza ad allargare il novero delle misure coercitive non implicanti l'uso della forza. Nella prassi recente, il Consiglio ha indirizzato misure sanzionatorie direttamente nei confronti di individui che rivestono funzioni direttive all'interno dello Stato che ha posto in essere una minaccia alla pace. Sanzioni individuali sono anche adottate nei confronti di individui la cui condotta costituisca di per sé una minaccia alla pace. Questo tipo di sanzione è stato, ad esempio, adottato dalla risoluzione 1267 (1999) in seguito ad attentati terroristici operati dall'organizzazione Al Qaeda. La risoluzione imponeva agli Stati membri di congelare i fondi e di impedire l'ingresso sul proprio territorio ad individui identificati in una lista redatta da un Comitato per le sanzioni.

Negli anni successivi il Consiglio ha adottato con relativa frequenza questo tipo di misure, soprattutto, ma non esclusivamente, in relazione ad episodi di terrorismo. Il contenuto delle misure è rimasto generalmente circoscritto al divieto di ingresso sul territorio degli Stati membri e a forme di congelamento di beni. Talvolta esso si è esteso fino a prevedere forme di confisca.

Nella risoluzione 1267 (1999), il Consiglio invero sembra indicare che la minaccia alla pace fosse da identificare nel comportamento dello Stato afghano, che aveva dato rifugio e assistenza logistica al gruppo terroristico. Fra le risoluzioni contenenti sanzioni nei confronti di individui implicati in condotte terroristiche, si vedano anche le risoluzioni 1333 (2000) del 19 dicembre 2000, 1373 (2001) del 28 settembre 2001, 1455 (2003) del 17 gennaio 2003, 1526 (2004) del 30 gennaio 2004, 1617 (2005) del 29 luglio 2005. Fra quelle riferite a situazioni di diverso tipo, si vedano come esempio le risoluzioni 1572 (2004) del 15 novembre 2004, concernente la situazione in Costa d'Avorio, 1596 (2005) del 3 maggio 2005, concernente la situazione in Congo, 1636 (2005) del 31 ottobre 2005, concernente la situazione in Libano. Nelle due recenti risoluzioni 1970 (2011) e 1973 (2011), il Consiglio di sicurezza ha imposto sanzioni ad una serie di soggetti collegati con il regime libico ed implicati in vario modo nella repressione della rivolta popolare. L'allegato I alle due risoluzioni menziona anche le condotte poste in essere da tali soggetti, atte a giustificare la sanzione.

L'adozione di misure sanzionatorie a carico di individui ha peraltro l'effetto di modificare radicalmente il ruolo del Consiglio di sicurezza. Il Consiglio è infatti configurato dalla Carta essenzialmente come un organo abilitato ad operare nell'ambito di rapporti internazionali fra Stati. La decisione di operare nell'ambito di rapporti di carattere individuale solleva quindi il problema della tutela dei diritti fondamentali individuali che sono riconosciuti negli ordinamenti di molti Stati della comunità internazionale e che non sono, invece, oggetto di specifica disciplina nell'ambito della Carta delle Nazioni Unite.

La questione della tutela dei diritti fondamentali nei confronti di attività sanzionatorie del Consiglio di sicurezza è stata oggetto di varie pronunce di giudici interni, chiamati a sindacare la compatibilità delle sanzioni individuali con i diritti fondamentali garantiti negli ordinamenti interni. Fra queste, ha assunto rilievo soprattutto la lunga vicenda giudiziaria relativa alla legittimità degli atti dell'Unione europea che hanno dato esecuzione alla risoluzione del Consiglio 1267 (1999). V. le due sentenze del 21 settembre 2005 del Tribunale dell'Unione europea relative rispettivamente ai casi *Kadi c. Consiglio e Commissione*, causa T-315/01, e *Yusuf e Al Barakaat International Foundation c. Consiglio e Commissione*, causa T-306/01. Ambedue le sentenze sono state quindi annullate dalla sentenza della Corte di giustizia dell'Unione europea del 3 settembre 2008 relativa al caso *Kadi e Al Barakaat International Foundation c. Consiglio dell'Unione europea*, cause riunite C-402/05 P e C-415/05 P. Anche i nuovi atti di attuazione della risoluzione, adottati in seguito all'annullamento dei precedenti da parte della Corte di giustizia, sono stati oggetto di annullamento da parte del Tribunale dell'Unione europea. V. la sentenza del 30 settembre 2010, causa T-85/09, *Yassin Abdullah Kadi c. Commissione europea*. La Corte di giustizia ha confermato questo orientamento nella sentenza *Kadi II* (18 luglio 2013, cause riunite C-584/10 P, C-593/10 P e C-595/10 P).

Le due istituzioni giudiziarie dell'Unione hanno espresso posizioni assai diverse sul problema della tutela dei diritti fondamentali nei confronti di risoluzioni delle Nazioni Unite. Il Tribunale ha negato, nelle due sentenze del 2005, di poter valutare la legittimità della risoluzione alla luce dei diritti fondamentali dell'ordinamento dell'Unione europea, affermando che le risoluzioni del Consiglio di sicurezza trovano un limite solo nell'esistenza di norme superiori dell'ordinamento internazionale (v. *infra*, parte II, capitolo IV, sezione IV, par. 8). La Corte di giustizia ha annullato tale decisione affermando invece che la normativa di esecuzione di risoluzioni del Consiglio incontra un limite nei diritti fondamenti garantiti agli individui nell'ordinamento dell'Unione. In un passaggio della sentenza, invero non particolarmente chiaro, la Corte di giustizia sembra peraltro auspicare lo sviluppo di un meccanismo di tutela dei diritti fondamentali interno all'ordinamento delle Nazioni Unite. Tale meccanismo potrebbe quindi rilevare al fine di attenuare, o addirittura di escludere, il sindacato interno di validità della normativa di attuazione delle risoluzioni del Consiglio di sicurezza adottata dall'Unione.

Più di recente, il Consiglio di sicurezza si è dotato di meccanismi che consentano di chiedere la revoca delle sanzioni individuali. V. la risoluzione 1730 (2006) del 19 dicembre 2006, via via precisata e integrata fino alla risoluzione 2610 (2021) del 17 dicembre 2021. Si tratta tuttavia di meccanismi che hanno stabilito forme amministrative di revisione delle decisioni del Consiglio e che, quindi, possono difficilmente ovviare all'assenza di meccanismi di carattere giurisdizionale. La risoluzione 1904 (2009) del 17 dicembre 2009 del 2021, precisata anch'essa dalla risoluzione 2610 (2021), ha stabilito una procedura speciale che prevede un difensore civico presso il quale i soggetti inseriti in un elenco di persone sanzionate in quanto sospettate di appartenere a Daesch ovvero a Al Qaeda possono chiedere la loro cancellazione dalle rispettive liste.

Sulla conformità di tali sanzioni individuali si è pronunciata la Corte europea dei diritti dell'uomo. Nel caso *Nada*, la Corte ha ritenuto responsabile la Svizzera per aver adottato misure di esecuzione delle sanzioni individuali del Consiglio di sicurezza che non realizzavano un effettivo bilanciamento tra i diritti tutelati dalla Convenzione europea (in particolare il diritto alla protezione della vita privata e familiare e il diritto ad un rimedio giurisdizionale effettivo) e le esigenze di sicurezza nazionale derivanti dalla lotta al terrorismo (sentenza del 12 settembre 2012, ricorso n. 10593/08). Una posizione anche più critica del meccanismo sanzionatorio istituito dal Consiglio di sicurezza è stata assunta dalla Corte europea dei diritti dell'uomo nel caso *Al-Dulimi* (sentenza del 26 novembre 2013, ricorso n. 5809/08). La Corte ha ritenuto che, nonostante le recenti revisioni, tale meccanismo non offra una protezione dei diritti fondamentali equivalente a quella assicurata dalla Convenzione europea, in particolare in relazione al diritto ad un equo processo e al diritto di accesso al giudice. In mancanza di una protezione equivalente da parte delle Nazioni Unite, la Corte ha accertato la responsabilità della Svizzera per non aver assicurato il controllo giurisdizionale delle misure sanzionatorie individuali ad opera dei propri giudici interni.

c) *L'istituzione di Tribunali internazionali penali*

All'art. 41 della Carta può essere ricondotta l'istituzione da parte del Consiglio di sicurezza di Tribunali penali internazionali aventi l'incarico di reprimere i comportamenti degli individui resisi colpevoli di gravi violazioni del diritto internazionale umanitario.

La risoluzione 827 (1993) del 25 maggio 1993 ha istituito il Tribunale internazionale penale per la ex Iugoslavia, che ha una competenza limitata alle violazioni gravi di diritto internazionale umanitario commesse a partire dal 1° gennaio 1991 nel territorio della ex Iugoslavia. La risoluzione 955 (1994) dell'8 novembre 1994 ha istituto il Tribunale internazionale penale per il Ruanda, avente competenza limitata ai crimini commessi tra il 1° gennaio e il 31 dicembre 1994 sul territorio del Ruanda e da cittadini ruandesi nei territori di Stati limitrofi.

Con un accordo del 16 gennaio 2002 fra Nazioni Unite e Sierra Leone è stata invece istituita la Corte Speciale per la Sierra Leone. L'accordo è stato negoziato e concluso per conto delle Nazioni Unite dal Segretario generale su delega del Consiglio di sicurezza sulla base della risoluzione 1315 (2000) del 14 agosto 2000.

Il 14 febbraio 2005, il Governo della Repubblica del Libano ha richiesto alle Nazioni Unite l'istituzione di un Tribunale *ad hoc* per processare i responsabili dell'attentato terroristico all'ex premier Rafiq Hariri e ad alcuni esponenti del suo *entourage*. Il Consiglio di sicurezza, con la risoluzione 1664 (2006) del 29 marzo 2006, ha dato seguito alla richiesta libanese chiedendo al Segretario generale di negoziare un accordo con il Libano per l'istituzione del Tribunale speciale. I negoziati, condotti tra gennaio e settembre del 2006, sono culminati nell'*Agreement on the Establishment of a Special Tribunal for Lebanon*, firmato dal Libano e dalle Nazioni Unite, rispettivamente, il 23 gennaio ed il 6 febbraio 2007.

L'identificazione dell'art. 41 come fondamento del potere del Consiglio di istituire Tribunali penali è avvenuta ad opera della Camera di appello del Tribunale penale internazionale per la ex Iugoslavia nel caso *Tadic* (ICTY, *Prose-*

cutor c. Tadic, IT-94-I, *Decision on the Defence Motion for Interlocutory Appeal on Jurisdiction* del 2 ottobre 1995). Analoga posizione è stata assunta dal Tribunale penale internazionale per il Ruanda nel caso *Kanyabashi* (ICTR, *Prosecutor c. Kanyabashi*, 96-15-I, *Decision on the Defence Motion for Interlocutory Appeal on Jurisdiction* del 18 giugno 1997). La Corte speciale per la Sierra Leone ha stabilito a propria volta nel caso *Taylor* (SCSL, *Prosecutor c. Taylor*, 2003-01-I, decisione del 7 marzo 2003), che il potere del Consiglio di sicurezza di istituire un Tribunale penale mediante accordo deriva dalla Carta delle Nazioni Unite in ragione dei fini generali stabiliti dall'art. 1 e dei poteri specifici del Consiglio di sicurezza in base agli artt. 39 e 41.

L'individuazione dell'art. 41 come fondamento del potere del Consiglio di stabilire Tribunali penali internazionali non è del tutto pacifica. Il Capitolo VII della Carta, e l'intero sistema normativo a tutela della pace e della sicurezza internazionale, concerne infatti, come si è detto, tipici comportamenti statali e non è facilmente adattabile a meccanismi sanzionatori rispetto a condotte individuali. Ciò ha indotto taluni autori a ritenere che il potere di istituire Tribunali internazionali penali non rientri nella competenza che la Carta assegna al Consiglio, ma sia stato oggetto di una speciale attribuzione ad opera degli Stati membri. Questa ricostruzione urta, tuttavia, contro la considerazione che un tale allargamento dei poteri del Consiglio non avrebbe effetti nei confronti degli Stati rimasti estranei ad esso. Proprio in considerazione di tali difficoltà, si è anche sostenuto che, in assenza di un fondamento plausibile, l'esercizio di tali poteri non sarebbe conforme alla Carta e costituirebbe quindi un esercizio di autorità *ultra vires*.

Un'ipotesi ricostruttiva alternativa potrebbe essere fondata sulla considerazione che la prassi avrebbe mutato in profondità i presupposti di azione e le stesse funzioni assegnate al Consiglio dalla Carta. Oggi, il Consiglio non ha solo il compito di mantenere la pace ma, attraverso un allargamento della nozione di minaccia alla pace, possiede anche la competenza a prevenire e reprimere gravi violazioni di interessi fondamentali della comunità internazionale. In questa prospettiva, non appare irragionevole pensare che la competenza a tutelare gli interessi e i valori fondamentali della comunità internazionale includa altresì il potere di operare direttamente nella sfera delle attività individuali e, quindi, di istituire Tribunali penali internazionali.

7. Segue. *Le misure coercitive implicanti l'uso della forza*

L'art. 42 della Carta è la disposizione alla base del sistema di sicurezza collettivo:

«Se il Consiglio di sicurezza ritiene che le misure previste nell'articolo 41 siano inadeguate o si siano dimostrate inadeguate, esso può intraprendere, con forze aeree, navali o terrestri, ogni azione che sia necessaria per mantenere o ristabilire la pace e la sicurezza internazionale. Tale azione può comprendere dimostrazioni, blocchi ed altre operazioni mediante forze aeree, navali o terrestri di Membri delle Nazioni Unite».

L'art. 42 prefigura quindi un modello accentrato di uso della forza. Esso presuppone, infatti, che il Consiglio utilizzi forze proprie, ancorché poste a sua disposizione dagli Stati membri. Gli articoli 43 ss. contengono una serie dettagliata di norme relative alla costituzione di corpi di truppe permanentemente assegnate al Consiglio, attraverso accordi speciali fra questo e gli Stati membri. Il Consiglio disporrebbe allora di un vero e proprio esercito, che andrebbe utilizzato per ripristinare condizioni di pace e di sicurezza collettiva.

È noto, peraltro, che gli artt. 43 ss. non sono mai stati attuati. Con la mancata attuazione di tali previsioni è tramontata l'idea di un esercizio istituzionale dell'uso della forza. Né è oggi ragionevolmente prevedibile una reviviscenza di tale modello, il quale presuppone la capacità delle Nazioni Unite di sviluppare una propria organizzazione militare indipendente da quella degli Stati.

Rimane, dunque, da vedere con quali modalità siano stati esercitati i poteri conferiti al Consiglio dall'art. 42. I modelli sono essenzialmente due.

Il primo è quello della costituzione di forze poste dagli Stati membri a disposizione delle Nazioni Unite sulla base di accordi specifici e per compiti determinati. Tale modalità è stata impiegata per la gestione di crisi limitate, le quali cioè non richiedono l'impiego della forza bellica su larga scala.

Il secondo è quello della delega del potere di utilizzare la forza a favore degli Stati. Tale modello è stato utilizzato in situazioni di crisi che impongono uno sforzo logistico e militare che sfugge alle capacità organizzative delle Nazioni Unite.

Il primo modello tende quindi, in qualche modo, a conformarsi all'idea dell'uso accentrato della forza ad opera delle Nazioni Unite, pur se, talvolta, il legame fra le forze spiegate sul terreno e la catena di comando assicurata dalle Nazioni Unite è tenue. Il secondo modello tende invece a riconoscere un più ampio potere degli Stati di impiegare la forza in via decentrata, pur agendo per gli scopi e sotto la direzione strategica delle Nazioni Unite.

8. *Le forze delle Nazioni Unite*

Elemento comune alle varie tipologie di forze delle Nazioni Unite è la circostanza che esse agiscono nel quadro di una catena di comando che risponde direttamente agli organi dell'organizzazione. A ciò si accompagna un elemento di carattere formale, quale l'uso dei simboli delle Nazioni Unite, fra i quali il celebre "casco blu".

Le forze delle Nazioni Unite sono classificate a seconda degli scopi che perseguono e delle funzioni loro assegnate. Si distinguono in forze di mantenimento della pace (*peacekeeping*); forze che hanno lo scopo di imporre coercitivamente condizioni di pace e di sicurezza (*peace-enforcing*); forze che assicurano condizioni di sicurezza nella fase della ricostruzione che fa seguito ad un conflitto armato (*post-conflict peace building*).

a) *Le forze di* peacekeeping

Le forze di *peacekeeping* hanno la caratteristica di essere stanziate sul territorio con il consenso delle parti al fine di prevenire azioni belliche o di sorvegliarne la cessazione. Esse non hanno, tuttavia, il potere di usare le armi se non in situazioni di autodifesa. Si tratta, in sostanza, di forze "cuscinetto", che non hanno la capacità di imporsi nei confronti dei belligeranti. Esse sono di solito costituite sulla base di accordi *ad hoc* fra il Segretario generale e gli Stati che intendono cooperare all'iniziativa e rispondono, quindi, ad una catena di comando nazionale o multinazionale posta sotto la direzione del Segretariato.

Forze di *peacekeeping* hanno costituito, durante l'epoca della guerra fredda, pressoché l'unica modalità operativa attraverso la quale il Consiglio ha esercitato le proprie funzioni nel campo del mantenimento della pace.

Fra le prime forze costituite dal Consiglio di sicurezza conviene ricordare l'istituzione dell'ONUC, nel 1960, in relazione alla crisi congolese (risoluzione 143 (1960) del 17 luglio 1960), dell'UNFICYP, nel 1964, stanziata sul territorio di Cipro (risoluzione 186 (1964) del 4 marzo 1964), dell'UNEF II, nel 1973, destinata ad operare come forza di intermediazione fra Israele ed Egitto (risoluzione 340 (1973) del 25 ottobre 1973) e dell'UNIFIL, istituita nel 1978 sul territorio del Libano (risoluzioni 425 (1978) e 426 (1978), entrambe del 19 marzo 1978).

In tempi più recenti, il Consiglio di sicurezza ha fatto frequente ricorso a questa modalità operativa ed ha promosso la costituzione di una serie assai numerosa di forze di *peacekeeping*, in varie aree del mondo. Il mandato di tali forze differisce leggermente da caso a caso, ma è stato in genere limitato ad azioni tese a prevenire lo scoppio o la ripresa di ostilità belliche, di scontri etnici o di catastrofi umanitarie, limitando il diritto all'uso della forza solo ai casi di legittima difesa.

Conviene ricordare alcune operazioni di *peacekeeping*, tuttora operanti: la UNFICYP, stanziata a Cipro (risoluzione 186 (1964) del 4 marzo 1964); la UNIFIL, stanziata in Libano nel 1974 (risoluzione 426 (1978) del 19 marzo 1978, il cui mandato è stato esteso, da ultimo, con risoluzione 2650 (2022) del 31 agosto 2022; la UNDOF, stanziata nelle alture del Golan fra Siria e Israele (risoluzione 350 (1974) del 31 maggio 1974); la MINURSO, stanziata nel Sahara occidentale (risoluzione 690 (1991) del 29 aprile 1991; la UNMIK stanziata in Kosovo (risoluzione 1244 (1999) del 10 giugno 1999); la MONUSCO, stanziata nella Repubblica Democratica del Congo inglobando il mandato di precedenti missioni (risoluzione 1925 del 29 maggio 2010); la UNISFA, stanziata nell'area di Abey, fra il Sudan e il Sud Sudan (risoluzione 1990 (2011) del 27 giugno 2011); la MINUSMA, operante nel Mali (risoluzione 2100 (2013) del 25 aprile 2013); la MINUSCA, stanziata nella Repubblica Centroafricana (risoluzione 2149 (2014) del 10 aprile 2014.

La dottrina prevalente tende ad individuare nell'art. 41 della Carta il fondamento del potere del Consiglio di costituire forze di *peacekeeping*. Verosimilmente, questa conclusione è influenzata dal parere reso dalla Corte internazionale di giustizia nel caso relativo a *Certe spese delle Nazioni Unite*, nel quale, come si è visto, la Corte ha affermato che la costituzione di forze di interposizione non è oggetto di una competenza esclusiva del Consiglio, ma rientra piuttosto nell'ambito dei poteri di regolamentazione pacifica delle controversie che la Carta assegna sia all'Assemblea generale che al Consiglio di sicurezza. Trattandosi di forze militari, peraltro, non è irragionevole ritenere che costituiscano delle modalità "*minoris generis*" di azioni implicanti l'uso della forza, ai sensi dell'art. 42. Un argomento in questa direzione viene dalla osservazione che il mandato delle forze di *peacekeeping* include talvolta anche compiti che implicano un certo grado di coercizione militare, quali, ad esempio, la tutela di civili o la costituzione di situazioni di sicurezza per aiuti umanitari.

In questo senso si vedano le seguenti operazioni di *peacekeeping*: la UNIFIL (il cui mandato è stato ampliato, rispetto al passato, con la risoluzione 1701 (2006) dell'11 agosto 2006); la UNAMIR, creata nel 1993 e operante in Ruanda fino al 1996 (v. spec. risoluzione 997 (1995) del 9 giugno 1995); la UNMIL (risoluzione 1509 (2003) del 19 settembre 2003); la UNAMID (risoluzione 1769 (2007)) e la MINURCAT (risoluzione 1778 (2007), il cui mandato è stato esteso e rafforzato, da ultimo, con la risoluzione 1923 (2010) del 25 maggio 2010).

b) *Le forze di* peace-enforcing

Talvolta, il Consiglio ha anche costituito forze aventi lo scopo di imporre il ristabilimento della pace. Anche in questo caso, in assenza di proprie risorse militari, si è seguito il modello già sperimentato per le forze di *peacekeeping*, che comporta l'affidamento della missione a contingenti nazionali operanti sotto la direzione del Segretario generale. Data la scarsa propensione degli Stati a rinunciare al controllo sui propri contingenti, un'azione militare diretta dall'ONU si è potuta realizzare solo in rare occasioni, ed in relazione ad azioni su scala assai limitata. Nella maggior parte delle ipotesi, azioni di questo tipo, denominate di *peace-enforcing*, hanno costituito semplicemente l'estensione del mandato affidato, in precedenza, a forze di mantenimento della pace (*peacekeeping*).

Questo modello, già seguito dalla prassi, è stato sperimentato, con discutibile successo, nel caso della crisi in Somalia, dove la UNOSOM II (forza di *peace-enforcing*) ha sostituito la UNOSOM I (forza di *peacekeeping*) a seguito di un attacco in cui morirono alcuni caschi blu (v. le risoluzioni 751 (1992) del 24 aprile 1992 e 814 (1993) del 26 marzo 1993, nonché la risoluzione 837 (1993) del 6 giugno 1993). Lo stesso modello è stato adottato anche nel corso della crisi sul territorio della ex Iugoslavia (v. le risoluzioni 836 (1993) del 4 giugno 1993 e 913 (1994) del 22 aprile 1994, con le quali il Consiglio ha autorizzato l'uso della forza da parte della missione stanziata sul territorio al fine di difendere determinate aree protette). Questo modello è stato poi sperimentato anche in relazione alla situazione nella Repubblica Democratica del Congo (v. la risoluzione 1565 (2004) del 1° ottobre 2004, con la quale il Consiglio ha ampliato il mandato dell'operazione di *peacekeeping* MONUC, autorizzando l'uso della forza al fine di supervisionare il rispetto di un accordo di cessate il fuoco e la difesa di aree protette). Il Consiglio di sicurezza ha autorizzato l'impiego della forza anche sul territorio della Repubblica centrafricana e del Ciad (v. la risoluzione 1861 (2009) del 14 gennaio 2009).

c) *Azioni di* post conflict peace building

In qualche modo ricollegate all'art. 42 possono essere le azioni del Consiglio di sicurezza miranti ad assicurare forme di amministrazione territoriale, nella fase immediatamente successiva a conflitti bellici (*post conflict peace building*). Peraltro, non di rado, il Consiglio di sicurezza si è limitato a conferire un mandato a forze multinazionali già operanti sul territorio sotto il controllo, a volte solo formale, dell'organizzazione.

In talune ipotesi, il compito di assistere un governo nell'amministrazione del proprio territorio, per prevenire un conflitto o per controllarne la cessazione, è stato delegato dal Consiglio di sicurezza a Stati od organizzazioni regionali, scegliendoli fra quelli che maggiormente avevano cooperato con le Nazioni Unite per allontanare la minaccia alla pace. Così, nel caso della Bosnia-Erzegovina, la risoluzione 1031 (1995) del 15 dicembre 1995 ha affidato agli Stati membri, agenti per mezzo della NATO, il compito di stabilire una forza multinazionale, l'SFOR, per assicurare il rispetto delle condizioni di tregua, nonché per garantire condizioni di sicurezza nel governo territoriale. In occasione dei gravi disordini occorsi in Albania, la risoluzione 1101 (1997) del 28 marzo 1997 ha affidato ad alcuni Stati, tra i quali l'Italia, il compito di garantire la fornitura di assistenza internazionale (operazione *Alba*).

Talvolta, il compito di assicurare il controllo territoriale in situazioni post-conflittuali è stato discutibilmente affidato a Stati che hanno condotto azioni militari al di fuori del sistema delle Nazioni Unite. In Kosovo, la risoluzione 1244 (1999) ha stabilito una amministrazione territoriale affidandone la gestione militare ad una forza multilaterale sotto comando NATO, e ponendo questa sotto la supervisione di un Rappresentante speciale del Segretario generale dell'ONU. Pur se prefigurata nell'accordo fra gli Stati membri della NATO e la Repubblica Federale di Iugoslavia (Serbia e Montenegro), che aveva posto termine al conflitto, tale soluzione non appare politicamente felice. Essa si è risolta di fatto nello stabilimento di una sorta di protettorato degli Stati della NATO sulla regione, rimasta solo nominalmente sotto la sovranità della Repubblica Federale di Iugoslavia fino alla dichiarazione di indipendenza del 17 febbraio 2008 (v. *infra*, parte III, capitolo I, par. 4).

Anche meno convincente appare la soluzione adottata dalla risoluzione 1511 (2003) del 16 ottobre 2003, la quale ha fatto seguito alle azioni intraprese nei confronti dell'Iraq dagli Stati Uniti e dalla Gran Bretagna, che hanno condotto all'occupazione militare di quel Paese. La risoluzione riconosce, infatti, ad una forza multinazionale, posta sotto il comando unificato delle Potenze occupanti, compiti di amministrazione territoriale volti alla preparazione di elezioni democratiche e a determinare le condizioni per il passaggio di poteri ad un'autorità rappresentativa del popolo iracheno.

Le Nazioni Unite hanno stabilito un quadro giuridico generale per le azioni di assistenza *post-conflict* con le due risoluzioni del Consiglio di sicurezza 1645 (2005) e dell'Assemblea generale, 60/180, ambedue adottate il 20 dicembre 2005. Le due risoluzioni hanno quindi istituito una Commissione incaricata di assicurare il coordinamento nelle varie attività intraprese da Stati e organizzazioni internazionali. Si tratta di attività che incidono notevolmente sul modello di rapporti economici e sociali degli Stati destinatari.

Conviene osservare che la risoluzione del Consiglio non individua precisamente la propria base giuridica. Vari elementi, inclusa la circostanza che essa si raccorda ad una risoluzione dell'Assemblea generale e che le azioni intraprese in tale ambito si fondano sul consenso degli Stati interessati, inducono a ritenere però che tali azioni rientrino nell'ambito del Capitolo VI e non del Capitolo VII della Carta. Sulla base di tali risoluzioni, sono state quindi intraprese attività di assistenza ai governi di vari Paesi africani; dapprima in Burundi (risoluzione 1716 (2006) del 25 ottobre 2006) e in Sierra Leone (risoluzione 1734 (2006) del 22 dicembre 2006), e successivamente anche in Guinea Bissau e nella Repubblica Centro Africana. Nel 2016, l'Assemblea generale e il Consiglio di sicurezza hanno chiedono al Segretario generale di sottoporre una proposta per una nuova e complessiva riforma della architettura del peacebuilding. Le due risoluzioni gemelli dell'Assemblea generale e del Consiglio di sicurezza, del 21 dicembre 2020, hanno quindi adottato la *2020 Review of the United Nations Peacebuilding Architecture.*

9. *Amministrazione centralizzata ed esercizio decentralizzato dell'uso della forza: le autorizzazioni agli Stati membri*

Le scarse capacità operative delle Nazioni Unite ed, in particolare, l'incapacità del Consiglio di realizzare direttamente operazioni militari di ampia portata hanno indotto quest'ultimo ad avvalersi di una diversa modalità di intervento, consistente nell'autorizzare gli Stati ad usare la forza. In questo diverso modello il Consiglio, invece di agire con forze poste direttamente sotto il suo comando, si limita ad autorizzare gli Stati ad utilizzare la forza, per le finalità e con le modalità da esso indicate. Lo strumento delle autorizzazioni sembra quindi evidenziare il definitivo tramonto del modello accentrato di uso della forza che si riflette nella Carta. L'impiego della forza è infatti sottratto, nei suoi aspetti operativi, al Consiglio di sicurezza e consegnato ad una forma decentrata di amministrazione, ad opera degli Stati. Al Consiglio rimane la fase normativa, relativa all'accertamento delle condizioni che esigono l'impiego della forza nonché all'individuazione dei soggetti autorizzati e delle modalità di azione. Al Consiglio spetta inoltre una funzione di controllo sulle operazioni militari. Data la discrezionalità piuttosto ampia dell'autorizzazione, tale funzione tende nella pratica ad assumere carattere meramente formale.

a) *Le autorizzazioni nella prassi*

A parte un precedente remoto, e giuridicamente poco significativo, le autorizzazioni all'uso della forza sono state impiegate a partire dall'inizio degli anni '90, una volta che il venir meno del bipolarismo nelle relazioni internazionali ha consentito una maggiore cooperazione fra i membri permanenti del Consiglio.

Una forma di autorizzazione venne concessa dal Consiglio di sicurezza con la risoluzione 83 (1950) del 27 giugno 1950, che invitava gli Stati membri ad intervenire a fianco della Corea del Sud, oggetto di aggressione da parte della Corea del Nord. Peraltro, la risoluzione venne adottata in assenza di uno dei membri permanenti del Consiglio, l'Unione Sovietica, che non mancò di far conoscere il proprio dissenso. Il procedimento di adozione della risoluzione era quindi viziato in modo evidente, e ciò fa dubitare, pertanto, che tale risoluzione possa costituire un valido precedente per la ricostruzione dell'istituto.

Assai più consistente è, invece, la prassi che si è formata più di recente. In tale fase si è registrato un certo attivismo del Consiglio di sicurezza, il quale ha utilizzato sovente lo strumento dell'autorizzazione in situazioni molto diverse fra loro. Il primo caso, assai noto, è quello della risoluzione 678 (1990) del 29 novembre 1990, relativa all'invasione del Kuwait da parte dell'Iraq. Il Consiglio constatava la persistente occupazione del territorio kuwaitiano da parte dell'Iraq e fissava un termine per il ritiro, allo scadere del quale gli Stati membri che cooperavano con il governo kuwaitiano in esilio avrebbero potuto utilizzare la forza al fine di liberare il Paese.

In seguito, il Consiglio ha fatto largamente ricorso allo strumento dell'autorizzazione, non solo in situazioni di guerra internazionale, ma anche in presenza di gravi conflitti etnici o di catastrofi umanitarie. L'impiego della forza è stato autorizzato a più riprese nel corso del conflitto sul territorio della Bosnia-Erzegovina. Le risoluzioni 816 (1993) ed 836 (1993), rispettivamente del 31 marzo e del 4 giugno 1993, hanno autorizzato gli Stati a fare uso della forza al fine di assicurare la protezione aerea sulle zone di afflusso dei profughi. Nei primi anni '90, in occasione della crisi somala, la risoluzione 794 (1992) del 3 dicembre 1992 ha autorizzato il ricorso alla forza per consentire un intervento umanitario di fronte al collasso dell'autorità governativa e al rischio di emergenza umanitaria. L'impiego della forza è stato, poi, autorizzato dalla risoluzione 929 (1994) del 22 giugno 1994 in occasione della grave crisi in Ruanda, al fine di costituire condizioni di sicurezza per i profughi minacciati dal conflitto etnico, nonché in occasione della crisi haitiana del 1994. In quest'ultimo caso la risoluzione 940 (1994) del 31 luglio 1994 ha autorizzato l'uso della forza per assicurare l'insediamento del presidente eletto, Aristide, e rimuovere il governo militare che lo aveva deposto.

La recente risoluzione 1973 (2011), relativa alla crisi libica, ha autorizzato l'uso della forza da parte degli Stati al fine di proteggere la popolazione civile, oggetto di attacchi da parte di forze governative e di garantire l'effettività del divieto di sorvolo del territorio libico imposto dalla stessa risoluzione agli aerei governativi.

L'istituto dell'autorizzazione è stato anche impiegato al fine di stabilire un quadro istituzionale per interventi dotati di un fondamento di tipo consensuale. È questo il caso, ad esempio, dell'operazione *Alba*, condotta nel 1997 in Albania dall'Italia e da altri Stati con il consenso e, anzi, dietro richiesta del governo albanese, al fine di coadiuvare le forze di polizia nelle attività di mantenimento dell'ordine interno. Un esempio analogo si rinviene nelle risoluzioni

1816 (2008) del 2 giugno 2008 e 1851 (2008) del 16 dicembre 2008, con le quali il Consiglio ha autorizzato gli Stati che cooperano con il Governo Federale transitorio della Somalia ad usare la forza per reprimere gli atti di pirateria commessi rispettivamente nelle acque territoriali e sul territorio somalo. Anche in questo caso le misure decise dal Consiglio sono state adottate su espressa richiesta e con il consenso del Governo Federale transitorio della Somalia. Più di recente, il Consiglio di sicurezza ha autorizzato, dietro richiesta del Mali, l'intervento di una forza multilaterale, in stretta cooperazione con l'Unione africana e la Comunità economica degli Stati dell'Africa occidentale, al fine di ristabilire il controllo effettivo del governo maliano in particolare sulle zone settentrionali controllate da gruppi armati terroristi. Inizialmente l'autorizzazione era indirizzata ai soli Stati africani (v. le risoluzioni 2085 (2012) del 20 dicembre 2012, 2100 (2013) del 25 aprile 2013). Peraltro, l'intervento è stato sostanzialmente condotto dall'esercito francese, che ha dichiarato di agire sul fondamento della richiesta di intervento da parte del Mali. Si pone pertanto il problema della liceità di un intervento unilaterale, ancorché operato con il consenso dello Stato territoriale, in presenza di un intervento istituzionale, autorizzato dal Consiglio di sicurezza. Agli effetti pratici, il rilievo della questione è peraltro ridotto dato l'intervento francese è stato comunque raccordato all'intervento delle forze multinazionali africane con successive risoluzioni (v. in particolare, la risoluzione 2164 (2014) del 25 giugno 2014).

Una singolare situazione è quella creata sulla base della risoluzione 1244 (1999) in Kosovo, in seguito al conflitto fra la NATO e la Repubblica Federale di Iugoslavia (v. *supra*, par. 8, lett. *c*). Sulla base di questa risoluzione il Consiglio ha affidato le funzioni di governo territoriale ad una amministrazione civile delle Nazioni Unite in Kosovo (UNMIK), autorizzando nel contempo lo stanziamento sul territorio kosovaro di una amministrazione militare multinazionale (KFOR) facente capo, sostanzialmente, alla catena di comando della NATO.

In queste ipotesi, fra loro molto diverse, le autorizzazioni all'uso della forza presentano caratteri estrinseci simili. Esse sono concesse per un fine determinato, il cui perseguimento rende legittimo l'impiego della forza e si indirizzano agli Stati, agenti singolarmente o coordinati nell'ambito di organismi regionali. A volte, la risoluzione menziona la disponibilità di taluni Stati ad attuare l'autorizzazione. L'azione armata è, quindi, condotta dagli Stati, ai quali spetta determinare sia l'intensità della forza necessaria, sia le modalità operative dell'azione, mentre il controllo sul loro operato è solitamente svolto sulla base di rapporti periodici inviati al Consiglio. Agli Stati è, dunque, riconosciuta una discrezionalità assai ampia, che si estende fino a determinare i tempi, le modalità e gli scopi concreti dell'azione militare.

Proprio l'esistenza di una ampia sfera di discrezionalità a favore degli Stati rende questa modalità di azione particolarmente problematica. A volte, infatti, gli Stati hanno rivendicato una loro libertà di usare la forza molti anni dopo l'adozione della risoluzione che ne autorizzava l'esercizio, quindi, in un contesto storico assai diverso da quello che ne aveva motivato la concessione. In altre occasioni, gli Stati autorizzati si sono avvalsi dell'ampia discrezionalità loro concessa al fine di perseguire orientamenti di dubbia compatibilità con il mandato ricevuto.

Un esempio del primo tipo è l'autorizzazione concessa dalla risoluzione 678 (1990), la quale è stata invocata dagli Stati Uniti e dalla Gran Bretagna come fondamento del potere di stabilire e mantenere un divieto di sorvolo per ampie zone del territorio iracheno per molti anni dopo la fine della prima guerra del Golfo sancita con la risoluzione 687 (1991). La risoluzione 678 (1990) è stata fra l'altro evocata come fondamento dell'intervento operato in Iraq nel 2003, sempre ad opera degli Stati Uniti e della Gran Bretagna, a distanza quindi di tredici anni dalla sua adozione.

Un esempio del secondo tipo è dato dall'amministrazione militare della NATO in Kosovo, che avrebbe, secondo alcuni, operato al fine di rendere praticamente impossibile il ricongiungimento della regione con la Repubblica di Serbia (Stato successore della Repubblica Federale di Iugoslavia) e favorendo, di fatto, la secessione della regione. La NATO sarebbe quindi venuta meno all'obbligo di rispettare la sovranità e l'integrità territoriale della Serbia sulla regione, ribadita dalla stessa risoluzione 1244 (1999), che ha autorizzato lo stabilimento dell'amministrazione militare della NATO.

Non mancano, nella prassi, altri casi in cui gli Stati hanno interpretato in maniera unilaterale risoluzioni del Consiglio di sicurezza, in maniera da richiamarsi ad essa per giustificare la propria azione unilaterale. Un esempio molto chiaro è dato dall'intervento della Francia in Mali nell'inverno del 2013. Nella menzionata lettera dell'11 gennaio 2013 del Rappresentante permanente della Francia al Segretario generale delle Nazioni Unite e al Presidente del Consiglio di sicurezza, S/2013/17, la Francia ha configurato il proprio intervento militare non solo come una forma di assistenza richiesta del governo del Mali, ma altresì come una forma di "esecuzione anticipata" della risoluzione 2285 (2012), la quale, invero, autorizzava bensì l'uso della forza, ma solo da parte di una coalizione multilaterale fra Stati africani.

L'istituto delle autorizzazioni all'uso della forza ha avuto il suo apogeo negli anni '90, favorito dalla struttura sostanzialmente unipolare della comunità internazionale, raccolta intorno agli orientamenti di un'unica superpotenza, gli Stati Uniti, che ha ispirato e sovente realizzato direttamente molti degli interventi autorizzati dal Consiglio di Sicurezza. In questa fase, l'istituto delle autorizzazioni all'uso della forza ha dato veste giuridica multilaterale a interventi sostanzialmente unilaterali.

Successivamente, anche in relazione agli abusi che si sono verificati, il ricorso alle autorizzazioni all'uso della forza si è fatto più raro fino a sparire negli anni più recenti. Nondimeno, tale istituto ha costituito in questa fase storica, lo strumento principale di azione delle Nazioni Unite, consentendo a questa organizzazione di intervenire nella gestione delle crisi mondiali, sia pure con i limiti e le ambiguità propri di uno strumento unilaterale di azione posto sostanzialmente nelle mani di singoli Stati.

Le modalità di attuazione unilaterale delle autorizzazioni all'uso della forza da parte di singoli Stati, però, hanno talvolta creato gravi difficoltà. Un esempio è dato dalle critiche mosse da vari Stati nei confronti dell'intervento in Libia operato nel 2011 da parte di una coalizione guidata dagli Stati occidentali. Come si ricorderà, la risoluzione 1973 (2011) consentiva l'uso della forza limitatamente alle misure necessarie per tutelare la popolazione civile. Tuttavia l'azione militare ha progressivamente esteso tale obiettivo fino ad attuare la caduta del regime nell'autunno del 2011. Le critiche a tali modalità hanno verosimilmente ispirato il voto negativo di due membri permanenti del Consiglio, la Russia e la Cina – nonché l'astensione di un certo numero di membri non permanenti – su una proposta di risoluzione tesa ad accertare l'esistenza di gravi violazioni dei diritti fondamentali della popolazione civile in Siria e a prospettare forme di sanzione nei confronti del governo siriano. La proposta veniva quindi respinta dal Consiglio di sicurezza il 4 ottobre 2011 (SC/10403).

L'eclissi dell'istituto delle autorizzazioni all'uso della forza, nonché del ruolo del Consiglio di sicurezza nelle crisi mondiali, e la crescente tendenza degli Stati a preferire l'azione unilaterale, sono illustrate dalle recenti vicende del pluriennale conflitto in Siria. Il Consiglio di sicurezza non ha mai trovato il consenso necessario fra le grandi potenze per porvi fine. Come è noto, un ampio numero di Stati, fra i quali ben quattro membri permanenti del Consiglio di sicurezza, hanno condotto operazioni militari in Siria, fondate su basi giuridiche unilaterali quali la legittima difesa o l'intervento su invito, volte al perseguimento di obiettivi geopolitici. Di conseguenza, piuttosto di risolvere le tensioni nell'area, esse hanno acuito l'instabilità e favorito il radicalismo islamico. In particolare, una coalizione guidata dagli Stati Uniti ha condotto, e sta attualmente conducendo, azioni contro lo Stato islamico nonché contro il regime del Presidente Assad; altri Stati, fra i quali la Russia, hanno operato bensì contro lo Stato islamico, ma a sostegno del regime del Presidente Assad.

Né il Consiglio di sicurezza ha trovato il consenso necessario per assicurare un coordinamento delle azioni militari contro il "nemico comune", dato dallo Stato islamico. Questa paradossale situazione spiegabile solo alla luce dei diversi interessi che si scontrano nell'area, ha trovato espressione nell'ambigua risoluzione 2249 (2015), adottata dal Consiglio di sicurezza il 20 novembre 2015, all'indomani dell'ondata di attentati terroristici compiuti nell'autunno di quell'anno.

La risoluzione non contiene alcuna autorizzazione all'uso della forza. Essa ha semplicemente "sollecitato" (*call upon*) gli Stati membri a prendere tutte le misure necessarie, compatibilmente con il diritto internazionale, sul territorio controllato dallo Stato islamico, al fine di prevenire e reprimere azioni terroristiche da parte dello Stato islamico. La risoluzione, formulata in termini molto ambigui, non ha quindi autorizzato l'uso della forza, ma si è limitata ad auspicare che le azioni unilaterali dei vari Stati, pur fondate su diverse basi giuridiche e ispirate al perseguimento di diversi obiettivi e strategie, convergano nel contrastare le azioni dello Stato islamico. In altri termini, la risoluzione 2249 (2015) sembra aver rinunciato a incardinare le varie azioni militari nel quadro istituzionale delle Nazioni Unite. Essa sembra piuttosto prendere atto delle divergenti strategie perseguite dai vari Stati, limitandosi ad auspicare una limitata convergenza per quanto riguarda le azioni contro lo Stato islamico.

b) *La compatibilità delle autorizzazioni all'uso della forza con la Carta delle Nazioni Unite*

Conviene ora dedicare qualche considerazione al problema della compatibilità del modello delle autorizzazioni rispetto alla Carta. Tale problema è stato inizialmente al centro di un dibattito assai articolato, il quale si è andato gradualmente attenuando in relazione al progressivo consolidamento della prassi.

Al fine di impostare correttamente il problema, occorre sottolineare come l'istituto delle autorizzazioni non sia concettualmente unitario. Occorre infatti distinguere fra i casi in cui l'autorizzazione all'uso della forza concerne attività che sarebbero comunque lecite ai sensi del diritto generale e i casi invece in cui l'autorizzazione costituisce l'unico fondamento di liceità di attività altrimenti illecite.

Una prima categoria di autorizzazioni del primo tipo concerne ipotesi nelle quali l'uso individuale della forza autorizzata dal Consiglio sarebbe stato lecito anche a titolo di legittima difesa.

Il caso maggiormente rilevante in proposito è quello dell'autorizzazione ad intervenire in Kuwait nel 1991 con l'obiettivo di porre fine all'aggressione irachena. Anche indipendentemente dall'autorizzazione concessa dalla risoluzione 678 (1990), infatti, l'intervento delle forze alleate avrebbe trovato un fondamento sufficiente nella richiesta di aiuto da parte dello Stato aggredito. L'esistenza di una autorizzazione del Consiglio di sicurezza non sembra, quindi, sufficiente a mutare la base giuridica dell'intervento, né l'imputazione di esso agli Stati che lo hanno compiuto. L'autorizzazione, in tali casi, sembra assumere valore soprattutto politico ed esprime il consenso delle Nazioni Unite nei confronti di un intervento unilaterale.

Conclusioni analoghe valgono per una seconda categoria di autorizzazioni, che hanno ad oggetto interventi avvenuti con il consenso del sovrano territoriale. In questo caso, l'autorizzazione ha quindi il duplice fine di ricondurre l'intervento al quadro istituzionale delle Nazioni Unite e di rafforzarne la legittimazione politica. Nel caso della missione *Alba*, ad esempio, l'intervento italiano avrebbe ben potuto essere fondato su un accordo di carattere bilaterale con l'Albania. Peraltro, Albania e Italia intendevano collocare l'azione nel quadro multilaterale delle Nazioni Unite. Lo stesso può dirsi per l'intervento militare in Mali del 2013, autorizzato dal Consiglio di sicurezza su richiesta del governo di questo Stato, pur se con le singolari modalità descritte *supra*. Al contrario, la richiesta di assistenza militare russa avanzata dalle autorità della Crimea all'inizio del 2014 può difficilmente considerarsi conforme al diritto internazionale in quanto proveniva da un organo manifestamente incompetente ad esprimere la volontà dello Stato ucraino.

Un discorso diverso vale, invece, per quegli interventi, soprattutto di carattere umanitario, che non hanno altro fondamento che l'autorizzazione del Consiglio. Tale appare, ad esempio, il caso dell'autorizzazione concessa dal Consiglio di sicurezza con la risoluzione 1973 (2011), espressamente finalizzata alla protezione della popolazione civile libica, oggetto di attacchi da parte dell'esercito in seguito ad una sollevazione popolare. In tali casi, quindi, occorre vedere se il Consiglio di sicurezza, il quale ha in base alla Carta il potere di intervenire direttamente, possa anche autorizzare un intervento da parte di singoli Stati.

Alla questione sono state date risposte molto diverse fra loro. Secondo l'opinione prevalente, il potere di autorizzare l'uso della forza si fonda sulla medesima norma della Carta, vale a dire l'art. 42, che conferisce al Consiglio il potere di utilizzare direttamente la forza al fine di mantenere o ristabilire la pace e la sicurezza internazionale. Questa opinione, eccessivamente semplicistica, si fonda sul presupposto che un organo al quale sia conferito un certo potere possa esercitarlo senz'altro a mezzo di delega. Non è tuttavia sempre così. Il mondo giuridico offre numerosi esempi di poteri non delegabili. Ciò avviene in particolare nell'ambito di rapporti giuridici pubblicisti. In tale ambito, anzi, il principio generale appare quello della non delegabilità dei poteri conferiti nell'interesse pubblico, il cui esercizio deve essere ispirato ad esigenze di imparzialità e di indipendenza.

La questione della delega dei poteri del Consiglio di sicurezza è stata affrontata, e risolta positivamente, dalla Corte europea dei diritti dell'uomo nella decisione sulla ricevibilità nel caso *Behrami e Saramati* (casi riuniti *Agir Behrami e Bekir Behrami c. Francia*, ricorso n. 71412/01 e *Ruzhdi Saramati c. Francia, Germania e Norvegia*, ricorso n. 78166/01, decisione del 2 maggio 2007, spec. par. 134). La questione concerneva la conformità alla Carta della risoluzione 1244

(1999) la quale, tuttavia, non conferiva, come si è visto, una vera e propria autorizzazione all'uso coercitivo della forza quanto piuttosto stabiliva una forma di amministrazione territoriale del Kosovo dopo l'intervento degli Stati della NATO. La risoluzione reca peraltro espressa menzione del consenso delle parti del conflitto e, in particolare, della Repubblica Federale di Iugoslavia, la cui sovranità territoriale veniva anzi espressamente riaffermata.

L'adozione da parte della Carta di un modello centralizzato sembra rispondere proprio alla volontà di affidare sia l'accertamento dei presupposti dell'impiego della forza che le modalità operative ad un organo centralizzato, che agisca con caratteri di terzietà ed imparzialità. Tali esigenze non sono del tutto soddisfatte dalle autorizzazioni all'uso della forza. In tale modello, infatti, solo l'accertamento dei presupposti di azione è affidato ad un organo centralizzato, mentre la scelta dell'intensità della forza, delle modalità operative, nonché degli obiettivi concreti dell'azione, sono affidate alla valutazione discrezionale dei singoli Stati.

Non appare neppure convincente l'ulteriore argomento che fa leva sull'esistenza di una norma della Carta, l'art. 53, che consente al Consiglio di sicurezza di delegare l'impiego della forza ad organizzazioni regionali. Secondo tale argomento, se il Consiglio ha il potere di delegare l'uso della forza ad organismi regionali, non si vede perché non potrebbe farlo a favore di singoli Stati. Questa motivazione non tiene in conto la circostanza che, nel sistema della Carta, le organizzazioni regionali non sono semplici agglomerati di Stati, ma costituiscono piuttosto un vero e proprio organo delle Nazioni Unite, che agisce con i medesimi caratteri di imparzialità e terzietà che si riscontrano nel Consiglio di sicurezza (v. *infra*, capitolo III). È quindi comprensibile che la Carta abbia previsto la possibilità di autorizzazione all'uso della forza solo ad esse e non a favore di singoli Stati.

Né è ipotizzabile che la prassi delle istituzioni possa aver contribuito a modificare tale sistema, ed ammettere l'autorizzazione all'uso della forza in termini più larghi di quanto non risulti da una interpretazione testuale della Carta. Se, infatti, è generalmente riconosciuto che la prassi istituzionale possa condurre ad un'interpretazione adeguatrice della Carta, è dubbio che essa possa giustificare un'alterazione degli aspetti fondamentali del sistema di sicurezza collettiva senza che siano esperiti i procedimenti previsti per la revisione di essa.

La questione è assai controversa anche dal punto di vista politico. Un meccanismo che riservi al Consiglio di sicurezza la fase dell'accertamento e deleghi, invece, agli Stati la fase dell'attuazione può apparire, nell'attuale fase storica, un felice contemperamento delle esigenze del multilateralismo con il ruolo preponderante svolto dagli Stati nell'ambito delle relazioni internazionali. A tal fine, però, occorrerebbe che l'organizzazione fosse in grado di esercitare forme effettive di controllo, e non solo nominali. Nella prassi, invece, il sistema delle autorizzazioni sembra far prevalere nettamente il ruolo degli Stati rispetto a quello delle Nazioni Unite. La delega di funzioni istituzionali a favore di alcuni Stati, i quali agiscono con un ampio margine di discrezionalità, sembra produrre uno squilibrio nell'assetto formalmente paritario delle relazioni internazionali ed accentua la possibilità di abusi nell'amministrazione dell'uso della forza.

Un più diretto controllo del Consiglio di sicurezza sulla fase esecutiva delle autorizzazioni all'uso della forza avrebbe, quindi, due effetti positivi: innanzi tutto, esso avrebbe l'effetto di raccordare più strettamente l'intervento al quadro istituzionale delle Nazioni Unite e di attenuare le obiezioni sulla compatibilità delle autorizzazioni con il modello accentrato dell'uso della forza che si riflette nella Carta. In secondo luogo, un controllo più stretto del Consiglio di sicurezza avrebbe l'effetto di limitare i poteri discrezionali degli Stati e, quindi, di rendere accettabili politicamente le autorizzazioni anche da parte di chi ritiene che esse costituiscano solo un velo giuridico per celare azioni sostanzialmente unilaterali.

A tal fine, occorrerebbe che l'azione militare sia preceduta da una precisa definizione degli obiettivi, in particolare di quelli di natura umanitaria; che sia previsto un termine per il mandato, con la conseguenza che il suo prolungamento esigerebbe una nuova risoluzione; che sussista un legame effettivo fra la direzione politica del Consiglio di sicurezza e il comando militare sul campo; che sia possibile controllare, attraverso una commissione *ad hoc*, il rispetto del diritto umanitario di guerra da parte degli Stati che conducono l'operazione militare.

Il rischio di una "deriva unilaterale" che si sovrapponga al sistema di sicurezza collettivo previsto dalla Carta si accentuerebbe ulteriormente qualora si affermasse l'istituto delle c.d. autorizzazioni implicite. Di autorizzazioni implicite ad usare la forza si è parlato in varie occasioni, fra le quali conviene ricordare lo stabilimento di zone di divieto di sorvolo sul territorio iracheno da parte di Stati Uniti e Gran Bretagna, dopo la prima guerra del Golfo che ad avviso di tali Stati sarebbero fondate sulla risoluzione 687 (1991). Anche l'intervento della NATO in Kosovo, nel 1999, sarebbe stato implicitamente fondato, ad avviso di taluni Stati, sulla risoluzione 1203 (1998) del 24 ottobre 1998. Anche a proposito del recente intervento in Iraq non sono mancati i riferimenti ad una forma implicita di autorizzazione contenuta nella risoluzione 1441 (2002) dell'8 novembre 2002, la quale ha constatato la mancata ottemperanza dell'Iraq al regime delle verifiche disposto da precedenti risoluzioni, invitando questo Stato a porre termine alla violazione, ed ha prospettato, in caso di mancata ottemperanza, l'adozione di ulteriori misure.

In nessuno di questi casi, peraltro, sembra possibile parlare di una autorizzazione implicita all'uso della forza da parte degli Stati. Come si è visto, infatti, una autorizzazione implicita non è certo ravvisabile nell'accertamento di una minaccia alla pace, dato che la scelta delle misure da adottare per rimuovere la minaccia spetta sempre al Consiglio e non certo ai singoli Stati. Il Consiglio potrebbe, come si è visto, non adottare alcuna misura, ritenendo che l'adozione di provvedimenti coercitivi possa contribuire al peggioramento della situazione, e non al suo miglioramento. Il Consiglio è anche l'unico organo che possa, ai sensi della Carta, accertare la mancata ottemperanza alle sue risoluzioni e trarne conseguenze a carico dello Stato inadempiente.

Quale conclusione si può trarre da queste considerazioni a proposito della compatibilità del modello delle autorizzazioni all'uso della forza a favore di singoli Stati con la Carta delle Nazioni Unite?

È ragionevole ritenere che la risposta vari a seconda della tipologia di autorizzazioni che viene in considerazione. Qualora l'azione unilaterale non si fondi solo sull'autorizzazione del Consiglio di sicurezza, ma abbia anche un diverso fondamento nel diritto generale, non vi sono motivi per negare la legittimità dell'autorizzazione. In questi casi, infatti, è ragionevole pensare che l'autorizzazione del Consiglio non valga a mutare il titolo giuridico dell'intervento, salvo a dare una più forte legittimazione politica ad attività che sarebbero comunque lecite ai sensi del diritto internazionale. In tali ipotesi, l'esistenza di una autorizzazione sembra anche avere l'effetto positivo di rafforzare il ruolo del Consiglio di sicurezza, in quanto assicura ad esso un controllo, seppur blando, su tali attività. Ciò accade, ad esempio, allorché l'intervento unilaterale degli Stati si fondi sul consenso del sovrano territoriale, ovvero allorché esso sia lecito a titolo di legittima difesa collettiva.

Distinti da questi sono i casi nei quali l'autorizzazione costituisce l'unico fondamento di liceità per l'azione militare ad opera degli Stati.

In questi casi, occorre tuttavia distinguere fra due profili diversi.

Il primo riguarda l'inquadramento dell'operazione nel particolare ordinamento delle Nazioni Unite. Tale ordinamento è fondato, come si è detto, su un modello centralizzato di intervento. L'istituto delle autorizzazioni all'uso della forza non sembra conforme a tale modello, dato che esse realizzano un diverso modello, nel quale solo la fase normativa viene esercitata direttamente dal Consiglio, e non anche la fase operativa.

Ciò non equivale però a negare la liceità degli interventi autorizzati dal Consiglio alla luce del diritto internazionale generale. Come abbiamo visto, il sistema di regolamentazione dell'uso della forza nel diritto internazionale generale non corrisponde completamente a quello adottato dalla Carta delle Nazioni Unite. Non tutte le regole che definiscono il sistema centralizzato di amministrazione della forza contenute nella Carta hanno infatti carattere di norma generale. Il diritto internazionale generale tende piuttosto ad ammettere la liceità dell'uso della forza allorché esso sia operato nel quadro istituzionale delle Nazioni Unite. Ne dovrebbe conseguire che le azioni militari operate dagli Stati su autorizzazione del Consiglio di sicurezza vengono considerate dal diritto internazionale generale come raccordate al sistema delle Nazioni Unite e, quindi, lecite, a condizione che vengano rispettati tutti gli altri limiti usualmente posti dal diritto generale all'impiego della forza. La violazione della competenza esclusiva del Consiglio di sicurezza in tema di azioni, in altri termini, sarebbe una violazione interna al sistema delle Nazioni Unite, e non inficerebbe la liceità di tali azioni alla luce del diritto internazionale generale.

10. *I rapporti fra il divieto di uso unilaterale della forza e i meccanismi centralizzati contenuti nella Carta*

Conviene ora esaminare, in chiave riassuntiva, i rapporti fra l'esistenza del divieto di uso unilaterale della forza, previsto sia dalla Carta delle Nazioni Unite che dal diritto generale, e i meccanismi accentrati di amministrazione della forza, stabiliti dalla Carta.

Talune ricostruzioni tendono ad accreditare l'idea che fra i due settori vi sia un nesso di condizionalità. La rinuncia all'uso unilaterale della forza sarebbe, in altri termini, condizionata al funzionamento del meccanismo di sicurezza collettiva disposto dalla Carta. Il mancato funzionamento di tale sistema avrebbe, quindi, come conseguenza il venir meno dell'impegno degli Stati a non utilizzare la forza e la riappropriazione da parte di questi della propria libertà di azione.

L'esistenza di un nesso di condizionalità fra il divieto di uso della forza e i meccanismi di amministrazione centralizzata è stata sostenuta innanzi tutto nell'ambito del sistema normativo delle Nazioni Unite. In particolare, secondo alcuni autori, l'art. 2, par. 4, della Carta andrebbe interpretato alla luce del complessivo sistema normativo delle Nazioni Unite e, in particolare, alla luce dell'effettività del sistema di sicurezza collettiva disposto dal Capitolo VII. È solo nel quadro di tale meccanismo che gli Stati avrebbero quindi rinunciato ad impiegare unilateralmente la forza al fine di garantire la propria sicurezza. La capacità di assicurare la sicurezza collettiva ad opera dei meccanismi previsti dal Capitolo VII sarebbe quindi un presupposto di efficacia del divieto di uso unilaterale della forza, formulato dall'art. 2, par. 4, della Carta.

Questa circostanza avrebbe quindi rilievo anche al fine di determinare il contenuto e la natura del divieto di uso della forza nel diritto internazionale generale. Secondo varie impostazioni, il mancato funzionamento del meccanismo di sicurezza collettiva avrebbe l'effetto di ripristinare la vigenza delle regole di diritto internazionale preesistenti rispetto alla Carta delle Nazioni Unite le quali, come si è detto, ammettevano in termini più larghi la possibilità per gli Stati di impiegare unilateralmente la forza.

Queste tesi, ancorché sostenute con argomenti suggestivi, non sono tuttavia del tutto convincenti. Esse poggiano sul presupposto che i due sistemi normativi, il divieto di uso della forza ed il meccanismo di sicurezza collettiva delle Nazioni Unite, siano parti di un unico sistema di controllo dell'uso della forza e che, di conseguenza, il funzionamento dell'uno o, meglio, il suo mancato funzionamento, possa spiegare effetti sull'altro. In altri termini, queste argomentazioni si fondano sul presupposto che la rinuncia all'uso della forza da parte di singoli Stati altro non sia che l'effetto della devoluzione di essa ad un potere centrale. Si sarebbe, quindi, verificato un meccanismo per molti versi simile a quello che è alle origini della nascita dello Stato moderno, sorto essenzialmente attraverso un fenomeno di devoluzione del potere di usare la forza, dai singoli a favore di un potere centrale. Allorché venga meno tale monopolio, ovvero allorché esso non funzioni adeguatamente, sembrerebbe logico pensare che gli individui riprendano la propria libertà di azione.

Ciò, tuttavia, non è quello che si è verificato nell'ordinamento internazionale, nel quale il processo di rinuncia all'uso della forza individuale e il processo di formazione di meccanismi accentrati hanno origini diverse, rispondono ad esigenze diverse, e sono, perlomeno in una certa misura, indipendenti giuridicamente l'uno dall'altro.

Come si è visto nel capitolo I, infatti, il divieto di uso della forza non nasce con la Carta delle Nazioni Unite, che ha solo cristallizzato l'esito di una lunga evoluzione. Per tutta la fase di tale evoluzione, l'ordinamento ha elaborato una serie di meccanismi di controllo di uso della forza, i quali, tuttavia non si sono dimostrati efficaci. Il divieto di uso della forza si è quindi storicamente formato in assenza di un efficace meccanismo centralizzato di controllo della forza.

Il divieto di uso della forza non è quindi correlato al trasferimento di potere dai singoli consociati ad una autorità centrale. Alle origini del divieto vi sono invece due presupposti. Il primo è dato dalla difficoltà di rinvenire dei meccanismi di accertamento obiettivo delle condizioni che possano giustificare l'uso della forza e dai rischi di abuso insiti nei meccanismi di accertamento individuale. In un sistema privo di strumenti di accertamento obiettivo, il divieto assoluto, temperato unicamente dal diritto di legittima difesa, costituisce la sola forma di limitazione obiettivamente controllabile dell'uso della forza.

In secondo luogo, il divieto ha lo scopo di assicurare un meccanismo sociale di controllo dei conflitti, evitando che essi possano degenerare e provocare una crisi dall'esito difficilmente controllabile. Il divieto esprime quindi un giudizio di valore dell'ordinamento, nel senso che l'esigenza collettiva di mantenere la pace e di evitare una degenerazione dei conflitti prevale su qualsiasi altra esigenza, sia pure meritevole di tutela. Nell'ordinamento internazionale, in altri termini, la forza non costituisce uno strumento di garanzia del diritto.

Se queste sono le finalità del divieto di uso della forza, è comprensibile che le deficienze dei meccanismi di amministrazione centralizzata non possono in alcun modo far venir meno il divieto.

In questi termini si è espressa la Corte internazionale di giustizia nel caso già menzionato del *Passaggio nello stretto di Corfù*. In quella occasione la Corte affermò espressamente che «il preteso diritto di intervento» altro non è che «espressione di una politica della forza, che, come tale, non può, *qual che siano i difetti dell'organizzazione internazionale*, aver posto nel diritto internazionale» (p. 35 della sentenza).

Questa conclusione ha un rilevante significato filosofico ed esprime bene la particolarissima natura ordinamentale del diritto internazionale. Qualora per porre termine ad una violazione del diritto internazionale sia necessario impiegare la forza, è preferibile tollerare tale violazione piuttosto che consentire il ricorso alla violenza. L'impossibilità di usare la forza come forma di esecuzione coattiva del diritto fa sì, quindi, che, nell'ordinamento internazionale, non vi siano posizioni soggettive tutelate in maniera assoluta.

D'altra parte, i meccanismi centralizzati di uso della forza hanno una finalità ed una portata assai diverse rispetto al divieto. Essi sono diretti non già ad assicurare le posizioni soggettive degli Stati, bensì unicamente ad assicurare la pace e la sicurezza internazionale. Tali meccanismi non coprono, quindi, tutte le ipotesi nelle quali l'impiego della forza potrebbe risultare necessario, ma solo una piccola parte. Conviene ricordare come, attraverso la Carta, l'ordinamento internazionale non ha istituito dei meccanismi accentrati di accertamento del diritto e di esecuzione coattiva. La Carta conferisce alle Nazioni Unite solo il potere di amministrare la forza per tutelare la pace e la sicurezza internazionale. Pur se, nella prassi, il Consiglio di sicurezza è intervenuto in situazioni nelle quali non vi era una reale minaccia alla pace, quanto piuttosto una violazione di interessi fondamentali della comunità internazionale, tale intervento è stato filtrato attraverso una interpretazione ampia, ma pur sempre ragionevole, del concetto di minaccia alla pace.

In altre parole, in diritto internazionale, a differenza di quanto non accada negli ordinamenti statali, la concentrazione del monopolio dell'uso della forza in capo al Consiglio non ha come conseguenza che la forza possa essere utilizzata ogni qual volta essa sia necessaria come strumento di attuazione del diritto. L'uso della forza è riservato ai casi di minaccia alla stabilità ed alla sicurezza internazionale. Si crea così uno iato fra il divieto per gli Stati di utilizzare unilateralmente la forza, da un lato, e la competenza a usare la forza da parte delle Nazioni Unite, dall'altro. Mentre infatti il divieto di uso della forza da parte degli Stati ha carattere generale, la competenza delle Nazioni Unite è limitata a quanto necessario per assicurare la pace e la sicurezza internazionale. L'ampia interpretazione del concetto di minaccia alla pace che si è affermata nella prassi colma solo in parte tale iato.

Queste conclusioni inducono quindi a porre un'ulteriore questione. Se dal punto di vista giuridico è perfettamente comprensibile che il divieto di uso della forza non sia condizionato dall'efficace funzionamento dei meccanismi centralizzati, è accettabile questa soluzione dal punto di vista politico? In altri termini, è realistico ipotizzare che gli Stati accettino di non intervenire anche qualora gli strumenti di amministrazione centralizzata non funzionino adeguatamente e, quindi, le Nazioni Unite rimangano inerti di fronte a macroscopiche violazioni di regole fondamentali del diritto internazionale?

Risposte a questioni di questo tipo esigono l'utilizzazione di strumenti di analisi che fuoriescono dal campo giuridico. Conviene quindi limitarsi ad una osservazione di carattere generale. Se il richiamo alla realtà serve efficacemente per porre in luce le deficienze dell'approccio multilateralista che si riflette nelle attuali disposizioni della Carta, è più difficile pensare che esso possa giustificare puramente e semplicemente un ritorno all'unilateralismo, che è proprio il male dal quale il divieto di uso della forza ha preso le mosse. Come si è dimostrato, infatti, il divieto assoluto di uso unilaterale della forza e i meccanismi istituzionali di amministrazione di essa non costituiscono affatto espressione di un ingenuo pacifismo. Essi riflettono piuttosto la struttura dei rapporti giuridici fra Stati e l'esigenza di edificare su di essa le funzioni basilari dell'ordinamento internazionale.

La questione può essere risolta valutando l'effettività delle norme sul divieto di uso della forza. Questa diversa impostazione può assumere come punto di partenza la constatazione, peraltro assai banale, che il divieto dell'uso della forza non riesce, di per sé, ad evitare i conflitti internazionali, e certamente non riesce ad imporsi nei confronti degli Stati più forti. Viviamo cioè in una realtà nella quale l'opzione del ricorso alla forza non è affatto esclusa, ed, anzi, fa parte della normale vita di relazioni internazionali. Tuttavia, è difficile pensare che la comunità internazionale, ivi compresi gli Stati più forti, intenda privarsi del divieto di uso della forza, che appare, al momento, l'unico strumento giuridico di controllo dell'uso della forza. Come si spiega allora l'esistenza di norme dotate di scarsa effettività, ma sentite come fondamentali dai consociati per la stessa esistenza del diritto internazionale? Come si spiega, in altri termini, l'esistenza di regole che le grandi Potenze si riservano di violare, riaffermandone tuttavia la vigenza, soprattutto in situazioni nelle quali non sono direttamente coinvolte?

L'esistenza di regole dotate di alto valore normativo, ma di basso grado di effettività non è sconosciuta alla teoria generale del diritto. Si tratta di norme la cui esistenza è ritenuta necessaria da ciascun consociato, il quale non intende rinunciarvi poiché si aprirebbe, altrimenti, una situazione di vuoto normativo difficilmente colmabile, pur se esse non riescono a orientare in maniera puntuale i comportamenti sociali. Il divieto di uso della forza sembra una regola di questo tipo. Essa, da un lato, è percepita dalla comunità internazionale come assolutamente necessaria per garantire un certo assetto dei rapporti giuridici della comunità internazionale. D'altro lato, tale regola non è dotata di un alto grado di effettività. La possibilità di violarla, anzi, costituisce un'opzione politica che gli Stati, in particolare quelli più forti, desiderano mantenere inalterata.

CAPITOLO III

LE ORGANIZZAZIONI REGIONALI, IN PARTICOLARE LA NATO

SOMMARIO: 1. Le organizzazioni regionali nel sistema delle Nazioni Unite. – 2. L'Organizzazione del Trattato dell'Atlantico del Nord (NATO).

1. *Le organizzazioni regionali nel sistema delle Nazioni Unite*

Il sistema di sicurezza collettiva stabilito dalla Carta è completato dalle organizzazioni regionali, le cui competenze sono descritte al Capitolo VIII. Le organizzazioni regionali sono organismi creati da accordi, che raggruppano Stati appartenenti ad una data area geopolitica e capaci di riprodurre, su scala ristretta, i meccanismi di funzionamento dell'organizzazione universale delle Nazioni Unite. Esempi riconosciuti di organizzazioni regionali sono l'Organizzazione per l'unità africana, la Lega araba, le varie organizzazioni fra Stati europei.

La Carta prevede che le organizzazioni regionali possano svolgere talune funzioni, coordinandone l'esercizio con quello svolto dagli organi delle Nazioni Unite.

L'art. 52 riconosce alle organizzazioni regionali un ruolo nel campo del regolamento pacifico delle controversie. La disposizione sembrerebbe assegnare loro priorità di intervento rispetto alle attività operate dalle Nazioni Unite ed esprime, quindi, un favore verso forme locali di composizione dei conflitti. Il Consiglio di sicurezza dovrebbe quindi astenersi dall'occuparsi di una controversia rispetto alla quale l'organizzazione regionale competente stia attivando propri meccanismi di soluzione pacifica della controversia. Non sembra, tuttavia, che tale favore comporti un obbligo di esperire i meccanismi di soluzione delle controversie sul piano regionale come condizione per l'esercizio delle competenze assegnate alle Nazioni Unite.

In quanto l'art. 52 disciplina l'esercizio di attività che sono comunque lecite ai sensi del diritto internazionale generale, sembra ragionevole pensare che questa disposizione non si riferisca a organizzazioni create secondo un particolare modello organizzativo. Ai fini dell'art. 52, quindi, va considerato come organizzazione regionale qualsiasi organismo sorto nell'ambito di una determinata area del mondo, e dotato di un apparato istituzionale stabile.

Il problema di identificare i criteri che distinguono organizzazioni di carattere regionale da altre organizzazioni internazionali, prive del requisito della regionalità, si è posto alla Corte internazionale di giustizia nella sentenza del 26 novembre 1984 nel caso delle *Attività militari e paramilitari in Nicaragua e contro il Nicaragua* (competenza e ricevibilità). Alla Corte si chiedeva di verificare se il gruppo di Contadora, formato da taluni Stati dell'America centrale, potesse essere considerato come un organismo regionale, ai sensi dell'art. 52 della Carta. La Corte, senza previamente determinare alcun criterio generale, ha tuttavia escluso che tale organismo costituisse una organizzazione regionale ai sensi dell'art. 52 in quanto privo di una struttura istituzionale. Le attività intraprese nell'ambito di tale gruppo andrebbero piuttosto assimilate ad un normale procedimento di soluzione delle controversie avviato in ambito multilaterale.

Un contenuto più pregnante caratterizza la disposizione dell'art. 53, par. 1. Essa prevede che il Consiglio di sicurezza possa utilizzare, sotto la propria direzione, organismi regionali per azioni coercitive, delegando quindi ad essi attività implicanti l'uso della forza.

L'art. 53 è l'unica disposizione della Carta che prevede una possibilità di delega dell'uso della forza. Tale possibilità assume, quindi, carattere eccezionale. Se la Carta ha inteso indicare espressamente che la delega all'uso della forza può essere concessa a favore di organizzazioni regionali, e non di singoli Stati, se ne può ragionevolmente dedurre che la nozione di organizzazione regionale ai sensi dell'art. 53 debba essere particolarmente rigorosa. Dovrebbe trattarsi allora non solo di organizzazioni che raggruppino Stati appartenenti alla medesima area geografica quanto invece di organizzazioni che riproducano sul piano regionale i principi e l'ispirazione universalista della Carta. Si tratterebbe quindi, secondo una felice espressione, di "organi decentrati" delle Nazioni Unite. La delega all'uso della forza si giustificherebbe per il fatto che esse operano come enti rappresentativi di un interesse pubblico e quindi, con i medesimi caratteri di terzietà ed imparzialità propri delle Nazioni Unite. In più, la prossimità geografica e culturale, rispetto alle parti in conflitto, potrebbe rendere un intervento da parte di organizzazioni regionali maggiormente accettabile di quanto non accadrebbe con un intervento diretto delle Nazioni Unite.

La seconda parte dell'art. 53, par. 1, precisa che «nessuna azione coercitiva potrà venire intrapresa in base ad accordi regionali o da parte di organizzazioni regionali senza l'autorizzazione del Consiglio di sicurezza». La disposizione esclude quindi espressamente che tali azioni possano essere deliberate direttamente dall'organizzazione regionale, senza l'autorizzazione del Consiglio.

Non di rado l'esistenza di delibere di organizzazioni in qualche modo collegate ad un'area geografica è stata invocata al fine di assicurare una forma multilaterale di sostegno della liceità di interventi sostanzialmente unilaterali. Tra i più noti casi di prassi si ricordano: l'intervento di truppe statunitensi, integrate da contingenti di altri Stati, nella Repubblica dominicana nel 1965, deliberato dall'Organizzazione degli Stati americani; l'intervento dell'Unione Sovietica e di altri Stati membri del Patto di Varsavia in Cecoslovacchia nel 1968; l'intervento degli Stati Uniti e di taluni Stati caraibici a Grenada nel 1983, su delibera dell'organizzazione degli Stati dei Caraibi orientali. Taluni autori tendono a valorizzare la circostanza che un intervento sia stato deliberato in un quadro multilaterale. Secondo questa opinione, interventi decisi in tale ambito godrebbero di una legittimazione maggiore rispetto ad interventi unilaterali dato che i primi si fondano su un procedimento decisionale complesso, che comporta un coinvolgimento di più soggetti e organi istituzionali. Questi argomenti, però, danno più importanza al processo decisionale che agli effetti sostanziali di esso. Dal punto di vista sostanziale, infatti, non vi è molta differenza nel fatto che un intervento sia deciso unilateralmente ovvero nell'ambito di una organizzazione, dato che in tutti i casi esso si traduce in una violazione del divieto dell'uso della forza. Come evidenziano i casi menzionati sopra, inoltre, sovente il quadro multilaterale è stato utilizzato come schermo per azioni sostanzialmente decise ed attuate da un solo Stato.

Autorizzazioni all'uso della forza a favore di organizzazioni internazionali sono state assai rare fino agli anni '90, per motivi analoghi a quelli che hanno impedito azioni dirette delle Nazioni Unite. Si annovera il solo precedente dell'intervento dell'Organizzazione per l'unità africana nella regione dei Grandi laghi nel 1982, autorizzato dalla risoluzione del Consiglio di sicurezza 504 (1982) del 30 aprile 1982. Dopo tale data, in numerose occasioni nelle quali il Consiglio ha autorizzato l'uso della forza, ha anche indicato la possibilità di agire a mezzo di organismi regionali, non sempre, tuttavia, dotati dei requisiti richiesti dall'art. 53.

Si vedano le risoluzioni 816 (1993) e 836 (1993) che hanno autorizzato l'uso della forza per garantire l'inviolabilità di zone protette sul territorio della

Bosnia-Erzegovina e che si rivolgevano agli Stati, agenti eventualmente nell'ambito di organizzazioni regionali. Il ricorso ad organizzazioni regionali costituisce quindi una delle possibili modalità di azione da parte degli Stati. Come si è detto, il Consiglio di sicurezza ha poi affidato alla NATO l'amministrazione militare della Bosnia-Erzegovina (v. la risoluzione 1031 (1995)), del Kosovo (v. la risoluzione 1244 (1999)) e, successivamente, dell'Afghanistan (v. la risoluzione 1386 (2001)), in seguito ai conflitti armati svoltisi su quei territori.

Conviene inoltre ricordare la missione dell'Unione africana in Sudan (AMIS), autorizzata dal Consiglio di sicurezza con la risoluzione 1564 (2004) del 18 settembre 2004 e operante sul territorio sudanese dal 2004 al 2007. Con la successiva risoluzione 1769 (2007) del 31 luglio 2007, il Consiglio di sicurezza ha autorizzato un'operazione di pace "ibrida" delle Nazioni Unite e dell'Unione africana (UNAMID), allo scopo di monitorare il processo di pace in Darfur. Si veda, inoltre, la missione dell'Unione africana in Somalia (AMISOM) istituita dall'organizzazione africana il 19 gennaio 2007 per garantire la sicurezza e la pace in Somalia e successivamente approvata dalle Nazioni Unite con la risoluzione del Consiglio di sicurezza 1744 (2007) del 21 marzo 2007. Si può infine ricordare la missione dell'Unione africana e della Comunità economica degli Stati dell'Africa occidentale autorizzata dal Consiglio di sicurezza con la risoluzione 2085 (2012) e successivamente integrata nella missione delle Nazioni Unite in Mali (v. la risoluzione 2100 (2013)).

2. *L'Organizzazione del Trattato dell'Atlantico del Nord (NATO)*

L'utilizzazione della NATO ad opera del Consiglio di sicurezza si spiega soprattutto per il fatto che tale organizzazione ricomprende la componente politicamente e militarmente più importante della comunità internazionale, e cioè gli Stati dell'America del nord, in particolare gli Stati Uniti, e gli Stati dell'Europa occidentale e centrale.

La NATO venne istituita dal Trattato di Washington del 4 aprile 1949, e raggruppava originariamente i soli Paesi dell'Europa occidentale e dell'America del nord. Nell'equilibrio bipolare del secondo dopoguerra essa aveva, essenzialmente, la funzione di predisporre una forma di coordinamento militare fra gli Stati occidentali da contrapporre all'Unione Sovietica e al blocco dei Paesi dell'Europa orientale, raggruppati nel Patto di Varsavia.

È assai dubbio quindi che la NATO, alle sue origini, costituisse una organizzazione regionale ai sensi dell'art. 53 della Carta. Essa, piuttosto, è nata come organizzazione di autodifesa collettiva, ai sensi dell'art. 51. Tali organizzazioni, che costituiscono la versione moderna delle classiche alleanze fra Stati, hanno generalmente lo scopo di istituzionalizzare l'esercizio della difesa collettiva, fornendo strumenti di assistenza militare ai propri membri in caso di attacco. Quelle maggiormente evolute hanno anche lo scopo di stabilire meccanismi di integrazione militare, nonché forme di cooperazione economica e di altro tipo.

L'art. 5 del Trattato istitutivo stabilisce che un attacco nei confronti di uno Stato membro costituisce un attacco nei confronti di tutti gli altri membri e prevede, invero in termini assai generici, un obbligo di assistenza. La disposizione non parrebbe, dunque, configurare un obbligo di intervento automatico. L'art. 6 delimita poi, con notevole cura, l'ambito territoriale nel quale i meccanismi di autodifesa del Trattato sono destinati ad operare. In termini egualmente generici, inoltre, l'art. 9 prevede che il Consiglio Atlantico, costituito da un rappresentante di ciascuno Stato membro, possa adottare misure di attuazione del Trattato.

Già all'indomani della sua istituzione, tuttavia, gli Stati parte della NATO hanno posto in essere, attraverso atti di esecuzione del Trattato, un complesso apparato militare dotato di forze assegnate permanentemente all'alleanza, di un sistema di basi militari e di un comando unificato. Tali atti hanno quindi posto le basi per una ulteriore e radicale trasformazione della natura politica e giuridica dell'Alleanza.

Fra gli atti che hanno maggiormente contribuito a questo cambiamento, è opportuno menzionare soprattutto la Dottrina strategica del 1991 con la quale la NATO si è dichiarata disponibile ad operare, su richiesta delle Nazioni Unite, fuori dell'ambito geografico di applicazione del Trattato di Washington. In base a tale atto essa ha realizzato azioni coercitive nel corso del conflitto sul territorio della ex Iugoslavia, proponendosi sostanzialmente come braccio armato dell'ONU. Anche rispetto al conflitto bosniaco la NATO, come si è detto, in base alla risoluzione del Consiglio di sicurezza 1031 (1995), ha svolto un ruolo di primo piano, culminato nell'assunzione del comando della forza di stabilizzazione stanziata sul territorio bosniaco, alla fine del conflitto.

Un'ulteriore evoluzione dell'organizzazione ha trovato fondamento nella Dottrina strategica del 1999. Tale dottrina prefigura la possibilità di assicurare una risposta armata a situazioni di crisi diverse da quella dell'attacco armato, anche indipendentemente dall'autorizzazione del Consiglio di sicurezza. È essenzialmente sulla base di tale dottrina, pur se in leggero anticipo rispetto alla sua adozione formale, che ha avuto luogo l'intervento in Kosovo nel 1999, già descritto nei paragrafi precedenti. Al termine di tale conflitto la NATO ha assunto funzioni di controllo territoriale della regione, funzioni in qualche modo riconosciute dalla risoluzione 1244 (1999).

Negli atti dell'organizzazione, queste azioni sono indicate come "*non-Article 5 operations*". Se questa formula sembra chiaramente escludere che esse possano trovare fondamento nell'art. 5 del Trattato istitutivo, che si riferisce, come si è visto, unicamente ad azioni di autodifesa, essa non chiarisce invece quale possa essere la disposizione del Trattato che ne costituisce la base giuridica.

Negli anni successivi, le dottrine strategiche della NATO hanno teso a focalizzare l'attenzione sulle minacce provenienti dai c.d. *rogue states* (infra, parte III, capitolo II, par. 4) e da gruppi terroristici. Il mutamento di rotta appare evidente nella dottrina strategica di di Lisbona del 19 novembre 2010 (il testo è disponibile nel sito web *www. nato.int*). Preceduto da un complesso lavoro di preparazione, il nuovo documento strategico sembra accentuare ulteriormente il ruolo della NATO nella gestione di crisi internazionali. Esso sembra infatti affermare la competenza dell'organizzazione ad operare sia nella fase antecedente l'insorgere di una crisi, al fine di prevenirla, sia nella fase successiva, attraverso forme di intervento diplomatico e militare, per porvi termine, sia, infine, nella fase successiva ad un conflitto, al fine di assicurare condizioni atte ad evitare la sua ripetizione. Significativamente, il documento non menziona che episodicamente il ruolo delle Nazioni Unite, e sembra quindi svincolare definitivamente le competenze della NATO nella gestione di crisi internazionali dall'esistenza di un raccordo con l'organizzazione universale. Le più recenti dottrine strategiche, in particolare quella del 2022, sembrano tornare a una visione classica delle minacce all'area euroatlantica, in virtù dei rischi derivanti da un mondo che tende di nuovo al multipolarismo (v. la dottrina strategica adottata a Madrid il 29 giugno 2022).

L'evoluzione della NATO non ha riguardato soltanto l'allargamento dei presupposti e degli obiettivi della sua azione, ma anche l'ampliamento dell'originaria area di intervento, nella quale i meccanismi militari dell'alleanza erano destinati ad operare. Un tratto comune delle dottrine strategiche a partire dal 1991 è l'abbandono di un riferimento di carattere geografico, per adottare un criterio puramente funzionale, nel senso che l'area di intervento dell'Alleanza è definita in relazione ai possibili effetti di una crisi rispetto alla sicurezza degli Stati membri. Per questa via la NATO ha operato in Afghanistan come forza di stabilizzazione e, con limitati compiti di addestramento del personale di polizia, in Iraq, in seguito all'intervento operato nel 2003 da Stati Uniti e Gran Bretagna.

Le operazioni NATO in Afghanistan sono state autorizzate, sia pure indirettamente, con la risoluzione 1386 (2001) che invero non si indirizza alla NATO bensì agli Stati membri, indicando anche in uno di essi, il Regno Unito, quello che avrebbe esercitato il comando dell'operazione. L'autorizzazione, avente come finalità solo il mantenimento di condizioni di sicurezza in certe regioni, è stata successivamente estesa temporalmente con successive risoluzioni, le quali hanno anche indicato nella NATO l'ente che avrebbe dovuto assicurare la catena di comando (v. le risoluzioni 1776 (2007) del 19 settembre 2007, 1833 (2008) del 22 settembre 2008, e 1890 (2009) dell'8 ottobre 2009).

La trasformazione della NATO, da organizzazione di autodifesa collettiva a struttura di gestione delle crisi su base globale, solleva una serie di problemi sia interni al suo ordinamento, sia rispetto ai suoi rapporti con il sistema delle Nazioni Unite e con il diritto internazionale generale.

Per quanto riguarda il profilo della conformità al Trattato istitutivo, è importante notare come tali trasformazioni siano avvenute senza procedere alla revisione formale del Trattato. Vero è che l'ordinamento NATO è composto unicamente dagli Stati membri, e, quindi, il consenso unanime di essi, ancorché espresso informalmente, varrebbe a sanare, nell'ordinamento internazionale, la mancata osservanza del procedimento di revisione stabilito dal Trattato.

Il problema si ripropone tuttavia nell'ambito degli ordinamenti interni degli Stati membri. In Italia, ad esempio, il Trattato istitutivo della NATO è stato ratificato e reso esecutivo con legge. È quindi dubbio che esso possa essere modificato sulla base di atti informali dell'organizzazione, che non hanno, quindi, alcuna base normativa nell'ordinamento interno. Il problema si pone soprattutto allorché si intenda dare automatica attuazione nell'ordinamento interno alle delibere della NATO senza adottare atti di attuazione *ad hoc* (v. *infra*, parte VI, capitolo III, par. 10).

Dal punto di vista del sistema delle Nazioni Unite, conviene ricordare come la configurazione della NATO come organizzazione regionale, ai sensi dell'art. 53 della Carta, può sollevare difficoltà, sia in relazione alla circostanza che essa opera pressoché esclusivamente sul piano della cooperazione militare, sia in relazione al carattere "chiuso" del Trattato istitutivo, che prevede per l'adesione un procedimento discrezionale di ammissione ad opera degli Stati membri.

Recentemente, peraltro, una serie di allargamenti hanno consentito l'ingresso nella NATO di molti Stati che appartenevano in precedenza al Patto di Varsavia. Altri Stati dell'Europa orientale sono parti di accordi conclusi all'interno del programma di cooperazione "*Partnership for Peace*". Tra questi, la NATO ha sviluppato un rapporto di partenariato con l'Ucraina, la Georgia e la Russia. Quest'ultimo Stato è stato sospeso in seguito alla invasione della Crimea e alla sua successiva annessione da parte della Russia nel 2014. La NATO appare quindi oggi come una sorta di organizzazione "a cerchi concentrici", nella quale coesistono diversi stadi di integrazione. Proprio questa circostanza fa sì che essa sia legata, attraverso forme varie di raccordo, pressoché a tutti gli Stati dell'area euro-atlantica. Se da un lato, ciò può essere un elemento decisivo per l'acquisizione della qualifica di organizzazione regionale, dall'altro è piuttosto difficile pensare che la NATO possa operare in nome delle Nazioni Unite al di fuori di tale quadro.

Il ruolo di attore globale per la sicurezza assunto dalla NATO rende peraltro inevitabile il sorgere di evidenti frizioni rispetto al divieto di uso unilaterale della forza e al modello accentrato di sicurezza collettiva che si riflette nella Carta delle Nazioni Unite. Rivendicando, e poi realizzando un proprio potere unilaterale di agire, gli interventi della NATO non sembrano tanto ricollegarsi ad un fondamento normativo esistente quanto, piuttosto, presupporre un superamento dell'assetto normativo attuale. In altri termini, i recenti atti e comportamenti da essa assunti non appaiono fondati sul diritto internazionale attuale, ma sembrano, piuttosto, presupporre un superamento di tale disciplina a favore di un assetto che consenta un diritto di azione unilaterale in termini più ampi rispetto al sistema della Carta.

Vero è, peraltro, che nessuna dottrina strategica ha modificato il presupposto di fondo del Trattato NATO, dato dal potere di ciascuno Stato membro di determinare il suo contributo alla difesa comune. Esse si limitano, infatti, a prefigurare uno scenario d'intervento, ed a predisporre gli strumenti militari idonei, rinviando per l'adozione di forme concrete di azione ad ulteriori atti da adottarsi all'unanimità. Tali atti possono quindi avere, al più, un impatto limitato sulla disciplina dell'uso della forza, nel senso di evidenziare che la più potente componente della comunità internazionale ritiene di poter decidere unilateralmente, in presenza di determinati presupposti, azioni implicanti l'uso della forza al di fuori dei meccanismi istituzionali delle Nazioni Unite.

ITINERARI BIBLIOGRAFICI

Capitolo I – L'USO DECENTRALIZZATO DELLA FORZA

Fra le opere generali in materia, si veda H. WALDOCK, *The Regulation of the Use of Force by Individual States in International Law*, in *Recueil des cours de l'Académie de droit international*, vol. 81, 1952, p. 451 ss.; D.W. BOWETT, *Self-Defence in International Law*, Manchester, 1958; I. BROWNLIE, *International Law and the Use of Force by States*, Oxford, 1963; *The Current Legal Regulation of the Use of Force*, a cura di A. Cassese, Dordrecht-Boston-London, 1986; O. CORTEN, *Le droit contre la guerre. L'interdiction du recours à la force en droit international contemporain*, Paris, 2008; *The Oxford Handbook of the Use of Force in International Law*, a cura di M. Weller, Oxford, 2015; Y. DINSTEIN, *War, Aggression and Self-Defence*, 6ª ed., Cambridge, 2017; *The Use of Force in International Law: A Case-Based Approach*, a cura di T. Ruys, O. Corten e A. Hofer, Oxford, 2018; C. GRAY, *International Law and the Use of Force*, 4ª ed., Oxford, 2018.

Sulla evoluzione del pensiero intorno al divieto dell'uso della forza, v. D. ARCHIBUGI, M. CROCE E A. SALVATORI, *Law of Nations or Perpetual Peace? Two Early International Theories on the Use of Force*, in *The Oxford Handbook of the Use of Force in International Law*, a cura di M. Weller, Oxford, 2015, p. 56 ss.

Sui rapporti con il sistema di amministrazione accentrato stabilito dalla Carta, v. T.M. FRANK, *Who Killed Article 2 (4)? or: Changing Norms Governing the Use of Force by States*, in *American Journal of International Law*, 1970, p. 809 ss.; D. BOWETT, *Reprisals Involving the Use of Armed Force*, in *American Journal of International law,* 1972, p. 1 ss.; E. GORDON, *Article 2(4) in Historical Context*, in *Yale Journal of International Law*, 1985, p. 271 ss.; A.M. WEISBURD, *Use of Force: The Practice of States since World War II*, University Park, PA, 1997; T.M. FRANCK, *Recourse to Force, State Action Against Threats and Armed Attacks*, Cambridge, 2002; *Redefining Sovereignty: The Use of Force after the Cold War*, a cura di M. Bothe, M.E. O'Connell, N. Ronzitti, New York, 2005; D. KRETZMER, *The Inherent Right to Self- Defence and Proportionality in Jus Ad Bellum*, in *European Journal of International law*, 2013, p. 235 ss.; G. NOLTE, *Multipurpose Self-Defence, Proportionality Disoriented: A Response to David Kretzmer*, *ibidem*, p. 283 ss.

Gli aspetti metodologici nella ricostruzione delle regole generali sull'uso della forza sono trattati in vari contributi contenuti nel volume *Customary International Law on the Use of Force: a Methodological Approach*, a cura di E. Cannizzaro e P. Palchetti, Leiden-Boston, 2005.

Sull'evoluzione del concetto di legittima difesa, si veda P. LAMBERTI ZANARDI, *La legittima difesa nel diritto internazionale*, Milano, 1972; S.A. ALEXANDROV, *Self-Defence against the Use of Force in International Law*, The Hague, 1996; N.

KRISCH, *Selbstverteidigung und kollektive Sicherheit*, Berlin, 2001; J. VERHOVEN, *Les 'étirements' de la légitime défense*, in *Annuaire français de droit international*, 2002, p. 49 ss.; J. GARDAM, *Necessity, Proportionality and the Use of Force by States*, Cambridge, 2004; Y. DINSTEIN, *War, Aggression and Self-Defence*, 4ª ed., Cambridge, 2005; T. RUYS, *Armed attack and Article 51 of the UN Charter*, Cambridge, 2013.

In particolare, sul concetto di legittima difesa preventiva, cfr. A.D. SOFAER, *On the Necessity of Pre-Emption*, in *European Journal of International Law*, 2003, p. 209 ss.; E. CANNIZZARO, *La dottrina della guerra preventiva e la disciplina internazionale sull'uso della forza*, in *Rivista di diritto internazionale*, 2003, p. 171 ss.

Per una analisi dei più recenti sviluppi, v. M. BYERS, *Terrorism, the Use of Force and International Law after 11 September*, in *International and Comparative Law Quarterly*, 2002, p. 401 ss.; T. GAZZINI, *The Changing Rules on the Use of Force in International Law*, Manchester, 2005; C.J. TAMS, *The Use of Force Against Terrorism*, in *European Journal of International Law*, 2009, p. 359 ss.; M. ROSCINI, *Cyber Operations and the Use of Force in International Law*, Oxford, 2014.

Per un'analisi delle dottrine degli interventi di umanità, v. N. RONZITTI, *Rescuing Nationals Abroad Through Military Coercion and Intervention on Ground of Humanity*, Dordrecht, 1985; S. CHESTERMAN, *Just War or Just Peace? Humanitarian Intervention in International Law*, Oxford, 2001; *Humanitarian Intervention: Ethical, Legal, and Political Dilemmas*, a cura di J.L. Holzgrefe, R.O. Keohane, Cambridge, 2003; C.A. ORFORD, *Reading Humanitarian Intervention: Human Rights and the Use of Force in International Law*, Cambridge, 2003; A. CASSESE, Ex inuria ius oritur*: Are We Moving Towards International Legitimation of Forcible Humanitarian Countermeasures in the World Community?*, in *European Journal of International Law*, 1999, p. 23 ss.; S. ZAPPALÀ, *Nuovi sviluppi in tema di uso della forza armata in relazione alle vicende del Kosovo*, in *Rivista di diritto internazionale*, 1999, p. 975 ss. V. inoltre gli interventi di Henkin, Wedgwood, Charney, Chinkin, Falk, Franck e Reisman, nel Symposium relativo all'intervento della NATO in Kosovo, in *American Journal of International Law*, 1999, p. 824 ss.; *Human Rights, Intervention, and the Use of Force*, a cura di Ph. Alston e E. MacDonald, Oxford, 2008; più recentemente, v. K. J. HELLER, *The Illegality of Genuine Unilateral Humanitarian Intervention, in European Journal of International Law*, 2021, p. 613 ss.

Sulla dottrina della *responsabilità* di proteggere vi è una amplissima letteratura, non limitata, peraltro, agli aspetti giuridici. Si veda, su tali aspetti, *ex multis,* C. FOCARELLI, *La dottrina della «responsabilità di proteggere» e l'intervento umanitario*, in *Rivista di diritto internazionale*, 2008, p. 317 ss.; A. ORFORD, *Moral Internationalism and the Responsibility to Protect*, in *European Journal of International Law*, 2013, p. 83 ss.; A. PETERS, *The Responsibility to Protect: Spelling out the Hard Legal Consequences for the UN Security Council and Its Members*, in *From Bilateralism to Community Interess. Essays in Honour of Bruno Simma*, a cura di U. Fastenrath, R. Geiger, D.-E. Khan, A. Paulus, S. von Schorlemer e C. Vedder, Oxford, 2011, p. 379 ss.; M. VASHKMADZE, *Responsibility to Protect*, in *The Charter of the United Nations: A Commentary*, a cura di B. Simma et al., 3ª ed.,

Oxford, 2012, p. 1201 ss.; *The Responsibility to Protect (R2P): A New Paradigm of International Law?*, a cura di P. Hilpold, Leiden-Boston, 2014.

Per un'analisi sull'uso della forza nei confronti di entità non statali, v. E. CANNIZZARO, *Entités non-étatiques et régime international de l'emploi de la force*, in *Revue générale de droit international public*, 2007, p. 333 ss.; A. TANCREDI, *Il problema della legittima difesa nei confronti di milizie non statali alla luce dell'ultima crisi fra Israele e Libano*, in *Rivista di diritto internazionale*, 2007, p. 969 ss.; E. MILANO, *Contestazioni e acquiescenze al ricorso alla legittima difesa ex art. 51 della Carta delle Nazioni Unite per rispondere ad attacchi armati provenienti da attori non statali*, in *Rivista di diritto internazionale*, 2022, p. 877 ss.

Capitolo II – I MECCANISMI ISTITUZIONALI DI AMMINISTRAZIONE DELLA FORZA: IL SISTEMA DELLE NAZIONI UNITE

Opere classiche H. KELSEN, *The Law of the United Nations*, London, 1950; T. PERASSI, *L'ordinamento delle Nazioni Unite*, 8ª ed., Padova, 1962.

Per un'analisi generale del sistema istituzionale delle Nazioni Unite, si vedano i volumi di B. CONFORTI e C. FOCARELLI, *Le Nazioni Unite*, Padova, 11ª ed., 2017; S. MARCHISIO, *L'ONU. Il diritto delle Nazioni Unite*, 2ª ed., Bologna, 2012; nonché fra i commentari, quelli ormai classici *La Charte des nations unies. Commentaire article par article*, a cura di J.-P. Cot, A. Pellet e M. Forteau, 3ª ed., Paris, 2005; e *The Charter of the United Nations: A Commentary*, a cura di B. Simma, D.-E. Khan, G. Nolte e A. Paulus, 3ª ed., Oxford, 2012.

Sui presupposti di azione del Consiglio di sicurezza, v. I. ÖSTERDAHL, *Threat to Peace*, Uppsala, 1998; E. DE WET, *The Chapter VII Powers of the Security Council*, Oxford and Portland Oregon, 2004; A. SCHÄFER, *Der Begriff der Bedrohung des Friedens in Artikel 39 der Charta der Vereinten Nationen, Die Praxis des Sicherheitsrates*, Frankfurt am Main, 2006; N. STURCHLER, *The Threat of Force in International Law*, Cambridge, 2007; N. KRISCH, *Art. 39, in The Charter of the United Nations: A Commentary*, a cura di B. Simma, D.-E. Khan, G. Nolte e A. Paulus, cit., p. 1275 ss. Sul controllo di legittimità degli atti del Consiglio, v. M.I. PAPA, *I rapporti tra la Corte internazionale di giustizia e il Consiglio di sicurezza*, Padova, 2006.

Sulla competenza del Consiglio di sicurezza a tutelare gli interessi fondamentali della comunità internazionale, v., recentemente, C.J. TAMS, *Individual States As Guardians of Community Interests*, in *From Bilateralism to Community Interess. Essays in Honour of Bruno Simma*, cit. p. 379 ss.; G. GAJA, *The Protection of General Interests in the International Community*, in *Recueil des cours de l'Académie de droit international*, vol. 364, 2014, p. 9 ss.; J. D'ASPREMONT, *The Collective Security System and the Enforcement of International Law*, in *The Oxford Handbook of the Use of Force in International Law*, cit., p. 129 ss.; E. CANNIZZARO, *Common Interests of Humankind and the International Regulation of the Use of*

Force, in *Community Interests Across International Law*, a cura di E. Benvenisti e G. Nolte, Oxford, 2018, p. 417 ss.

Fra le analisi sul potere sanzionatorio delle Nazioni Unite, v. J. COMBACAU, *Le pouvoir de sanction de l'ONU. Etude théorique de la coercition non militaire*, Paris, 1974; *United Nations Sanctions and International Law*, a cura di V. Gowlland-Debbas e M.G. Rubio, The Hague-Boston, 2001; M.E. O'CONNELL, *Debating the Law of Sanctions*, in *European Journal of International Law*, 2002, p. 63 ss.; *Les sanctions économiques en droit international*, a cura di L. Forlati e L. Sicilianos, Leiden, 2004; M. ARCARI, *Observations sur les problèmes juridiques posés par les sanctions des Nation Unies et leur évolution récente*, in *Anuario español de derecho internacional*, 2006, p. 317 ss.; E. CANNIZZARO, *A Machiavellian Moment. The UN Security Council and the Rule of Law*, in *International Organizations Law Review*, 2006, p. 189 ss.; A. CIAMPI, *Sanzioni del Consiglio di sicurezza e diritti umani*, Milano, 2007; J.M. FARRALL, *United Nations Sanctions and the Rule of Law*, Cambridge, 2007; *Sanzioni "individuali" del Consiglio di Sicurezza e garanzie processuali fondamentali*, a cura di F. Salerno, Padova, 2010.

Per un'analisi dei meccanismi di azione del Consiglio di sicurezza ai sensi del Capitolo VII, v. L. PINESCHI, *Le operazioni di* peacekeeping *delle Nazioni Unite per il mantenimento della pace*, Padova, 1998; T. FINDLAY, *The Use of Force in UN Peace Operations*, Oxford, 2002; R. MURPHY, *UN Peacekeeping in Lebanon, Somalia and Kosovo: Operational and Legal Issues in Practice*, Cambridge, 2007; G. CELLAMARE, *Le operazioni di peace-keeping multifunzionali*, Torino, 1999; M. FRULLI, *Le operazioni di peace-keeping delle Nazioni Unite. Continuità di un modello normativo*, Napoli, 2012.

Sulle autorizzazioni all'uso della forza, la letteratura è molto ampia. Si veda G. GAJA, *Il Consiglio di Sicurezza di fronte all'occupazione del Kuwait: il significato di un'autorizzazione*, in *Rivista di diritto internazionale*, 1990, p. 696 ss.; D. SAROOSHI, *United Nations and the Development of Collective Security: The Delegation by the UN Security Council of its Chapter VII Powers*, Oxford, 1999; U. VILLANI, *La nuova crisi del Golfo e l'uso della forza contro l'Iraq*, in *Rivista di diritto internazionale*, 1999, p. 451 ss.; N. BLOKKER, *Is the Authorization Authorized? Powers and Practice of the UN Security Council to Authorize the Use of Force by 'Coalitions of the Able and Willing'*, in *European Journal of International Law*, 2000, p. 541 ss.; A. SICILIANOS, *L'autorisation par le Conseil de Sécurité de recourir à la force: une tentative d'évaluation*, in *Revue générale de droit international public*, 2002, p. 5 ss.; P. PICONE, *Le autorizzazioni all'uso della forza tra sistema delle Nazioni Unite e diritto internazionale generale*, in *Rivista di diritto internazionale*, 2005, p. 5 ss.; P. PALCHETTI, *Azioni di forze istituite o autorizzate dalle Nazioni Unite davanti alla Corte europea dei diritti dell'uomo*, in *Rivista di diritto internazionale*, 2007, p. 681 ss.; *Le recourse à la force autorisé par le Conseil de Sécurité*, a cura di K. Bannelier e C. Pinson, Paris, 2013; N. BLOKKER, *Outsourcing the Use of Force: Towards More Security Council Control of Authorised Operations*, in *The Oxford Handbook of the Use of Force in International Law*, a cura di M. Weller, Oxford, 2015, p. 202 ss.

Sul ruolo delle Nazioni Unite nell'attuale assetto giuridico delle relazioni internazionali, v. G. GAJA, *Réflexions sur le rôle du Conseil de sécurité dans le nouvel ordre mondial. A propos des rapports entre maintien de la paix et crimes internationaux des Etats*, in *Revue générale de droit international public*, 1993, p. 297 ss.; *The Security Council and the Use of Force: Theory and Reality. A Need for Change?*, a cura di N. Blokker e N. Schrijver, Leiden-Boston, 2005; *Interventi delle Nazioni Unite e diritto internazionale*, a cura di P. Picone, Padova, 1995; R. THAKUR, *The United Nations, Peace and Security: From Collective Security to the Responsibility to Protect*, Cambridge, 2006; M. FORTEAU, *Droit de la sécurité collective et droit de la responsabilité internationale de l'Etat*, Paris, 2006; v. inoltre il volume a cura della *Societé française pour le droit international*, *Les métamorphoses de la sécurité collective*, Paris, 2005.

Capitolo III – LE ORGANIZZAZIONI REGIONALI, IN PARTICOLARE LA NATO

M. IOVANE, *La Nato, le organizzazioni regionali e le competenze del Consiglio di sicurezza in tema di mantenimento della pace*, in *La comunità internazionale*, 1998, p. 43 ss.; E. CANNIZZARO, *La nuova dottrina strategica della NATO e l'evoluzione della disciplina internazionale sull'uso della forza*, in *NATO, conflitto in Kosovo e Costituzione italiana*, a cura di N. Ronzitti, Milano, 2000, p. 43 ss.; U. VILLANI, *Les rapports entre l'ONU et les organisations régionales dans le domaine du maintien de la paix,* in *Recueil des cours de l'Académie de droit international*, vol. 290, 2001, p. 225 ss.; E. DE WET, *Relationship Between the Security Council and Regional Organizations during Enforcement Actions under Chapter VII of the UN Charter*, in *Nordic Journal of International Law*, 2002, p. 1 ss.; T. GAZZINI, *NATO Coercive Military Activities in the Yugoslav Crisis (1992-1999)*, in *European Journal of International Law*, 2001, p. 391 ss.; *Le organizzazioni regionali e il mantenimento della pace nella prassi di fine XX secolo*, a cura di F. Lattanzi e M. Spinedi, Napoli, 2004; M. KAMTO, *Le rôle des "accords et organismes régionaux" en matière de maintien de la paix et de la sécurité internationale à la lumière de la charte des Nations Unies et de la pratique internationale*, in *Revue générale de droit international public*, 2007, p. 771 ss.; G. CELLAMARE, *Le operazioni di peacekeeping delle organizzazioni regionali*, Bari, 2015; E. CIMIOTTA, *L'uso della forza nei rapporti tra Nazioni Unite e organizzazioni regionali e sub-regionali*, Napoli, 2018.

Parte II
LA FUNZIONE NORMATIVA

INTRODUZIONE

CENTRALIZZAZIONE E DECENTRALIZZAZIONE NELLA FUNZIONE DI PRODUZIONE NORMATIVA

Una caratteristica dell'ordinamento internazionale, che ne fa un ordinamento pressoché unico nell'esperienza giuridica contemporanea, è data dalla circostanza che la funzione di produzione normativa è affidata in gran parte a procedimenti di produzione decentralizzati, posti in essere cioè dai medesimi soggetti ai quali le norme si indirizzano. Tipica fonte di produzione decentralizzata è l'accordo, il quale pone infatti obblighi ai medesimi soggetti che hanno contribuito alla sua formazione. Il carattere della decentralizzazione è inoltre prevalente anche nei procedimenti di formazione della consuetudine. È, questo, un riflesso del carattere anorganico dell'ordinamento internazionale, il quale solo embrionalmente ha sviluppato organi e procedimenti istituzionali atti a produrre norme giuridiche.

Una classica elencazione delle fonti internazionali si rinviene nell'art. 38, par. 1, dello Statuto della Corte internazionale di giustizia, che riproduce testualmente la disposizione recante il medesimo numero, contenuta nello Statuto della Corte permanente di giustizia internazionale.

La Corte, la cui funzione è di decidere in base al diritto internazionale le controversie che le sono sottoposte, applica:

a) le convenzioni internazionali, sia generali che particolari, che stabiliscono norme espressamente riconosciute dagli Stati in lite;

b) la consuetudine internazionale, come prova di una pratica generalmente accettata come diritto;

c) i principi generali di diritto riconosciuti dalle nazioni civili;

d) con riserva delle disposizioni dell'art. 59, le decisioni giudiziarie e la dottrina degli autori più qualificati delle varie nazioni come mezzi sussidiari per la determinazione delle norme giuridiche.

Nonostante la disposizione sia diretta solo a indicare al giudice le fonti dalle quali trarre il diritto applicabile alle controversie fra Stati, essa è usualmente menzionata come una ricognizione delle fonti del diritto internazionale. L'art. 38, par. 1, risente peraltro dello stato del diritto internazionale all'epoca della sua redazione e risulta quindi, agli occhi del giurista contemporaneo, abbastanza impreciso. In particolare, esso si limita a menzionare le fonti decentralizzate senza alcun riferimento ai procedimenti istituzionalizzati di produzione del diritto.

Nel seguito della trattazione si darà precedenza allo studio dei procedimenti decentralizzati di produzione normativa, che costituiscono le fonti classiche del diritto internazionale. Si comincerà con quelle a portata generale, quali la consuetudine e i principi generali, per proseguire con le fonti di diritto particolare, con specifico riferimento ai trattati. La seconda parte sarà dedicata alle fonti istituzionalizzate, alle quali spetta un ruolo limitato nelle dinamiche giuridiche dell'ordinamento internazionale. Una terza parte sarà dedicata alle relazioni fra fonti.

CAPITOLO I
IL DIRITTO INTERNAZIONALE GENERALE

Sezione I
LA CONSUETUDINE

1. *La consuetudine come fonte di diritto generale*

Negli ordinamenti statali contemporanei, il compito di produrre norme dotate di portata generale è prevalentemente affidato ad organi centrali, titolari appunto della funzione di produzione normativa. Alla consuetudine spetta un ruolo assolutamente marginale. È, questa, una conseguenza della "statizzazione" del diritto, che si è sviluppata a partire dalla formazione dello stato moderno ed ha trovato consacrazione teorica nel positivismo giuridico che si è affermato fra il XIX e il XX secolo.

Ben diversa è la situazione nell'ordinamento internazionale, nel quale l'assenza di autorità sociali paragonabili allo Stato e, in particolare, l'assenza di una funzione legislativa accentrata, fanno sì che la massima parte delle norme a portata generale siano prodotte attraverso la consuetudine. Il diritto consuetudinario rappresenta anzi, nell'ordinamento internazionale, il sostrato normativo comune, che lega fra loro i vari regimi particolari di diritto convenzionale e dà ad essi consistenza ordinamentale.

Il problema del carattere sistematico dell'ordinamento internazionale si avverte in misura crescente in relazione alla tendenza degli Stati a concepire dei sistemi convenzionali dotati di propri apparati di accertamento del diritto e di irrogazione della sanzione. Questi meccanismi sono generalmente inclusi in trattati al fine di assicurare l'effettività delle disposizioni convenzionali. Essi potrebbero però avere l'effetto paradossale di trasformare il trattato nel quale sono inseriti in un sottosistema chiuso ed autosufficiente, escludendo quindi l'applicazione di altre norme internazionali. Ne può derivare una sorta di frammentazione del sistema giuridico internazionale in un insieme di sottosistemi isolati l'uno dall'altro. Questo fenomeno è stato oggetto di analisi ad opera della Commissione del diritto internazionale; v. il documento *Fragmentation of International Law: Difficulties arising from the Diversification and Expansion of International Law. Report of the Study Group of the International Law Commission. Finalized by Martti Koskenniemi*, UN doc. A/CN.4/ L.682 del 13 aprile 2006, par. 410 e ss.

Proprio in relazione al rilievo che stanno assumendo le fonti scritte del diritto internazionale, e in particolare i trattati multilaterali – è talvolta prospettata in dottrina una sorta di crisi della consuetudine o, come si indica con un gioco di parole, una "desuetudine" della consuetudine, incapace di provvedere ai bisogni della sempre più complessa comunità internazionale (v. *infra*, parte II, capitolo IV, sezione I). Come meglio si vedrà, tuttavia, la consuetudine è sovente invocata direttamente, e non solo attraverso i trattati multilaterali di codificazione, sia in quanto molte sono le norme consuetudinarie non codificate, sia in quanto la codificazione non "abroga" la sottostante consuetudine, né impedisce il suo ulteriore sviluppo, sia, infine, perché la codificazione del diritto appare a sua volta in crisi (v. specificamente, parte II, capitolo IV, sezione I, par. 2).

Alla consuetudine è stata dedicata molta attenzione negli ultimi anni da parte della Commissione del diritto internazionale, l'organo incaricato, nell'ambito delle Nazioni Unite, di intraprendere studi e ricerche finalizzate a promuovere la codificazione del diritto internazionale.

Nel 2012, la Commissione ha incluso nei suoi programmi di lavoro uno studio sui processi di formazione e di accertamento della consuetudine, nominando come relatore speciale il giurista britannico Michael Wood. Su questo tema, successivamente limitato alla identificazione del diritto consuetudinario, il relatore speciale ha prodotto quattro rapporti, relativi soprattutto ai due elementi della Consuetudine, la prassi e l'*opinio iuris*, e ai modi per identificarli. Nella sessione del 2015 e in quella del 2016, il relatore ha proposto l'adozione di un testo articolato in sedici disposizioni indicate come *Draft Conclusions* (Conclusioni). Nelle intenzioni della Commissione, tali Conclusioni sono tese alla formazione di un testo privo di valore normativo, meramente ricognitivo dello stato del diritto. Esse non dovrebbero quindi preludere alla formazione di un trattato di codificazione. I lavori si sono conclusi nel 2018 con l'adozione in seconda lettura del testo delle *Draft Conclusions* (v. A/CN.4/L.908).

L'articolato tende a distinguere nettamente la fase della formazione del diritto consuetudinario – riservata agli Stati, i veri "legislatori (*law makers*) dell'ordinamento internazionale – da quella dell'accertamento. Altri attori del sistema internazionale, come le organizzazioni internazionali o gli enti non governativi, avrebbero un ruolo indiretto nella formazione della consuetudine, stimolando la prassi o la formazione dell'*opinio iuris* da parte degli Stati; i giudici internazionali non contribuirebbero alla formazione ma solo alla rilevazione della consuetudine.

Insomma, dai lavori della Commissione sembra emergere una concezione "statalista" del diritto consuetudinario, che tende a ridurre considerevolmente il ruolo dell'accertamento giudiziale e ad affermare il diritto consuetudinario come il "diritto degli Stati". Si tratta di una concezione che tende a semplificare eccessivamente le complessità che accompagnano l'intero processo di formazione e di accertamento di un fenomeno così sfuggente e misterioso come il diritto consuetudinario.

Converrà peraltro considerare le varie proposte suggerite dal relatore speciale nei paragrafi successivi, dedicati all'esame delle varie questioni relative alla consuetudine come fonte del diritto.

2. *Le dottrine consensualistiche della consuetudine*

Per lungo tempo, il fondamento dell'obbligatorietà della consuetudine è stato rinvenuto nel consenso degli Stati, Le dottrine consensualiste hanno avuto un ruolo decisivo nel processo di evoluzione concettuale che ha portato alle moderne teorie della consuetudine come fonte positiva, svincolata da considerazioni di tipo giusnaturalista.

La configurazione della consuetudine come accordo tacito avrebbe tuttavia come conseguenza il venir meno del suo carattere generale, dato che ciascuna norma consuetudinaria sarebbe obbligatoria solo per i soggetti che vi abbiano prestato consenso, espresso o perlomeno implicito. Il diritto consuetudinario si smembrerebbe quindi in una serie variegata di sistemi giuridici applicabili a sfere diversificate di soggetti. Non a caso, le teorie consensualiste non trovano significative conferme nella più recente prassi internazionale, che sembra concepire appunto il diritto consuetudinario come norma a portata generale, che vincola anche Stati rimasti estranei al suo processo di formazione.

Non costituisce accettazione della teoria consensualista la circostanza che la Corte internazionale di giustizia abbia talvolta fatto ricorso, per ricostruire l'esistenza di una norma consuetudinaria, al riconoscimento prestato dalle parti in lite. Tale atteggiamento si è manifestato in particolare nella sentenza del 27 giugno 1986 relativa alle *Attività militari e paramilitari in Nicaragua e contro il Nicaragua (Nicaragua c. Stati Uniti*, merito*)*, spec. par. 188 ss., nonché nella sentenza relativa al *Progetto Gabčíkovo-Nagymaros (Ungheria c. Slovacchia)*, del 25 settembre 1997, spec. paragrafi 50, 98 e 123. Questo procedimento metodologico sarebbe particolarmente criticabile. Se applicato indiscriminatamente infatti, esso potrebbe portare a concludere che il consenso delle parti di una controversia intorno all'esistenza di una norma consuetudinaria sia sufficiente ad accertarne l'esistenza. Peraltro sembra che, nelle argomentazioni della Corte, il riferimento al consenso delle parti abbia rilievo soprattutto in termini di politica giudiziaria, nel senso che esso valga solo a prevenire la contestazione delle parti intorno all'esistenza di una norma, la quale tuttavia esiste indipendentemente da tale elemento.

Le concezioni consensualiste, peraltro, non sono mai state del tutto abbandonate e, anzi, riemergono periodicamente nella dottrina e nella prassi internazionale.

Il motivo del perdurante successo di tali dottrine è duplice. Da un punto di vista politico, esse incontrano il favore degli Stati, i quali costantemente cercano di sottrarsi all'osservanza di regole internazionali che si sono formate indipendentemente dal loro consenso. In una prospettiva teorica, inoltre, l'idea che la consuetudine tragga fondamento dal consenso degli Stati può risultare attraente per superare le varie difficoltà logiche prospettate da questa singolare fonte di diritto, come si vedrà nel prossimo paragrafo.

Un esempio di questa tendenza è dato dalla teoria dell'obiettore persistente. Secondo tale teoria, uno Stato potrebbe "autoescludersi" dall'ambito soggettivo di applicazione di una consuetudine, sol che esso manifesti in maniera persistente, appunto, la sua opposizione a tale regola nella fase della sua formazione.

La dottrina dell'obiettore persistente è stata affermata dalla Corte internazionale di giustizia nella sentenza relativa alle *Pescherie (Regno Unito c. Norvegia)*, del 18 dicembre 1951, nella quale la Corte afferma che una regola relativa all'apertura massima delle baie non potrebbe essere applicata alla Norvegia, la quale aveva sempre manifestato nei confronti di essa ferma opposizione.

In senso decisamente favorevole alla dottrina dell'obiettore persistente si è dichiarato il relatore speciale Wood nel suo terzo rapporto sull'identificazione del diritto internazionale consuetudinario (*Third Report on Customary International Law*). La *Draft Conclusion* n. 9 prevede espressamente che uno Stato il quale si sia opposto in maniera persistente alla formazione di una regola consuetudinaria, non sia vincolato da essa.

Se affermata in senso generale, tuttavia, la teoria dell'obiettore persistente appare priva di basi logiche. La possibilità di "autoescludersi" dal processo di formazione di una consuetudine non può che fondarsi sull'idea che uno Stato non possa essere destinatario di un obbligo al quale non abbia prestato il proprio consenso. Se così fosse, però, non sarebbe congruo limitare il potere degli Stati di dissociarsi dal diritto consuetudinario alla sola fase genetica della consuetudine. In una prospettiva consensualista, non si vede perché uno Stato, che si sia "distratto" al momento della formazione di una consuetudine, non possa successivamente revocare il proprio "presunto" consenso ad essere obbligato da essa. La conseguenza, difficilmente accettabile sul piano pratico, sarebbe quella di un diritto consuetudinario "*à la carte*", che ciascuno Stato potrebbe, in qualsiasi momento, ritagliare secondo i propri interessi. L'idea stessa di un ordinamento generale, fondato su norme che si impongono a tutti i soggetti della comunità internazionale indipendentemente dalla loro volontà, ne sarebbe scossa alle radici.

Nella prassi più recente, infatti, a parte qualche invocazione da parte degli Stati, non vi è una significativa applicazione della teoria dell'obiettore persistente da parte dei giudici internazionali. Anche la Corte internazionale di giustizia sembra aver preso le distanze da essa, ammettendo che l'opposizione di uno Stato alla formazione di una regola consuetudinaria non possa valere ad escluderlo dalla cerchia dei suoi destinatari. Nel parere consultivo relativo alla *Liceità della minaccia o dell'uso di armi nucleari*, dell'8 luglio 1996 (spec. par. 67), ad esempio, la Corte non ha accolto l'idea che la politica della dissuasione nucleare, la riserva cioè di utilizzare le armi nucleari in risposta ad un attacco altrui, seguita da alcuni Stati avrebbe avuto l'effetto di impedire la formazione di una eventuale norma che vieti la minaccia o l'uso di tali armi.

Un limitato rilievo della teoria dell'obiettore persistente si può invero ammettere in due situazioni.

In primo luogo, tale teoria può operare nei confronti del ristretto numero di norme consuetudinarie, che si sono formate attraverso particolari procedimenti fondati sulla pretesa di alcuni Stati, alla quale abbia corrisposto l'acquiescenza degli altri. In un procedimento di questo tipo, che sarà meglio analizzato nel paragrafo successivo, è comprensibile che uno Stato che non solo non abbia fatto acquiescenza all'assetto di interessi sui quali si fonda la norma consuetudinaria, ma al contrario abbia costantemente manifestato una forte opposizione, abbia la facoltà di autoescludersi dal rispetto dei sui obblighi. In questo caso, la natura consensuale di questa particolare categoria di norme consuetudinarie dovrebbe consentire questo fenomeno, talvolta indicato come "*opting-out*".

Vi sono, poi, norme consuetudinarie che nascono come strutturalmente limitate. Si tratta, in altri termini, di regimi consuetudinari speciali che, già alle origini, escludano alcuni Stati dalla loro portata soggettiva, magari in ragione di determinate caratteristiche, ad esempio di carattere geografico. Di converso, norme consuetudinarie possono svilupparsi solo nei rapporti fra Stati che possiedano determinate caratteristiche. Un esempio potrebbe essere quello relativo a norme che assicurano a certi Stati la facoltà di istituire zone di identificazione marittima o aerea, o norme che impongono a determinati Stati obblighi particolari in relazione alla propria posizione geografica. In questi casi, la norma nasce quindi priva del requisito della generalità, nel senso che essa non intende applicarsi con un contenuto uniforme a tutti gli Stati della comunità internazionale, ma intende produrre diritti o obblighi selettivi, nei confronti, cioè, solo di certi Stati ovvero di Stati determinabili sulla base di determinate caratteristiche.

3. *Gli elementi costitutivi della norma consuetudinaria*

Tradizionalmente la consuetudine è caratterizzata da due elementi costitutivi: un elemento oggettivo, dato dalla ripetizione uniforme nel tempo di una data condotta, la *diuturnitas*; un elemento soggettivo, dato dalla convinzione collettiva che tale condotta è dovuta in forza di una regola giuridica, l'*opinio iuris*.

Il primo di questi elementi, la *diuturnitas o prassi*, consiste quindi in comportamenti che costituiscono la fattispecie materiale della norma. Questo elemento evidenzia la singolarità della consuetudine nel panorama delle fonti del diritto. Esso inverte infatti la relazione logica che esiste fra una regola e il comportamento che essa disciplina. Nel diritto scritto, la norma precede e condiziona il comportamento che ne costituisce la fattispecie. La norma viene prodotta proprio allo scopo di indirizzare le condotte dei consociati secondo modelli normativi prestabiliti. Nel diritto consuetudinario, si assiste piuttosto al procedimento logico inverso. È il comportamento a condizionare, o addirittura a produrre, la norma, nel senso che la norma si ricava dai comportamenti che sono posti in essere al fine di costituirne osservanza. Il diritto consuetudinario quindi si desume dalla prassi, nella presupposizione che il comportamento dei soggetti, uniforme e ripetuto nel tempo, costituisca la fattispecie di carattere materiale di una regola di diritto.

La considerazione della prassi come elemento costitutivo della consuetudine pone vari problemi di carattere metodologico. Quante condotte sono necessarie al fine di stabilire l'esistenza di una regola consuetudinaria? Quale è il grado di uniformità richiesto a tal fine? Vi è uno spazio temporale minimo entro il quale valutare la ripetizione nel tempo dei comportamenti che danno luogo ad una regola consuetudinaria?

Varie questioni metodologiche di questo tipo sono state discusse nel caso deciso dalla Corte internazionale di giustizia con la sentenza del 20 febbraio 1969 relativa alla *Piattaforma continentale del mare del nord (Germania c. Danimarca; Germania c. Paesi Bassi)*, la quale costituisce un essenziale punto di riferimento in materia. In generale, la Corte ha stabilito che non esiste un criterio univoco per determinare la formazione di una norma consuetudinaria. Il numero di condotte, il loro grado di uniformità, lo spazio temporale, sono tutte variabili che dipendono sia dal tipo di regola consuetudinaria, sia dalla materia trattata, sia, infine, dalle contingenze storiche e dal grado di coesione della comunità internazionale. In particolare, la Corte ha accertato che il passaggio di un periodo limitato di tempo non è un ostacolo alla formazione della consuetudine, a patto tuttavia che in tale frazione temporale, per quanto breve, sia possibile registrare comportamenti ripetuti ed uniformi (par. 74).

Ma può il comportamento, pur uniforme e ripetuto nel tempo, costituire la fonte di produzione di regole giuridiche? Come è possibile che un certo soggetto venga obbligato a tenere un certo comportamento per il solo fatto che un comportamento analogo sia stato tenuto in precedenza, magari non da esso, bensì da altri soggetti? Qual è il passaggio logico che lega il fatto al diritto, il comportamento alla norma?

Secondo la ricostruzione assolutamente prevalente, la prassi, di per sé, non crea diritto se non vi si aggiunge un secondo elemento, di tipo psicologico, dato dalla convinzione che tale comportamento costituisce osservanza di una regola giuridica: l'*opinio iuris*.

Questa costruzione, usualmente definita come teoria dualista della consuetudine, consentirebbe di distinguere comportamenti tenuti nella consapevolezza che essi corrispondano ad una regola giuridica, da comportamenti che costituiscono invece manifestazioni di cortesia ovvero espressioni di regole sociali, ma non obbligatorie giuridicamente. Mentre, ad esempio, uno Stato si astiene dall'usare la forza in quanto tale comportamento è imposto da una norma giuridica, l'invio di messaggi augurali in occasione dell'elezione di Capi di Stato stranieri è dovuto unicamente ad una regola di cortesia. Il primo comportamento è tenuto in quanto imposto da una regola giuridica; il secondo in quanto imposto da una regola sociale.

La teoria dualista individua quindi il fatto generatore della norma non soltanto nel comportamento, bensì anche nel senso di doverosità giuridica che vi si accompagna.

In questo senso, con molta chiarezza, si è espressa la Corte internazionale di giustizia. Si veda, in particolare, la sentenza, già menzionata, relativa alla *Piattaforma continentale del mare del nord*, in cui la Corte ha affermato che gli elementi presi in considerazione non solo devono rappresentare una prassi costante, ma devono inoltre «testimoniare, in ragione della loro natura o della maniera in cui sono realizzati, la convinzione che questa prassi è resa obbligatoria dall'esistenza di una regola di diritto» (par. 77).

La dottrina dualista della consuetudine è stata riaffermata recentemente nella sentenza del 3 febbraio 2012 relativa alle *Immunità giurisdizionali degli Stati (Germania c. Italia)*, par. 55.

Sulla esigenza che ambedue gli elementi, la prassi e l'*opinio iuris*, sussistano al fine di consentire la formazione di una norma consuetudinaria, indugia lungamente il secondo rapporto sulla identificazione del diritto internazionale consuetudinario del relatore speciale Michael Wood (A/CN.4/672), il quale esclude altresì che i due elementi possano concorrere in maniera diversa a seconda dei particolari settori materiali. Il relatore speciale esclude, ad esempio, che nel campo della formazione di norme consuetudinarie sui diritti dell'uomo l'*opinio iuris* possa avere un ruolo maggiore rispetto alla prassi.

Sia la prassi che l'*opinio iuris* debbono inoltre, nella concezione del relatore speciale, essere riconducibili essenzialmente agli Stati. Solo parzialmente, le attività degli altri attori della vita di relazioni internazionali possono concorrere alla formazione del diritto consuetudinario. In particolare, il relatore speciale indica come le decisioni di organi giudiziari abbiamo un ruolo nell'accertamento del diritto consuetudinario, ma non possono concorrere alla sua formazione. In compenso, il relatore speciale adotta una nozione particolarmente larga di prassi, nella quale rientrano anche condotte usualmente considerate come manifestazione di *opinio iuris*, quali, ad esempio, manifestazioni verbali rese da Stati dichiarazione di fronte a *fora* internazionali.

L'ampia nozione ampia di prassi, che finisce con il sovrapporsi con l'elemento dell'*opinio iuris*, dovrebbe comportare la possibilità di ricondurre alla tradizionale dottrina dualista anche norme consuetudinarie che si siano formate prevalentemente, se non addirittura esclusivamente, sulla base di manifestazioni verbali.

Nei confronti della teoria dualista del diritto consuetudinario, sono state avanzate peraltro obiezioni di senso opposto, dirette a valorizzare in maniera prevalente o esclusiva l'uno o l'altro dei due elementi sui quali essa si fonda.

Nel senso di una valorizzazione dell'elemento materiale, si è osservato che la considerazione dell'*opinio iuris* come elemento che contribuisce alla formazione del diritto consuetudinario è fondata su un errore logico. I comportamenti posti in essere nelle fasi iniziali del processo di formazione della norma non potrebbero infatti essere considerati conformi al diritto in quanto in quel momento la norma non sarebbe ancora formata. Questo argomento indurrebbe ad escludere la necessità di una considerazione autonoma dell'*opinio iuris* come elemento costitutivo della consuetudine.

In un ordine concettuale completamente diverso, invece, si è avanzata l'idea che, al fine di spiegare il processo di formazione del diritto consuetudinario, occorra piuttosto dare rilievo prevalente, se non esclusivo, all'elemento psicologico.

La valorizzazione dell'elemento psicologico è dovuta soprattutto ad esigenze di carattere pratico, legate alla difficoltà di spiegare attraverso il ricorso alla *diuturnitas* i fenomeni di ricambio rapidissimo, talora istantaneo, del diritto consuetudinario.

La valorizzazione del ruolo dell'*opinio iuris* comporta l'attenuazione del ruolo della prassi e consente di ricostruire norme generali anche in assenza di una pratica ripetuta e uniforme. Ciò può essere utile soprattutto in relazione all'emergenza di nuovi interessi e valori, come, ad esempio, la tutela ambientale o la tutela dei diritti dell'uomo.

Sul piano teorico, questa concezione tende, in alcune dottrine, ad attenuare l'idea che il diritto consuetudinario venga "creato" da un fatto. Esso sarebbe piuttosto "diritto spontaneo", vivente nella comunità sociale in virtù di un fenomeno di convinzione collettiva. La prassi non costituirebbe la fonte, in senso proprio, della regola ma piuttosto la prova della sua esistenza. L'esistenza di una norma potrebbe però essere desunta anche da altri elementi quali, in particolare, la convinzione collettiva della comunità internazionale circa l'idoneità della nuova norma rispetto ai mutati bisogni sociali.

L'osservazione delle dinamiche normative dell'ordinamento internazionale mostra, in effetti, l'esistenza di più procedimenti di formazione o di identificazione del diritto generale: talvolta sembra che si dia maggior rilievo alla *diuturnitas*; talvolta ci si riferisce prevalentemente all'*opinio iuris*. Si può pensare dunque che, ancorché ambedue questi elementi contribuiscano alla formazione della consuetudine, non è necessario che essi si presentino sempre nella medesima combinazione. La carenza di uno di essi potrebbe allora ben essere compensata da riferimenti più intensi all'altro.

4. *Le varie categorie di diritto consuetudinario*

Come si vede, è assai difficile ricostruire un modello unitario, che spieghi in maniera soddisfacente la formazione, le vicende e l'estinzione delle varie categorie di regole consuetudinarie. Ciascuno dei modelli elaborati dalla dottrina sembra piuttosto cogliere uno dei tanti aspetti che contribuiscono alla definizione di questo misterioso fenomeno. In una valutazione d'insieme, quindi, è difficile concepire il diritto consuetudinario come una categoria concettualmente unitaria. In questa formula sembrano piuttosto confluire una serie di norme generali, aventi natura diversa e un distinto procedimento di formazione. È possibile, a fini esemplificativi, distinguere fra tre modelli principali.

Il primo modello è dato dal classico modello dualista. Esso si fonda sulla combinazione di prassi e di *opinio iuris*, tradizionalmente concepiti come fattori di produzione del diritto consuetudinario.

Un secondo modello, che tende ad accentuare il carattere volontarista nella formazione di certe norme consuetudinarie, si fonda piuttosto sulla ricerca dell'equilibrio fra interessi contrapposti ed evidenzia quindi una dinamica fra la pretesa di alcuni Stati e la resistenza ovvero l'acquiescenza di altri.

Un terzo modello, di carattere essenzialmente logico, tende a considerare la formazione del diritto consuetudinario come combinazione di valori e principi normativi.

a) *Norme consuetudinarie in senso classico: prassi e* opinio iuris *come fattori di produzione normativa*

Il primo dei modelli elencati è composto da quelle norme che sorgono in virtù di una graduale convergenza della condotta degli Stati verso modelli comportamentali che si rivelino idonei a soddisfare esigenze della vita di relazioni internazionali.

Questo è il modo normale attraverso il quale si sono formate la maggior parte delle consuetudini internazionali. Varie norme attinenti alla sovranità territoriale e ai suoi limiti, ai rapporti diplomatici, alle immunità che gli Stati si riconoscono vicendevolmente fra loro, alla soluzione delle controversie internazionali, sono frutto di pratica immemorabile.

Questo è il diritto consuetudinario in senso proprio, nel quale il riferimento al precedente ha un rilievo maggiore rispetto ad ogni altra considerazione. Il processo di formazione del diritto è, in tali casi, lento e progressivo, e si snoda attraverso una serie di comportamenti che si distendono in un arco temporale anche assai elevato. La sedimentazione di tale flusso di comportamenti consente quindi all'interprete di ricostruire la regola che la comunità internazionale considera idonea al fine di disciplinare determinati rapporti. Tale processo evidenzia quindi il carattere associativo della comunità internazionale.

In processi di questo tipo, è naturale che l'esistenza di comportamenti uniformi e reiterati nel tempo costituisca una condizione necessaria per l'esistenza della regola. La presenza dell'elemento dell'uniformità e della reiterazione temporale evidenzia infatti come i comportamenti dei soggetti internazionali si siano "addensati" su un modello normativo definito, che costituisce appunto il contenuto della norma. È verosimile pensare che la formazione della norma sia il frutto di un processo di progressiva convergenza della prassi verso un modello comportamentale uniforme, al quale si accompagna la crescente convinzione collettiva della sua idoneità a soddisfare i bisogni della comunità internazionale.

Conviene aggiungere che, allorché si parla di comportamenti, non si intende alludere a comportamenti di mero fatto, ma anche ad atti giuridici, quali leggi o sentenze. Anzi, caratteristica del diritto consuetudinario è quella di formarsi non solo attraverso comportamenti posti in essere dall'esecutivo, ma anche da altri organi, magari periferici, dell'apparato statale, ivi compresi gli organi giudiziari.

Vero è peraltro che tali consuetudini non sono certo statiche ma, per propria natura, flessibili e mutevoli nel tempo. Talune norme, che pure esistono da tempo immemorabile, hanno un nucleo normativo ben definito e riconosciuto generalmente, mentre altre sono in via di continua definizione. Si pensi alle norme sull'immunità degli Stati dalla giurisdizione per rapporti di lavoro, in cui ad una norma che inequivocabilmente stabilisce l'immunità per attività *iure imperii*, si accompagna la continua ricerca, ad opera della giurisprudenza nazionale, di un criterio che identifichi in maniera accettabile il contenuto della regola.

b) *Pretesa e resistenza, pretesa e acquiescenza*

Diverso è il discorso per norme consuetudinarie che nascono attraverso repentine, e a volte prepotenti, pretese di Stati di realizzare propri interessi, ai quali si contrappongono interessi antagonisti di altri. In questi casi, le norme consuetudinarie sorgono sulla base di comportamenti concentrati in un lasso di tempo piuttosto breve, ai quali si accompagna la reazione degli altri membri della comunità internazionale. Questo fenomeno evidenzia il carattere antagonista che talvolta assume il processo di formazione del diritto consuetudinario. In tale modello difatti le regole nascono e si evolvono attraverso l'interazione fra le pretese avanzate da taluni Stati, che intendono modificare il diritto esistente, e l'acquiescenza ovvero la resistenza di altri Stati.

Questo procedimento mostra come talune norme consuetudinarie si formano sulla base di un compromesso tra le diverse posizioni degli Stati, ciascuno dei quali, magari, è teso a modificare a proprio vantaggio l'equilibrio normativo esistente. Più di altri allora, tale procedimento evidenzia come la comunità degli Stati, o talora alcuni fra gli Stati più potenti, agiscano come forma di autorità sociale, che tende a promuovere lo sviluppo del diritto generale.

È difficile negare che questo procedimento di formazione rechi tracce di volontarismo; solo che non necessariamente ciascuna norma è sorretta dal consenso dei singoli Stati; si tratta piuttosto di un sistema normativo complessivamente adottato dalla comunità internazionale, in quanto costituisce il prodotto di interessi e pretese contrapposte degli Stati.

Il contenuto della regola si forma quindi attraverso un processo più o meno breve di definizione, al quale contribuiscono sia comportamenti di tipo materiale che elementi di carattere psicologico. Questi, peraltro, più che al senso di doverosità, attengono al senso di convenienza circa l'esigenza di un mutamento del diritto e l'opportunità di una nuova regola.

È essenzialmente in tal modo, ad esempio, che il diritto del mare, caratterizzato dalla presenza di norme consuetudinarie secolari, ha subìto improvvise e profonde mutazioni negli ultimi decenni. Esse consistono essenzialmente nel limitare il tradizionale principio della libertà dei mari a favore di pretese di utilizzazione esclusiva ad opera degli Stati costieri. Alcune pretese, tendenti a realizzare un equilibrio di interessi sbilanciato, hanno incontrato una ferma resistenza e non si sono quindi tradotte in regole giuridiche. Altre più moderate, tendenti ad adattare il diritto previgente ai nuovi bisogni sociali e rinvenire quindi un più equilibrato assetto di interessi, hanno incontrato l'assenso o l'acquiescenza degli altri Stati, affermandosi gradualmente come nuovo diritto.

Nelle sentenze del 25 luglio 1974, relative alla *Competenza in materia di pescherie* (*Repubblica Federale di Germania c. Islanda*, par. 45 e *Regno Unito c. Islanda*, par. 53), la Corte internazionale di giustizia ha dato atto che il diritto marittimo si è sviluppato sulla base del principio del mutuo accomodamento fra interessi contrapposti, sulla base di principi di ragionevolezza e di cooperazione. L'esigenza di realizzare tale processo ha quindi portato alla convocazione della Terza Conferenza del diritto del mare che ha quindi posto in essere una imponente opera di codificazione, componendo le contrapposte pretese in un sistema normativo complessivamente accettabile.

c) *Combinazione di valori e principi giuridici*

Un terzo modello, che acquista rilievo soprattutto nei momenti di ricambio rapidissimo del diritto internazionale, è quello che ammette l'esistenza di norme generali anche in assenza di prassi consolidata qualora esse siano rispondenti ai mutati bisogni sociali della comunità internazionale.

Non è difficile rinvenire casi della prassi in cui una norma consuetudinaria si è affermata in assenza di *diuturnitas*, sulla base quindi di pochi precedenti o addirittura sulla base di una unica condotta.

È celebre la formula, elaborata negli anni '50, di un diritto consuetudinario istantaneo. Tale formula era riferita all'emergenza di un nuovo diritto dello spazio, affermato sulla base di risoluzioni dell'Assemblea generale in assenza di precedenti, al quale gli Stati hanno immediatamente conformato la propria condotta.

Fra i casi nei quali una regola si è affermata istantaneamente, in occasione del primo comportamento che ne ha consentito l'emersione, è particolarmente significativo quello della *Torrey Canyon*. La nave petroliera, battente bandiera liberiana riversava materiali inquinanti in alto mare in seguito ad un incidente occorso di fronte alle coste della Cornovaglia. La Gran Bretagna disponeva quindi un intervento sulla nave che si concretizzava, una volta evacuato l'equipaggio, in un bombardamento, teso a provocare un incendio a bordo e la conseguente distruzione del materiale inquinante. L'intervento britannico era apertamente contrario alle regole di diritto esistenti, che prevedevano l'autorità esclusiva dello Stato della bandiera sulla nave in alto mare. È singolare però notare come esso non abbia incontrato alcuna contestazione. La congruità del comportamento britannico rispetto alle nuove esigenze ambientali è stata anzi riconosciuta, esplicitamente o implicitamente, da gran parte della comunità internazionale. A tale primo comportamento, la prassi successiva si è immediatamente conformata. Questo modello normativo è stato quindi adottato in una serie di accordi di codificazione, modellati, anche in dettaglio, su quel primo precedente.

Vi sono anche altri casi nei quali la normativa generale si è modificata in maniera rapidissima al fine di considerare interessi e valori non adeguatamente valorizzati nella normativa previgente.

Ad un fenomeno di questo tipo può essere probabilmente ascritta la soluzione affermata nel parere della Corte internazionale di giustizia relativo alle *Riserve alla convenzione per la prevenzione e la repressione del crimine di genocidio*, del 28 maggio 1951. In quella occasione la Corte considerò che la disciplina esistente, che vietava l'apposizione di riserve non espressamente previste nel testo di un trattato, non fosse adeguata al fenomeno delle nuove convenzioni di carattere universale, soprattutto in tema di tutela dei diritti dell'uomo, che cominciavano a delinearsi in quel periodo storico. La Corte ha quindi ricostruito un nuovo e più equilibrato regime giuridico per l'ammissibilità delle riserve, attraverso una attività di bilanciamento fra interessi: l'esigenza di integrità dei trattati, che si rifletteva nella disciplina vigente in tema di riserve, da un lato; l'esigenza di favorire l'adesione degli Stati ai trattati sui diritti dell'uomo, dall'altro. A tale nuovo regime la prassi internazionale si è quindi successivamente conformata (*infra*, capitolo II, sezione III).

In casi del genere, peraltro, la differenza fra il processo di formazione e quello di accertamento della norma consuetudinaria tende ad attenuarsi fin quasi a scomparire. Essi sembrano evidenziare come, non di rado, la ricostruzione di nuove norme consuetudinarie non si fonda sull'esistenza di una prassi consolidata, quanto piuttosto su di una tecnica di scomposizione di interessi dalle norme preesistenti e di una loro ricomposizione in equilibri normativi più idonei a soddisfare le esigenze emergenti della comunità internazionale. Nelle nuove norme che consentono l'intervento su navi straniere in alto mare al fine di evitare catastrofi ambientali, conseguenti al caso *Torrey Canyon*, ad esempio, si può verificare il passaggio dal precedente assetto di interessi, teso ad assicurare in primo luogo le prerogative dello Stato di bandiera della nave, ad un nuovo equilibrio, più attento alle esigenze ambientali.

La tendenza a privilegiare il ruolo della *opinio iuris* nella ricostruzione di norme generali si è avvertito in particolare nel campo dei diritti dell'uomo.

Questa tendenza è ben evidenziata dalla sentenza del Tribunale internazionale penale per la ex Iugoslavia del 14 gennaio 2000 nel caso *Kupreskic*. Il Tribunale ha affermato che vi sono aree, fra le quali quella del diritto umanitario, nelle quali la normativa consuetudinaria emerge anche in assenza di un comportamento costante e reiterato nel tempo, in relazione all'evoluzione della coscienza pubblica internazionale (ICTY, *Prosecutor c. Kupreskic*, IT-95-16-T, sentenza del 14 gennaio 2000, spec. par. 527 ss.).

Questa tecnica di ricostruzione sembra quindi evidenziare come il processo di formazione e di identificazione di norme consuetudinarie si possa fondare, soprattutto in periodi di mutamento sociale, su di un processo di disaggregazione e di ricomposizione di valori e interessi normativi già esistenti nella comunità internazionale, che pure non si siano ancora espressi in compiute regole di comportamento.

Ancorché fondato su una metodologia di carattere deduttivo, tale processo sembra lontano dalle suggestioni giusnaturaliste. Esso, anzi, mantiene una forte impronta positiva. L'esistenza di una molteplicità di regole generali ha infatti come conseguenza il fatto che queste regole si combinino fra di loro, dando luogo ad altre regole generali che non sono necessariamente sorrette dalla prassi, ma che si possono ricavare sulla base di una analisi prevalentemente logica. Una situazione di questo tipo evidenzia bene il carattere ordinamentale del sistema dei rapporti giuridici internazionali e quindi l'esistenza di una dinamica normativa complessa. Non si vede perché il diritto generale, oltre ad essere prodotto attraverso i procedimenti classici, non possa anche emergere dall'interazione fra norme già esistenti. Come vedremo, questo procedimento è anzi particolarmente appropriato al fine di identificare delle regole che disciplinano i conflitti fra norme generali (v. *infra*, capitolo IV).

L'uso di queste tecniche di accertamento evidenzia il rilievo del giudice nella evoluzione del diritto internazionale. Nella dottrina tradizionale, invero, ambedue gli elementi costitutivi del diritto consuetudinario sono riferiti agli Stati. La prassi è data da comportamenti materiali degli Stati; l'*opinio iuris* esprime la loro coscienza giuridica. Non sempre, tuttavia, i giudici internazionali ricostruiscono il diritto consuetudinario attraverso riferimenti alla prassi e all'*opinio* degli Stati. Non di rado, il diritto consuetudinario è ricostruito attraverso procedimenti di tipo logico induttivo, sovente fondati sulle dinamiche normative che le norme consuetudinarie instaurano con altre norme dell'ordinamento, nonché, nei suoi sviluppi più estremi, sull'adeguamento della portata e del contenuto delle norme consuetudinarie alle mutate esigenze della comunità internazionale. Un esempio di quest'ultima tecnica è dato dalla ricostruzione del limite posto all'intervento in legittima collettiva da parte di uno Stato terzo, consistente nella richiesta di aiuto da parte dello Stato attaccato. Nella sentenza *Nicaragua*, del 27 giugno 1986 (*Attività militari e paramilitari in Nicaragua e contro il Nicaragua, Nicaragua c. Stati Uniti*, merito), la Corte internazionale di giustizia ha escluso l'esistenza di una norma consuetudinaria che autorizzasse l'intervento in assenza di autorizzazione dello Stato attaccato, deducendo, su questa sola base, l'esistenza di una regola avente il contenuto contrario: quello di subordinare l'intervento di uno Stato terzo al consenso dello Stato attaccato.

5. *Consuetudini universali e consuetudini particolari, regionali o locali*

In passato l'idea della consuetudine era legata essenzialmente all'esistenza di regole di portata universale. Negli ultimi decenni tuttavia, soprattutto in relazione all'allargamento della comunità internazionale, si assiste in misura crescente alla formazione di regole generali in ambiti più limitati. Consuetudini particolari potrebbero formarsi fra le parti di un trattato, relativamente alla sua interpretazione, alla sua applicazione o alla modifica delle sue norme. Consuetudini regionali possono formarsi in ambiti geografici limitati.

Questo orientamento emerge in alcune pronunce della Corte internazionale di giustizia. Nella sentenza relativa al *Diritto d'asilo (Colombia c. Perù)*, del 20 novembre 1950, la Corte ha affermato, in via di principio, la possibilità di ricostruire una regola sull'asilo diplomatico nell'ambito dei rapporti fra gli Stati dell'America latina, pur se poi non ha concretamente accertato l'esistenza degli elementi costituitivi di tale regola. Si vedano, inoltre, la sentenza relativa ai *Diritti dei cittadini statunitensi in Marocco (Francia c. Stati Uniti)*, del 27 agosto 1952, la sentenza relativa al *Diritto di passaggio sul territorio indiano (India c. Portogallo)*, del 12 aprile 1960 e la sentenza relativa ai *Diritti di navigazione e diritti connessi (Costa Rica c. Nicaragua)*, del 13 luglio 2009 (par. 141 ss.).

A volte le consuetudini regionali non rappresentano altro che una articolazione, su base regionale, di norme universali. È questo il caso, ad esempio, delle regole sulle immunità. Tali regole tendono a realizzare un tipico interesse statale, sacrificando l'interesse degli individui ad ottenere tutela giurisdizionale. Il contenuto delle regole potrebbe quindi essere precisato, in ambito regionale, a seconda del peso rispettivo attribuito a ciascuno dei due interessi in gioco. Ad esempio, nell'ambito europeo, caratterizzato da una forte connotazione a favore dei diritti dell'uomo, si può intravedere una linea di tendenza tesa a condizionare il riconoscimento dell'immunità all'esistenza di forme alternative di soddisfazione degli interessi privati.

Nella sentenza *Waite and Kennedy v. Germany* del 18 febbraio 1999, la Corte europea dei diritti dell'uomo ha condizionato il riconoscimento dell'immunità dalla giurisdizione a favore di una organizzazione internazionale all'esistenza, nell'ordinamento dell'organizzazione, di meccanismi adeguati di tutela giurisdizionale per gli individui lesi. La Corte non ha peraltro fondato tale conclusione sull'esistenza di una norma consuetudinaria, generale ovvero regionale, ma soltanto su un'attività di interpretazione della Convenzione europea dei diritti dell'uomo.

6. *La ricostruzione del diritto generale*

Si è visto quanto sia difficile operare una rigida distinzione fra prassi e *opinio iuris* al fine di ricostruire l'esistenza di una norma generale. Teoricamente la prassi dovrebbe consistere in comportamenti di tipo materiale, mentre l'*opinio iuris* dovrebbe consistere soprattutto in dichiarazioni degli Stati dalle quali emerga la loro convinzione circa l'esistenza di una regola giuridica.

Nella maggior parte dei casi, tuttavia, è assai difficile ricostruire separatamente la *diuturnitas* e l'*opinio iuris*. Sovente, infatti, una condotta non costituisce un mero dato fattuale ma si presenta come un comportamento già giuridicamente qualificato. Ad esempio, leggi o sentenze di giudici interni, che stabiliscano che determinate fattispecie sono coperte da immunità, non costituiscono mere condotte. Esse, piuttosto, sembrano accertare l'esistenza di una regola ed esprimono la volontà dello Stato di eseguirla.

È ben difficile, in altri termini, utilizzare delle mere condotte materiali per ricostruire regole di diritto consuetudinario se tali condotte non siano state previamente qualificate giuridicamente. L'esistenza di un certo numero di occasioni nelle quali gli Stati hanno impiegato la forza, ad esempio, non ci è di alcuna utilità qualora la forza sia stata impiegata a volte a titolo di legittima difesa, a volte a fini umanitari e così via. È quindi proprio la qualificazione giuridica della condotta che consente di identificare la prassi rilevante e l'opinione degli Stati. Solo, ad esempio, se uno Stato dichiari di perseguire la forza a fini umanitari potremo accertare le posizioni della comunità internazionale intorno a quella determinata azione e, quindi, determinare il suo rilievo nella ricostruzione di una norma generale sull'intervento umanitario. La necessità di una previa qualificazione giuridica della condotta dimostra quindi che la ricostruzione della prassi è abbastanza inutile se non si ricostruisce simultaneamente anche l'*opinio iuris*. Questa osservazione giustifica quindi il rilievo che assumono le dichiarazioni degli Stati e degli organi politici e giudiziari internazionali.

Difatti i tribunali internazionali tendono sovente ad utilizzare i medesimi comportamenti sia al fine di ricostruire la prassi che l'*opinio iuris*. Un recente esempio è dato dalla sentenza della Corte internazionale di giustizia del 3 febbraio 2012 relativa alle *Immunità giurisdizionali degli Stati (Germania c. Italia)*. Nel paragrafo 55 la Corte ha indicato gli elementi dai quali ricostruire la normativa sull'immunità degli Stati stranieri dalla giurisdizione civile. In particolare, la Corte ha indicato come la giurisprudenza interna vada utilizzata sia al fine di provare l'esistenza di una prassi uniforme che al fine di ricostruire l'*opinio iuris* (v. anche i par. 72, 85 e 96).

Nella ricostruzione della prassi, una certa difficoltà emerge quanto alle manifestazioni che contribuiscono a formarla. Mentre, ad esempio, pochi dubbi esistono sul fatto che un comportamento positivo, un *facere*, contribuisce a formare la prassi, è assai più dubbio quale sia il valore da riconoscere ad un comportamento di tipo negativo, un *non facere*. Ciò è assai rilevante quando il contenuto della norma internazionale si sostanzia in un divieto, come, ad esempio, il divieto dell'uso della forza. In tali casi, la considerazione delle violazioni del divieto, che sono i fenomeni sociali più eclatanti, non tiene conto sufficientemente del fatto che, in innumerevoli altri casi, astenendosi dal compiere una violazione, i soggetti si sono tacitamente conformati alla regola. D'altro lato, anche la semplice astensione dal tenere un comportamento non vale automaticamente a provare l'esistenza di un divieto se non si accompagna ad una manifestazione di *opinio*. Solo da questa sarà infatti possibile ricavare che l'astensione è tenuta in quanto doverosa e non semplicemente per mancanza di interesse o di capacità a tenere un comportamento contrario. La circostanza, ad esempio, che gli Stati si siano astenuti per lungo tempo dallo sfruttare le risorse minerarie del sottosuolo marino non costituisce certamente espressione di una regola che lo vieti.

Nella sentenza relativa al caso *Lotus*, del 7 settembre 1927, la Corte permanente di giustizia internazionale affermò che una astensione ripetuta nel tempo può portare al sorgere di una consuetudine, qualora sia dimostrato che l'astensione è conseguenza di una regola proibitiva. Nel più recente parere relativo alla *Liceità della minaccia o dell'uso di armi nucleari* del 1996 la Corte internazionale di giustizia ha ammesso, in via di principio, che la non utilizzazione di armi nucleari avrebbe potuto rappresentare espressione di una norma generale, pur concludendo, nella specie, in modo negativo (par. 65 ss.).

Conviene ora accennare ai principali strumenti per la rilevazione del diritto consuetudinario.

La ricostruzione dei comportamenti statali è agevolata dall'esistenza di un certo numero di raccolte, che contengono ricostruzioni di comportamenti statali a partire già dal XVIII secolo. Accanto a tali raccolte sistematiche, un certo ruolo spetta alle raccolte periodiche di prassi, sovente inserite in riviste specializzate. Esse comprendono la descrizione giornalistica di eventi, atti legislativi e regolamentari interni, dichiarazioni di esponenti governativi, raccolte sistematiche di giurisprudenza interna. Da questi elementi è possibile trarre utili indicazioni circa gli orientamenti di un determinato Stato sull'esistenza di regole internazionali. Occorre peraltro ricordare che tali raccolte si riferiscono prevalentemente alla prassi degli Stati più sviluppati. La conseguenza, invero metodologicamente poco corretta, è che la pratica di questi Stati esercita un influsso maggiore nella ricostruzione del diritto generale rispetto a quella di altri Stati.

Recentemente, nella ricostruzione delle regole consuetudinarie hanno assunto rilievo le dichiarazioni rese dagli Stati in fori internazionali, ad esempio nei dibattiti innanzi agli organi delle Nazioni Unite, o in occasione di conferenze internazionali. Questa metodologia consente una più ampia considerazione delle posizioni degli Stati. Essa, d'altra parte, evidenzia soprattutto le manifestazioni verbali degli Stati, riducendo il peso che spetta alle condotte di tipo materiale.

Un rilievo crescente, nella ricostruzione della consuetudine, spetta a manifestazioni di tipo istituzionale, quali sentenze internazionali o dichiarazioni di organi di organizzazioni internazionali. In una concezione rigorosa della consuetudine, tali espressioni non dovrebbero venire in rilievo ai fini della ricostruzione di una determinata regola. Esse non sono, in senso proprio, né comportamenti di tipo materiale né espressione di *opinio iuris* degli Stati, ma dovrebbero al più costituire un precedente autorevole nella ricostruzione della consuetudine. La considerazione di tali manifestazioni, che a volte è effettuata come prova univoca dell'esistenza di una determinata regola, sembra indicare una tendenza ad istituzionalizzare il processo di rilevazione della consuetudine.

Nel menzionato parere relativo alla *Liceità della minaccia o dell'uso dei armi nucleari*, ad esempio, la Corte internazionale di giustizia ha utilizzato risoluzioni dell'Assemblea Generale come elementi di prova per stabilire l'esistenza di una regola (par. 70). Ciò si è verificato anche nel citato caso relativo alle *Attività militari e paramilitari in Nicaragua e contro il Nicaragua* (v. spec. par. 188). Per indicazioni sul ruolo degli accordi di codificazione come strumento di accertamento dell'esistenza di norme generali, v. *infra*, capitolo IV, sezione I.

La scelta del procedimento metodologico da adottare dipende in maniera rilevante anche dalla natura della norma consuetudinaria che si intende accertare nonché dal contesto storico e sociale. La ricerca di precedenti comportamenti materiali appare, ad esempio, scarsamente significativa al fine di ricostruire lo stato del diritto internazionale in un momento di transizione. In tale fase infatti, l'elemento che assume maggior rilievo è la ricostruzione dell'opinione della comunità internazionale circa l'inadeguatezza delle regole preesistenti ad esprimere l'assetto di interessi e valori dell'ordinamento. In situazioni del genere non è inappropriato indirizzare la ricerca soprattutto sulle dichiarazioni degli Stati o sulla giurisprudenza internazionale. Di converso, qualora si tratti di determinare il contenuto di una regola consolidata nel tempo, un peso preponderante spetta ai comportamenti materiali degli Stati.

Sezione II

I PRINCIPI GENERALI DI DIRITTO

1. *Introduzione*

Con la formula "principi generali di diritto" sono indicate due diverse categorie di fonti normative.

La prima è quella dei principi comuni agli ordinamenti nazionali. I principi di origine nazionale, considerati come sostrato normativo dell'esperienza giuridica universale, integrano quindi l'ordinamento internazionale e ne colmano le eventuali lacune.

Di principi generali si può però parlare anche in una diversa accezione. L'ordinamento internazionale ha infatti sviluppato propri principi di diritto, non dedotti quindi dagli ordinamenti nazionali ma ricostruiti sulla base delle dinamiche normative interne all'ordinamento internazionale.

I principi generali di origine nazionale sono tradizionalmente considerati come una fonte di carattere residuale; la quale cioè viene in essere in assenza di altre norme di origine convenzionale ovvero consuetudinaria. Si tratta quindi di una categoria di fonti tesa a colmare eventuali lacune di regolamentazione. I principi generali svolgono anche altre funzioni. In particolare, essi riflettono i caratteri fondamentali e determinano le condizioni di applicazione delle altre regole dell'ordinamento. Nel suo insieme, la categoria dei principi fondamentali ha un pronunciato rilievo teorico in quanto completa l'ordinamento internazionale e conferisce ad esso carattere di sistema giuridico.

Nel 2018, la Commissione del diritto internazionale ha deciso di includere i principi generali del diritto nell'ambito dei suoi lavori, affidando l'incarico di relatore speciale a Marcelo Vázquez-Bermúdez. Il relatore speciale ha prodotto un primo rapporto, di carattere preliminare, nel 2019. Sulla base di esso, la

Commissione ha deciso che i risultati dei lavori di codificazione avrebbero assunto la forma di una serie di "conclusioni", alle quali si sarebbe accompagnato un commentario (A/CN.4/732).

Nel secondo rapporto, presentato nel 2020 (A/CN.4/741), dedicato all'identificazione dei principi generali, il relatore speciale ha proposto di mantenere la distinzione fra i principi comuni agli ordinamenti nazionali e quelli propri dell'ordinamento internazionale.

2. *I principi generali di diritto riconosciuti dalle nazioni civili*

L'art. 38, par. 1, lett. *c*), dello Statuto indica fra le fonti del diritto applicabile dalla Corte internazionale di giustizia i «principi generali di diritto riconosciuti dalle nazioni civili».

La disposizione si riferisce ad una particolare categoria di principi: quelli che l'ordinamento internazionale mutuerebbe dagli ordinamenti nazionali, al fine di ricavarne la disciplina di una fattispecie non regolata da altre norme internazionali.

L'indicazione di questa categoria di fonti ad opera dell'art. 38, par. 1, lett. *c*) ha sollevato, e solleva tuttora, una serie di problemi di inquadramento di non agevole soluzione.

Da un punto di vista teorico, la disposizione sembra risentire di una particolare visione dell'ordinamento internazionale, concepito come un ordinamento incompleto, il quale abbisogna quindi, per completare il proprio sistema normativo, di far ricorso a fattori di integrazione esterna. Tali sarebbero i principi comuni degli ordinamenti nazionali, concepiti come espressione di principi universali dell'esperienza giuridica, applicabili in quanto tali anche nelle relazioni internazionali fra Stati.

Non è però facile ricostruire logicamente il meccanismo in forza del quale taluni principi propri di ordinamenti nazionali siano abilitati a produrre diritto nell'ordinamento internazionale. L'idea che i principi comuni agli ordinamenti nazionali facciano parte dell'esperienza giuridica internazionale sembra infatti poggiare su due presupposti: l'incapacità dell'ordinamento internazionale di sviluppare propri principi generali e, di converso, la capacità degli ordinamenti nazionali di sviluppare principi universali, atti ad essere applicati anche al di fuori dell'ambiente giuridico ad essi proprio. Non è estranea a questa concezione una ideale contrapposizione fra l'ordinamento internazionale, costituito da un insieme di regole fondate prevalentemente sul consenso degli Stati ed incapaci quindi di formare un sistema normativo completo, e gli ordinamenti nazionali, visti invece come la sede naturale per lo sviluppo dell'esperienza giuridica universale. Quest'idea trova anche espressione nella formulazione dell'art. 38. Tale disposizione è stata elaborata, come si è detto, nei primi decenni del XX secolo e, quindi, in un periodo nel quale la comunità internazionale aveva una composizione assai più ristretta di quella di oggi. Le strutture concettuali del diritto internazionale, ancora in via di formazione, tendevano quindi a modellarsi sull'esperienza giuridica degli Stati occidentali. L'art. 38, par. 1, lett. *c*) sembra infatti indicare che solo alcuni ordinamenti statali, delle "nazioni civili", siano in grado di produrre principi universali, destinati a governare anche le relazioni giuridiche fra Stati.

In pratica, l'individuazione di tali principi ha comportato una serie di problemi, sia di carattere teorico che di carattere pratico. Innanzi tutto, la struttura dei principi che operano nelle esperienze giuridiche nazionali li rende scarsamente idonei ad essere applicati nei rapporti fra Stati. In secondo luogo, la grande eterogeneità delle tradizioni giuridiche dei vari ordinamenti nazionali rende assai difficile l'enucleazione di principi comuni.

Difatti, la prassi giudiziale evidenzia rari casi di utilizzazione di questo tipo di fonti. Né i giudici internazionali si sono mai dati cura di verificare l'universalità dei principi attraverso una analisi di diritto comparato. Nei rari casi di applicazione giudiziale, i riferimenti comparati si limitano a pochi ordinamenti, quelli, per solito, più familiari ai giudici. Ciò giustifica l'impressione che l'invocazione dei principi generali abbia costituito più che altro un espediente argomentativo per giustificare l'elaborazione di norme da parte dei giudici sulla base di modelli normativi propri di alcuni ordinamenti nazionali ad essi familiari. Questa tendenza ha quindi ingenerato una notevole diffidenza nei confronti di questa categoria di fonti, talvolta viste come un modo per imporre soluzioni normative favorevoli alle forze sociali dominanti nella comunità internazionale.

È assai noto il caso della controversia fra una compagnia petrolifera straniera e lo Sceiccato di Abu Dhabi, decisa da una sentenza arbitrale pronunciata dall'arbitro unico Lord Asquith of Bishopstone nel 1951 (*Petroleum Dev., Trucial Coast, Ltd. v. Sheik of Abu Dhabi*, in *International Legal Materials*, 1951, p. 144). L'arbitro ha dapprima escluso di poter risolvere la controversia sulla base dell'applicazione del diritto interno inglese, dato che, espressamente, l'accordo fra le parti prevedeva l'applicazione dei principi di diritto internazionale. Egli ha ritenuto tuttavia che le norme del diritto inglese – che costituiva, incidentalmente, il proprio diritto nazionale –, ancorché inapplicabili, di per sé, alla controversia, fossero espressione di principi di razionalità giuridica e, quindi, fossero parte dei principi generali di diritto internazionale. La controversia veniva quindi decisa sulla base dell'applicazione del diritto inglese (v. soprattutto p. 149).

Nella sentenza del 18 luglio 1966 relativa al caso dell'*Africa del Sudovest (Etiopia c. Sudafrica, Liberia c. Sudafrica)*, la Corte internazionale di giustizia ha ritenuto che l'esistenza in alcuni sistemi giuridici statali di un diritto di azione conferito a ciascun soggetto dell'ordinamento nell'interesse generale (*actio popularis*) non giustificasse la conclusione che un tale meccanismo costituisse un principio generale del diritto (v. il par. 88 della sentenza).

Nel secondo rapporto sui principi generali di diritto, il relatore speciale Marcelo Vázquez-Bermúdez ha indicato che, al fine di ricostruire un principio generale sulla base delle indicazioni ricavate dagli ordinamenti nazionali, occorra adottare un approccio fondato su due fasi: la prima concerne l'accertamento che il principio sia espresso dai principali sistemi giudici mondiale; la seconda concerne la sua trasposizione nell'ordinamento internazionale. In particolare, questa seconda fase dovrebbe altresì accertare la compatibilità del principio riconosciuto dai principali sistemi giuridici nazionali con i principi fondamentali dell'ordinamento costituzionale (A/CN.4/741, p. 6 ss.).

Peraltro, la prassi giudiziale non offre molti esempi di principi generali dedotti dagli ordinamenti azionali al fine di disciplinare rapporti interstatali. Ciò è verosimilmente dovuto alla difficoltà di trarre da ordinamenti interindividuali, quali quelli statali, indicazioni normative utili a ricostruire regole applicabili nel diverso ambiente dei rapporti interstatali. È difficile, altresì, trovare nella prassi giudiziale esempi della rigorosa metodologia analitica indicata dal relatore speciale. Non infrequentemente, il riferimento agli ordinamenti nazionali è stato fatto al fine di trarre ispirazione da principi applicati in taluni ordinamenti nazionali al fine di ricostruire soluzioni normative applicabili a fattispecie internazionali.

3. *I principi generali di diritto e la regolamentazione internazionale di condotte private*

I principi generali di diritto provenienti dagli ordinamenti nazionali hanno un rilievo maggiore per la regolamentazione internazionale di condotte individuali. Anche intuitivamente, infatti, la trasposizione di principi giuridici da un ordinamento ad un altro appare più agevole allorché essi siano destinati a regolare situazioni soggettive omogenee. Ciò appare significativo alla luce della evoluzione recente dell'ordinamento internazionale, il quale tende a disciplinare in misura crescente fattispecie di carattere individuale, stabilendo cioè in capo agli individui sia diritti che obblighi.

Nel campo del diritto internazionale penale, ad esempio, i giudici internazionali hanno fatto ampio ricorso a principi provenienti dagli ordinamenti nazionali. Sembra infatti naturale pensare di ovviare alla lacunosità delle regole internazionali in questa materia, ancora in via di formazione, traendo ispirazione dalla disciplina nazionale di fattispecie analoghe.

Gli Statuti dei Tribunali penali *ad hoc* non indicano i principi generali di diritto tra le fonti di diritto applicabili. Nondimeno i giudici hanno ricostruito e applicato principi generali in relazione a diversi settori del diritto materiale, in particolare per la definizione degli elementi dei crimini, dei motivi di esonero della responsabilità penale individuale, di norme di procedura penale e di norme relative al regime delle pene.

I principi generali di diritto comuni agli ordinamenti interni sono invece espressamente menzionati fra le fonti del diritto dall'art. 21, par. 1, lett. *c*) dello Statuto della Corte penale internazionale, il primo tribunale internazionale penale a competenza generale. Lo Statuto peraltro assegna a tali fonti un ruolo sussidiario, e ne sottolinea la differente natura rispetto ai principi generali di diritto internazionale (art. 21, par. 1, lett. *b*).

Il primo paragrafo dell'art. 21 dello Statuto della Corte penale internazionale è così formulato:

La Corte applica:

a) in primo luogo, il presente Statuto ed il Regolamento di procedura e di prova;

b) in secondo luogo, ove occorra, i trattati applicabili ed i principi e le regole di diritto internazionale, ivi compresi i principi consolidati del diritto internazionale dei conflitti armati;

c) in mancanza, i principi generali di diritto ricavati dalla Corte in base alla normativa interna dei sistemi giuridici del mondo, compresa, ove occorra, la normativa interna degli Stati che avrebbero avuto giurisdizione sul crimine, purché tali principi non siano in contrasto con il presente Statuto, con il diritto internazionale e con le norme ed i criteri internazionalmente riconosciuti.

I tribunali internazionali penali hanno quindi affermato l'esigenza di applicare, per la ricostruzione dei principi generali, un metodo comparativo tale da assicurare che un certo principio sia contemplato, se non in tutti gli ordinamenti nazionali, per lo meno nei diversi gruppi di ordinamenti che esprimono le grandi tradizioni giuridiche nazionali. In pratica, l'indagine comparativa è stata prevalentemente condotta al fine di individuare valori o beni giuridici comuni alle diverse tradizioni giuridiche, pur in presenza di una diversa disciplina concreta.

Per una affermazione di principio, si veda la sentenza del Tribunale penale internazionale per la ex Iugoslavia (ICTY), *Prosecutor v. Tadić*, IT-94-1-A, del 15 luglio 1999, par. 225. La determinazione di principi generali di diritto è stata quindi fatta sulla base di interessanti analisi comparate da parte del Tribunale. V. la sentenza del 22 febbraio 2001, *Prosecutor v. Kunarac* et al., IT-96-23-T e IT-96-23/1-T, par. 439, relativa agli elementi costitutivi dello stupro come crimine internazionale. Nel caso *Prosecutor v. Erdemovic* (IT-96-22-T, sentenza del 29 novembre 1996, par. 31), la Camera di prima istanza del Tribunale penale internazionale per la ex Iugoslavia ha rilevato come la proporzionalità della pena rispetto alla gravità del crimine commesso corrisponda a un principio generale di diritto comune alla maggioranza dei sistemi giuridici del mondo. L'analisi comparata si è spinta talvolta anche nella direzione di esaminare gli orientamenti giurisprudenziali dei tribunali interni: ad esempio nel caso *Prosecutor v. Aleksvoski* (IT-95-14/1-A, sentenza del 24 marzo 2000, par. 92), la Camera d'appello del Tribunale penale internazionale per la ex Iugoslavia ha valorizzato la prassi giudiziaria dei Paesi di *civil law*, tendente ad attenersi, in linea generale, ai precedenti giudiziari delle più alte giurisdizioni. Tale osservazione, unitamente alla ricostruzione del principio dello *stare decisis* proprio della tradizione giuridica dei Paesi di *common law*, ha quindi consentito alla Camera d'appello di accertare l'esistenza di un principio generale del diritto che impone al giudice internazionale di non discostarsi dai propri precedenti se non in circostanze eccezionali.

4. *I principi generali dell'ordinamento internazionale*

L'art. 38, par. 1, lett. *c)* sembra riflettere un'idea assai limitata dell'ordinamento giuridico internazionale, concepito come ordinamento privo del grado di sistematicità necessario per sviluppare propri principi, i quali, quindi, andrebbero tratti dai più evoluti ordinamenti nazionali. Nella prassi recente, tuttavia, i principi propri dell'ordinamento internazionale hanno assunto un rilievo pronunciato nelle dinamiche normative dell'ordinamento internazionale.

La prassi evidenzia, insomma, l'esistenza di principi generali che non hanno origine esterna; che non costituiscono cioè fattori eteronomi di integrazione dell'ordinamento internazionale. Si tratta invece di principi che vanno estratti dalla logica normativa dello stesso ordinamento internazionale. Questa categoria di fonti è utile anche in chiave sistematica. Essa consente di ricostruire l'ordinamento internazionale come un ordinamento completo e capace di integrare autonomamente le proprie eventuali lacune, limitando, se non escludendo del tutto, il ricorso a fattori esterni di integrazione.

I principi generali dell'ordinamento internazionale sono stati utilizzati dalla giurisprudenza internazionale in varie situazioni.

Una prima situazione è quella classica, data dall'esistenza di una lacuna nella regolamentazione di una fattispecie. In casi di questo genere, la giurisprudenza ha individuato un principio generale a partire da regole che disciplinano soluzioni analoghe. Su tale base, è stata quindi ricostruita la regola applicabile alla fattispecie dedotta in giudizio. In situazioni di questo tipo, i principi generali sono visti quindi come fattore che assicura la completezza dell'ordinamento internazionale e la sua coerenza sistematica.

Un esempio di questa procedura argomentativa è dato dalla sentenza della Corte internazionale di giustizia del 9 aprile 1949 nel caso del *passaggio nello stretto di Corfù (Regno Unito c. Albania).* Nel periodo immediatamente successivo alla Seconda guerra mondiale, l'Albania affermava un divieto per le navi straniere di passaggio nello stretto di Corfù senza l'autorizzazione da parte delle autorità albanesi. Delle navi militari britanniche, che intendevano affermare il proprio diritto di passaggio, si imbattevano in un campo minato posto nel mare territoriale albanese; alcune di esse venivano quindi seriamente danneggiate. Successivamente, una squadra militare britannica provvedeva allo sminamento in acque albanesi, senza il consenso dello Stato territoriale.

La Corte internazionale di giustizia accertava bensì l'illiceità delle attività di minamento di un'area che avrebbe dovuto rimanere aperta alla navigazione internazionale. In assenza di prove, tuttavia, tale condotta non poteva venire attribuita all'Albania. La Corte accertava nondimeno la violazione da parte albanese di un obbligo di notificare alle navi in transito l'esistenza di un campo minato all'interno delle proprie acque territoriali al fine di evitare incidenti. Un obbligo del genere è formulato dalla VIII Convenzione de L'Aja del 1907, una convenzione di diritto bellico, applicabile unicamente in tempo di guerra. La Corte ha quindi fondato l'obbligo non direttamente sulla disposizione convenzionale, non applicabile in quanto tale, bensì su «talune considerazioni elementari di umanità, più assolute ancora in tempo di pace che in tempo di guerra», oltre che sul principio della libertà delle comunicazioni marittime e sul principio che impone ad uno Stato di non consentire l'utilizzazione del proprio territorio in maniera da arrecare danno ad altri Stati.

Il procedimento logico seguito dalla Corte internazionale di giustizia è assai interessante. La Corte ha ritenuto che la regola di diritto bellico fosse espressione di un principio generale di diritto internazionale, operante anche al di fuori del limitato ambito di applicazione di tale regola. La Corte ha quindi seguito un procedimento articolato in tre fasi: ha dapprima estratto da una regola il suo principio informatore; in secondo luogo ha accertato come tale principio avesse un campo di applicazione più ampio di quello della regola sottostante; ha infine ricostruito, sulla base del principio generale, la regola di diritto applicabile alla fattispecie.

La giurisprudenza internazionale prospetta un secondo modo di utilizzazione di tecniche argomentative fondate su principi. I principi generali del diritto internazionale sono stati impiegati anche al fine di adattare il contenuto di una regola a circostanze particolari del caso concreto. In situazioni di questo tipo, i principi hanno svolto quindi una importante funzione di promozione dello sviluppo del diritto internazionale.

Un esempio di questo tipo è dato dal caso relativo alle *pescherie norvegesi*, definito dalla Corte internazionale di giustizia con sentenza del 18 dicembre 1951 (*Regno Unito c. Norvegia*). La Corte ha accolto la possibilità di determinare la linea di base del mare territoriale non già a partire dalla linea di bassa marea, tradizionalmente utilizzata nella prassi, ma congiungendo invece i punti sporgenti della costa. A tale risultato la Corte è pervenuta sulla base di una argomentazione articolata in tre passaggi. Essa ha innanzi tutto accertato l'esistenza di una regola che impone di determinare la linea di base del mare territoriale a partire dalla linea di bassa marea, che segue quindi tutte le sinuosità della costa. Al tempo stesso, tuttavia, la Corte ha rilevato le difficoltà di applicare tale regola alla situazione morfologica della costa norvegese, notoriamente assai frastagliata. Essa quindi ha dedotto da tale regola il principio sottostante, consistente nell'esigenza di far corrispondere la linea di base all'andamento generale della costa. Infine ha dedotto da tale principio la regola applicabile al caso particolare della costa norvegese, ammettendo quindi che la linea di base potesse venir tracciata congiungendo i punti sporgenti della costa.

In terzo luogo, il ricorso a tecniche argomentative fondate su principi generali ha consentito alla giurisprudenza la soluzione di conflitti fra norme di condotta che pongono regole incompatibili. Tale tecnica consiste nell'individuazione dei principi ispiratori delle regole di condotta apparentemente in conflitto per quindi provvedere alla loro composizione attraverso un processo di bilanciamento dei principi generali e, infine, definire su tale base la regola applicabile alla fattispecie dedotta in giudizio.

Un percorso argomentativo di questo tipo sembra aver caratterizzato il parere della Corte dell'8 luglio 1996 relativo alla *Liceità della minaccia o dell'uso di armi nucleari*. La questione posta alla Corte consisteva, fra l'altro, nel determinare la compatibilità della minaccia o dell'uso delle armi nucleari con le regole umanitarie che vietano l'impiego di strumenti e metodi di combattimento di carattere indiscriminato, che non distinguano cioè fra obiettivi militari ed obiettivi civili. La Corte ha quindi dato al quesito una risposta apparentemente ambigua. Essa ha accertato che la minaccia o l'uso delle armi nucleari è generalmente contrario alle regole del diritto umanitario. Tuttavia, essa ha affermato di non poter definitivamente escludere che la minaccia o l'uso delle armi nucleari possano risultare leciti in situazioni di estremo pericolo, che mettano a repentaglio la sopravvivenza stessa dello Stato attaccato. La risposta della Corte sembra quindi evidenziare come il conflitto fra regole di carattere umanitario e regole relative alla legittima difesa va composto sulla base di un bilanciamento fra i rispettivi principi che vengono in gioco. Il principio alla base del divieto di uso di armi indiscriminate prevale generalmente sul principio che assicura le esigenze di legittima difesa. Potrebbero nondimeno esservi situazioni, ancorché estreme, nelle quali la tutela dell'ordinamento si inverte a favore del principio di legittima difesa.

5. *I principi generali desunti dalla struttura delle relazioni giuridiche internazionali*

Una particolare categoria di principi generali è quella che può essere tratta non già da regole specifiche, bensì dalla struttura delle relazioni giuridiche internazionali. Tali principi non si esprimono in regole compiute di condotta ma sono piuttosto utilizzati al fine di guidare l'interpretazione e l'applicazione di altre regole internazionali.

Tali sono, ad esempio, i principi di reciprocità e di proporzionalità. Conviene soffermarsi brevemente su di essi in quanto esprimono due diversi modelli normativi, ciascuno alla base di una serie di regole positive di condotta. Il primo modello, fondato sulla reciprocità, evidenzia il carattere paritario di gran parte delle relazioni giuridiche fra Stati. Il secondo, quello della proporzionalità, mette piuttosto in evidenza l'esistenza di relazioni giuridiche asimmetriche, fondate su un rapporto di supremazia concesso a determinati soggetti per l'espletamento di funzioni di interesse generale.

Il principio di reciprocità evidenzia come nei processi di formazione e di attuazione di norme internazionali i comportamenti degli Stati si organizzano secondo schemi relazionali sinallagmatici o correlativi. La reciprocità trova quindi applicazione in tutti i campi nei quali il contenuto normativo sia scomponibile secondo lo schema della relazione reciproca. Si tratta del tradizionale modello bilateralista al quale si ispirano le regole internazionali. Tale modello, quindi, evidenzia come larga parte del diritto internazionale odierno si fonda sul principio della sovrana eguaglianza fra Stati, concepiti come unità giuridiche elementari, tese al perseguimento egoistico del proprio interesse.

Il principio di reciprocità può quindi essere utilizzato al fine di interpretare le regole internazionali sinallagmatiche e di disciplinarne l'applicazione. Molteplici forme di utilizzazione di tale principio saranno analizzate nella parte relativa al diritto dei trattati, che si fonda in gran parte sul principio di reciprocità.

Nel diritto internazionale contemporaneo acquista rilievo crescente il modello della proporzionalità, peraltro conosciuto e applicato in diritto internazionale già in tempi remoti.

In epoche meno recenti, il principio di proporzionalità è stato applicato soprattutto al fine di limitare il potere unilaterale di ricorrere alla forza. V. la corrispondenza diplomatica relativa al caso *Caroline* (*supra*, parte I, capitolo I, par. 1), nonché la sentenza arbitrale del 31 luglio 1928 relativa al caso *Naulilaa (Portogallo c. Germania).*

La proporzionalità si applica soprattutto in presenza di poteri funzionali; di poteri, cioè, che l'ordinamento conferisce ad uno Stato, o talvolta ad un organo internazionale, per l'esercizio decentrato di funzioni di natura amministrativa. Attraverso il conferimento di poteri funzionali, l'ordinamento internazionale tende a sopperire all'assenza di strutture centralizzate di accertamento e di attuazione del diritto. L'ordinamento conferisce quindi ad un soggetto il potere di agire per il raggiungimento di uno scopo che corrisponde, di regola, ad un interesse di carattere generale. Nel realizzare tale funzione, tuttavia, il soggetto agente deve tener conto dell'esistenza di altri interessi concorrenti, meritevoli di tutela giuridica, che devono essere convenientemente composti con l'interesse prevalente.

Si pensi alle regole internazionali che assegnano ad uno Stato il potere di disciplinare il traffico di navi in zone d'acqua soggette alla propria giurisdizione, quali stretti o canali utilizzati per la navigazione internazionale. In questi casi, il soggetto titolare del potere non potrà agire alla stregua di un soggetto privato, mosso unicamente dal proprio interesse. Esso dovrà semmai agire come titolare di una funzione pubblica, incaricato di comporre in maniera proporzionale vari interessi in gioco: interessi propri; interessi di altri Stati, relativi, ad esempio, alla navigazione o allo sfruttamento di risorse; interessi infine, di natura collettiva, quali, ad esempio, la tutela ambientale.

Il principio della proporzionalità è rilevante in una varietà di situazioni. Di particolare interesse è l'utilizzazione della proporzionalità nell'ambito dei diritti dell'uomo e del diritto umanitario. Ad essa è affidato il compito di determinare un accettabile contemperamento fra esigenze statali e diritti individuali. Nel campo del diritto umanitario, ad esempio, il principio di proporzionalità impone ad uno Stato di astenersi da un attacco che possa comportare danni collaterali sproporzionati rispetto ai vantaggi militati attesi dall'attacco (v. l'art. 51, par. 6, e l'art. 57, par. 1, del Primo protocollo addizionale del 1977 alle quattro

Convenzioni di Ginevra del 1949). Nel campo della tutela dei diritti dell'uomo, il principio della proporzionalità è stato utilizzato ampiamente dalla giurisprudenza internazionale, soprattutto dalla giurisprudenza della Corte europea dei diritti dell'uomo, al fine di limitare i poteri discrezionali degli Stati di derogare alla convenzione ovvero di interferire con i diritti convenzionali al fine di tutelare interessi collettivi (v. gli artt. 8, 9, 10, e 11).

Il principio di proporzionalità si scompone generalmente in una serie di criteri di carattere applicativo: il criterio della idoneità, quello della necessità, e quello della proporzionalità in senso stretto. Ad esempio, la regolamentazione della navigazione negli stretti motivata da esigenze ambientali deve risultare idonea per la realizzazione di uno *standard* accettabile di tutela ambientale; essa deve essere altresì necessaria, nel senso che la tutela ambientale non potrà essere realizzata con misure meno penalizzanti per i diritti altrui; deve, infine, risultare proporzionata, nel senso di assicurare un ragionevole bilanciamento fra i vantaggi ambientali realizzati e i diritti ed interessi compressi, ad esempio, il diritto di navigazione.

Si tratta di parametri altamente imprecisi, che possono essere precisati solo sulla base di una valutazione caso per caso, alla luce di circostanze specifiche e in relazione a modelli di comportamento affermati nella prassi. Così, ad esempio, l'esigenza di evitare collisioni in uno stretto fra navi recanti carichi pericolosi potrà normalmente giustificare forme di regolamentazione del passaggio quali obblighi di notifica ovvero l'utilizzo di determinate via d'acqua o la determinazione di *standards* costruttivi adeguati e così via. Un divieto di passaggio potrà essere giustificato invece solo in circostanze particolari: ad esempio, in presenza di rotte alternative che comportino un aggravio moderato per le esigenze di navigazione.

I due modelli – il modello della reciprocità e il modello della proporzionalità – hanno un accentuato rilievo sistematico.

Mentre il modello della reciprocità è dominato dal concetto privatista di sinallagma, il modello della proporzionalità evidenzia in primo luogo i caratteri di organizzazione pubblicista del potere internazionale. Il primo modello è idoneo soprattutto a disciplinare rapporti fondati quindi sulla eguaglianza sovrana degli Stati in diritto internazionale. Si tratta dei rapporti giuridici del diritto internazionale classico, concepito essenzialmente come ordinamento che si limita a coordinare le attività dei suoi soggetti. Il secondo è invece maggiormente idoneo a disciplinare rapporti giuridici nei quali uno dei soggetti dispone di un potere di supremazia, mentre gli altri sono collocati in una situazione di soggezione giuridica. Si tratta di rapporti giuridici che hanno crescente importanza in un ordinamento complesso quale l'attuale ordinamento internazionale, il quale tende non solo a coordinare le attività di Stati sovrani ma anche a realizzare interessi e funzioni di ordine collettivo.

Complessivamente considerati, il principio della reciprocità e quello della proporzionalità descrivono la maggior parte delle relazioni giuridiche che si stabiliscono nell'ordinamento internazionale e determinano quindi i criteri applicativi per la maggior parte delle regole internazionali.

Conviene infine osservare che principi generali si sono formati in settori specifici del diritto internazionale. Tipici del diritto internazionale ambientale sono, ad esempio, il principio dello sviluppo sostenibile e il principio di precauzione. Essi sono utilizzati sia al fine di esprimere regole di condotta non ancora completamente formate, che possono però indirizzare il comportamento degli Stati, sia come strumenti interpretativi delle norme esistenti. Il loro carattere settoriale dissuade peraltro da una trattazione in dettaglio.

Capitolo II
IL DIRITTO DEI TRATTATI

Introduzione
IL DIRITTO CONSUETUDINARIO E LA CONVENZIONE DI VIENNA DEL 1969

A differenza delle consuetudini e dei principi, i trattati non sono fonti di diritto generale, ma si applicano, di norma, ai soli Stati che hanno espresso il proprio consenso ad impegnarsi. L'art. 38, par. 1, lett. *a*), dello Statuto della Corte internazionale di giustizia indica, fra le fonti del diritto applicabile dalla Corte, «le convenzioni internazionali, sia generali che particolari, che stabiliscono norme espressamente riconosciute dagli Stati in lite». I trattati costituiscono quindi fonte di diritto particolare. Essi trovano fondamento sullo scambio mutuo di consenso e tendono a realizzare interessi propri di ciascuna delle parti. Di conseguenza il diritto dei trattati si è modellato largamente su principi di reciprocità e bilateralismo. Questi elementi sono tuttora alla base del moderno diritto dei trattati.

Il rilievo dei trattati nell'ambito della comunità internazionale va tuttavia al di là di quello normalmente riconnesso alle fonti di diritto particolare – cioè ai contratti – negli ordinamenti statali. Anche in relazione alla carente istituzionalizzazione della funzione di produzione normativa, difatti, i trattati sono sempre di più utilizzati per la realizzazione di interessi di carattere collettivo o universale. Di conseguenza, il diritto dei trattati si è evoluto ed ha sviluppato regole ed istituti difficilmente inquadrabili nell'ambito di una concezione rigorosamente bilateralista. Si vedrà, nel corso dell'esposizione, come il diritto attuale dei trattati è il frutto di una contaminazione fra la classica concezione bilateralista e più moderne concezioni universaliste.

Il diritto dei trattati è essenzialmente di natura consuetudinaria. Esso è stato codificato ad opera di una delle più importanti convenzioni di codificazione: la Convenzione di Vienna del 1969 sul diritto dei trattati, redatta da una conferenza internazionale sulla base di lavori condotti dalla Commissione del diritto internazionale delle Nazioni Unite. La Convenzione di Vienna, entrata in vigore nel 1980, è stata ratificata da oltre cento Stati ed è rapidamente divenuta il punto di riferimento fondamentale per la ricostruzione del diritto dei trattati.

Non tutte le norme della Convenzione sono però corrispondenti al diritto consuetudinario. Nel preambolo espressamente si dà atto che essa è stata redatta sia allo scopo di codificare il diritto consuetudinario dei trattati, sia allo scopo di promuoverne l'ulteriore sviluppo, in sintonia con i principi del nuovo ordine mondiale contenuti nella Carta delle Nazioni Unite. Nell'analisi della Convenzione occorre di conseguenza distinguere accuratamente fra le norme che corrispondono al diritto consuetudinario, e che quindi sono applicabili in via generale, e quelle che invece sono applicabili soltanto agli Stati parte della Convenzione.

Il preambolo della Convenzione mostra di voler considerare i trattati sia come fonti del diritto internazionale che come mezzo di cooperazione pacifica fra gli Stati; esso enuncia sia i principi classici del diritto dei trattati – il principio consensualista, il principio della buona fede, il principio *pacta sunt servanda* – sia i nuovi principi di matrice multilaterale, quali l'obbligo di soluzione pacifica delle controversie, il divieto di uso della forza, il principio di autodeterminazione, i diritti dell'uomo.

Tecnicamente un trattato costituisce uno scambio di consenso, idoneo a produrre diritti ed obblighi fra le parti. Varie sono le espressioni per indicare questo fenomeno. Oltre al termine trattato si impiegano frequentemente altri termini sostanzialmente equivalenti, quali, ad esempio, "accordo", "convenzione", "protocollo", "scambio di lettere".

La Convenzione di Vienna non si applica però a tutti i trattati. Essa si applica, ai sensi dell'art. 2, lett. *b*), ai soli accordi redatti in forma scritta e retti dal diritto internazionale. Ciò non esclude che vi siano accordi in forma orale o addirittura accordi taciti. Questi ultimi emergono sovente dall'esistenza di comportamenti concludenti, posti in essere in assenza di una fase formale di assenso. Talvolta l'esistenza di un accordo tacito può essere desunta da comunicati finali di conferenze internazionali, o anche dall'esistenza di un fascio di atti o dichiarazioni unilaterali. Tali accordi sono vincolanti ai sensi del diritto consuetudinario, ma ad essi non si applica la Convenzione di Vienna, la quale sembra ispirata, quindi, dall'intento di incoraggiare lo scambio palese di consenso.

L'esistenza di un accordo tacito è stata accertata recentemente dalla Corte internazionale di giustizia nella sentenza del 27 gennaio 2014 relativa alla *Controversia marittima fra Perù e Cile*.

La Convenzione di Vienna non si applica agli accordi non vincolanti. La conclusione di accordi non vincolanti è, però, relativamente frequente nelle relazioni internazionali. Gli Stati vi ricorrono per i fini più vari: al fine di registrare convergenze politiche, indicare orientamenti comuni, determinare condotte da tenere ovvero obiettivi da realizzare senza però che l'inadempimento costituisca un illecito. Gli accordi non vincolanti confluiscono, quindi, nella amplissima categoria delle norme giuridiche non vincolanti, talvolta indicate con il termine di *soft-law*.

Il termine "*soft-law*", peraltro tecnicamente impreciso, è comunemente impiegato per indicare norme giuridiche che perseguono i propri obiettivi non già attraverso l'imposizione di obblighi ma piuttosto attraverso tecniche di carattere persuasivo. Tale tecniche sono particolarmente adatte al mondo giuridico internazionale, il quale è tradizionalmente carente di mezzi coercitivi per assicurare il puntuale adempimento dei propri obblighi. Al fine di rafforzare la loro capacità "persuasiva", alcune norme di *soft-law* stabiliscono, addirittura, dei veri e propri meccanismo di controllo della loro osservanza.

Si pone, peraltro, il problema di identificare gli accordi non vincolanti. L'identificazione è agevole allorché le parti abbiano espressamente indicato nell'accordo il suo carattere non vincolante. In caso contrario, il carattere vincolante non potrà dipendere dal titolo del documento, a volte indicato in maniera ambigua, con espressioni come "Memorandum d'intesa", "Comunicato congiunto", "Dichiarazione congiunta", o così via, ma dovrà essere accertato in maniera obiettiva, sulla base delle normali regole di interpretazione di un trattato, le quali riservano un posto rilevante alla sua formulazione testuale e al contesto nel quale esso è stato concluso. In questo senso, v. la sentenza della Corte internazionale di giustizia del 19 dicembre 1978, nel caso della *Piattaforma continentale del mare Egeo* (*Grecia c. Turchia*), par. 96; e la sentenza del 1° luglio 1994, relativa al caso delle *Delimitazioni Marittime e delle questioni territoriali fra il Qatar e il Bahrein* (*Qatar c. Bahrein*), giurisdizione e ammissibilità, par. 23-30.

I motivi che inducono a qualificare come documenti politici dei veri e propri accordi vincolati, sono molteplici. Fra essi vi è talvolta l'intento di sottrarre tali intese al rispetto delle previsioni costituzionali interne sulla competenza a stipulare, o addirittura di celarne l'esistenza o sminuirne l'importanza di fronte all'opinione pubblica. Alcuni di questi motivi potrebbero essere alla base della decisione di non qualificare come accordo vincolante il recente "*Statement*" concluso dalla Unione europea e dalla Turchia il 18 marzo 2016, relativo al controllo dei flussi migratori verso l'Unione, in provenienza soprattutto dalla Siria. Nonostante la sua intitolazione, e nonostante il tentativo delle Istituzioni dell'Unione e degli Stati membri di qualificarlo come un documento avente natura esclusivamente politica, le sue disposizioni fanno piuttosto ritenere che si tratti di un accordo giuridico vincolante per le parti. In particolare, la Turchia ha assunto l'impegno di fermare il transito dei migranti diretti verso l'Unione; come corrispettivo, l'Unione ha assunto impegni verso la Turchia, alcuni dei quali di natura finanziaria.

La Convenzione di Vienna si applica inoltre, ai sensi dell'art. 2, lett. *a*), ai soli accordi fra Stati. Sono quindi esclusi dal suo ambito di applicazione gli accordi conclusi da Stati e altri soggetti internazionali, nonché da questi soggetti fra loro.

La Convenzione di Vienna del 1969 non si applica quindi ai rapporti convenzionali dei quali sia parte l'Unione europea. L'Unione non è uno Stato pur se costituisce un importante soggetto della vita di relazioni internazionali ed è parte di rapporti convenzionali che, per numero e importanza, sono probabilmente superiori a quelli di molti Stati. All'Unione sono però applicabili le norme consuetudinarie che, come si è detto, rispecchiano in larga parte la Convenzione di Vienna. La prassi dell'Unione europea costituisce un importante fattore di sviluppo del diritto dei trattati. La particolare natura giuridica dell'Unione e la ripartizione di competenze fra essa e i suoi Stati membri rendono talora necessario, però, un adattamento delle regole del diritto dei trattati, che sono fondate implicitamente sul presupposto della piena capacità giuridica delle parti di un trattato. Nei paragrafi seguenti avremo modo di vedere alcune difficoltà derivanti dall'applicazione del diritto dei trattati agli accordi conclusi dall'Unione.

Il diritto dei trattati conclusi fra Stati e organizzazioni internazionali o fra organizzazioni internazionali è stato codificato dalla Convenzione di Vienna del 1986, non ancora entrata in vigore. Numerose norme della Convezione del 1986 sono modellate sulla Convenzione del 1969. Talune disposizioni però tengono conto della particolare natura delle organizzazioni internazionali e dei rapporti fra esse e gli Stati membri.

Se si seguisse il principio dell'integralità del regime giuridico applicabile ad un accordo, si dovrebbe concludere che la Convenzione di Vienna non si applica ad alcun rapporto contrattuale derivante da un trattato al quale partecipi un soggetto del diritto internazionale che non sia uno Stato. Tuttavia la Convenzione di Vienna, all'art. 3, lett. *c*), prevede che le regole della Convenzione si applichino ai rapporti convenzionali fra Stati parti di un trattato anche qualora del medesimo trattato siano parti degli Stati che non hanno ratificato la Convenzione, ovvero degli enti di natura non statale.

Sezione I

LA FORMAZIONE DEI TRATTATI

SOMMARIO: Il procedimento di formazione dei trattati. – 2. La normativa italiana sulla formazione dei trattati. – 3. La conclusione di accordi da parte di enti substatali. – 4. Le conseguenze sul piano internazionale della violazione della procedura interna sulla formazione dei trattati.

1. *Il procedimento di formazione dei trattati*

Nel procedimento di formazione dei trattati occorre distinguere varie fasi. La prima è quella relativa alla definizione di un testo. Il testo può essere definito attraverso negoziati diretti o, per i trattati multilaterali con un gran numero di parti, nel corso di una conferenza internazionale. L'art. 9, par. 2, della Convenzione di Vienna prevede che l'adozione del testo di un trattato ad opera di una conferenza internazionale avvenga con la maggioranza dei due terzi presenti e votanti. Si tratta invero di una regola residuale, che si applica qualora non siano state stabilite regole procedurali diverse.

La prassi diplomatica conosce vari modi per facilitare l'adozione di un testo ad opera di una conferenza internazionale. Un interessante esempio viene dalle regole adottate dalla conferenza di Montego Bay per adottare il testo della Convenzione delle Nazioni Unite sul diritto del mare, firmata a Montego Bay il 10 dicembre 1982 ed entrata in vigore il 16 novembre 1994. In presenza di interessi contrapposti suscettibili di portare ad un fallimento della conferenza, venne utilizzato un metodo di votazione non su singole disposizioni bensì su "pacchetti" di disposizioni, ciascuno dei quali composto in maniera tale da compensare vantaggi e svantaggi per ciascun gruppo di Stati.

Il testo di un trattato può essere anche adottato attraverso risoluzioni di organizzazioni internazionali, in particolare nell'ambito delle Nazioni Unite. Questa procedura viene seguita in particolare per trattati che hanno ad oggetto la tutela di interessi collettivi o universali, quali accordi sul disarmo o accordi sui diritti dell'uomo. In questa procedura il negoziato fra Stati non è del tutto assente. Esso si svolge però nell'ambito delle dinamiche istituzionali dell'organizzazione e si accompagna quindi all'azione istituzionale degli organi dell'organizzazione. Un procedimento più complesso è seguito per gli accordi di codificazione (v. *infra*, parte II, capitolo IV, sezione I).

Una volta definito il testo, il trattato viene firmato ad opera dei plenipotenziari (cfr. l'art. 10 della Convenzione di Vienna). L'effetto della firma varia a seconda che il trattato venga concluso in forma solenne ovvero in forma semplificata.

Per i trattati conclusi in forma semplificata, la firma ha la funzione di concludere il procedimento di formazione e, quindi, di esprimere il consenso dello Stato ad impegnarsi (cfr. l'art. 12, par. 1, della Convenzione di Vienna).

Per i trattati conclusi in forma solenne, invece, la firma ha solo la funzione di autenticare il testo. Il consenso dello Stato ad impegnarsi sul piano internazionale è invece espresso da un ulteriore atto, la ratifica, atto unilaterale rivolto alle altre parti del trattato con il quale uno Stato esprime il proprio consenso ad impegnarsi sul piano internazionale. La ratifica può essere sostituita da atti aventi la medesima funzione, quali l'adesione, l'approvazione, l'accettazione e così via (cfr. gli artt. 13, 14 e 15 della Convenzione di Vienna). Si tratta di atti unilaterali che spiegano effetti giuridici con lo scambio o il deposito presso un depositario designato a riceverli.

L'entrata in vigore dei trattati multilaterali può poi essere condizionata al raggiungimento di un numero minimo di ratifiche o atti ad esse equiparati. Il raggiungimento di un numero minimo di ratifiche per l'entrata in vigore di un trattato è sovente richiesto per trattati multilaterali a carattere universale. Ad esempio, l'art. 84 della Convenzione di Vienna prevede che la Convenzione stessa entri in vigore il trentesimo giorno successivo al deposito della trentacinquesima ratifica presso il Segretario generale delle Nazioni Unite. Generalmente il depositario, che può essere uno Stato parte o un organismo internazionale, ha anche il compito di notificare agli altri Stati il raggiungimento del numero minimo di ratifiche necessarie per l'entrata in vigore.

Se normalmente un trattato può essere concluso solo ad opera degli Stati che hanno negoziato e firmato il testo, vi sono trattati che estendono la facoltà di firmare e ratificare il testo anche a Stati rimasti estranei al procedimento di formazione. Questi trattati sono generalmente definiti come trattati aperti, in contrapposizione ai trattati chiusi, che non ammettono tale facoltà.

La Convenzione di Vienna è un trattato aperto, dato che essa ammette la firma o la ratifica ad opera di qualsiasi Stato che sia membro delle Nazioni

Unite o di altre organizzazioni universali che fanno capo alle Nazioni Unite (v. gli artt. 81 e 83). Talora la facoltà di uno Stato di firmare o ratificare un trattato è subordinata a determinate condizioni, la cui esistenza va quindi accertata dagli Stati parte o, per le organizzazioni internazionali, da organi di queste (v., ad esempio, l'art. 4 della Carta delle Nazioni Unite che disciplina il procedimento e i requisiti per l'ammissione a quella organizzazione). Non costituisce invece un trattato aperto il Trattato sull'Unione europea, che prevede solo il diritto di tutti gli Stati europei di chiedere l'adesione ma sottopone poi lo Stato candidato ad un vero e proprio procedimento discrezionale di ammissione. L'art. 49 del Trattato sull'Unione europea, nel disciplinare la procedura di adesione all'Unione, richiede che gli Stati che intendano divenire membri rispettino i valori su cui si fonda l'Unione, relativi, ai sensi dell'art. 2, al rispetto della dignità umana, della libertà, della democrazia, dell'uguaglianza, dello Stato di diritto e del rispetto dei diritti dell'uomo.

La scelta fra il procedimento in forma solenne e quello in forma semplificata non è disciplinata da alcuna regola internazionale. Come indicato dall'art. 11 della Convenzione di Vienna, i due procedimenti sono anzi perfettamente equivalenti sul piano internazionale.

La Convenzione di Vienna sembra indicare come, in assenza di una regola contenuta nel trattato stesso, ciascuno Stato parte potrà individuare l'atto attraverso il quale esprimere il proprio consenso ad obbligarsi (v. artt. 12 e 14). Ciò non è frequente dato che, nella maggior parte dei casi, il trattato da concludere indica espressamente o implicitamente la procedura per la sua conclusione. Talora però il trattato da concludere rinvia alla procedura di conclusione prevista dall'ordinamento di ciascuna parte, ammettendo quindi espressamente che le parti possano avvalersi di procedimenti diversi di conclusione. Una distinzione di questo tipo si coglie, ad esempio, nelle procedure di revisione del Trattato istitutivo dell'Unione europea: l'art. 48 del trattato sull'Unione, come modificato dal Trattato di Lisbona, prevede infatti una procedura di revisione ordinaria, le cui «modifiche entrano in vigore dopo essere state ratificate da tutti gli Stati membri conformemente alle rispettive norme costituzionali» (v. par. 4, 2° comma), ed una procedura semplificata, composta da una decisione del Consiglio europeo la quale «entra in vigore solo previa approvazione degli Stati membri conformemente alle rispettive norme costituzionali» (v. par. 6, 2° comma).

L'equivalenza delle forme di conclusione di un trattato nell'ordinamento internazionale ha come conseguenza che un trattato concluso in forma solenne potrà essere derogato da un trattato concluso in forma semplificata e viceversa.

In una logica rigorosamente bilateralista, il principio dell'equivalenza delle forme vorrebbe dire che un trattato non potrebbe mai efficacemente prevedere delle forme particolari per la sua revisione. Pur se esso, infatti, prevedesse che la revisione debba aver luogo con la forma solenne, un trattato di revisione concluso in forma semplificata sarebbe egualmente valido ed efficace in quanto espressione del consenso unanime delle parti. In una diversa prospettiva, però, un trattato che prevede forme particolari di revisione istituisce un ordinamento giuridico distinto da quello del diritto internazionale generale, in modo tale che una revisione operata sulla base di una diversa procedura non dovrebbe risultare valida in tale ordinamento.

La questione assume un certo rilievo nell'ambito di organizzazioni internazionali che istituiscono un ordinamento complesso. La Carta delle Nazioni Unite, in particolare, prevede, agli articoli 108 e 109, delle procedure formali di emendamento e revisione. Conviene notare come tali procedure prescindano dal consenso unanime degli Stati parte, prevedendo che le modifiche alla Carta entrino in vigore anche per Stati che non vi abbiano consentito. Un accordo di modifica della Carta concluso sulla base di un diverso procedimento non dovrebbe allora avere validità nell'ambito dello speciale ordinamento istituito dalla Carta. Vedremo peraltro che l'assenza di meccanismi di controllo giurisdizionale della legittimità di atti degli organi delle Nazioni Unite vale a conferire un certo ruolo a meccanismi di modifica informale della Carta, fondati sul consenso o sull'acquiescenza delle parti.

Come si è detto, anche i trattati istitutivi dell'Unione europea prevedono procedimenti formali di revisione (v. l'art. 48 del Trattato sull'Unione europea). A differenza della Carta, essi sono fondati sul consenso unanime degli Stati. Anche in tale ordinamento si verifica tuttavia una deviazione marcata dal principio consensualista dato che accordi conclusi informalmente dagli Stati membri, senza l'osservanza del procedimento formale di revisione, sono contrari al trattato istitutivo e quindi invalidi. Per un caso di questo tipo, v. Corte di giustizia, *Defrenne c. Sabena*, causa 43/75, sentenza dell'8 aprile 1976, in cui la Corte negò effetti nell'ordinamento comunitario a un accordo concluso fra gli Stati in forma semplificata teso a modificare il trattato istitutivo (v. anche Corte di giustizia, *Parlamento europeo c. Consiglio*, causa C-133/06, sentenza del 6 maggio 2008, in cui la Corte ha riaffermato che le regole stabilite dai Trattati non sono derogabili né dagli Stati membri né dalle stesse istituzioni).

In casi di questo genere, il rispetto delle procedure di revisione stabilite nel trattato di base non è imposto dall'ordinamento internazionale, quanto piuttosto dalla circostanza che quel trattato opera come atto costitutivo di un ordinamento giuridico distinto da quello internazionale. Nel caso particolare dell'Unione europea, il carattere "costituzionale" del trattato istitutivo è stato agevolato dall'esistenza di un meccanismo giudiziale incaricato di assicurare la conformità rispetto ad esso dei comportamenti degli Stati. In assenza di tali meccanismi, di natura "sovranazionale", il consenso unanime degli Stati potrebbe sanare la violazione del trattato istitutivo. Ad esempio, nel caso della NATO, l'esistenza di una regola, contenuta nell'art. 12, che prevede un procedimento formale di revisione non ha impedito, come si è visto (v. *supra*, parte I, capitolo III), che le regole istitutive dell'organizzazione venissero modificate in profondità attraverso una serie di atti informali adottati all'unanimità dalle parti.

2. *La normativa italiana sulla formazione dei trattati*

Gli ordinamenti nazionali contengono sovente disposizioni che disciplinano i procedimenti di conclusione dei trattati.

Tradizionalmente il potere di impegnare con un trattato lo Stato sul piano internazionale rientra nella sfera del potere esecutivo. Questa situazione non creava alcun problema nelle forme di Stato assoluto, caratterizzate da una concentrazione di poteri in mano al sovrano. La situazione è tuttavia mutata in seguito all'affermazione del principio della separazione dei poteri. Il monopolio parlamentare della funzione legislativa ha infatti posto il problema dei rapporti fra funzione legislativa, di pertinenza parlamentare, e il potere di stipulazione dei trattati, che rimaneva invece nelle mani del potere esecutivo. Attraverso la stipulazione dei trattati, infatti, il potere esecutivo avrebbe potuto assumere impegni in materie appartenenti, sul piano interno, alla competenza del Parlamento e, per questo verso, condizionare l'esercizio della funzione legislativa o addirittura incidere su di essa.

In conseguenza di questa situazione, molti ordinamenti costituzionali hanno quindi adottato soluzioni tendenti in vario modo a vincolare la conclusione di trattati da parte dell'esecutivo a forme di assenso preventivo del Parlamento, soprattutto per trattati politicamente importanti o suscettibili di incidere sulla funzione legislativa. L'idea dell'autorizzazione preventiva alla conclusione dei trattati da parte del Parlamento è quindi dettata dall'esigenza di tutelare le prerogative interne del Parlamento rispetto alle prerogative assicurate all'esecutivo sul piano esterno.

Non mancano invero soluzioni ispirate ad esigenze di altro genere. Negli Stati federali, ad esempio, il potere di stipulazione dei trattati, originariamente detenuto dagli Stati federati, viene sovente trasferito a favore dell'ente federale. In tali casi, può accadere che la costituzione federale faccia dipendere l'esercizio di tale potere dall'assenso di un organo rappresentativo degli Stati federati. La costituzione degli Stati Uniti, ad esempio, prevede, all'art. II, sez. 2, che la conclusione di trattati ad opera del Presidente sia condizionata al previo "*advice and consent*" del Senato, ente rappresentativo degli interessi degli Stati federati, espresso a maggioranza dei due terzi dei suoi componenti. Nell'ordinamento statunitense è successivamente invalsa la prassi di consentire la stipulazione di trattati in seguito all'autorizzazione di ambedue le Camere del Parlamento, espressa a maggioranza dei componenti di ciascuna di esse.

Il complesso rapporto fra il monopolio del Parlamento nell'esercizio della funzione legislativa e i poteri dell'esecutivo nella conduzione delle relazioni internazionali è essenzialmente all'origine del procedimento di stipulazione adottato dalla Costituzione italiana. L'art. 87, 8° comma, Cost. prevede la competenza del Presidente della Repubblica a ratificare i trattati «previa, quando occorra, l'autorizzazione delle Camere». Si tratta evidentemente non di un potere proprio del Presidente della Repubblica, bensì di un potere che sostanzialmente ricade nelle competenze dell'esecutivo. L'art. 80 prevede quindi che il Parlamento autorizzi con legge la ratifica dei «trattati internazionali che sono di natura politica, o prevedono arbitrati o regolamenti giudiziari, o importano variazioni del territorio od oneri alle finanze o modificazioni di leggi».

Interpretate letteralmente, le due disposizioni sembrerebbero indicare che l'ordinamento costituzionale italiano non preveda la possibilità di concludere accordi in forma semplificata. Mentre l'art. 80 infatti indica la necessità di un'autorizzazione alla ratifica per i soli trattati più rilevanti, l'art. 87, 8° comma, parrebbe indicare la necessità di una ratifica in tutti i casi e non solo allorché occorra l'autorizzazione delle Camere.

Si tratterebbe peraltro di una disposizione assai rigida, che non tiene conto del fatto che la vita di relazioni internazionali comporta sovente la necessità di concludere accordi in maniera rapida ed informale. D'altra parte, pressoché in tutti gli ordinamenti contemporanei, incluso l'ordinamento italiano, la prassi tende a distinguere fra trattati più rilevanti, che vanno stipulati in forma solenne e sovente anche sottoposti alla previa approvazione parlamentare, e trattati meno rilevanti, la cui conclusione è affidata al potere esecutivo.

Una soluzione ragionevole sembra quella di ritenere che il procedimento di conclusione dei trattati debba rispondere al principio del parallelismo fra competenze interne e competenze sul piano internazionale. Ciascun trattato andrà quindi concluso secondo il medesimo ordine di competenze necessario per l'adozione di un atto interno avente il medesimo contenuto. Di conseguenza, il procedimento in forma solenne sarà necessario in tutti i casi in cui l'adozione di un atto normativo interno dal contenuto corrispondente comporterebbe la promulgazione ad opera del Capo dello Stato. È invece consentito assumere impegni internazionali in forma semplificata qualora il loro contenuto rientri nella sfera interna di competenza assegnata al governo o, corrispondentemente, ai singoli ministri.

Il principio del parallelismo, dopo qualche iniziale esitazione, ha trovato realizzazione, per lo meno parziale, nell'ordinamento dell'Unione europea. L'art. 218 del Trattato sul funzionamento dell'Unione europea prevede infatti, pur con qualche incoerenza, che la conclusione di un accordo comporti un procedimento analogo a quello da seguire in occasione dell'adozione di atti interni aventi il medesimo contenuto (cfr. par. 6). La Corte di giustizia ha ritenuto invece che il principio del parallelismo non si spingesse fino a riconoscere la competenza a concludere accordi ad opera della Commissione in materie nelle quali essa ha competenza normativa sul piano interno (v. *Francia c. Commissione*, causa C-327/91, sentenza del 9 agosto 1994). La Corte ha infatti ritenuto che l'art. 300 del Trattato CE (sostanzialmente corrispondente all'art. 218 del Trattato sul funzionamento dell'Unione) assegnasse al Consiglio il potere esclusivo di concludere accordi, indipendentemente dall'ordine di competenze stabilito per l'adozione di atti interni. La Corte ha quindi annullato un accordo con gli Stati Uniti in materia di concorrenza affermando che «la competenza interna non è tale da modificare la ripartizione delle competenze tra le istituzioni comunitarie in materia di conclusione di accordi internazionali» (v. anche *Francia c. Commissione*, causa 233/02, sentenza del 23 marzo 2004).

Ci chiederemo ora quali siano le conseguenze, sul piano dell'ordinamento interno, della mancata osservanza dell'ordine di competenze stabilite dall'ordinamento interno per la conclusione dei trattati. La questione è rilevante soprattutto nei casi in cui un trattato, che rientra in una delle categorie dell'art. 80 Cost., venga stipulato in forma semplificata.

La prassi di conclusione di trattati in difformità rispetto all'art. 80 Cost. è cospicua e si estende per tutto l'arco della vita repubblicana. In un ordinamento parlamentare, quale quello italiano, il rapporto fiduciario con l'esecutivo rende però poco probabile un'azione di rivendica delle prerogative parlamentari nei confronti del governo, in particolare in una materia, quale quella delle relazioni esterne, considerata di tradizionale spettanza dell'esecutivo. In conseguenza di ciò, l'esecutivo ha concluso in forma semplificata accordi rientranti chiaramente nell'ambito delle materie coperte dall'art. 80.

Ciò è accaduto con frequenza nel campo di accordi che contemplano l'impiego di truppe italiane all'estero. Alcuni casi sono assai noti. Fra questi conviene ricordare solo la domanda di ammissione dell'Italia alle Nazioni Unite, presentata dal Governo senza autorizzazione parlamentare, peraltro in un momento antecedente l'entrata in vigore della Costituzione, nonché il *memorandum* di Londra del 1954 fra Italia, Stati Uniti, Regno Unito e Repubblica federativa di Iugoslavia, che stabiliva il passaggio all'amministrazione italiana della zona A, comprendente la città di Trieste, e all'amministrazione iugoslava della zona B, comprensiva di Capodistria. Il Trattato di Osimo del 1975, concluso previa autorizzazione parlamentare, confermava definitivamente la linea di confine.

L'esecutivo ha anche concluso senza autorizzazione parlamentare vari accordi sulla concessione e sull'uso di basi militari, nonché relativi a programmi di sviluppo di tecnologia militare. L'esecutivo ha altresì disposto in assenza di autorizzazione l'invio di truppe all'esterno nel quadro di forze multilaterali, solo alcune delle quali coperte da autorizzazione del Consiglio di sicurezza. Anche in questi casi, l'assunzione di impegni nel quadro di accordi con altri Stati partecipanti avrebbe dovuto essere preceduta da autorizzazione parlamentare. L'azione italiana in Kosovo, nel 1999, concordata con altri Stati membri della NATO, non è stata oggetto di autorizzazione da parte del Parlamento. All'avvio delle operazioni militari, il Governo ha presentato una informativa urgente sull'intervento della NATO in Kosovo il 24 marzo 1999 alla Camera dei Deputati e un'analoga comunicazione al Senato della Repubblica. L'atteggiamento degli organi costituzionali rispecchia peraltro la tendenza più generale ad evitare un coinvolgimento preventivo del Parlamento nella decisione di invio di truppe all'estero. L'autorizzazione parlamentare non venne chiesta nel caso dell'invio di truppe italiane in Afghanistan nel 2001, né, più recentemente, nel caso dell'invio di truppe in Iraq nel 2003. In ambedue i casi, l'invio del contingente di truppe è stato preceduto da una risoluzione parlamentare.

Le conseguenze giuridiche della mancata autorizzazione alla ratifica possono essere di due tipi. La conclusione in forma semplificata di un accordo rientrante nelle categorie previste dall'art. 80 Cost. ingenera innanzi tutto la responsabilità politica dell'esecutivo nei confronti del Parlamento. Come si è visto tuttavia, l'assetto costituzionale italiano rende assai improbabile che il Parlamento faccia valere tale responsabilità nei confronti dell'esecutivo, al quale è legato da un rapporto fiduciario. In secondo luogo, la violazione dell'art. 80 Cost. spiega effetti sul piano normativo. In assenza di autorizzazione parlamentare infatti, il procedimento di formazione del trattato è costituzionalmente irregolare. Se ne dovrebbe dedurre l'incostituzionalità di ogni atto interno che dia espressamente attuazione ad un trattato concluso in difformità rispetto al procedimento costituzionale. La *ratio* della previsione di un intervento parlamentare, nella fase precedente all'assunzione di impegni internazionali, ha infatti il significato di assicurare che la valutazione parlamentare sia pienamente libera da condizionamenti. Forme di intervento parlamentare successive alla conclusione e tese espressamente o implicitamente a sanare la violazione dell'art. 80 Cost. non potrebbero aver rilievo in quanto, in questa fase, l'assenso parlamentare potrebbe essere indotto dalla volontà di evitare la violazione del trattato e l'insorgere di responsabilità dello Stato sul piano internazionale.

Nella prassi, tuttavia, non è infrequente che il Parlamento intervenga successivamente, adottando provvedimenti di propria competenza per l'attuazione dell'accordo, quali, ad esempio, provvedimenti di ordine finanziario. Un chiaro esempio in questo senso è dato dalla conversione in legge dei decreti-legge volti ad autorizzare e fornire copertura finanziaria agli interventi militari all'estero. Un caso assai noto di assenso successivo del Parlamento è costituito dalla legge n. 848 del 17 agosto 1957, con la quale è stata ordinata l'esecuzione della Carta delle Nazioni Unite nell'ordinamento interno, nonostante la richiesta di adesione alle Nazioni Unite fosse stata inoltrata dal governo senza la previa autorizzazione parlamentare. Nella sentenza del 19 dicembre 1984, n. 295, la Corte costituzionale ha escluso che l'autorizzazione alla ratifica prevista dall'art. 80 Cost. possa essere disposta con legge successiva rispetto alla conclusione del trattato.

La disciplina costituzionale della legge di autorizzazione alla ratifica è completata da altre due norme. L'art. 72, 4° comma, Cost. prevede la c.d. riserva di aula, escludendo quindi la possibilità di approvazione da parte delle Commissioni parlamentari. L'art. 75, 2° comma, Cost. esclude il referendum abrogativo popolare per le leggi di autorizzazione alla ratifica.

Le due norme sono ispirate da una *ratio* analoga. La prima è motivata dalla necessità di una ponderazione accurata da parte del Parlamento circa l'opportunità di assumere impegni internazionali, che non potranno essere unilateralmente modificati. La *ratio* dell'art. 75, 2° comma, Cost. va individuata nella volontà di sottrarre al corpo elettorale la decisione circa l'opportunità di violare un impegno internazionale: una decisione che, per la sua rilevanza politica, andrebbe riservata esclusivamente al Parlamento (cfr. Corte costituzionale, sentenza del 7 febbraio 1978, n. 16). Coerentemente con tale *ratio*, la giurisprudenza della Corte costituzionale ha quindi teso ad allargare l'ambito di applicazione della previsione costituzionale, fino ad estenderlo alle leggi contenenti l'ordine di esecuzione, nonché alle leggi ordinarie obiettivamente funzionali ad assicurare l'attuazione del trattato.

3. *La conclusione di accordi da parte di enti substatali*

La questione della competenza a stipulare di enti substatali è ricca di implicazioni pratiche e di suggestioni teoriche. Essa trae origine dalla distribuzione di competenze sul piano interno fra più livelli di governo, come accade nelle forme di Stato che garantiscano l'autonomia di enti territoriali. In questi casi, si tratta quindi di vedere se alla distribuzione interna di competenze corrisponda anche una distribuzione dei poteri esterni. In particolare, si pone il problema di vedere se un ente substatale abbia quindi il potere di concludere accordi internazionali e, in caso di risposta positiva, se tali accordi vincolino solo l'ente che li ha conclusi, ovvero se essi producano effetti nella sfera soggettiva unitaria dello Stato centrale.

Sulla questione si può registrare una notevole distanza fra le previsioni costituzionali, che tendono a riconoscere in termini ampi un potere esterno degli enti substatali, e la prassi, che tende invece a restringere tale potere in termini assai angusti, finanche ad escluderlo del tutto. Nella concezione tradizionale, infatti, il riconoscimento del potere di assumere impegni internazionali in capo ad enti substatali è ritenuto inconciliabile con il presupposto dell'unitarietà dello Stato nei rapporti internazionali, principio che ha assunto valore quasi paradigmatico e sul quale si fondano le categorie concettuali fondamentali del diritto internazionale odierno.

Non sono davvero molti gli ordinamenti di tipo federale che riconoscono autonomia agli enti substatali sul piano delle relazioni esterne. L'art. 1, sez. 10, par. 3, della Costituzione federale degli Stati Uniti d'America, ad esempio, sembra indicare l'esistenza di un potere degli Stati federati di concludere accordi previo assenso del Congresso. Tale potere è stato però sostanzialmente vanificato dalla giurisprudenza. Una situazione analoga si è prodotta nell'ordinamento della Repubblica Federale di Germania. L'art. 32, par. 3, della Legge fondamentale prevede espressamente il potere dei *Länder* di concludere accordi in corrispondenza delle materie di competenza interna di tali enti. Tuttavia un accordo del 1957 fra lo Stato federale e i *Länder* (il c.d. *Lindauer Abkommen*) ha escluso l'esercizio di tale potere da parte dei *Länder*, ai quali è stato invece riconosciuto il potere di contribuire al processo interno di formazione della volontà della Federazione. Ancorché caratterizzati da una ampia autonomia riconosciuta agli enti substatali sul piano interno, ambedue tali Stati si presentano come virtualmente unitari sul piano delle relazioni internazionali.

Tendono invece a riconoscere agli enti substatali la possibilità di stipulare accordi in materie di loro competenza la Costituzione svizzera (v. l'art. 56, riformato nel 1999) e soprattutto la Costituzione belga, il cui art. 167 conferisce espressamente alle regioni e alle comunità il potere di concludere accordi nelle materie demandate internamente alla loro competenza. A parte il caso delle regioni e comunità belghe, nonché quello per molti versi anomalo del Québec, che ha affermato in via di fatto una notevole autonomia dalla federazione canadese, la prassi relativa alle relazioni esterne di enti substatali è tuttavia assai modesta.

L'ordinamento italiano prevede espressamente il potere delle Regioni di stipulare accordi internazionali. L'art. 117, 9° comma, Cost., nel nuovo testo che emerge dalla riforma del 2001, prevede che «(n)elle materie di sua competenza la Regione può concludere accordi con Stati e intese con enti territoriali interni ad altro Stato, nei casi e con le forme disciplinati da leggi dello Stato».

Si ricava dalla formulazione testuale della disposizione costituzionale che il potere delle Regioni non è esclusivo, ma concorre con il generale potere dello Stato di concludere accordi in materie che sono internamente di competenza concorrente o esclusiva delle Regioni. Il potere estero regionale va inoltre esercitato nel quadro degli orientamenti di politica estera, che l'art. 117, 2° comma, lett. *a*), Cost., assegna alla competenza esclusiva dello Stato, nonché, ai sensi dell'art. 117, 9° comma, Cost., nel rispetto delle modalità di esercizio stabilite da legge dello Stato.

La norma costituzionale, che innova significativamente rispetto alla situazione antecedente, è stata però vanificata dalla legislazione di attuazione, ispirata dall'idea del monopolio statale sul piano delle relazioni internazionali. L'art. 6, 3° comma, della legge 5 giugno 2003 n. 131, recante *Disposizioni per l'adeguamento dell'ordinamento della Repubblica alla legge costituzionale 18 ottobre 2001, n. 3*, prevede che le Regioni possano stipulare solo accordi esecutivi rispetto ad accordi già conclusi dallo Stato, accordi di natura tecnico-amministrativa, ovvero accordi di natura programmatica e promozionale. La disposizione prevede inoltre che le Regioni non concludano accordi in proprio nome, bensì agiscano come organi dello Stato centrale, che sarebbe pertanto l'unico ente titolare dei diritti ed obblighi che derivano dall'accordo.

Se la prima parte della disposizione sembra svuotare di contenuto il potere esterno regionale, la seconda tende addirittura a negare la titolarità del potere estero in capo alle Regioni. Essa sembra invero ispirata dall'idea che le Regioni non possiedano un potere di stipulazione, dato che non sarebbero soggetti internazionali. Come si vedrà nel prossimo capitolo tuttavia, tale conclusione non sembra corretta, dato che la soggettività internazionale non è un requisito formale ma si deduce appunto dall'esercizio effettivo di poteri sul piano internazionale.

Sembra poco convincente, insomma, ricavare dal diritto internazionale una limitazione del potere estero degli enti substatali. Il diritto internazionale non esprime infatti alcuna preferenza verso un modello di Stato anziché un altro. La titolarità del potere di concludere accordi, e quindi la capacità di essere destinatario di posizioni soggettive internazionali, non deriva dalla qualifica formale di un ente, quanto piuttosto dai poteri che tale ente dimostra di possedere in via di fatto. In senso diverso, cfr. però la sentenza della Corte costituzionale 19 luglio 2004, n. 238, che sembra individuare nel diritto internazionale il fondamento della limitazione del potere regionale di stipulazione dei trattati.

4. *Le conseguenze sul piano internazionale della violazione della procedura interna sulla formazione dei trattati*

Conviene vedere ora in quali casi le irregolarità del procedimento interno di formazione dei trattati possano comportare effetti sul piano internazionale.

Conviene previamente distinguere fra l'invalidità di un trattato concluso in difformità rispetto alle procedure costituzionali interne e l'inesistenza di esso. L'invalidità di un trattato per violazione della normativa interna sulla competenza a stipulare consegue alla circostanza che l'accordo invalido sia nondimeno imputabile ad un certo Stato. Occorre cioè che l'attività degli organi interni che hanno concluso il trattato al di fuori delle proprie competenze vada comunque attribuita allo Stato. Possono esservi invece dei casi in cui non si può neanche parlare di invalidità di un trattato, in quanto la condotta dei soggetti che hanno provveduto alla conclusione del trattato stesso non è neanche imputabile allo Stato. Allorché lo straripamento di competenza di un organo statale sia grave e manifesta, al punto tale da non poter neanche imputare allo Stato la conclusione di un trattato, questo non è invalido ma addirittura inesistente.

La questione della validità di un trattato per violazione delle norme interne sulla competenza a stipulare è assai antica e concerne un profilo delicato dei rapporti fra diritto internazionale e diritto interno.

Le varie ricostruzioni, in questa materia, possono essere ordinate essenzialmente sulla base di due schemi fondamentali: lo schema costituzionalista e lo schema internazionalista.

Il primo tende a dar rilievo alla normativa interna, alla quale il diritto internazionale farebbe rinvio, al fine di determinare gli organi e le procedure interne per la conclusione dei trattati. Questa ricostruzione fa quindi dipendere la validità internazionale del trattato dalla validità interna degli atti che hanno portato alla sua conclusione. Un trattato sarà quindi invalido allorché il procedimento seguito per la sua conclusione non sia conforme a quello prescritto dalla Costituzionale statale. Questa ricostruzione ha il vantaggio di far corrispondere i profili interni e quelli internazionali di validità di un trattato, a costo tuttavia di una perdita di autonomia dell'ordinamento internazionale, il quale si rimette completamente alla valutazione data dall'ordinamento interno dello Stato interessato.

In una diversa prospettiva, di carattere internazionalista, solo la violazione delle procedure di formazione stabilita dall'ordinamento internazionale, e non di quelle previste dall'ordinamento interno di uno Stato, potrebbe causare l'invalidità del trattato. I sostenitori di questa prospettiva tendono a dare rilievo ad antiche regole che individuavano nell'esecutivo l'organo dotato di un generale potere di vincolare lo Stato sul piano internazionale (il c.d. *ius repraesentationis omnimodae*). Non sarebbero quindi invalidi gli accordi stipulati dall'esecutivo, pur in difformità rispetto a procedure costituzionali interne. Questa prospettiva ha indubbiamente il vantaggio di eliminare le complessità riconnesse all'esigenza di ricostruire la procedura di conclusione nell'ambito di ciascun ordinamento statale. Evitando il rinvio al diritto interno, tale prospettiva tende quindi ad accentuare il carattere di autonomia dell'ordinamento internazionale. Si tratta però di una soluzione inadeguata a dar ragione delle elaborate strutture organizzative nelle quali si articolano gli Stati moderni. Essa inoltre darebbe rilievo esclusivo ad un aspetto formale, indipendentemente dall'assetto dei poteri effettivamente vigente in un dato ordinamento.

L'art. 7, par. 2, della Convenzione di Vienna individua bensì taluni organi statali come abilitati di per sé ad operare sul piano internazionale senza bisogno di esibire i propri poteri. Tali sono i Capi di Stato e di Governo e i Ministri degli affari esteri, nonché i capi delle missioni diplomatiche, per la conclusione di trattati con lo Stato presso il quale la missione è accreditata, nonché i rappresentanti presso conferenze o organizzazioni internazionali, per i trattati adottati nel seno della conferenza o dell'organizzazione presso la quale essi sono accreditati. Questa regola tuttavia ha una portata espressamente limitata al processo negoziale e non può essere interpretata nel senso che essa indica i soggetti abilitati a impegnare lo Stato, in deroga all'assetto di competenze stabilite sul piano interno. In senso diverso però, si veda la sentenza della Corte internazionale di giustizia resa nel *caso della frontiera terrestre e marittima tra il Camerun e la Nigeria (Camerun c. Nigeria)*, del 10 ottobre 2002, che ha considerato valido un trattato concluso dal Capo dello Stato, in violazione delle norme costituzionali sulla competenza a stipulare, sul presupposto che esso appartiene, alla stregua dell'art. 7, par. 2, della Convenzione di Vienna, al gruppo di persone abilitate a rappresentare lo Stato senza esibire i pieni poteri. Sembra di poter dedurre dalla sentenza che l'art. 7, par. 2, non stabilirebbe una regola internazionale sulla competenza a stipulare. La disposizione stabilirebbe però una sorta di presunzione relativa alla capacità del gruppo di persone menzionate a concludere accordi, a meno che l'altra parte non sia stata debitamente informata delle limitazioni costituzionali dei loro poteri. In assenza di tale speciale informazione, quindi, la violazione della procedura costituzionale non sarebbe manifesta e sarebbe quindi non opponibile ai terzi in virtù dell'art. 46 della Convenzione (v. *infra*).

La soluzione adottata dalla Corte non appare però davvero convincente. La questione della validità dei trattati conclusi in violazione delle norme interne sulla competenza a stipulare è disciplinata dall'art. 46 della Convenzione, il quale, come si vedrà subito, tende a rinvenire un equilibrio fra le due opposte concezioni – quella internazionalista e quella costituzionalista – e, a tal fine, stabilisce una presunzione a favore della validità dei trattati, a meno che la violazione non abbia carattere fondamentale e non sia manifesta. L'esistenza di una ulteriore presunzione, a favore del carattere non manifesto della violazione di un trattato concluso dagli organi titolari del potere estero, priverebbe quindi di equilibrio la soluzione adottata dall'art. 46 e segnerebbe, nei fatti, un ritorno alle antiche dottrine che riconoscevano all'esecutivo il potere assoluto di stipulare trattati.

La Convenzione di Vienna ha adottato una soluzione divergente da ambedue le prospettive delineate sopra. Secondo l'art. 46, par. 1, la circostanza che un trattato sia stato concluso da uno Stato in violazione delle proprie norme interne sulla competenza a stipulare non dà luogo ad invalidità del trattato a meno che la violazione non sia manifesta e non concerna una norma di diritto interno di importanza fondamentale. L'art. 46 indica quindi che solo una violazione evidente di regole interne di carattere fondamentale potrà dar luogo ad invalidità del trattato.

Il par. 2 dell'art. 46 precisa peraltro che una violazione è manifesta se obiettivamente evidente per qualsiasi altro Stato che si comporti secondo la pratica abituale e in buona fede. Questa precisazione tende a limitare la possibilità per uno Stato di invocare il proprio diritto interno per sottrarsi agli obblighi derivanti da un trattato. Affinché la violazione di una norma interna origini l'invalidità del trattato non è sufficiente che si tratti di una norma importante, ma occorre altresì che la violazione sia conoscibile dalle altre parti secondo un criterio di normale "diligenza".

Il complesso sistema della Convenzione di Vienna non sembra corrispondere integralmente al diritto consuetudinario. La prassi internazionale sembra infatti dar rilievo non tanto all'assetto dei poteri formali che emerge dalla lettura di un testo costituzionale, quanto piuttosto all'assetto dei poteri effettivamente vigenti in uno Stato in un dato momento storico. La prassi conferma quindi che un trattato concluso da uno Stato secondo un procedimento difforme da quanto previsto formalmente dall'ordinamento, ma conforme alla Costituzione effettiva, non è infatti considerato invalido.

Due noti casi della prassi riguardano gli effetti vincolanti derivanti da dichiarazioni unilaterali. Nella sentenza relativa allo *status giuridico della Groenlandia orientale*, del 5 aprile 1933, la Corte permanente di giustizia internazionale ha dato rilievo ad una dichiarazione che il Ministro degli esteri della Norvegia, Ihlen, rese di fronte al Parlamento senza l'osservanza delle regole costituzionali sulla competenza ad impegnare lo Stato. Con tale dichiarazione il Ministro dichiarò che il proprio Paese non si sarebbe opposto alla pretesa di sovranità danese su una parte della Groenlandia orientale. Più recentemente, nella sentenza resa nel *caso degli esperimenti nucleari (Nuova Zelanda c. Francia)*, del 20 dicembre 1974, la Corte internazionale di giustizia ha dato rilievo a dichiarazioni pubbliche rese da alte cariche dello Stato francese, e in particolare dal Presidente della Repubblica, al fine di ricostruire un impegno unilaterale della Francia a cessare esperimenti nucleari nell'atollo di Mururoa, in Polinesia. Ad un principio analogo si è ispirata la sentenza arbitrale del 1989 nel *caso della determinazione della frontiera marittima tra la Guinea Bissau e il Senegal*, del 31 luglio 1989. La Corte ha considerato valido un trattato stipulato dal Portogallo, all'epoca potenza coloniale che occupava il territorio della Guinea, e precisamente stipulato dall'effettivo governo dittatoriale portoghese, in difformità dalle norme costituzionali. Di analoga ispirazione la sentenza arbitrale del 26 giugno 1998, resa nel caso *Contratto di prestito tra Italia e Costa Rica (controversia concernente un recupero di crediti)*, secondo la quale un trattato concluso da un soggetto sprovvisto del potere necessario, sulla base delle norme costituzionali, non può considerarsi invalido se le restrizioni al potere del rappresentante dello Stato non siano state notificate agli altri Stati parte del trattato precedentemente alla manifestazione del consenso. Sotto un altro profilo, la Corte internazionale di giustizia nella sentenza relativa alle *Controversie territoriali e marittime (Nicaragua c. Colombia)*, del 13 dicembre 2007, ha considerato che l'acquiescenza ad un trattato concluso in violazione delle norme costituzionali preclude allo Stato la possibilità di invocarne successivamente l'invalidità.

La soluzione che si è affermata nella prassi, consistente nel far prevalere la Costituzione effettiva rispetto a quella formale, può apparire singolare in una prospettiva giuridica interna. Essa tuttavia appare pienamente in sintonia con il modo di essere del diritto internazionale, che non ha certo lo scopo di imporre dall'esterno il rispetto dell'ordinamento formale di un determinato Stato in presenza di un dato effettivo divergente da esso. L'invalidità di un trattato non conseguirebbe quindi alla constatazione di una divergenza fra il procedimento seguito in occasione della sua conclusione e una disposizione, pur importante, della Costituzione. Occorre invece accertare se, nella prassi istituzionale dello Stato in questione, quella data disposizione è effettivamente osservata nella prassi e disciplina effettivamente l'assetto delle competenze interne.

Un esempio viene proprio dal procedimento costituzionale italiano. Non vi è dubbio che l'art. 80 Cost., che impone la previa autorizzazione del Parlamento alla ratifica di determinate categorie di trattati, costituisce una disposizione di importanza fondamentale nell'assetto formale descritto dalla Costituzione repubblicana. Se si seguisse il criterio enunciato dalla Convenzione di Vienna quindi, la violazione dell'art. 80 Cost. in occasione della conclusione di un trattato potrebbe costituire un motivo per invocare l'invalidità del trattato sul piano internazionale. A diverse conclusioni occorrerebbe invece pervenire qualora si seguisse il criterio dell'assetto effettivo dell'ordinamento che si è affermato nella prassi. Non sembra proprio infatti che in occasioni di passate, nonché diffuse, violazioni dell'art. 80 Cost. il Parlamento abbia mai fatto valere le proprie prerogative. Come si è visto anzi, esso è addirittura intervenuto con propri provvedimenti che sembrano prestare acquiescenza alla violazione. Se ne dovrebbe allora trarre la conclusione che le prerogative parlamentari non contribuiscono a definire l'assetto effettivo dei poteri nell'ambito del procedimento di conclusione dei trattati. Difficilmente quindi l'Italia potrebbe far valere l'invalidità di un trattato per violazione dell'art. 80 Cost.

Sezione II

GLI EFFETTI DEI TRATTATI RISPETTO A STATI TERZI

1. *Il principio* "pacta tertiis neque nocent neque prosunt"

Nella classica concezione consensualista non vi è molto spazio per ricostruire effetti dei trattati rispetto a Stati che non ne sono parti. A tale concezione è ispirato l'art. 34 della Convenzione di Vienna, il quale stabilisce che i trattati non producono diritti né obblighi per Stati terzi senza il loro consenso. È diffusa l'opinione che tale regola corrisponda al diritto generale.

In una recente sentenza (*Firma Brita GmbH c. Hauptzollamt Hamburg-Hafen*, causa C-386/08, sentenza del 25 febbraio 2010) la Corte di giustizia dell'Unione europea ha affermato che il principio di diritto internazionale generale «*pacta tertiis nec nocent nec prosunt* (è) codificato all'art. 34 della Convenzione di Vienna» (par. 52 della sentenza). In questo caso, peraltro, la Corte ha fatto un uso singolare del principio. Questo è stato utilizzato al fine di interpretare una disposizione dell'accordo di associazione fra l'Unione europea e Israele in maniera da evitare un conflitto con una disposizione dal tenore analogo contenuta nell'accordo di associazione fra l'Unione e l'Organizzazione per la liberazione della Palestina.

Questa regola non impedisce certamente alle parti di includere in un trattato disposizioni che accordino benefici a favore di Stati terzi ovvero che impongano loro dei gravami. In tali casi, però, la condotta di Stati terzi costituirà solo una fattispecie materiale rispetto ai diritti o agli obblighi contenuti nel trattato, dei quali sono titolari esclusivamente le parti del trattato. Solo le parti, quindi, potranno richiederne l'adempimento ed esercitare le prerogative connesse alla titolarità di una posizione soggettiva.

Così, ad esempio, un trattato che afferma un diritto di passaggio attraverso uno stretto a favore di navi di uno Stato terzo non stabilisce affatto un diritto a favore di tale Stato. Il diritto e l'obbligo corrispondente incombono invece sulle parti del trattato. Nessuna posizione soggettiva si creerà, almeno apparentemente, nei confronti dello Stato terzo, il quale sarà mero beneficiario della disposizione convenzionale la cui applicazione andrà a suo vantaggio.

La situazione è analoga da definire per quanto riguarda trattati che impongono obblighi. Tale sarebbe, ad esempio, un trattato che imponga a tutti gli Stati della comunità internazionale, inclusi Stati non parte, l'obbligo di non sfruttare determinate risorse biologiche dell'alto mare. In tali casi, infatti, la condotta dello Stato terzo in conformità all'obbligo previsto dal trattato è oggetto di una promessa scambiata fra le parti del trattato. Ciascuna delle parti dovrà quindi assicurare nei confronti delle altre che lo Stato terzo tenga un comportamento conforme a quanto stabilito dal trattato.

Non è raro che un accordo stabilisca posizioni di vantaggio a favore di Stati terzi o addirittura di tutti gli Stati della comunità internazionale. Fra i casi più noti, vi sono quelli riguardanti accordi sulla navigazione in vie d'acqua internazionali (un esempio è la Convenzione di Montreux sul regime degli stretti turchi del 20 luglio 1936, con la quale «le Alte Parti contraenti riconoscono ed affermano il principio della libertà di transito e di navigazione marittima negli Stretti»).

Non sono infrequenti accordi che impongono a Stati terzi di tenere certi tipi di condotte. Un esempio è dato dai trattati che impongono a Stati terzi obblighi in tema di sfruttamento di risorse biologiche e minerarie dell'alto mare (v., spec., Parte XI della Convenzione delle Nazioni Unite sul diritto del mare che disciplina il regime giuridico della Zona internazionale dei fondi marini e delle sue risorse) o obblighi in tema di tutela dell'ambiente (v. art. 5, par. 4, della Convenzione MARPOL 73/78). Non rientrano invece nella categoria di accordi che impongono obblighi a Stati terzi gli accordi con i quali gli Stati parte si impegnano reciprocamente a tenere una certa condotta nei confronti di cittadini stranieri o di navi battenti bandiera di uno Stato terzo. In questo caso, infatti, allo Stato terzo non è posto alcun gravame (v. ad esempio, l'art. 5, par. 4, della Convenzione di Londra del 1973 sulla prevenzione dell'inquinamento causato da navi).

2. *Gli articoli 35, 36 e 37 della Convenzione di Vienna*

Un trattato può certamente produrre effetti nei confronti di uno Stato che non ne sia parte allorché questo presti il proprio consenso, accetti cioè che le parti di un trattato gli conferiscano diritti e obblighi. Il consenso dello Stato terzo potrebbe essere costruito come elemento di una fattispecie contrattuale complessa, consistente nell'offerta ad opera delle parti e nell'accettazione dello Stato terzo. Il consenso del terzo perfezionerebbe quindi un accordo fra le parti del trattato originario e lo Stato terzo, limitatamente alle posizioni soggettive che si indirizzano a quest'ultimo.

Questa è la soluzione accolta dalla Convenzione di Vienna agli articoli 35 e 36. La Convenzione traccia invero una distinzione fra l'espressione del consenso ad assumere un obbligo, che dovrà essere formulata in forma scritta, e quella necessaria per assumere un diritto, per la quale stabilisce invece una presunzione.

Questa distinzione sembra presupporre una netta distinzione fra diritti conferiti ad uno Stato terzo ed obblighi imposti ad esso. Nella prassi, comunque, ciò accade raramente. È più frequente invece che diritti ed obblighi siano fra loro collegati. Nel conferire, ad esempio, ad uno Stato terzo un diritto di passaggio in una via d'acqua internazionale, gli Stati rivieraschi tendono altresì ad imporre determinate condizioni alle quali dovranno attenersi le navi che esercitano il diritto. In questi casi, si può ritenere che l'accettazione del diritto comporti automaticamente anche l'accettazione degli obblighi che vi sono correlati e, in particolare, delle condizioni relative all'esercizio del diritto.

In corrispondenza al diverso regime di accettazione, la Convenzione di Vienna stabilisce anche un diverso regime di revocabilità, rispettivamente dei diritti conferiti a Stati terzi e degli obblighi ad essi imposti. L'accettazione di un obbligo da parte dello Stato terzo impedisce che le parti originarie del trattato possano revocarlo. La presunzione dell'accettazione del diritto non esclude invece la possibilità di revoca ad opera delle parti, a meno che esse non ne abbiano pattuito l'irrevocabilità.

Conviene notare che il regime generale descritto finora opera solo qualora un trattato intenda produrre effetti nei confronti di Stati terzi. Esso non trova invece applicazione rispetto a trattati che intendano produrre effetti a favore di individui. È pacifico infatti che il consenso da parte di individui non è necessario affinché un trattato produca diritti ed obblighi nei loro confronti. Nella concezione tradizionale, infatti, gli individui non erano considerati come titolari di posizioni soggettive, ma semplici destinatari materiali di effetti vantaggiosi o svantaggiosi prodotti da trattati, i quali piuttosto stabilivano diritti ed obblighi unicamente fra gli Stati parte. Pur se il rigore della concezione tradizionale si è molto affievolito e si tende oggi ad ammettere sempre più largamente che gli individui siano titolari di diritti ed obblighi derivanti dal diritto internazionale, la necessità di un loro consenso affinché tali diritti o obblighi sorgano nei loro confronti non è mai stata seriamente considerata.

Non mancano peraltro delle linee di tendenza in questa direzione. Ad esempio, nella sentenza *LaGrand (Germania c. Stati Uniti)*, del 27 giugno 2001, la Corte internazionale di giustizia ha considerato, fra gli altri elementi, il potere di un individuo di opporsi all'assistenza consolare, disposto in suo favore dall'art. 36 della Convenzione di Vienna del 1962 sull'assistenza consolare, come elemento dal quale dedurre il carattere individuale del diritto all'assistenza consolare stabilito dal trattato (par. 77).

La possibilità degli individui di rinunciare ad un diritto non dovrebbe invece essere consentita per i diritti fondamentali, che costituiscono, come meglio si vedrà, delle norme che non sono dettate esclusivamente nell'interesse degli individui ai quali sono concesse, ma corrispondono ad un interesse generale dell'ordinamento. In questo ordine di idee, quindi, dato che il diritto all'assistenza consolare è rinunciabile da parte dell'individuo, esso non dovrebbe costituire un diritto fondamentale dell'uomo. La questione della natura del diritto all'assistenza consolare è stata invero sollevata dal Messico nella sentenza relativa al caso *Avena ed altri nazionali messicani (Messico c. Stati Uniti)*, del 31 marzo 2004. La Corte internazionale di giustizia non l'ha tuttavia risolta, ritenendo che essa non fosse necessaria per la soluzione della controversia.

3. *Effetti di trattati rispetto a Stati terzi e situazioni obiettive*

Le regole di un trattato non producono dunque di per sé effetti nei confronti di terzi in virtù della limitata portata soggettiva dei trattati, fonti di diritto particolare. È tuttavia ben possibile che le regole formulate da un trattato abbiano portata più ampia e vincolino quindi Stati terzi rispetto al trattato, in quanto corrispondenti al diritto generale. Questa ipotesi è prevista dalla Convenzione di Vienna, all'art. 38, il quale prevede espressamente che una regola convenzionale possa spiegare effetti nei confronti di Stati terzi qualora tale regola abbia anche natura consuetudinaria.

La formulazione assai generale dell'art. 38 consente di ricondurvi sia l'ipotesi che gli effetti verso i terzi derivino da una regola consuetudinaria già esistente al momento della conclusione del trattato, sia l'ipotesi che essi derivino da una regola consuetudinaria che si formi sulla spinta del trattato stesso. In ambedue i casi, infatti, i terzi sono vincolati dalla posizione soggettiva ma non in virtù dello scambio di consenso fra le parti del trattato, bensì in quanto destinatari diretti della regola generale.

Il fenomeno della trasformazione di una regola convenzionale in una regola consuetudinaria non è inconsueto. Come si è visto, talune regole della Convenzione di Vienna vengono correntemente applicate nei confronti di Stati terzi a titolo di diritto consuetudinario. L'art. 38 peraltro, oltre a riferirsi in via generale a tutte le regole convenzionali che corrispondono al diritto generale, sembra specificamente diretto a disciplinare l'ipotesi, assai interessante, di accordi che strutturalmente hanno lo scopo di produrre effetti nei confronti di terzi e intendono, a tal fine, produrre un adeguamento dei comportamenti della comunità internazionale nei confronti dell'assetto normativo stabilito dal trattato.

L'esempio più comune è quello di trattati che determinano un certo assetto territoriale, come, ad esempio, un accordo sui confini. Ancorché tali accordi vincolino, in via di principio, solo gli Stati parte, non vi è dubbio che l'esercizio di sovranità territoriale che consegue alla loro applicazione finisce con l'estenderne l'efficacia *erga omnes*. Il meccanismo che consente di passare da un fascio di relazioni giuridiche reciproche fra le parti dell'accordo ad una situazione obiettiva è relativamente semplice. L'attuazione dell'accordo imprime infatti al territorio un certo *status* giuridico che, una volta stabilizzato, spiega effetti per tutti i soggetti internazionali.

Questo meccanismo è alla base dell'utilizzo dei trattati al fine di costituire situazioni giuridiche destinate a valere per altri soggetti o addirittura per tutta la comunità internazionale. In questo caso siamo assai vicini ad un singolare fenomeno di legislazione internazionale che si esprime non già con un atto istituzionale, bensì attraverso una fonte, il trattato, che non potrebbe di per sé produrre tali effetti. Teoricamente il fenomeno è assai interessante perché consente di osservare come gli Stati parte del trattato agiscano in effetti come autorità sociale. Tale pretesa avrà ovviamente successo solo nella misura in cui le regole convenzionali corrispondano alle aspettative della comunità internazionale, incontrando la loro spontanea adesione, ovvero se gli Stati parte riescano in via di fatto ad imporne l'osservanza.

È probabilmente in questo senso che alcuni giuristi del XIX secolo tracciavano una distinzione fra trattati-legge e trattati-contratto. La distinzione consisterebbe nel fatto che, attraverso il trattato-legge, le parti perseguirebbero non già interessi individuali, bensì interessi di carattere pubblicista e, a tal fine, potrebbero imporre un certo comportamento a Stati non parti che evidentemente non sarebbero vincolati giuridicamente all'osservanza del trattato, ma solo in via di fatto. In epoca moderna questa distinzione è sparita, sia perché contrastante con il principio della sovrana eguaglianza fra gli Stati, sia in quanto essa sembra apprezzabile non tanto dal punto di vista giuridico, bensì sul piano più propriamente sociologico. È difficile infatti immaginare che nei confronti dei trattati-legge possano valere regole giuridiche diverse da quelle che valgono nei confronti della generalità dei trattati. L'esempio forse più noto nella prassi del XIX secolo viene dalla vicenda della smilitarizzazione delle isole Åland, sancita con la convenzione di Parigi del 30 marzo 1856, da alcune Potenze europee e considerata vincolante anche nei confronti della Finlandia, che era subentrata quale Stato successore della Russia nella sovranità sulle isole, come norma di *jus publicum europeum*, corrispondente cioè ad un interesse collettivo dell'assetto delle Potenze in Europa (v. Società delle Nazioni, *Rapport de la Commission internationale de juristes chargée par le Conseil de la Société des Nations de donner un avis consultatif sur les aspects juridiques de la question des îles d'Aland*, in *Journal Officiel de la Société des Nations (supplément spécial n° 3)*, ottobre 1920). Lo *status* dell'arcipelago venne infine definito attraverso la conclusione di un trattato firmato il 20 ottobre 1921, con cui la Finlandia assumeva formalmente l'obbligo di non militarizzare l'arcipelago.

Pur se questo fenomeno appare in stridente contrasto con la struttura paritaria dell'ordinamento internazionale, evidenziando semmai l'ineguaglianza sostanziale degli Stati e il ruolo guida delle grandi Potenze, non mancano esempi, anche nella prassi recente, relativi soprattutto alla gestione collettiva di spazi non soggetti alla sovranità degli Stati. Il più noto è probabilmente il trattato di Washington del 1959 relativo al regime giuridico dell'Antartide. Il trattato ha sospeso le pretese di sovranità di taluni Stati sull'Antartide, ha proibito attività di carattere sovrano, quali le attività di tipo militare, ed ha stabilito un certo regime di libertà per altre attività, quali quelle di ricerca scientifica. Del trattato di Washington sono parti 50 Stati, fra cui l'Italia. Esso tuttavia è espressamente diretto a porre norme di validità generale. Sarebbe altrimenti assurdo che le parti autolimitassero le proprie pretese ma che uno Stato non parte mantenesse inalterata la propria libertà di azione.

Con successivi strumenti convenzionali si è poi determinata una regolamentazione completa delle attività degli Stati sul territorio antartico (v. il Protocollo di Madrid del 1991 sulla protezione dell'ambiente antartico, il quale stabilisce una disciplina tendenzialmente completa per la protezione dell'ecosistema antartico e proibisce espressamente, all'art. 7, attività di sfruttamento delle risorse minerarie. L'art. 13, par. 2, del Protocollo stabilisce per gli Stati parte l'obbligo di porre in essere ogni mezzo, compatibile con la Carta delle Nazioni Unite, per assicurare una generale osservanza delle proprie regole).

In termini analoghi vanno considerati anche altri strumenti convenzionali che, in vario modo, regolamentano in via generale l'esercizio di attività di interesse generale (v. ad esempio, il Trattato sui principi che governano le attività degli Stati in materia di esplorazione ed utilizzazione dello spazio extra-atmosferico, compresa la Luna e gli altri corpi celesti, del 1967, il quale stabilisce, fra l'altro, un divieto generale di utilizzo militare dello spazio extra-atmosferico).

Accordi di questo tipo tendono indubbiamente a stabilire situazioni che si impongano obiettivamente a tutti i membri della comunità internazionale. È però difficile pensare che essi possano, di per sé, stabilire una disciplina giuridica applicabile a Stati terzi. I fattori dai quali può derivare l'obbligatorietà della disciplina contenuta in tali trattati sono da rintracciare in altri elementi: l'autorevolezza degli Stati parte e la loro capacità, in via di fatto, di imporre il rispetto della disciplina convenzionale da parte dei terzi, nonché la circostanza che il regime convenzionale realizzi un equilibrio di interessi accettabile per l'intera comunità internazionale. In ambedue i casi, avremo un gruppo di Stati che operano come "legislatori di fatto" della comunità internazionale, ponendo in essere regole che intendono valere anche per Stati che non abbiano prestato il proprio consenso.

4. *Situazioni obiettive e vicende dei trattati*

Se un trattato è in grado di produrre situazioni obiettive, che si impongano cioè a Stati terzi indipendentemente dal loro consenso, il trattato dovrebbe, a maggior ragione, limitare anche la capacità degli Stati parte di sottrarsi all'osservanza di tale disciplina mediante strumenti propri del diritto dei trattati. Per connessione di materia, conviene quindi includere in questo paragrafo un accenno a quest'ultimo fenomeno che, propriamente inteso, non riguarda il problema degli effetti dei trattati rispetto a Stati terzi.

L'esistenza di situazioni obiettive istituite da trattati è stata utilizzata, ad esempio, per limitare il funzionamento di alcuni istituti del diritto dei trattati nei confronti dei trattati sui diritti dell'uomo. L'idea alla base di tali costruzioni è data dal fatto che trattati di questo tipo non hanno lo scopo di stabilire diritti ed obblighi per gli Stati parte, quanto piuttosto quello di assicurare un certo *status* giuridico in capo agli individui presenti in una data sfera territoriale.

Questa idea potrebbe giustificare una successione automatica nei diritti e negli obblighi derivanti da convenzioni sui diritti dell'uomo, che vincolerebbero quindi lo Stato che succede nel governo di una determinata comunità territoriale, pur in assenza di adesione (v. la celebre opinione individuale del giudice Weeramantry resa in relazione alla sentenza della Corte internazionale di giustizia dell'11 luglio 1996 nel caso dell'*Applicazione della Convenzione per la prevenzione e la repressione del crimine di genocidio (Bosnia-Erzegovina c. Serbia e Montenegro, Eccezioni preliminari*).

In un ordine di idee analogo, vari elementi della prassi recente tendono a negare la possibilità di denuncia o recesso dei trattati sui diritti dell'uomo. Si veda, ad esempio, il Commento generale n. 26, dell'8 dicembre 1997 del Comitato dei diritti dell'uomo, nel quale si afferma il divieto di denunciare il Patto internazionale sui diritti civili e politici del 1966. Una analoga argomentazione ha ispirato la Corte interamericana dei diritti dell'uomo la quale, nel caso *Ivcher-Bronstein (Baruch Ivcher Bronstein c. Peru*, decisione sulla competenza del 24 settembre 1999), ha negato che avesse effetti la revoca di una clausola opzionale della Convenzione interamericana sui diritti dell'uomo con la quale uno Stato aveva riconosciuto la giurisdizione della Corte stessa. Il rilievo di questo caso risiede nel fatto che lo Stato in questione non aveva revocato il proprio impegno a rispettare i diritti dell'uomo, ma intendeva solo recedere da uno degli strumenti di garanzia della Convenzione, la cui accettazione era oggetto di una semplice facoltà degli Stati parte. La prassi più recente sembra peraltro ammettere il recesso dalla Convenzione nella sua interezza. Il recesso è stato deciso ed attuato dapprima da Trinidad e Tobago, il 26 maggio 1998 e successivamente dal Venezuela, il 10 settembre 2012.

In questo senso, possono essere valorizzate anche talune recenti manifestazioni della prassi, tendenti a negare la possibilità di recedere da strumenti convenzionali di controllo di armi di distruzione di massa e, in particolare, dal trattato sulla non proliferazione nucleare del 1° luglio 1968.

Questa tendenza si è riflessa, ad esempio, nella controversia decennale che ha opposto gli Stati Uniti alla Corea del Nord in merito alla pretesa di quest'ultimo Stato di recedere dal trattato di non proliferazione. Una prima controversia, occasionata dalla pretesa di recesso da parte della Corea venne definita, nel 1993, con un accordo bilaterale con gli Stati Uniti. Nel 2006 la Corea del Nord ha nuovamente fatto valere la propria pretesa di recesso, la possibilità di recesso essendo peraltro prevista espressamente dal trattato, all'art. XIV. In questa occasione il Consiglio di sicurezza ha, con la risoluzione 1695 (2006), prospettato addirittura l'invalidità dell'atto di recesso. La vicenda sembra evidenziare l'esistenza di trattati, la cui osservanza si impone a taluni o a tutti gli Stati della comunità internazionale indipendentemente dal loro consenso, in quanto corrispondenti ad un interesse collettivo della comunità internazionale.

In questo contesto, conviene menzionare l'art. 75 della Convenzione di Vienna. La disposizione, redatta in maniera ambigua, indica la possibilità che una risoluzione del Consiglio di sicurezza possa imporre ad uno Stato aggressore, evidentemente senza il suo consenso, un trattato al fine di regolare le conseguenze dell'aggressione. L'art. 75 si pone quindi ai confini del diritto dei trattati. Esso sembra nondimeno indicare che il principio del consenso, che è alla base della disciplina del diritto dei trattati, trovi un limite nell'esercizio della funzione collettiva di mantenimento della pace assegnata alla competenza istituzionale delle Nazioni Unite.

Sezione III

LE RISERVE

SOMMARIO: 1. La nozione di riserva e il suo rilievo nella prassi internazionale. – 2. La disciplina classica. – 3. Il regime delle riserve nella Convenzione di Vienna. – 4. Gli sviluppi successivi alla Convenzione di Vienna. – 5. Le riserve ai trattati sui diritti dell'uomo.

1. *La nozione di riserva e il suo rilievo nella prassi internazionale*

Secondo l'art. 2, lett. *d*), della Convenzione di Vienna «l'espressione 'riserva' indica una dichiarazione unilaterale, quale che sia la sua articolazione e denominazione, fatta da uno Stato quando sottoscrive, ratifica, accetta o approva un trattato o vi aderisce, attraverso la quale esso mira ad escludere o modificare l'effetto giuridico di alcune disposizioni del trattato nella loro applicazione allo Stato medesimo».

L'istituto delle riserve è quindi teso a consentire ad uno Stato di aderire ad un trattato multilaterale pur non assumendo determinati obblighi ovvero modificandone la portata. Esso ha quindi lo scopo di facilitare l'adesione degli Stati ai trattati multilaterali. Attraverso l'apposizione di riserve, gli Stati possono alterare in vario modo l'integrità degli obblighi convenzionali: possono escludere o modificare l'effetto di una o più disposizioni del trattato, determinarne l'interpretazione, limitare o escludere garanzie relative alla sua attuazione, stabilire clausole di deroga e così via.

L'istituto delle riserve è non di rado utilizzato per attenuare l'effetto vincolante di un trattato. Un esempio è quello di una riserva con la quale lo Stato riservante tende a determinare il contenuto di un obbligo sulla base di quanto previsto dal proprio ordinamento interno (v., ad esempio, la riserva apposta dagli Stati Uniti al Patto delle Nazioni Unite sui diritti civili e politici del 1966, nonché quella apposta alla Convenzione delle Nazioni Unite sulla tortura del 1984, con le quali gli Stati Uniti hanno indicato di intendere la nozione di trattamento crudele, inumano o degradante nei termini in cui tale nozione è impiegata nella Costituzione degli Stati Uniti), ovvero a far dipendere il contenuto di un obbligo dalla determinazione di organi interni.

Se non vi fossero limiti al potere di apporre riserve, gli Stati potrebbero diventare solo nominalmente parti di un trattato, determinando a propria discrezione gli obblighi che intendono assumere. Ciò non sarebbe però appropriato. Nell'ambito di un trattato multilaterale vi è infatti un interesse delle altre parti ad evitare che, utilizzando in maniera discrezionale la possibilità di apporre riserve, uno Stato possa diventare parte del trattato senza assumere il nucleo fondamentale dei suoi obblighi. Il diritto internazionale ha pertanto sviluppato una serie di regole tese ad evitare le conseguenze di un uso improprio di tale strumento.

L'importanza delle riserve nelle dinamiche normative internazionali non va sottovalutata. Il crescente numero di trattati multilaterali e la disomogeneità della comunità internazionale hanno reso frequente il ricorso alle riserve, che sono utilizzate dagli Stati al fine di adattare il contenuto di un testo convenzionale alle proprie esigenze particolari. Trattati di diritto internazionale privato, ad esempio, possono prevedere la possibilità di apporre riserve a talune norme, al fine di conciliare l'esigenza di armonizzazione con quella di rispettare le tradizioni giuridiche delle parti. L'istituto delle riserve ha anche un rilievo pratico assai pronunciato. Al fine di ricostruire il contenuto di un obbligo convenzionale, infatti, l'operatore giuridico dovrà tener conto degli effetti prodotti dalle riserve, nonché delle accettazioni o delle obiezioni delle altre parti. L'operatore giuridico italiano, che si fosse interrogato sull'applicabilità della Convenzione sulla legge applicabile alle obbligazioni contrattuali, fatta a Roma il 19 giugno 1980, al fine di determinare gli effetti di un contratto invalido, avrebbe dovuto considerare la riserva apposta da alcuni Stati, fra i quali l'Italia, all'art. 5 della Convenzione.

Non sorprende quindi il fatto che, nonostante la sua complessità tecnica, il tema delle riserve continui ad attirare l'attenzione della dottrina. La Commissione del diritto internazionale, che si era occupata di questo tema nell'ambito dei lavori di codificazione sul diritto dei trattati, ha deciso, nel 1993, di farne oggetto di specifica attenzione ed ha quindi nominato nel 1994, come Relatore Speciale, Alain Pellet. Il Relatore speciale ha presentato diciassette rapporti. Su sua proposta, la Commissione ha quindi deciso che i risultati dei lavori di codificazione avrebbero preso la forma di una serie di direttive non aventi valore vincolante, approvando progressivamente, nelle varie sessioni di lavoro, un certo numero di disposizioni relative alla definizione di riserve, alla procedura per la loro apposizione nonché per l'accettazione e l'obiezione, alla validità delle riserve, ai loro effetti giuridici, nonché alla sorte delle riserve in caso di successione degli Stati. Nel 2011 la Commissione ha definitivamente approvato la *Guida alla pratica sulle riserve* e il commentario (doc. A/66/10, in *Yearbook of the International Law Commission,* 2011, vol. II, 2).

Diverse dalle riserve sono invece le dichiarazioni interpretative, allegate alla firma o alla ratifica di un trattato, con le quali una delle parti di un trattato chiarisce l'interpretazione che, a proprio avviso, va data ad una certa disposizione. Le dichiarazioni interpretative non producono l'effetto di rendere vincolante l'interpretazione suggerita e, di conseguenza, non richiedono accettazione ad opera di altre parti, ma si limitano a chiarire l'indirizzo interpretativo che sarà seguito dalla parte che le appone.

A differenza delle riserve, quindi, le dichiarazioni interpretative non hanno alcun effetto vincolante sul piano internazionale. Esse, di conseguenza, non dovrebbero avere alcun effetto nell'ordinamento interno. I giudici interni rimarrebbero allora del tutto liberi di interpretare il trattato sulla base di propri orientamenti interpretativi. Una conclusione diversa si può trarre solo dagli ordinamenti nei quali l'interpretazione dei trattati da parte dell'esecutivo vincola gli organi giudiziari interni. Di fatto peraltro, anche in ordinamenti caratterizzati dall'autonomia della funzione giudiziale rispetto a quella esecutiva, i giudici tendono a dare un certo rilievo alle dichiarazioni interpretative. Questa tendenza è ben illustrata dalle dichiarazioni interpretative apposte dagli Stati Uniti a taluni accordi sui diritti dell'uomo e, in particolare, al Patto delle Nazioni Unite sui diritti civili e politici del 1966, tendenti ad escludere che il Patto potesse essere applicato direttamente nell'ordinamento interno degli Stati Uniti. Nella sentenza *Sosa v. Alvarez-Machain et al.*, 542 U.S. 692 (2004), del 29 giugno 2004, la Corte suprema statunitense ha richiamato tali dichiarazioni al fine di negare la possibilità di applicare internamente l'art. 9 del Patto che proibisce l'arresto arbitrario. La conclusione della Corte suprema non appare peraltro convincente. Il Patto non pone infatti agli Stati parte l'obbligo di applicarlo direttamente nel proprio ordinamento interno, ma si limita ad imporre l'obbligo a tenere condotte conformi ai diritti individuali che esso garantisce. L'applicazione interna del Patto nell'ordinamento statunitense dipende invece dalla scelta della Costituzione degli Stati Uniti di garantire automaticamente efficacia interna ai trattati internazionali (v. *infra*, parte VI). In assenza di un obbligo ad applicare direttamente il Patto sui diritti civili e politici nell'ordinamento interno, anche una eventuale riserva degli Stati Uniti sarebbe a rigore priva di effetti. A maggior ragione, quindi, dovrebbe risultare priva di effetti una dichiarazione interpretativa, che non ha la capacità di alterare il contenuto di alcun obbligo.

Anche alla luce degli esempi sopra riportati si può apprezzare l'importanza crescente delle riserve nell'ambito delle relazioni giuridiche internazionali. Il regime giuridico delle riserve è soggetto ad un processo di evoluzione nel quale si avverte la tensione fra due esigenze di ordine opposto: da un lato, il riconoscimento di una ampia libertà agli Stati in materia di riserve, a costo di una frammentazione del sistema normativo degli accordi multilaterali; d'altro lato, l'esigenza di salvaguardare l'unità di tale sistema limitando, in vario modo, la libertà degli Stati di apporre riserve. La ricerca di un bilanciamento fra queste due esigenze ha quindi contrassegnato l'evoluzione dell'istituto, dalla nozione classica ai suoi più moderni sviluppi.

2. *La disciplina classica*

La disciplina classica tendeva a limitare in maniera assai rigida la possibilità di apporre riserve a disposizioni di un trattato multilaterale. A tal fine era infatti necessario il consenso di tutte le parti, manifestato nel trattato medesimo. Una riserva ad opera di uno Stato avrebbe quindi prodotto effetti uniformi nei confronti di tutte le altre parti del trattato.

Questo regime, improntato all'esigenza di mantenere l'uniformità della disciplina convenzionale nei confronti degli Stati parte, mutava sensibilmente nel dopoguerra. Un'importanza cruciale, nell'avviare il processo di revisione, ha infatti assunto il parere del 28 maggio 1951 della Corte internazionale di giustizia relativo alle riserve alla Convenzione sul genocidio del 1948.

La Convenzione sul genocidio del 1948 è la prima convenzione di carattere universale sui diritti dell'uomo promossa dalle Nazioni Unite. Questa circostanza spiega bene le esitazioni relative all'opportunità di mantenere un criterio restrittivo quanto alla possibilità di apporre riserve. Come si è detto, infatti, tale criterio risponde all'esigenza, particolarmente sentita nel diritto classico, di preservare l'integralità del regime giuridico di un trattato nei confronti delle parti. D'altra parte però, in senso opposto, vi era l'esigenza di incoraggiare gli Stati ad aderire ai nuovi strumenti convenzionali di carattere universale. Vari Stati, appartenenti soprattutto al blocco socialista, intendevano aderire alla Convenzione, apponendo però una riserva all'art. IX, il quale prevede la competenza della Corte internazionale di giustizia a definire controversie fra Stati relative all'interpretazione e all'applicazione della Convenzione stessa. L'Assemblea generale poneva quindi alla Corte la questione della ammissibilità di riserve non espressamente previste dal testo del trattato.

Il parere della Corte si fonda su un bilanciamento fra le tradizionali esigenze di integralità del trattato, alla base del diritto classico, e la vocazione universale che si esprimeva nella Convenzione sul genocidio, che prefigurava la composizione che avrebbe assunto di lì a poco la comunità internazionale.

Secondo il parere, una riserva sarebbe ammissibile, pur se non espressamente prevista dal trattato, qualora compatibile con l'oggetto e con lo scopo di esso. Il parere stabiliva quindi un regime liberale quanto al potere di apporre riserve, temperato tuttavia dal divieto di apposizione di riserve incompatibili con l'oggetto e lo scopo del trattato. Con ciò, la Corte ha quindi voluto evitare che uno Stato possa aderire ad un trattato pur astenendosi dall'assumere obblighi che ne rappresentano la ragione d'essere.

L'applicazione di un criterio di carattere oggettivo, quale la compatibilità con l'oggetto e lo scopo del trattato, si scontra però con l'assenza, in via generale, di strumenti obiettivi di accertamento del diritto nei rapporti giuridici internazionali.

In assenza di tali strumenti, la Corte ha quindi prospettato un'interessante utilizzazione dei meccanismi decentralizzati di accertamento del diritto, tipici dell'ordinamento internazionale. Secondo il parere, in presenza di una riserva non espressamente prevista dal testo, l'ammissibilità di una riserva andrebbe accertata in via unilaterale da ciascuna delle altre parti del trattato. In altre parole, ciascuna delle altre parti avrebbe il potere di accettare la riserva ovvero di obiettare. In conseguenza dell'accettazione, il trattato entra in vigore nei rapporti fra lo Stato che ha apposto la riserva e quello che l'ha accettata, nei limiti e con le condizioni previste dalla riserva. L'obiezione ad una riserva avrebbe invece l'effetto, assai radicale, di impedire il sorgere di rapporti convenzionali fra lo Stato autore della riserva e lo Stato che ha obiettato. In un meccanismo di questo tipo, quindi, l'ammissibilità di una riserva è oggetto di un accertamento condotto, su base bilaterale, fra lo Stato autore e ciascuno degli altri Stati parte del trattato.

Non è del tutto chiaro, nel parere del 1951, se uno Stato possa obiettare ad una riserva solo in quanto questa sia incompatibile con l'oggetto o con lo scopo del trattato. In taluni passaggi del parere sembra che la Corte consideri che la compatibilità con l'oggetto e lo scopo del trattato limiti simmetricamente il potere di apporre riserve e il potere di obiettarvi (cfr. spec. p. 26). In altri, la Corte sembra ammettere che l'obiezione possa essere formulata indipendentemente dalla compatibilità della riserva con l'oggetto e con lo scopo e che, nonostante ciò, lo Stato riservante diventi parte del trattato con l'eccezione della disposizione coperta dalla riserva (v. p. 27).

3. *Il regime delle riserve nella Convenzione di Vienna*

La Convenzione di Vienna ha recepito in gran parte il regime giuridico che emerge dal parere del 1951, provvedendo tuttavia a liberalizzare ulteriormente la possibilità di apporre riserve o di obiettarvi.

L'art. 19 della Convenzione ammette l'apposizione di riserve previste dal testo ovvero di quelle compatibili con l'oggetto e con lo scopo del trattato. L'art. 20, par. 4, della Convenzione, recepisce il meccanismo bilaterale di valutazione dell'ammissibilità di una riserva, fondato sull'accettazione ovvero sulla obiezione ad opera di ciascuna delle parti. Il par. 5 prevede tuttavia che l'accettazione possa essere tacita e che vada desunta dalla mancanza di obiezione nel periodo di 12 mesi successivi alla data di notifica della riserva ovvero alla data di conclusione del trattato ad opera di tale parte, se successivo.

Anche gli effetti delle riserve sono definiti dalla Convenzione di Vienna in maniera particolarmente liberale. L'accettazione di una riserva ha l'effetto di consentire l'instaurazione di rapporti contrattuali fra lo Stato che l'ha apposta e lo Stato che l'ha accettata, nel contenuto indicato dalla riserva stessa.

Di converso, l'obiezione non ha, ai sensi dell'art. 20, par. 4, lett. *b*), l'effetto di impedire l'entrata in vigore di rapporti contrattuali fra le due parti, a meno che tale intenzione non sia espressamente indicata dallo Stato obiettante. Occorre quindi, a tal fine, una obiezione qualificata. Ai sensi del successivo art. 21, par. 3, una obiezione che non contenga tale qualificazione consente invece l'entrata in vigore del trattato nei rapporti fra lo Stato che ha apposto la riserva e quello che vi ha obiettato, ma da esso andrà espunta la disposizione alla quale si riferisce la riserva.

Evidentemente, occorre che almeno uno degli Stati parte accetti la riserva affinché lo Stato riservante assuma la qualità di parte del Trattato. Il trattato produrrà effetti, in tal caso, sia fra lo Stato riservante e quelli che hanno accettato la riserva, sia fra lo Stato riservante e quelli che abbiano opposto una obiezione non qualificata.

A parte questo tipo di effetto, non è chiaro quale sia la differenza fra l'accettazione della riserva e l'obiezione non qualificata. In molti casi, infatti, gli effetti delle obiezioni non qualificate finiranno quindi con il coincidere con quelli dell'accettazione. Una differenza, molto sottile invero, si può cogliere rispetto a riserve miranti ad alterare, ma non ad escludere, gli effetti giuridici di una disposizione del trattato, come, ad esempio, le riserve interpretative. In questo caso, l'accettazione ha infatti l'effetto di accogliere, evidentemente solo nei rapporti fra lo Stato riservante e quello che accetta la riserva, l'interpretazione voluta dallo Stato autore. Una obiezione, che non miri ad impedire il sorgere di rapporti contrattuali avrà invece l'effetto di escludere l'applicazione della disposizione alla quale la riserva si riferisce nei rapporti fra lo Stato riservante e quello che ha formulato l'obiezione.

Non si tratta di una soluzione molto ragionevole. Si faccia l'esempio di una riserva mirante a mitigare gli effetti pregiudizievoli di una certa disposizione del trattato nei confronti dello Stato riservante. Le altre parti del trattato si troverebbero in una situazione assai singolare. L'accettazione della riserva avrebbe l'effetto di consentire l'interpretazione favorevole allo Stato riservante. Una obiezione semplice avrebbe un effetto ancor più favorevole per lo Stato autore della riserva in quanto escluderebbe del tutto l'applicazione a tale Stato della disposizione sgradita. In sostanza, attraverso un attento uso del regime giuridico previsto dalla Convenzione di Vienna, uno Stato potrebbe alterare a proprio vantaggio l'equilibrio normativo di un trattato. Agli altri Stati rimarrebbe come unico, ma assai radicale, rimedio quello di formulare una obiezione avente l'effetto di escludere del tutto i rapporti contrattuali con lo Stato autore della riserva.

Il regime delle riserve che emerge dalla Convenzione di Vienna non appare quindi del tutto coerente. Innanzitutto l'esasperato bilateralismo sul quale esso si fonda può funzionare in maniera adeguata solo in presenza di obblighi il cui contenuto risulti scomponibile su base reciproca. Non sempre però gli obblighi di un trattato hanno questa struttura. A volte essi hanno invece struttura obiettiva, nel senso che impongono a ciascuno Stato un comportamento identico nei confronti di ciascuna delle altre parti. In questo caso, il meccanismo di accettazione o obiezione ad una riserva incontra evidenti limiti di funzionamento. Lo Stato che accetta una riserva ovvero vi obietta, pur se non è tenuto a un certo comportamento nei confronti dello Stato autore della riserva, è nondimeno tenuto all'identico comportamento nei confronti di tutti gli altri Stati parte.

Un esempio è quello della riserva fatta dallo Stato A ad una disposizione convenzionale che impone di avere una certa norma nel proprio ordinamento. Lo Stato B che accetti tale riserva non sarà tenuto verso lo Stato A ad avere quella norma nel proprio ordinamento, ma sarà nondimeno tenuto verso tutti gli altri Stati parte. In sostanza, nei confronti di obblighi di questo tipo, il regime accolto dalla Convenzione di Vienna finisce con l'assicurare allo Stato autore di una riserva la possibilità di determinare unilateralmente il contenuto dei propri obblighi. L'unica forma di reazione efficace sarebbe la decisione di non entrare in rapporti convenzionali con lo Stato autore della riserva. Per essere efficace, però, questa reazione dovrebbe provenire da tutte le parti del trattato.

In secondo luogo, la Convenzione di Vienna non chiarisce se il regime fondato sulla accettazione o sulla obiezione unilaterale alle riserve sia anche esclusivo ovvero se uno Stato possa rilevare l'inammissibilità di una riserva attraverso altri strumenti e, in particolare, nell'ambito di meccanismi di tipo giurisdizionale. La soluzione dell'esclusività del regime stabilito dalla Convenzione di Vienna non sarebbe molto ragionevole. In particolare, non si vede perché uno Stato che non abbia reagito ad una riserva non sia poi abilitato a far valere l'inammissibilità della riserva e a sollevare quindi una controversia con lo Stato autore.

In terzo luogo, il regime della Convenzione non chiarisce la sorte di riserve inammissibili, le quali però vengano accettate da talune delle parti. Sarebbe irragionevole che una riserva inammissibile possa nondimeno operare per il fatto di essere stata accettata, espressamente o implicitamente, ad opera anche di una sola delle parti.

4. *Gli sviluppi successivi alla Convenzione di Vienna*

La prassi recente sembra registrare una tendenza verso un parziale ritorno a un regime di carattere obiettivo. Oggi si tende ad accettare più largamente che in passato l'idea che la valutazione di ammissibilità di una riserva non dipenda dall'accettazione o dall'obiezione delle altre parti del trattato ma sia oggetto di una valutazione obiettiva. Ne consegue che l'accettazione espressa o tacita di una riserva non potrà operare rispetto a riserve che siano state espressamente vietate dal trattato o che siano in contrasto con l'oggetto e lo scopo di questo. In tali casi infatti, l'esigenza di mantenere l'unità del sistema convenzionale prevale rispetto ad interessi di tipo bilaterale.

Il carattere obiettivo dell'ammissibilità di una riserva è stabilito dalla disposizione 3.3.3 della *Guida alla pratica sulle riserve*, la quale prevede che l'accettazione di una riserva inammissibile non ha l'effetto di far venir meno l'inammissibilità.

La Corte internazionale di giustizia nel caso *attività armate sul territorio del*

Congo (Congo c. Ruanda), del 3 febbraio 2006, ha espressamente ammesso di poter valutare la compatibilità con l'oggetto e lo scopo della Convenzione sul genocidio di una riserva apposta dal Ruanda all'art. IX della Convenzione, che stabilisce, come si è visto, la competenza della Corte a definire controversie sull'interpretazione e l'applicazione della Convenzione stessa e alla quale il Congo non aveva sollevato obiezione. La Corte non ha tuttavia affrontato il problema delle conseguenze dell'accettazione di una riserva inammissibile, in quanto essa ha accertato che la riserva del Ruanda era compatibile con l'oggetto e lo scopo della Convenzione e, quindi, ammissibile.

Nel senso di rafforzare ulteriormente il carattere obiettivo dell'inammissibilità delle riserve, la *Guida* precisa, nella disposizione 5.4.1, che una riserva inammissibile è invalida e dovrà essere considerata come non apposta.

Anche la prassi diplomatica sembra indicare che riserve chiaramente inammissibili, perché, ad esempio, vietate espressamente dal trattato, sono invalide e vanno quindi disapplicate. Un esempio è dato dall'obiezione dell'Italia ad una riserva degli Stati Uniti all'art. 6, par. 5, del Patto internazionale sui diritti civili e politici del 1966, che vieta di infliggere la pena di morte ai minori. L'obiezione dell'Italia indica che la riserva è «nulla e non avvenuta». Questa soluzione potrebbe valere anche più in generale, in presenza di un interesse collettivo ad evitare che uno Stato diventi parte di un trattato pur evitando di assumere obblighi fondamentali per il funzionamento del sistema convenzionale.

Se l'ammissibilità di una riserva va accertata in maniera obiettiva, sembrerebbe logico ritenere che l'obiezione di uno Stato ad una riserva ammissibile non possa precludere l'entrata in vigore del trattato nei confronti con lo Stato riservante. Nel parere del 1951, infatti, il potere di precludere attraverso una obiezione l'entrata in vigore del trattato nei confronti dello Stato riservante era concepito limitatamente ai casi di incompatibilità della riserva con l'oggetto e con lo scopo del trattato (v. pp. 27-28). La *Guida alla pratica* ammette espressamente che l'obiezione possa essere formulata anche rispetto a riserve ammissibili. Essa non chiarisce, tuttavia, se una obiezione rispetto ad una riserva ammissibile possa nondimeno avere l'effetto di impedire al trattato di entrare in vigore fra lo Stato riservante e quello che vi obietta (v. le disposizioni 2.6.2).

La prassi sembra invece delineare un ruolo più ampio per le obiezioni non qualificate, che non intendano cioè impedire l'entrata in vigore del trattato con lo Stato autore di una riserva. L'obiezione non qualificata non avrebbe solo l'effetto di impedire l'entrata in vigore della disposizione alla quale si riferisce la riserva, come delineato invece dalla Convenzione di Vienna. Lo Stato che obietta potrebbe altresì escludere o modificare l'effetto giuridico di altre disposizioni del trattato connesse alla disposizione oggetto della riserva. L'obiezione avrebbe quindi la funzione di ripristinare l'equilibrio normativo riflesso nel testo originale del trattato ed alterato a proprio vantaggio dallo Stato autore della riserva.

Tale possibilità è riconosciuta dalla *Guida alla pratica delle riserve*. La disposizione 3.4.2 consente infatti a ciascuno Stato, attraverso una obiezione, di escludere nei rapporti con lo Stato riservante una disposizione del trattato non oggetto della riserva a condizione che si tratti di una disposizione connessa a quest'ultima e che l'esclusione non pregiudichi, a propria volta, l'oggetto e lo scopo del trattato.

5. *Le riserve ai trattati sui diritti dell'uomo*

Nell'ambito delle più recenti tendenze si inquadra altresì un fenomeno singolare emerso in relazione alle riserve a taluni trattati sui diritti dell'uomo.

Nei confronti di tale tipologia di trattati infatti, l'approccio rigorosamente bilateralista del regime delle riserve nella Convenzione di Vienna sembra particolarmente inadeguato. Gli obblighi in tema di diritti dell'uomo hanno infatti struttura *erga omnes*, tendono cioè a creare vincoli giuridici solidali fra le parti e non sono facilmente scomponibili su base reciproca. In relazione al loro oggetto di tutela, inoltre, l'interesse a mantenere l'unità del sistema convenzionale è particolarmente forte. Vi è infatti un interesse collettivo ad evitare che uno Stato aderisca al trattato senza accettare determinati obblighi, la cui assunzione sembra indissociabile dalla qualità di parte. A ciò si aggiunga la circostanza che alcuni strumenti convenzionali sui diritti dell'uomo prevedono meccanismi accentrati di garanzia che possono essere attivati direttamente da individui. È probabile quindi che la questione dell'ammissibilità di una riserva sorga nell'ambito della trattazione di un ricorso individuale, fuori cioè dal contesto interstatale presupposto dalla Convenzione di Vienna.

Il concorso di queste circostanze è probabilmente all'origine di un orientamento della Corte europea dei diritti dell'uomo, tendente a valutare la compatibilità di riserve alla Convenzione europea con l'oggetto e con lo scopo della Convenzione e, una volta accertatane l'inammissibilità, a dichiararle invalide. In conseguenza della sua invalidità, la riserva sarebbe inapplicabile. Risulterebbe quindi pienamente applicabile la disposizione alla quale essa si riferiva.

Nella sentenza *Belilos c. Svizzera* [GC], ricorso n. 10328/83, del 29 aprile 1988, la Corte ha valutato l'ammissibilità di una riserva (essa era stata invero presentata come una dichiarazione interpretativa, ma la Corte ne aveva preliminarmente accertato la natura di vera e propria riserva), apposta dalla Svizzera all'art. 6, par. 1, della Convenzione, che garantisce il diritto ad un equo processo. La Svizzera intendeva sottrarre a tale obbligo determinati procedimenti innanzi ad autorità amministrative. La Corte ha tuttavia ritenuto che essa violasse il divieto di riserve generali, espressamente stabilito dalla Convenzione, nonché l'obbligo di indicare le norme interne che si sarebbero sottratte al principio dell'equo processo. Ne ha quindi dichiarato l'invalidità e ha applicato l'art. 6, par. 1, senza tenere conto della riserva. Nello stesso senso, la Corte si è pronunciata nella sentenza *Weber c. Svizzera*, ricorso n. 11034/84, del 22 maggio 1990, in cui, ricostruendo le intenzioni della Svizzera, la Corte ha ritenuto che tale Stato fosse vincolato alla Convenzione nella sua totalità. Nella sentenza *Loizidou c. Turchia*, ricorso n. 15318/89, del 23 marzo 1995, la Corte ha ritenuto che fossero incompatibili con l'oggetto e lo scopo della Convenzione talune dichiarazioni tendenti a limitare la giurisdizione degli organi di controllo della Convenzione e ad escludere la loro competenza a ricevere ricorsi individuali per eventi occorsi nella parte nord di Cipro, sotto il controllo turco. Conviene notare che, nel primo caso, la Corte ha avuto cura di sottolineare come la Svizzera avesse implicitamente riconosciuto, nel corso del procedimento, la competenza della Corte a valutare l'ammissibilità della riserva. Nel menzionato caso *Loizidou*, di converso, la competenza della Corte era stata aspramente contestata dalla Turchia. Nondimeno la Corte affermò l'inammissibilità delle dichiarazioni turche, precisando che esse erano "separabili" dalla più generale dichiarazione di riconoscimento della giurisdizione degli organi di controllo della Convenzione. Di conseguenza, la giurisdizione della Corte, non limitata dalla riserva turca, doveva considerarsi piena.

La questione è stata quindi oggetto del Commento generale n. 24 (*Issues relating to reservations made upon ratification or accession to the Covenant or the Optional Protocols thereto, or in relation to declarations under article 41 of the Covenant*), adottato nel 1994 dal Comitato dei diritti dell'uomo, un organo di controllo del Patto di New York del 1966 sui diritti civili e politici. Secondo il Comitato, la natura stessa dei trattati sui diritti dell'uomo, che non pongono obblighi reciproci, costituisce un disincentivo per gli Stati dall'obiettare a una riserva fatta da altre parti. Di conseguenza, il Comitato ha affermato che al meccanismo bilaterale di controllo dell'ammissibilità delle riserve, dato dall'accettazione o dalla obiezione degli Stati, si accompagna un meccanismo centralizzato, ad opera del Comitato stesso. Il Commento n. 24 afferma inoltre, con motivazione assai rapida, che le riserve inammissibili sono invalide e che di conseguenza lo Stato che le ha apposte non può invocarle per limitare l'applicazione della disposizione convenzionale nei propri confronti.

Come si è detto, la questione delle conseguenze dell'inammissibilità di una riserva non è stata invece affrontata dalla Corte internazionale di giustizia nella sentenza del 3 febbraio 2006, relativa al caso *Congo c. Ruanda*, dato che la Corte ha invece accertato che la riserva fatta dal Ruanda all'art. IX della Convenzione sul genocidio, che escludeva il riconoscimento della giurisdizione della Corte stessa per controversie relative all'interpretazione e all'applicazione della Convenzione, fosse perfettamente compatibile con l'oggetto e lo scopo del trattato e non confliggesse con regole superiori di diritto internazionale. In una interessante opinione separata invece, i giudici Higgins, Kooijmans, Elaraby, Owada e Simma hanno espressamente indicato l'invalidità della riserva come rimedio per la sua inammissibilità.

In una prospettiva puramente bilaterale, questa soluzione appare difficile da spiegare. Essa urta infatti contro il principio consensualista, che esclude la possibilità di considerare uno Stato vincolato da un obbligo al quale esso non ha prestato il proprio consenso.

Una diversa argomentazione può tuttavia essere sviluppata a partire dall'osservazione che l'inapplicabilità è la normale conseguenza giuridica della inammissibilità di un atto. Al momento in cui appone una riserva quindi, uno Stato deve essere cosciente dell'esistenza di limiti al proprio potere di alterare l'effetto di una disposizione convenzionale e quindi della possibile inapplicabilità della riserva. A questo argomento se ne può aggiungere uno ulteriore, di carattere tecnico. Secondo la definizione data dall'art. 1, lett. *d*), della Convenzione di Vienna, con l'apposizione di una riserva, lo Stato persegue lo scopo di alterare l'effetto giuridico di una certa disposizione. L'apposizione di una riserva costituisce quindi una manifestazione speciale di volontà la quale si sovrappone alla manifestazione generale di volontà, espressa nei confronti del trattato nel suo insieme.

In altri termini, la stessa Convenzione di Vienna sembra concepire la riserva come tesa a limitare la generale espressione del consenso manifestata dallo Stato nei confronti dell'intero sistema normativo che si riflette nel trattato.

Al di là delle considerazioni tecniche, la prassi sembra comunque evidenziare come la concezione rigorosamente bilateralista, che informa la disciplina della Convenzione di Vienna, non sia in grado di spiegare compiutamente il fenomeno delle riserve. In particolare, per i trattati sui diritti dell'uomo, sembra appropriata una diversa prospettiva che si fonda sulla esistenza di una nozione obiettiva di inammissibilità delle riserve e quindi sul fatto che una riserva inammissibile sia da considerarsi invalida e venga quindi disapplicata.

In questo senso sembra orientarsi anche la prassi diplomatica. Ad esempio, in talune obiezioni opposte a riserve ai due Patti internazionali delle Nazioni Unite sui diritti dell'uomo del 1966, rispettivamente sui diritti civili e politici e sui diritti economici, sociali e culturali, si afferma che riserve incompatibili con l'oggetto e lo scopo del trattato sono inammissibili e debbono essere ritirate (v., ad esempio, l'obiezione dell'Australia, della Repubblica ceca e della Estonia ad una riserva delle Maldive) o addirittura che l'inammissibilità della riserva produce l'entrata in vigore del trattato nella sua interezza, senza che lo Stato riservante possa beneficiare della riserva (v. l'obiezione della Danimarca ad una riserva del Botswana; l'obiezione della Grecia ad una riserva della Turchia; l'obiezione della Lettonia ad una riserva della Mauritania).

Sezione IV

L'INTERPRETAZIONE DEI TRATTATI

SOMMARIO: 1. Introduzione. – 2. L'esistenza di regole giuridiche sull'interpretazione. – 3. I criteri interpretativi adottati dalla Convenzione di Vienna: il criterio oggettivo e il criterio funzionale. – 4. Il rilievo della volontà delle parti. – 5. L'interpretazione evolutiva. – 6. L'interpretazione di particolari categorie di trattati.

1. *Introduzione*

L'interpretazione è un'attività logica che consiste nell'attribuire un certo significato ad una disposizione linguistica. Dato che i trattati sono il frutto del consenso degli Stati parte, la principale questione che si pone è quella di vedere se il significato di una disposizione convenzionale vada determinato in maniera obiettiva, se cioè un trattato, una volta redatto, si distacchi dalla volontà delle parti per disciplinare obiettivamente una certa fattispecie, ovvero se la funzione dell'attività interpretativa abbia come scopo principale la ricerca della volontà delle parti.

La questione si pone in maniera assai diversa a seconda delle varie circostanze nelle quali si procede ad interpretare un trattato. Anche intuitivamente, una cosa è l'interpretazione di un trattato bilaterale ad opera delle medesime parti; altra cosa è invece l'interpretazione di un trattato multilaterale ad opera di un giudice nell'ambito di un procedimento obiettivo di accertamento del diritto.

Nei paragrafi seguenti esamineremo quindi le principali questioni che si pongono a proposito dell'interpretazione di un trattato e, in particolare, il carattere oggettivo o soggettivo della funzione interpretativa, nelle varie situazioni nelle quali essa viene esercitata.

2. *L'esistenza di regole giuridiche sull'interpretazione*

L'esistenza di regole giuridiche relative all'interpretazione è stata peraltro oggetto di forti contestazioni, sia in generale che con specifico riferimento all'ordinamento internazionale.

In una prospettiva generale, si può infatti dubitare che l'attività interpretativa possa essere predefinita nell'ambito di fattispecie disciplinate da regole astratte. Al fine di dare un significato normativo ad una data disposizione, la logica giuridica ha bensì elaborato una serie di metodi interpretativi, i quali però vanno utilizzati in ragione della infinita varietà di situazioni concrete nelle quali l'interprete si trova ad operare. Non è quindi sempre agevole individuare i motivi che inducono l'interprete a privilegiare un certo criterio a preferenza di un altro. Anche nella applicazione concreta di un dato criterio, inoltre, residua un margine di arbitrarietà della funzione interpretativa. L'esistenza di una eccezione rispetto ad una regola generale, ad esempio, potrebbe essere intesa come una regola di carattere, appunto, eccezionale, e quindi di applicazione ristretta al caso specifico da essa regolato; essa però potrebbe anche costituire un indizio di un principio generale di eccezione, applicabile quindi anche a fattispecie analoghe.

Una ulteriore difficoltà di individuare regole generali di interpretazione è data inoltre dalla grande eterogeneità del contenuto e della portata soggettiva dei trattati. È difficile infatti ritenere che le medesime regole interpretative possano valere per qualsiasi tipologia di trattati, dai trattati bilaterali che disciplinano materie di rilievo per i soli Stati parte, ai trattati multilaterali che disciplinano valori collettivi o universali.

La considerazione di tali difficoltà è stata all'origine di una serie di esitazioni da parte dei redattori della Convenzione di Vienna sulla possibilità di individuare regole atte a guidare con precisione l'attività interpretativa. È, alla fine, prevalsa l'esigenza di stabilire criteri generali, i quali però non vincolano del tutto l'interprete ma lasciano ampi margini di indeterminazione.

Le norme della Convenzione di Vienna presentano quindi due caratteristiche di fondo.

Innanzi tutto, esse si limitano a disciplinare i metodi di interpretazione; indicano cioè gli elementi che l'interprete deve considerare al fine di interpretare una certa disposizione e stabiliscono una sorta di scala di priorità fra tali metodi. Per esempio, la Convenzione stabilisce che il metodo testuale di interpretazione prevale, in generale, sulla ricerca della volontà delle parti. La Convenzione non determina invece il contenuto concreto delle regole interpretative da applicare. Essa non stabilisce, ad esempio, se ed in quali occasioni sarà giustificata l'interpretazione analogica.

In secondo luogo, le norme della Convenzione hanno carattere residuale rispetto a regole interpretative che si possono affermare rispetto a singole categorie di trattati. Regole speciali sull'interpretazione si sono difatti affermate, soprattutto attraverso l'attività giudiziale, rispetto a categorie specifiche di trattati quali, ad esempio, i trattati sui diritti dell'uomo, quelli istitutivi di organizzazioni internazionali, e così via.

Nonostante tali obiezioni, le regole sull'interpretazione sono fra quelle della Convenzione di Vienna che hanno avuto maggior successo nella prassi. Pur se non sempre fondate su una pratica uniforme, la loro corrispondenza al diritto internazionale generale è stata riconosciuta da un corpo giurisprudenziale ormai abbondante. Come si vedrà, peraltro, l'affermazione della natura generale di tali regole non ha impedito che esse siano state oggetto di diverse forme di applicazione ad opera dei tribunali settoriali. Ciò sembra indicare quindi che non di vere e proprie regole si tratta, quanto di una serie di criteri interpretativi, che possono essere utilizzati in combinazione fra di loro, al fine di adeguarsi alle esigenze di ciascun testo da interpretare.

Il carattere generale delle regole sull'interpretazione adottate dalla Convenzione di Vienna è stato riconosciuto anche dalla Corte internazionale di giustizia. Fra le affermazioni più recenti, v. la sentenza del 26 febbraio 2007 relativa alla *Applicazione della Convenzione per la prevenzione e la repressione del crimine di genocidio (Bosnia-Erzegovina c. Serbia e Montenegro)*, par. 160, la sentenza del 13 luglio 2009 relativa alla controversia sui *Diritti di navigazione e diritti connessi (Costa Rica c. Nicaragua)*, par. 47, e la sentenza del 5 dicembre 2011 nell'affare dell'*Applicazione dell'Accordo provvisorio del 13 settembre 1995 (ex Repubblica iugoslava di Macedonia c. Grecia)*, par. 91. Nella giurisprudenza degli organi giudiziari dell'Organizzazione mondiale per il commercio, la menzione del carattere consuetudinario delle regole interpretative della Convenzione è divenuta ormai una vera e propria clausola di stile. Le regole della Convenzione di Vienna non sono invece applicate dalla Corte di giustizia dell'Unione europea al fine di interpretare i trattati istitutivi dell'Unione. Ciò appare del resto in linea con la natura costituzionale di tali trattati, affermata nella giurisprudenza della Corte. La Corte ha invece applicato le regole della Convenzione di Vienna, considerate corrispondenti al diritto generale, al fine di interpretare gli accordi fra l'Unione (o la Comunità) e soggetti terzi (v., ad esempio, la sentenza del Tribunale di primo grado nel caso *Opel Austria GmbH c. Consiglio* del 22 gennaio 1997, par. 77).

3. *I criteri interpretativi adottati dalla Convenzione di Vienna: il criterio oggettivo e il criterio funzionale*

Nella prassi interpretativa si possono distinguere tre metodologie interpretative: metodi di tipo oggettivo, i quali danno prevalentemente rilievo al testo del trattato; metodi di interpretazione soggettiva, i quali danno piuttosto rilievo alla volontà originaria delle parti; metodi di tipo funzionale, che tendono a considerare lo scopo per la cui realizzazione il trattato è stato concluso.

Nella Convenzione di Vienna, il metodo oggettivo e quello funzionale hanno rilievo maggiore. Alla volontà originaria delle parti spetta un ruolo supplementare, in caso di mancato funzionamento dei metodi principali.

La regola generale, contenuta nell'art. 31, par. 1, dispone che un trattato debba essere interpretato in buona fede, secondo il significato ordinario da attribuire ai suoi termini e nel loro contesto, nonché alla luce del suo oggetto e del suo scopo.

La disposizione adotta evidentemente un criterio oggettivo. Essa impone infatti all'interprete di dare ad una certa disposizione linguistica il significato che emerge oggettivamente dalla sua formulazione, anche alla luce del più generale contesto normativo nel quale essa è inserita. Tale criterio è temperato dal criterio funzionale, egualmente menzionato dall'art. 31, par. 1, che impone all'interprete di considerare altresì l'oggetto e lo scopo del trattato.

Il secondo e il terzo paragrafo della disposizione affermano il principio dell'interpretazione contestuale. Tale principio impone all'interprete di non isolare, a fini interpretativi, ciascuna singola disposizione linguistica, quanto invece di considerare ciascuna disposizione nell'ambito del sistema normativo complessivamente predisposto dal trattato. L'art. 31, par. 2, afferma quindi l'esigenza di considerare, al fine di apprezzare il contesto nel quale le singole disposizioni sono poste, anche il preambolo e gli eventuali annessi, nonché ogni altro trattato collegato a quello da interpretare ed ogni altro strumento a questo connesso.

Secondo l'art. 31, par. 3, lett. *b*) e *c*), il contesto normativo da considerare a fini interpretativi include anche accordi o prassi poste in essere dalle parti, e dai quali si possono desumere elementi utili a fini interpretativi. Di tali disposizioni ci occuperemo nella parte relativa al ruolo assegnato dalla Convenzione alla volontà delle parti.

Un ulteriore allargamento del contesto normativo è previsto dall'art. 31, par. 3, lett. *c*), il quale impone all'interprete di considerare a fini interpretativi anche altre norme internazionali vincolanti per le parti. Tale disposizione ha quindi la funzione di svincolare l'attività interpretativa dal singolo sistema convenzionale nel quale si colloca la disposizione da interpretare, e di stabilire invece un principio di interpretazione sistematica, riferita all'insieme di norme che governano, nel loro complesso, i rapporti fra le parti.

L'art. 31, par. 3, lett. *c*), stabilisce una regola di coordinamento fra fonti internazionali. Essa sarà quindi considerata con maggior dettaglio nell'ambito della sezione dedicata ai rapporti fra fonti (*infra*, capitolo IV, sezione II).

4. *Il rilievo della volontà delle parti*

Nel sistema della Convenzione di Vienna, il rilievo del criterio soggettivo è particolarmente ridotto. L'art. 32 della Convenzione ammette il ricorso a metodi soggettivi, quali i lavori preparatori di un trattato, solo in via supplementare: qualora cioè l'applicazione degli altri metodi lasci il significato di una disposizione ambiguo o oscuro, ovvero conduca ad un risultato manifestamente assurdo o irragionevole.

Se la ricerca della volontà originaria delle parti riveste un ruolo secondario nell'attività interpretativa, lo stesso non può dirsi per la ricerca della volontà attuale delle parti. Il consenso delle parti sull'interpretazione viene infatti in considerazione fra i criteri principali di interpretazione, allorché essa si esprima in un accordo interpretativo ovvero in una prassi dalla quale tale accordo emerga implicitamente. L'art. 31, par. 3, lett. *a*) prevede infatti che occorra considerare ogni accordo successivo che concerna l'interpretazione o l'applicazione del trattato; l'art. 31, par. 3, lett. *b*) dà rilievo alla prassi di attuazione del trattato, dal quale emerga un accordo relativo all'interpretazione.

Il potere delle parti di determinare l'interpretazione di un trattato si fonda sul più generale potere delle parti di disporre, di comune accordo, delle norme contenute in tale trattato. Se il consenso delle parti è sufficiente a modificare un trattato attraverso un accordo o una prassi successiva, esso è sufficiente anche a determinarne l'interpretazione.

La Convenzione di Vienna non chiarisce peraltro se un accordo interpretativo o una prassi successiva possa determinare l'interpretazione di un trattato anche nei rapporti tra alcune soltanto delle parti di un trattato multilaterale. La questione è assai rilevante in quanto da essa dipende il carattere unitario del regime giuridico stabilito in un trattato multilaterale. Qualora una disposizione di un trattato multilaterale venisse interpretata in maniera diversa a seconda dell'esistenza di accordi o prassi interpretative intercorrenti fra alcune soltanto delle parti, l'attività interpretativa avrebbe l'effetto di scindere il regime giuridico del trattato in un fascio di norme a carattere bilaterale. Vi sono elementi però per rispondere negativamente alla questione. In particolare, la concezione "obiettivista" dell'attività interpretativa adottata dalla Convenzione di Vienna sembra difficilmente compatibile con la frammentazione del contenuto di un trattato multilaterale attraverso l'attività interpretativa. Conviene notare che, in generale, l'art. 41 della Convenzione proibisce ad alcune fra le parti di modificare *inter se* gli obblighi di un trattato multilaterale, se non a certe condizioni poste a salvaguardia dell'interesse delle altre parti a preservare l'unitarietà della disciplina convenzionale. Tale principio dovrebbe, a maggior ragione, essere applicato alle attività di interpretazione.

Il rilievo di accordi o pratiche successive al fine di interpretare un trattato può porre inoltre problemi dal punto di vista dell'ordinamento interno, in particolare allorché un accordo concluso in forma semplificata, o addirittura la prassi di attuazione posta in essere da organi, magari periferici, del potere esecutivo vengano in essere al fine di interpretare un accordo la cui ratifica sia stata autorizzata con legge.

La considerazione della prassi successiva comporta inoltre problemi di inquadramento generale. L'art. 31, par. 2, lett. *b*) utilizza la nozione di prassi successiva in termini restrittivi, consentendone l'utilizzazione solo allorché essa riveli l'esistenza di un accordo interpretativo fra le parti (v. la sentenza della Corte internazionale di giustizia del 31 marzo 2014 relativa alla *caccia alla balena nell'Antartico (Australia c. Giappone, Nuova Zelanda interveniente*), par. 83. Nella prassi giudiziale, peraltro, la prassi successiva è stata talvolta impiegata in termini anche più larghi, sia al fine di evidenziare retrospettivamente la volontà delle parti, sia, in una prospettiva opposta, al fine di ricavare il significato evolutivo di una determinata disposizione, fino ad ammettere che essa possa modificare gli obblighi convenzionali (v. la sentenza arbitrale del 17 luglio 1965, relativa al caso dell'*interpretazione dell'accordo sui servizi di trasporto aereo fra Stati Uniti e Italia*, p. 100 ss., e la sentenza arbitrale del 22 dicembre 1963 relativa alla *controversia fra Stati Uniti e Francia sull'interpretazione dell'accordo sui servizi di trasporto aereo*, p. 66 ss.).

5. *L'interpretazione evolutiva*

La ricostruzione del significato normativo di un trattato pone costantemente il problema di vedere se le nozioni in esso contenute vadano interpretate nel significato che esse avevano originariamente, al momento cioè della conclusione, ovvero nel significato che esse hanno assunto, con il mutare del costume sociale, al momento dell'interpretazione.

La prima soluzione privilegia tecniche interpretative di tipo statico, tese a conservare filologicamente il significato normativo come posto in essere dalle parti. Essa presenta il vantaggio di essere univoca nel tempo e meno soggetta a fluttuazioni dovute alla personalità dell'interprete. In questo senso, tale tecnica è certamente quella che meglio assicura la certezza del diritto.

Dal punto di vista teorico, l'interpretazione statica sembra tributaria dell'idea che sia il diritto a governare i fattori sociali, e non viceversa. In questo senso essa è stata considerata, in varie tradizioni giuridiche, come una tecnica di conservazione dei modelli giuridici originari.

La seconda soluzione privilegia tecniche interpretative di carattere evolutivo, tese ad adattare la norma giuridica all'evoluzione delle dinamiche sociali che essa tende a regolare. Essa presenta quindi il vantaggio di preservare nel tempo la capacità della norma di disciplinare rapporti sociali, evitando una sua rapida obsolescenza. Teoricamente, tale soluzione si fonda su una concezione dinamica del diritto, che evolve simbioticamente, in corrispondenza all'evoluzione del costume sociale, mantenendo inalterata la propria capacità prescrittiva al mutare di questo.

L'adozione di tecniche di interpretazione evolutiva non è certo ostacolata dalla previsione in un trattato di clausole che prevedono procedure per la modifica delle sue disposizioni. Tali procedure, solitamente fondate sul negoziato e sull'adozione di protocolli di modifica, prevedono infatti una vera e propria revisione formale degli obblighi convenzionali. La distinzione fra interpretazione dinamica e modifica di un obbligo è concettualmente netta, seppure talvolta possa risultare disagevole in pratica. Nel caso del *Progetto Gabcíkovo-Nagymaros (Ungheria c. Slovacchia)*, sentenza del 25 settembre 1997, p. 7, la Corte internazionale di giustizia, dopo aver escluso che la mutata sensibilità per la tutela dell'ambiente comportasse l'estinzione delle clausole di un trattato bilaterale che prevedeva la costruzione di un sistema di gestione delle acque del Danubio, ha valorizzato la presenza nel trattato di clausole di adattamento, invitando le parti ad avvalersene al fine di modificare il contenuto degli obblighi.

I vantaggi delle tecniche dinamiche di interpretazione sono stati ben colti dalla Corte di giustizia dell'Unione europea nel parere 1/78 (in *Racc.*, 1978, p. I-2871), allorché essa ha sostenuto il carattere evolutivo della nozione di politica commerciale contenuta nel Trattato CE. La Corte ha chiarito che una interpretazione statica avrebbe presto reso inoperante la disposizione del Trattato. Il carattere evolutivo della nozione di politica commerciale è stato quindi applicato nel parere 1/94 (in *Racc.*, 1994, p. I-5267), nel quale la Corte di giustizia ha indicato come tale nozione, originariamente adottata al fine di indicare il commercio dei beni, andasse interpretata alla luce dell'evoluzione che essa aveva subito nella prassi del commercio internazionale fino a coprire appunto anche il commercio dei servizi. Questa soluzione ha probabilmente ispirato la conclusione analoga raggiunta recentemente dalla Corte internazionale di giustizia nella menzionata sentenza del 13 luglio 2009 relativa alla controversia sui *Diritti di navigazione e diritti connessi (Costa Rica c. Nicaragua)*. La Corte ha affermato che la nozione di commercio, tradizionalmente impiegata al fine di indicare il commercio di beni, va interpretata in termini evolutivi fino a coprire anche la nozione di commercio di servizi. Taluni giudici hanno peraltro espresso, attraverso lo strumento dell'opinione individuale, la preoccupazione che l'uso di tecniche di interpretazione evolutiva possa condurre un trattato verso un significato diverso da quello ad esso assegnato dalle parti, ed hanno quindi sottolineato l'esigenza di ancorare l'evoluzione del significato normativo di un trattato alla prassi successiva seguita dalle parti (v. l'opinione individuale del giudice Skotnikov, *ibidem*).

Tecniche di interpretazione evolutiva sono state impiegate anche nell'ambito degli accordi istitutivi dell'Organizzazione mondiale per il commercio. Nella famosa decisione del 12 ottobre 1998, *United States-Shrimp I*, l'Organo di appello dell'OMC affermava infatti che il termine "risorse naturali", contenuto nell'art. X, lett. *g*) del GATT, non andasse interpretato in maniera statica, bensì alla luce delle dinamiche evolutive dell'ordinamento internazionale in tema di tutela dell'ambiente, includendovi quindi, oltre alle risorse minerarie, anche le risorse biologiche (v. soprattutto il par. 5.57 della decisione). In questo caso, il ricorso a tecniche di interpretazione evolutiva ha rappresentato anche un modo per conciliare l'esigenza di obblighi internazionali derivanti per alcuni degli Stati parte dell'OMC da altri accordi internazionali con l'esigenza di affermare l'autonomia del sistema OMC e la capacità di risolvere una controversia evitando il richiamo a fonti esterne di integrazione. Sul ruolo dell'interpretazione evolutiva come strumento per assicurare il coordinamento fra accordi internazionali, cfr. *infra*, capitolo IV, sezione II.

La Convenzione di Vienna non indica espressamente la possibilità di utilizzare tecniche di interpretazione evolutiva. Questa soluzione appare tuttavia quella che meglio si armonizza con la concezione obiettivista che ha ispirato il sistema convenzionale e con il carattere assai ridotto assegnato invece alla volontà delle parti. L'interpretazione evolutiva stabilisce inoltre un meccanismo obiettivo di adeguamento dell'interpretazione rispetto all'evoluzione sociale, che si impone, quindi, a tutte le parti di un trattato multilaterale. Viene conseguentemente a ridursi il rischio di frammentazione che consegue alla valorizzazione dello strumento della prassi applicativa, che potrebbe interessare alcune soltanto delle parti del trattato.

6. *L'interpretazione di particolari categorie di trattati*

Come si è detto, la disciplina della Convenzione di Vienna non ha impedito la formazione da parte della giurisprudenza di orientamenti interpretativi specifici, che si applicano a categorie particolari di trattati e che solo parzialmente seguono le indicazioni della Convenzione di Vienna. Conviene indicare, a titolo di esempio, taluni fra i criteri particolari di interpretazione che si sono affermati nel campo della tutela dei diritti dell'uomo e nel campo dei trattati istitutivi di organizzazioni internazionali.

a) *L'interpretazione dei trattati sui diritti dell'uomo: criteri funzionali e criteri evolutivi*

Nel campo dei diritti dell'uomo l'interpretazione oggettiva sembra assumere un ruolo di secondo piano rispetto a quella funzionale. La giurisprudenza tende infatti a considerare in primo luogo lo scopo di tali trattati, che è quello di tutelare diritti individuali nei confronti degli Stati parte, nonché l'esigenza di una interpretazione evolutiva dei diritti dell'uomo, la cui portata si estende ben al di là del loro ambito originario.

Appare costante, nella giurisprudenza della Corte europea dei diritti dell'uomo, il riferimento alla Convenzione come un organismo vivente, che va interpretato in relazione allo sviluppo della coscienza giuridica in tema di diritti fondamentali. Nell'accertare il contenuto delle disposizioni convenzionali, la Corte non ha quindi fatto riferimento alle posizioni degli Stati, ma ha considerato invece lo sviluppo del costume sociale interno agli Stati, ritenendo che l'interpretazione della Convenzione vada effettuata in relazione all'evoluzione della società civile europea. La Corte ha quindi definito una nozione omogenea di società civile europea, contrassegnata da caratteristiche di apertura e tolleranza, nell'ambito della quale ha definito il contenuto dei diritti individuali.

È probabilmente questa metodologia interpretativa che ha fatto della giurisprudenza della Corte europea un modello di ispirazione non solo per i giudici degli Stati parte della Convenzione, ma anche per i giudici di altri ordinamenti contemporanei. Si veda la sentenza della Corte suprema americana nel caso *Lawrence v. Texas*, del 2003, che ha dichiarato contraria alla Costituzione federale la normativa texana che reprimeva penalmente rapporti omosessuali consensuali. Nella sentenza vi è menzione della sentenza della Corte europea dei diritti dell'uomo nel caso *Dudgeon v. United Kingdom* del 1981 che ha dichiarato contraria alla Convenzione una normativa britannica dal contenuto analogo. Questo argomento è stato oggetto di una radicale critica nella opinione dissidente apposta dalla minoranza dei membri della Corte suprema.

A questo modello di fondo vanno ricollegate le varie dottrine interpretative via via adottate dagli organi di controllo della Convenzione europea dei diritti dell'uomo. Fra queste conviene ricordare quella relativa al carattere obiettivo dei diritti individuali, che giustificherebbe quindi la loro applicazione anche rispetto a situazioni verificatisi prima della entrata in vigore della Convenzione europea nei confronti di un determinato Stato parte (v. la decisione della Commissione europea dei diritti dell'uomo nel caso *Pfunders (Austria c. Italy)*). Tale concezione ha quindi ispirato alcuni orientamenti della Corte europea dei diritti dell'uomo, nonché della Corte interamericana dei diritti dell'uomo, tesi a sottrarre le convenzioni sui diritti dell'uomo alle normali dinamiche interstatuali alle quali soggiace la generalità dei trattati (*supra*, parte II, capitolo II, sezione II, par. 4).

La considerazione della tutela dei diritti fondamentali come scopo fondamentale della Convenzione europea ha poi agevolato lo sviluppo di criteri oggettivi per individuare un equilibrato rapporto fra diritti individuali ed esigenze collettive, fra i quali il celebre principio di proporzionalità. Affermato inizialmente come criterio per valutare la compatibilità con la Convenzione delle misure di deroga ai sensi dell'art. 15, nonché delle interferenze operate dagli Stati al fine di perseguire interessi generali (v. gli articoli da 8 ad 11 della Convenzione), il principio di proporzionalità si è gradualmente affermato come un criterio che determina, in via generale, il punto di equilibrio fra l'esigenza del rispetto dei diritti individuali e le esigenze collettive connesse all'esercizio delle funzioni statali.

b) *Poteri attribuiti e poteri impliciti nella interpretazione di atti istitutivi di organizzazioni internazionali*

La particolare natura dei trattati istitutivi di organizzazioni internazionali ha consentito lo sviluppo, ad opera della giurisprudenza, di particolari dottrine interpretative. Tali trattati, infatti, presentano la caratteristica di istituire un nuovo soggetto di diritto, caratterizzato da un proprio ordinamento interno, rispetto al quale essi hanno una funzione propria di un atto costituzionale.

La concezione del trattato istitutivo come un atto di natura costituzionale ha caratterizzato l'interpretazione della Carta delle Nazioni Unite ad opera soprattutto della Corte internazionale di giustizia.

Nel definire in via interpretativa i poteri assegnati alle Nazioni Unite, la Corte internazionale di giustizia non ha fatto ricorso alle normali regole interpretative dei trattati. Essa ha invece utilizzato tecniche di interpretazione di tipo costituzionalista, fra le quali la nota dottrina dei poteri impliciti.

La dottrina dei poteri impliciti tende a sottolineare come un ente non disponga solo dei poteri ad esso espressamente trasferiti dagli Stati membri, bensì anche di altri poteri e, in particolare, di quelli necessari per l'esercizio delle competenze e delle funzioni ad esso assegnate. Si tratta quindi di una dottrina espansiva che tende ad esaltare i caratteri di autonomia del nuovo ente rispetto agli Stati membri. La dottrina dei poteri impliciti opera soprattutto nell'ambito delle esperienze più integrate nelle quali l'ente centrale dispone del potere di determinare e perseguire un proprio indirizzo politico.

La dottrina dei poteri impliciti è stata applicata alla Carta delle Nazioni Unite per la prima volta nel parere consultivo dell'11 aprile 1949 relativo alla

Riparazione per danni subiti al servizio delle Nazioni Unite. In quel caso, la Corte ha ricostruito il potere delle Nazioni Unite di agire in protezione diplomatica dei propri funzionari a partire dal riconoscimento della personalità giuridica dell'organizzazione e, quindi, dell'esigenza di garantire ad essa piena libertà di azione nella scena internazionale. La dottrina è stata poi ulteriormente elaborata dalla Corte internazionale di giustizia, soprattutto in occasione del parere del 20 luglio 1962 relativo a *Certe spese delle Nazioni Unite*.

Assai più raro, se non addirittura inesistente, è invece il ricorso alla dottrina dei poteri impliciti in tempi recenti. Ciò sembra dovuto essenzialmente al mutato clima politico e al maggior controllo esercitato dagli Stati sull'azione delle Nazioni Unite. Anche nei casi in cui le Nazioni Unite hanno esercitato, su impulso degli Stati, poteri non immediatamente riconducibili alla Carta, tale esercizio è stato giustificato con una interpretazione estensiva dei poteri espressamente previsti dalla Carta. Non vi è, ad esempio, alcun significativo accenno alla dottrina dei poteri impliciti nella sentenza della Camera d'appello del Tribunale penale per la ex Iugoslavia del 2 ottobre 1995, *Prosecutor c. Tadić, Defence Motion for Interlocutory Appeal on Jurisdiction*, IT-94-1-T), la quale ha invece fondato l'istituzione del Tribunale ad opera della risoluzione del Consiglio di sicurezza 827 (1993) del 25 maggio 1993 sull'art. 41 della Carta, che si limita a prevedere il potere del Consiglio di sicurezza di adottare misure non implicanti l'impiego della forza. Alla dottrina dei poteri impliciti non si è fatto inoltre ricorso in altri casi in cui le Nazioni Unite, e in particolare il Consiglio di sicurezza, hanno fatto un utilizzo controverso dei poteri assegnati dalla Carta, come, ad esempio, il potere di adottare sanzioni nei confronti di individui, ovvero di amministrazione di territori internazionali (*supra*, parte I, capitolo II).

Su un bilanciamento fra la dottrina dei poteri attribuiti e la dottrina dei poteri impliciti si fonda il sistema delle competenze dell'Unione, definito dalla giurisprudenza della Corte di giustizia dell'Unione europea. Invero l'Unione europea costituisce, per riconoscimento pressoché unanime, un ente la cui natura giuridica rileva sia dell'esperienza delle organizzazioni internazionali classiche, sia dell'esperienza di tipo costituzionale propria degli enti federali. Le particolarità che caratterizzano le tecniche interpretative dei Trattati istitutivi dell'Unione inducono a rinviare, per maggiori indicazioni, alla letteratura specializzata.

Sezione V

LE CAUSE DI INVALIDITÀ E DI ESTINZIONE DEI TRATTATI

SOMMARIO: 1. Introduzione. – 2. I vizi della volontà e, in particolare, la violenza. – 3. Lo *ius cogens*. – 4. L'estinzione o la sospensione dei trattati per inadempimento. – 5. Il mutamento fondamentale delle circostanze. – 6. Profili procedurali della invalidità e dell'estinzione dei trattati.

1. *Introduzione*

Il tradizionale assetto normativo dell'estinzione e dell'invalidità dei trattati è fondato, come del resto l'intera disciplina del diritto dei trattati, su una concezione marcatamente bilateralista. Nondimeno, nell'evoluzione della prassi recente, nonché nella disciplina della Convenzione di Vienna, è possibile cogliere l'emergere di esigenze di carattere collettivo che comportano una serie di deviazioni dal rigore dell'impostazione classica.

La differenza fra cause di estinzione e cause di invalidità è intuitivamente agevole. Una causa di estinzione impedisce, dal momento in cui si verifica, la produzione degli effetti di un trattato, facendone salvi quelli già prodotti. Una causa di invalidità rende invece nullo il trattato già dal momento della sua conclusione.

L'art. 44 della Convenzione di Vienna prevede che le cause di estinzione o invalidità operino nei confronti dell'intero trattato a meno che esse non si riferiscano a singole disposizioni separabili dal resto del trattato. Il criterio della separabilità non vale, ovviamente, per i motivi di estinzione che si fondano sulla volontà unilaterale, quali il recesso, il quale può operare, evidentemente, solo nei confronti dell'intero trattato. La separabilità non opera, inoltre, nei confronti delle clausole di invalidità più radicali, quali la violenza o il contrasto con il diritto cogente. Quest'ultima previsione, formulata dall'art. 44, par. 5, sembra configurare l'invalidità come una sorta di sanzione per gli Stati che utilizzino la violenza o che pattuiscano clausole contrarie ai principi fondamentali dell'ordinamento internazionale. Vedremo che questa idea non trova però sempre coerente realizzazione nella disciplina prevista dalla Convenzione, in particolare relativamente all'individuazione dei soggetti abilitati a far valere l'invalidità.

Assai diverse sono, in genere, le cause che producono rispettivamente l'estinzione o l'invalidità di un trattato. Generalmente, l'invalidità consegue a vizi radicali, che pregiudichino la libera volontà dello Stato che ha concluso il trattato. L'invalidità di un trattato consegue anche ad un conflitto con norme superiori preesistenti. Un caso a sé è rappresentato dalla violazione delle regole sulla competenza a stipulare, che è stato esaminato nei paragrafi precedenti.

Più eterogeneo è il panorama delle cause di estinzione. Queste sono essenzialmente riconducibili a tre tipi di situazioni: il consenso espresso o implicito delle parti; il mutamento di circostanze di fatto; l'inadempimento di una o più parti.

2. *I vizi della volontà e, in particolare, la violenza*

La Convenzione di Vienna disciplina i vizi della volontà secondo la nota tripartizione – errore, violenza e dolo – sovente utilizzata per classificare i vizi che pregiudicano la validità dei contratti in diritto interno. Dei tre, è la violenza che assume maggior rilievo, sia teorico che pratico.

La Convenzione di Vienna distingue fra la violenza esercitata sul rappresentante dello Stato, che può essere violenza fisica o violenza morale, e la violenza esercitata sullo Stato, che è solo morale. La violenza morale sullo Stato rileva come vizio di validità solo se si tratta di violenza di tipo bellico. L'art. 52 prevede, infatti, la nullità di un trattato «la cui conclusione sia stata ottenuta con la minaccia o impiego della forza in violazione dei principi di diritto internazionale contenuti nella Carta delle Nazioni Unite». La norma è stata considerata corrispondente al diritto internazionale generale dalla Corte internazionale di giustizia nel caso relativo alle *Peschierie islandesi (Regno Unito c. Islanda)*, sentenza del 2 febbraio 1973 (par. 24); ancor prima, quindi, dell'entrata in vigore della Convenzione di Vienna.

L'art. 52 limita quindi il vizio di invalidità ai soli trattati la cui conclusione sia stata ottenuta con la minaccia o l'uso della forza incompatibile con la Carta delle Nazioni Unite. Sono quindi del tutto validi gli accordi stipulati in seguito alla minaccia o all'uso della forza che sia invece conforme alla Carta, ad esempio, nel caso di un trattato concluso sotto la minaccia della forza ad opera delle Nazioni Unite o autorizzata da esse. V., ad esempio, gli accordi fra Iraq e forze alleate stipulati nel quadro delle condizioni stabilite dalla risoluzione 687 (1991) del 3 aprile 1991, in seguito alla sconfitta irachena nella prima guerra del Golfo. In questo senso si può inoltre menzionare la risoluzione del Consiglio di sicurezza 1203 (1998) del 24 ottobre 1998, con la quale il Consiglio ha preso atto, ed anzi ha fatto propri, gli accordi conclusi nell'ottobre 1998 fra la Repubblica Federale di Iugoslavia e la NATO relativi alla verifica dell'attuazione delle precedenti risoluzioni del Consiglio sul Kosovo, stipulati sotto la minaccia dell'uso della forza da parte della NATO.

Nella disciplina dell'art. 52 confluiscono due diverse esigenze. La regola esprime, da un lato, una tipica esigenza contrattualistica: quella della libertà negoziale, che risulta violata allorché il consenso venga prestato in seguito a violenza. In una prospettiva diversa, si potrebbe altresì pensare che la regola rifletta l'esigenza, di carattere collettivo, di non conferire valore normativo a trattati conclusi in violazione del divieto di uso della forza. In questo senso sembrano andare i lavori preparatori della Convenzione di Vienna, nei quali si traccia una stretta relazione fra il vizio della violenza nel diritto dei trattati e il divieto della minaccia o dell'uso della forza. Queste due esigenze non sono però sempre conciliabili. In particolare, se si concepisse la violenza come vizio del consenso, se ne dovrebbe trarre la conseguenza che essa vizia la conclusione del trattato, indipendentemente dal suo carattere illecito. Sarebbero allora invalidi anche trattati stipulati in conseguenza della minaccia o dell'uso lecito della forza, ad esempio in quanto la forza è esercitata su autorizzazione del Consiglio di sicurezza ovvero perché si tratta di trattati conclusi in un momento antecedente rispetto alla formazione della norma sul divieto di uso della forza.

In altri termini, il carattere lecito dell'uso della forza non può sanare il vizio del consenso e, quindi, non fa venir meno l'invalidità del trattato. In casi di questo tipo, peraltro, le regole contenute nell'accordo invalido possono risultare nondimeno obbligatorie in virtù di un diverso fondamento giuridico; ad esempio, in base ad una risoluzione del Consiglio di sicurezza che rinvii all'accordo. Nell'esempio fatto sopra, quindi, i trattati conclusi dalla Repubblica Federale di Iugoslavia con la NATO nell'ottobre 1998 sarebbero bensì invalidi in quanto conclusi in seguito alla minaccia dell'uso della forza. La disciplina convenzionale sarebbe nondimeno vincolante per le parti in quanto "fatta propria" dalla risoluzione del Consiglio di sicurezza 1203 (1998). Come si vedrà, le risoluzioni del Consiglio di sicurezza costituiscono fonti di diritto la cui validità non dipende dal consenso degli Stati ai quali si dirigono.

L'incerto equilibrio sul quale si fonda la disciplina della violenza nella Convenzione di Vienna è evidenziato anche da due disposizioni che concernono le conseguenze dell'invalidità. Da un lato, l'art. 44, par. 5, della Convenzione stabilisce che la violenza pregiudica la validità dell'intero trattato e non delle sole clausole viziate. La norma sembra quindi esprimere l'interesse dell'ordinamento a non tollerare l'esistenza di un accordo la cui conclusione sia stata, pur se solo in parte, condizionata da una condotta particolarmente riprovevole quale la minaccia o l'uso della forza. D'altro lato, l'art. 65 della Convenzione, ispirato ad un radicale bilateralismo, limita ai soli Stati parte del trattato la possibilità di invocarne l'invalidità. La disposizione sembrerebbe allora concepire la violenza come semplice vizio del consenso e non piuttosto come articolazione di un interesse collettivo ad eliminare le conseguenze di un uso illegittimo della forza.

La Convenzione di Vienna non prevede la nullità di un trattato la cui conclusione sia stata ottenuta con la minaccia o l'impiego della violenza economica, quale, ad esempio, la minaccia o l'impiego di misure sanzionatorie. L'idea di equiparare la violenza economica a quella bellica come causa di invalidità dei trattati non è riuscita ad affermarsi nel corso della Conferenza di Vienna. È stata invece approvata la proposta di allegare all'Atto finale della Conferenza una dichiarazione di condanna di ogni forma di pressione, militare, politica o economica, atta ad indurre uno Stato a concludere un trattato.

3. *Lo* ius cogens

L'art. 53 della Convenzione di Vienna disciplina il caso dell'invalidità dei trattati confliggenti con norme superiori dell'ordinamento, indicate con la formula del diritto imperativo o cogente. L'art. 64 della Convenzione prevede l'estinzione di trattati confliggenti con norme imperative *supervenientes*. Peraltro queste cause di invalidità e di estinzione riguardano una ipotesi di conflitto fra fonti e saranno quindi oggetto di trattazione nelle prossime pagine (v. *infra*, parte II, capitolo IV, sezione IV).

4. *L'estinzione o la sospensione dei trattati per inadempimento*

L'art. 60 della Convenzione di Vienna contiene una articolata disciplina sulla estinzione o sospensione dei trattati per inadempimento.

Conviene rilevare innanzi tutto come la disposizione preveda che solo una "violazione sostanziale" possa giustificare l'estinzione o la sospensione del trattato o di parte di esso. Tale è, secondo l'art. 60, par. 3, il mancato adempimento del trattato nel suo complesso ovvero di una norma fondamentale per l'oggetto e lo scopo di esso.

La corrispondenza di questa regola al diritto consuetudinario è stata affermata dalla Corte internazionale di giustizia già nel caso relativo alle *Conseguenze giuridiche per gli Stati della presenza continua dell'Africa del Sud in Namibia (Sud-Ovest africano) nonostante la risoluzione 276 (1970) del Consiglio di sicurezza*, parere del 21 giugno 1971 (par. 94). Più recentemente, v. il caso *Gabcíkovo-Nagymaros (Ungheria c. Slovacchia)*, sentenza del 25 settembre 1997 (par. 46 ss.).

La Convenzione di Vienna non disciplina invece le conseguenze normative di un inadempimento *minoris generis*. Così, nella sentenza del 5 dicembre 2011 nell'affare dell'*Applicazione dell'Accordo provvisorio del 13 settembre 1995 (ex Repubblica iugoslava di Macedonia c. Grecia)* la Corte internazionale di giustizia ha escluso di poter fare applicazione di questa causa di estinzione sulla base del fatto che la violazione del trattato commessa dalla ex Repubblica iugoslava di Macedonia non poteva essere qualificata come una violazione sostanziale ai sensi dell'art. 60 della Convenzione di Vienna (par. 163).

L'art. 60 traccia una distinzione fra accordi bilaterali ed accordi multilaterali.

Per i trattati bilaterali, una violazione sostanziale legittima l'altra parte ad invocare la violazione come motivo di estinzione del trattato o di sospensione totale o parziale (art. 60, par. 1). L'art. 60, par. 1, è quindi espressione del principio di reciprocità, che abilita una parte a rispondere ad un comportamento illecito di un'altra attraverso una condotta che colpisce lo stesso bene giuridico sul quale si è operata la violazione.

Una disciplina diversa, e particolarmente complessa, è prevista per l'inadempimento di trattati multilaterali ad opera di una delle parti. L'art. 60, par. 2, distingue una reazione collettiva, disciplinata dalla lett. *a*) da una reazione individuale, ai sensi delle lett. *b*) e *c*).

L'art. 60, par. 2, lett. *a*), prevede il potere per le altre parti, agendo collettivamente, di estinguere o sospendere il trattato, sia in via generale sia soltanto nei rapporti di ciascuno delle altre parti con la parte inadempiente.

La reazione individuale all'inadempimento di un trattato multilaterale non comporta misure di estinzione ma solo di sospensione del trattato.

L'art. 60, par. 2, lett. *b*) consente ad una parte "specialmente lesa" di sospendere unilateralmente il trattato nei confronti della parte inadempiente. L'art. 60, par. 2, lett. *c*), consente a ciascuna parte di sospendere unilateralmente il trattato qualora questo sia di natura tale che una violazione di una delle disposizioni ad opera di una delle parti modifichi radicalmente la situazione di ciascuna delle altre.

L'art. 60, par. 2, lett. *c*) fa riferimento a trattati contenenti una categoria particolare di obblighi: i c.d. obblighi "integrali". Con questa formula si indicano obblighi aventi una struttura tale che l'adempimento ad opera di tutte le parti diventa una condizione per l'osservanza del trattato da parte di ciascuna di esse. L'esempio più chiaro a riguardo è quello degli accordi multilaterali sul disarmo. Questi accordi si fondano implicitamente sulla condizione che ciascuno degli Stati parte osservi il trattato. Il riarmo ad opera di uno Stato che si doti di un certo tipo di armi in violazione dell'accordo, quindi, altera l'equilibrio convenzionale e giustifica ciascuna altra parte a tenere un comportamento analogo e a dotarsi, a propria volta, delle armi bandite dal trattato. Si tratta di obblighi che non ammettono una scomposizione soggettiva dei rapporti giuridici su base bilaterale ma stabiliscono un equilibrio fondato sul principio "o tutti o nessuno".

È più difficile interpretare le previsioni dell'art. 60, par. 2, lett. *b*). La disposizione sembrerebbe riferirsi ai trattati che tutelano interessi collettivi, ma non ai trattati sui diritti dell'uomo, ai quali si riferisce il successivo art. 60, par. 5. L'esistenza di interessi collettivi, comunque, rende difficile l'utilizzo di strumenti bilaterali di reazione quali la sospensione unilaterale del trattato. Non sembra molto razionale, ad esempio, ritenere che la violazione di un trattato che impone obblighi in tema di ambiente giustifichi la sospensione della Convenzione da parte dello Stato "specialmente leso" dalla violazione, come, ad esempio, uno Stato che subisca un particolare pregiudizio ambientale. La sospensione sarebbe infatti inutile a fini pratici. Data la natura solidale degli obblighi, essa non potrebbe abilitare lo Stato "specialmente leso" a inquinare a propria volta, dato che gli effetti dell'inquinamento potrebbero non prodursi solo nei confronti dello Stato autore dell'illecito, ma bensì nei confronti di tutti gli altri Stati parte. D'altra parte, se la disposizione si riferisse a trattati contenuti obblighi reciproci, essa sarebbe inutile. La violazione di un trattato multilaterale che pone obblighi reciproci sembra infatti del tutto assimilabile a quella di un trattato bilaterale. Gli obblighi reciproci, infatti, pur se contenuti in un trattato multilaterale, creano rapporti giuridici bilaterali di uno Stato nei confronti di ciascuno degli altri Stati parte. Per tali trattati, la disciplina più appropriata dovrebbe essere, allora, quella prevista dall'art. 60, par. 1.

Un regime speciale vale, infine, per i trattati contenenti obblighi relativi alla tutela dei diritti dell'uomo e del diritto umanitario. Ai sensi dell'art. 60, par. 5, l'inadempimento di una delle parti non giustifica provvedimenti di sospensione o di estinzione ad opera delle altre parti. La reazione reciproca non si rivolgerebbe contro un interesse dello Stato inadempiente bensì pregiudicherebbe l'interesse degli individui protetti dalla norma.

Sarebbe irragionevole, ad esempio, che la violazione della Convenzione europea dei diritti dell'uomo da parte di uno Stato dia titolo alle altre parti, agenti individualmente o collettivamente, di sospendere o estinguere la Convenzione nei confronti di tale Stato. La sospensione o l'estinzione della Convenzione avrebbe infatti l'effetto di indebolire ulteriormente l'interesse alla tutela dei diritti dell'uomo che costituisce l'oggetto e lo scopo della Convenzione stessa.

Non è peraltro molto coerente limitare il divieto ai soli trattati posti a tutela di interessi individuali. Il divieto di estinguere o sospendere un trattato in reazione ad un previo inadempimento non deriva soltanto dal contenuto del trattato ma anche dal carattere collettivo degli interessi che esso tutela e, quindi, dalla struttura *erga omnes* dei suoi obblighi. È ragionevole ritenere, ad esempio, che la violazione ad opera di una delle parti del Trattato di Washington del 1959, che proibisce a ciascuno degli Stati parte di appropriarsi del territorio antartico, non possa giustificare la sospensione o l'estinzione del trattato nei confronti di tale Stato.

L'estinzione o la sospensione di un trattato in seguito all'inadempimento di una delle parti è una reazione di carattere normativo. Essa si limita, cioè a far cessare temporaneamente o permanentemente gli effetti giuridici di un trattato. Questa reazione ha quindi lo scopo di realizzare, ad un diverso livello, l'equilibrio normativo che si riflette nel trattato e che è stato alterato dalla violazione. Si tratta quindi di un comportamento teso a riprodurre in maniera negativa il sinallagma convenzionale, alterato dalla violazione altrui. Una volta estinto o sospeso il trattato, eventuali comportamenti difformi da esso, operati in risposta all'illecito altrui, saranno del tutto leciti.

Qualora invece uno Stato non si curi di estinguere o di sospendere il trattato e reagisca direttamente con un comportamento di tipo materiale, la reazione non è di carattere normativo ma si colloca piuttosto nel campo della responsabilità internazionale. In questo caso il trattato, ancorché ripetutamente violato, mantiene la sua efficacia e continua a governare i comportamenti delle parti.

Un esempio di questo tipo si rinviene nella pronuncia della Corte internazionale di giustizia relativa al caso *Gabcíkovo-Nagymaros (Ungheria c. Slovacchia)*, sentenza del 25 settembre 1997. La controversia ha avuto origine dal rifiuto dell'Ungheria di realizzare un progetto congiunto di dighe sul Danubio previsto da un trattato con la Slovacchia e motivato con esigenze di carattere ambientale. Nel corso della controversia, l'Ungheria aveva sospeso il trattato e successivamente aveva adottato un provvedimento di estinzione. La Slovacchia, richiesto invano l'adempimento da parte dell'Ungheria, aveva quindi unilateralmente realizzato sul proprio territorio un progetto difforme da quello originario. La Corte ha accertato che, in assenza dei presupposti per l'estinzione o la sospensione, il trattato era rimasto in vigore nonostante i molteplici comportamenti difformi posti in essere dalle parti (par. 115).

5. *Il mutamento fondamentale delle circostanze*

L'art. 62 della Convenzione di Vienna disciplina l'estinzione di un trattato in caso di mutamento fondamentale delle circostanze di fatto alla base della sua conclusione. Si tratta di una causa di estinzione talvolta indicata con la formula "*rebus sic stantibus*". Si tratta di una clausola che tende ad adeguare la situazione normativa convenzionale al mutamento della realtà sociale. Essa non opera quindi per il diritto consuetudinario che, per propria natura dovrebbe, momento per momento, evolvere in maniera da adeguarsi all'evoluzione del costume sociale.

L'art. 62 limita l'invocazione della clausola "*rebus sic stantibus*" al caso in cui le circostanze di fatto esistenti al momento della conclusione del trattato abbiano costituito il motivo determinante del consenso ad obbligarsi e il loro mutamento abbia l'effetto di alterare radicalmente la natura o la portata degli obblighi convenzionali che rimangono da adempiere. Tale causa di estinzione non opera se si tratta di un trattato che fissa un confine o se il cambiamento costituisce il risultato di una violazione del diritto internazionale ad opera della parte che la invoca.

La Convenzione di Vienna tende a limitare la portata della clausola. Essa è tuttavia invocata a volte anche al di fuori delle condizioni stabilite dalla Convenzione. Ad esempio, la Comunità europea e i suoi Stati membri hanno invocato la clausola "*rebus sic stantibus*" al fine di sospendere e successivamente estinguere, nel 1991, un accordo di cooperazione con la Repubblica Socialista Federativa di Iugoslavia a causa del conflitto sul territorio iugoslavo, che avrebbe mutato in maniera radicale le circostanze in base alle quali l'accordo era stato concluso. La sospensione dell'accordo venne considerata conforme, o perlomeno non manifestamente difforme, rispetto alle condizioni previste dall'art. 62 della Convenzione di Vienna, nonché al diritto consuetudinario, dalla sentenza della Corte di giustizia delle Comunità europee nel caso *Racke*, causa C-162/96, sentenza del 16 giugno 1998. La clausola "*rebus sic stantibus*" venne invocata anche dagli Stati Uniti nel momento in cui fu denunciato il Trattato ABM (*Anti Ballistic Missiles*) concluso nel 1972 con l'allora Unione Sovietica. La fine della dottrina della "*mutual assured destruction*", che aveva caratterizzato l'equilibrio bipolare durante il periodo che va sotto il nome di guerra fredda, fu addotta come cambio radicale delle circostanze su cui il trattato era fondato.

6. *Profili procedurali della invalidità e dell'estinzione dei trattati*

La Convenzione di Vienna prevede, agli articoli 65 e 66, il meccanismo per far valere l'invalidità o l'estinzione dei trattati. In assenza di procedure obiettive di accertamento, tale meccanismo si fonda largamente sulla ricerca del consenso delle parti.

Una parte che voglia adottare una misura che dichiari l'invalidità, l'estinzione o la sospensione, ovvero che intenda recedere da un trattato, deve notificare alle altre parti la propria intenzione, ai sensi dell'art. 65, par. 1. In assenza di obiezioni, tale parte potrà quindi procedere ad adottare tale misura.

L'art. 42 della Convenzione sembra indicare che uno Stato possa invocare una causa di estinzione o di invalidità di un trattato solo attraverso la procedura prevista dagli articoli 65 ss. della Convenzione. È peraltro molto dubbio che questa disposizione corrisponda al diritto internazionale generale, anche alla luce della sua scarsissima applicazione.

La mancata invocazione da parte di uno Stato dell'invalidità o dell'estinzione di un trattato potrebbe comportare l'acquiescenza di tale Stato, il quale perderebbe quindi il potere di farla valere in futuro (per una ipotesi di questo tipo, v. la sentenza della Corte internazionale di giustizia relativa alla *Controversia territoriale e marittima (Nicaragua c. Colombia), obiezioni preliminari*, sentenza del 13 dicembre 2007, par. 79-80).

Qualora alla pretesa di una parte di dichiarare un trattato invalido o estinto corrisponda una obiezione di altre parti sorge una controversia che andrà risolta utilizzando i mezzi pacifici per la soluzione delle controversie internazionali. In assenza di soluzione, e decorso il termine di dodici mesi dall'obiezione, l'art. 66, lett. *b*), prevede che ciascuna delle parti possa richiedere l'attivazione di una ulteriore procedura di conciliazione, disciplinata da un annesso alla Convenzione. L'esito di tale procedura, tuttavia, non produce effetti di carattere vincolante.

Per il solo caso in cui una controversia abbia ad oggetto l'invalidità o l'estinzione di un trattato per contrasto con norme imperative del diritto internazionale, l'art. 66, lett. *a*), prevede una competenza obbligatoria della Corte internazionale di giustizia, che potrà quindi essere adita unilateralmente da ciascuna parte della controversia.

Il regime stabilito dalla Convenzione di Vienna per la determinazione dell'invalidità o dell'estinzione dei trattati, insomma, ha un carattere marcatamente consensuale. Il consenso fra le parti è necessario anche rispetto a cause di invalidità o estinzione che hanno riguardo alla tutela di interessi collettivi o universali, quali, ad esempio, la violenza o il conflitto con norme cogenti, con la sola eccezione stabilita dall'art. 66, lett. *a*).

Questa esasperata ricerca del consenso comporta una serie di problemi. È, ad esempio, possibile che il consenso sulla validità o sull'estinzione si formi fra alcune parti soltanto di un trattato multilaterale, con il conseguente smembramento dell'unitario regime convenzionale.

La principale obiezione nei confronti di tale meccanismo è che esso, in assenza di consenso delle parti, sembra incapace di risolvere definitivamente diversità di vedute delle parti sulla perdurante efficacia di un trattato. In assenza di un meccanismo obiettivo di accertamento, e qualora le parti non raggiungano una soluzione consensuale, il problema della validità o della efficacia di un trattato è anzi destinato a rimanere insoluto. Ciò vuol dire che ciascuna parte che ritenga un trattato invalido o inefficace avrà la facoltà, una volta negoziato in buona fede e constatata l'impossibilità di raggiungere un accordo con le altre parti, di adottare misure unilaterali o semplicemente di tenere comportamenti difformi rispetto al trattato stesso. Non si tratta peraltro di una libertà giuridica ma di una libertà di mero fatto, che non esclude cioè che un giudice internazionale che eventualmente abbia competenza possa raggiungere una soluzione contraria e quindi ritenere illeciti i comportamenti contrari al trattato.

Anche in ragione di tali difficoltà, è diffusa l'opinione che non tutte le articolazioni del procedimento stabilito dalla Convenzione di Vienna corrispondano al diritto internazionale generale.

Nel menzionato caso *Gabcíkovo-Nagymaros*, la Corte internazionale di giustizia sembra dare atto che i principi sui quali si fonda tale procedimento, in particolare l'obbligo di notificare all'altra parte la propria intenzione di adottare misure che incidano sull'efficacia del trattato e l'obbligo di negoziare in buona fede con le altre parti, abbiano portata generale. In senso parzialmente diverso, la Corte di giustizia delle Comunità europee ha invece affermato, nella menzionata sentenza *Racke*, che «le specifiche disposizioni di natura procedurale» stabilite dall'art. 65 non corrispondono al diritto consuetudinario. La sentenza sembra anche presupporre una sorta di diritto unilaterale di adottare misure di estinzione in assenza di accordo dell'altra parte.

Qualora un trattato debba essere applicato nell'ordinamento interno di uno Stato, si pone la questione di vedere se la sua validità o efficacia debba essere valutata dagli operatori giuridici interni. In tal caso, infatti, la questione della validità o dell'efficacia del trattato costituisce una questione preliminare rispetto alla sua applicazione. Un giudice interno, ad esempio, il quale debba decidere sulla fondatezza di una pretesa basata su un trattato, potrà essere chiamato a valutare la validità o l'efficacia di tale trattato.

Qualora si ammetta che le cause di invalidità o estinzione operino automaticamente, si dovrebbe conseguentemente ammettere che il giudice interno sia competente a compiere tale accertamento. Il giudice potrebbe allora decidere, incidentalmente, sulla validità di un atto internazionale la cui applicazione sia rilevante per risolvere la controversia portata innanzi ad esso, fermo restando che la competenza del giudice dipende dal singolo ordinamento statale nel quale si trova ad operare. Un esempio di causa di invalidità che si presta ad un accertamento di tipo obiettivo è quella che deriva da un conflitto fra un trattato e una norma cogente.

Maggiori difficoltà comporta invece l'accertamento giudiziale di cause di invalidità o estinzione rispetto alle quali l'ordinamento internazionale preveda l'esistenza di un margine di valutazione discrezionale da parte dello Stato, come, ad esempio, l'accertamento dell'estinzione di un trattato in seguito ad inadempimento dell'altra parte. Gli organi politici del proprio Stato potrebbero infatti prestare acquiescenza o decidere di estinguere o sospendere una parte soltanto del trattato, sulla base di valutazioni di carattere politico.

Ad una considerazione di questo tipo sembra ispirarsi la Corte di giustizia delle Comunità europee nel menzionato caso *Racke*. Si trattava di vedere se la decisione del Consiglio che aveva sospeso e poi estinto un trattato per mutamento fondamentale delle circostanze fosse conforme alle condizioni stabilite dal diritto dei trattati. La Corte ha ritenuto però di dover limitare il proprio sindacato all'accertamento di violazioni macroscopiche del diritto dei trattati.

CAPITOLO III
LE FONTI A FORMAZIONE CENTRALIZZATA

SOMMARIO: 1. Introduzione. L'istituzionalizzazione della funzione normativa. – 2. Gli atti normativi dell'Assemblea generale: le dichiarazioni di principi. – 3. Lo sviluppo del diritto internazionale attraverso risoluzioni vincolanti del Consiglio di sicurezza. – 4. Le raccomandazioni e le autorizzazioni delle Nazioni Unite.

1. *Introduzione. L'istituzionalizzazione della funzione normativa*

Con questo termine, certamente improprio se inteso in senso assoluto, saranno indicate le fonti dell'ordinamento internazionale che producono diritto sulla base di un procedimento di tipo istituzionale. Tali sono, a livello universale, le fonti del diritto previste dalla Carta delle Nazioni Unite.

Secondo le regole del diritto dei trattati, la Carta stabilisce diritti ed obblighi limitatamente agli Stati parte. L'art. 2, par. 6, della Carta pone tuttavia agli Stati membri l'obbligo di fare in modo che anche gli Stati non membri agiscano in conformità con i principi della Carta in tema di mantenimento della pace e della sicurezza internazionale. La regola è formulata in termini bilateralisti dato che si limita a imporre obblighi ai soli Stati membri. Tuttavia, tali obblighi consistono nell'assicurare l'osservanza della Carta da parte di Stati che non sono vincolati da essa. Non sembra quindi irragionevole, in una prospettiva di carattere istituzionale, che la Carta intenda stabilire un ordinamento obiettivo, che si impone, per quanto riguarda il mantenimento della pace e della sicurezza, a tutti gli Stati della comunità internazionale. In questa prospettiva, le fonti previste dalla Carta sono quindi espressione di un principio di supremazia dell'Organizzazione.

L'idea di una procedura istituzionale di produzione del diritto è legata alla nozione di autorità sociale. Solo l'esistenza di una autorità sociale consente infatti di spiegare come una norma possa produrre obblighi per i consociati anche in assenza di consenso da parte di ciascuno di essi.

L'identificazione di forme di autorità sociale costituisce un dato costante dell'esperienza giuridica interna. Essa è, di converso, un fatto assolutamente eccezionale nell'ambito della comunità internazionale, costituita da una pluralità di enti *superiorem non recognescentes* e fondata sul principio della sovrana eguaglianza degli Stati. Il diritto internazionale contemporaneo, così, ci pone davanti ad un fenomeno inconsueto e assai interessante, in quanto ci consente di studiare come sorge il fenomeno dell'autorità sociale in una comunità paritaria.

La costituzione di forme stabili di autorità sociale nella comunità internazionale può avvenire in due modi: attraverso l'imposizione di fatto di un modello di organizzazione ad opera delle forze dominanti, vale a dire le grandi Potenze; ovvero attraverso il consenso.

La prima di queste due procedure può difficilmente avere luogo nel diritto internazionale contemporaneo. Esistono, invero, forme striscianti di supremazia degli attori dominanti nella scena internazionale, come si è più volte notato nelle pagine precedenti.

Nello studio delle fonti decentralizzate abbiamo osservato una certa tendenza delle forze dominanti ad imporre norme giuridiche prodotte secondo procedimenti in parte diversi da quelli tradizionali della consuetudine e dell'accordo. In particolare, si è visto che non di rado la formazione di norme consuetudinarie è influenzata dalle posizioni degli Stati più forti che, talvolta, riescono anche ad imporre norme non sorrette dagli elementi tradizionali della prassi e dell'*opinio iuris*. Anche nell'ambito del diritto dei trattati si è osservata una tendenza ad estendere gli effetti di norme convenzionali oltre il tradizionale limite del consenso delle parti. In altri termini, anche nell'ambito delle tradizionali dinamiche giuridiche della comunità internazionale, si possono notare tentativi, ad opera degli Stati o di gruppi di Stati più potenti, di stabilire forme più o meno striscianti di autorità sociale.

Gli autori che si richiamano a una concezione realista dell'ordinamento internazionale hanno sottolineato in maniera anche più forte l'esigenza di tener conto del ruolo degli Stati più forti nella formazione delle fonti internazionali, ricostruendo addirittura una categoria di fonti *ad hoc*, denominata "principi", il cui fatto produttivo veniva individuato essenzialmente nella volontà delle forze dominanti della comunità internazionale (v. *supra*, parte II, capitolo I, sezione II).

Tuttavia, l'istituzione di un vero e proprio modello giuridico di supremazia ad opera di uno Stato e di un gruppo di Stati è fortemente ostacolato dalle resistenze della comunità internazionale. Esso è reso particolarmente difficoltoso anche dalla complessità della realtà internazionale, che impedisce ad uno Stato o ad un gruppo di Stati di stabilire delle forme stabili di dominio sociale sull'intera comunità.

Come si è visto a proposito delle norme che regolano l'uso della forza, infatti, nessuno Stato della comunità internazionale è in grado di assicurare un controllo sociale dei conflitti. Anche il gruppo degli Stati egemoni nella vita delle relazioni internazionali – il gruppo degli Stati occidentali – tende quindi ad accettare la forma di controllo assicurata dal divieto di uso della forza, pur riservandosi politicamente la possibilità di violarlo in corrispondenza di propri interessi.

Questo schema si applica più in generale ai processi di formazione e di attuazione del diritto. La struttura paritaria della comunità internazionale, ancorché talvolta solo nominalista, costituisce infatti un dato caratterizzante dell'ordinamento. In maniera non dissimile da quanto accade, in forme e con gradi diversi, negli ordinamenti interni, le forze socialmente dominanti tendono bensì ad utilizzare a proprio vantaggio le strutture normative ed istituzionali della comunità internazionale, senza però metterle formalmente in discussione e, anzi, riconoscendone la vigenza.

La creazione di forme istituzionali di organizzazione politica non può quindi che avvenire su base consensuale: attraverso cioè un trattato che disponga il trasferimento di poteri a favore di istituzioni della comunità internazionale. Attraverso un atto fondato sul consenso, quindi, si viene a costituire un ordinamento speciale nel quale certi organi avranno il potere di produrre norme giuridiche che non si fondano direttamente sul consenso dei propri destinatari. Qualora il trattato riesca ad attrarre consenso universale, si potrà allora assistere alla formazione di un'autorità universale attraverso il consenso.

Questo è essenzialmente il meccanismo che è talvolta indicato con la formula della "legislazione internazionale". Una società orizzontale, quale quella internazionale può trasferire in capo ad un ente centralizzato il potere di operare con carattere di supremazia e di produrre norme giuridiche vincolanti per i consociati. L'accordo attraverso il quale viene effettuato il trasferimento dei poteri funge da base giuridica per l'esercizio dei poteri trasferiti.

La circostanza, peraltro, che tale struttura istituzionale si fondi su di un accordo rende la costruzione assai fragile. In primo luogo, si pone il problema di assicurare l'osservanza di tali norme da parte degli Stati che non siano parti di esso. In secondo luogo, si pone il problema di sottrarre tali norme all'applicazione delle regole del diritto dei trattati.

La natura consensuale dell'atto istitutivo è capace di pregiudicare l'intera costruzione istituzionale. In un sistema istituzionale fondato su un trattato, il fondamento ultimo degli effetti giuridici degli atti istituzionali rimane il consenso originariamente prestato dagli Stati parte. Questi potranno quindi invocare nei confronti degli atti derivati i medesimi motivi di inefficacia o invalidità che essi potrebbero invocare nei confronti del trattato. Un ulteriore esempio di questa debolezza è dato dalla difficoltà di inquadrare giuridicamente i conflitti fra le norme interne al sistema e norme esterne, come ad esempio, gli accordi fra Stati che intendono stabilire deroghe destinate ad applicarsi nei loro rapporti reciproci. In una prospettiva istituzionalista, tali deroghe vanno valutate unicamente alla luce dell'atto costitutivo, e risultano generalmente invalide se in contrasto con esso. In una prospettiva internazionalista, invece, esse sono disciplinate dal diritto dei trattati e risultano quindi generalmente produttive di effetti pur se incompatibili con il trattato costitutivo.

La difficoltà di inquadrare giuridicamente il fenomeno della istituzionalizzazione della funzione normativa deriva, insomma, dal fatto che tale fenomeno si esplica in sistemi convenzionali autonomi rispetto al diritto generale, al quale però rimangono legati attraverso il cordone ombelicale dato dal trattato istitutivo.

Una soluzione diversa vale allorché il nuovo ente costituito a mezzo di un trattato riesca ad affermare in via di fatto una totale autonomia rispetto alla originaria volontà delle parti. In tal caso, infatti, i conflitti saranno disciplinati dalle speciali regole di conflitto proprie di tale ordinamento e non più dalle regole di conflitto dell'ordinamento internazionale generale. Da un punto di vista giuridico, avremmo allora il sorgere di un nuovo ordinamento, che trae storicamente origine da un trattato, ma che, dal punto di vista giuridico, si afferma come originario e autonomo. Il trattato istitutivo costituirà allora una sorta di carta costituzionale del nuovo ente nel senso che disciplinerà in via esclusiva, senza cioè il ricorso al diritto internazionale, le vicende giuridiche interne a tale ente.

Affinché tale condizione si realizzi, occorre che il nuovo ente sia anche politicamente autonomo: che cioè sia dotato di mezzi propri ed efficaci per imporre i propri orientamenti senza l'ausilio, e anzi, talvolta, contro la volontà dei suoi Stati membri.

Nell'attuale fase storica, che vede un addensamento del potere politico a livello degli Stati, non è facile che si verifichino fenomeni di questo tipo. Gli Stati tendono infatti a mantenere un rigido controllo politico sugli enti da essi stabiliti. In assenza di forme efficaci di controllo, tali enti potrebbero attuare un proprio indirizzo politico autonomo e contrario agli interessi statali.

Ordinamenti derivati da un trattato, ma che hanno nondimeno acquisito una forma di autonomia, sono quindi assai rari. L'esempio più noto è quello dell'ordinamento dell'Unione europea, la cui trattazione, in virtù dei suoi particolarissimi caratteri, fuoriesce ormai dai limiti di un corso di diritto internazionale. Una autonomia parziale è quella dell'ordinamento delle Nazioni Unite, nell'ambito del quale si verifica anche un interessante fenomeno di mutuo condizionamento fra organi dell'organizzazione e Stati membri. Se pure, infatti, l'organizzazione agisce con carattere di supremazia rispetto agli Stati, essa, nondimeno, difficilmente è in grado di fare a meno della cooperazione degli Stati più forti: sia di quelli giuridicamente più forti, in quanto membri permanenti del Consiglio di sicurezza, sia, soprattutto, di quelli politicamente e militarmente più forti.

Nei paragrafi seguenti saranno quindi esaminati gli atti delle Nazioni Unite, nella loro qualità di fonti di diritto internazionale. Questa analisi merita una certa attenzione in quanto l'ordinamento delle Nazioni Unite, per il suo carattere pressoché universale, nonché per la tendenza ad affermarsi anche nei confronti di entità che non sono membri dell'organizzazione, rende particolarmente evidente il carattere centralizzato delle sue norme.

2. *Gli atti normativi dell'Assemblea generale: le dichiarazioni di principi*

L'Assemblea generale delle Nazioni Unite adotta sovente risoluzioni contenenti principi giuridici e raccomanda agli Stati di conformarvisi. La Carta non stabilisce espressamente tale potere. Esso può però essere fondato sul generale potere dell'Assemblea, disciplinato dall'art. 10, di rivolgere raccomandazioni agli Stati su questioni o argomenti che rientrino nell'ambito di applicazione della Carta. D'altra parte, l'art. 13, par. 1, lett. *a*), della Carta assegna all'Assemblea il compito di promuovere lo sviluppo progressivo e la codificazione del diritto internazionale. È ragionevole ritenere che l'Assemblea possa esercitare tale funzione anche attraverso l'adozione di dichiarazioni di principi.

Con tali dichiarazioni, l'Assemblea rileva i principi di diritto internazionale esistenti e promuove la formazione di nuovi principi sui quali intende fondare l'ordine giuridico internazionale. Non di rado, le dichiarazioni di principi dell'Assemblea generale sono tese proprio a precisare il diritto internazionale e a promuoverne lo sviluppo verso obiettivi compatibili con la Carta delle Nazioni Unite. Molte di esse, infatti, sono state alla base di un rapido sviluppo del diritto internazionale generale.

Fra le dichiarazioni che hanno contribuito in maniera evidente allo sviluppo del diritto internazionale, conviene ricordare la *Dichiarazione sul crimine di genocidio* (risoluzione 96 (I) dell'11 dicembre 1946), la *Dichiarazione universale dei diritti dell'uomo* (risoluzione 217 (III) del 10 dicembre 1948), la *Dichiarazione sulla concessione dell'indipendenza ai paesi e ai popoli coloniali* (risoluzione 1514 (XV) del 14 dicembre 1960), la *Dichiarazione relativa alla sovranità permanente sulle risorse naturali* (risoluzione 1803 (XVII) del 14 dicembre 1962), la *Dichiarazione sui principi di diritto internazionale relativi alle relazioni amichevoli e alla cooperazione fra Stati in conformità con la Carta delle Nazioni Unite* (risoluzione 2625 (XXV) del 24 ottobre 1970), la *Dichiarazione di principi che regolano il regime del suolo e i fondali dei mari marini, ivi compreso il sottosuolo, al di là della giurisdizione nazionale* (risoluzione 2749 (XXV) del 17 dicembre 1970), la *Dichiarazione sulla definizione di aggressione* (risoluzione 3314 (XXIX) del 14 dicembre 1974), la *Dichiarazione sulle misure per eliminare il terrorismo internazionale* (risoluzione 49/60 del 9 dicembre 1994).

Le dichiarazioni di principi dell'Assemblea generale, come tutti gli altri atti normativi adottati dall'Assemblea, non hanno valore formale vincolante. È diffusa l'opinione che esse contribuiscano in maniera accentuata alla formazione del diritto generale.

La Corte internazionale di giustizia ha menzionato in varie occasioni dichiarazioni di principi dell'Assemblea come elementi della prassi ovvero come manifestazioni di *opinio iuris* dalle quali dedurre norme generali. Un esempio viene dalla sentenza di merito nel caso relativo alle *attività militari e paramilitari in Nicaragua e contro il Nicaragua (Nicaragua c. Stati Uniti)*, del 27 giugno 1986, nella quale la Corte ha valorizzato il consenso espresso dagli Stati nei confronti della Dichiarazione sulle relazioni amichevoli fra i popoli del 1970, al fine di dedurre l'accettazione del principio del divieto di uso della forza non condizionato al funzionamento del meccanismo di sicurezza collettivo disposto dalla Carta (par. 188).

In una prospettiva istituzionale, le dichiarazioni di principi possono essere viste come una procedura centralizzata di formazione di norme non vincolanti, talvolta definite anche come norme di *soft-law*. Con questa espressione si definiscono delle norme perfettamente compiute quanto al loro contenuto dispositivo, ma prive di valore vincolante.

Norme di *soft-law* possono ben essere prodotte attraverso altre fonti, ad esempio attraverso la conclusione di intese non giuridicamente vincolanti. Tale è il caso, ad esempio, dell'Atto finale della Conferenza sulla Sicurezza e la Cooperazione in Europa, adottato ad Helsinki il 1° agosto 1975. Con il termine *soft-law*, peraltro, si indica talvolta anche un fenomeno di diverso tipo, quale l'esistenza di norme dotate bensì di valore vincolante ma aventi un contenuto precettivo particolarmente incerto, quali obblighi di cooperazione o di buona fede.

Non si può affatto escludere, tuttavia, che le dichiarazioni possano produrre norme vincolanti in quanto cristallizzino tendenze evolutive già in atto nella comunità internazionale ovvero provvedano ad una composizione appropriata di interessi o valori della comunità internazionale. Si verificherebbe allora un fenomeno simile a quello della formazione di consuetudini istantanee, nel senso che una dichiarazione che non costituisce di per sé un atto vincolante, esprima nondimeno esigenze avvertite dalla comunità internazionale, la quale automaticamente vi si conforma.

L'Assemblea generale, in virtù della sua composizione universale, sembra particolarmente adatta a svolgere questo ruolo. Non sono rari i casi di dichiarazioni di principi sorrette da universale o comunque larghissimo consenso, le quali hanno provveduto ad una composizione ragionevole ed equilibrata di esigenze di tutte le componenti della comunità internazionale, ovvero hanno dato forma normativa ad interessi e valori universali e, per ciò, sono state osservate in quanto diritto vigente.

È noto, ad esempio, che l'adozione della Dichiarazione sul crimine di genocidio ha innescato un rapidissimo sviluppo del diritto internazionale, che ha significativamente modificato le regole preesistenti. Essa ha quindi ispirato la redazione della Convenzione sulla prevenzione e la repressione del crimine del genocidio, adottata dall'Assemblea generale con risoluzione 260 (III) del 9 dicembre 1948, la quale è stata considerata già dal momento della sua redazione come largamente corrispondente al diritto generale. In termini analoghi, la Dichiarazione universale sui diritti dell'uomo ha ispirato la redazione di numerosi testi convenzionali e si è affermata, almeno in parte, nella prassi come un modello di formulazione del diritto generale in tema di diritti dell'uomo. Ad essa si riferiscono, ad esempio, numerosi atti dell'Unione europea che condizionano al suo rispetto l'efficacia di accordi stipulati con Stati in via di sviluppo (cfr., ad esempio, l'art. 1 dell'Accordo di cooperazione tra la Comunità europea e la Repubblica popolare del Bangladesh sul partenariato e sullo sviluppo, concluso con Decisione del Consiglio del 26 febbraio 2001, 2001/332/CE).

3. *Lo sviluppo del diritto internazionale attraverso risoluzioni vincolanti del Consiglio di sicurezza*

Il Consiglio di sicurezza è concepito, nella Carta, come un organo di carattere operativo. Come si è visto, ad esso è assegnata la responsabilità principale nel mantenimento della pace e della sicurezza. Gli artt. 41 e 42 svolgono questa indicazione ed individuano le misure che il Consiglio può adottare a tal fine. Le risoluzioni di carattere operativo sono quelle con le quali, quindi, il Consiglio affronta una situazione concreta nella quale vi è una minaccia alla pace e alla sicurezza internazionale, adottando raccomandazioni o decisioni rivolte agli Stati ovvero misure di vario tipo rivolte alle forze delle Nazioni Unite.

Ancorché le risoluzioni operative non abbiano come scopo quello di accertare o stabilire norme giuridiche, esse possono tuttavia dare un contributo in questa direzione. Nell'ambito delle proprie funzioni operative, ad esempio, il Consiglio ricostruisce il contenuto di norme internazionali, ne determina l'ambito di applicazione, accerta la liceità o l'illiceità di una certa condotta. Ciò facendo, il Consiglio non svolge direttamente una funzione normativa ma contribuisce all'accertamento e allo sviluppo del diritto internazionale generale.

Esempi di delibere operative di questo tipo non sono rari. Il Consiglio ha accertato il contenuto del diritto di legittima difesa (risoluzione 661 (1990) del 6 agosto 1990 relativa alla situazione tra l'Iraq e il Kuwait); ne ha determinato l'ambito estendendolo (in maniera peraltro ambigua) ad attacchi ad opera di enti non statali (risoluzione 1373 (2001) del 28 settembre 2001 sulla minaccia alla pace e alla sicurezza internazionale derivante da atti terroristici); ha accertato la illiceità di comportamenti statali o individuali alla luce del diritto generale o convenzionale (v., ad esempio, la risoluzione 460 (1979) del 21 dicembre 1979 con la quale il Consiglio ha accertato che i comportamenti posti in essere dalla Rhodesia del Sud costituivano violazione del principio di autodeterminazione dei popoli; la risoluzione 1843 (2008) del 20 novembre 2008 relativa al rispetto delle norme in materia di diritti dell'uomo, di diritto internazionale umanitario e dei rifugiati nella Repubblica democratica del Congo).

Più complesso è stabilire se il Consiglio di sicurezza abbia anche il potere di stabilire norme generali e astratte, applicabili, cioè, non solo in situazioni determinate ma in via generale. Il Consiglio ha occasionalmente adottato delibere di carattere normativo. Tali delibere indicano espressamente o implicitamente le regole il cui rispetto è necessario al fine di assicurare la pace e la sicurezza internazionale. In questi casi, il Consiglio utilizza il proprio ruolo di "responsabile principale" del mantenimento della pace per svolgere vere e proprie funzioni di carattere legislativo.

Il Consiglio di sicurezza ha adottato un certo numero di risoluzioni aventi dichiaratamente carattere normativo, soprattutto nel campo del diritto umanitario e della protezione dei civili (v. risoluzioni 1674 (2006) del 28 aprile 2006 e 1738 (2006) del 23 dicembre 2006), della protezione dei bambini nei conflitti armati (risoluzione 1612 (2005) del 26 luglio 2005) e nel campo della non proliferazione nucleare. La più nota, in quest'ultimo campo, è la risoluzione 1540 (2004) del 28 aprile 2004 nella quale il Consiglio, accertato che la proliferazione delle armi nucleari costituisce una minaccia alla pace, ha stabilito una serie di obblighi a carico degli Stati consistenti soprattutto nell'impedire che entità non statali possano sviluppare una propria tecnologia nucleare. In altre risoluzioni, in particolare nelle risoluzioni 1695 (2006) del 15 luglio 2006 e 1718 (2006) del 14 ottobre 2006, il Consiglio ha quindi stabilito che il recesso dal Trattato di non proliferazione, del tutto lecito ai sensi del trattato stesso, potrebbe costituire una minaccia alla pace, ed ha prospettato l'illiceità dell'atto di recesso ad opera della Corea del Nord. Fra le recenti risoluzioni aventi carattere normativo conviene ricordare la risoluzione 1820 (2008) del 19 giugno 2008, nella quale il Consiglio ha definito il contenuto delle norme internazionali aventi ad oggetto il divieto di violenza sessuale nell'ambito dei conflitti armati.

Un contributo allo sviluppo del diritto internazionale può venire anche dalle risoluzioni organizzative, con le quali il Consiglio stabilisce organi e procedure per l'amministrazione di situazioni di crisi ovvero organi giudiziari per il perseguimento di condotte individuali contrarie al diritto internazionale penale. In questi casi, talora, il Consiglio di sicurezza indica anche il diritto applicabile da tali organi, sia ricostruendo le norme applicabili, sia indicandone di nuove.

Gli esempi nella prassi recente sono numerosi. Il caso più noto è dato dalle due risoluzioni 808 (1993) del 22 febbraio 1993 e 827 (1993) del 25 maggio 1993, che hanno istituito il Tribunale penale internazionale per l'ex Iugoslavia adottandone lo Statuto, nonché le altre risoluzioni relative alla istituzione e al funzionamento di altri tribunali internazionali (v. *supra*, parte I, capitolo II, par. 5, lett. *f*). Si vedano anche le risoluzioni che hanno precisato la procedura che il Comitato per le sanzioni e gli Stati parte devono seguire nell'adozione e nell'attuazione di misure sanzionatorie nei confronti di enti e di individui (v. la risoluzione 1730 (2006) del 19 dicembre 2006; 1735 (2006) del 22 dicembre

2006; 1822 (2008) del 30 giugno 2008). Cfr. inoltre le risoluzioni, e i relativi atti di esecuzione, attraverso i quali il Consiglio ha definito le regole applicabili nei territori sotto amministrazione civile diretta dalle Nazioni Unite (v., ad esempio, la risoluzione 1244 (1999) per quanto riguarda l'amministrazione del Kosovo).

La forza giuridica di tali norme è quella propria delle risoluzioni che le contengono. Le risoluzioni fondate sul Capitolo VII con le quali il Consiglio stabilisce norme giuridiche generali e astratte risultano allora, parimenti alle risoluzioni operative, vincolanti nei confronti degli Stati membri delle Nazioni Unite. Inoltre, ai sensi dell'art. 2, par. 6, della Carta, gli Stati sono obbligati a far sì che anche gli Stati non membri vi si adeguino.

Sono generalmente fondate sul Capitolo VII le risoluzioni relative agli obblighi in tema di non proliferazione nucleare. Le risoluzioni relative al diritto umanitario e ai doveri di protezione che gravano sui belligeranti nell'ambito di conflitti armati non recano invece alcuna indicazione quanto al loro fondamento. Ancorché esse menzionino la responsabilità principale del Consiglio di sicurezza in tema di mantenimento della pace e della sicurezza internazionale, è dubbio che questo richiamo possa conferire loro valore vincolante. Tali risoluzioni esplicitano peraltro la convinzione del Consiglio che gli Stati debbano attenersi a tali regole al fine di evitare l'insorgere di situazioni atte a minacciare la pace e la sicurezza internazionale e, quindi, a fondare l'intervento del Consiglio stesso ai sensi del Capitolo VII.

D'altra parte, norme internazionali che trovino fonte unicamente in risoluzioni del Consiglio di sicurezza sono certamente soggette anche ai limiti che l'azione del Consiglio incontra in base alla Carta.

Si possono individuare due tipi di limiti. Il primo è un limite di competenza. Il Consiglio non ha certamente alcuna competenza ad esercitare una funzione di produzione giuridica in senso proprio. Non vi è, infatti, nella Carta alcuna norma che assegni al Consiglio il ruolo di legislatore internazionale.

Ciò non vuol dire peraltro che risoluzioni normative del Consiglio siano di per sé contrarie alla Carta. Esse sono conformi alla Carta allorché si limitino a definire le condizioni per l'esercizio dei poteri operativi assegnati al Consiglio. In altre parole, il Consiglio può ben identificare attraverso norme generali e astratte le condotte che gli Stati debbono tenere al fine di evitare che si producano situazioni di minaccia alla pace che giustifichino un intervento operativo.

La predeterminazione di tali condizioni non costituisce espressione di una funzione normativa in senso proprio, in quanto si limita a stabilire gli orientamenti che il Consiglio intende seguire nell'esercizio delle proprie funzioni operative. Una risoluzione che indichi, ad esempio, misure per evitare la proliferazione nucleare non stabilisce dei veri e propri obblighi a carico degli Stati quanto piuttosto l'onere di conformarsi a tali misure al fine di evitare una minaccia alla pace e, quindi, l'intervento operativo del Consiglio di sicurezza. La differenza consiste nel fatto che gli Stati sono tenuti al rispetto della risoluzione unicamente nei confronti del Consiglio di sicurezza e non nei confronti di altri Stati. Agli effetti pratici, tuttavia, tale differenza è esile, per cui, con un certo grado di approssimazione, si può ben parlare di un ruolo normativo del Consiglio.

Un secondo limite che incontra il Consiglio nello svolgere questo ruolo normativo è dato dalle norme sostanziali della Carta. La circostanza che la funzione normativa sia svolta in un quadro rigorosamente istituzionale ha come conseguenza la necessità di rispettare la Carta, intesa come quadro giuridico fondamentale nell'ambito del quale si svolge tutta l'attività del Consiglio.

Peraltro la Carta, redatta al fine soprattutto di limitare l'azione degli Stati membri, non contiene molte norme tese a limitare l'attività del Consiglio. È possibile, tuttavia, ricostruire i principi fondamentali della Carta come il quadro fondamentale di riferimento sia per i comportamenti dei soggetti che degli organi internazionali. È diffusa l'opinione, ad esempio, che il Consiglio non possa imporre agli Stati la violazione di diritti individuali fondamentali, neanche allorché tale violazione sia necessaria al fine di mantenere o ripristinare la pace e la sicurezza internazionale. Il quadro dei limiti imposti dalla Carta all'azione del Consiglio tende quindi a sovrapporsi con la ricostruzione delle norme cogenti di diritto internazionale, alle quali quindi conviene rinviare (v. *infra*, parte II, capitolo IV, sezione IV).

Un diverso problema è quello di individuare gli organi aventi la competenza ad accertare l'invalidità di atti istituzionali adottati in violazione dei limiti della Carta. Il problema è analogo a quello relativo al carattere *ultra vires* delle risoluzioni operative, del quale ci siamo già occupati. Vero è che il problema del sindacato giurisdizionale si porrebbe in termini assai urgenti qualora il Consiglio di sicurezza, avvalendosi dei poteri conferitigli al fine di mantenere la pace e la sicurezza, intendesse esercitare in maniera ampia funzioni di carattere normativo. L'importanza di un controllo giurisdizionale teso a controllare che il Consiglio si mantenga nell'alveo delle proprie funzioni è importante anche alla luce della scarsa rappresentatività dei membri del Consiglio rispetto alla composizione della comunità internazionale e del rischio che il Consiglio tenda ad imporsi come una specie di direttorio rispetto ad essa.

4. *Le raccomandazioni e le autorizzazioni delle Nazioni Unite*

L'Assemblea generale e il Consiglio di sicurezza hanno il potere di adottare raccomandazioni, ciascuno attraverso i procedimenti ed entro i limiti delle competenze stabiliti dalla Carta.

La raccomandazione costituire un atto non vincolante, che si dirige a singoli Stati o, più spesso, a tutti gli Stati membri, indicando un certo comportamento da tenere.

L'assenza di vincolo non equivale però all'assenza di effetto giuridico. Le raccomandazioni sono infatti atti giuridici che intendono orientare i comportamenti degli Stati per finalità di ordine generale. Esse concorrono quindi a formare il diritto applicabile ad una data situazione giuridica e influenzano l'interpretazione e l'applicazione delle altre regole di diritto internazionale.

La dottrina ha più volte affrontato il problema di vedere se le raccomandazioni possano anche costituire una causa di giustificazione per la mancata applicazione di altre regole di diritto. Uno Stato potrebbe, ad esempio, invocare una raccomandazione al fine di tenere un comportamento difforme rispetto a un trattato o a una regola di diritto generale. Il problema si è posto, in particolare, rispetto agli atti con i quali il Consiglio di sicurezza ha raccomandato l'uso della forza per assicurare l'effettività di sanzioni economiche, nonché rispetto alle raccomandazioni del Consiglio di sicurezza e dell'Assemblea generale in tema di sanzioni economiche. V. *supra*, parte I, capitolo II, par. 6 e 9.

È ragionevole ritenere che gli effetti di una raccomandazione vadano ricostruiti in relazione al suo contenuto nonché ai poteri dei quali dispone l'organo che l'ha adottata. Una raccomandazione può ben costituire una causa di esclusione dall'illecito qualora essa sia stata adottata al fine di consentire condotte altrimenti vietate dal diritto internazionale e qualora l'organo che l'ha adottata abbia il potere di vincolare gli Stati a tenere tali condotte.

Il Consiglio di sicurezza, ad esempio, ha il potere, in base all'art. 41, di vincolare gli Stati ad adottare sanzioni economiche pur se tale condotta fosse in contrasto con altri obblighi internazionali. È quindi logico ritenere che uno Stato possa discostarsi dai propri obblighi, ed adottare sanzioni economiche, anche al fine di conformarsi ad una raccomandazione del Consiglio. In caso contrario, le raccomandazioni potrebbero operare soltanto allorché le misure raccomandate siano lecite ai sensi del diritto internazionale.

È più difficile ricostruire un effetto di questo tipo a favore dell'Assemblea generale, che non dispone del potere di adottare atti vincolanti. È difficile ritenere che un organo che non abbia il potere di vincolare gli Stati a tenere certe condotte possa invece "svincolarli" attraverso un atto non vincolante dal rispetto dei propri obblighi internazionali. Le raccomandazioni dell'Assemblea hanno quindi solo l'effetto di integrare le regole di diritto applicabili nei rapporti bilaterali e di contribuire alla loro interpretazione e applicazione.

CAPITOLO IV
I RAPPORTI TRA FONTI

INTRODUZIONE

Le dinamiche normative dell'ordinamento internazionale sono assai diverse da quelle che caratterizzano generalmente gli ordinamenti statali. Questi ultimi tendono, come è noto, ad ordinare il sistema delle fonti sulla base di criteri di carattere formale, quali il criterio gerarchico, quello temporale e quello di specialità.

Tali criteri hanno rilievo più modesto nell'ordinamento internazionale, caratterizzato, come si è visto, dalla assenza di veri e propri meccanismi centralizzati di produzione giuridica. Nell'ordinamento internazionale hanno invece molto rilievo le tecniche di coordinamento fra norme di pari valore.

In questo capitolo saranno esaminate alcune delle tecniche impiegate al fine di disciplinare rapporti fra fonti o fra norme dell'ordinamento internazionale. La sezione I è dedicata al fenomeno dei rapporti fra diritto generale e diritto scritto e, in particolare, al fenomeno della codificazione. Le sezioni II e III prenderanno in considerazione, rispettivamente, il coordinamento ed il conflitto fra fonti paritarie. La sezione IV sarà dedicata ai rapporti di carattere gerarchico fra fonti e, in particolare, alla formazione di una categoria di norme dotate di valore superiore: il cosiddetto diritto cogente.

Sezione I

LA CODIFICAZIONE DEL DIRITTO GENERALE

SOMMARIO: 1. La nozione di codificazione. – 2. Le attività di codificazione intraprese dalle Nazioni Unite. – 3. Gli effetti della codificazione. – 4. I rapporti tra norme consuetudinarie e trattati di codificazione. – 5. Vicende del trattato di codificazione e regole consuetudinarie.

1. *La nozione di codificazione*

L'esigenza di codificare il diritto, che ha caratterizzato in epoche passate la fase del passaggio dalle fonti consuetudinarie alle fonti scritte negli ordinamenti giuridici nazionali, è avvertita anche nel diritto internazionale.

La codificazione ha soprattutto lo scopo di rafforzare la certezza del diritto attraverso la redazione di testi normativi che recepiscano la normativa non scritta.

La realizzazione di tale scopo comporta, tuttavia, una serie di inconvenienti. Il passaggio da una norma non scritta ad un testo normativo altera l'effetto giuridico proprio della norma consuetudinaria la quale, una volta codificata, spiegherà l'effetto proprio della fonte nella quale essa viene recepita. Inoltre, la codificazione finisce con l'alterare anche la natura della fonte consuetudinaria, che è capace di adeguare immediatamente il diritto alla mutevole realtà sociale. Una volta codificata, la norma consuetudinaria finirà infatti con il seguire le vicende proprie dell'atto fonte che l'ha recepita e che generalmente richiede, per essere modificato, l'adozione di un atto eguale e contrario a quello originario.

Questi inconvenienti sono in parte attenuati negli ordinamenti interni in virtù del fatto che il processo di codificazione è stato realizzato soprattutto attraverso lo strumento della legge, fonte di diritto generale. Nell'ordinamento internazionale, in virtù della diversa struttura normativa e dell'assenza di una funzione legislativa, la codificazione è operata soprattutto attraverso la conclusione di trattati. Proprio le difficoltà e i problemi giuridici connessi alle vicende dei trattati di codificazione saranno oggetto di analisi nei paragrafi seguenti.

È noto come i primi tentativi di codificazione risalgano alla fine del XIX secolo ed abbiano interessato soprattutto il settore del diritto bellico. Di tali attività, sono ricordate soprattutto le due conferenze de L'Aja del 1899 e del 1907, che adottavano 13 convenzioni e un numero di dichiarazioni, concernenti soprattutto il diritto bellico, fra le quali conviene ricordare la I e la II Convenzione sulle leggi e gli usi della guerra terrestre. Venivano peraltro adottate anche due convenzioni sulla soluzione pacifica delle controversie con le quali veniva istituita la Corte permanente di arbitrato (v. *infra*, parte IV, par. 3).

2. *Le attività di codificazione intraprese dalle Nazioni Unite*

La Carta delle Nazioni Unite ha dato nuovo impulso alla codificazione. L'art. 13 della Carta assegna all'Assemblea generale il compito di intraprendere studi e di fare raccomandazioni allo scopo di promuovere lo sviluppo progressivo del diritto internazionale e la sua codificazione.

L'Assemblea generale ha a tal fine istituito un organo sussidiario: la Commissione del diritto internazionale, composta da trentaquattro membri, di riconosciuta competenza nel campo del diritto internazionale, eletti a titolo personale dall'Assemblea generale. La Commissione ha avuto un ruolo decisivo nella codificazione di numerosi settori del diritto internazionale. Essa lavora, di solito, sulla base di rapporti predisposti da un relatore speciale, che si concludono con una proposta di articolato relativa alla materia da codificare. La proposta viene discussa dalla Commissione, la quale la sottopone agli Stati membri per poi approvare un testo indicativo dello stato del diritto internazionale in materia. Tale testo viene quindi sottoposto alla VI Commissione dell'Assemblea generale, la quale potrà decidere se promuovere la conclusione di un accordo di codificazione ovvero se limitarsi ad adottarlo quale atto privo di un proprio valore normativo.

Qualora l'Assemblea decida di promuovere la conclusione di un accordo di codificazione, essa potrà adottare direttamente il testo, per poi aprirlo alla ratifica degli Stati, ovvero convocare una Conferenza internazionale. Questa è la procedura utilizzata più frequentemente. Fra i tanti accordi di codificazione in vigore, conviene ricordare soprattutto la Convenzione di Vienna sul diritto dei trattati del 1969, le Convenzioni di Vienna sulle relazioni diplomatiche del 1961 e sulle relazioni consolari del 1963, le quattro Convenzioni di Ginevra del 1958 sul diritto del mare. Questo procedimento non è stato invece seguito in occasione della convocazione della Terza Conferenza delle Nazioni Unite sul diritto del mare, che non si è avvalsa dei lavori preparatori della Commissione del diritto internazionale ed ha prodotto la Convenzione di Montego Bay del 1982, che costituisce un punto di riferimento per l'intero settore del diritto del mare.

Sarebbe improprio paragonare la codificazione del diritto internazionale mediante accordi all'imponente attività di codificazione del diritto interno attuata in vari ordinamenti statali nel XIX secolo attraverso lo strumento della legge. L'utilizzo della legge come strumento di codificazione ha l'effetto bensì di mutare la natura e il valore normativo delle norme consuetudinarie ma di lasciarne però immutata la portata generale. Viceversa, gli accordi di codificazione mutano sia la natura giuridica che la portata delle norme codificate. Mentre infatti le norme consuetudinarie hanno portata generale, gli accordi di codificazione sono vincolanti solo per gli Stati che li concludono.

Gli accordi di codificazione, inoltre, hanno generalmente carattere dispositivo e possono quindi essere modificati da consuetudini successive. Nelle due sentenze del 25 luglio 1974 relative alla *competenza in materia di pescherie* (*Regno Unito c. Islanda* e *Germania c. Islanda*), la Corte internazionale di giustizia ha applicato alle parti il diritto internazionale generale relativo ai diritti preferenziali di pesca dello Stato costiero in alto mare, ritenendo che la disciplina della Convenzione di Ginevra del 1958 fosse stata superata dall'evoluzione del diritto consuetudinario (v., spec., il par. 51 ss. della sentenza *Regno Unito c. Islanda*).

Più di rado l'Assemblea generale ha scelto di percorrere la diversa strada di approvare un testo di codificazione privo, di per sé, di valore normativo, il quale ha solo l'effetto di costituire un autorevole punto di vista sullo stato del diritto internazionale in materia. Questa soluzione presenta il vantaggio di non sovrapporre l'effetto proprio degli accordi a norme aventi natura consuetudinaria. Essa, in altri termini, costituisce una espressa rinuncia a perseguire la codificazione attraverso un testo dotato di effetti vincolanti e tende piuttosto a promuovere la codificazione avvalendosi unicamente della autorevolezza del testo e della sua capacità di orientare la condotta degli Stati.

Questa soluzione mette ulteriormente in evidenza il ruolo degli organi centralizzati della comunità internazionale nel processo di codificazione. Un testo contenente norme di codificazione approvato con risoluzione dell'Assemblea generale non acquista certamente valore consuetudinario se le norme in esso contenute non possedevano già tale qualità. Né, come si è visto, la circostanza che tali norme siano contenute in una risoluzione dell'Assemblea generale vale, di per sé, a fornire ad esse effetto vincolante.

Questa strada è stata percorsa per gli Articoli sulla responsabilità degli Stati. Il testo, adottato definitivamente dalla Commissione del diritto internazionale nel 2001 in seguito ad un lavoro preparatorio durato oltre trenta anni, è stato quindi approvato dalla VI Commissione dell'Assemblea generale. L'Assemblea ha quindi preso nota del testo, allegandolo alla risoluzione 56/83 del 12 dicembre 2001. Non sembra peraltro che la mancanza di valore normativo dell'articolato ne abbia diminuito l'autorevolezza. Molte delle soluzioni normative da esso adottate sono infatti correntemente menzionate come corrispondenti al diritto internazionale generale. Nonostante il carattere assai controverso delle questioni trattate, l'articolato costituisce un punto di riferimento essenziale per la giurisprudenza e per la prassi internazionale (v. *infra*, parte IV).

Accanto a queste due opzioni, la Commissione del diritto internazionale sembra, nei suoi lavori più recenti, aggiungerne di altre.

Nell'intraprendere studi dedicati alla codificazione del diritto e della prassi delle riserve, nel 1993, la Commissione ha ritenuto che tale attività di codificazione dovesse prevedere l'adozione di direttive (*guidelines*) non aventi effetti vincolanti. Nel 2011, la Commissione ha quindi adottato il testo di una *Guida alla pratica sulle riserve*, raccomandando all'Assemblea generale di prenderne atto e di promuoverne la diffusione. Un precedente di questo tipo di esito è costituito dalle norme-modello adottate dall'Assemblea generale, su impulso della Commissione, nel 1958, sulla procedura arbitrale.

Nel campo della frammentazione del diritto internazionale, la Commissione ha concluso i suoi lavori nel 2006 con l'adozione di un rapporto finale, corredato da quarantadue "conclusioni", poi adottate dall'Assemblea generale, che descrivono varie forme di interazione fra norme internazionali, ma che non hanno, di per sé, contenuto prescrittivo.

La strada della codificazione, ovvero dello sviluppo del diritto internazionale, attraverso atti non vincolanti è stata decisamente imboccata nell'ambito dei successivi lavori della Commissione del diritto internazionale sulle varie tipologie di fonti.

Questa strada è stata percorsa dalla Commissione del diritto internazionale nei lavori relativi all'identificazione del diritto consuetudinario su raccomandazione del relatore speciale Michael Wood (*First report on formation and evidence of customary international law*, A/CN.4/663, par. 18). Il tema è stato incluso nei lavori della Commissione nel 2012 e i lavori si sono conclusi nel 2018 con l'adozione definitiva da parte della Commissione, di sedici "conclusioni" con il commentario (A/73/10).

Una scelta analoga è stata seguito per i lavori sulle norme imperative del diritto internazionale generale (*ius cogens*), iniziati nel 2015. Nel 2019 la Commissione ha approvato in prima lettura, su proposta del relatore speciale Dire Tladi, ventidue "conclusioni" con il relativo commentario, oltre ad un elenco di regole aventi natura cogente, espressamente presentato come non esaustivo (v. *ILC Report*, A/74/10, 2019, capitolo V).

Tale scelta è stata adottata, infine, anche per i lavori della Commissione relativi ai principi generali del diritto, iniziati nel 2018 e ancora in corso di svolgimento. Il relatore speciale, Marcelo Vázquez-Bermúdez, ha finora presentato i primi due rapporti (A/CN.4/732 e A/CN.4/741) nei quali sono formulate complessivamente nove "conclusioni".

Il successo della codificazione attraverso strumenti non vincolanti è verosimilmente dovuto alle difficoltà che insorgono allorché si codifichi il diritto internazionale attraverso accordi vincolanti. La codificazione attraverso accordi non muta, infatti, il valore giuridico della norma consuetudinaria codificata e non offre, quindi, alcuna garanzia di resistenza rispetto all'ulteriore sviluppo del diritto internazionale. Inoltre, la riluttanza degli Stati ad aderire ad un accordo di codificazione potrebbe addirittura minare l'autorevolezza della norma consuetudinaria e innescare un processo di desuetudine.

D'altronde, la codificazione attraverso atti non vincolanti è, per definizione, fondata esclusivamente sulla autorevolezza del testo e delle soluzioni da esso adottate. Non è, però, certo che tutti i testi non vincolanti prodotti dalla Commissione siano dotati della medesima autorevolezza e siano, pertanto, egualmente capaci di creare un quadro di riferimento per la prassi e la giurisprudenza internazionale.

3. *Gli effetti della codificazione*

Il successo della codificazione nell'ordinamento internazionale non risiede quindi unicamente nell'effetto di trasformazione della natura giuridica delle norme consuetudinarie, ma anche nella autorevolezza dello strumento di codificazione e nella sua capacità di orientare i comportamenti degli attori internazionali.

Questo effetto è agevolato dalla tendenza degli organi giudiziari internazionali a menzionare norme contenute in strumenti di codificazione come prova univoca della loro natura consuetudinaria. Ad esempio, nella sentenza relativa al *progetto Gabčíkovo-Nagymaros (Ungheria c. Slovacchia)*, del 25 settembre 1997, la Corte internazionale di giustizia ha menzionato più volte norme contenute nella Convenzione di Vienna sul diritto dei trattati attribuendo loro senz'altro carattere generale. Nella medesima sentenza, la Corte ha anche menzionato regole contenute nel progetto di Articoli sulla responsabilità degli Stati, che a quel tempo non era stato ancora definitivamente approvato (v., in particolare, i parr. 51-53 della sentenza). Questo effetto può quindi ben prodursi anche in relazione ad altri fenomeni di codificazione. Una forma di codificazione "diretta" è data dalla prassi dell'Assemblea generale di adottare dichiarazioni di principi, sovente presentati come corrispondenti al diritto vigente (v. *supra*, parte II, capitolo III, par. 2).

Verosimilmente con minore efficacia, anche i fenomeni di codificazione privata contribuiscono alla formazione di norme generali, pur se, a rigore, non possono essere qualificati né come prassi né tanto meno come *opinio iuris*, dato che essi non provengono da soggetti internazionali. Essi, d'altro lato, hanno un pregio che deriva dal loro carattere informale. Uno strumento di codificazione privata può infatti, con maggiore libertà, prefigurare soluzioni normative che non hanno ancora un grado di maturità tale da poter essere espressamente adottate nell'ambito dei lavori di codificazione "ufficiali".

Un esempio è dato dalla risoluzione adottata dall'*Institut de droit international* sugli *obblighi* erga omnes *in diritto internazionale* nella sessione di Cracovia del 2005. L'art. 5, par. *c*) della risoluzione indica una soluzione rispetto al problema delle garanzie degli obblighi *erga omnes* più avanzata rispetto a quella adottata dagli Articoli sulla responsabilità degli Stati. In particolare, la risoluzione indica espressamente la possibilità che Stati non specialmente lesi da un illecito possano adottare contromisure nei confronti dello Stato che abbia violato un obbligo *erga omnes*. L'articolato predisposto dalla Commissione del diritto internazionale aveva invece adottato una formula più ambigua, che non si spingeva fino a riconoscere espressamente tale potere. Tale scelta, ad opera della Commissione del diritto internazionale, era verosimilmente dovuta all'esigenza di non pregiudicare, con soluzioni troppo avanzate, il consenso degli Stati: una esigenza che non si pone, invece, rispetto ai lavori di una istituzione indipendente quale l'*Institut de droit international*.

D'altra parte, l'attività di codificazione non ha sempre il medesimo esito. Essa, in primo luogo, può semplicemente registrare l'esistenza di norme aventi un certo contenuto. Questa è l'attività di codificazione in senso proprio, che si limita a trasfondere il contenuto di una norma consuetudinaria in un testo scritto. In tal caso, evidentemente, lo strumento di codificazione, ad esempio un accordo, avrà portata generale, ma non di per sé, bensì in quanto corrispondente ad una norma avente applicazione generale.

In secondo luogo, la codificazione potrà portare alla formazione di una norma del tutto nuova e non corrispondente alla prassi. Si tratterà quindi, più che di codificazione, di un fenomeno di sviluppo progressivo del diritto internazionale, secondo la formula utilizzata nell'art. 13, par. 1, della Carta delle Nazioni Unite. In tal caso, evidentemente, l'effetto di tale norma sarà quello proprio dello strumento di codificazione utilizzato. Essa, quindi, avrà valore di accordo per gli Stati parte, se inclusa in uno strumento di carattere convenzionale; non avrà alcun valore vincolante, se inclusa in un testo privo di tale effetto.

Infine, la codificazione potrà avere l'effetto di cristallizzare il diritto esistente, vale a dire di fungere da elemento di catalizzazione per una prassi in formazione.

Un ulteriore effetto della attività di codificazione può essere quello di provocare una evoluzione rapidissima del diritto consuetudinario verso modelli normativi adottati con uno strumento di codificazione.

D'altra parte, il fenomeno della codificazione può talvolta avere l'effetto, paradossale, di impedire l'evoluzione del diritto internazionale, o, addirittura, quello di far "retrocedere" il diritto internazionale verso soluzioni meno "avanzate" e più gradite agli Stati. Conviene soffermarsi brevemente su questa possibilità. Innanzitutto, attraverso la codificazione, gli Stati potrebbero "riappropriarsi" della funzione normativa in un settore nel quale il diritto internazionale si è sviluppato in maniera autonoma rispetto alla loro volontà. Si pensi ai numerosi campi nei quali l'evoluzione del diritto internazionale è dovuto soprattutto alla giurisprudenza ovvero a ricostruzioni dottrinali.

L'esempio migliore viene dalla codificazione del diritto della responsabilità. Gli Articoli sulla responsabilità degli Stati, predisposti dalla Commissione del diritto internazionale, non hanno accolto talune soluzioni corrispondenti al diritto internazionale vigente o in via di formazione, verosimilmente al fine di non pregiudicare il sostegno degli Stati. Si pensi, soprattutto, alla nozione dei crimini internazionali inserita nel progetto di articoli adottato in prima lettura nel 1996. Ancorché secondo molti autori tale nozione sia oggi parte del diritto consuetudinario, essa è stata invece abbandonata negli Articoli adottati definitivamente dalla Commissione nel 2001 (v. *infra*, parte V).

4. *I rapporti tra norme consuetudinarie e trattati di codificazione*

L'utilizzazione dei trattati come strumento di codificazione del diritto può comportare problemi di non agevole soluzione. Un primo problema riguarda i rapporti fra un trattato di codificazione e la normativa consuetudinaria da codificare. Si tratta infatti di vedere se la conclusione del trattato di codificazione ha anche un effetto di "novazione"; se essa, cioè, rende anche inapplicabile la preesistente disciplina consuetudinaria. In generale, sembra preferibile una risposta negativa. La recezione di norme consuetudinarie in un trattato di codificazione ha lo scopo di prestare certezza al diritto non scritto, ma non anche quello di "arrestare" il processo di evoluzione del diritto consuetudinario fra gli Stati parte.

Qualche elemento in questa direzione si può trarre dalle menzionate sentenze della Corte internazionale di giustizia nel caso relativo alla *competenza in materia di pescherie* (*Regno Unito c. Islanda* e *Germania c. Islanda*), nel quale la Corte ha dato atto dell'evoluzione del diritto internazionale anche dopo la codificazione operata dalle Convenzioni di Ginevra del 1958. La Corte ha quindi considerato che il diritto consuetudinario successivo avesse sviluppato nuovi principi, fra i quali quello dei diritti preferenziali di pesca dello Stato costiero. Essa ha quindi proceduto ad un bilanciamento fra le esigenze sottese alla pretesa di diritti preferenziali di pesca con quelle relative all'esercizio della libertà dell'alto mare (v. par. 42 ss., spec. il par. 59 ss. della sentenza del 25 luglio 1974 nel caso *Germania c. Islanda*).

Questo fenomeno può essere, almeno in parte, spiegato con la dottrina del parallelismo che la Corte internazionale di giustizia ha elaborato nelle due sentenze del 26 novembre 1984 e del 27 giugno 1986 relative alle *Attività militari e paramilitari in Nicaragua e contro il Nicaragua* (*Nicaragua c. Stati Uniti*). In tale caso, infatti, la Corte, non potendo applicare la Carta delle Nazioni Unite a causa della limitazione della propria giurisdizione, ha applicato le norme consuetudinarie relative all'uso della forza. Ad avviso della Corte, la circostanza che tali norme fossero state codificate nella Carta, e in altre convenzioni multilaterali, non implicava la cessazione della loro esistenza come principi di diritto consuetudinario anche per gli Stati parte di tali convenzioni (v. par. 175 ss., spec. par. 178, della sentenza del 1986, nonché il par. 73 della sentenza del 1984).

A meno quindi che dal trattato di codificazione non emerga la volontà di far cessare gli effetti delle regole consuetudinarie, le parti di un trattato di codificazione saranno vincolate a doppio titolo, sia cioè dalle norme consuetudinarie che dal trattato, perlomeno fino a quando fra le due categorie di norme vi sia coincidenza di contenuto.

5. *Vicende del trattato di codificazione e regole consuetudinarie*

Se la conclusione di un trattato di codificazione non ha l'effetto di abrogare le precedenti norme consuetudinarie, ne dovrebbe conseguire che le vicende del trattato non dovrebbero avere effetti su tali norme.

Una riserva ad una disposizione di una convenzione di codificazione, quindi, dovrebbe concernere solo tale disposizione, lasciando invece inalterato il valore giuridico della corrispondente norma consuetudinaria, che andrebbe applicata anche nei confronti dello Stato che ha effettuato la riserva. Al più, la riserva dovrebbe esprimere la contestazione dello Stato riservante, ed eventualmente di quelli che hanno accettato la riserva, circa l'esistenza di una norma consuetudinaria. Questa, tuttavia, qualora esistente, continuerà a vincolare tali Stati nonostante la corrispondente disposizione convenzionale sia coperta da riserva.

Una conclusione diversa si potrebbe raggiungere solo qualora si configurasse la riserva ad opera di uno Stato e la sua accettazione ad opera di un altro Stato come elemento di un meccanismo contrattuale tendente a derogare alla norma consuetudinaria nei rapporti fra i due Stati interessati. È difficile però desumere dalla semplice volontà di non impegnarsi a rispettare clausole di un determinato trattato addirittura la volontà di derogare ad una norma consuetudinaria. In questo senso, con una certa trascuratezza, invero, si è però pronunciato il Comitato dei diritti dell'uomo nel Commento generale n. 24 relativo alle riserve al Patto internazionale sui diritti civili e politici del 1966 (v. par. 8 del Commento). Il Comitato sembra indicare che la riserva ad una disposizione di un trattato comporta anche una deroga fra le parti rispetto ad una corrispondente norma consuetudinaria. Questa affermazione è però incidentale e serve a far risaltare la contraria conclusione che varrebbe, secondo il Comitato, per le riserve ai trattati sui diritti dell'uomo, che sarebbero proibite in tutti i casi in cui le disposizioni del trattato corrispondono al diritto consuetudinario (v. *supra*, parte II, capitolo II, sezione III).

L'evoluzione del diritto consuetudinario successiva rispetto alla conclusione di un accordo di codificazione dovrebbe logicamente comportare la modifica dell'accordo e, quindi, l'inapplicabilità delle norme convenzionali anche nei rapporti fra le parti. La codificazione di norme non scritte, e la loro incorporazione in un trattato, non toglie a tali norme la natura consuetudinaria ad esse proprie. Essa, quindi, non dovrebbe escludere uno degli effetti tipici del diritto consuetudinario, consistente nella abrogazione di norme convenzionali già esistenti al momento in cui la consuetudine si forma.

Sezione II

IL COORDINAMENTO FRA NORME DI PARI VALORE

1. *Introduzione. Conflitto e coordinamento nelle dinamiche normative internazionali*

Nei rapporti fra fonti o norme internazionali, il principio gerarchico ha un ruolo assai limitato. Le fonti internazionali hanno sovente pari valore formale e possono quindi liberamente interferire fra loro. È diffusa l'idea che una norma generale possa derogare ad un trattato e, di converso, un trattato possa derogare ad una norma generale o renderla inapplicabile nei rapporti fra gli Stati parte. Alcuni esempi di questo tipo di dinamica sono stati proposti nei paragrafi precedenti.

Un conflitto può sorgere fra due norme, di carattere generale o particolare, qualora esse disciplinino in maniera diversa la medesima fattispecie.

Conflitti fra norme consuetudinarie rappresentano però una evenienza piuttosto rara. L'esistenza di un conflitto esige infatti un mutamento radicale della prassi degli Stati, che evidenzi proprio la necessità di una deroga rispetto al precedente assetto normativo. In questo caso, si potrà quindi dire che la consuetudine successiva abroga o modifica quella precedente. Un esempio è dato dalle norme consuetudinarie dirette a limitare il principio di libertà dell'alto mare estendendo le zone di giurisdizione esclusiva o preferenziale dello Stato costiero.

Ancora più raro è il caso di un conflitto fra norme consuetudinarie che regolano materie diverse. Lo sviluppo della nozione di crimini internazionali ha, ad esempio, comportato l'attribuzione di condotte criminose, quali il genocidio, agli individui che le hanno poste in essere, pur qualora essi abbiano agito in qualità di organi dello Stato. Tale consuetudine è palesemente incompatibile con la tradizionale norma consuetudinaria che impone di attribuire esclusivamente allo Stato le condotte di propri organi.

Nella maggior parte delle ipotesi, invece, non si verificano conflitti veri e propri fra norme consuetudinarie. Il carattere fattuale e inorganico del procedimento di produzione del diritto consuetudinario fa piuttosto sì che si producano frequentemente delle interferenze fra le diverse norme consuetudinarie. Sarà quindi necessario, nel ricostruire una norma consuetudinaria, tener conto anche delle altre che in vario modo, ne delimitano la portata e ne precisano il contenuto.

Vi è quindi bisogno di coordinare le diverse norme consuetudinarie esistenti. Così, ad esempio, la regola consuetudinaria che consente agli Stati di esercitare poteri sovrani sul proprio mare territoriale va coordinata con la regola che garantisce il diritto di passaggio a navi di Stati terzi. Lo Stato costiero avrà l'obbligo di non interferire eccessivamente con il diritto di passaggio di navi straniere mentre le navi straniere avranno l'obbligo di rispettare le regolamentazioni disposte dallo Stato costiero e di non arrecare intralcio alle attività sovrane di questo.

Anche nei rapporti fra trattati, non è frequente osservare l'esistenza di veri e propri conflitti. Ciò è dovuto soprattutto alla natura dei trattati come fonti di diritto particolare. L'art. 30, par. 3, della Convenzione di Vienna prevede infatti che un accordo potrà essere modificato da un accordo successivo solo in presenza di una identità delle parti dei due trattati. In caso di mancata identità, ciò non si potrà evidentemente verificare. Un trattato fra A e B, infatti, non potrà validamente modificare un precedente trattato fra B e C. I rapporti fra trattati aventi una diversa sfera soggettiva sono assai complessi e saranno analizzati in uno dei paragrafi successivi.

Anche in relazione al numero e all'importanza di accordi multilaterali di carattere settoriale, acquistano sempre maggior rilievo le tecniche di coordinamento fra trattati. Si pone con una certa frequenza, infatti, il problema di vedere se conflitti apparenti fra trattati multilaterali che regolano aspetti diversi della vita di relazioni internazionali non possano essere risolti in via interpretativa.

Il problema si è posto, ad esempio, nei rapporti fra gli accordi relativi al commercio internazionale, tendenti generalmente a liberalizzare gli scambi commerciali e ad eliminare gli ostacoli protezionistici frapposti dagli Stati, e gli accordi tendenti invece a restringere la commercializzazione di beni che siano, per le loro qualità intrinseche o per il modo con il quale siano stati prodotti, dannosi per l'ambiente, la salute o altri beni collettivi.

La questione è rilevante anche da un punto di vista teorico. L'esistenza di trattati multilaterali assai complessi, dotati di un proprio sistema di norme secondarie relative all'accertamento e alle conseguenze del fatto illecito, pone infatti il problema di vedere se tali accordi costituiscano dei sistemi normativi autonomi, ovvero se essi soggiacciano alle normali dinamiche normative internazionali. Se ciascun accordo venisse interpretato e applicato in maniera indipendente rispetto alle altre norme internazionali, infatti, l'ordinamento si frantumerebbe in una serie di sub-sistemi normativi autonomi. La considerazione delle norme di ciascun accordo nell'ambito dell'insieme delle norme internazionali, di converso, varrebbe a ristabilire l'unitarietà sistematica dell'ordinamento. Di tale questione si è occupata anche la Commissione del diritto internazionale, la quale ha prodotto, su impulso del relatore speciale Koskenniemi, uno studio in argomento (Commissione del diritto internazionale, *Fragmentation of International Law: Difficulties Arising from the Diversification and Expansion of International Law. Report of the Study Group of the International Law Commission. Finalized by Martti Koskenniemi*, UN doc. A/CN.4/L.682 del 13 aprile 2006, par. 410 ss.).

2. *L'art. 31, par. 3, lett.* c), *della Convenzione di Vienna come tecnica di coordinamento*

Una importante tecnica di coordinamento fra trattati è stabilita dall'art. 31, par. 3, lett. *c*), della Convenzione di Vienna sul diritto dei trattati. Essa prevede che l'interpretazione di un trattato vada compiuta alla luce delle altre regole di diritto applicabili nei rapporti fra le parti. L'art. 31, par. 3, lett. *c*), ha quindi la funzione di allargare il novero degli elementi che vanno considerati nell'interpretazione di un trattato. Esso prevede quindi che un trattato non vada interpretato in isolamento rispetto alle altre norme internazionali. Al fine di percepirne compiutamente il significato occorre invece collocare ciascuno strumento convenzionale nel più ampio ambito normativo dato dall'insieme degli obblighi che incombono sulle parti.

Inizialmente trascurata, tale norma è oggi considerata con molta attenzione sia ad opera della giurisprudenza che nel dibattito dottrinale. Anche la Corte internazionale di giustizia vi ha fatto riferimento. Nella sentenza relativa alle *piattaforme petroliere (Iran c. Stati Uniti d'America)*, del 6 novembre 2003, la Corte ha affermato che le regole generali codificate dall'art. 31, par. 3, lett. *c*), impongono di interpretare un trattato alla luce delle altre regole internazionali vincolanti per le parti. La Corte ha quindi interpretato l'art. XX, par. 1, del Trattato bilaterale di amicizia, commercio e navigazione fra Iran e Stati Uniti, che prevede il diritto per ciascuna parte di derogare agli obblighi del trattato al fine di proteggere propri interessi essenziali, alla luce dalla disciplina consuetudinaria relativa all'uso della forza (v. *supra*, parte I, capitolo I, par. 4). Di conseguenza, essa ha escluso che il diritto di adottare misure per la protezione di interessi essenziali ad opera di una delle parti includesse il diritto di impiegare la forza se non a titolo di legittima difesa.

L'art. 31, par. 3, lett. *c*), impone quindi non solo la considerazione a fini interpretativi della singola disposizione da interpretare, magari inserita nel contesto del sistema convenzionale nel quale essa è inserita. Esso impone di considerare altresì il più ampio contesto rappresentato dall'insieme di tutte le norme giuridiche che governano i rapporti fra le parti. La disposizione è quindi rilevante in quanto impone di considerare, a fini interpretativi, anche norme esterne rispetto al trattato da interpretare, realizzando così un coordinamento fra sistemi normativi.

Si tratta peraltro di un coordinamento limitato. L'art. 31, par. 3, lett. *c*), ha infatti una portata ristretta. Esso impone la considerazione di norme esterne solo qualora esse siano vincolanti per tutte le parti del sistema convenzionale da interpretare. Questa condizione si realizza certamente per le norme generali, che, per definizione, sono applicabili a tutte le parti di qualsiasi trattato. Essa è di difficile realizzazione, invece, rispetto ai trattati multilaterali. È raro, infatti, che due trattati multilaterali abbiano una sfera soggettiva identica ovvero che l'insieme delle parti di uno comprenda l'insieme delle parti dell'altro accordo. Ne consegue che l'ambito di applicazione di questo meccanismo di coordinamento appare particolarmente limitato.

Il problema di determinare le condizioni di applicazione dell'art. 31, par. 3, lett. *c*), è sorto, in particolare, nell'ambito del sistema normativo dell'Organizzazione mondiale del commercio. In varie occasioni, infatti, si è posto il problema di vedere se le disposizioni degli accordi istitutivi dell'OMC vadano interpretate alla luce di trattati multilaterali in tema di tutela dell'ambiente o della salute, o in tema di tutela dei diritti del lavoro, e così via.

Inizialmente, la giurisprudenza sembrava orientarsi verso una tendenza estensiva, riconoscendo rilievo ad accordi esterni purché vincolanti per le parti della controversia (v. soprattutto il caso *US-Shrimp-II*, deciso nel 2001 dal *Panel* incaricato di conoscere del ricorso della Malesia ai sensi dell'art. 21, par. 5, dell'Intesa sulla soluzione delle controversie). In tal modo, però, la medesima disposizione dell'accordo verrebbe interpretata in maniera diversa a seconda degli obblighi di ciascuna parte. Più precisamente, l'interpretazione della medesima disposizione di un trattato multilaterale si diversificherebbe su base bilaterale a seconda dei vari obblighi internazionali incombenti su ciascuna coppia di Stati parte. Si affermerebbe quindi una lettura "relativista" delle disposizioni del trattato con la conseguente perdita di unitarietà e di oggettività della funzione interpretativa.

Verosimilmente in considerazione di questi inconvenienti, la giurisprudenza più recente sembra invece orientata nel senso di considerare un accordo esterno a fini interpretativi solo qualora esso sia vincolante per tutte le parti dell'OMC. Qualche indicazione in questo senso può trarsi dalla recente decisione di un *Panel* del 29 settembre 2006 nel caso *EC-Biotech Products*, concernente la liceità delle misure restrittive all'importazione di prodotti geneticamente modificati da parte dell'Unione europea. Il Panel ha escluso il rilievo interpretativo di accordi e intese sulla biosicurezza e sulla biodiversità in quanto non vincolanti per tutte le parti dell'OMC.

Una posizione diversa è stata prospettata dalla Corte europea dei diritti dell'uomo nella decisione del 30 giugno 2005 relativa al caso *Bosphorus* (*Bosphorus c. Irlanda*, ricorso n. 45036/98). La Corte, in applicazione dell'art. 31, par. 3, lett. *c*), ha interpretato una disposizione della Convenzione alla luce del diritto dell'Unione europea. Questo procedimento non appare, tuttavia, logicamente corretto, dato che fra le parti della Convenzione vi sono anche Stati che non sono membri dell'Unione. È difficile pensare che questi ultimi siano obbligati ad interpretare la Convenzione alla luce di regole alle quali siano estranei. Né un tale obbligo può derivare dalla necessità di evitare un conflitto fra i due sistemi convenzionali, come pure prospettato dalla sentenza. Se si seguisse tale orientamento, infatti, ne conseguirebbe che qualsiasi accordo internazionale dovrebbe essere interpretato in armonia con gli obblighi internazionali di ciascuna singola parte di esso. Ciò porterebbe però al risultato assurdo di dover interpretare un trattato alla luce di una serie potenzialmente amplissima di obblighi, a propria volta difficilmente compatibili fra di loro.

3. *Il coordinamento fra sistemi normativi e la tecnica di interpretazione "globale"*

La giurisprudenza evidenzia peraltro una tendenza ad utilizzare accordi esterni a fini interpretativi anche al di fuori dei ristretti limiti di applicazione dell'art. 31, par. 3, lett. *c*). In altri termini, si può cogliere nella prassi giudiziale una propensione a considerare accordi esterni a fini interpretativi indipendentemente dalla circostanza che essi siano vincolanti per le parti, qualora essi evidenzino il contenuto di una certa nozione nel diritto internazionale vivente.

Proprio la giurisprudenza degli organi di soluzione delle controversie dell'OMC, la quale ha interpretato in termini restrittivi l'art. 31, par. 3, lett. *c*), ha utilizzato in maniera più generosa norme internazionali non vincolanti neanche per le parti in causa al fine di interpretare disposizioni degli accordi OMC. Già nella decisione del 12 ottobre 1998 relativa al caso *United States-Shrimp I*, l'Organo d'appello dell'Organizzazione mondiale del commercio ha affermato che le nozioni contenute negli accordi istitutivi dell'OMC debbono essere interpretate alla luce delle tendenze della comunità internazionale in tema di protezione ambientale. Esso ha quindi interpretato il termine «risorse naturali esauribili» contenuto nell'art. XX, lett. *g*), del GATT alla luce di alcuni accordi multilaterali, nonché di atti non vincolanti, per concludere che tale nozione si riferisce non solo alle risorse minerarie ma anche a quelle biologiche (v. il par. 5.57 della decisione). Un ulteriore sviluppo di questa tendenza si può cogliere nella decisione relativa al menzionato caso *EC-Biotech Products*, nella quale il Panel, dopo aver rigettato l'idea di poter considerare accordi non vincolanti per tutte le parti dell'OMC ai fini dell'art. 31, par. 3, lett. *c*), ha precisato che tali accordi possono, tuttavia, essere considerati a fini interpretativi, sia pure in maniera indiretta: non in quanto norme giuridiche ma in quanto fonti "informative" circa il contenuto del diritto.

I due meccanismi sono però diversi fra loro.

Il primo, di tipo formale, è quello stabilito dall'art. 31, par. 3, lett. *c*). Questa disposizione, come si è visto, stabilisce un vero e proprio obbligo di contestualizzare l'interpretazione di un trattato nell'ambito del più vasto insieme normativo composto dalle regole internazionali vincolanti per le stesse parti. Questa tecnica consente quindi di mettere in connessione sistemi normativi formalmente diversi e, quindi, di armonizzare i conflitti fra essi.

Diverso è il meccanismo che consente di considerare a fini interpretativi norme internazionali pur se non vincolanti per tutte le parti dell'accordo da interpretare. Innanzi tutto, tale meccanismo non è di carattere obbligatorio. Esso si fonda unicamente sul margine di discrezionalità proprio dell'attività interpretativa e quindi cede rispetto a contrarie indicazioni che emergano dall'utilizzo delle altre tecniche di interpretazione dei trattati.

In secondo luogo, il richiamo di norme esterne non vincolanti per tutte le parti non è effettuato a fini formali. Tali regole possono essere utilizzate esclusivamente allo scopo di determinare le tendenze e gli orientamenti della comunità internazionale rispetto alle quali collocare l'attività interpretativa vera e propria.

Questa forma di coordinamento fra sistemi normativi è quindi meno intensa di quella realizzata attraverso l'art. 31, par. 3, lett. *c*). Essa consente infatti solo di considerare le tendenze evolutive dell'ordinamento internazionale al fine di attribuire significato normativo ad una certa disposizione convenzionale. D'altra parte, il coordinamento che essa assicura risulta assai efficace in quanto contribuisce alla circolazione di modelli interpretativi e all'affermazione di orientamenti giurisprudenziali uniformi applicabili a distinti sistemi normativi.

Vi è una certa analogia fra questo meccanismo e la tecnica di interpretazione evolutiva (v. *supra*, parte II, capitolo II, sezione IV, par. 5), attraverso la quale una disposizione viene interpretata non solo nell'ambito del contesto normativo al quale appartiene bensì nell'ambito della più ampia evoluzione dei concetti e delle nozioni giuridiche dell'ordinamento. A differenza di questa tecnica, peraltro, il richiamo ad accordi esterni non intende mettere in luce il mutamento di una data nozione nel tempo, ma serve ad illuminare, più in generale, il contenuto che una data nozione assume nell'ordinamento. Non sembra quindi inappropriato indicare tale meccanismo con il termine di "interpretazione globale". Esso tende infatti ad allargare il contesto normativo che va considerato nell'interpretare un trattato fino a ricomprendervi l'intero corpo delle regole internazionali.

Questo meccanismo sembra quindi completare il novero delle tecniche previste dalla Convenzione di Vienna che tendono a contestualizzare l'interpretazione dei trattati nell'ambito delle dinamiche dell'ordinamento internazionale. L'art. 31, par. 2, impone all'interprete di considerare, accanto alle disposizioni da interpretare, anche il contesto normativo rappresentato dall'insieme degli accordi connessi. L'art. 31, par. 3, lett. *c*), impone altresì di considerare il contesto normativo più ampio, che risulta dall'insieme delle regole applicabili alle parti. La considerazione di accordi anche non vincolanti per tutte le parti evidenzia l'esistenza di un "terzo anello" rappresentato dal contesto normativo globale; dall'insieme, cioè, delle regole dell'ordinamento giuridico internazionale, che possono utilmente venire considerate a fini interpretativi.

Sezione III

TECNICHE NON GERARCHICHE DI SOLUZIONE DEI CONFLITTI

1. *La successione nel tempo di norme convenzionali incompatibili*

La successione nel tempo di più trattati aventi il medesimo ambito soggettivo non pone molti problemi. Se gli obblighi che ne derivano sono fra loro compatibili, essi, di regola, concorreranno a formare la disciplina giuridica applicabile alle parti. Di converso, in caso di incompatibilità, l'art. 30, par. 3, della Convenzione di Vienna sul diritto dei trattati prevede che gli obblighi stabiliti dal trattato successivo prevarranno rispetto a quelli stabiliti dal trattato precedente.

Il problema sorge invece in presenza di trattati incompatibili aventi un ambito soggettivo solo parzialmente coincidente.

Non è raro che una parte di un trattato assuma, con Stati terzi, obblighi la cui attuazione renderebbe materialmente impossibile l'adempimento degli obblighi assunti con le parti del primo trattato. Un esempio banale ma assai chiaro è quello di uno Stato che, avendo assunto un obbligo di cessione di parte del proprio territorio con lo Stato A, concluda successivamente un obbligo di cessione della medesima parte di territorio nei confronti dello Stato B. È evidente infatti che l'adempimento di uno dei due trattati rende materialmente impossibile l'adempimento dell'altro.

Né la prassi né la logica giuridica forniscono però elementi per risolvere il problema. Trattandosi infatti di un conflitto fra obblighi non aventi il medesimo ambito soggettivo, nessuno dei classici criteri di soluzione delle aporie giuridiche può funzionare. Né l'ordinamento internazionale ha sviluppato dei meccanismi di soluzione di conflitti, generalmente presenti negli ordinamenti interni, imperniati sulla esigenza di tutela del terzo e di certezza del diritto. Si pensi, ad esempio, alle regole civilistiche che disciplinano il conflitto fra contratti aventi ambiti soggettivi diversi. Tali meccanismi sono riconnessi all'esigenza di tutela di interessi collettivi e richiedono una istituzionalizzazione ben maggiore di quella presente nell'ordinamento internazionale.

In assenza di meccanismi di soluzione, trattati confliggenti sono quindi validi e produttivi di effetti fra le parti. Uno Stato che sia parte di più trattati è obbligato, nei confronti di parti diverse, a tenere condotte materialmente incompatibili. L'adempimento di un obbligo rende quindi impossibile l'adempimento di altri obblighi incompatibili con il primo, con conseguente responsabilità nei confronti delle parti del trattato che rimarrà inadempiuto.

Nell'esempio proposto sopra, la consegna della porzione di territorio alla parte contraente del primo trattato, renderà impossibile la consegna della medesima porzione alla parte contraente dell'altro trattato. Il mancato adempimento di quest'ultimo costituirà quindi un illecito e farà insorgere la responsabilità dello Stato inadempiente. È appena il caso di sottolineare come sia del tutto irrilevante che l'adempimento riguardi il trattato anteriore o quello posteriore nel tempo, trattandosi di due trattati egualmente validi ed efficaci. Di fatto, ciò consente ad uno Stato destinatario di obblighi incompatibili una sorta di scelta circa l'individuazione del trattato da adempiere e di quello, invece, da lasciare ineseguito.

È bene sottolineare, inoltre, come la responsabilità da illecito sorga non già per il fatto di aver concluso trattati fra loro incompatibili, ma unicamente per il fatto che, avendo uno Stato adempiuto ad un obbligo, non è in grado di tenere la condotta o di realizzare il risultato voluto dall'altro. In altre parole, l'illecito sorge unicamente dal mancato adempimento. Per concludere diversamente sarebbe necessario che l'ordinamento internazionale contenesse un divieto generale di assumere obblighi incompatibili con altri precedentemente assunti. Di una regola di questo tipo, difficilmente compatibile con la struttura decentrata dell'ordinamento internazionale, non vi è traccia nella prassi. È possibile, invece, che un trattato vieti alle parti di assumere con Stati terzi obblighi con esso incompatibili. In tal caso, la conclusione del nuovo trattato costituirebbe bensì un illecito nei confronti delle parti del trattato precedente. Il nuovo trattato rimarrebbe, tuttavia, pienamente valido e produttivo di effetti fra le parti.

Questa disciplina emerge dai par. 4 e 5 dell'art. 30 della Convenzione di Vienna sul diritto dei trattati, i quali prevedono, appunto, la validità e l'efficacia fra le parti di ciascun trattato, e fanno salva la responsabilità che consegue al mancato adempimento di uno di essi.

2. *Le clausole di compatibilità*

Al fine di evitare l'assunzione di obblighi incompatibili, le parti possono includere in un trattato una clausola di compatibilità o di subordinazione che assicuri, in caso di conflitto, la prevalenza degli obblighi di un altro trattato. Tale effetto è previsto dall'art. 30, par. 2, della Convenzione di Vienna.

Le clausole di compatibilità realizzano quindi una forma di coordinamento unilaterale, che si fonda sull'interesse ad evitare che la diversità di ambito soggettivo dei trattati possa comportare un conflitto fra obblighi convenzionali.

Un importante esempio di clausola di compatibilità è l'art. 351 del Trattato sul funzionamento dell'Unione europea (*ex* art. 307 Trattato CE) che abilita ciascuno Stato membro a discostarsi dagli obblighi derivanti dalla sua appartenenza all'Unione al fine di osservare obblighi convenzionali con Stati terzi assunti in un momento precedente rispetto alla sua adesione all'Unione. Peraltro, l'art. 351, par. 2, prevede altresì un obbligo a carico degli Stati membri di ricorrere a «tutti i mezzi» necessari al fine di risolvere l'incompatibilità. La disposizione sembra indicare quindi un vero e proprio obbligo a carico degli Stati membri di recedere da trattati incompatibili, nei termini in cui ciò sia consentito dal diritto internazionale.

L'art. 351 non stabilisce invece un limite alle competenze dell'Unione, la quale potrà operare anche in difformità rispetto ad obblighi internazionali degli Stati membri. Questo principio vale anche rispetto ad obblighi internazionali che vincolano tutti gli Stati membri, quali, ad esempio, la Carta delle Nazioni Unite o la Convenzione europea dei diritti dell'uomo. Difatti, la giurisprudenza della Corte di giustizia non ha mai fatto riferimento alla clausola di compatibilità contenuta nell'art. 351 al fine di limitare l'esercizio delle competenze dell'Unione in relazione alla Convenzione europea. Una posizione diversa è stata assunta dal Tribunale dell'Unione europea nelle menzionate sentenze del 21 settembre 2005, *Kadi c. Consiglio e Commissione*, causa T-315/01, e *Yusuf and Al Barakaat c. Consiglio e Commissione*, causa T-306/01. La sentenza del Tribunale è stata peraltro annullata in sede di appello dalla Corte di giustizia con sentenza del 3 settembre 2008, *Kadi e Al Barakaat c. Consiglio e Commissione*, cause riunite C-402/05 P e C-415/05 P (v. spec. par. 304 della sentenza).

3. *Accordi fra alcuni Stati parti di un accordo multilaterale*

L'art. 41 della Convenzione di Vienna stabilisce che la possibilità per alcune parti di un accordo multilaterale di concludere fra loro un accordo in deroga al primo è subordinata ad una serie di condizioni: che tale accordo non incida sui diritti delle altre parti; che esso non risulti incompatibile con l'oggetto e lo scopo del primo accordo.

La questione si pone con una certa frequenza nell'ambito di accordi multilaterali complessi. Ad esempio, nel quadro degli accordi multilaterali sul commercio si pone il problema di vedere a quali condizioni alcune delle parti possano concludere fra loro accordi contenenti concessioni ulteriori rispetto a quelle assicurate in forza dell'accordo a portata soggettiva più ampia. In casi come questi non è agevole determinare se si sia in presenza di un conflitto fra obblighi. In molti casi, infatti, le parti dell'accordo ristretto non intendono derogare agli obblighi stabiliti dall'accordo a portata soggettiva più ampia, ma solo stabilire fra esse condizioni più favorevoli rispetto a quelle assicurate alle altre parti dell'accordo generale.

Il problema della compatibilità fra accordi a portata soggettiva più ampia e accordi che vincolano alcune delle parti soltanto è avvertito in maniera particolare nell'ambito dell'Unione europea. Può accadere infatti che gli Stati membri dell'Unione siano parti anche di un accordo multilaterale più ampio, le cui regole, tuttavia, interferiscano con norme dell'Unione. In questi casi, secondo una prassi iniziata negli anni '80, gli Stati membri dell'Unione tendono ad includere nell'accordo con Stati terzi una "clausola di deconnessione" al fine di fare salva l'applicazione delle regole dell'Unione nei loro rapporti reciproci. Talvolta tale effetto è prodotto attraverso l'apposizione di riserve da parte degli Stati membri dell'Unione all'accordo multilaterale, con le quali tali Stati escludono l'applicazione della disciplina multilaterale nei loro rapporti reciproci. Un esempio di clausola di deconnessione è dato dall'art. 64 della nuova Convenzione di Lugano concernente la competenza giurisdizionale, il riconoscimento e l'esecuzione delle decisioni in materia civile e commerciale del 30 ottobre 2007, che stabilisce, fra l'altro, il riconoscimento delle sentenze civili fra gli Stati membri dell'Unione europea e gli Stati membri dell'Associazione europea di libero scambio. La disposizione fa salva, nei rapporti fra Stati membri dell'Unione, la disciplina del regolamento (CE) n. 44/2001 del Consiglio del 22 dicembre 2000 concernente la competenza giurisdizionale, il riconoscimento e l'esecuzione delle decisioni in materia civile e commerciale.

L'esistenza di una clausola di deconnessione dovrebbe quindi escludere che l'attuazione dell'accordo con Stati terzi possa incidere sull'applicazione del diritto dell'Unione. In assenza di forme di interferenza con il diritto dell'Unione, l'Unione non dovrebbe allora avere competenza a concludere l'accordo in luogo dei suoi Stati membri. Una diversa posizione è stata peraltro adottata dalla Corte di giustizia dell'Unione europea nel parere 1/03 del 7 febbraio 2006 concernente proprio la competenza a concludere la nuova Convenzione di Lugano. La Corte ha ritenuto che la presenza di una clausola di deconnessione indichi l'esistenza di una interferenza fra i meccanismi di riconoscimento delle sentenze stabiliti dalla Convenzione di Lugano e quelli stabiliti dal regolamento (CE) 44/2001, e ha quindi affermato una competenza esclusiva della Comunità a concludere tale convenzione.

Il problema dei rapporti fra un accordo a portata soggettiva limitata e uno a portata soggettiva più ampia si è riproposto a proposito della complessa questione dell'adesione dell'Unione alla Convenzione europea dei diritti dell'uomo. La Convenzione europea, infatti, ricomprende fra le sue parti tutti gli Stati membri dell'Unione, accanto ad altri Stati che non sono membri dell'Unione. Nel parere 2/2013, la Corte di giustizia ha accertato l'incompatibilità dell'accordo di adesione con i Trattati istitutivi. Fra i motivi di incompatibilità, la Corte ha indicato la mancata previsione di un meccanismo analogo a quello di deconnessione, teso, cioè, a consentire che la Convenzione europea non si applichi nei rapporti fra gli Stati membri nell'ambito di applicazione del diritto dell'Unione. L'adozione di questo meccanismo dovrebbe quindi comportare due conseguenze. In primo luogo, uno Stato membro non potrà invocare la Convenzione europea al fine di far valere una violazione dei diritti fondamentali da parte di un altro Stato membro in campi nei quali il diritto dell'Unione esige una fiducia reciproca fra gli Stati quanto al rispetto dei diritti fondamentali. Uno Stato, ad esempio, non potrà far valere una violazione della Convenzione europea da parte di un altro Stato nei settori dell'immigrazione o del diritto di asilo. In secondo luogo, tale meccanismo dovrebbe escludere che la Corte europea dei diritti dell'uomo abbia giurisdizione a risolvere controversie fra Stati membri ovvero fra Stati membri e Unione, sempre nell'ambito di applicazione del diritto dell'Unione.

4. *L'art. 103 della Carta delle Nazioni Unite*

Un diverso meccanismo di coordinamento è quello stabilito dall'art. 103 della Carta della Nazioni Unite, il quale prevede che gli obblighi derivanti dalla Carta prevalgono, in caso di conflitto, rispetto ad altri obblighi convenzionali.

La funzione della regola sembra quella di evitare che l'azione degli organi delle Nazioni Unite possa trovare ostacoli nell'esistenza di obblighi confliggenti. La considerazione di tale funzione dovrebbe condurre a considerare che anche regole consuetudinarie rientrino nell'ambito di applicazione dell'art. 103.

Vero è che l'esistenza della Carta non rende verosimile che si possano sviluppare regole consuetudinarie con essa direttamente in conflitto. Il problema si pone più frequentemente rispetto ad obblighi consuetudinari che non sono direttamente in conflitto con la Carta ma che, tuttavia, finiscono con l'interferire con essi. Si pensi al problema di vedere se le attività delle Nazioni Unite tese a mantenere o ristabilire la pace e la sicurezza internazionale debbano trovare un limite nell'esistenza di norme consuetudinarie a tutela dei diritti dell'uomo.

A differenza delle clausole di compatibilità, l'art. 103 non intende subordinare gli obblighi della Carta unilateralmente rispetto ad eventuali accordi confliggenti. Esso, al contrario, vorrebbe sancirne la prevalenza. Conviene inoltre notare come la prevalenza degli obblighi della Carta è prevista in via generale: sia quindi rispetto ad accordi fra Stati membri delle Nazioni Unite sia rispetto ad accordi fra Stati membri e Stati terzi.

Quanto al contenuto, l'art. 103 non sancisce l'invalidità degli accordi confliggenti con la Carta. Esso si limita ad escludere che l'esistenza di un obbligo internazionale possa indurre uno Stato a dare prevalenza ad altri obblighi e, quindi, a tenere una condotta incompatibile con gli obblighi della Carta.

Il meccanismo di prevalenza degli obblighi della Carta stabilito dall'art. 103 pone rilevanti problemi di collocazione sistematica. È chiaro, innanzi tutto, che la funzione di questa disposizione è quella di imporre agli Stati di osservare gli obblighi derivanti dalla propria appartenenza alle Nazioni Unite. Se l'art. 103 si limitasse ad indicare che l'esistenza di altri obblighi internazionali non costituisce titolo giustificativo per il mancato adempimento degli obblighi della Carta ad opera di uno Stato membro, esso sarebbe del tutto inutile.

È però assai difficile fondare la prevalenza della Carta rispetto ad altri obblighi internazionali sul consenso degli Stati parte. Nei confronti di Stati terzi, infatti, l'espressione di consenso degli Stati parte non produce alcun effetto. In una prospettiva consensualista è anche dubbio che l'art. 103 possa assicurare la prevalenza degli obblighi della Carta rispetto ad accordi conclusi fra Stati parte delle Nazioni Unite, dato che l'espressione di consenso sul quale esso si fonda può bene essere superata da una espressione di consenso eguale e contraria.

L'art. 103 rappresenta invece un esempio assai rilevante della tendenza della Carta a superare i limiti connessi alla sua natura convenzionale e a stabilire in via di fatto la sua prevalenza rispetto a qualsiasi altra norma internazionale. L'art. 103, in altri termini, non può essere spiegato in un'ottica consensualista proprio perché il suo scopo è quello di superare i limiti del consensualismo e di dare una disciplina obiettiva ai rapporti fra obblighi internazionali. Questa conclusione sembra confermata dall'art. 30 della Convenzione di Vienna sul diritto dei trattati il quale, nel dettare le regole che disciplinano le relazioni fra trattati, esclude l'art. 103 della Carta dal proprio ambito di applicazione.

Vari elementi, insomma, concorrono a delineare l'art. 103 come un meccanismo obiettivo teso ad assicurare la priorità degli obblighi della Carta rispetto ad altri obblighi internazionali. Un tale meccanismo sembra prefigurare quindi una prospettiva di tipo costituzionalista, tesa cioè ad imporre una forma di autorità sociale nell'ordinamento internazionale attraverso la Carta delle Nazioni Unite. In una prospettiva di questo tipo, allora, l'art. 103 non sarebbe accostabile alle usuali tecniche di coordinamento fra trattati incompatibili. Esso tenderebbe piuttosto a stabilire una regola gerarchica tesa ad assicurare al sistema della Carta valore superiore rispetto alle altre fonti internazionali. Attraverso questa disposizione, la Carta delle Nazioni Unite mirerebbe ad affermare un rapporto di superiorità gerarchica agli obblighi internazionali "ordinari". Si darebbe quindi vita ad una profonda trasformazione, in senso spiccatamente pubblicista, delle dinamiche normative della comunità internazionale. Il meccanismo dell'art. 103 costituisce quindi una sorta di ponte fra le tecniche di coordinamento fra norme di pari valore e le tecniche gerarchiche di soluzione dei conflitti, che saranno esplorate nella sezione seguente.

La superiorità degli obblighi della Carta rispetto a qualsiasi altro obbligo internazionale reca con sé anche evidenti rischi di abuso. Avvalendosi di tale meccanismo, gli organi delle Nazioni Unite, in particolare il Consiglio di sicurezza, potrebbero violare diritti fondamentali degli Stati nonché diritti fondamentali di carattere individuale.

Come più volte ricordato, tale rischio si è recentemente manifestato proprio in relazione all'esigenza di tutelare i diritti fondamentali individuali nei confronti di sanzioni disposte dal Consiglio di sicurezza contro individui e gruppi di individui nell'ambito della lotta al terrorismo internazionale.

Il problema può peraltro trovare ragionevole soluzione se si considera che l'art. 103 non intende assicurare assoluta priorità alle risoluzioni del Consiglio di sicurezza rispetto a qualsiasi altra esigenza. L'art. 103 intende invece affermare il primato di un sistema bilanciato di valori che si rispecchia nella Carta delle Nazioni Unite. È in questo sistema, quindi, che le esigenze sottese al mantenimento della pace, e la discrezionalità che spetta al Consiglio in questa materia, vanno bilanciate con le esigenze di tutela dei diritti fondamentali dell'uomo. Il bilanciamento comporta, a propria volta, anche la formazione di meccanismi imparziali che assicurino la tutela delle esigenze individuali nei confronti di interferenze ad opera degli organi politici, quali appunto il Consiglio di sicurezza. Lo sviluppo di meccanismi di tutela dei diritti individuali nell'ordinamento interno delle Nazioni Unite può quindi controbilanciare l'espansione dei poteri del Consiglio di sicurezza, suscettibile di interferire con diritti e libertà individuali, e costituire finanche un motivo per l'attenuazione delle forme di controllo sul rispetto dei diritti fondamentali stabiliti negli ordinamenti interni degli Stati membri.

Sezione IV

IL DIRITTO COGENTE E LA GERARCHIA FRA NORME IN DIRITTO INTERNAZIONALE

1. *L'idea di un diritto "superiore" nell'esperienza giuridica internazionalista*

Metodi di coordinamento fondati su un criterio gerarchico hanno nell'ordinamento internazionale un rilievo assai più modesto di quanto non avvenga negli ordinamenti statali. I caratteri strutturali dell'ordinamento, fondato sul principio di sovranità dei suoi membri, e il ruolo preponderante che spetta alla volontà degli Stati nella produzione di norme, non sono facilmente compatibili con l'esistenza di forme gerarchiche di organizzazione delle fonti. In particolare, il ruolo esercitato dal principio consensualista rende difficile prospettare l'esistenza di interessi e valori superiori tali da rendere invalide regole "ordinarie" con essi confliggenti.

Una relazione gerarchica fra fonti si può stabilire nell'ambito di ordinamenti speciali, quali quelli istituiti da un accordo internazionale. Si è visto come un trattato può prevedere dei procedimenti di produzione di norme secondarie. Vari trattati istitutivi di organizzazioni internazionali stabiliscono un apparato istituzionale avente la competenza ad adottare norme secondarie. I rapporti fra il trattato istitutivo di una organizzazione e gli atti adottati sulla base di esso sono generalmente organizzati su base gerarchica, di modo che il conflitto fra una norma secondaria e il trattato istitutivo produce generalmente l'invalidità della prima.

L'esistenza di un rapporto gerarchico fra il diritto primario e il diritto secondario di una organizzazione internazionale si può osservare soprattutto nell'ambito di organizzazioni internazionali, come ad esempio l'Unione europea, che hanno stabilito anche meccanismi di sindacato giurisdizionale degli atti derivati dell'organizzazione.

Nondimeno, l'idea di un diritto "superiore" rispetto alla sfera normativa "ordinaria" si è periodicamente riproposta nell'ambito dell'ordinamento internazionale. Tale idea si è espressa, in particolare, nella tendenza ad identificare una sfera di valori che costituiscano un limite alla capacità contrattuale degli Stati. Tale sfera è generalmente indicata con la formula del diritto cogente (*ius cogens*). Mentre le norme consuetudinarie "ordinarie" hanno normalmente carattere dispositivo – nel senso che esse possono essere derogate dai trattati – il diritto cogente indica, appunto, una sfera normativa superiore rispetto ai trattati e, quindi, non derogabile attraverso il consenso delle parti.

L'esistenza di una sfera di diritto cogente è stata sostenuta, in passato, soprattutto in una prospettiva di diritto naturale. In varie epoche del diritto internazionale si può cogliere la tensione verso l'individuazione di valori corrispondenti a una sorta di etica internazionale, capaci di limitare il diritto positivo, frutto invece della volontà degli Stati. I limiti di questo metodo di ricostruzione del diritto cogente sono però evidenti: l'identificazione con principi di etica internazionale comporta l'impossibilità di determinare in maniera obiettiva il diritto cogente, il cui contenuto finirebbe con il corrispondere più alle aspettative soggettive dell'interprete che alle esigenze dell'ordinamento internazionale.

In tempi più recenti, si è affermata la tendenza a ricercare le regole superiori dell'ordinamento internazionale attraverso metodologie di diritto positivo. Essa ha contrassegnato i lavori di codificazione del diritto dei trattati. La convenzione di Vienna del 1969 tende ad eliminare ogni impronta di tipo giusnaturalista e a dare l'idea che il diritto cogente sia prodotto attraverso gli strumenti propri della produzione giuridica internazionale.

Nel 2015, la Commissione ha deciso di includere il tema del diritto cogente nel proprio programma di lavori, nominando come relatore speciale il giurista sudafricano Dire Tladi. Il relatore speciale ha presentato quattro rapporti fra il 2016 e il 2019, sulla base dei quali la Commissione ha adottato in prima lettura, nel 2019, il testo di ventitré "conclusioni" accompagnate dal commentario. L'ultima "conclusione" riporta, a titolo non esaustivo, le regole del diritto cogente che essa ritiene già esistenti (ILC Report, A/74/10, 2019, chap. V). Nel primo rapporto del relatore speciale (A/CN.4/693) sono presentate, con una certa ampiezza, varie posizioni dottrinale sulla natura del diritto cogente, raggruppate in due grandi gruppi, indicati, rispettivamente, come "concezione positivista" e "concezione naturalista". A causa del suo carattere preliminare, il rapporto non prende espressamente posizione, pur se, da vari elementi, emerge la preferenza per il suo autore verso una posizione di carattere positivista.

La decisione della Commissione di codificare il regime del diritto cogente, ancorché attraverso atti non vincolanti, non sembra molto felice. La nozione di diritto cogente, inizialmente relegata al dibattito dottrinale, è stata inclusa in un testo normativo solo nel 1969, ad opera della Convenzione di Vienna sul diritto dei trattati. Da allora, pur se accompagnata da forti contestazioni da parte degli Stati, l'idea della esistenza di una sfera di interessi e valori collettivi della comunità internazionale sembra gradualmente affermarsi nel diritto internazionale contemporaneo. Tuttavia, il regime giuridico del diritto cogente sembra ancora in pieno sviluppo per modo che la sua codificazione potrebbe pregiudicarne la futura evoluzione.

Nei prossimi paragrafi analizzeremo le soluzioni adottate dalla Convenzione di Vienna, ispirate dalla tensione fra il bilateralismo tipico del diritto dei trattati e il tentativo di individuare una sfera di valori ed interessi collettivi che caratterizzano, nella esperienza giuridica contemporanea, l'idea di un diritto superiore. Nella parte V, si tornerà sul diritto cogente al fine di analizzare il suo ruolo nell'ambito del sistema della responsabilità internazionale.

2. *Gli articoli 53 e 64 della Convenzione di Vienna*

La Convenzione di Vienna sul diritto dei trattati definisce il diritto cogente in relazione ai suoi effetti.

L'art. 53 della Convenzione indica che «un trattato è invalido se, al tempo della sua conclusione, risulta in conflitto con norme imperative del diritto internazionale generale». Al fine di definire il diritto cogente, lo stesso art. 53 aggiunge che «ai sensi della presente Convenzione, una norma imperativa del diritto del diritto internazionale generale è una norma accettata e riconosciuta dalla comunità internazionale nel suo insieme come una norma alla quale non è consentito derogare che potrà essere modificata solo da una altra norma avente la medesima natura».

L'art. 64 della Convenzione precisa che un trattato confliggente con una norma imperativa venuta in essere in un momento successivo alla sua conclusione non è nullo ma si estingue a partire da tale momento.

Questa definizione è fatta propria dalla "conclusione 2" sulle norme imperative del diritto internazionale generale, con la precisazione che la comunità internazionale va intesa come una "comunità di Stati".

Questa precisazione non appare opportuna, dato che la nozione di diritto cogente si è affermata soprattutto grazie alle attività di organismi e di giudici internazionali, nonché al lavoro di ricostruzione da parte della dottrina, superando le forti obiezioni di una parte non insignificante degli Stati, legati ad una concezione volontarista del diritto internazionale. L'enfasi sul ruolo predominante, se non addirittura esclusivo, degli Stati nei processi di formazione del diritto internazionale, che sembra dominare l'attuale fase dei lavori della Commissione del diritto internazionale, emerge altresì dalla "conclusione 7". In particolare questa disposizione indica espressamente che solo gli Stati possono esprimere l'accettazione e il riconoscimento di una regola come diritto cogente, determinandone, quindi, la formazione. Il par. 2 sottolinea ulteriormente la natura "quasi volontarista" del diritto cogente, indicando che l'accettazione e il riconoscimento di una norma cogente debbano provenire da una larghissima maggioranza degli Stati (*very large majority of states*). Un criterio del genere, se applicato rigorosamente, avrebbe peraltro l'effetto di impedire l'ulteriore sviluppo della categoria delle norme cogenti. Il par. 3 chiarisce, se ve ne fosse bisogno, che gli altri attori della vita delle relazioni internazionali – con chiaro riferimento ai giudici internazionali – possono solo accertare l'esistenza del diritto cogente, ma non contribuire alla sua formazione.

La Convenzione di Vienna stabilisce quindi le conseguenze sul piano normativo che conseguono all'esistenza di una sfera di regole "superiori": tali regole hanno l'effetto di rendere invalido, ovvero di estinguere, un trattato con esse in conflitto. Ciò, si badi, a prescindere dal fatto che l'obbligo convenzionale sia stato attuato e abbia prodotto una violazione attuale della norma cogente. Nella disciplina della Convenzione di Vienna, quindi, il diritto cogente non ha riguardo a condotte materiali ma soltanto a un conflitto di tipo normativo fra obblighi previsti da un trattato ed obblighi previsti da una norma superiore. Tale conflitto è quindi risolto sulla base di una regola gerarchica, che prevede la nullità del trattato, o, in caso di diritto cogente *superveniens*, la sua estinzione.

Il diritto cogente esprime quindi un interesse della comunità internazionale a non tollerare la vigenza di una norma che imponga comportamenti contrari ai valori fondamentali dell'ordinamento, indipendentemente dalla circostanza che tale norma sia stata eseguita e che, quindi, si sia prodotta una violazione effettiva di tali valori.

L'esistenza di un interesse di questo tipo nella comunità internazionale è stata oggetto di forti contestazioni. Anche nell'ambito della Conferenza di Vienna, l'idea di incorporare nella Convenzione regole che stabiliscono l'invalidità o l'inefficacia dei trattati per contrasto con il diritto cogente è stata duramente contrastata. L'inclusione nella Convenzione degli artt. 53 e 64 ha quindi costituito un motivo per la mancata ratifica della Convenzione ad opera di taluni Stati.

L'esistenza del diritto cogente e, in particolare, della sua articolazione normativa data dall'invalidità o inefficacia dei trattati confliggenti, è stata poi ulteriormente posta in discussione dalle tendenze volontariste accolte da alcuni autori, i quali fondano i procedimenti di formazione del diritto internazionale unicamente sul consenso degli Stati. In questa prospettiva, l'idea che esistano interessi collettivi della comunità internazionale che limitino la capacità contrattuale dei singoli Stati non è facilmente accettabile.

La Convenzione di Vienna nulla dice di altri possibili effetti del diritto cogente rispetto a un trattato. L'esistenza di norme gerarchicamente superiori, capaci di rendere invalidi trattati con esse confliggenti, può, tuttavia, produrre altri tipi di conseguenze. In particolare, il diritto cogente può rilevare nell'ambito di attività interpretative e determinare una regola di interpretazione conforme. Al fine di evitare un accertamento di invalidità, l'interprete dovrebbe quindi attribuire ad una regola convenzionale un contenuto normativo compatibile con il diritto cogente.

Un effetto di questo tipo, affermato peraltro in maniera implicita, si può ricostruire nella già menzionata sentenza della Corte internazionale di giustizia relativa all'affare delle *piattaforme petroliere (Iran c. Stati Uniti)*, sentenza del 6 novembre 2003. Come si ricorderà, gli Stati Uniti avevano giustificato l'uso della forza nei confronti di piattaforme petroliere iraniane invocando l'art. XX, par. 1, lett. *d*), del trattato bilaterale di amicizia, commercio e navigazione fra i due Paesi, il quale riconosce il potere di ciascuna delle parti di adottare misure necessarie per la tutela dei propri interessi essenziali in materia di sicurezza. Nei paragrafi 40 e 41 della sentenza, la Corte ha, tuttavia, affermato di dover interpretare tale disposizione nel senso che il trattato non potesse conferire alle parti il potere di impiegare la forza. Una diversa interpretazione del trattato avrebbe infatti comportato la sua contrarietà alla regola, di carattere cogente, del divieto di uso della forza e ne avrebbe quindi comportato l'invalidità.

3. *L'identificazione delle norme cogenti*

La Convenzione di Vienna non indica quali siano le norme cogenti. La seconda parte dell'art. 53 stabilisce però un metodo per identificarle. Una norma imperativa è una norma generale, riconosciuta come inderogabile dalla comunità internazionale nel suo insieme.

Dall'art. 53 sembrerebbe emergere quindi l'idea che il diritto cogente costituisca una categoria ristretta di norme generali. Si tratterebbe infatti di norme generali che, in più, sono anche riconosciute ed accettate dalla comunità internazionale come norme inderogabili.

Il processo di formazione di una norma cogente sarebbe allora scisso in due parti. La norma dovrebbe venire in essere come norma consuetudinaria attraverso gli usuali procedimenti di produzione fondati sull'*usus* e sull'*opinio iuris*. In secondo luogo, occorre che tale norma acquisisca lo speciale effetto di invalidare o estinguere accordi confliggenti. La natura consuetudinaria di una norma cogente dovrebbe, insomma, essere verificata sia quanto al suo contenuto sia quanto alla sua natura cogente. Questo meccanismo di formazione presenta però vari inconvenienti. Innanzi tutto, la prassi in materia è davvero scarna. Rispetto a molte norme correntemente indicate come cogenti, anzi, non vi è alcuna prassi significativa dalla quale emerga l'effetto invalidante tipico di questa categoria di norme. Se, inoltre, il carattere cogente di una regola consuetudinaria dovesse essere sorretto da una prassi consistente, la sfera delle norme cogenti, una volta formatasi, risulterebbe addirittura immodificabile. È davvero difficile, infatti, modificare una norma cogente attraverso la prassi se qualsiasi manifestazione della prassi contraria a tale regola dovesse risultare contraria ad una norma superiore dell'ordinamento.

Questo doppio binario è fatto proprio delle "conclusioni" della Commissione di diritto internazionale relative alle norme imperative del diritto internazionale (*ius cogens*). La "conclusione 6" indica che l'identificazione di una norma cogente dovrà comportare sia l'accertamento dell'accettazione e del riconoscimento di essa come norme generale, sia l'accertamento della sua accettazione e del suo riconoscimento come una norma cogente. Espressamente, il commentario alla "conclusione 6" indica come questa seconda forma di accettazione e riconoscimento debba concernere la non derogabilità della norma (A/74/10, p. 164). Questo requisito, peraltro, sembra svuotare di effetti la "conclusione 3", la quale indica che l'essenza del diritto cogente consiste nel carattere "fondamentale" dei valori che esso riflette e tutela.

La prassi che ha consentito, finora, l'impetuoso sviluppo della nozione di norme cogenti ha seguito una strada diversa. Il carattere cogente di una regola è stato affermato non già in riferimento ad una prassi relativa all'invalidità di trattati con essa confliggenti, bensì in riferimento alla circostanza che tale regola esprima un interesse o un valore fondamentale per la comunità internazionale. In altri termini, la natura del diritto cogente dovrebbe consistere proprio nel carattere fondamentale degli interessi e dei valori che essa tutela. Tale carattere comporta, quindi, la sua superiorità gerarchica; la circostanza, cioè, che in caso di conflitto, una regola cogente prevalga su qualsiasi altra regola dell'ordinamento. La non derogabilità costituisce, piuttosto, l'effetto della natura cogente di una regola: un effetto che, peraltro, si produce raramente, dato la conclusione di accordi espressamente intesi a derogare a norme fondamentali non è, fortunatamente, un caso frequente. Qualora la natura cogente di una regola dovesse essere desunta dal suo effetto, vale a dire dalla sua non derogabilità, per di più determinato dalla larghissima parte degli Stati, l'esistenza di una categoria di diritto cogente diventerebbe molto problematica.

Si pensi alla regola sul divieto di uso della forza. Essa era verosimilmente dotata di valore cogente già al momento della sua formazione, in quanto norma di carattere strutturale, che connota un certo modo di essere delle relazioni giuridiche internazionali. Difatti, nella sentenza della Corte internazionale di giustizia del 9 aprile 1949, relativa al *passaggio nello stretto di Corfù (Regno Unito c. Albania)*, all'indomani della formazione del divieto generale di uso della forza, la Corte poteva già definire l'obbligo del rispetto della sovranità territoriale e il divieto di intraprendere azioni di *self-help* come una delle basi essenziali dei rapporti internazionali. In maniera analoga, il divieto di genocidio, riconosciuto dall'Assemblea generale con la risoluzione 96 (I) dell'11 dicembre 1946 e dalla Convenzione sul genocidio del 1948, ha assunto già dal momento della sua formazione carattere fondamentale.

Conviene dare qualche indicazione della prassi concernente le norme correntemente considerate come cogenti: il divieto di uso della forza, il principio di autodeterminazione dei popoli, il divieto di violazioni massicce dei diritti dell'uomo.

i) *Divieto di uso della forza:*

Il conflitto con il divieto di uso della forza come motivo di invalidità è stato prospettato a proposito del Trattato di garanzia per Cipro. L'art. IV, par. 2, del Trattato, concluso nel 1960 fra Cipro, Grecia, Regno Unito e Turchia, consente agli Stati firmatari di «intraprendere azioni» sia congiuntamente che disgiuntamente in caso di modifica della situazione di Cipro.

L'invalidità per conflitto con la norma cogente sull'uso della forza è stata anche prospettata a proposito del trattato di amicizia tra Iran e Unione Sovietica del 1921, il quale riconosceva, all'art. 6, il diritto dell'Unione Sovietica di intervenire con proprie truppe in Iran, senza previo consenso del governo iraniano, qualora l'Iran fosse stato invaso o l'URSS fosse stata minacciata.

Il divieto di uso della forza è stato definito come «principio fondamentale» del diritto internazionale, dalla Corte internazionale di giustizia nel caso relativo alle *Attività armate in Nicaragua e contro il Nicaragua (Nicaragua c. Stati Uniti)*, sentenza del 27 giugno 1986, par. 190, nel quale la Corte dà conto della diffusa opinione che si tratti di un principio di *ius cogens.*

ii) *Autodeterminazione dei popoli:*

La natura cogente del principio all'autodeterminazione dei popoli è stata riconosciuta a più riprese dalla Corte internazionale di giustizia (v., da ultimo, il parere del 9 luglio 2004 relativo alle *conseguenze giuridiche della costruzione di un muro nei territori palestinesi occupati*, par. 88).

L'esistenza di un conflitto tra un trattato e la norma cogente sull'autodeterminazione dei popoli è stata prospettata nella risoluzione 34/65 B del 29 novembre 1979 dell'Assemblea generale delle Nazioni Unite, concernente gli accordi di pace di Camp David fra Israele, Egitto e Stati Uniti; pur considerando tali accordi contrari al principio di autodeterminazione, l'Assemblea si è peraltro astenuta dall'affermare l'invalidità degli accordi.

Più recentemente, il principio di autodeterminazione è stato invocato nei confronti dell'Accordo di partenariato nel settore della pesca tra la Comunità europea e il Marocco del 2006, che consente alla Comunità lo sfruttamento di risorse ittiche nelle zone di mare nelle quali si esercita la giurisdizione del Marocco, incluse zone di mare antistanti il territorio del Sahara occidentale, occupato dal Marocco in violazione del principio dell'autodeterminazione del popolo *saharawi.* Sul punto, v. anche il parere del consigliere giuridico del Segretariato delle Nazioni Unite del 12 febbraio 2002 (UN Doc. S/2002/161), nonché il parere del Servizio giuridico del Parlamento europeo del 20 febbraio 2006 (SJ-0085/06).

iii) *Divieto di violazioni massicce dei diritti dell'uomo:*

Il carattere cogente del divieto di genocidio è stato affermato dalla Corte internazionale di giustizia nel caso delle *attività armate nel territorio del Congo, nuovo ricorso: 2002 (Repubblica Democratica del Congo c. Ruanda)*, sentenza del 3 febbraio 2006, par. 64.

Il Tribunale penale internazionale per l'ex Iugoslavia ha rilevato il carattere cogente di molte norme di diritto internazionale umanitario, in particolare quelle che proibiscono, oltre al genocidio, la commissione di crimini di guerra e di crimini contro l'umanità (ICTY, *Prosecutor v. Kupreskic et al.*, causa IT-95-16-T, sentenza del 14 gennaio 2000).

Nella recente sentenza del 3 febbraio 2012 sulle *Immunità giurisdizionali (Germania c. Italia)*, la Corte ha nuovamente definito come cogente la norma che vieta il genocidio (par. 95).

4. *Diritto cogente e norme* erga omnes

Come si vede dai casi sopra menzionati, la categoria del diritto cogente sembra caratterizzata da due elementi: il carattere collettivo degli interessi protetti e il loro rilievo fondamentale.

Questi elementi, in particolare il carattere collettivo dell'interesse tutelato, sono tradizionalmente attribuiti anche a un'altra nozione assai rilevante per la dinamica normativa internazionale: quella di obblighi *erga omnes*. Tale nozione ha avuto influenza decisiva nella evoluzione del pensiero scientifico intorno alla nozione di *ius cogens*. Le due nozioni, quella di obblighi *erga omnes* e quella di diritto cogente, sono infatti concettualmente molto vicine. Esse esprimono caratteristiche che sono presenti sovente nelle medesime regole internazionali, le quali, appunto, hanno sia struttura *erga omnes* che valore cogente.

La nozione di obblighi *erga omnes* attiene a una particolare struttura di talune norme internazionali. Tali sono le norme il cui contenuto normativo non si scompone in un fascio di obblighi e diritti reciproci, ma tende piuttosto alla tutela di un valore di carattere collettivo o universale. Di conseguenza, gli obblighi *erga omnes* non sono dovuti a uno o più Stati singolarmente identificati, bensì nei confronti della comunità nel suo insieme, concepita cioè come una entità di carattere collettivo. Le norme aventi questa caratteristica producono quindi degli obblighi di carattere solidale, che si stabiliscono fra ciascun destinatario dell'obbligo e la comunità internazionale.

La differenza può essere ben percepita ponendo a confronto due categorie di norme generali apparentemente analoghe: quelle che stabiliscono un certo trattamento a favore di cittadini stranieri, da un lato; quelle che tutelano diritti dell'uomo, dall'altro.

Le prime pongono a ciascuno Stato della comunità internazionale l'obbligo di assicurare un certo trattamento ai cittadini degli altri Stati. Tale obbligo ha evidentemente carattere reciproco in quanto ammette una scomposizione del suo contenuto normativo in una serie di diritti ed obblighi reciproci fra Stati. Lo Stato A è tenuto nei confronti dello Stato B a garantire certi diritti ai cittadini di quest'ultimo. I medesimi diritti vanno garantiti dallo Stato B a favore dei cittadini dello Stato A. Di conseguenza, qualora uno Stato venga meno a tale obbligo, esso compie un illecito nei confronti del solo Stato di cittadinanza degli individui colpiti. La norma generale sul trattamento dello straniero si scompone quindi in una serie di rapporti bilaterali fra coppie di Stati: quello obbligato a tenere un certo comportamento e quello che ha titolo a pretendere tale comportamento nei confronti del primo.

Una struttura ben diversa è invece quella che caratterizza le norme sui diritti dell'uomo, le quali pongono a ciascuno Stato della comunità internazionale l'obbligo di rispettare i diritti fondamentali dell'uomo a favore degli individui, indipendentemente dalla loro nazionalità; anche, quindi, a favore di propri cittadini. Tale obbligo non è stabilito nei confronti dello Stato nazionale degli individui e, anzi, prescinde del tutto da un legame di nazionalità. L'obbligo invece è stabilito nei confronti dell'intera comunità internazionale. Nel caso di diritti dell'uomo tutelati da un trattato, l'obbligo in questione è stabilito a favore della comunità di Stati parte della convenzione. Si tratterà in tale caso, di un obbligo *erga omnes partes*.

La violazione dei diritti dell'uomo da parte di uno Stato A, quindi, non produce un rapporto giuridico bilaterale fra A e un altro Stato B, titolare della posizione soggettiva violata. Essa produce invece un rapporto giuridico fra lo Stato A, da un lato, e la comunità internazionale concepita come soggetto collettivo, dall'altro. Il rapporto giuridico prodotto dalla violazione di norme *erga omnes* è quindi assai simile ad un rapporto giuridico di diritto pubblico.

Ne consegue che rispetto ad una violazione dei diritti dell'uomo, operata da uno Stato A, lo Stato B, Stato nazionale degli individui colpiti, avrà una doppia legittimazione: esso è titolare di una pretesa collettiva al rispetto delle norme sui diritti dell'uomo in quanto componente della comunità internazionale, alla stregua di qualsiasi altro Stato; esso è leso nella sua pretesa individuale al rispetto delle regole sul trattamento dello straniero in qualità di Stato nazionale dei cittadini colpiti.

La categoria degli obblighi *erga omnes*, ancorché non del tutto sconosciuta nel periodo precedente, si è affermata soprattutto nel secondo dopoguerra, in corrispondenza all'aumento della sensibilità giuridica internazionale per la tutela di interessi collettivi: la tutela di diritti individuali, in primo luogo, ma anche la tutela dei diritti dei popoli e la tutela della sicurezza collettiva.

Questa categoria di obblighi veniva quindi contrapposta alla categoria degli obblighi reciproci dalla Corte internazionale di giustizia in un famoso *dictum* contenuto nella sentenza *Barcelona Traction* (sentenza del 5 febbraio 1970, *Barcelona Traction Light and Power Company, Limited, nuovo ricorso: 1962, (Belgio c. Spagna))*. La Corte nell'indicare che le norme a tutela dei cittadini potevano essere fatte valere solo dallo Stato nazionale, contrapponeva queste norme di tipo reciproco, a quelle contenenti obblighi *erga omnes*.

È diffusa l'opinione che fra le norme cogenti e le norme *erga omnes* vi sia una relazione logica assai stretta. Questa opinione è sorretta dall'analisi della prassi. I rari casi nei quali il carattere cogente è in qualche modo venuto in considerazione riguardano invariabilmente obblighi che sono anche *erga omnes*. Sia difatti il principio di autodeterminazione dei popoli, sia il divieto di uso della forza, sia il divieto di genocidio, sia infine le norme che vietano gravi e massicce violazioni dei diritti dell'uomo hanno in comune il carattere cogente e la struttura *erga omnes*. Il rispetto di tali norme non è infatti dovuto nei confronti di uno o più Stati, direttamente lesi dalla condotta illecita. Queste norme, invece, stabiliscono un diritto ad esigerne l'osservanza in capo alla intera comunità internazionale. Molti autori ritengono quindi che le due nozioni descrivano due diverse caratteristiche di una categoria unitaria di regole internazionali poste a tutela di interessi e valori collettivi della comunità internazionale.

Concettualmente le due nozioni non sono equivalenti. La nozione di obblighi *erga omnes* attiene ad una caratteristica strutturale di determinate regole internazionali, le quali, appunto, producono obblighi solidali e non scindibili su base reciproca. Il concetto di diritto cogente, quale definito dalla Convenzione di Vienna, attiene invece ad un particolare valore normativo, dal quale deriva la capacità di rendere invalida o di estinguere una regola convenzionale confliggente.

Vi sono certamente regole aventi struttura *erga omnes* che non producono il particolare effetto invalidante tipico del diritto cogente. Si tratta di situazioni ben conosciute in dottrina. Si pensi agli obblighi *erga omnes partes* contenuti in un trattato, quale, ad esempio, la Convenzione europea dei diritti dell'uomo del 1950. È difficile sostenere che la Convenzione produca, di per sé, l'invalidità di accordi fra alcuni degli Stati parte tesi a derogare a qualcuna delle sue norme.

Situazioni analoghe si presentano anche sul piano universale, dato che non sempre norme aventi struttura *erga omnes* tutelano anche interessi e valori fondamentali della comunità internazionale. Norme tese a regolamentare l'uso di risorse comuni hanno verosimilmente struttura *erga omnes*, dato che una loro violazione lede un interesse di natura collettiva. È nondimeno difficile pensare che tali regole producano l'effetto di rendere invalido un trattato che ponga obblighi con esse incompatibili. L'interesse collettivo sarà violato non già dal semplice fatto della stipulazione di un trattato di contenuto confliggente, ma solo da condotte materialmente difformi rispetto ad esse.

Potrebbero, teoricamente, esservi regole di diritto cogente che non abbiano struttura *erga omnes*. Non è del tutto escluso che l'ordinamento internazionale, pur così poco integrato, possa limitare la capacità contrattuale delle parti, ad esempio, considerando come causa di invalidità l'illiceità dell'oggetto o dello scopo di un trattato, e ciò pur se esso non si ponesse in contrasto diretto con un interesse di tipo collettivo.

Si pensi ad un accordo con il quale le parti si riconoscano reciprocamente delle aree di influenza, prevedendo altresì, per ciascuna delle parti, un obbligo di non intervento nell'area di influenza dell'altra. Un esempio potrebbe essere dato dai notissimi accordi di Yalta del 1945 fra le Potenze che si avviavano a vincere la Seconda guerra mondiale. Si ritiene correntemente, ma senza che ciò sia stato storicamente dimostrato, che tali accordi includessero altresì il mutuo riconoscimento di sfere di influenza delle grandi Potenze e formulassero, quindi, un divieto di intervento di ciascuna delle grandi Potenze nella zona di influenza assegnata all'altra. Evidentemente, un obbligo di questo tipo non si pone in conflitto diretto con alcuna norma avente struttura *erga omnes*, dato che difficilmente il diritto internazionale prevede obblighi di intervento. Nondimeno, sarebbe difficile ritenere che l'accordo sia valido, sì da fondarvi un divieto giuridico ad una parte di intervenire a sostegno di uno Stato oggetto di aggressione ad opera di un'altra parte. È invece verosimile pensare che l'accordo sia contrario ad una norma di ordine pubblico e, quindi, non produca effetti obbligatori fra le parti.

In una prospettiva analoga, non sarebbe irragionevole pensare che sia invalido, per contrasto con norme di ordine pubblico, un accordo con il quale uno Stato rinunci o trasferisca ad altro Stato beni facenti parte della propria eredità culturale, ovvero accetti forme eccessive e irreversibili di sfruttamento ambientale, e così via.

5. *L'accertamento dell'invalidità di trattati confliggenti con il diritto cogente*

Coerentemente con la propria impostazione bilateralista, la Convenzione di Vienna descrive una disciplina assai restrittiva per far valere l'invalidità di trattati confliggenti con norme di diritto cogente.

L'art. 65 della Convenzione, che prevede la procedura da seguire per far valere l'invalidità o l'estinzione di un trattato, è infatti applicabile anche qualora l'invalidità o l'estinzione sia invocata a motivo del contrasto con il diritto cogente. Ne consegue che solo una delle parti del trattato ritenuto invalido potrà attivare tale procedura.

L'art. 66 della Convenzione prevede peraltro che, una volta esperiti inutilmente i mezzi pacifici per risolvere la controversia relativa alla validità o alla efficacia del trattato, ciascuna delle parti potrà adire unilateralmente la Corte internazionale di giustizia, la quale avrà, quindi, competenza a definire la controversia. Anche questa possibilità, quindi, è aperta ai soli Stati parte del trattato della cui validità o efficacia si dubiti.

La Corte internazionale di giustizia ha chiarito nella sentenza del 3 febbraio 2006 relativa alle *attività armate nel territorio del Congo, nuovo ricorso: 2002* (*Repubblica Democratica del Congo c. Ruanda*), che l'art. 66 non corrisponde al diritto generale. Di conseguenza, esso risulta applicabile solo nei limiti di applicazione della Convenzione di Vienna, definiti dall'art. 4 della Convenzione.

La "conclusione 21" adottata in prima lettura dalla Commissione del diritto internazionale adotta un meccanismo analogo a quello disposto dall'art. 65 della Convenzione di Vienna. Tale meccanismo è però esteso alla incompatibilità con il diritto cogente di qualsiasi regola di diritto internazionale, incluso il diritto generale e gli atti istituzionali. L'applicazione di questo meccanismo potrebbe generare difficoltà pratiche non irrilevanti. Uno Stato, il quale ritenga che una regola consuetudinaria, ovvero una risoluzione delle Nazioni Unite, sia in conflitto con il diritto cogente, avrebbe l'onere di notificare la propria contestazione agli altri Stati interessati (*other states concerned*), i quali coincidono, però, con tutti gli Stati del mondo. È ancor più difficile pensare che, qualora uno Stato formuli una obiezione rispetto alla invocazione del diritto cogente, tutti questi Stati siano coinvolti nella ricerca di una soluzione.

La "conclusione 21" si discosta, invece dalla previsione dell'art. 66 della Convenzione di Vienna. Essa prevede che l'offerta di deferire la controversia alla Corte internazionale di giustizia da parte dello Stato destinatario della notifica ha l'effetto di impedire allo Stato notificante di invalidare o estinguere la regola ritenuta contraria al diritto cogente. Secondo il commentario, questa disposizione si fonda sulla circostanza che l'esistenza di un conflitto fra una regola internazionale e il diritto cogente non vale a stabilire, di per sé, la giurisdizione della Corte internazionale di giustizia. Di converso, l'art. 66 della Convenzione di Vienna sembra proprio stabilire una clausola compromissoria, in forza della quale ogni controversia intercorrente fra le parti della Convenzione, relativa alla validità o all'efficacia di un trattato per contrasto con il diritto cogente, può essere unilateralmente deferita alla Corte internazionale di giustizia.

Conviene infine ricordare che l'art. 44, par. 5, della Convenzione prevede che il contrasto con il diritto cogente produca la conseguenza, assai radicale, di rendere invalido l'intero trattato, senza cioè poterne separare le clausole non viziate. In caso di contrasto con norme cogenti sopravvenute, invece, saranno colpite da estinzione le sole clausole viziate, qualora separabili dal resto del trattato.

La disciplina della Convenzione di Vienna, limitando alle sole parti di un trattato la possibilità di invocarne l'invalidità o l'estinzione per contrasto con il diritto cogente, può apparire contraddittoria. Da un lato, essa tende a sottolineare l'esistenza di una sfera di interessi collettivi che costituiscono un limite alla capacità contrattuale delle parti; d'altro lato, essa affida la garanzia di tale sfera alle stesse parti. Ciò non sembra molto coerente. Il carattere collettivo degli interessi protetti dal diritto cogente dovrebbe indurre infatti a ritenere che altri soggetti, qualora ne abbiano interesse, possano invocare il diritto cogente come motivo di invalidità o estinzione di un trattato.

La questione della titolarità di uno Stato non parte ad invocare l'invalidità di un trattato per contrasto con norme cogenti è stata in qualche modo prospettata alla Corte internazionale di giustizia nel caso *Timor Est (Portogallo c. Australia)*, deciso con la sentenza del 30 giugno 1995. La controversia concerneva la liceità del comportamento dell'Australia, la quale aveva concluso con l'Indonesia un trattato relativo allo sfruttamento della piattaforma continentale del mare antistante la costa di Timor Est. Secondo il Portogallo, la condotta australiana violava il principio dell'autodeterminazione dei popoli, dato che l'Indonesia occupava illecitamente il territorio timorense e, di conseguenza, non aveva un valido titolo giuridico per disporre delle risorse naturali. Il Portogallo, tuttavia, si asteneva dal richiedere alla Corte di accertare l'invalidità dell'accordo. La Corte ha comunque ritenuto di non possedere giurisdizione in quanto la definizione della controversia avrebbe comportato un accertamento della liceità della condotta dell'Indonesia, Stato terzo rispetto alla controversia. La sentenza afferma quindi che il carattere *erga omnes* degli obblighi derivanti dal principio di autodeterminazione dei popoli non valga a stabilire la giurisdizione della Corte, la quale si fonda, invece, sul consenso degli Stati.

La soluzione adottata dalla Corte evidenzia quindi la difficoltà di assicurare forme di tutela di interessi collettivi nell'ambito di meccanismi di garanzia bilaterali, quali quelli che si sono sviluppati nel diritto internazionale classico. La soluzione della Corte non appare convincente. Come meglio si vedrà (*infra*, parte V), il carattere collettivo degli interessi protetti da obblighi *erga omnes* produce una serie di rapporti giuridici, sia di natura collettiva che di natura bilaterale. Nel caso specifico di Timor Est, ad esempio, la violazione del principio di autodeterminazione da parte dell'Indonesia produceva un obbligo a carico di tutti gli altri Stati, e quindi anche dell'Australia, di non riconoscere le conseguenze della condotta illecita e, anzi, di cooperare con tutti gli altri Stati per far cessare l'illecito stesso. La violazione di questo obbligo da parte dell'Australia poteva ben fare oggetto di accertamento autonomo da parte della Corte internazionale di giustizia.

La circostanza che il diritto cogente è teso a tutelare interessi della comunità internazionale nel suo insieme potrebbe inoltre rilevare nel senso di ammettere anche la legittimazione di organi centralizzati della comunità internazionale ad invocare l'invalidità di un trattato.

In questo senso, peraltro, la prassi non è particolarmente ricca. Fra i casi della prassi più noti vi è la citata risoluzione 34/65 B dell'Assemblea generale la quale ha affermato la contrarietà degli accordi di pace di Camp David fra Israele, Egitto e Stati Uniti rispetto al principio di autodeterminazione dei popoli. L'Assemblea si è, tuttavia, astenuta dal trarre da tale affermazione la conseguenza dell'invalidità *in toto* degli accordi, che non avrebbe certo costituito un rimedio accettabile per la situazione del popolo palestinese.

6. *Altre forme di utilizzazione del diritto cogente*

Dall'alveo originario del diritto dei trattati, la nozione di diritto cogente si è poi estesa notevolmente. L'esistenza di un diritto gerarchicamente superiore non rileva infatti solo nell'ambito del diritto dei trattati; essa anzi appare rilevante più in generale in relazione ad altre dinamiche normative dell'ordinamento. Nei paragrafi successivi vedremo talune delle applicazioni di tale nozione al di fuori del diritto dei trattati. Per ulteriori applicazioni della nozione di diritto cogente nell'ambito della responsabilità degli Stati, si rinvia alla parte V.

7. *Diritto cogente e diritto consuetudinario*

A rigore, il diritto cogente non dovrebbe rilevare come limite alle norme consuetudinarie. È difficile, infatti, che una norma consuetudinaria si possa formare in contrasto con norme di diritto cogente. Le prime manifestazioni della prassi contrarie al diritto cogente costituirebbero infatti delle violazioni di interessi fondamentali della comunità internazionale alle quali, verosimilmente, corrisponderebbero energiche forme di reazione.

Nondimeno, il diritto cogente è stato talvolta invocato come uno strumento gerarchico di soluzione dei conflitti fra norme consuetudinarie. Ciò è dovuto essenzialmente al fatto che il diritto consuetudinario non costituisce un sistema normativo assolutamente coerente. È anzi ben possibile che in diversi settori si sviluppino regole consuetudinarie di contenuto diverso, la cui applicazione produce interferenze e aporie.

Una questione assai discussa recentemente è quella dei rapporti fra regole che prevedono l'immunità degli Stati dalla giurisdizione e regole che vietano la commissione di crimini internazionali. Le regole sull'immunità si sono formate al fine di evitare che l'esercizio della giurisdizione interna possa interferire con l'esercizio di sovranità di Stati stranieri. In caso di commissione di crimini da parte di autorità di uno Stato, tuttavia, tali regole finiscono con l'ostacolare l'accertamento da parte degli organi giurisdizionali interni.

Rinviando ad una successiva parte l'esame dettagliato della prassi (v. *infra*, parte III, capitolo V), conviene, per finalità esplicative, menzionare qualche caso nel quale si è posta la questione dei rapporti fra norme cogenti e norme consuetudinarie "ordinarie". Nel caso *Al-Adsani c. Regno Unito* (ricorso n. 35763/97, sentenza del 21 novembre 2001) la Corte europea dei diritti dell'uomo era chiamata a giudicare se la Gran Bretagna, riconoscendo l'immunità del Kuwait dalla giurisdizione civile, avesse violato la Convenzione europea e, in particolare, il diritto di un individuo di avvalersi di un rimedio giurisdizionale in caso di tortura. La Corte, pur riconoscendo che il divieto di tortura costituisce una regola di valore cogente, ha, tuttavia, concluso che essa non comporta l'inapplicabilità delle regole sull'immunità di uno Stato straniero dalla giurisdizione civile.

Una posizione analoga è stata adottata dalla *House of Lords* nel caso *Jones e Mitchell* (sentenza del 14 giugno 2006). La *House of Lords* ha negato l'esistenza di un conflitto fra la norma di diritto cogente che proibisce la tortura e la norma consuetudinaria che stabilisce l'immunità di uno Stato straniero dalla giurisdizione civile. La regola che proibisce la tortura, infatti, avrebbe natura sostanziale. Essa non sarebbe contraddetta dall'altra regola, che non disciplina il medesimo comportamento vietato dalla prima. La regola sull'immunità ha invece natura procedurale in quanto vieta l'esercizio della giurisdizione civile nei confronti di Stati stranieri.

La questione ha assunto molta importanza in Italia in seguito a un orientamento giurisprudenziale tendente a negare l'immunità della Repubblica federale tedesca in relazione a domande di risarcimento del danno proposte da vittime di gravi violazioni di diritti individuali posti in essere durante il periodo nazista (v. le sentenze della Corte di cassazione nei casi *Ferrini* e *Maietta*, Sezioni unite civili, sentenze dell'11 marzo 2004, n. 5044 e del 29 maggio 2008, n. 14209). A questa soluzione, la giurisprudenza italiana era giunta sulla base di un argomento incentrato sulla superiorità gerarchica delle regole di diritto cogente rispetto alle regole consuetudinarie che assicurano l'immunità di uno Stato straniero dalla giurisdizione civile.

In conseguenza di tale orientamento, la Repubblica federale tedesca ha quindi adito la Corte internazionale di giustizia chiedendo di accertare l'esistenza di una violazione da parte dell'Italia della regola sull'immunità di Stati stranieri.

Con sentenza del 3 febbraio 2012, relativa al caso delle *Immunità giurisdizionali (Germania c. Italia)*, la Corte internazionale di giustizia ha quindi accolto la richiesta tedesca, ha accertato la violazione della regola sull'immunità da parte dell'Italia e ha ordinato all'Italia di eliminare gli effetti delle sentenze italiane all'origine della violazione.

Rilievo centrale nell'argomentazione delle Corte spetta proprio al rapporto fra violazioni di diritto cogente e norme consuetudinarie sull'immunità. Nel par. 93, la sentenza afferma l'inesistenza di un conflitto fra norme cogenti che proibiscono l'uccisione, la deportazione e la riduzione in schiavitù di civili e di prigionieri di guerra, da un lato, e le regole sull'immunità, dall'altro. Queste ultime, infatti, non impongono né consentono le condotte vietate dalle prime; né la loro applicazione implica un giudizio di liceità di tali condotte. Il contenuto delle regole sull'immunità è invece ben diverso; esse si limitano a vietare l'esercizio della giurisdizione interna di uno Stato nei confronti di un altro.

Peraltro, nei par. 95 ss., e successivamente, nei par. 98 ss., la sentenza va al di là di tale argomento, e nega l'esistenza di un conflitto anche nei casi, del tutto eccezionali, in cui l'applicazione dell'immunità abbia l'effetto di privare di effettività i diritti e gli obblighi derivanti dalle regole di diritto cogente. Ciò potrebbe accadere qualora, in assenza di altri rimedi, i ricorsi giurisdizionali di diritto interno siano i soli esperibili dalle vittime al fine di accertare le conseguenze della violazione di tali regole.

Questa conclusione non appare però convincente. Anche intuitivamente, infatti, ben si comprende come una regola processuale che impedisca il funzionamento dei rimedi nei confronti di una condotta illecita finisce per ostacolare la sua realizzazione e potrebbe quindi alterarne l'effettività. Le regole processuali costituiscono uno strumento di realizzazione delle regole sostanziali. Esse possono bensì determinare limiti e modalità di attuazione della normativa sostanziale, ma non negarne radicalmente l'esercizio.

Più in generale, l'intero percorso argomentativo della sentenza sembra ispirato dall'idea che il campo di operatività del diritto cogente sia ristretto solo al livello delle norme primarie; di quelle norme, cioè, che impongano obblighi direttamente confliggenti con quelli stabiliti da norme cogenti. Tale sarebbe, ad esempio, un accordo con il quale le parti si obbligano a violare il principio di autodeterminazione dei popoli.

Questa limitazione dell'ambito di applicazione finirebbe però con il ridurne grandemente l'utilità del diritto cogente. È raro, infatti, che gli Stati assumano obblighi direttamente confliggenti con tali regole. Il problema del rapporto con il diritto cogente si pone più frequentemente a livello delle norme secondarie, che disciplinano cioè le conseguenze della violazione di norme cogenti, o addirittura delle norme strumentali, che disciplinano il sistema dei rimedi nei confronti di tali violazioni. Un esempio è quello di un accordo con il quale le parti dispongano delle risorse naturali di un territorio acquisito da una di esse in violazione del principio di autodeterminazione.

Le conclusioni della sentenza sembrano quindi assegnare al diritto cogente un ruolo molto ristretto, fino a ostacolare la sua futura evoluzione. L'esistenza di un diritto "superiore" è infatti legata all'idea di valori fondamentali dell'ordinamento internazionale i quali, quindi, debbono guidare l'interpretazione e l'applicazione di tutte le altre regole dell'ordinamento internazionale, incluse le regole che disciplinano le conseguenze della violazione di tali valori e quelle che stabiliscono il sistema dei rimedi strumentali. In particolare, lo sviluppo di una sfera di norme cogenti che tutela diritti fondamentali individuali pone il problema di un adeguamento delle regole, ispirate ad una concezione puramente interstatale del diritto internazionale, che disciplinano le conseguenze dell'illecito e il sistema dei rimedi per farle valere.

La mancata considerazione delle conseguenze sistematiche del suo accertamento costituisce uno dei limiti maggiori della sentenza della Corte internazionale di giustizia.

8. *Diritto cogente e risoluzioni degli organi delle Nazioni Unite*

Il concetto di diritto cogente è stato recentemente impiegato anche al fine di rinvenire limiti all'azione di organi di istituzioni internazionali e, in particolare, del Consiglio di sicurezza delle Nazioni Unite.

Il fondamento di tale ricostruzione potrebbe essere rivenuto nel carattere convenzionale della Carta. Se il consenso degli Stati parte espresso in un trattato non ha la capacità di derogare validamente a norme cogenti, egualmente esso non potrebbe validamente conferire ad un organo istituzionale il potere di violare tali norme.

Tale argomentazione, logica in una prospettiva convenzionale, incontra però degli ostacoli in una prospettiva costituzionale. Dando vita alla Carta, gli Stati potrebbero aver stabilito un ordinamento autonomo da quello internazionale, con la conseguenza che i limiti alla loro autonomia contrattuale non potrebbero essere fatti valere nell'ambito di tale ordinamento, nel quale gli organi sarebbero vincolati ai soli limiti imposti loro dal trattato istitutivo.

Nessuna di queste due impostazioni appare sostenibile nella sua interezza. Da un lato, sembra davvero irragionevole interpretare la Carta come espressione della volontà di conferire agli organi un potere privo di vincoli che non siano quelli, assai tenui, derivanti dalla Carta medesima. Di fatto, questa interpretazione condurrebbe a considerare che la Carta avrebbe attribuito poteri sostanzialmente illimitati agli organi da essa istituiti, e, in particolare, al Consiglio di sicurezza. D'altro lato, sembra plausibile ammettere che non tutti i limiti all'autonomia contrattuale degli Stati debbano anche valere come limiti ai poteri degli organi delle Nazioni Unite, che agiscono per realizzare a propria volta una funzione essenziale d'interesse generale quale il mantenimento della pace e della sicurezza internazionale. Non è irragionevole quindi prospettare che il diritto cogente costituisce bensì un limite all'azione istituzionale del Consiglio. Il contenuto delle regole cogenti, tuttavia, andrebbe determinato anche alla luce dell'esigenza di non pregiudicare lo svolgimento della funzione statutaria assegnata al Consiglio.

Ne dovrebbe conseguire che una risoluzione del Consiglio tesa al mantenimento della pace e della sicurezza internazionale potrebbe essere valida laddove un accordo fra Stati avente il medesimo contenuto risulterebbe invece invalido. Un intervento istituzionale del Consiglio potrebbe, ad esempio, determinare forme di spartizione territoriale e di separazione fra comunità in seguito ad un conflitto etnico, che appaiano giustificate dall'esigenza di ripristinare e mantenere situazioni di pace e sicurezza. Verosimilmente, un accordo fra Stati avente un tale contenuto risulterebbe invece invalido in quanto concluso in violazione del divieto di riconoscere situazioni territoriali sorte attraverso violazione di norme cogenti, quali il divieto di deportazione di popolazioni. Anche in un ordinamento dotato di scarso grado di organicità, quale quello internazionale, un intervento operato da un'autorità sociale, con carattere di terzietà ed indipendenza, incontra parametri diversi rispetto a quelli che si impongono con riguardo ad attività operate da singoli Stati.

La questione dei limiti al potere del Consiglio di sicurezza in relazione al diritto cogente è stata affrontata dal Tribunale dell'Unione europea nelle più volte menzionate sentenze del 21 settembre 2005, *Kadi c. Consiglio e Commissione*, causa T-315/01, e *Yusuf and Al Barakaat c. Consiglio e Commissione*, causa T-306/01. Il Tribunale ha affermato che le norme cogenti costituiscono un limite di validità delle risoluzioni del Consiglio di sicurezza.

Il Tribunale ha indicato altresì che la questione di validità di risoluzioni del Consiglio di sicurezza confliggenti col diritto cogente possa essere risolta dai giudici degli ordinamenti nazionali nei quali le risoluzioni debbono essere eseguite.

ITINERARI BIBLIOGRAFICI

Capitolo I – Il diritto internazionale generale

Sezione I – La consuetudine

Le ricerche sul diritto consuetudinario hanno costantemente rappresentato un banco di prova per saggiare la solidità delle teorie relative alla natura del diritto internazionale.

V. alcuni classici studi in lingua italiana: N. Bobbio, *La consuetudine come fatto normativo*, Padova, 1942; R. Ago, *Scienza giuridica e diritto internazionale*, Milano, 1950; M. Giuliano, *La comunità internazionale e il diritto*, Padova, 1950; G. G. Barile, *La rilevazione e l'integrazione del diritto internazionale non scritto e la libertà di apprezzamento del giudice*, Milano, 1953.

Una ricognizione delle dottrine della consuetudine nel diritto internazionale è contenuta nelle opere di M. Akehurst, *Custom as a Source of International Law*, in *British Year Book of International Law*, 1976, p. 47 ss.; P. Haggenmacher, *La doctrine de deux éléments du droit coutumier dans la pratique de la cour internationale*, in *Revue générale de droit international public*, 1986, p. 5 ss.; A.E. Roberts, *Traditional and Modern Approaches to Customary Law: A Reconciliation*, in *American Journal of International Law*, 2001, p. 757 ss. Aspetti metodologici e applicativi della consuetudine sono trattati in vari volumi collettanei. Cfr. *Change and Stability in International Law-Making*, a cura di A. Cassese e J.H.H. Weiler, Berlin, 1988.

La dottrina della consuetudine istantanea si fa comunemente risalire al saggio di B. Cheng, *United Nations Resolutions on Outer Space: "Instant" International Customary Law*, in *Indian Journal of International Law*, 1965, p. 23 ss.

Un'indagine di carattere metodologico è contenuta in L. Ferrari Bravo, *Méthodes de recherche de la coutume internationale dans la pratique des Etats*, in *Recueil des cours de l'Académie de droit international*, vol. 192, 1985, p. 233 ss.; nonché in molti contributi contenuti nel volume collettaneo *Customary International Law and the Use of Force: A Methodological Approach*, a cura di E. Cannizzaro e P. Palchetti, Leiden-Boston, 2005.

Sul ruolo della consuetudine nella più recente evoluzione del diritto internazionale, v. A. D'Amato, *The Concept of Custom in International Law*, Ithaca-London, 1971; R.-J. Dupuy, *Coutume sage et coutume sauvage*, in *Mélanges offerts à Charles Rousseau: La communauté internationale*, Paris, 1974, p. 75 ss.; P. Weil, *Towards Relative Normativity in International Law?*, in *American Journal of International Law*, 1983, p. 413 ss.; G. Abi Saab, *La coutume dans tous ses états. Ou le dilemme du développement du droit international général dans un monde éclaté*, in *Le droit international à l'heure de sa codification. Etudes en l'honneur de Roberto Ago*, Milano, 1987, vol. I, p. 53 ss.; A. Pellet, *The Normative Dilemma: Will and Consent in International Law-Making*, in *Australian Yearbook of International Law*,

1988, p. 22 ss.; P.-M. DUPUY, *Le juge et la règle générale*, in *Revue générale de droit international public*, 1989, p. 569 ss.; L. CONDORELLI, *Consuetudine internazionale*, in *Digesto delle discipline pubblicistiche*, vol. III, Torino 1989, p. 490 ss.; M. MENDELSON, *The Formation of Customary International Law*, in *Recueil des cours de l'Académie de droit international*, vol. 272, 1998, p. 155 ss.; M. BYERS, *Custom, Power and the Power of Rules: International Relations and Customary International* Law, Cambridge, 1999; G.P. BUZZINI, *La théorie des sources face au droit international général: Réflexions sur l'émergence du droit objectif dans l'ordre juridique international*, in *Revue générale de droit international public*, 2002, p. 581 ss.; B. LEPARD, *Customary International Law: A New Theory with Practical Applications*, Cambridge, 2009; *La pratique et le droit international: Colloque de Genéve de la société française de droit international*, Paris, 2004; L. GRADONI, *Consuetudine internazionale e caso inconsueto*, in *Rivista di diritto internazionale*, 2013, p. 704 ss.; M.P. SCHARF, *Customary International Law in Times of Fundamental Change: Recognizing Grotian Moments*, Cambridge, 2013; S. TALMON, *Determining Customary International Law: The ICJ's Methodology between Induction, Deduction and Assertion*, in *European Journal of International Law*, 2015, p. 417 ss.; L. CONDORELLI, *Diritto non scritto: erosione degli spazi o continua vitalità?*, in *L'incidenza del diritto non scritto nel diritto internazionale ed europeo*, Atti del XX Convegno della società italiana di diritto internazionale, Macerata, 5-6 giugno 2015, Napoli, 2016, p. 37 ss.; E. CANNIZZARO, *Unità e pluralità dei metodi di accertamento del diritto consuetudinario*, *ibidem,* p. 17 ss.; F. VISMARA, *Rilievi in tema di* inaction *e consuetudine internazionale alla luce dei recenti lavori della Commissione del diritto internazionale*, in *Rivista di diritto internazionale*, 2016, p. 1026 ss.

Sezione II – I principi generali di diritto

A. VERDROSS, *Les principes généraux du droit dans la jurisprudence internationale*, in *Recueil des cours de l'Académie de droit international*, vol. 52, 1935, p. 220 ss.; B. CHENG, *General Principles of Law as Applied by International Courts and Tribunals*, London, 1953; G. HERCZEGH, *General Principles of Law and the International Legal Order*, Budapest, 1969; G. GAJA, *Principi generali del diritto (diritto internazionale)*, in *Enciclopedia del diritto*, vol. XXXV, Milano, 1986, p. 533 ss.; H. MOSLER, *General Principles of Law*, in *Encyclopedia of Public International Law*, vol. 7, Amsterdam, 1984, p. 89 ss.; B. VITANYI, *Les positions doctrinales concernant le sens de la notion de «les principes généraux de droit reconnus par les nations civilisées»*, in *Revue générale de droit international public*, 1982, p. 48 ss.; G. GAJA, *General Principles of Law*, in *Max Planck Encyclopedia of Public International Law*, Oxford, 2012, vol. IV, p. 370; *General Principles and the Coherence of International Law*, a cura di M. Andenæs et al, Leiden-Boston, 2019; in particolare G. GAJA, *General Principles in the Jurisprudence of the ICJ*, ivi, p. 35 ss.; e P. PALCHETTI, *The Role of General Principles in Promoting the Development of Customary International Rules*, ivi, p. 47 ss.

Sul ruolo e sulla natura dei principi generali nella ricostruzione dei diritti fondamentali, cfr. B. SIMMA e Ph. ALSTON, *The Sources of Human Rights Law: Custom, Jus Cogens, General Principles*, in *Australian Yearbook of International Law*, 1988-89, p. 82 ss.

Per analisi relative ai principi generali nel diritto internazionale penale, cfr. F. RAIMONDO, *General Principles of Law in the Decisions of International Criminal Courts and Tribunals*, The Hague, 2008; A. CALIGIURI, *La ricostruzione dei principi generali di diritto da parte dei tribunali penali internazionali*, in *Rivista di diritto internazionale*, 2007, p. 1079 ss.

Sul principio di reciprocità e sul suo significato sistematico, cfr. i classici studi di B. SIMMA, *Das Reziprozitätselement in der Entstehung des Völkergewonheitsrechts*, München-Salzburg, 1970, e *Das Reziprozitätselement im Zustandekommen Völkerrechtlicher Verträge*, Berlin, 1972; C. CAMPIGLIO, *Il principio di reciprocità nel diritto dei trattati*, Milano, 1995. Sulla proporzionalità come principio generale, E. CANNIZZARO, *Il principio della proporzionalità nell'ordinamento internazionale*, Milano, 2000.

Capitolo II – IL DIRITTO DEI TRATTATI

Il diritto dei trattati è stato oggetto sia di ricostruzioni sistematiche che di contributi relativi a singoli aspetti di esso.

Fra le opere a carattere generale, v. soprattutto Lord A. MCNAIR, *The Law of Treaties*, Oxford, 1958, rist. 1986; R. AGO, *Droit des traités à la lumière de la Convention de Vienne*, in *Recueil des cours de l'Académie de droit international*, vol. 134, 1971, p. 303 ss.; P. REUTER, *Introduction au droit des traités*, Paris, 1972; Sir I. SINCLAIR, *The Vienna Convention on the Law of Treaties*, 2ª ed., Manchester, 1984; G. GAJA, *Trattati internazionali*, in *Digesto delle Discipline Pubblicistiche*, vol. XV, Torino, 1999, p. 344; A. AUST, *Modern Treaty Law and Practice*, 2ª ed., Cambridge, 2018.

Negli ultimi anni si registra un rinnovato interesse per il diritto dei trattati. Cfr. *Il commentario. Les Conventions de Vienne sur le droit des traités. Commentaire article par article*, a cura di O. Corten e P. Klein, Bruxelles, 2006 e, in lingua inglese, *The Vienna Convention on the Law of Treaties*, Oxford, 2011; nonché i volumi *The Law of Treaties Beyond the Vienna Convention*, a cura di E. Cannizzaro, Oxford, 2011 e *Research Handbook on the Law of Treaties*, a cura di C. Tams, A. Tzanakopoulos e A. Zimmermann, Cheltenham, 2014.

Per un'analisi dei lavori preparatori della Conferenza di Vienna, v. S. ROSENNE, *Law of Treaties: A Guide to Legislative History*, Leyden, 1970.

Sezione I – La formazione dei trattati

Il tema è stato oggetto di varie trattazioni monografiche in lingua italiana. V. L. FERRARI BRAVO, *Diritto internazionale e diritto interno nella stipulazione dei trattati*, Napoli, 1964; F. MOSCONI, *La formazione dei trattati*, Milano, 1968.

Un'analisi del sistema costituzionale di conclusione dei trattati è svolta da S. MARCHISIO, *Sulla competenza del governo a stipulare in forma semplificata i trattati internazionali*, in *Rivista di diritto internazionale*, 1975, p. 533 ss.

Utili riferimenti, anche di carattere comparato, sono contenuti nel libro di L. WILDHABER, *Treaty-Making Power and Constitution. An International and Com-*

parative Study, Basel-Stuttgard, 1971, riferito peraltro a un panorama profondamento mutato negli ultimi decenni.

Sul potere di conclusione di trattati da parte di enti substatali, si può utilmente consultare il volume *Regioni e autonomie territoriali nel diritto internazionale ed europeo*, a cura di L. Daniele, Napoli, 2006, che raccoglie gli atti del X Convegno annuale della Società italiana di diritto internazionale. Per un'analisi dei poteri delle Regioni italiane, cfr. L. MURA, *Gli accordi delle regioni con soggetti esteri e il diritto internazionale*, Torino, 2007.

Sezione II – Gli effetti dei trattati rispetto a Stati terzi

Il tema ha attratto l'attenzione della dottrina già da tempi risalenti. Nella dottrina del secondo dopoguerra, v. E. JIMENEZ DE ARECHAGA, *Treaty Stipulations in Favour of Third States*, in *American Journal of International Law*, 1956, p. 338 ss.; F. CAHIER, *Le problème des effets des traités à l'égard des Etats tiers*, in *Recueil des cours de l'Académie de droit international*, vol. 143, 1974, p. 589 ss.; M. FITZMAURICE, *Third Parties and the Law of Treaties*, in *Max Planck Yearbook of United Nations Law*, 2002, p. 37 ss.; P. REUTER, *Du consentement des tiers aux normes d'un traité*, in *Realism in Law Making: Essays on International Law in Honour of Willem Riphagen*, Dordrecht, 1986, p. 155 ss.; C. ROZAKIS, *Treaties and Third States: a Study in the Reinforcement of the Consensual Standards in International Law*, in *Österreichische Zeitschrift für öffentliches Recht und Völkerrecht*, 1975, p. 1 ss.; R. WOLFRUM, *Le régime de l'Antarctique et les Etats tiers*, in *La mer et son droit, Mélanges offerts à Laurent Lucchini et Jean-Pierre Quéneudec*, Paris 2003, p. 695 ss.; P-F. SMETS, *Les effets des traités internationaux à l'égard des Etats tiers*, Paris, 1966.

Fra gli scritti più recenti, conviene menzionare, i vari scritti sul tema *Völkerrechtlicher Vertrag und Drittstaaten*, in *Berichte der deutschen Gesellschaft für Völkerrecht*, Heidelberg, 1988, e i due corsi di B. SIMMA, *From Bilateralism to Community Interest in International Law*, in *Recueil des cours de l'Académie de droit international*, vol. 250, 1994, p. 217 ss., e di C. TOMUSCHAT, *Obligations Arising for States Without or Against their Will*, in *Recueil des cours de l'Académie de droit international*, vol. 241, 1993, p. 195 ss.; nonché P. D'ARGENT, *Art. 36 et Art. 37*, in *Les Conventions de Vienne sur le droit des traités*, cit., p. 1465 ss.; G. GAJA, *Art. 38*, in *Les Conventions de Vienne sur le droit des traités*, cit., p. 1505 ss.; F. SALERNO, *Treaties Establishing Objective Regimes*, in *The Law of Treaties Beyond the Vienna Convention*, cit., p. 225 ss.

Sezione III – Le riserve

Sull'evoluzione del regime giuridico delle riserve, v. P.H. IMBERT, *Les réserves aux traités multilateraux: évolution de droit et de la pratique depuis l'avis consultatif donné par la Cour Internationale de Justice le 28 mai 1951*, Paris, 1978; G. GAJA, *Unruly Treaty Reservations*, in *Le droit international à l'heure de sa codification. Etudes en l'honneur de Roberto Ago*, Milano, 1987, p. 314 ss.; R. BARATTA, *Gli effetti delle riserve ai trattati*, Milano, 1999.

Per l'ampio dibattito sulle conseguenze dell'inammissibilità delle riserve alle Convenzioni sui diritti dell'uomo, v. I. CAMERON, F. HORN, *Reservations to the*

European Convention on Human Rights: the Belilos Case, in *German Yearbook of International Law*, 1990, p. 69 ss.; C. FOCARELLI, *Sulle riserve all'accettazione della competenza della Corte europea: la sentenza Loizidou*, in *Rivista di diritto internazionale*, 1995, p. 738 ss.; G. COHEN-JONATHAN, *Les réserves dans les traités institutionnels relatifs aux droits de l'homme*, in *Revue générale de droit international public*, 1996, p. 915 ss.; C. REDGWELL, *Reservations to Treaties and Human Rights: Committee General Comment No. 24*, in *International and Comparative Law Quarterly*, 1997, p. 390 ss.; *Human Rights as General Norms and a State's Right to Opt Out: Reservations and Objections to Human Rights Conventions*, a cura di C.M. Chinkin e J.P. Gardner, London, 1997; B. SIMMA, *Reservations to Human Rights Treaties – Some Recent Developments*, in *Liber Amicorum Professor Ignaz Seidl-Hohenveldern in Honour of his 80th Birthday*, a cura di G. Hafner *et al.*, The Hague, 1998, p. 659 ss.; E. BAYLIS, *General Comment 24: Confronting the Problem of Reservations to Human Rights Treaties*, in *Berkeley Journal of International Law*, 1999, p. 277 ss.; J.F. FLAUSS, *Le contrôle de la validité des réserves par le Comité des droits de l'homme des Nations Unies*, in *Revue trimestrielle de droit de l'homme*, 2001 p. 221 ss.; R. GOODMAN, *Human Rights Treaties, Invalid Reservations, and State Consent*, in *American Journal of International Law*, 2002, p. 531 ss.; *Reservations to Human Rights Treaties and the Vienna Convention Regime: Conflict, Harmony or Reconciliation*, a cura di I. Ziemele, Leiden, 2004.

Per gli sviluppi più recenti, cfr. G. GAJA, *Il regime della Convenzione di Vienna concernente le riserve inammissibili*, in *Studi in onore di Vincenzo Starace*, Napoli, 2008, p. 349 ss.; A. PELLET, *Art. 19*, in *Les Conventions de Vienne sur le droit des traités*, cit., p. 641 ss.; si vedano, inoltre, i due scritti di A. PELLET e D. MÜLLER, *Reservations to Treaties: An Objection to a Reservation is Definitely not an Acceptance*; e di B. SIMMA e G.I. HERNÁNDEZ, *Legal Consequences of an Impermissible Reservation to a Human Right Treaty: Where Do We Stand?*, ambedue in *The Law of Treaties Beyond the Vienna Convention*, cit., pp. 37 ss. e 60 ss. Da ultimo, D. RUSSO, *L'accertamento dell'inammissibilità delle riserve*, in *Rivista di diritto internazionale*, 2011, p. 59 ss.

Sezione IV – L'interpretazione dei trattati

Sulle soluzioni adottate dalla Convenzione di Vienna, v. S. SUR, *L'interprétation en droit international public*, Paris, 1974; M.K. YASSEN, *Interprétation des traités d'après la Convention de Vienne*, in *Recueil des cours de l'Académie de droit international*, vol. 116, 1976, p. 44 ss.; M. BOS, *Theory and Practice of Treaty Interpretation*, in *Netherlands International Law Review*, 1980, p. 3 ss.; S. TORRES BERNÁRDEZ, *Interpretation of Treaties by the International Court of Justice Following the Adoption of the 1969 Vienna Convention on the Law of Treaties*, in *Liber Amicorum Professor Ignaz Seidl-Hohenveldern in Honour of his 80th Birthday*, cit., p. 720 ss.; R. GARDINER, *Treaty Interpretation*, 2ª ed., Oxford, 2017; R. KOLB, *Interprétation et création du droit international*, Bruxelles, 2006; M.E. VILLIGER, *The Rules on Interpretation – Misgivings, Misunderstandings, Miscarriage? The 'Crucible' Intended by the International Law Commission*, in *The Law of Treaties Beyond the Vienna Convention*, cit., p. 105 ss., L. SBOLCI, *Supplementary Means of Interpretation*, *ibidem*, p. 145 ss.

Sul rilievo della prassi successiva v. lo studio classico di F. CAPOTORTI, *Sul valore della prassi applicativa dei trattati secondo la Convenzione di Vienna*, in *Le droit international à l'heure de sa codification. Etudes en l'honneur de Roberto Ago*, vol. I, Milano, 1987, p. 197 ss.; il volume di W. KARL, *Verträge und spätere Praxis im Völkerrecht*, Berlin, 1983; v. inoltre J.-M. SOREL, *Art. 31*, in *Les Conventions de Vienne sur le droit des traités*, cit., p. 1289 ss. Più recentemente, *Treaties and Subsequent Practice*, a cura di G. Nolte, Oxford, 2013; L. CREMA, *La prassi successiva e l'interpretazione del diritto internazionale scritto*, Milano, 2017.

Sul criterio di interpretazione evolutiva, v. R. BERNHARDT, *Evolutive Interpretation, Especially of the European Convention on Human Rights*, in *German Yearbook of International Law*, 1999, p. 11 ss., nonché il recente studio di P.-M. DUPUY, *Evolutionary Interpretation of Treaties: Between Memory and Prophecy*, in *The Law of Treaties Beyond the Vienna Convention*, cit., p. 123 ss.; E. BJORGE, *The Evolutionary Interpretation of Treaties*, Oxford, 2014.

Sull'interpretazione degli accordi istitutivi dell'OMC, v. I. VAN DAMME, *Treaty Interpretation by the WTO Appellate Body*, Oxford, 2009. Sull'interpretazione della Convenzione europea dei diritti dell'uomo, v. G. GAJA, *Does the European Court of Human Rights Use its Stated Methods of Interpretation?*, in *Divenire sociale e adeguamento del diritto. Studi in onore di Francesco Capotorti*, Milano, 1999, I, p. 213 ss.; G. LETSAS, *A Theory of Interpretation of the European Convention on Human Rights*, Oxford, 2007.

Sezione V – Le cause di invalidità e di estinzione dei trattati

Per un'analisi generale, v. F. CAPOTORTI, *L'extinction et la suspension des traités*, in *Recueil des cours de l'Académie de droit international*, 1971, III, p. 451 ss.; T.O. ELIAS, *Problems Concerning the Validity of Treaties*, in *Recueil des cours de l'Académie de droit international*, vol. 134, 1971, p. 134 ss.; J. VERHOEVEN, *Invalidity of Treaties: Anything New in/under the Vienna Conventions?*, in *The Law of Treaties Beyond The Vienna Convention*, cit. p. 297. Sulla disciplina generale, le singole cause di invalidità e di estinzione, e il procedimento stabilito dalla Convenzione di Vienna, v. i vari contributi in *Les Conventions de Vienne sur le droit des traités*, cit., parte V, pp. 1593-2590.

Sull'estinzione e sospensione dei trattati per inadempimento, cfr. B. SIMMA, *Reflections on Article 60 of the Vienna Convention on the Law of Treaties and Its Background in General International Law*, in *Österreichische Zeitschrift für öffentliches Recht*, 1970, p. 5 ss.; R. PISILLO MAZZESCHI, *Risoluzione e sospensione dei trattati per inadempimento*, Milano, 1984; S. ROSENNE, *Breach of Treaty*, Cambridge, 1985; L.-A. SICILIANOS, *The Relationship between Reprisals and Denunciation or Suspension of a Treaty*, in *European Journal of International Law*, 1993, p. 341 ss.; E. CIMIOTTA, *La Corte internazionale di giustizia e le reazioni alla violazione di trattati bilaterali: la sospensione del trattato e gli altri rimedi*, in *Rivista di diritto internazionale*, 2013, p. 48 ss.

Capitolo III – LE FONTI A FORMAZIONE CENTRALIZZATA

J. CASTANEDA, *Valeur juridique des résolutions des Nations Unies*, in *Recueil des cours de l'Académie de droit international*, vol. 129, 1970, p. 205 ss.; M. WOOD, *The Interpretation of Security Council Resolutions*, in *Max Planck Yearbook of United Nations Law*, 1998, p. 73 ss.; G. CAHIN, *La coutume international et les organisations internationales*, Paris, 2001; C. DENIS, *Le pouvoir normatif du Conseil de sécurité des Nations Unies: portée et limites*, Bruxelles, 2004; S. TALMON, *The Security Council as World Legislature*, in *American Journal of International Law*, 2005, p. 175 ss.; C. FORCESE, *Hegemonic Federalism: The Democratic Implications of the UN Security Council's 'Legislative' Phase*, in *New Zealand Journal of Public and International Law*, 2007, p. 175 ss.; G. ABI SAAB, *The Security Council as Legislator and as Executive in its Fight Against Terrorism and Against Proliferation of Weapons of Mass Destruction: The Question of Legitimacy*, in *Beiträge zum ausländischen öffentlichen Recht und Völkerrecht*, 2008, p. 109 ss.

Capitolo IV – I RAPPORTI TRA FONTI

Sezione I – La codificazione del diritto generale

La letteratura in tema di codificazione è molto ampia e risalente nel tempo. Conviene limitarsi a segnalare solo qualche contributo di carattere generale. Vari aspetti della codificazione sono trattati nei volumi *Le droit international à l'heure de sa codification. Etudes en l'honneur de Roberto Ago*, Milano, 1987; *La codification du droit international*, a cura della *Société française de droit international*, Paris, 1999. V., inoltre, *The Work of the International Law Commission*, 9° ed., New York, 2017.

Sezione II – Il coordinamento fra norme di pari valore

La letteratura in argomento è ancora scarsa. All'art. 31, par. 3, lett. *c*), sono dedicate varie pagine dello studio della Commissione del diritto internazionale *Fragmentation of International Law: Difficulties Arising from the Diversification and Expansion of International Law*, sotto la direzione di M. Koskiennemi, doc. A/CN.4/L.682, spec. p. 213 ss. Cfr. inoltre E. CANNIZZARO e B.I. BONAFÉ, *Fragmenting International Law through Compromissory Clauses? Some Remarks on the Decision of the ICJ in the Oil Platforms Case*, in *European Journal of International Law*, 2005, p. 481 ss.; C. MCLACHLAN, *The Principle of Systemic Interpretation and Article 31 (3)(c) of the Vienna Convention*, in *International and Comparative Law Quarterly*, 2005, p. 279 ss.; D. FRENCH, *Treaty Interpretation and the Incorporation of Extraneous Legal Rules*, in *International and Comparative Law Quarterly*, 2006, p. 281 ss.

Sezione III – Tecniche non gerarchiche di soluzione dei conflitti

Cfr. E. SCISO, *Gli accordi internazionali confliggenti*, Bari, 1986. Fra gli scritti più recenti, cfr. le due monografie di J. PAUWELYN, *Conflicts of Norms in Public International Law*, Cambridge, 2003 e J. KLABBERS, *Treaty Conflict and the European Union*, Cambridge, 2009. Cfr. inoltre i due recenti studi di B. CONFORTI, *Consistency Among Treaty Obligations* e di J. KLABBERS, *Beyond the Vienna Convention: Conflicting Treaty Provisions*, ambedue in *The Law of Treaties Beyond the Vienna Con-*

vention, cit., pp. 187 ss. e 192 ss., rispettivamente; D. PULKOWSKI, *The Law and Politics of International Regime Conflict*, Oxford, 2014; V. JEUTNER. *Irresolvable Norm Conflicts in International Law: The Concept of a Legal Dilemma*, Oxford, 2017.

Sull'art. 103 della Carta delle Nazioni unite, v. R. KOLB, *L'article 103 de la Charte des Nations Unies*, in *Recueil des cours de l'Académie de droit international*, 2014, vol. 367, p. 9 ss.

Sezione IV – Il diritto cogente e la gerarchia fra norme in diritto internazionale

Conviene menzionare solo alcune fra le opere di una vasta letteratura che si estende in un arco temporale assai ampio.

G. MORELLI, *A proposito di norme internazionali cogenti*, in *Rivista di diritto internazionale*, 1968, p. 108 ss.; N. RONZITTI, *La disciplina dello* jus cogens *nella Convenzione di Vienna sul diritto dei trattati*, in *Comunicazioni e Studi*, XV, 1978, p. 241 ss.; G. GAJA, *Jus Cogens Beyond the Vienna Convention*, in *Recueil des cours de l'Académie de droit international*, vol. 172, 1981, p. 271 ss.; A. GOMEZ ROBLEDO, *Le jus cogens international: sa genése, sa nature, ses fonctions*, in *Recueil des cours de l'Académie de droit international*, vol. 172, 1981, p. 9 ss.; L. HANNIKAINEN, *Peremptory Norms (Jus Cogens) in International Law*, Helsinki, 1988; B. SIMMA, *From Bilateralism to Community Interest in International Law*, in *Recueil des cours de l'Académie de droit international*, vol. 250, 1994, p. 217 ss.; J.A. CARILLO SALCEDO, *Reflections on the Existence of a Hierarchy of Norms in International Law*, in *European Journal of International Law*, 1997, p. 583 ss.; R. KOLB, *Théorie du jus cogens international*, Paris, 2001; A. ORAKHELASHVILI, *Peremptory Norms in International Law*, Oxford, 2006; D. SHELTON, *Normative Hierarchy in International Law*, in *American Journal of International Law*, 2006, p. 291 ss.; *The Fundamental Rules of the International Legal Order: Jus Cogens and Obligations Erga Omnes*, a cura di C. Tomuschat e J.M. Thouvenin, Leiden-Boston, 2006; K. ZEMANEK, *The Metamorphosis of the Jus Cogens: from an Institution of Treaty Law to the Bedrock of the International Order?*; P. PICONE, *The Distinction Between Jus Cogens and Obligations Erga Omnes*; e E. CANNIZZARO, *A Higher Law for Treaties?*, in *The Law of Treaties Beyond the Vienna Convention*, cit., rispettivamente a p. 381 ss., 411 ss. e 425 ss.; *The Present and Future of Jus Cogens*, a cura di E. Cannizzaro, Roma, 2015; T. WHEATERALL, *Jus cogens: International Law and Social Contract*, Cambridge, 2015; R. KOLB, *Peremptory International Law – Jus Cogens: A General Inventory*, Oxford, 2015; R. KOLB, *Peremptory International Law – Jus Cogens: A General Inventory*. Oxford, 2015.

Per una critica radicale al concetto di *ius cogens* da una prospettiva volontarista, v. M. GLENNON, *De l'absurdité du droit imperatif (jus cogens)*, in *Revue générale de droit international public*, 2006, p. 529 ss.

PARTE III

LE DINAMICHE SOGGETTIVE IN DIRITTO INTERNAZIONALE

Introduzione

SOGGETTI, ORGANI E DESTINATARI DI NORME INTERNAZIONALI

L'ordinamento internazionale è soprattutto un ordinamento di Stati. Tradizionalmente, si fa risalire tale constatazione al momento della formazione dell'attuale assetto della comunità internazionale fondato sull'esistenza di una pluralità di Stati sovrani.

Tale momento è correntemente identificato nella fase storica successiva alla pace di Vestfalia del 1648, che pose termine alla Guerra dei Trent'anni sancendo definitivamente la fine delle pretese universalistiche del Sacro Romano Impero, fondate sull'idea dell'unitarietà della fonte del potere politico. La pace di Vestfalia, peraltro, non costituiva che il riconoscimento formale di una situazione di fatto stabilitasi in un momento preesistente, con il sorgere nel teatro europeo di Stati nazionali indipendenti rispetto alle aspirazioni universaliste dell'Impero.

La genesi del moderno ordinamento internazionale è quindi tradizionalmente ricondotta alla trasformazione nella struttura del potere politico, e, quindi, all'insorgere di una pluralità di Stati sovrani. Tali enti sono caratterizzati da due elementi: essi detengono il monopolio del potere politico nei rapporti interni e non riconoscono alcun ente che agisca nei loro confronti con carattere di supremazia nei rapporti esterni.

Nel corso dell'ultima parte del XX secolo, peraltro, la struttura dell'ordinamento internazionale si è fatta più ricca e articolata. In questa fase, ambedue i caratteri della sovranità sembrano attenuarsi. Da un lato, gli Stati tendono a trasferire all'esterno delle funzioni che implicano l'esercizio di poteri di governo a favore di entità ed organismi internazionali. Dall'altro lato, viene intaccato il loro dominio assoluto sui rapporti giuridici interni attraverso il riconoscimento di posizioni soggettive a singoli individui, nonché a gruppi e ad entità interne allo Stato.

La proliferazione di attori e protagonisti della vita di relazioni internazionali comporta peraltro la necessità di operare una distinzione fra diverse categorie di enti. Gli Stati, enti a competenza generale, sono tradizionalmente considerati come dotati di soggettività piena. Essi, infatti, sono destinatari potenzialmente di tutte le posizioni soggettive derivanti dal diritto generale, pur se, ovviamente, solo alcuni di essi hanno i mezzi e la capacità pratica di esercitarle. Tutti gli Stati, ad esempio, sono destinatari delle regole sul diritto del mare, pur se taluni di essi non hanno, in pratica, alcuna occasione per applicarle.

Gli enti diversi dagli Stati invece non hanno competenza generale. Essi quindi sono destinatari delle sole regole del diritto internazionale che concernono l'esercizio delle loro competenze. Si può ad esempio ritenere, in prima approssimazione, che l'Unione europea, avendo competenze in tema di politica commerciale, sia destinataria delle regole internazionali concernenti rapporti di tipo economico.

In definitiva, al fine di determinare la portata della soggettività di un certo ente, il diritto internazionale sembra considerare i poteri di cui tale ente dispone. Una norma internazionale si indirizza ad un certo ente se questo possiede i poteri per conformare la propria condotta a quella richiesta da tale norma. In una prospettiva di questo tipo, il criterio per stabilire la soggettività di un certo ente è dato dalla capacità di tale ente di esercitare le posizioni soggettive che la norma produce.

Il primo capitolo di questa parte è dedicato agli enti a soggettività piena, e cioè gli Stati. Ad esso farà quindi seguito la trattazione degli enti a soggettività parziale, distinguendoli tra enti statali a sovranità limitata (capitolo II), entità non aventi natura statale (capitolo III) e individui (capitolo IV). Il capitolo finale sarà dedicato agli strumenti posti a tutela della personalità dello Stato e, quindi, al sistema delle immunità e dei privilegi.

CAPITOLO I

LO STATO

SOMMARIO: 1. Il diritto internazionale come ordinamento di Stati. – 2. La sovranità. – 3. Sovranità e principio di autodeterminazione dei popoli. – 4. Genesi ed estinzione dello Stato. – 5. L'organizzazione interna dello Stato. – 6. Il riconoscimento. – 7. La successione degli Stati nei trattati.

1. *Il diritto internazionale come ordinamento di Stati*

In diritto internazionale, lo Stato costituisce una comunità territoriale organizzata politicamente; una comunità, cioè, dotata di una forma di governo che eserciti un controllo effettivo sul territorio. A parte questo requisito, di puro fatto, l'ordinamento internazionale non pone altre condizioni per il possesso della qualità di Stato. In particolare, esso non pone alcun requisito che attenga alla sua forma di organizzazione o al suo regime politico.

Di fatto, quindi, lo Stato come soggetto dell'ordinamento internazionale tende a coincidere con l'organizzazione politica della comunità territoriale e, quindi, con l'apparato di governo. Ciò non vuol dire, ovviamente, che il diritto internazionale imponga di non riconoscere autonomia esterna alle sfere di competenza assegnate eventualmente sul piano interno ad altri organi o entità sub-statali. Ciò semplicemente vuol dire che l'azione di tali organi o entità viene attribuita, sul piano internazionale, allo Stato nel suo complesso.

Nella dottrina classica del diritto internazionale, insomma, lo Stato costituirebbe un'unità giuridica indifferenziata. La sua articolazione interna, cioè la distribuzione del potere politico fra più organi o entità territoriali, non ha alcun rilievo sul piano esterno.

Questa conclusione emerge, ad esempio, dall'art. 4, par. 1, degli Articoli sulla responsabilità degli Stati. La disposizione prevede che il comportamento di un organo sia attribuito allo Stato nel suo complesso, qualsiasi funzione esso eserciti, di natura legislativa, amministrativa o giudiziaria, qualsiasi posizione esso rivesta nell'apparato organizzativo dello Stato e quale che sia la sua natura, di organo dello Stato centrale o di un ente territoriale. L'art. 4 sembra quindi ispirato dalla concezione classica di Stato.

Ci si può chiedere se tale rigida previsione corrisponda all'attuale stadio di sviluppo del diritto internazionale o se non occorra invece modificare questo presupposto e ammettere, almeno in parte, la possibilità di configurare una sorta di "Stato aperto", composto cioè da più entità capaci di agire sul piano internazionale e di sopportare la responsabilità che consegue alla violazione di regole internazionali.

Nella prassi più recente, la questione si è posta soprattutto in relazione ad attività giudiziarie che producono effetti sul piano esterno. Un esempio viene dalla lunga controversia fra Messico e Stati Uniti relativa al caso *Avena*. Alcuni cittadini messicani erano stati condannati a morte negli Stati Uniti in seguito in seguito a procedimenti penali ne quali non era stato rispettato l'obbligo di assistenza consolare previsto dall'art. 36 della Convenzione di Vienna del 1963 sulle relazioni consolari. La Corte internazionale di giustizia, con sentenza del 31 marzo 2004, *Avena ed altri cittadini messicani (Messico c. Stati Uniti)*, ha accertato la violazione della Convenzione, e ha condannato gli Stati Uniti a riaprire i procedimenti giudiziari e a vegliare sul rispetto dell'obbligo di assistenza consolare. I tribunali statunitensi, tuttavia, non davano attuazione alla sentenza, pur in presenza di un ordine di attuazione adottato dal Presidente degli Stati Uniti, ritenendo che tale atto non fosse idoneo a incidere sulle norme procedurali interne (v. Corte Suprema degli Stati Uniti, *Medellin v. Texas*, 552 U.S. 491 (2008), sentenza del 25 marzo 2008). Di conseguenza, il Messico adiva nuovamente la Corte internazionale di giustizia chiedendole, fra l'altro, di interpretare la sentenza del 2004 nel senso che l'obbligo di riaprire i procedimenti giudiziari non incombesse solo al potere esecutivo federale, ma anche a qualsiasi altro organo o ente centrale o decentrato, ivi compresi i giudici degli Stati federati.

La Corte internazionale di giustizia ha bensì ammesso che l'obbligo di riaprire i procedimenti non era stato adempiuto e che, anzi, l'esecuzione della condanna a morte di alcuni dei cittadini messicani in questione, senza che il procedimento a loro carico fosse stato riaperto, violasse l'ordinanza cautelare adottata dalla stessa Corte nel 2008. Tuttavia, la Corte ha escluso che la sentenza del 2004 si rivolgesse direttamente agli organi sub-statali, ritenendo, piuttosto, che la determinazione delle procedure interne necessarie per attuare l'obbligo di riapertura dei procedimenti giudiziari costituisse una questione interna all'ordinamento degli Stati Uniti (v. la sentenza del 19 gennaio 2009, *Interpretazione della sentenza 31 marzo 2004 nel caso Avena e altri cittadini messicani (Messico c. Stati Uniti)*, in particolare, i paragrafi 44 e 45).

Una interessante questione concernente la responsabilità dello Stato per attività giudiziaria è stata, di recente, al centro di una controversia fra Repubblica Federale di Germania e Italia davanti alla Corte internazionale di giustizia. La Germania sosteneva che l'Italia avesse violato le regole consuetudinarie sull'immunità di Stati stranieri in quanto i giudici italiani avevano esercitato la giurisdizione nei confronti dello Stato tedesco in procedimenti tesi a ottenere il risarcimento dei danni causati alle vittime di gravi violazioni dei diritti dell'uomo e del diritto umanitario commesse dal regime nazista. La Corte internazionale di giustizia ha accertato che l'avvio di tali procedimenti, alcuni dei quali conclusi con sentenza definitiva, costituisse violazione del diritto dello Stato tedesco all'immunità. Di conseguenza, la Corte ha ordinato allo Stato italiano di ripristinare la situazione che sarebbe esistita in assenza dell'illecito e, quindi, fra l'altro, di eliminare gli effetti di sentenze passate in giudicato (sui profili problematici relativi all'attuazione della sentenza, cfr. *infra*, parte VI, capitolo III, par. 9).

2. *La sovranità*

Connaturato all'esistenza di uno Stato è il concetto di sovranità. Si tratta di un concetto di carattere essenzialmente politico, che ha però delle importanti articolazioni sul piano giuridico. La categoria della sovranità esprime storicamente la pretesa di autonomia opposta dai moderni Stati alle precedenti pretese universalistiche. Si tratta quindi di una categoria altamente simbolica che descrive l'attuale struttura policentrica della comunità internazionale, priva di una forma stabile di autorità sociale. Il carattere della sovranità non è quindi un elemento che si aggiunge al carattere statuale di un certo ente quanto piuttosto un elemento costitutivo della statualità.

È più difficile definire il contenuto concreto del concetto di sovranità. Intesa in senso assoluto, tale nozione finirebbe infatti con il negare l'esistenza di un ordinamento internazionale, dato che astrattamente ogni vincolo giuridico posto nei confronti di un ente sovrano costituirebbe un limite alla sua sovranità. Nello stadio attuale di sviluppo dell'ordinamento internazionale, nel quale ciascuno Stato è limitato da vincoli di ogni tipo, questo concetto di sovranità finirebbe però con lo smarrire il suo significato. È più ragionevole ricostruire il contenuto della sovranità in maniera più limitata. La sovranità indicherebbe la capacità di un ente di determinare liberamente i fini e gli strumenti della sua azione politica interna e di concorrere con gli altri soggetti dell'ordinamento alla determinazione di forme di organizzazione sociale sul piano internazionale. È possibile, quindi, che la sovranità di uno Stato, assoluta in teoria, risulti in pratica limitata dall'esistenza di vincoli internazionali che diminuiscano notevolmente la libertà dello Stato in materie determinate.

Nella prassi tradizionale, la sovranità viene solitamente identificata nella capacità di un certo ente di determinare liberamente gli obiettivi e i mezzi della propria azione. Secondo la classica definizione dell'arbitro Huber nella sentenza relativa al caso dell'*Isola di Palmas*, il concetto di sovranità coincide con quello di indipendenza, il quale, a propria volta, indica l'esclusivo potere di assicurare le funzioni di governo di una comunità territoriale: «Sovereignty in the relations between States signifies independence. Independence in regard to a portion of the globe is the right to exercise therein, to the exclusion of any other State, the functions of a State» (Corte permanente di arbitrato, *caso dell'Isola di Palmas (o Miangas) (Stati Uniti c. Paesi Bassi)*, sentenza arbitrale del 4 aprile 1928).

In tal senso può anche ricordarsi l'opinione individuale espressa dal giudice Anzilotti in occasione del parere reso dalla Corte permanente di giustizia internazionale il 5 settembre 1931 sulla questione del *regime doganale tra la Germania e l'Austria*. Nella sua opinione, il giudice Anzilotti proponeva una interpretazione del concetto di indipendenza dello Stato utile ancora oggi: l'indipendenza è la condizione normale degli Stati secondo il diritto internazionale e significa che lo Stato non ha nessuna autorità al di sopra di sé se non il diritto internazionale (v. spec. par. 3 dell'opinione individuale). La sovranità quindi è del tutto compatibile con le limitazioni, anche incisive, che il diritto internazionale, pattizio o consuetudinario, può imporre allo Stato.

Questa idea emerge altresì dalla sentenza della Corte permanente di giustizia internazionale del 17 agosto 1923, nel caso del *vapore "Wimbledon"*. La Corte ha affermato che un trattato che limiti in qualche modo l'assoluta libertà di azione di uno Stato non è incompatibile con la sovranità. Al contrario, proprio la capacità di uno Stato di limitare la propria libertà di azione attraverso un trattato costituisce una espressione di sovranità («The Court declines to see in the conclusion of any treaty by which a State undertakes to perform or refrain from performing a particular act an abandonment of its sovereignty. No doubt any convention creating an obligation of this kind places a restriction upon the exercise of the sovereign rights of the State, in the sense that it requires them to be exercised in a certain way. But the right of entering into international engagements is an attribute of State sovereignty»).

Ciò non equivale però ad affermare che ogni limitazione alla sovranità di un ente debba necessariamente trovare fondamento nella sua volontà di accettare liberamente un vincolo alla propria azione. In un'ottica di questo tipo, che risente di suggestioni volontariste, sarebbe infatti difficile spiegare l'esistenza di obblighi internazionali che si affermano nei confronti di uno Stato senza, e talvolta contro, la sua volontà. L'assolutezza insita nella tradizionale concezione della sovranità renderebbe altresì difficile spiegare l'esistenza di meccanismi strumentali di produzione e di accertamento del diritto inizialmente posti in essere con il consenso di enti sovrani ma che poi funzionano, e producono obblighi, indipendentemente dalla volontà di questi. Una concezione assoluta della sovranità dovrebbe, ad esempio, risultare incompatibile con il trasferimento in capo al Consiglio di sicurezza del potere di adottare risoluzioni vincolanti per gli Stati membri delle Nazioni Unite.

Un esempio particolarmente evidente della difficoltà di conciliare il concetto di sovranità con l'esistenza di meccanismi particolarmente sofisticati di produzione del diritto è rappresentato dal trasferimento di poteri a favore dell'Unione europea. È noto, ad esempio, che la Corte di giustizia dell'Unione europea ha prospettato l'irrevocabilità del trasferimento di poteri ad opera degli Stati membri attraverso il trattato istitutivo (v. *Amministrazione delle Finanze dello Stato v. Simmenthal SpA*, causa 106/77, sentenza del 9 marzo 1978, par. 18). Gli Stati membri non avrebbero quindi potuto revocare tali poteri né con un atto unilaterale né, addirittura, con un atto di volontà collettiva. Il carattere irreversibile di tale trasferimento di poteri sovrani all'Unione europea è stato però espressamente negato con il Trattato di Lisbona; l'art. 48 del Trattato sull'Unione europea prevede, infatti, procedure di revisione volte «ad accrescere o a ridurre le competenze attribuite all'Unione»; l'art. 50 dello stesso Trattato prevede la possibilità per ciascuno Stato membro, a determinate condizioni, di recedere dall'Unione.

Peraltro, secondo i sostenitori della dottrina classica della sovranità, il trasferimento di poteri ad un ente non costituisce una limitazione di sovranità fintanto che tale fenomeno rimane sul piano puramente normativo. Dato che gli Stati sono, nell'attuale assetto politico internazionale i detentori del potere coercitivo, un ente dotato di poteri solo normativi, quale le Nazioni Unite o l'Unione europea, manca della possibilità di attuare effettivamente le proprie deliberazioni nei confronti di Stati che non intendono adeguarvisi.

Come si vede, quest'ottica si differenzia notevolmente dal concetto normativo di sovranità per prendere piuttosto in considerazione una nozione politica, effettuale, di sovranità, secondo la quale sarebbe sovrano l'ente che dispone del potere di mandare ad effetto le proprie deliberazioni.

Anche questa prospettiva, nella sua assolutezza, non è però del tutto convincente. Sembra poco persuasivo, infatti, nell'attuale grado di sviluppo dell'esperienza giuridica, accettare l'idea che l'essenza della sovranità risieda nel potere coercitivo. Alla luce della complessità dei moderni sistemi giuridici, statali e internazionali, l'idea che la loro effettività riposi sulla ricerca di un fondamento ultimo, costituito dal potere coercitivo, non appare del tutto convincente. Si pensi al grado di effettività acquisito da un sistema puramente normativo, quale quello dell'Unione europea ovvero quella della Convenzione europea dei diritti dell'uomo, utilizzando le strutture giudiziali e amministrative degli Stati membri, che sono di fatto divenuti organi dell'ordinamento dell'Unione.

La difficoltà di determinare l'assetto della sovranità nei processi di integrazione sul piano sovranazionale mostra i limiti della dottrina classica della sovranità, concepita quasi in senso mistico come l'assolutezza e la mancanza di limitazione del potere politico.

L'esperienza giuridica contemporanea sembra evidenziare la scarsa utilità di un concetto di sovranità assoluta, quale quello presente nelle prime teorizzazioni di questa nozione. L'esistenza di un ente assolutamente sovrano non può essere ragionevolmente rinvenuta né sul piano dell'analisi teorica né su quello dell'analisi effettuale. Gli Stati tendono sempre di più a trasferire singole competenze sul piano sovranazionale. Tali competenze vengono poi esercitate nell'ambito di ordinamenti complessi e dotati di proprie dinamiche, i quali non costituiscono una negazione, ma piuttosto una forma di erosione della sovranità statale. Insomma, l'assolutezza del concetto di sovranità sembra incompatibile con i moderni fenomeni di scomposizione della sovranità in una somma di competenze distribuite tra una pluralità di organi e di livelli di governo. In situazioni di questo tipo, il tentativo di determinare un ente assolutamente sovrano sembra privo di senso scientifico. È solo dalla determinazione concreta dell'assetto dei poteri fra enti statali ed enti internazionali che può venire un'idea, approssimativa e suscettibile di mutare nel tempo, del contenuto concreto della sovranità.

Nonostante tali incertezze, il principio della eguaglianza sovrana degli Stati rimane giuridicamente il principio fondamentale attorno al quale si articola l'ordinamento internazionale. Come si avrà modo di vedere, varie norme internazionali possono essere ricostruite come un corollario del principio di sovranità, ovvero come il risultato di un processo di combinazione fra tale principio ed altri principi dell'ordinamento.

Il principio della eguaglianza sovrana degli Stati esprime un carattere strutturale dell'ordinamento internazionale, dato dalla assenza, in via di principio, di autorità sociale e, quindi, di istituzioni o funzioni centralizzate. Questa circostanza fa sì che esigenze legate alla salvaguardia delle personalità dello Stato, alla sua integrità territoriale e alla sua autonomia negli affari interni, assumano, in diritto internazionale, rilievo preponderante.

3. *Sovranità e principio di autodeterminazione dei popoli*

Il principio di sovranità non è limitato da alcun requisito attinente a criteri di rappresentatività fra Stato e popolo. È anzi consueto avere, nel panorama delle relazioni internazionali, regimi privi di una vera legittimazione democratica sul piano interno, o anche formatisi in spregio a regole democratiche, senza sollevare, tuttavia, apprezzabili reazioni da parte della comunità internazionale.

È pressoché pacifico, in dottrina e nella prassi, che la scelta della forma di Stato e del regime di governo rientrino nell'ambito degli affari interni di ciascuno Stato. Non solo quindi il modo con il quale si determina la scelta di un regime non costituisce un elemento per affermare o per negare la soggettività internazionale di un ente; non vi è nemmeno alcuna norma generale che imponga requisiti di legittimazione democratica o di rappresentatività.

Un tale effetto può derivare invece da un obbligo liberamente assunto da uno Stato su base convenzionale. Obblighi di questo tipo sono solitamente posti in contesti regionali, in presenza di una certa omogeneità politica e sociale degli Stati parte. È noto, ad esempio, che l'art. 3 del Protocollo 1 alla Convenzione europea dei diritti dell'uomo contiene un obbligo di consentire la scelta del regime politico attraverso libere elezioni. Questa disposizione, ancorché inserita in un contesto di diritti individuali, non sembra produrre solo un diritto dell'individuo di partecipare ad elezioni, ma un vero e proprio obbligo dello Stato di scegliere il proprio regime attraverso tale metodo.

Un obbligo anche più stringente è quello che emerge dalla combinazione degli artt. 2 e 7 del Trattato sull'Unione europea. Quest'ultima norma stabilisce una procedura per accertare l'esistenza di gravi violazioni del principio democratico, o anche solo di un rischio di gravi violazioni, e per irrogare delle sanzioni. Sarebbero giustificate, quindi, forme di interferenza negli affari interni di uno Stato membro dell'Unione, sia da parte delle istituzioni dell'Unione che da parte di altri Stati membri, al fine di valutare l'esistenza e la portata di tale rischio. In un senso analogo sembrano andare anche altri strumenti di integrazione regionale, che pongono appunto un obbligo di utilizzare il metodo democratico nella scelta del regime politico, e talvolta stabiliscono anche delle sanzioni in caso di inottemperanza.

Nel contesto universale, va ricordato l'art. 25 del Patto internazionale sui diritti civili e politici che garantisce ad ogni cittadino il diritto di «partecipare alla direzione degli affari pubblici, personalmente o attraverso rappresentanti liberamente scelti», e «di votare e di essere eletto nel corso di elezioni veritiere, periodiche, effettuate a suffragio universale». Nel *General Comment No. 25* del 12 luglio 1996, il Comitato dei diritti umani ha precisato che il diritto garantito dall'art. 25 è connesso ma distinto dal diritto di autodeterminazione di cui all'art. 1 dello stesso Patto. Infatti, mentre l'art. 1 assicura al "popolo" il diritto di determinare liberamente la propria forma di governo, l'art. 25 garantisce il diritto "degli individui" di partecipare alla cosa pubblica. La violazione di tale diritto, proprio in quanto individuale, può dare origine ad una comunicazione individuale in applicazione del Protocollo addizionale (v. *General Comment No. 25: The right to participate in public affairs, voting rights and the right of equal access to public service (Art. 25)*, par. 2).

Un obbligo di ispirare la vita politica interna a regole di democrazia è contenuto anche in una serie di strumenti di carattere bilaterale. È noto, ad esempio, che da tempo l'Unione europea tende ad inserire una clausola di condizionalità democratica in accordi bilaterali con Stati terzi. La violazione del principio democratico da parte di alcuni di tali Stati può quindi portare all'adozione di contromisure da parte dell'Unione che possono arrivare alla sospensione dell'accordo. Dato il rilievo che la cooperazione con l'Unione riveste per gli Stati in via di sviluppo, tale meccanismo ha dimostrato una certa efficacia come strumento di promozione della democrazia e del rispetto dei diritti umani ad opera di Stati terzi. Tuttavia, in una prospettiva tendente alla massima salvaguardia delle prerogative di sovranità, l'esistenza di regole convenzionali che impongono limiti alla scelta del regime politico interno potrebbe essere vista addirittura come confliggente con i principi della eguaglianza sovrana e del non intervento.

Il principio della impermeabilità dell'organizzazione politica dello Stato subisce, tuttavia, una importante eccezione data dal principio di autodeterminazione dei popoli.

Di esso si parla nell'art. 1, par. 2, della Carta delle Nazioni Unite, il quale indica, fra i fini dell'organizzazione, lo sviluppo di relazioni amichevoli fra le nazioni fondate sul rispetto del principio dell'eguaglianza dei diritti e dell'autodeterminazione dei popoli. I successivi artt. 73 e 75 della Carta piuttosto sembrano delimitare il contenuto originario di tale principio indicando come esso intendesse stabilire solo un obbligo di sviluppare progressivamente condizioni che potessero portare all'autogoverno o all'indipendenza dei territori non autonomi.

Tuttavia, soprattutto grazie all'impulso dell'Assemblea generale, si è registrata una impetuosa tendenza alla decolonizzazione. L'Assemblea generale si è infatti assunta, al di là delle indicazioni testuali della Carta, il compito di determinare le condizioni di attuazione del principio di autodeterminazione, trasformando quindi un semplice principio programmatico in un vero e proprio obbligo di carattere giuridico.

Fra le tappe principali di questo sviluppo, si può ricordare la Dichiarazione di principi sul riconoscimento dell'indipendenza dei paesi e dei popoli coloniali, adottata dall'Assemblea generale con la risoluzione 1514 (XV) del 14 dicembre 1960, e la già citata Dichiarazione sulle relazioni amichevoli fra Stati del 1970. L'esistenza di un principio generale di autodeterminazione è stata quindi riconosciuta dalla Corte internazionale di giustizia nel parere del 21 giugno 1971, relativo alle *conseguenze giuridiche per gli Stati derivanti dalla presenza del Sud Africa in Namibia (Sud-Ovest Africano), nonostante la Risoluzione del Consiglio di sicurezza 276 (1970)* (paragrafi 52-53), e nel parere del 16 ottobre 1975, relativo al *Sahara occidentale* (paragrafi 54-59). Più di recente, nel caso relativo a *Timor Est (Portogallo c. Australia)*, sentenza del 30 giugno 1995, la Corte ha definito il principio di autodeterminazione come un «principio fondamentale del diritto internazionale contemporaneo», accertandone anche la natura *erga omnes* (par. 29). Come detto sopra (cfr. parte II, capitolo IV, sezione IV), la Corte non ha però portato alle estreme conseguenze siffatta affermazione. Essa infatti ha evitato di decidere nel merito della questione, concernente la liceità della conclusione di un accordo fra Australia e Indonesia avente ad oggetto lo sfruttamento delle risorse naturali della zona di mare antistante Timor Est.

Nel recente parere consultivo del 25 febbraio 2019, relativo agli *effetti giuridici della separazione delle isole Chagos da Mauritius nel 1965*, la Corte ha riconosciuto la natura consuetudinaria del principio di autodeterminazione. L'esistenza di un diritto consuetudinario alla autodeterminazione è stata ricostruita soprattutto sulla base della prassi applicativa degli organi delle Nazioni Unite e, in particolare, delle dichiarazioni di principio dell'Assemblea generale, considerate espressamente come dotate di carattere normativo, sia pure non vincolante. Secondo la Corte, il diritto all'autodeterminazione si è "cristallizzato" nel diritto consuetudinario nel 1960, allorché la risoluzione 1514 (XV) del 14 dicembre 1960 sulla indipendenza dei popoli coloniali è stata seguita dall'acquisto della indipendenza da parte di un consistente numero di territori soggetti a dominazione coloniale (par. 150).

La Corte ha aggiunto che il rispetto per l'integrità territoriale di un territorio non autogovernato costituisce una articolazione del principio di autodeterminazione. Il parere ha stabilito che l'indipendenza concessa a Mauritius nel 1965 dalla potenza coloniale, il Regno Unito, non ha realizzato pienamente l'autodeterminazione in quanto tale potenza ha trattenuto sotto la propria sovranità le isole Chagos, che costituivano una dipendenza di Mauritius. Il parere indica altresì, al par. 159, che il distacco di una parte di territorio coloniale, in assenza di una corrispondente manifestazione di volontà della popolazione, costituisce una violazione del principio di autodeterminazione. Non è chiaro, però, come i due criteri – quello dell'integrità territoriale e quello della volontà della popolazione – vadano riconciliati nell'ambito del processo di autodeterminazione. Essi potrebbero addirittura confliggere, allorché una minoranza intenda seguire un proprio percorso di autodeterminazione rispetto a quello seguito dal resto della popolazione.

Sulla base di questi elementi, il contenuto e la portata del principio di autodeterminazione appaiono piuttosto limitati. Innanzitutto, la nozione di "popolo" è priva di connotati etnici, storici o culturali. Essa designa, banalmente, la comunità territoriale dello Stato. Ne consegue che il principio di autodeterminazione non si applica a suddivisioni interne della popolazione. In secondo luogo, il principio di autodeterminazione si applica solo in tre situazioni: ai popoli soggetti a dominazione coloniale, dalla cui situazione il principio ha tratto origine; ai popoli soggetti a dominazione straniera; ai popoli soggetti ad un regime non rappresentativo dell'intera popolazione. Quest'ultima situazione, indicata, peraltro in maniera assai rapida, dalla Dichiarazione sulle relazioni amichevoli fra Stati, fa riferimento essenzialmente ai regimi di *apartheid*, i quali, dichiaratamente, escludevano dalla vita politica una parte, maggioritaria, della popolazione. Ciò dovrebbe implicare che il principio di autodeterminazione risulta violato dall'esistenza di regimi fondati sull'esclusione dalla vita politica di uno o più gruppi razziali.

Con questa unica eccezione, in sostanza, il principio di autodeterminazione si limita ad escludere forme di dominazione esterne di una comunità territoriale. Esso non impone una alterazione delle strutture statali esistenti al fine di realizzare l'aspirazione all'indipendenza di minoranze; né il principio di autodeterminazione limita la scelta della organizzazione politica interna a tale comunità.

Per quanto riguarda la prima questione, la prassi è chiara nel delineare come un limite all'applicazione del principio di autodeterminazione sia dato dal rispetto delle sfere di sovranità territoriale esistenti. La Dichiarazione sulle relazioni amichevoli fra Stati, ad esempio, indica come il principio non possa implicare un limite alla integrità territoriale o all'unità politica degli Stati che non rientrino nelle fattispecie indicate sopra. Anche recentemente, la prassi diplomatica offre numerosi elementi di sostegno a questa conclusione.

Ciò spiegherebbe le reazioni assai prudenti della comunità internazionale rispetto a talune pretese secessionistiche, quali, ad esempio, quelle della Cecenia rispetto alla Federazione russa, della Transnistria rispetto alla Moldavia, del Nagorno-Karabakh rispetto all'Azerbaijan e dell'Abkazia e dell'Ossezia del Sud rispetto alla Georgia. Per una valutazione della situazione esistente in Kosovo, v. *infra*, par. 4.

Per quanto riguarda il secondo punto, la prassi non fornisce alcun supporto all'idea, talora prospettata in dottrina, della estensione del principio di autodeterminazione anche ai rapporti politici interni ad uno Stato. In altri termini, il principio di autodeterminazione non comprende un'articolazione normativa tesa ad assicurare il diritto alla democrazia sul piano interno. Nonostante il proliferare di obblighi convenzionali aventi ad oggetto la promozione della democrazia e nonostante non manchino altre indicazioni a favore di questo metodo nella prassi più recente, è assai difficile ritenere che il principio di democrazia nei rapporti interni abbia assunto rilievo di norma generale dell'ordinamento internazionale. Anzi, proprio la circostanza che gli Stati abbiano cura di inserire obblighi di questo tipo in accordi multilaterali o bilaterali sembra denotare che essi ritengono che un tale obbligo non esista in virtù del diritto internazionale generale.

Queste conclusioni possono apparire deludenti a coloro che ritengono che il presupposto della assoluta sovranità degli Stati, e della irrilevanza internazionale dei regimi politici interni, sia inidoneo a governare i rapporti sociali nel mondo contemporaneo, caratterizzato dal crescente rilievo dei diritti individuali, fra i quali andrebbe annoverato il diritto di concorrere alla scelta del regime politico. In senso contrario, si può invece osservare che il mancato rilievo internazionale della scelta del regime politico appare pienamente conforme alla attuale struttura delle relazioni giuridiche internazionali, fondate sul presupposto della parità degli Stati e sull'assenza di meccanismi istituzionalizzati di accertamento dell'illecito e di determinazione della sanzione. Per quanto ciò possa stupire, la libertà di uno Stato di determinare il proprio regime politico e sociale esprime una forma, ancorché assai particolare, di democrazia internazionale: essa tutela infatti gli Stati meno potenti da interferenze ad opera di Stati più potenti, che potrebbero prendere a pretesto l'esistenza di un regime politico indesiderato al fine di imporre scelte politiche più confacenti alle proprie esigenze. Nella sentenza del 27 giugno 1986 nel caso delle *attività militari e paramilitari in Nicaragua e contro il Nicaragua (Nicaragua c. Stati Uniti)*, in risposta alla pretesa statunitense secondo cui le azioni contro il Nicaragua erano giustificate dal fatto che il Governo nicaraguense aveva adottato delle misure volte a stabilire nel paese una dittatura comunista di stampo totalitario, la Corte internazionale di giustizia ha affermato che «l'adesione di uno Stato a una particolare dottrina non costituisce violazione del diritto internazionale consuetudinario; una diversa conclusione porterebbe a privare di senso il principio fondamentale della sovranità degli Stati sul quale riposa tutto il diritto internazionale, e la libertà che lo Stato ha di scegliere il suo sistema politico, sociale e culturale» (par. 263). È interessante notare che la Corte espressamente si riferisce alla libertà dello "Stato" e non a quella degli individui che ne compongono la popolazione.

Nelle risoluzioni 45/150 e 45/151 del 18 dicembre 1990, l'Assemblea generale delle Nazioni Unite, sebbene abbia enunciato la convinzione che il principio della democrazia interna costituisca un importante fattore di promozione e di sviluppo dei diritti dell'uomo, ha però affermato che gli sforzi della comunità internazionale a favore del principio di democrazia non devono pregiudicare il diritto di ciascuno Stato di scegliere liberamente il proprio regime politico e sociale.

È difficile pensare quindi che la considerazione politica della democrazia come valore universale trovi espressione giuridica in regole che consentano interferenze negli affari interni di uno Stato per promuovere o tutelare il principio democratico. L'idea che il principio di autodeterminazione rechi in sé qualche aspetto del principio democratico si rinviene in alcune delle Opinioni rese dalla Commissione d'arbitrato istituita dalla Conferenza europea per la pace nell'ex Iugoslavia (c.d. commissione Badinter, v. soprattutto le Opinioni da 4 a 7, che però riguardano il profilo del riconoscimento delle nuove repubbliche da parte della Comunità europea e dei suoi Stati membri. Esse sono quindi strettamente connesse con le *Guidelines on Recognition of New States in Eastern Europe and in the Soviet Union*, adottate dalla Comunità europea e dai suoi Stati membri il 16 dicembre 1991).

A favore dell'esistenza di una sorta di diritto alla democrazia, taluni autori menzionano l'intervento promosso dalle Nazioni Unite in Haiti, nel 1994. Nella situazione haitiana, il Consiglio di sicurezza autorizzò un intervento coercitivo al fine di reprimere un colpo di Stato e consentire l'assunzione dei poteri da parte del Presidente liberamente eletto (v. la risoluzione 940 (1994) del 31 luglio 1994). L'intervento in Haiti è rimasto peraltro un caso isolato e per il resto non ci sono dei chiari segnali dai quali si possa desumere la formazione di una norma che preveda che l'autodeterminazione di un popolo comporti l'esistenza di un regime democratico. Qualche ambiguo riferimento al principio democratico è contenuto nelle risoluzioni del Consiglio di sicurezza 1132 (1997) dell'8 ottobre 1997 e 1162 (1998) del 17 aprile 1998, relative alla situazione della Sierra Leone, dopo il colpo di Stato del 25 maggio 1997.

L'applicazione del principio di autodeterminazione comporta un obbligo di concedere l'indipendenza in presenza di una dominazione di carattere straniero o coloniale, ovvero la necessità di assicurare la rappresentatività dei gruppi razziali nel regime politico di uno Stato. Peraltro, l'autodeterminazione può realizzarsi anche attraverso l'integrazione ovvero l'associazione di un territorio ad un altro Stato esistente. Il compito di stabilire regole applicative e cadenze dell'autodeterminazione spetta, secondo la prassi, all'Assemblea generale, la quale lo esercita direttamente o a mezzo di delega all'organizzazione regionale competente. L'Assemblea tende in genere ad assicurare un ruolo decisivo alla volontà popolare attraverso forme di consultazione.

La struttura *erga omnes* del principio di autodeterminazione dovrebbe indicare che ciascuno degli Stati della comunità internazionale abbia un interesse giuridico al suo rispetto. Di fatto, gli Stati tendono ad astenersi dal far valere tale interesse se non vi è anche un interesse fattuale ad agire.

Un esempio di azione nell'interesse della popolazione da parte di uno Stato privo di un interesse attuale e concreto potrebbe essere l'azione, più volte menzionata, intentata dal Portogallo davanti alla Corte internazionale di giustizia contro l'Australia, relativa alla situazione di Timor Est. Il Portogallo, già amministratore fiduciario del territorio di Timor Est, chiedeva infatti alla Corte di accertare se l'Australia, concludendo con l'Indonesia un accordo relativo allo sfruttamento delle risorse nelle zone marittime antistanti il territorio di Timor Est, avesse contribuito alla violazione del diritto all'autodeterminazione del popolo timorense.

Nel medesimo senso depongono le due interessanti sentenze della Corte di giustizia dell'Unione europea del 21 dicembre 2016, causa C-104/16 P, *Consiglio c. Front Polisario*, e del 27 febbraio 2018, causa C-266/16, *Western Sahara Campaign UK*. La Corte di giustizia dell'Unione europea ha utilizzato il principio di autodeterminazione dei popoli al fine di determinare restrittivamente l'ambito di applicazione di una serie di accordi bilaterali relativi agli scambi commerciali fra Unione europea e Marocco, nonché all'accesso di navi da pesca europee nelle zone di mare marocchine. Secondo la Corte il principio di autodeterminazione imponeva di interpretare tali accordi nel senso che essi non si applicassero ai prodotti originari dal territorio del Sahara occidentale né alle zone di mare antistanti tale territorio. Come si ricorderà, il territorio del Sahara occidentale è stato in gran parte occupato e annesso dal Marocco nonostante venga considerato dall'Assemblea generale delle Nazioni Unite come un territorio avente diritto all'autodeterminazione.

Il rilievo della vicenda è duplice. Essa evidenzia, innanzi tutto, come il principio di autodeterminazione ponga a tutti i soggetti dell'ordinamento internazionale, l'obbligo di non concludere accordi relativi allo sfruttamento di risorse di un territorio non autodeterminato, se non nell'interesse della popolazione di tale territorio popolo e con il suo consenso. In secondo luogo, emerge indirettamente dalle due pronunce della Corte di giustizia dell'Unione europea come un accordo che abbia indebitamente disposto delle risorse di un territorio non autodeterminato risulti in conflitto con le regole cogenti sull'autodeterminazione dei popoli. Di conseguenza, a meno che non sia possibile interpretare l'accordo in conformità rispetto al principio di autodeterminazione, esso risulterà in conflitto con una norma cogente e, quindi, invalido (v. *supra*, Parte II, capitolo IV, sez. IV).

La generale ritrosia degli Stati non direttamente coinvolti a far valere violazioni del principio di autodeterminazione fa sì che tale principio venga sostanzialmente fatto valere dall'Assemblea generale, ente esponenziale dell'interesse collettivo della comunità internazionale. Un certo rilievo, in tale ambito, hanno storicamente assunto anche i Movimenti di liberazione nazionale, ritenuti comunemente come enti a soggettività limitata (v. *infra*, capitolo III, par. 1). La loro soggettività consiste sostanzialmente nel diritto ad essere consultati, qualora rappresentativi di un popolo, nel processo di autodeterminazione. I Movimenti di liberazione nazionale tendono anche ad esercitare delle posizioni soggettive derivanti dal principio, quale, ad esempio, l'obbligo di assistenza e cooperazione che il diritto internazionale pone a carico degli Stati al fine di far cessare l'illecito.

V. il Trattato di pace concluso dal Fronte Polisario con la Mauritania il 5 agosto 1979, in forza del quale la Mauritania ha ritirato le proprie truppe da una parte del Sahara occidentale; nonché gli Accordi di Oslo tra l'Organizzazione per la liberazione della Palestina e lo Stato d'Israele conclusi il 20 agosto 1993.

4. *Genesi ed estinzione dello Stato*

Secondo l'opinione prevalente, il diritto internazionale non contiene alcuna regola che stabilisca direttamente i modi di formazione o di estinzione di uno Stato. È semmai l'esistenza di uno Stato il presupposto per l'applicazione della massima parte delle regole internazionali. Secondo questa visione, il diritto internazionale generale non disciplina il procedimento di formazione dello Stato, né quello della sua estinzione, ma si limita a constatarne l'esistenza o la sua cessazione e a regolarne semmai gli effetti.

Fra i procedimenti che potevano portare alla nascita di un nuovo Stato, taluni hanno perso di attualità, come, ad esempio, la scoperta di un nuovo territorio o la conquista bellica. Oggi i nuovi Stati si formano in seguito a processi di trasformazione di preesistenti organizzazioni statali.

Il mutamento della forma di governo di una comunità territoriale non dà luogo alla nascita di un nuovo Stato a meno che non vi sia un radicale sovvertimento dell'intero apparato di governo. Tale principio, assai antico, si è ad esempio espresso nel Protocollo di Londra del 19 febbraio 1831 con il quale le grandi Potenze europee, riunite per discutere della crisi del Belgio, affermarono che i mutamenti verificatisi nella situazione di uno Stato non autorizzano quest'ultimo a ritenersi sciolto dagli impegni internazionali assunti anteriormente e ciò in base al «principio di ordine superiore secondo il quale i trattati non perdono la loro forza, quali che siano i cambiamenti che intervengono nell'organizzazione interna dei popoli».

Nell'ambito dei mutamenti rivoluzionari del XX secolo, la continuità nella funzione di governo di una comunità territoriale è stata più volte messa in discussione. Ad esempio, l'Unione Sovietica negò radicalmente ogni forma di successione rispetto agli Stati che esercitavano in precedenza sovranità sul suo territorio, e, in particolare, rispetto alla Russia zarista. Il ripudio dei debiti del precedente regime dette luogo ad una serie di controversie, tra le quali la più celebre è quella con gli Stati Uniti che venne definita dallo scambio di lettere, intercorso nel novembre 1933, tra il Presidente degli Stati Uniti Roosevelt e il Commissario sovietico per gli affari esteri Litvinov. Del tutto pacificamente, invece, si è ritenuto che la successione del regime costituzionale sorto nel secondo dopoguerra rispetto al precedente regime fascista non alterasse l'identità dello Stato italiano.

Più frequentemente, nuovi Stati si formano in seguito a dissoluzione ovvero in seguito a distacchi di porzioni di territorio rispetto ad una o più organizzazioni statali preesistenti. A volte la formazione di un nuovo Stato costituisce il risultato di un processo consensuale. Talora invece fa seguito a conflitti interni o internazionali. È soprattutto in tali ipotesi che diventa importante allora il ruolo del diritto internazionale.

La determinazione di regole internazionali sulla formazione di nuovi Stati è un esercizio logicamente difficile. Difatti, il diritto internazionale classico tutela con una serie di regole l'esercizio indisturbato di sovranità degli Stati esistenti. Fintanto che si rimane in questo sistema concettuale, strettamente bilateralista, che assicura il mutuo rispetto delle sfere di sovranità di ciascuno Stato, è molto difficile che possano emergere regole relative alla formazione di Stati nuovi. Tali regole dovrebbero infatti determinare il contenuto e i limiti di un diritto alla secessione. Esse, quindi, confliggerebbero inevitabilmente con le regole vigenti, che assicurano a ciascuno Stato l'esercizio di sovranità entro i propri confini. Così, ad esempio, la pretesa alla secessione da parte della Cecenia si è infranta contro la regola che assicura la sovranità territoriale alla Russia; la pretesa di formazione di uno Stato curdo su territori attualmente posti sotto la sovranità della Turchia, dell'Iraq, dell'Iran e della Siria, contrasta con il principio di sovranità territoriale di questi Stati, e così via.

Secondo l'opinione prevalente, le regole di diritto internazionale che disciplinano la formazione di nuovi Stati hanno un contenuto puramente procedurale. Esse, cioè, determinerebbero solo le modalità per far valere le esigenze potenzialmente in conflitto: la pretesa di secessione, da un lato; la pretesa al mantenimento dello *status quo*, dall'altro. Peraltro, ciascuna pretesa dovrebbe essere fatta valere attraverso condotte rispettose del divieto di uso eccessivo della forza interna, dei diritti dell'uomo, e così via. Il diritto internazionale eviterebbe invece di concedere tutela ad una delle pretese in contesa rispetto all'altra.

L'effetto pratico di questa ricostruzione è quello di negare l'esistenza di un diritto alla secessione. Ciascuna minoranza ben potrebbe chiederlo e ciascuno Stato al quale esso sia richiesto, d'altro lato, potrebbe rifiutarsi di concederlo. Il conflitto, pacifico o cruento che sia, non sarebbe risolubile giuridicamente. Il diritto internazionale si limiterebbe a stabilire che le pretese contrapposte, parimenti legittime sul piano giuridico, non vengano perseguite con metodi contrari al diritto internazionale. Dal punto di vista sostanziale, invece, vi sarebbe una vera e propria neutralità giuridica. La comunità internazionale dovrebbe limitarsi a prendere atto dell'esito del conflitto, con la conseguente formazione di un nuovo Stato in caso di esito favorevole ai secessionisti; ovvero con il mantenimento dello *status quo* in caso di esito contrario alla pretesa secessionista.

La neutralità del diritto internazionale si manifesta quindi nell'astenersi da una qualificazione giuridica dei fenomeni secessionisti. Non vi sarebbe pertanto né un diritto alla secessione, né, dall'altra parte, una illegittimità della condotta secessionista. Qualora il processo di secessione abbia successo, di conseguenza, sarebbe del tutto legittima la formazione di un nuovo Stato, il quale, automaticamente, godrebbe della protezione accordata dalle norme internazionali, ivi compresa la tutela nei confronti di pretese provenienti dallo Stato rispetto al quale la secessione si è affermata. Di converso, fino a quando il processo di secessione non si concluda positivamente, l'ente secessionista non costituisce uno Stato e non può quindi esercitare alcuna delle prerogative che il diritto internazionale riserva agli Stati.

È essenzialmente per questo motivo che gran parte della comunità internazionale ha considerato prematuro il riconoscimento da parte della Repubblica Federale di Germania e da parte dell'Austria nel 1991 degli Stati croato e sloveno, proclamati sui territori facenti ancora parte della Repubblica Federativa Socialista di Iugoslavia. Allo stesso modo, la secessione proclamata dalla Crimea nel marzo del 2014 nei confronti dell'Ucraina in seguito ad una consultazione della popolazione locale, che si è largamente espressa a favore di una adesione della Repubblica autonoma alla Russia, è stata considerata dalla maggior parte degli Stati come non conforme al diritto internazionale. La proposta di risoluzione del Consiglio di sicurezza che avrebbe dichiarato la sua invalidità ha raccolto il voto favorevole di 13 Stati, il voto contrario della Russia e l'astensione della Cina (UN doc. S/PV.7138, 15 marzo 2014).

Il principio della neutralità non si attenua significativamente neanche in relazione all'espressione della volontà popolare favorevole alla secessione, espressa con *referendum*. Qualora organizzato sulla base di un accordo con il governo centrale il *referendum* spiega effetti giuridici, non già in diritto internazionale, ma bensì nel sistema costituzionale interno dello Stato interessato. Questo è il caso, ad esempio, del *referendum* sulla indipendenza della Scozia dal Regno Unito, che ha avuto luogo il 18 settembre 2014, con il consenso del governo del Regno Uniti, ma ha avuto esito negativo. Anche la secessione del Montenegro dalla Repubblica federale di Iugoslavia (Serbia e Montenegro) avvenne in seguito a *referendum* del 21 maggio 2006, riconosciuto dal governo centrale. *Referenda* convocati unilateralmente dai movimenti secessionisti, organizzati con modalità atte a garantire che l'esito esprima la genuina espressione della volontà popolare, possono costituire uno degli elementi che giustifichino la richiesta di autodeterminazione del territorio. *Referenda* organizzati unilateralmente dai secessionisti, senza alcuna garanzia di democraticità, infine, sono generalmente considerati privi di effetti sul piano internazionale. Tale è, ad esempio, il *referendum* del 16 marzo 2014 sulla secessione della Crimea dalla

Ucraina, organizzato unilateralmente dai secessionisti, sostenuti militarmente dalla Russia, il quale ha aperto la strada alla dichiarazione di indipendenza, proclamata il giorno successivo dal Parlamento della Crimea, seguita immediatamente dalla richiesta di annessione alla Russia.

Il principio della neutralità del diritto internazionale finisce indubbiamente con il penalizzare le pretese secessioniste. Da un lato, la tutela accordata dal diritto internazionale alla personalità dello Stato priva di protezione tali pretese. L'ente secessionista gode infatti solo della protezione indiretta che deriva dal divieto, posto allo Stato, di impiego eccessivo della forza interna per reprimere la secessione, nonché dalla tutela dei diritti fondamentali. Un eventuale sostegno internazionale alle forze secessioniste costituisce una forma di ingerenza negli affari interni dello Stato, mentre il sostegno a favore di quest'ultimo si inquadra nell'ambito delle normali dinamiche interstatuali. D'altro lato, la pretesa secessionista è quella solitamente più debole in quanto ha di fronte un'organizzazione consolidata quale quella statale. Il principio di neutralità equivale, in realtà, ad un sostegno allo Stato territoriale. Questa considerazione, che difficilmente si esprime in una posizione giuridica, è sovente alla base della richiesta da parte degli enti secessionisti di ricevere assistenza che consenta loro di acquisire una posizione di parità rispetto allo Stato territoriale; ovvero, di converso, di negare assistenza a tale Stato.

La tesi secondo la quale gli Stati terzi incontrano il divieto di assistere militarmente le parti di una guerra civile allorché i ribelli abbiano acquisito un controllo stabile di una porzione territoriale, è discussa *supra,* parte I, capitolo I, par. 7, lett. *d*).

Il principio di neutralità sembra essere un corollario del principio della non ingerenza negli affari interni di un altro Stato, principio avente una portata assai ampia, il quale esprime, a propria volta, la struttura paritaria dell'ordinamento internazionale. Un ordinamento fondato sul principio della sovrana eguaglianza fra i membri difficilmente può effettuare una valutazione positiva di pretese tese a sovvertire la sovranità di uno dei suoi membri. Tale principio può però subire una attenuazione qualora il conflitto fuoriesca dai confini interni e ponga in pericolo interessi collettivi della comunità internazionale. In questo caso, l'esistenza di una minaccia per interessi collettivi, quali, ad esempio, l'uso eccessivo della forza, gravi violazioni dei diritti dell'uomo, fenomeni di genocidio o pulizia etnica, o addirittura l'esistenza di una minaccia diretta per la pace e la sicurezza internazionale, potrebbero giustificare un intervento di carattere unilaterale o istituzionale.

In quest'ultimo caso, in particolare, il Consiglio di sicurezza potrebbe ritenere che la nascita di un nuovo Stato costituisca un rimedio appropriato per preservare o ripristinare condizioni di pace e di sicurezza internazionale.

In verità, ciò è accaduto finora soltanto in relazione ad ipotesi di autodeterminazione dei popoli. V., ad esempio, la risoluzione del Consiglio di sicurezza 435 (1978) del 29 settembre 1978, con la quale il Consiglio approvò un piano del Segretario generale per assicurare l'indipendenza della Namibia dal Sud Africa attraverso lo svolgimento di libere elezioni sotto il controllo dell'ONU. Peraltro, in questo caso, il Consiglio di sicurezza agì senza esercitare i poteri coercitivi che la Carta gli attribuisce. Nel parere consultivo relativo alla *conformità al diritto internazionale della proclamazione unilaterale di indipendenza da parte dell'Autorità provvisoria del Kosovo*, del 22 luglio 2010, la Corte internazionale di giustizia ha accertato, infatti, che il diritto internazionale non contiene alcuna regola relativa al fenomeno delle secessioni (v. par. 79 ss.).

Non sempre il processo di formazione di un nuovo Stato si svolge nel rispetto delle regole sopra menzionate. Sovente esso si accompagna a condotte difformi da regole e principi del diritto internazionale. Ciò accade, ad esempio, quando la formazione di un nuovo Stato è resa possibile dall'uso della forza internazionale, ovvero ad essa si accompagni la violazione del principio di autodeterminazione, e così via.

In ipotesi di questo tipo, si pone quindi la questione di determinare le conseguenze prodotte dall'illiceità del processo di formazione sulla soggettività del nuovo ente.

In relazione a pretese annessionistiche, concettualmente analoghe a quelle secessioniste, non sono mancate reazioni della comunità internazionale. Così, ad esempio, nel 1980, in seguito alla proclamazione da parte del parlamento israeliano dell'annessione di Gerusalemme est e alla proclamazione della città come capitale dello Stato d'Israele, il Consiglio di sicurezza dichiarò nulla l'annessione (risoluzione 476 (1980) del 30 giugno 1980) e invitò, successivamente, i membri dell'ONU a non riconoscere le misure israeliane e a ritirare le proprie missioni diplomatiche presso Israele aventi sede a Gerusalemme (risoluzione 478 (1980) del 20 agosto 1980). Recentemente, in relazione alla decisione dell'Amministrazione statunitense di trasferire a Gerusalemme la propria ambasciata presso Israele, l'Assemblea generale delle Nazioni Unite ha adottato, a larga maggioranza, una risoluzione con la quale chiede agli Stati di non stabilire proprie sedi diplomatiche nella città di Gerusalemme (risoluzione A/RES/ES-10/19, del 22 dicembre 2017).

Una secessione realizzata in seguito a un intervento di Stati terzi implicante l'uso della forza internazionale è quella del Kosovo. Il Kosovo ha unilateralmente dichiarato la propria indipendenza il 17 febbraio 2008, vari anni dopo un intervento militare degli Stati della NATO che aveva causato la perdita di controllo sul territorio da parte dell'allora Repubblica Federale di Iugoslavia (Serbia e Montenegro). Si ricorderà che, dopo l'intervento, una risoluzione del Consiglio di sicurezza, la risoluzione 1244 (1999) del 10 giugno 1999, aveva da un lato riconosciuto la nominale sovranità della Repubblica Federale di Iugoslavia, ma aveva altresì istituito una amministrazione internazionale del territorio, coadiuvata da una forza multinazionale guidata dalla NATO, la quale aveva quindi posto in essere, in via di fatto, un processo di distacco della regione rispetto al resto dello Stato federale. Nondimeno, la risoluzione non definiva lo *status* definitivo del Kosovo, rinviando piuttosto a negoziati fra le parti.

La conformità rispetto al diritto internazionale della dichiarazione di indipendenza appare molto dubbia. Benché vari Stati abbiano riconosciuto il nuovo Stato, larga parte della comunità internazionale ha evitato di procedere al riconoscimento. Dalle dichiarazioni degli Stati che hanno evitato di procedervi, emergono tre ordini di motivazioni: il nuovo ente risulterebbe carente di elementi strutturali della statualità, quali l'indipendenza e l'effettività, in quanto varie funzioni riconnesse alla sovranità territoriale sono sostanzialmente esercitate dagli Stati membri della NATO; in secondo luogo, esso si sarebbe affermato in seguito all'intervento armato della NATO nel 1999, di assai dubbia conformità rispetto al divieto di uso unilaterale della forza; in terzo luogo, l'indipendenza del nuovo Stato non appare conforme a quanto previsto dalla risoluzione 1244 (1999), la quale prevedeva, come già detto, l'istituzione di un regime transitorio, rinviando la determinazione dello *status* definitivo della regione agli esiti di un processo negoziale.

L'Assemblea generale, con risoluzione 63/3 dell'8 ottobre 2008, ha quindi chiesto un parere alla Corte internazionale di giustizia relativamente alla *conformità al diritto internazionale della proclamazione unilaterale di indipendenza da parte dell'Autorità provvisoria del Kosovo*. Il parere è stato adottato il 10 luglio 2010. Esso non è però giuridicamente molto utile al fine di determinare la conformità della secessione al diritto internazionale. La Corte ha innanzitutto delimitato accuratamente il quesito posto dall'Assemblea generale, affermando che esso non concerneva né l'esistenza di un diritto di secessione da parte del Kosovo né le conseguenze giuridiche della dichiarazione di indipendenza. Un punto specifico, e assai rilevante, del parere concerne l'identificazione dei destinatari del divieto di proclamare l'indipendenza del Kosovo formulato dalla risoluzione 1244. Ad avviso della Corte la risoluzione 1244 si rivolgeva agli organi delle Nazioni Unite e alle Istituzioni di autogoverno costituite sulla base di essa, mentre invece gli autori della dichiarazione di indipendenza avrebbero agito al di fuori del quadro giuridico stabilito da tale risoluzione.

La conclusione della Corte appare davvero poco convincente. In particolare, essa sembra dare peso decisivo alla circostanza che gli autori della dichiarazione, ancorché in larga parte coincidenti con gli organi delle Istituzioni transitorie di autogoverno, non intendessero operare nel quadro giuridico stabilito dalla risoluzione 1244, ma nel quadro del diverso ordinamento giuridico dello Stato kosovaro che essi intendevano costituire (v. soprattutto il par. 105).

Questa distinzione è giuridicamente assai difficile da sostenere. La circostanza che un atto non intenda collocarsi nel quadro dell'ordinamento giuridico esistente, ma miri a stabilire un diverso ordinamento giuridico, non costituisce certamente un ostacolo a che esso venga valutato, quanto alla sua legittimità, dal precedente ordinamento. Non si vede proprio, infatti, come si possa impedire al precedente ordinamento di valutare giuridicamente la legittimità di tale atto e la liceità dei comportamenti posti in essere sulla base di esso. In particolare, l'effettività del diritto delle Nazioni Unite sarebbe ben poca cosa se esso non fosse capace di valutare la legittimità di un atto per il solo fatto che gli autori di questo intendano operare al di fuori dal quadro normativo dell'organizzazione.

Per lo stesso motivo, anche la secessione di parte di uno Stato, alla quale faccia seguito immediatamente l'adesione ad un diverso Stato, appare illegittima allorché tale processo sia stato reso possibile dall'uso della forza. Questo è quel che è accaduto, ad esempio, con il caso del distacco della Crimea dall'Ucraina, proclamato, come si è detto, dal Parlamento della Crimea il 17 marzo 2014, e la successiva contestuale richiesta di adesione alla Russia. L'intero processo di distacco dall'Ucraina e di adesione alla Russia sono infatti stati consentiti dall'uso della forza da parte di quest'ultimo Stato.

Non vi è peraltro certezza circa le conseguenze giuridiche che si producono allorché il procedimento di formazione di un nuovo Stato non sia conforme al diritto internazionale.

Se si accoglie la classica impostazione realista, propria della tradizione giuridica italiana, secondo la quale l'esistenza di uno Stato è una valutazione di mero fatto, la violazione di regole internazionali non dovrebbe aver impatto sulla natura statale di un ente che abbia affermato in via permanente la propria sovranità su un determinato territorio. In altri termini, una volta che uno Stato si sia costituito ed abbia esercitato con caratteri di permanenza ed effettività la propria sovranità, l'illegittimità del suo processo di formazione non potrebbe cancellare la sua esistenza di fatto.

Questo orientamento è peraltro contestato dagli autori che valorizzano la prassi più recente dalla quale si desumerebbe la tendenza a considerare come nulla e non avvenuta la formazione di uno Stato in violazione di principi fondamentali della comunità internazionale. Secondo questo orientamento, di carattere marcatamente legalista, la violazione di tali principi, posti a tutela di interessi collettivi, avrebbe come risultato quello di pregiudicare la legalità di qualsiasi situazione di fatto costituita attraverso condotte difformi da essi.

La prassi in materia non consente di formulare conclusioni sicure. Da un lato, vi è una certa tendenza della comunità internazionale a disconoscere enti la cui formazione sia avvenuta in violazione di principi fondamentali, quali il divieto di uso della forza o il principio di autodeterminazione. La grande maggioranza degli Stati della comunità internazionale non ha, ad esempio, riconosciuto la Repubblica turca di Cipro del Nord, proclamata nel 1983, in seguito all'intervento turco sull'isola del 1974. D'altra parte, tali manifestazioni hanno sovente riguardo alla circostanza che il nuovo ente non ha le caratteristiche di effettività e di indipendenza che sono un presupposto della statualità. È difficile pensare che l'illiceità del procedimento di formazione possa pregiudicare indefinitamente la soggettività del nuovo ente, allorché questo si consolidi ed eserciti funzioni sovrane sulla comunità territoriale, con carattere di effettività e di permanenza. Qualora il consolidamento dello stato di fatto rechi con sé anche una propensione della comunità internazionale ad entrare in rapporti giuridici con il nuovo ente, è difficile ritenere che esso non abbia acquisito il carattere della statualità e, con esso, lo *status* di soggetto dell'ordinamento internazionale.

La mancanza dell'uno e dell'altro elemento è all'origine della mancata acquisizione di natura statuale del c.d. Stato islamico, o *Daesh*, il quale ha sì esercitato poteri di governo per un tempo non trascurabile su un territorio a cavallo fra l'Iraq e la Siria, ma, a causa della sua devianza rispetto agli interessi e ai valori fondamentali della comunità internazionale, non è mai riuscito a entrare in relazioni giuridiche con il resto della comunità internazionale (v., *infra*, capitolo II, par. 4).

5. *L'organizzazione interna dello Stato*

Se il diritto internazionale non pone obblighi allo Stato relativamente alla sua organizzazione politica interna, a maggior ragione esso non dovrebbe contenere regole tendenti ad identificare i suoi organi. Vi è peraltro sovente l'esigenza di identificare quali siano i soggetti la cui azione è attribuibile allo Stato sulla base di un rapporto di tipo organico.

L'esigenza di determinare i criteri in base ai quali si stabilisce un rapporto organico è stata prevalentemente analizzata al fine di imputare allo Stato condotte illecite. Ai fini del diritto della responsabilità appare infatti particolarmente importante determinare i criteri che consentono di attribuire una condotta ad uno Stato. La questione ha peraltro una portata generale e si pone quindi anche al di fuori del diritto sulla responsabilità. Si pensi all'esigenza di definire i criteri per attribuire ad uno Stato la manifestazione di volontà diretta a concludere un accordo internazionale.

Non è peraltro agevole identificare criteri di attribuzione destinati a valere in tutte le possibili situazioni nelle quali si applica il diritto internazionale. È verosimile, ad esempio, che le regole sull'imputazione del fatto illecito siano caratterizzate da un approccio più rigoroso rispetto a quello che ispira le regole sull'imputazione che operano nel campo del diritto dei trattati. Mentre, infatti, l'art. 7 degli Articoli sulla responsabilità degli Stati attribuisce allo Stato le condotte *ultra vires* dei propri organi, un approccio più cauto è quello stabilito nel campo del diritto dei trattati dall'art. 46 della Convenzione di Vienna. Ancorché quest'ultima disposizione non disciplini direttamente una questione di imputabilità ma concerna questioni di validità dei trattati, essa sembra implicitamente escludere che condotte manifestamente al di fuori della sfera di competenza di un organo possano nondimeno essere attribuite allo Stato (v. *supra*, parte II, capitolo II, sezione I, par. 4).

Secondo una ricostruzione assai diffusa, il diritto internazionale, per la determinazione degli organi di Stati, rinvia al diritto interno dello Stato interessato. Secondo tale ricostruzione, peraltro, oltre alla condotta degli organi, possono essere attribuite ad uno Stato condotte di individui o di gruppi di individui che, pur non avendo la qualità di organi, agiscano in fatto per suo conto. Gli Articoli sulla responsabilità contengono una serie di indicazioni per determinare i casi in cui condotte private vanno attribuite ad uno Stato. Fra questi, assume rilievo soprattutto l'art. 8, il quale prevede che vadano attribuite ad uno Stato condotte di individui o gruppi di individui poste in essere sotto la direzione e il controllo dello Stato.

L'art. 8 sembra indicare la necessità di ricostruire una forma di direzione e di controllo rispetto a singole azioni operate da individui o da gruppi privati. In principio, quindi, azioni poste in essere da soggetti privi di un rapporto organico formale non andrebbero imputate ad uno Stato a meno che non sia possibile dimostrare, in riferimento a tali specifiche azioni, che esse siano state poste in essere su istruzione da parte di organi statali. È evidente la difficoltà di effettuare tale dimostrazione, soprattutto in contesti di conflitti interni caratterizzati dalla partecipazione alle ostilità di individui e gruppi di individui. Proprio questa difficoltà ha quindi indotto a ricercare criteri presuntivi, che consentano cioè di fare a meno di questa onerosa dimostrazione. Un criterio presuntivo è quello elaborato dalla Camera d'appello del Tribunale internazionale penale per la ex Iugoslavia nella sentenza del 15 luglio 1999 relativa al caso *Tadić*. La Camera d'appello ha infatti ritenuto che sia possibile attribuire allo Stato la condotta di gruppi organizzati di individui che agiscano in via generale sotto il controllo di uno Stato (ICTY, Camera d'appello, *Prosecutor v. Dusko Tadić*, IT-94-1-A, sentenza del 15 luglio 1999, v. spec. par. 145; v. *infra*, parte

V, capitolo I, par. 6). La Camera d'appello ha quindi adottato un criterio presuntivo, che prescinde cioè dalla dimostrazione che ciascuna singola condotta sia stata operata sulla base di istruzioni di organi statali.

Una prospettiva diversa è quella di ritenere che il diritto internazionale determini autonomamente i soggetti aventi la qualità di organi. A tal fine, potrebbe bensì venire in rilievo in primo luogo il possesso dello *status* formale di organo secondo il diritto interno. Ciò non escluderebbe però che anche altre persone che non posseggano tale *status* possano nondimeno essere qualificate come organi ai sensi del diritto internazionale.

Questa prospettiva potrebbe trovare una conferma nell'art. 4, par. 2, degli Articoli sulla responsabilità internazionale, il quale indica che «la nozione di organo include le persone e gli enti che abbiano tale *status* secondo il diritto interno». La disposizione non esclude, infatti, che la qualifica di organo possa spettare anche a persone o enti sprovvisti di tale *status*.

In questa seconda prospettiva, ad un criterio formale si accompagnerebbe anche un criterio di carattere fattuale. Andrebbero considerati organi non solo coloro che abbiano tale qualifica secondo il diritto interno (organi *de iure*) ma anche coloro che, pur sprovvisti formalmente di tale qualifica, abbiano legami particolarmente intensi con lo Stato da risultare inquadrati in via di fatto nella sua organizzazione (organi *de facto*).

Un approccio di questo tipo sembra quello adottato dalla Corte internazionale di giustizia nella sentenza del 26 febbraio 2007 relativa all'*Applicazione della convenzione per la prevenzione e la repressione del crimine di genocidio* (*Bosnia-Erzegovina c. Serbia e Montenegro*). Secondo la Corte, sarebbero organi dello Stato non solo gli individui formalmente inclusi nell'ambito della struttura burocratica ma anche coloro sui quali uno Stato, pur in assenza di un rapporto organico *de iure*, eserciti nondimeno un controllo di carattere fattuale. Il carattere indefinito della nozione di organo *de facto* ha peraltro indotto la Corte ad adottare un criterio atto a precisarlo. La Corte ha quindi indicato che, al fine di qualificare una persona o un ente come organo *de facto*, occorre che su di esso lo Stato eserciti un controllo "totale", atto cioè ad orientarne in maniera completa i comportamenti (la Corte qualifica tale controllo come «*complete dependence*», v. spec. par. 392-393). Di converso, individui sui quali uno Stato non esercita un controllo totale non sarebbero qualificabili come organi. Singole azioni, però, potrebbero essere attribuite allo Stato, ma solo a patto di dimostrare in relazione a ciascuna condotta una forma di direzione e di controllo da parte di questo, secondo quanto previsto dall'art. 8 degli Articoli sulla responsabilità degli Stati (v. spec. par. 397 ss.).

Come si vede, l'identificazione di criteri generali per determinare l'esistenza di un legame organico non è facile. Da un lato l'approccio formale, che dà rilievo esclusivo all'esistenza di un collegamento formale tende, per risultare equilibrata, a fare ricorso a criteri di attribuzione di carattere presuntivo. D'altro lato l'approccio fattuale, che dà rilievo all'esistenza di collegamenti di fatto, tende poi a identificare tali collegamenti sulla base di criteri formali.

Tali difficoltà derivano soprattutto dalla varietà delle forme di collegamento, giuridico e di fatto, fra uno Stato e coloro che agiscono per esso. Inoltre, come si è già detto, la maggior parte dei criteri per l'individuazione di un rapporto organico sono stati elaborati in relazione a profili di responsabilità e non sono immediatamente trasponibili in altri settori del diritto internazionale.

Insomma, è particolarmente difficile elaborare un criterio univoco che possa prevedere l'infinita varietà delle relazioni fra uno Stato e una condotta individuale. La rinuncia ad un criterio generale potrebbe invece indurre a ritenere che l'esistenza di un legame organico vada provata caso per caso, e non sulla base di criteri predeterminati. Ne conseguirebbe allora che i vari criteri per l'accertamento del legame organico utilizzati dalla prassi costituiscono solo criteri di carattere presuntivo, e vanno quindi adattati alle circostanze concrete o addirittura sostituiti con criteri più idonei qualora se ne ravvisi la necessità.

L'esistenza di organi interni dotati di ampi poteri, aventi rilievo anche sul piano delle relazioni internazionali pone inoltre il problema di vedere se tali organi non possano essere identificati addirittura come soggetti autonomi dell'ordinamento internazionale. Posta in termini generali, la questione sembra facilmente risolta in senso negativo. Proprio perché gli organi dello Stato esprimono la volontà di tale ente, essi, per definizione, non dovrebbero disporre di propria personalità giuridica sul piano internazionale. In tempi recenti, tuttavia, in corrispondenza all'esistenza di enti dotati di forte autonomia sul piano interno e dotati del potere di intrattenere forme avanzate di relazioni internazionali, non sono mancate voci tendenti a riconoscere loro soggettività sul piano internazionale.

La questione si è posta prevalentemente rispetto alla competenza a stipulare accordi ad opera di organi che non hanno, secondo il diritto interno, il potere di impegnare lo Stato. Il problema si converte allora nel vedere se tali accordi impegnino sul piano internazionale gli organi che li hanno conclusi, concepiti quindi come autonomi soggetti di diritto internazionale. Si pensi, ad esempio, ad accordi fatti da organi tecnici, quali le banche centrali, ovvero da agenzie amministrative, quali le autorità antitrust (per gli accordi conclusi da enti territoriali, cfr. *supra*, parte II, capitolo II, sezione I, par. 3).

Una questione di questo tipo è stata talora prospettata in riferimento alla

Banca centrale europea, la quale gode di vasta autonomia decisionale interna ed alla quale l'art. 282, par. 3, TFUE conferisce personalità giuridica. Ancorché presumibilmente tale disposizione riguardi solo la personalità sul piano interno, la BCE ha ritenuto di possedere ampi poteri sul piano internazionale, estesi alla possibilità di stipulare accordi. Peraltro, la Corte di giustizia dell'Unione europea, affrontando la questione sul piano puramente interno, ha teso a delimitare l'autonomia della BCE (v. *Commissione c. Banca centrale europea*, causa C-11/00, sentenza del 10 luglio 2003).

Nella prassi recente, si è posto a diverse riprese il problema della imputabilità all'Unione europea di atti di propri organi o istituzioni che, peraltro, non hanno il potere di impegnare l'Unione sul piano internazionale.

Nel 2015 l'Unione partecipava, attraverso l'Alto Rappresentante per la politica estera e di sicurezza (il c.d. ministro degli esteri dell'Unione), alla conclusione dell'accordo relativo al progetto nucleare iraniano (JCPOA), concluso dall'Iran e dal gruppo E3/EU+3, comprendente gli Stati Uniti, la Russia, la Cina, la Francia, il Regno Unito e la Repubblica federale tedesca. Tuttavia, l'Alto Rappresentante per la politica estera non ha il potere di impegnare l'Unione sul piano internazionale. Peraltro, per motivi interni, legati alla difficoltà di ottenere l'autorizzazione alla ratifica da parte del Congresso statunitense, l'Amministrazione del Presidente statunitense Obama presentava l'accordo come non vincolante nonostante che esso contenesse obblighi molto precisi e fosse stato fatto proprio dal Consiglio di sicurezza con la risoluzione 2231 del 20 luglio 2015. Allorché, nel maggio 2018, la nuova Amministrazione del Presidente statunitense Trump decideva di denunciare l'accordo, l'Unione europea, sempre per mezzo del suo Alto Rappresentante, esprimeva il proprio fermo dissenso, considerando l'accordo come vincolante ed escludendo che gli Stati Uniti potessero unilateralmente recedere. Nonostante l'Alto Rappresentante non abbia il potere di concludere accordi, appare quindi verosimile che l'accordo relativo al progetto nucleare iraniano sia attribuibile all'Unione europea.

Una vicenda ancor più singolare è quella relativa al c.d. *Statement* concluso dall'Unione con la Turchia nel marzo 2016, al fine di bloccare i flussi migratori provenienti dalla c.d. rotta balcanica. L'accordo è stato approvato dal Consiglio europeo, una istituzione dell'Unione composta dai Capi di Stato e di governo, la quale detta l'indirizzo politico dell'Unione ma non detiene il potere di concludere accordi internazionali. Difatti l'accordo, puntualmente osservato dalle parti, è stato presentato come un accordo non vincolante. Nell'ordinanza del 28 febbraio 2017, causa T-192/16, *NF c. Consiglio europeo*, il Tribunale dell'Unione, organo di prima istanza, ha indicato come, indipendentemente dalla sua natura vincolante, l'accordo sarebbe stato concluso dagli Stati membri e non dall'Unione. Alla luce del contenuto dell'accordo, degli obblighi che emergono da esso, nonché della sua prassi di attuazione, esso appare però imputabile sul piano internazionale all'Unione europea, salvo a verificarne la sua compatibilità con le norme dei Trattati istitutivi che determinano la competenza a concludere accordi a nome dell'Unione.

6. *Il riconoscimento*

La nascita di un nuovo Stato è solitamente accompagnata dal riconoscimento ad opera degli altri Stati della comunità internazionale. Il riconoscimento è un atto unilaterale che esprime un accertamento svolto unilateralmente da altri Stati circa l'esistenza di un nuovo ente e la sua capacità di esercitare le funzioni di sovranità su di una comunità territoriale. In assenza di un accertamento autoritativo, il riconoscimento esprime quindi, a livello decentrato, la volontà degli Stati di considerare il nuovo ente come un nuovo soggetto di diritto e di entrare in rapporti giuridici con esso.

Ancorché non abbia formalmente tale effetto, una forma di riconoscimento collettivo si verifica con l'adesione di uno Stato alle Nazioni Unite ovvero ad altre organizzazioni internazionali, specie di quelle a carattere universale. Alla luce del procedimento di ammissione alle Nazioni Unite, che prevede una pronuncia dell'Assemblea generale su raccomandazione del Consiglio di sicurezza, l'ammissione esprime la volontà di accogliere il nuovo ente nella comunità internazionale.

Questa idea sembra essere alla base della decisione delle autorità palestinesi di presentare una domanda di ammissione alle Nazioni Unite a nome dello Stato di Palestina (v. *Application of the State of Palestine for Admission to Membership in the United Nations*, 23 settembre 2011). Il 31 ottobre 2011, la Palestina è stata ammessa come Stato membro all'UNESCO, istituzione specializzata delle Nazioni Unite. Il 29 novembre 2012 l'Assemblea Generale ha adottato la risoluzione *A/RES/67/19* con la quale la Palestina è stata ammessa come "Stato osservatore non membro" alle Nazioni Unite. La mancata qualità di membro delle Nazioni Unite era stata peraltro il criterio determinante in base al quale il Procuratore della Corte penale internazionale aveva espresso un parere negativo in merito alla dichiarazione di accettazione della giurisdizione della Corte da parte della Palestina nell'aprile 2012. La risoluzione dell'Assemblea Generale non ha certo effetti costitutivi quanto alla qualità di Stato di un ente. Si può peraltro ritenere che gli Stati che hanno votato a favore abbiano inteso riconoscere l'esistenza degli elementi che consentono di qualificare la Palestina come uno Stato.

Più recentemente, il Consiglio amministrativo della Corte permanente di arbitrato, con decisione del 14 maggio 2016, ha accertato lo *status* della Palestina come Stato contraente della Convenzione istitutiva della Corte, dal 29 dicembre 2015. La Palestina ha, inoltre, depositato lo strumento di adesione allo statuto di Roma istitutivo della Corte penale internazionale, il quale è entrato in vigore nei suoi confronti dal 1° aprile 2015. Due giorni prima di accedere, peraltro, la Palestina aveva depositato, in qualità di Stato non parte, la dichiarazione di accettazione della giurisdizione della Corte rispetto a crimini compiuti sul proprio territorio a partire dal 13 giugno 2014. L'effetto retroattivo di tale dichiarazione si fonda sull'art. 12, par. 3, dello Statuto. Infine, il 26 giugno 2016, la Palestina ha ratificato il c.d. *Kampala Amendment*, che mira ad estendere la giurisdizione della Corte penale internazionale al crimine di aggressione.

La Palestina ha altresì esercitato prerogative statali deferendo alla Corte internazionale di giustizia, il 28 settembre 2018, una controversia relativa compatibilità con il diritto internazionale dello spostamento dell'ambasciata da parte degli Stati Uniti da Tel Aviv a Gerusalemme. In particolare, tale spostamento violerebbe la Convenzione di Vienna sulle relazioni diplomatiche del 1961, la quale non consentirebbe agli Stati parte di scegliere una sede diplomatica al di fuori dello Stato ricevente.

In una prospettiva di questo tipo, il riconoscimento di un nuovo soggetto potrebbe avere addirittura carattere costitutivo della soggettività. Difatti questa tesi è stata prevalente fino a non molti anni fa. Essa urta, però, contro l'obiezione che, in tal modo, si farebbe dipendere l'acquisizione di uno *status* obiettivo, quello di soggetto dell'ordinamento, dall'esistenza di un atto di volontà dei singoli Stati. Inoltre, la soggettività avrebbe, in tal modo, una portata asimmetrica: essa esisterebbe solo per i soggetti che hanno effettuato il riconoscimento e non per tutti gli Stati della comunità internazionale.

Proprio in virtù di tali incongruenze, si è affermata in dottrina una diversa ricostruzione secondo la quale il riconoscimento non avrebbe carattere costitutivo. La soggettività di un ente si stabilirebbe invece automaticamente, in relazione ai suoi caratteri obiettivi. Il riconoscimento avrebbe allora natura meramente ricognitiva. Con esso, ciascuno Stato esprime la propria convinzione che un certo ente rivesta i caratteri voluti dall'ordinamento per acquisire personalità internazionale.

In tale ottica, gli effetti del riconoscimento sarebbero allora quelli propri di un atto unilaterale con il quale uno Stato determina la propria situazione giuridica nei confronti di un altro. Lo Stato che effettua il riconoscimento, in sostanza, esprime il proprio impegno a considerare il nuovo ente come persona giuridica e a non contestare la liceità del suo processo di formazione. Di converso, il disconoscimento o il mancato riconoscimento potrebbe non essere diretto necessariamente a contestare l'esistenza dei requisiti di effettività nelle funzioni di governo, quanto piuttosto a contestare la liceità del processo di formazione del nuovo ente.

Sul punto conviene rinviare, per brevità, alla prassi illustrata a proposito del fenomeno delle secessioni. Si ricorderà come, per carenza dei requisiti di effettività, molti Stati si siano astenuti, in un primo momento, dal riconoscere la Repubblica croata e quella slovena, proclamate autonomamente nel 1991 e prontamente riconosciute invece da Austria e Repubblica Federale di Germania.

Con la risoluzione 541 (1983) del 18 novembre 1983, il Consiglio di sicurezza ha invitato gli Stati a non riconoscere la Repubblica turca di Cipro del Nord, costituita a seguito dell'invasione turca di parte dell'isola.

Si è anche detto che molti Stati hanno rifiutato di riconoscere la Repubblica del Kosovo, proclamata nel 2008 in quanto sorta in violazione del principio dell'inviolabilità delle frontiere e del principio della sovranità della Repubblica Federale di Iugoslavia (oggi Repubblica di Serbia) riconosciuti dalla risoluzione 1244 (1999) del Consiglio di sicurezza. Peraltro, il 19 aprile 2013, la Serbia e il Kosovo hanno concluso, sotto l'egida dell'Unione europea, un accordo sui principi che governano la normalizzazione delle relazioni reciproche. L'oggetto principale dell'accordo è il raggiungimento di uno status di autonomia per la minoranza serba in Kosovo. La conclusione dell'accordo ha quindi avviato un processo che dovrebbe concludersi con il riconoscimento del Kosovo da parte della Serbia.

Egualmente scarso riconoscimento hanno trovato le proclamazioni di indipendenza dell'Ossezia del Sud e dell'Abkhazia. Di recente l'Unione africana ha rifiutato di riconoscere l'indipendenza dell'Azawad, regione del Mali, proclamata dal Movimento Nazionale di Liberazione dell'Azawad il 6 aprile 2012 (v. comunicato stampa del Presidente della Commissione dell'Unione africana del 6 aprile 2012).

Vi è inoltre una prassi di disconoscimento di annessioni territoriali. La risoluzione 264 (1969) del 20 marzo 1969 dichiarò illegittimo il *South West Africa Affairs Bill*, con il quale il Sud Africa estendeva al Sud ovest africano (Namibia) la propria legislazione; con la successiva risoluzione 276 (1970) del 30 gennaio 1970, il Consiglio di sicurezza dichiarò invalidi tutti gli atti concernenti la Namibia adottati dal Sud Africa.

Molti Stati hanno rifiutato di riconoscere l'annessione delle Alture del Golan e di Gerusalemme est da parte dello Stato di Israele, nonché, recentemente, il trasferimento della sede diplomatica degli Stati Uniti presso questa città, vista come una forma di riconoscimento (v. *supra*, par. 4). La massima parte degli Stati della comunità internazionale ha rifiutato di riconoscere il nuovo *status* territoriale del Kuwait, il cui territorio venne annesso all'Iraq come 17ª provincia con atto unilaterale in seguito all'invasione del 1990 (v. anche la risoluzione del Consiglio di sicurezza 662 (1990) del 9 agosto 1990).

Se la natura dichiarativa del riconoscimento è ormai assolutamente prevalente in dottrina, non mancano dati della prassi tendenti a subordinare il riconoscimento di uno Stato alla presenza di requisiti ulteriori rispetto a quelli classici. In particolare, vi è una tendenza a subordinare il riconoscimento al rispetto da parte del nuovo Stato del principio democratico e dei diritti dell'uomo. Episodi di questo tipo, che si sono verificati soprattutto in Europa in relazione allo smembramento di Stati plurinazionali dell'Europa dell'est, non possono però essere intesi come un ritorno alla teoria del riconoscimento costitutivo. Sarebbe ben difficile negare che un ente, il quale eserciti con stabilità l'effettivo governo di una comunità, possegga personalità internazionale a motivo del mancato rispetto del principio democratico e dei diritti dell'uomo. Tali episodi sembrano invece indicare la volontà del gruppo di Stati europei occidentali di guidare il processo di formazione di nuovi Stati in Europa e imporre condizioni minime di omogeneità politica in questo ambito regionale.

Si veda la Dichiarazione di Bruxelles del 16 dicembre 1991 con cui la Comunità europea e i suoi Stati membri hanno adottato le *Guidelines on Recognition of New States in Eastern Europe and in the Soviet Union*. Queste prevedevano il riconoscimento dei soli Stati che garantissero il rispetto dello stato di diritto, della democrazia, dei diritti dell'uomo e delle minoranze, nonché l'osservanza degli obblighi in materia di rispetto delle frontiere e l'accettazione di obblighi in materia di disarmo.

7. *La successione degli Stati nei trattati*

In caso di vicende che comportano l'estinzione di uno Stato, si pone il problema di vedere se, con esso, si estinguano anche i suoi obblighi convenzionali ovvero se si possa determinare un fenomeno di successione in capo al nuovo ente statale che assuma il governo della comunità territoriale.

La materia è disciplinata tradizionalmente da due principi. Il primo indica che l'ambito di applicazione territoriale di un trattato si modifica automaticamente in corrispondenza dell'accrescimento o della contrazione del territorio di ciascuno degli Stati parte. Esso parte dal presupposto che il semplice allargamento o la semplice contrazione del territorio di uno Stato non ne altera la soggettività, qualora l'apparato di governo non risulti modificato in maniera decisiva. Così, ad esempio, una variazione, anche rilevante, del territorio di uno Stato comporta semplicemente che l'ambito di applicazione dei trattati conclusi da tale Stato si estenderà automaticamente alla nuova porzione di territorio. Ad essa invece non si applicheranno più i trattati conclusi dal precedente sovrano territoriale (c.d. regola della mobilità delle frontiere dei trattati).

Questo principio, tradizionalmente osservato, è tuttavia suscettibile di deroga. Al momento della estinzione della Repubblica Democratica Tedesca, e della adesione dei *Länder* alla Repubblica Federale di Germania, ad esempio, a tali territori non vennero applicati automaticamente i trattati stipulati dalla Repubblica Federale. Fu previsto invece, attraverso il Trattato di adesione, un regime transitorio al fine di consentire l'applicazione, per un certo periodo di tempo, ai territori della ex Repubblica Democratica di alcuni trattati conclusi dallo Stato estinto.

Al problema della sorte dei trattati stipulati dagli Stati prima della loro adesione all'Unione europea è dedicato l'art. 351 TFUE (ex art. 307 Trattato CE), prevalentemente concepito, invero, come una norma che disciplina i possibili conflitti fra gli obblighi derivanti per uno Stato dall'appartenenza all'Unione europea e gli obblighi derivanti da accordi stipulati da esso prima della sua adesione all'Unione. Come si è detto, l'art. 351 prevede che tali accordi continueranno ad applicarsi anche dopo l'adesione all'Unione, ma che lo Stato membro debba fare il possibile per risolvere il conflitto, utilizzando eventuali clausole di denuncia o di recesso da tali accordi. La norma potrebbe essere vista come una regola sulla successione dei trattati e, più precisamente, come una regola che stabilisce il principio della continuità degli accordi stipulati dagli Stati membri prima della loro adesione all'Unione. Essa completa quindi un principio prospettato dalla giurisprudenza della Corte di giustizia dell'Unione: quello che prevede la successione dell'Unione nell'esercizio di posizioni soggettive derivanti da accordi conclusi da tutti gli Stati membri in materie di competenza esclusiva dell'Unione (v. *supra*, parte II, capitolo IV, sezione III).

L'estinzione di uno Stato dovrebbe comportare, invece, la cessazione dell'efficacia dei trattati da esso conclusi. Questa è la c.d. regola della *tabula rasa*, che costituisce applicazione rigorosa del principio per il quale l'estinzione di un soggetto comporta automaticamente l'estinzione dei suoi obblighi. Questa soluzione concerne evidentemente i soli obblighi di origine convenzionale. Gli obblighi aventi portata generale, infatti, si applicano automaticamente al nuovo sovrano territoriale.

Dato che il mondo contemporaneo non ammette, se non in rare ipotesi, casi di territori non sottoposti a controllo statale, l'estinzione di uno Stato comporta generalmente il passaggio della sovranità territoriale da un ente statale ad un altro. Ciò può realizzarsi senza che venga sensibilmente modificata la consistenza della comunità territoriale, allorché cioè si abbia solo un mutamento radicale di regime politico.

Più spesso, l'estinzione di uno Stato comporta anche un mutamento dell'assetto della comunità territoriale. Tale mutamento può prendere la forma del distacco, allorché su una parte del territorio di uno Stato si affermi un nuovo ente di governo, della fusione, allorché due o più Stati precedenti diano vita ad un nuovo Stato, dello smembramento, allorché sul territorio di uno Stato si formino più enti di governo di distinte comunità territoriali.

In tutti questi casi, lo Stato di nuova formazione dovrebbe sorgere privo di vincoli diversi da quelli derivanti dal diritto generale. In particolare, ad esso non dovrebbe applicarsi alcuno dei trattati stipulati dal predecessore.

Questo principio è considerato dalla maggior parte della dottrina come corrispondente al diritto internazionale generale. Tuttavia, esso è solo parzialmente recepito dalla Convenzione di Vienna del 1978 sulla successione degli Stati nei trattati, la quale tende ad applicarlo ai soli casi di Stati sorti dal processo di decolonizzazione.

La Convenzione prevede, invece, che all'infuori di questa ipotesi, ai nuovi Stati sorti da processi di fusione, smembramento, distacco si applichi un diverso principio: quello della continuità dei trattati, limitatamente alla sfera territoriale dei trattati che si applicavano allo Stato predecessore. Quindi, per esempio, ciascuno degli Stati sorti da un processo di smembramento sarà vincolato dai trattati del predecessore; lo Stato sorto in seguito ad un processo di fusione sarà vincolato dai trattati di ciascuno degli Stati predecessori limitatamente alla parte dei territori di questi. Lo scarso numero di ratifiche ottenute dalla Convenzione sembra però provare che gli Stati preferiscono mantenere il regime di maggiore libertà garantito dal diritto consuetudinario.

La rigorosa applicazione del principio della *tabula rasa* è sovente mitigata da una serie di istituti tendenti ad assicurare una certa continuità negli effetti dei trattati. Fra questi conviene menzionare la notifica di successione, con la quale uno Stato di nuova formazione notifica la propria adesione ai trattati multilaterali aperti conclusi dal predecessore. La notifica ha tradizionalmente effetti retroattivi che decorrono dal momento della formazione del nuovo Stato, in maniera da non aprire una lacuna temporale nella loro applicazione.

La prassi internazionale recente è contrassegnata da una costante oscillazione fra il principio della *tabula rasa* e il principio della continuità dei trattati. Tale oscillazione corrisponde al modo con il quale si confrontano storicamente due esigenze diverse: la prima è l'esigenza, di carattere consensualista, di considerare uno Stato libero da impegni ai quali esso non abbia acconsentito; la seconda è l'esigenza, di carattere collettivo, di assicurare una certa stabilità ai rapporti giuridici internazionali attraverso i mutamenti dell'assetto storico e politico della comunità internazionale.

L'esigenza di stabilità dei rapporti internazionali si riflette innanzitutto in alcune regole classiche che costituiscono una eccezione al principio della *tabula rasa*, affermando, in suo luogo, il principio della continuità degli obblighi internazionali. È generalmente riconosciuto, ad esempio, che gli obblighi convenzionali di natura territoriale vincolano uno Stato, anche di nuova formazione, che affermi la propria sovranità sul territorio interessato. È questo il caso, classicamente, di accordi di smilitarizzazione, accordi che stabiliscono basi militari, accordi di passaggio, accordi relativi ad installazioni e infrastrutture, e così via. L'argomento addotto a proposito è che questo tipo di accordi non costituisce un semplice scambio di consenso fra le parti ma imprime un certo *status* territoriale che vincola lo Stato che succede nell'esercizio della sovranità territoriale. Come si vede, si tratta di un argomento analogo a quello utilizzato per affermare gli effetti di trattati territoriali nei confronti di terzi.

L'esempio più noto, nella prassi del XIX secolo, viene dalla vicenda della smilitarizzazione delle isole Åland, sancita con la convenzione di Parigi del 30 marzo 1856 da alcune Potenze europee e considerata vincolante anche rispetto alla Finlandia, che era subentrata quale Stato successore della Russia nella sovranità sulle isole (v. *supra*, parte II, capitolo II, sezione II, par. 3).

V. anche la sentenza della Corte Permanente di giustizia internazionale del 7 giugno 1932 relativa al *caso delle zone franche dell'Alta Savoia e del Paese del Gex*, che ha dichiarato opponibili alla Francia le norme del Trattato di Torino del 16 marzo 1816 relative alle zone franche dell'Alta Savoia e del paese di Gex in quanto la Francia era subentrata al Regno di Sardegna nella sovranità su questi territori.

Un argomento concettualmente analogo è stato avanzato recentemente al fine di giustificare la continuità dei trattati sui diritti dell'uomo. Tali trattati, evidentemente, non stabilirebbero uno *status* territoriale ma dovrebbero piuttosto stabilire una sorta di *status* personale. I pochi dati della prassi disponibili infatti accennano all'idea che i trattati sui diritti dell'uomo riconoscerebbero posizioni soggettive internazionali in capo ad individui i quali, quindi, non potrebbero esserne privati in relazione a vicende, quali la successione nella sovranità territoriale, alle quali rimangono estranei.

Nella sentenza sul ricorso interstatale di Cipro contro la Turchia per le violazioni commesse nel territorio della Repubblica Turca di Cipro Nord, del 10 maggio 2001, la Corte europea dei diritti dell'uomo ha affermato la necessità di evitare lacune nel sistema di protezione determinate dall'occupazione del territorio di uno Stato da parte di un altro Stato. Secondo la Corte, nell'impossibilità per Cipro di garantire agli individui residenti nella zona nord dell'isola il rispetto dei diritti garantiti dalla Convenzione a causa dell'occupazione turca, tale obbligo incomberebbe sulla Turchia (*Cipro c. Turchia* [GC], ricorso n. 25781/94, sentenza del 10 maggio 2001, par. 78). La successione automatica nei trattati sui diritti dell'uomo è stata affermata dalla Commissione dei diritti dell'uomo delle Nazioni Unite nella risoluzione 1993/23, *Succession of States in respect of international human rights treaties*; si vedano anche le successive risoluzioni 1994/16 e 1995/18. Una posizione analoga è stata adottata in riferimento al Patto internazionale sui diritti civili e politici del 1966 dal Comitato dei diritti dell'uomo nel *General Comment No. 26, Continuity of obligations* (UN Doc. CCPR/C/21/Rev.1/Add.8/Rev.1 dell'8 dicembre 1997, par. 4). La successione automatica della Bosnia-Erzegovina nelle Convenzioni di Ginevra sul diritto umanitario è stata affermata dalla Camera d'appello del Tribunale penale internazionale per l'ex Iugoslavia, nella sentenza relativa al caso *Celebici* (ICTY, *Prosecutor v. Zejnil Delalic, Zdravko Mucic, Hazim Delic, Esad Landzo (Celebici Case)*, IT-96-21-A, sentenza del 20 febbraio 2001, par. 111).

Anche al di fuori del campo dei diritti dell'uomo, la prassi recente mostra una tendenza ad affermare la continuità o la successione automatica negli obblighi derivanti da trattati, in presenza di un interesse della comunità internazionale alla loro perdurante osservanza. In taluni casi, tale principio si è espresso in affermazioni di organi delle Nazioni Unite o di gruppi organizzati di Stati. In altri casi, ha fatto seguito ad un processo di negoziato su base bilaterale o multilaterale.

È noto, ad esempio, che la comunità internazionale ha mostrato forti preoccupazioni che il processo di dissoluzione dell'Unione Sovietica, e la contestuale formazione di una serie di Stati indipendenti sul territorio di essa, potesse comportare il venir meno di accordi importanti per l'equilibrio politico globale. Il principio della continuità è stato quindi affermato rispetto agli accordi sul disarmo, nonché per quanto attiene ad un importantissimo accordo non di carattere territoriale, quale il Trattato di non proliferazione nucleare. In senso analogo sembra deporre la vicenda della successione automatica della Russia all'Unione Sovietica nello *status* di membro permanente del Consiglio di sicurezza, decisa dagli Stati successori dell'Unione Sovietica e realizzata con l'acquiescenza degli altri membri permanenti del Consiglio.

Si può notare, per contrasto, il diverso atteggiamento tenuto dalla comunità internazionale in riferimento alla successione nello *status* di membro delle Nazioni Unite della Repubblica Federativa Socialista di Iugoslavia. L'Assemblea generale delle Nazioni Unite, accogliendo una raccomandazione del Consiglio di sicurezza (risoluzione 777 (1992) del 19 settembre 1992), ha escluso la successione automatica della Repubblica Federale di Iugoslavia (Serbia e Montenegro) (v. la risoluzione 47/1 del 22 settembre 1992), indicando quindi la necessità per tutti gli Stati sorti dal processo di smembramento di chiedere l'adesione alle Nazioni Unite.

CAPITOLO II
ENTI STATALI A "SOVRANITÀ LIMITATA"

SOMMARIO: 1. Premessa. – 2. Enti aventi solo nominalmente natura statuale. – 3. I *failed states*. – 4. I c.d. *rogue states*.

1. *Premessa*

Nei paragrafi precedenti si è visto come la nozione di Stato sia strettamente connessa all'esercizio di fatto di poteri sovrani. La statualità, concepita come categoria giuridica, presuppone la capacità di esercitare su un dato territorio i poteri e le prerogative sovrane. D'altro lato, un ente che eserciti in via permanente poteri di governo su di una comunità territoriale, e che sia capace di entrare in rapporti giuridici con altri soggetti, non può che essere qualificato come Stato.

L'identificazione fra Stato e sovranità dovrebbe altresì comportare l'impossibilità di riconoscere natura statale a enti dotati di sovranità parziale. In un sistema concettuale nel quale la sovranità costituisce il presupposto del carattere statale di un certo ente, la questione non ha, infatti, molto senso. Dato che la sovranità è un concetto di carattere unitario e indivisibile, l'idea che possano esservi enti statali dotati di una "sovranità parziale" sembra inconciliabile con le categorie logiche del diritto internazionale, che tendono a distinguere nettamente le strutture statali dotate di sovranità, che hanno quindi piena soggettività, dagli enti non statali, privi di sovranità, ai quali si può riconoscere al più una soggettività limitata.

La prassi delle relazioni internazionali conosce, tuttavia, una serie di situazioni nelle quali l'elemento della statualità sembra dissociato rispetto a quello della sovranità. Una prima categoria è data dagli enti che si presentano come Stati, pur difettando dell'elemento della sovranità. Una seconda, riguarda la situazione inversa: quella di enti che pur esercitando poteri sovrani, vedono posto in dubbio il loro carattere statuale.

2. *Enti aventi solo nominalmente natura statuale*

Non esercitano certamente poteri sovrani "governi in esilio". Si tratta di strutture formali di governo, prive però di reale effettività, trasferite o costituite all'estero, in seguito all'occupazione militare di un paese. Gli esempi più conosciuti sono quelli di vari governi costituiti all'estero durante l'occupazione nazista di gran parte dell'Europa. Ancorché a tali enti si siano riconosciute talvolta, per motivi essenzialmente politici, prerogative proprie di un governo statale, la loro mancanza di controllo effettivo di un territorio rende impensabile l'equiparazione ad uno Stato.

Nella prassi recente, tuttavia, si tende a vedere nei governi in esilio dei soggetti *sui generis* dell'ordinamento internazionale capaci, in talune ipotesi, di esercitare determinate posizioni soggettive. Ciò accade, in particolare, allorché il territorio di uno Stato venga conquistato con la forza, in violazione del diritto internazionale. In ipotesi di questo tipo, allora, la comunità internazionale tende ad attribuire al governo in esilio la possibilità di invocare norme internazionali attinenti, in particolare, all'esercizio del diritto di legittima difesa collettiva. Un esempio di questo tipo è dato dalla risoluzione del Consiglio di sicurezza 678 (1990) del 29 novembre 1990, con la quale il Consiglio ha autorizzato l'uso della forza al fine liberare il territorio kuwaitiano, limitandolo però ai soli Stati che «cooperano con il governo del Kuwait». Questa affermazione dovrebbe indicare giuridicamente l'esistenza di un potere del Governo kuwaitiano in esilio di determinare tempi e modi dell'esercizio di legittima difesa collettiva.

Una ipotesi estrema di organizzazione statale priva di sovranità è quella degli *Stati fantoccio*. Si tratta di organizzazioni statali formalmente indipendenti, talvolta dotate di ampio riconoscimento, ma dipendenti totalmente da altri Stati per l'esercizio delle funzioni statali.

Esempi evidenti di Stati fantoccio sono state le *homelands*: territori assegnati alle etnie nere dal Governo sudafricano all'epoca dell'*apartheid*. Tali territori furono, attraverso una serie di atti legislativi adottati a partire dal 1959, considerati dal Sudafrica come Stati separati al fine di privare le popolazioni nere che ivi venivano trasferite anche di quei pochi diritti di cittadinanza di cui godevano. Nessuno di questi Stati fu però mai riconosciuto come Stato indipendente. Nonostante il nome ufficiale utilizzato dal Governo sudafricano per definire tali territori fosse *homeland* ("terra natia"), essi sono conosciuti anche con il termine *bantustan*.

Più di recente, un esempio di Stato fantoccio è la Repubblica turca di Cipro del Nord, istituita dalla Turchia sul territorio nord-cipriota nel 1983. Si tratta di uno Stato riconosciuto come indipendente pressoché dalla sola Turchia e che si fonda per l'assolvimento delle sue funzioni pressoché esclusivamente sul sostegno turco. Uno Stato incapace di assolvere alle proprie funzioni senza il sostegno esterno è probabilmente anche la Repubblica del Kosovo, dopo la proclamazione unilaterale di indipendenza nel 2008 (v. *supra*, parte III, capitolo I, par. 4).

Indipendentemente dall'esistenza di forme di riconoscimento internazionale, che talvolta sono dovute a motivi puramente politici, è ben difficile qualificare come soggetto dell'ordinamento un ente statale posto in una situazione di totale dipendenza da un altro per l'assolvimento delle proprie funzioni tipiche.

Vi sono poi situazioni intermedie fra la piena indipendenza e la totale dipendenza che non sono facili da classificare. La storia delle relazioni internazionali, infatti, presenta una serie di Stati, o anche di intere aree geografiche, soggetti all'influenza politica di una Potenza. In queste situazioni, è corrente l'uso di formule quali "Stato a sovranità limitata", "Stato satellite", e simili. Soprattutto nel periodo delle contrapposizioni fra i due blocchi, quello occidentale e quello sovietico, che ha caratterizzato gran parte della seconda metà del XX secolo, queste espressioni hanno designato di volta in volta gli Stati soggetti all'influsso di una delle grandi Potenze. Né sono mancate delle vere e proprie dottrine politiche tendenti ad affermare una sorta di diritto di intervento di una delle due grandi Potenze negli affari interni di uno Stato posto nella propria area di influenza. Tali dottrine hanno trovato attuazione nei due noti casi di intervento degli Stati parte del Patto di Varsavia in Ungheria, nel 1956, e in Cecoslovacchia, nel 1968, e in quelli, meno noti, di interventi operati in vari Stati dell'America centrale da parte degli Stati Uniti (Guatemala nel 1953, Repubblica Dominicana nel 1964, Grenada nel 1983).

È però difficile sostenere che il grado di influenza politica esercitata dalle grandi Potenze possa avere la conseguenza giuridica di negare la natura statale di un ente allorché ai requisiti classici della statualità si accompagni anche una struttura organizzativa formalmente indipendente.

Vi sono peraltro situazioni nelle quali un ente esercita molte delle prerogative sovrane, tanto da essere correntemente riconosciuto come uno Stato ma è pesantemente limitato in altre prerogative tradizionalmente riconnesse alla sovranità. Tale è stata, ad esempio, la situazione della Repubblica Federale di Germania e della Repubblica Democratica Tedesca nel secondo dopoguerra in forza dell'Accordo di Potsdam stipulato nel 1945 dall'Unione Sovietica, dagli Stati

Uniti, dal Regno Unito e dalla Francia. L'accordo sanciva la spartizione della Germania in quattro zone sottoposte all'amministrazione delle Potenze vincitrici, la totale smilitarizzazione del paese e una serie di altri controlli volti a garantire lo sviluppo di istituzioni democratiche e ad impedire ogni diffusione di ideologie naziste. I limiti imposti alla Germania con l'Accordo di Potsdam sono rimasti formalmente vigenti fino al 12 settembre 1990, quando le ex Potenze occupanti, riunite a Mosca, hanno rinunciato alle prerogative che spettavano loro in forza di tale accordo, consentendo altresì la riunificazione tedesca.

3. *I* failed states

La prassi recente delle relazioni internazionali lascia emergere un fenomeno che, per la verità, ha avuto precedenti anche in epoche meno recenti. Con il termine *failed state* si è soliti indicare la situazione di uno Stato che si trova di fatto in una situazione di anarchia tale da impedire lo svolgimento delle funzioni normalmente assicurate da uno Stato.

Un tipico esempio di *failed state* è il caso della Somalia. Quando nel 1991 il dittatore Siad Barre fu deposto da un movimento rivoluzionario, il Paese fu di fatto diviso tra i signori della guerra che esercitavano un potere di tipo feudale. Solo a partire dal 2004 è cominciato un processo di "ricostituzione" dello Stato somalo, non ancora peraltro completato.

La dottrina prevalente tende a ritenere che l'esistenza di una situazione grave e perdurante di anarchia e l'incapacità di fatto di uno Stato di assicurare le funzioni minime di governo territoriale hanno l'effetto di sospendere la soggettività internazionale. V. ad esempio le considerazioni svolte dall'Alta Corte inglese nel caso *Republic of Somalia v. Woodhouse Drake & Carey (Suisse) SA*, [1993] QB 54, sentenza del 13 marzo 1992.

L'idea che l'esistenza di una situazione di anarchia, e il conseguente venir meno delle condizioni minime per l'esercizio di funzioni statali su un certo territorio, abbia la conseguenza di far venir meno il carattere statuale dell'ente va però considerata con molta cautela. Molte regole, in questo stato di cose, cesseranno bensì di avere applicazione. In presenza di un collasso delle strutture statali, ad esempio, sarà difficile esigere il rispetto della regole che prevede che il territorio di uno Stato non venga usato in modo da causare effetti nocivi sul territorio di un altro Stato.

Un problema particolarmente acuto provocato dallo stato di anarchia in Somalia è stato quello posto dalla pirateria nelle acque territoriali somale. Secondo il diritto internazionale generale, codificato dagli articoli 100 ss. della Convenzione delle Nazioni Unite sul diritto del mare del 1982, le navi pirata possono essere catturate dalle navi da guerra di qualsiasi Stato, in deroga al principio dell'esclusiva giurisdizione dello Stato di bandiera, ma soltanto in alto mare. Tuttavia, il Consiglio di sicurezza, con la risoluzione 1816 (2008) del 2 giugno 2008, ha autorizzato gli Stati militarmente presenti nelle acque internazionali al largo della Somalia ad intervenire anche nelle acque territoriali somale al fine di prevenire e reprimere atti di pirateria. La risoluzione, da un lato ha fatto seguito ad una richiesta di aiuto da parte del Governo federale di transizione della Somalia, e dall'altro ha previsto che fosse lo stesso Governo federale di transizione a identificare e a comunicare al Segretario generale delle Nazioni Unite quali Stati potessero svolgere le operazioni nelle proprie acque territoriali. Nel preambolo della risoluzione, inoltre, il Consiglio di sicurezza ha affermato il rispetto per la sovranità, integrità territoriale, indipendenza politica ed unità della Somalia. Sembra di poter concludere, quindi, che l'incapacità del Governo somalo di garantire la sicurezza del proprio territorio, ed in particolare delle proprie acque territoriali, non abbia inciso sulla soggettività dello Stato.

D'altra parte, il collasso delle funzioni governative non ha l'effetto di rendere il territorio di un *failed state* assimilabile ad una *res nullius*. Né esso ha l'effetto di far venire meno completamente l'esistenza di una comunità territoriale identificata come tale e quindi potenzialmente soggetta a forme di auto-organizzazione. È difficile ritenere, ad esempio, che il territorio somalo possa essere soggetto ad appropriazione o che la comunità territoriale possa essere oggetto di forme di dominio politico da parte di altri Stati. L'esempio maggiormente rilevante a proposito è dato dalle regole che disciplinano l'utilizzazione degli spazi marittimi. È ragionevole ritenere che il collasso dell'organizzazione governativa abbia come conseguenza la sospensione delle regole che assicurano allo Stato costiero un certo tipo di controllo sulla navigazione nel mare territoriale e nelle altre zone adiacenti la costa. È irragionevole invece che gli Stati terzi possano liberamente utilizzare tali spazi, ad esempio, sfruttando eventuali risorse minerarie o addirittura come deposito per scorie tossiche.

Il fenomeno dei *failed states* consente quindi di evidenziare come, dal punto di vista della soggettività, non vi sia una perfetta coincidenza fra il governo di una comunità territoriale e la comunità stessa. Di conseguenza, il venir meno dell'organizzazione politica non ha necessariamente come conseguenza il venir meno delle regole che tutelano interessi della comunità territoriale, concepita come ente distinto dall'organizzazione politica. Si avrebbe piuttosto una forma di incapacità provvisoria della comunità territoriale di esprimere una stabile organizzazione di governo. Tale situazione potrà avere diversi esiti, dalla ricostituzione di un governo rappresentativo dell'intera comunità, allo smembramento in più soggetti, alla incorporazione in tutto o in parte in altri enti. Durante il periodo transitorio vi può però essere l'esigenza di tutelare in via conservativa gli interessi della comunità territoriale.

Questa linea argomentativa peraltro pone il problema di individuare l'ente dotato della capacità di far valere le posizioni soggettive che, astrattamente, fanno capo alla comunità territoriale. Pur se la prassi è ancora scarsa per trarre delle conclusioni sicure in argomento, si può ipotizzare che tale ente vada individuato nelle istituzioni che rappresentano l'interesse della comunità internazionale nel suo insieme. Non sembra irragionevole prospettare l'esistenza di un interesse collettivo ad assicurare a ciascuna comunità territoriale una forma stabile di governo, e ad evitare, nel periodo transitorio, pregiudizi irreparabili.

Dal punto di vista teorico, questa prospettiva evidenzierebbe allora delle forme di supplenza assunte dalle Istituzioni internazionali e, in particolare, dalle Nazioni Unite, nell'esercizio delle posizioni giuridiche che tutelano interessi della comunità territoriale, in funzione meramente conservativa. Essa evidenzierebbe come l'esistenza di una forma stabile di governo non corrisponda soltanto all'interesse della comunità stanziata su un certo territorio, ma ad un interesse collettivo della comunità internazionale.

3. *I c.d.* rogue states

Nella terminologia politica e giornalistica è talvolta impiegata la formula *rogue states* (Stati canaglia). Essa indica degli Stati ai quali, in ragione di comportamenti contrari ad alcuni principi fondamentali, si vorrebbe negare l'appartenenza alla comunità internazionale e, quindi, le garanzie che il diritto internazionale riconnette alla statualità. Si tratta evidentemente di una categoria di tipo politico, pur se ad essa sarebbe riconnesso un effetto giuridico. Per il fatto di violare le regole sociali della convivenza fra Stati, i *rogue states* si porrebbero al di fuori della comunità internazionale. Essi, di conseguenza, non sarebbero abilitati ad invocare le garanzie che il diritto internazionale accorda ai membri della comunità. In particolare, verrebbe meno la garanzia primaria del diritto all'esercizio indisturbato della sovranità territoriale. Eventuali azioni coercitive nei confronti di *rogue states* potrebbero essere indifferenti o addirittura lecite per il diritto internazionale.

L'esistenza di una *deminutio* nella soggettività internazionale di taluni Stati, in ragione del loro carattere "deviante" rispetto alla comunità internazionale è stata sostenuta, in particolare, in alcuni documenti ufficiali dell'amministrazione degli Stati Uniti d'America (v. la *National Security Strategy* degli Stati Uniti adottata nel marzo 2006, la quale espressamente sostiene la possibilità di impiegare misure coercitive implicanti l'uso della forza nei confronti di *rogue states* che sostengano o che ospitino sul proprio territorio gruppi terroristici). Un ulteriore esempio di tale *deminutio* giuridica è dato dall'emendamento al *Foreign Sovereign Immunities Act* introdotto negli Stati Uniti nel 1996 da parte dell'*Antiterrorism and Effective Death Penalty Act*. Tale emendamento prevede infatti che l'immunità dalla giurisdizione dei tribunali statunitensi non sia riconosciuta nel caso di azioni civili proposte da cittadini americani in relazione a gravi violazioni di diritti dell'uomo commesse da Stati che il Dipartimento di Stato americano abbia inserito nella lista degli Stati che sponsorizzano il terrorismo, ovvero dei *rogue states*. Gli esempi di *rogue states*, emersi dal dibattito politico internazionale, sono soprattutto quello dell'Iran e della Corea del Nord, in relazione alle loro politiche nucleari e di sviluppo di armi di distruzione di massa.

La categoria dei *rogue states* ha una forte valenza ideologica e, difatti, è stata forgiata allo scopo di giustificare eventuali violazioni del diritto internazionale nei confronti di Stati "devianti". È però assai difficile sostenere che un ente dotato delle caratteristiche della statualità non goda della protezione del diritto internazionale in ragione di propri orientamenti politici o ideologici. La dottrina dei *rogue states* non sembra avere alcun fondamento nella prassi ed appare incompatibile con la struttura stessa dell'ordinamento internazionale, fondato sul principio della sovrana eguaglianza fra gli Stati.

Ben diversa da quella ora descritta appare la situazione di un ente che abbia acquisito il controllo di territori strappati ad altri Stati con l'impiego della forza, sui quali esso eserciti vere e proprie funzioni di governo. Un esempio molto noto è quello del c.d. Stato islamico (*Daesh*), il quale ha esercitato, per un periodo di tempo non irrilevante, vere e proprie funzioni di governo su un ampio territorio a cavallo fra la Siria e l'Iraq. In un caso di questo genere, ci si può chiedere se l'esercizio di fatto di funzioni sovrane valga a far acquisire a un simile ente carattere di statualità, con la conseguente acquisizione di soggettività internazionale.

La risposta appare negativa. Come si è visto (*supra*, cap. I, par. 4), l'esercizio di funzioni di governo su un territorio non è elemento sufficiente per acquisire soggettività. È solo il consolidamento del controllo territoriale, al quale si accompagni la propensione della comunità internazionale a riconoscere il nuovo sovrano come soggetto di diritti ed obblighi internazionali, che consente l'acquisizione del carattere di statualità. Nel caso particolare di *Daesh*, non solo tale ente si era affermato attraverso l'uso della forza; esso, inoltre, aveva teorizzato e realizzato comportamenti aggressivi, anche attraverso pratiche terroristiche, al fine di ampliare la propria sfera territoriale e di imporre la propria ideologia. Difatti, la esistenza stessa di *Daesh* è stata oggetto di fortissime contestazioni, sia ad opera si singoli Stati che ad opera della struttura istituzionale della comunità, vale a dire delle Nazioni Unite. In una serie di risoluzioni, da ultimo nella risoluzione 2249 (2015), del 20 novembre 2015, il Consiglio di sicurezza ha infatti qualificato la esistenza stessa dello Stato islamico come una minaccia alla pace e alla sicurezza internazionale, giungendo a chiedere agli Stati aventi la capacità di agire di sradicare lo Stato islamico dai territori da esso conquistati. In conseguenza di azioni militari condotte da vari Stati, *Daesh* ha quindi perso del tutto il controllo del proprio territorio.

La vicenda di *Daesh* sembra realizzare la figura retorica, teorizzata in epoche passate, dello "Stato delinquente", il quale si pone volontariamente al di fuori della comunità internazionale e rifiuta radicalmente di osservarne le regole fondamentali.

CAPITOLO III
GLI ENTI A SOGGETTIVITÀ LIMITATA

SOMMARIO: 1. Premessa. – 2. La soggettività delle organizzazioni internazionali. – 3. Stati che hanno trasferito poteri ad enti sovranazionali. – 4. Stati che hanno trasferito poteri sovrani ad enti substatali.

1. *Premessa*

Il diritto internazionale classico annovera tradizionalmente, accanto agli Stati, alcuni enti aventi soggettività limitata, ossia enti che non sono destinatari, neppure potenziali, di tutte le regole internazionali. Disponendo di competenze limitate, essi sono invece destinatari delle sole regole attinenti all'esercizio delle loro competenze.

Tradizionalmente considerati come enti a soggettività parziale sono gli *insorti*. Con questa formula, si indica l'ente provvisorio di governo di una parte del territorio statale, nel corso di un movimento rivoluzionario o secessionista.

Come si ricorderà, l'opinione prevalente in dottrina e in giurisprudenza ritiene che il diritto internazionale non disciplini il fenomeno dell'insurrezione, il quale ha rilievo meramente interno fino a quanto il movimento insurrezionalista non abbia successo e non riesca, cioè, a sostituire lo Stato nel governo della comunità territoriale.

L'insurrezione, tuttavia, è un processo che, normalmente, si svolge attraverso varie tappe. Fra la nascita di un movimento insurrezionalista e la sua sostituzione allo Stato nelle funzioni di governo del territorio, vi sono una serie di passaggi intermedi. Può accadere, quindi, che il movimento insurrezionalista acquisisca il controllo di una porzione del territorio dello Stato, sul quale eserciti funzioni latamente di governo. A partire da questo momento, sembra ragionevole ritenere che il diritto internazionale si indirizzi ad esso, imponendo obblighi e riconoscendo diritti connessi al governo, ancorché provvisorio, di una comunità territoriale. La soggettività parziale degli insorti colma quindi la lacuna che si aprirebbe qualora un movimento insurrezionale non fosse destinatario di alcun diritto o obbligo fino al momento della vittoria finale e, quindi, della sostituzione definitiva dello Stato territoriale nell'esercizio delle funzioni di governo su tutto o su una parte del territorio.

Gli insorti possono, quindi, essere considerati soggetti solo a certe condizioni: che essi agiscano sotto un comando effettivo; che acquisiscano il controllo di una porzione del territorio di uno o più Stati; che esercitino funzioni di governo su tale territorio per un tempo non insignificante. Anche il contenuto della soggettività appare limitato. Trattandosi di un ente che esercita delle funzioni di governo solo in maniera precaria, e funzionalmente agli scopi insurrezionali, gli insorti sono considerati come destinatari soprattutto di regole di diritto bellico.

L'art. 3 comune alle quattro Convenzioni di Ginevra del 1949, stabilisce infatti che, qualora insorga un conflitto armato sul territorio di una Parte contraente che non presenti carattere internazionale (tipicamente un conflitto tra insorti e potere centrale), ciascuna delle parti del conflitto sia tenuta a rispettare alcune disposizioni minime di diritto umanitario. Alla disciplina di situazioni di questo tipo sono inoltre destinate le regole contenute nel II Protocollo aggiuntivo alle quattro Convenzioni di Ginevra del 1977. In quanto ente che assicura un certo controllo territoriale, gli insorti dovrebbero anche essere destinatari di altre regole connesse al governo del territorio, quali, ad esempio, le regole sul trattamento degli stranieri. Gli atti posti in essere da movimenti insurrezionali sono poi attribuiti allo Stato che si forma in seguito ad un esito positivo dell'insurrezione (v. l'art. 10 degli Articoli sulla responsabilità degli Stati, adottati dalla Commissione del diritto internazionale nel 2001).

Un esempio di progressivo riconoscimento di soggettività nell'ordinamento internazionale ad un particolare gruppo di insorti, costituitisi in movimento di liberazione nazionale è il caso dell'OLP in Palestina. Fin dalla risoluzione dell'Assemblea generale 3237 (XXIX) del 22 novembre 1974, all'OLP è stato riconosciuto lo *status* di osservatore alle Nazioni Unite. L'OLP è stato poi considerato interlocutore ufficiale di Israele per negoziare accordi di pace in una posizione di parità, ed ha, in questa veste, concluso gli Accordi di Oslo del 20 agosto 1993. In seguito a tali accordi, è stata quindi stabilita sui Territori palestinesi, occupati da Israele e rivendicati dall'OLP, una Autorità nazionale palestinese, la quale esercita molte delle funzioni di governo, pur non disponendo di sovranità e non essendo quindi completamente assimilabile ad uno Stato. Come già detto, infine, con risoluzione *A/RES/67/19* del 29 novembre 2012, l'Assemblea Generale delle Nazioni Unite ha ammesso la Palestina "Stato osservatore non membro".

2. *La soggettività delle organizzazioni internazionali*

Nell'ambito della categoria dei soggetti non aventi natura statale, le organizzazioni internazionali hanno assunto un ruolo assai rilevante. Il panorama dei soggetti internazionali è infatti profondamente mutato nella seconda metà del XX secolo. Mentre la fase storica precedente era contrassegnata dal dominio pressoché assoluto degli Stati, la fase presente è caratterizzata da una sorta di proliferazione di organizzazioni internazionali. Il numero delle organizzazioni esistenti è molto ampio. Accanto ad organizzazioni universali a carattere generale, come le Nazioni Unite, vi sono numerose organizzazioni universali a carattere settoriale collegate con il quadro delle Nazioni Unite, le istituzioni specializzate, quali, ad esempio, l'Organizzazione delle Nazioni Unite per l'alimentazione e l'agricoltura (FAO), l'Organizzazione mondiale della sanità (WHO), l'Organizzazione mondiale del lavoro (ILO). Fuori dal quadro delle Nazioni Unite operano organizzazioni autonome, come l'Organizzazione mondiale del commercio (WTO). Ancor più numerose sono le organizzazioni internazionali che si stabiliscono a livello regionale, dotate delle competenze più varie.

Nel sistema concettuale del diritto internazionale, la costituzione di organizzazioni internazionali ha fatto sorgere il problema della loro capacità di essere destinatarie e di esercitare posizioni soggettive tradizionalmente riservate agli Stati. Questo è usualmente indicato come il problema della soggettività delle organizzazioni internazionali.

Le opinioni dottrinali in materia sono tradizionalmente ordinate sulla base di due schemi teorici di riferimento. Secondo una teoria accolta soprattutto da autori di tradizione anglosassone, il contenuto e la portata della soggettività di una organizzazione vanno determinati sulla base del trattato istitutivo. Secondo questa dottrina, comunemente indicata come consensualista, per accertare la soggettività di una organizzazione è necessario stabilire se, con il trattato istitutivo, gli Stati membri hanno inteso costituire un centro autonomo di imputazione di rapporti soggettivi ovvero semplicemente un organo comune.

Secondo un diverso schema, di carattere obiettivista, generalmente accolto dalla dottrina italiana, invece, la soggettività di un ente è stabilita in base al diritto generale. Una organizzazione internazionale sarà quindi destinataria di posizioni soggettive internazionali qualora essa acquisisca, in via di fatto, un certo grado di autonomia rispetto ai propri Stati membri che consenta di configurarla come centro di imputazione di rapporti soggettivi distinto dai suoi Stati membri. In altri termini, il criterio per determinare la soggettività di un ente è dato dalla sua capacità di esercitare diritti ed obblighi internazionali con un certo grado di autonomia. Se il nuovo ente riesce ad affermarsi come un ente distinto dalla volontà dei suoi membri, ad esso andrà riconosciuta la qualifica di soggetto autonomo. Se invece esso si presenta come gestore delle posizioni soggettive e degli interessi degli Stati membri, esso costituirà un mero agente degli Stati, ai quali, di conseguenza, andranno imputate le sue attività.

Questi due schemi teorici difficilmente trovano integrale applicazione nella realtà delle organizzazioni internazionali.

La prima costruzione, di carattere consensualista, tende ad attribuire al trattato istitutivo effetti che vanno ben oltre la cerchia degli Stati parte. Il trattato istitutivo di una organizzazione internazionale costituisce fonte di diritto unicamente per le sue parti e non è quindi idoneo a fungere da fondamento per la soggettività di un ente la cui personalità giuridica si impone nei confronti dell'intera comunità internazionale. In altre parole, un trattato non potrebbe dar vita ad un nuovo soggetto di diritto in quanto inidoneo a produrre effetti nei confronti di soggetti terzi. Questa costruzione appare anche scarsamente realista. Un ente si afferma come soggetto del diritto internazionale se mostra in pratica una capacità di intrattenere autonome relazioni con altri soggetti. La costituzione di un ente da parte di un trattato, e l'attribuzione ad esso di poteri che lo rendano formalmente autonomo rispetto agli Stati, non vale ad imporre tale ente come interlocutore agli altri componenti della comunità internazionale i quali, magari, non lo considerino idoneo a tale scopo. È noto, ad esempio, che la Comunità europea, ente predecessore dell'Unione europea, pur dotata di una forte forma di autonomia dagli Stati membri, incontrò molte difficoltà, nei primi anni della sua costituzione, ad essere accettata come interlocutore da vari Stati terzi che tendevano a vedere in essa un agente degli Stati membri.

D'altra parte, la dottrina obiettivista sembra porre eccessiva enfasi sulla constatazione in via di fatto dell'autonomia del nuovo ente. I poteri di una organizzazione internazionale non possono, infatti, che trovar fonte nel trattato istitutivo. Una organizzazione internazionale, infatti, non è un soggetto originario del diritto, ma esercita i soli poteri trasferiti ad essa dagli Stati membri.

La circostanza che una organizzazione internazionale possegga solo i poteri attribuiti ad essa da parte degli Stati membri solleva il problema di determinare se atti *ultra vires*, adottati cioè al di fuori del campo delle loro competenze, siano nondimeno imputabili all'organizzazione ovvero se si tratti di atti invalidi o addirittura nulli. In quest'ultimo caso, tuttavia, una organizzazione internazionale, paradossalmente, non avrebbe mai la capacità di violare il trattato istitutivo. La soluzione preferibile è quella di ritenere che un atto o una condotta posta in essere da un organo di una organizzazione internazionale vada sempre attribuito all'organizzazione a meno che non sia macroscopicamente al di fuori del campo di competenze assegnate all'organizzazione. In questo senso sembrano andare gli articoli sulla responsabilità delle organizzazioni internazionali, adottati in seconda lettura dalla Commissione del diritto internazionale nel 2011. L'art. 8 prevede che una condotta posta in essere da un organo di una organizzazione al di fuori delle proprie competenze, in analogia a quanto accade con gli organi dello Stato, vada attribuita all'organizzazione, ma solo qualora l'organo agisca in tale qualità.

Un problema molto dibattuto è quello di vedere se una organizzazione internazionale abbia la capacità di violare il diritto internazionale. La questione si è posta, recentemente, in relazione ad atti adottati dal Consiglio di sicurezza, incompatibili con la normativa internazionale sui diritti dell'uomo. Da un lato, si potrebbe pensare che, nel conferire poteri di azione a una organizzazione, gli Stati membri abbiano implicitamente escluso che tali poteri possano essere utilizzati per violare norme internazionali. Questa conclusione non sarebbe però del tutto corretta. Uno degli indici principali della soggettività di un ente è costituito proprio dalla possibilità di agire autonomamente sul piano internazionale e di esercitare direttamente i diritti e obblighi che si incardinano in capo ad esso come autonomo soggetto del diritto. Se così non fosse, l'organizzazione agirebbe sotto un controllo totale degli Stati membri, tanto da dubitare della sua autonoma personalità giuridica. Ne consegue che proprio il potere di violare il diritto internazionale costituisce un indice assai rilevante per determinare la personalità di una organizzazione internazionale. Una condotta difforme dal diritto internazionale da parte di una organizzazione va quindi attribuita all'organizzazione stessa e comporta l'insorgere di responsabilità a suo carico. Gli Stati membri, semmai, risponderanno solo rispetto a condotte che essi hanno posto in essere, individualmente o collettivamente, nell'ambito delle dinamiche istituzionali di tale organizzazione.

Questa soluzione è confermata dall'analisi di due disposizioni del Trattato sull'Unione europea, l'art. 3, par. 5, e l'art. 21, par. 1, i quali impongono all'Unione il rispetto del diritto internazionale nell'elaborazione e nell'attuazione delle politiche aventi rilievo sul piano esterno. Ciò comporta che il diritto internazionale può essere invocato come motivo di invalidità di atti dell'Unione sul piano interno, ma non certo che atti dell'Unione contrari al diritto internazionale vadano considerati come *ultra vires* e, quindi, invalidi sul piano internazionale.

Le varie opzioni teoriche relative alla personalità di organizzazioni internazionali sono state verificate nel parere reso dalla Corte internazionale di giustizia l'11 aprile 1949, relativo al caso della *Riparazione per danni subiti al servizio delle Nazioni Unite.*

Il caso traeva origine dalla uccisione di un funzionario delle Nazioni Unite, il conte Bernardotte, di nazionalità svedese, che agiva in qualità di mediatore per conto delle Nazioni Unite nell'ambito del conflitto in Palestina. La Carta delle Nazioni Unite non contiene peraltro alcuna norma relativa alla competenza dell'organizzazione ad agire sul piano internazionale a tutela di propri funzionari. L'Assemblea generale chiese quindi alla Corte internazionale di giustizia un parere relativo al potere delle Nazioni Unite di agire in protezione diplomatica sia per i danni arrecati alla funzione che per quelli arrecati alla persona del funzionario.

La Corte ha dato risposta positiva ad ambedue le questioni. Per quanto riguarda i danni arrecati alla funzione, la Corte ha accertato l'esistenza di un potere esclusivo delle Nazioni Unite. Per quanto riguarda i danni alla persona, il diritto di agire delle Nazioni Unite andrebbe coordinato con il diritto che spetta allo Stato nazionale del funzionario, titolare anch'esso di un diritto di agire in protezione diplomatica a tutela dei propri cittadini.

Il parere della Corte internazionale di giustizia si fonda su un percorso logico molto interessante. La Corte ha dato rilievo innanzi tutto al trattato istitutivo, vale a dire alla Carta delle Nazioni Unite. Secondo la Corte, gli Stati membri non hanno voluto istituire un organo comune, quanto piuttosto un nuovo ente capace di determinare e realizzare autonomamente il proprio indirizzo politico nella sfera delle relazioni internazionali. In secondo luogo, la Corte ha dato rilievo alla prassi internazionale, indicando come le Nazioni Unite, attraverso l'esercizio degli strumenti di azione conferiti dalla Carta, si fossero affermate effettivamente come un nuovo ente, capace di esercitare poteri per realizzare i propri fini. Al termine di questa indagine, la Corte ha quindi accertato che le Nazioni Unite, pur non costituendo uno Stato, posseggono una soggettività parziale e sono quindi destinatarie di diritti e obblighi derivanti dall'ordinamento internazionale. La Corte ha quindi concluso che l'organizzazione, in quanto soggetto dell'ordinamento internazionale, dispone implicitamente dei poteri necessari per la tutela della propria personalità.

Il parere della Corte internazionale di giustizia evidenzia la necessità di assumere, come punto di partenza dell'analisi, i poteri che sono conferiti con il trattato istitutivo dagli Stati membri ad una data organizzazione. Una organizzazione dispone infatti, in principio, dei poteri che possono essere ricavati, espressamente o implicitamente, dal trattato che l'ha istituita.

L'esistenza di poteri indicati in un trattato non è però un elemento sufficiente a stabilire la personalità di un ente. Tanto meno sarà sufficiente l'affermazione, contenuta nel trattato, che l'organizzazione ha personalità internazionale. Tale affermazione potrebbe al più costituire un indizio della volontà degli Stati di costituire un nuovo soggetto di diritto. È invece solo un'analisi sull'esercizio di tali poteri – e sulla propensione degli altri soggetti della comunità internazionale ad entrare in rapporti giuridici con il nuovo ente – che la personalità del nuovo ente potrà essere accertata con sicurezza. La personalità internazionale, a propria volta, ha l'effetto di accrescere i poteri e le prerogative del nuovo ente sul piano internazionale.

Tale ente diventa infatti destinatario delle regole strumentali tese alla tutela della sua personalità, quali, ad esempio, le regole sulle immunità e i privilegi, ovvero quelle che gli conferiscono il potere di operare in reazione ad un illecito internazionale.

Si vede come, in tal modo, la personalità internazionale non costituisce un pacchetto statico di posizioni soggettive possedute una volta per tutte da un ente. Esso piuttosto costituisce un processo dinamico di acquisizione, che si svolge fra il piano del diritto interno dell'organizzazione, così come determinato dal trattato istitutivo, e il diritto internazionale. In principio, una organizzazione dispone dei soli poteri ad essa attribuiti dal trattato. L'esercizio di tali poteri può comportare la sua affermazione come uno degli attori della vita di relazioni internazionali. A propria volta, l'azione di tale ente sul piano internazionale comporta l'ulteriore acquisizione di poteri e prerogative che l'ordinamento internazionale stabilisce a tutela della personalità giuridica dei suoi enti.

In tal modo, ad esempio, si è sviluppata nel tempo la personalità dell'Unione europea. Affermata dalla Corte di giustizia dell'Unione soprattutto in relazione al potere di concludere accordi con Stati terzi, la personalità internazionale è stata via via riconosciuta dalla comunità internazionale, anche da quella parte che inizialmente l'aveva contestata. L'acquisizione della personalità ha quindi consentito all'Unione di esercitare le proprie competenze non solo per i fini espressamente ad essa indicati dai Trattati istitutivi, ma anche a salvaguardia della propria personalità. Un esempio è dato dalle misure con le quali l'Unione ha reagito all'adozione da parte degli Stati Uniti del c.d. *Helms-Burton Act*, il quale stabiliva una disciplina sanzionatoria per individui ed imprese europee che intrattenessero relazioni commerciali con Paesi considerati ostili agli Stati Uniti. L'Unione ha ritenuto che tale provvedimento, applicabile in via extraterritoriale anche nei confronti di imprese europee, fosse contrario al diritto internazionale e ha conseguentemente adottato contromisure (v. l'Azione comune 96/668/PESC del 22 novembre 1996 adottata dal Consiglio in base agli articoli J.3 e K.3 del Trattato istitutivo dell'Unione europea allora vigente, relativa a misure di protezione dagli effetti extraterritoriali derivanti dall'applicazione di una normativa adottata da un paese terzo, e dalle azioni su di essa basate o da essa derivanti, e il Regolamento (CE) 2271/96 del Consiglio del 22 novembre 1996, relativo alla protezione dagli effetti extraterritoriali derivanti dall'applicazione di una normativa adottata da un paese terzo, e dalle azioni su di essa basate o da essa derivanti).

Resta peraltro il problema di vedere quale sia il contenuto concreto della personalità; quali siano, in altri termini, le posizioni soggettive che si rivolgono ad una organizzazione internazionale.

Un modello teorico utile per determinare le regole internazionali che si rivolgono alle organizzazioni internazionali è quello che fa leva sull'esercizio di competenze espressamente o implicitamente possedute da esse. Una organizzazione è destinataria di una regola internazionale generale se l'organizzazione ha la capacità di violare tale regola attraverso l'esercizio delle competenze delle quali dispone.

Sarebbe quindi estranea all'esperienza giuridica internazionale la distinzione fra personalità e capacità giuridica, conosciuta nell'esperienza giuridica interna. In particolare, dato che le organizzazioni non hanno competenza piena, ma limitata ai poteri necessari per la realizzazione degli scopi loro assegnati, sembra più congruo pensare che la loro soggettività coincida con la loro capacità giuridica.

Non appare invece convincente lo schema, prevalente in dottrina, secondo il quale l'acquisto di personalità da parte di una organizzazione farebbe di essa una potenziale destinataria di tutte le posizioni soggettive derivanti dal diritto generale, salva, per alcune di esse, l'incapacità pratica di esercitarle in ragione della limitatezza della propria sfera di competenze. Se l'idea di una personalità illimitata delle organizzazioni fosse esatta, infatti, un atto *ultra vires* di una organizzazione, adottato, cioè, del tutto al di fuori della propria sfera di competenze, sarebbe dal punto di vista internazionale un atto attribuibile all'organizzazione nonché valido ed efficace. Ma si è visto come dal punto di vista del diritto internazionale generale, atti manifestamente esorbitanti dalla sfera di competenza di una organizzazione sono invalidi o addirittura non attribuibili all'organizzazione bensì agli Stati membri di essa.

3. *Stati che hanno trasferito poteri ad enti sovranazionali*

Il trasferimento di competenze a favore di organizzazioni internazionali pone il problema di verificare se gli Stati membri di tali organizzazioni abbiano mantenuto inalterata la propria personalità internazionale; se, in altri termini, in relazione all'attribuzione di posizioni soggettive internazionali a favore di una organizzazione internazionale, si verifichi corrispondentemente un decremento della personalità degli Stati membri.

Nella prospettiva classica questo fenomeno di "transizione" della personalità non si verificherebbe mai. Ancorché gli Stati abbiano trasferito poteri, anche rilevanti, ad organizzazioni internazionali, essi manterrebbero inalterata la sfera della propria personalità. Questa conclusione è probabilmente frutto del tradizionale modo di guardare alla personalità dello Stato. Questa non sarebbe un elemento acquisibile o dismettibile, quanto piuttosto una qualità essenziale della statualità di un certo ente. La personalità costituisce, nel caso dello Stato, un corollario della sua sovranità ed appare da esso indissociabile. Il diritto internazionale è anzi fondato sull'idea che gli enti sovrani, cioè gli Stati, costituiscano enti a personalità generale.

D'altro lato, le organizzazioni internazionali sono enti dotati di soggettività funzionale, attribuita loro per le finalità che esse perseguono. La soggettività di organizzazioni internazionali include quindi le sole prerogative che corrispondono sul piano internazionale, sia pure in maniera imprecisa, all'esercizio delle competenze che le organizzazioni posseggono sul piano interno. In conseguenza di tale schema, l'istituzione di una organizzazione internazionale aggiunge un nuovo soggetto, a soggettività parziale, al panorama di quelli già esistenti, ma non altera in alcun modo la soggettività degli Stati.

Possiamo chiederci peraltro se questo schema tradizionale sia ancor oggi valido in riferimento al nuovo fenomeno degli enti sovranazionali. Con tale formula si indicano generalmente gli enti ai quali sono stati trasferiti poteri di sovranità tipicamente esercitati dagli Stati e che quindi appaiono maggiormente simili ad uno Stato che ad una classica organizzazione internazionale. Difatti, per indicare tali enti si è diffusa la formula *state-like entities.*

Contro l'idea di una diminuzione della sfera di personalità degli Stati vi sono due argomenti assai rilevanti.

Il primo argomento concerne il fondamento dei poteri trasferiti al nuovo ente sovranazionale. Dato che il trasferimento di poteri avviene attraverso un trattato, per gli Stati sarebbe sempre possibile recuperare la pienezza delle proprie prerogative semplicemente riappropriandosi dei poteri trasferiti, pur a costo di violare il trattato istitutivo.

Il secondo argomento concerne la natura dei poteri trasferiti. Gli enti sovranazionali, anche quelli particolarmente sofisticati quale l'Unione europea, dispongono prevalentemente di poteri di carattere normativo e non di poteri di carattere coercitivo. Il trasferimento di poteri normativi ad un ente sovranazionale non inciderebbe quindi sulla sovranità degli Stati membri, dato che il nuovo ente non sarà titolare di alcun potere coercitivo.

In altri termini, gli Stati membri avrebbero sia la possibilità di recuperare in ogni momento la pienezza dei propri poteri, revocando con un atto di sovranità a carattere generale i poteri trasferiti ad una organizzazione sovranazionale, sia la possibilità di impedire, con un atto di sovranità *ad hoc*, l'esecuzione di atti dell'organizzazione.

Questa conclusione corrisponde alla visione classica, la quale considera che il potere coercitivo costituisca il criterio univoco per determinare l'autonomia e originarietà di un dato ente. Secondo tale visione, gli enti sovranazionali non hanno capacità autonoma di governo della comunità territoriale in quanto privi di un apparato coercitivo sufficiente per mandare ad effetto i propri poteri normativi.

Questa prospettiva appare peraltro assai formalista, soprattutto in relazione al più rilevante fenomeno di questo tipo, costituito dall'imponente trasferimento di poteri a favore dell'Unione europea. L'Unione europea dispone difatti di poteri normativi assai estesi, che limitano in maniera pronunciata la capacità degli Stati membri di disciplinare materie assai rilevanti per il governo della comunità territoriale. Essa non dispone però di poteri di tipo coercitivo, attraverso i quali mandare ad effetto le proprie determinazioni normative. Per l'attuazione delle proprie regole, quindi, l'Unione si avvale largamente dell'apparato amministrativo e giudiziario dei suoi Stati membri.

Se da un lato, quindi, gli Stati membri hanno mantenuto pressoché inalterato il proprio apparato amministrativo e giudiziario e la propria capacità di governo della comunità nazionale, d'altro lato, l'Unione europea sembra in grado di orientare i comportamenti degli organi amministrativi e giudiziari degli Stati membri e assicurare quindi un alto grado di effettività alle sue norme. Attraverso tali strumenti, l'Unione europea contribuisce in misura significativa al governo delle comunità territoriali dei propri Stati membri. Solo una visione miope può far ritenere che l'esercizio da parte dell'Unione dei propri poteri non abbia causato una contrazione della sovranità degli Stati membri.

Nella prassi delle relazioni internazionali, si può notare una tendenza a considerare in maniera assai pragmatica la questione dei rapporti fra Stati membri e Unione europea. In talune materie gli Stati membri hanno mantenuto inalterate le proprie prerogative sovrane e le esercitano libere da condizionamenti da parte dell'Unione. In altre materie, tuttavia, l'individuazione dell'ente destinatario di regole internazionali viene effettuata sulla base di un attento esame dell'assetto di competenze che spettano rispettivamente all'Unione e ai suoi Stati membri.

È noto, ad esempio, che il potere di concludere accordi internazionali si distribuisce fra Stati membri e Unione europea in relazione alle competenze rispettivamente possedute ed esercitate da ciascun ente sul piano interno. Non è irragionevole ritenere che il diritto internazionale dia rilievo alla ripartizione interna di poteri e finisca con il considerare invalido un accordo concluso da uno degli enti in manifesta violazione di essa.

Questa regola si può dedurre, sulla base di un argomento di tipo analogico, dalle regole che considerano invalido un trattato stipulato da organi interni privi di competenza a stipulare (art. 46 della Convenzione di Vienna sul diritto dei trattati del 1969 nonché della Convenzione di Vienna sul diritto dei trattati stipulati fra Stati e organizzazioni internazionali o fra organizzazioni internazionali del 1986).

4. *Stati che hanno trasferito poteri sovrani ad enti substatali*

Si tende generalmente a negare che abbiano soggettività internazionale gli enti substatali, quali, ad esempio, gli enti costitutivi di uno Stato federale ovvero le articolazioni territoriali interne di Stati unitari.

Questa conclusione varrebbe non solo nei casi in cui uno Stato federale sorga in seguito alla devoluzione di competenze ad opera di un precedente Stato unitario, ma anche qualora lo Stato federale sorga in seguito ad un processo di federazione di Stati sovrani.

La possibilità di concepire un fenomeno di sovranità divisa fra l'ente federale e gli enti federati venne lungamente dibattuta nel periodo che portò dalla confederazione degli Stati americani alla federazione degli Stati Uniti d'America (gli echi di tale dibattito si possono cogliere nei *Federalist papers*, una raccolta di interventi di Jay, Hamilton e Madison, tesi a ribadire l'unitarietà della sovranità della federazione). Un dibattito di questo tipo accompagnò anche la formazione dello Stato federale tedesco nel 1871, lasciando varie tracce negli scritti dei giuspubblicisti dell'epoca.

Le teorie della sovranità ripartita non hanno avuto in genere successo. Ad esse si è sovente replicato con l'argomento della assolutezza del concetto di sovranità, il quale appare logicamente incompatibile con l'idea di una sua distribuzione fra più enti. Prerogative di sovranità possono ben essere ripartite fra una pluralità di organi o enti di governo le cui azioni, nel loro complesso, contribuiscono all'esercizio del potere sovrano; di converso, la sovranità, concepita come contenuto essenziale del potere politico statale, non può essere suddivisa. Secondo una dottrina normativista, la sua essenza ultima risiederebbe nell'ente che possiede il potere di determinare la sfera di competenza di ciascun dei vari organi o livelli decisionali che concorrono all'organizzazione dello Stato.

L'idea della sovranità come competenza a determinare la spettanza del potere politico ha quindi indotto a tracciare una netta separazione concettuale fra le confederazioni e le federazioni. Le confederazioni sarebbero forme di aggregazione fra Stati sovrani. Gli Stati confederati, infatti, determinano l'ampiezza dei poteri dell'ente confederale e, quindi, mantengono inalterata, nelle loro mani, l'essenza della sovranità. Di converso, nelle forme di Stato federale, gli Stati federati non si limitano a trasferire taluni poteri o talune sfere di competenza. Essi trasferiscono, altresì, il potere di determinare l'ambito delle competenze materiali attribuito al nuovo ente, che sarà esercitato da un ente federale. La genesi di uno Stato federale, quando avviene attraverso un processo di aggregazione ad opera di Stati sovrani, comporta quindi un fenomeno di trasferimento di sovranità, normalmente ad opera del trattato costitutivo, che assume la funzione di carta costituzionale del nuovo ente.

Nella maggior parte dei casi di aggregazioni federali, gli Stati federati si spogliano altresì del potere di intrattenere relazioni internazionali, che si incardina nel nuovo ente federale. Il carattere federale dello Stato, in tal caso, si avverte solo sul piano interno, dove le competenze vengono ripartite fra l'ente federale e gli Stati federati. Sul piano dei rapporti internazionali, invece, la federazione si presenta con carattere di unitarietà. Un esempio di questa asimmetria è dato dall'ordinamento degli Stati Uniti d'America. Mentre gli Stati federati mantengono fortissime competenze sul piano interno, essi hanno perso pressoché totalmente ogni autonomia sul piano esterno, al punto da costituire, secondo la dottrina, come uno Stato virtualmente unitario sul piano delle relazioni internazionali.

Va detto che in alcuni casi gli Stati Uniti hanno cercato di evitare l'assunzione della responsabilità internazionale per atti degli Stati federati rispetto ai quali il potere centrale non aveva possibilità di incidere. Ciò si è verificato, ad esempio, in occasione della mancata attuazione della misura provvisoria imposta dalla Corte internazionale di giustizia nel caso *LaGrand (Repubblica Federale di Germania c. Stati Uniti)*, ordinanza del 3 marzo 1999, volta ad evitare l'esecuzione della pena capitale nei confronti di Walter LaGrand fino alla pronuncia della Corte. Al fine di giustificare il mancato rispetto della misura adottata dalla Corte, gli Stati Uniti hanno sostenuto che tale esecuzione era resa difficoltosa da due ostacoli rilevanti: in primo luogo il breve tempo tra la comunicazione della misura da parte della Corte e l'ora fissata per l'esecuzione, ed in secondo luogo «la natura stessa degli Stati Uniti d'America in quanto repubblica federale in seno alla quale i poteri sono ripartiti» (v. par. 95 della sentenza del 27 giugno 2001). In altri termini, il Governo centrale giustificava l'inadempimento con la circostanza che esso ricadeva nelle competenze del Governatore dell'Arizona, al quale l'ordinanza era stata immediatamente trasmessa. La Corte internazionale di giustizia non si è pronunciata su tale singolare forma di giustificazione, limitandosi ad osservare che, in ogni caso, la semplice comunicazione al Governatore dell'Arizona non fosse sufficiente ad adempiere agli obblighi incombenti sugli Stati Uniti (par. 112 della citata sentenza).

Taluni Stati federati mantengono una certa autonomia sul piano dei rapporti internazionali. Nella prassi meno recente, si ricorda il caso dell'Ucraina e della Bielorussia i quali, nel 1945, hanno assunto lo *status* di membri originari delle Nazioni Unite, nonostante fossero Stati federati dell'Unione Sovietica e, quindi, privi di reale autonomia sul piano dei rapporti internazionali.

Fra gli Stati federati che posseggono qualche forma di autonomia sul piano internazionale si possono ricordare i Cantoni svizzeri e i *Länder* della Repubblica Federale di Germania. Ad essi è riconosciuto un potere di stipulazione di trattati, che peraltro i *Länder* hanno rinunciato ad esercitare e i Cantoni esercitano per mezzo della federazione. Come si è già detto, un potere di stipulazione di trattati con enti territoriali e Stati stranieri è riconosciuto alle Regioni italiane dall'art. 117, 9° comma, Cost. il quale, peraltro, è stato svuotato agli effetti pratici di contenuto dalla legislazione di attuazione (v. *supra*, parte II, capitolo II, sezione I, par. 3). Un potere assai più ampio di intrattenere rapporti internazionali hanno invece gli enti costituitivi dello Stato belga, nonché, in via peraltro di fatto, il Québec, Stato federato del Canada, il quale possiede in taluni Stati delle strutture di rappresentanza equiparate ad ambasciate.

Il potere estero degli enti sub-statali belgi è venuto in rilievo recentemente in occasione del rifiuto da parte della Regione vallone, nell'ottobre 2016, di autorizzare la ratifica del C.E.T.A., un complesso accordo di libero scambio di nuova generazione fra l'Unione europea e il Canada. L'accordo contiene disposizioni rientranti nelle materie di competenza degli Stati membri e, quindi, dovrà essere concluso in forma mista, vale a dire con la partecipazione di tutti gli Stati membri nonché degli enti sub-statali dotati di autonomia nell'ambito delle relazioni esterne. Il rifiuto della Vallonia è stato rimosso in seguito a un compromesso politico con le autorità centrali belghe, in esecuzione del quale il Belgio, pochi mesi dopo, ha richiesto alla Corte di giustizia dell'Unione europea un parere sulla compatibilità del C.E.T.A. e, in particolare, della normativa sulla soluzione giudiziale delle controversie fra Stati e investitori esteri con i Trattati istitutivi dell'Unione. Peraltro, il C.E.T.A. è entrato provvisoriamente in vigore il 21 settembre 2017. Con il parere 1/17 del 30 aprile 2019, la Corte di giustizia dell'Unione europea ha accertato la compatibilità della parte rilevante dell'accordo con i Trattati istitutivi.

La rivendicazione, per il momento invero solo teorica, di forme di autonomia sul piano dei rapporti internazionali potrebbe rappresentare una tendenza nuova in materia di rapporti fra Stato ed enti territoriali decentrati. Per la verità, le reazioni dottrinali rispetto a tale fenomeno sembrano assai caute. La dottrina tradizionale tende ad escludere in maniera radicale che il potere di enti substatali di intrattenere relazioni internazionali possa costituire un indice di soggettività internazionale. Dal presupposto del carattere unitario della soggettività internazionale si tende quindi a trarre conseguenze negative in relazione alla stessa esistenza di un potere estero autonomo posseduto da enti substatali.

Questa linea argomentativa non sembra però corretta e tende piuttosto ad invertire l'ordine logico dei passaggi attraverso i quali accertare la soggettività di un ente. In altre parole, non sembra corretto stabilire che gli enti substatali non sono soggetti internazionali, per poi, su tale base, svuotare di contenuto i poteri dei quali essi dispongono. Occorre piuttosto fare il contrario: valutare cioè, sulla base dei poteri attribuiti ad un ente e da questo concretamente esercitati, se tale ente abbia acquisito posizioni giuridiche tali da farne un soggetto dell'ordinamento internazionale. La circostanza che un certo ente disponga effettivamente del potere di intrattenere rapporti internazionali, e che esso intrattenga effettivamente tali rapporti con altri soggetti, rappresenta quindi un indice della sua capacità di acquisire e gestire posizioni soggettive. Ciò non vuol dire certo che il riconoscimento astratto del potere di concludere accordi internazionali equivalga a riconoscere un ente substatale come un soggetto di diritto. L'esercizio effettivo di tali poteri, e, quindi, l'assunzione delle prerogative che si stabiliscono sul piano internazionale in corrispondenza di essi, potrebbe però indurre a rappresentare tali enti come dei centri autonomi di imputazione di rapporti soggettivi internazionali.

Se si applicasse questo schema alla situazione italiana, sarebbe difficile utilizzare l'argomento della mancanza di soggettività internazionale delle Regioni al fine di negare a tali enti la possibilità di esercitare il potere di concludere accordi internazionali, conferito loro dalla Costituzione.

Occorrerebbe piuttosto invertire l'ordine logico del ragionamento e presupporre che la Costituzione abbia inteso conferire alle Regioni un potere loro proprio di conclusione di accordi. Non vi sarebbe stato infatti bisogno di una apposita disposizione costituzionale per prevedere che si possa delegare alle Regioni la conclusione di accordi che vincolano sul piano internazionale lo Stato.

CAPITOLO IV
GLI INDIVIDUI

1. *Gli individui come beneficiari di regole internazionali*

La questione della soggettività di individui o di gruppi di individui ha acquisito crescente rilievo negli ultimi decenni.

Non vi è dubbio che le categorie concettuali del diritto internazionale si siano formate sul presupposto che i destinatari naturali delle sue regole siano gli Stati, enti territoriali politicamente organizzati. Come si è visto, infatti, il diritto internazionale si rivolge in larga misura a tali enti, imponendo obblighi che essi debbono adempiere.

Questo schema teorico resta sostanzialmente immutato anche nei casi di regole internazionali che tendano a produrre situazioni vantaggiose o svantaggiose per individui o per gruppi di individui. Secondo l'opinione prevalente, sia in dottrina che in giurisprudenza, infatti, gli individui sarebbero meri beneficiari materiali di tali regole, le quali, invece, produrrebbero posizioni soggettive internazionali soltanto nei confronti degli Stati.

Secondo questo schema concettuale, comunemente applicato nelle dinamiche di diritto internazionale, il titolare di una posizione soggettiva non coincide necessariamente con il beneficiario materiale di essa. Mentre il beneficiario sarà colui che trae vantaggi dall'applicazione di una regola, il titolare sarà l'ente al quale l'ordinamento internazionale riconosce il potere di pretendere l'osservanza della regola nonché di agire per farne valere la violazione.

È ben possibile che una regola intenda garantire un certo trattamento a favore di un individuo senza però stabilire un diritto a favore di questo. L'esempio classico in materia è dato dalle regole, generali o convenzionali, sul trattamento degli stranieri. Tali regole impongono ad uno Stato di assicurare sul proprio territorio un certo trattamento a favore dei cittadini di un altro Stato. La relazione soggettiva si stabilisce quindi fra due Stati: lo Stato territoriale, titolare dell'obbligo, e lo Stato di cittadinanza, titolare del diritto. Il primo è tenuto nei confronti del secondo ad assicurare il trattamento previsto dalla regola internazionale. Il cittadino di uno Stato straniero ricaverà quindi dei vantaggi dall'osservanza di tale regola in quanto a lui sarà assicurato il trattamento favorevole in essa previsto. Egli però non avrà un diritto individuale ad esigere tale trattamento. Il titolare del diritto sarà invece lo Stato nazionale, il quale infatti potrà invocare il rispetto della regola nei confronti dello Stato territoriale nonché avvalersi dei rimedi predisposti dall'ordinamento internazionale in caso di violazione.

L'azione dello Stato nazionale tesa a reclamare l'osservanza delle regole a favore di propri cittadini, o le conseguenze della loro violazione, è indicata con la formula della "protezione diplomatica". L'individuo, i cui diritti siano lesi, non ha invece alcun titolo giuridico a pretendere l'osservanza delle regole violate né a far valere la responsabilità dello Stato autore della violazione. Né vi sono indicazioni univoche a favore di un "diritto" dell'individuo offeso nei confronti del proprio Stato nazionale. L'individuo non ha un "diritto" alla protezione diplomatica, che può essere esercitato dallo Stato nazionale a propria discrezione, né un diritto ad ottenere l'eventuale risarcimento del danno che faccia seguito all'azione in protezione diplomatica.

Ciò non esclude, ovviamente, che, in date circostanze, un individuo beneficiario possa far valere la regola internazionale la cui applicazione gli arreca vantaggi innanzi ai tribunali interni. Un cittadino che sia oggetto di espropriazione, ad esempio, potrà invocare la regola sul divieto di espropriazioni arbitrarie innanzi ai tribunali interni dello Stato territoriale, nei limiti e con le modalità previste nell'ordinamento interno di tale Stato. In determinate circostanze, anzi, l'esistenza e l'esperimento di rimedi interni è presa in considerazione dalle stesse regole internazionali, le quali vi riconnettono delle conseguenze giuridiche. Secondo una norma consolidata, infatti, la violazione di una regola sul trattamento degli stranieri non potrà essere fatta valere a livello internazionale se non a condizione che l'individuo abbia preventivamente esaurito i rimedi di diritto interno posti a sua disposizione dallo Stato territoriale. Ciò che l'individuo non potrà fare, invece, è avvalersi dei rimedi propri dell'ordinamento internazionale.

Lo schema concettuale indicato sopra si applica generalmente anche nei casi in cui gli Stati hanno la competenza a disciplinare, con proprie norme, attività individuali nell'ambito di un quadro normativo disposto dall'ordinamento internazionale. Ad esempio, gli Stati costieri hanno il potere di regolamentare la navigazione in certe zone marittime adiacenti alla propria costa – e di contemperare le esigenze del traffico marittimo con altre esigenze quali la tutela dell'ambiente o lo sfruttamento delle risorse – ma devono farlo nel rispetto delle regole internazionali. Una nave privata è quindi soggetta alla disciplina adottata dallo Stato costiero e potrà avvalersi dei rimedi giurisdizionali predisposti in tale ordinamento. Lo Stato di bandiera della nave resta titolare esclusivo delle posizioni soggettive internazionali e, quindi, sarà l'unico soggetto abilitato a far valere sul piano internazionale la violazione di tali regole.

2. *Diritti ed obblighi individuali: lo schema teorico*

Nello schema classico, esaminato nel paragrafo precedente, le regole internazionali possono bensì disciplinare attività individuali, ma lo fanno attraverso l'intermediazione normativa rappresentata dagli ordinamenti interni. Un diverso schema teorico è presupposto invece dalle regole internazionali che intendono produrre diritti o obblighi direttamente in capo agli individui. La differenza è che, in quest'ultimo caso, l'ordinamento internazionale non si limita a prevedere un obbligo degli Stati a concedere un diritto nell'ambito del proprio ordinamento interno. Il diritto sorgerebbe invece direttamente nell'ambito dell'ordinamento internazionale. Regole che stabiliscono diritti ed obblighi individuali nell'ambito dell'ordinamento internazionale si sono sviluppate in misura sempre crescente negli ultimi decenni e rappresentano anzi un tratto caratteristico dell'evoluzione del diritto internazionale contemporaneo.

Alcuni autori hanno prospettato una mutazione nella struttura dell'ordinamento internazionale e dei rapporti fra questo e gli ordinamenti statali. Nel nuovo schema, il diritto internazionale si rivolge direttamente agli individui, stabilendo in capo ad essi dei diritti, imponendo l'osservanza di determinate condotte e sanzionandone l'inosservanza. Ciò soprattutto in conseguenza dello sviluppo di nuovi settori del diritto internazionale, come quello della tutela internazionale dei diritti dell'uomo o del diritto internazionale penale, che sono caratterizzati, come si è visto, da una certa autonomia concettuale rispetto alle altre branche del diritto internazionale. Attraverso tali regole, l'ordinamento internazionale tende quindi a stabilire forme dirette, se pure limitate, di governo delle comunità territoriali tradizionalmente organizzate in forma di Stati. Questo fenomeno tende quindi ad affermare una disciplina complementare o addirittura alternativa a quella disposta nell'ambito dell'organizzazione statale. La circostanza che il diritto internazionale si assuma il compito di regolamentare direttamente condotte individuali fa quindi sorgere il problema di individuare in tale ordinamento forme di legittimazione politica e sistemi di garanzia dei diritti individuali analoghi a quelli che tipicamente assistono l'esercizio del potere politico nelle moderne strutture statali.

3. *Norme internazionali che stabiliscono obblighi a carico di individui*

Il diritto internazionale classico conteneva una limitata serie di regole che stabilivano obblighi a carico di individui e ne sanzionavano l'inosservanza. La formula classicamente utilizzata era quella dei *crimina iuris gentium*; un insieme di regole internazionali, cioè, che sanzionano condotte di individui considerate lesive per la comunità internazionale.

Un crimine *iuris gentium* è tradizionalmente la pirateria, l'attacco cioè compiuto a fini di depredazione da una nave privata in alto mare nei confronti di altra nave. Invero, la regola sulla pirateria non prevede l'esercizio di poteri sanzionatori da parte del diritto internazionale. Essa invece conferisce a qualsiasi Stato il potere di fermare e catturare la nave, per poi sottoporla al giudizio penale dei propri tribunali.

Il concetto di *crimina iuris gentium* si è poi allargato in relazione a condotte di individui considerate lesive di valori fondamentali della comunità internazionale. Tale concetto è stato elaborato, nei suoi termini essenziali, dal Tribunale Militare Internazionale di Norimberga. Con tale formula si indica l'organismo giudiziario, istituito dalle potenze vincitrici della Seconda guerra mondiale con l'Accordo di Londra dell'8 agosto 1945, avente il compito di esercitare la giurisdizione penale sulle violazioni del diritto internazionale compiute dai membri del regime nazista. L'art. 6 della Carta del Tribunale Militare Internazionale, allegata all'Accordo di Londra, nel definire i crimini ricadenti sotto la giurisdizione del Tribunale, ha formulato una classificazione ormai celebre:

– Crimini contro la pace, consistenti nella pianificazione, nell'organizzazione e nell'esecuzione di una guerra di aggressione.

– Crimini di guerra, consistenti nella violazione degli usi e costumi di guerra, come ad esempio il lavoro forzato, la deportazione di popolazioni civili, l'uccisione di prigionieri, la devastazione di villaggi e altri obiettivi civili.

– Crimini contro l'umanità, consistenti in pratiche poste in violazione della coscienza civile internazionale, quali massacri, persecuzioni, torture o deportazioni di civili.

La normativa internazionale sui crimini individuali si è sviluppata in maniera notevole a partire dalla seconda metà del XX secolo.

Il 9 dicembre 1948 l'Assemblea generale delle Nazioni Unite ha adottato la Convenzione sul genocidio, ratificata da circa 140 Stati. La Convenzione definisce il genocidio come un crimine internazionale prevedendo che esso comporti la responsabilità penale degli individui che lo abbiano commesso. L'art. VI della Convenzione stabilisce quindi che la giurisdizione penale su atti di genocidio compiuti da individui spetti ad un tribunale internazionale, peraltro mai istituito, e, in mancanza, allo Stato sul cui territorio siano state poste in essere le condotte che costituiscano genocidio.

Rispetto a tale Convenzione si è posto piuttosto il problema di vedere se essa stabilisca, oltre a obblighi nei confronti di individui, anche obblighi nei confronti degli Stati. Nella sentenza del 26 febbraio 2007 relativa al caso dell'*Applicazione della Convenzione per la prevenzione e la repressione del crimine di genocidio (Bosnia-Erzegovina c. Serbia e Montenegro)*, la Corte internazionale di giustizia ha stabilito che, ancorché redatta principalmente allo scopo di stabilire la prevenzione e la repressione di condotte individuali, la Convenzione stabilisce altresì la proibizione per gli Stati di commettere genocidio (v. soprattutto i paragrafi 155-179).

A tale convenzione se ne sono poi aggiunte altre concernenti particolari crimini internazionali. Un esempio è dato dalla Convenzione contro la tortura e altri trattamenti inumani o degradanti, del 10 dicembre 1984.

Accanto a regole convenzionali, e sulla spinta di queste, si è quindi formato un corpo di regole consuetudinarie rivolte agli individui le quali proibiscono certe condotte e vi riconnettono delle sanzioni penali. La formazione di regole consuetudinarie internazionali che proibiscono crimini individuali e vi riconnettono sanzioni penali è confermata dagli Statuti istitutivi di Tribunali penali internazionali. Lo Statuto del Tribunale penale internazionale per la ex Iugoslavia, ad esempio, prevede, la competenza del Tribunale rispetto a crimini di guerra, al genocidio e a crimini contro l'umanità, come specificati agli articoli 2, 3, 4 e 5. L'articolo 5 dello Statuto della Corte penale internazionale, il primo tribunale internazionale penale a competenza generale, istituito dalla Convenzione di Roma del 17 luglio 1998, conferisce alla Corte la giurisdizione a perseguire condotte che possano costituire crimini di genocidio, crimini di guerra, crimini contro l'umanità, ai quali si potrà accompagnare, a determinate condizioni, anche il crimine di aggressione.

4. *Regole internazionali che conferiscono diritti ad individui*

In corrispondenza alla formazione di regole internazionali che pongono obblighi a carico di individui, l'ordinamento internazionale ha anche sviluppato un imponente corpo di regole a tutela di diritti individuali.

Il processo di sviluppo dei diritti dell'uomo ha avuto impulso inizialmente ad opera delle Nazioni Unite. Del 10 dicembre 1948 è la celebre Dichiarazione universale dei diritti dell'uomo, contenuta nella risoluzione dell'Assemblea generale 3/217, priva, come si è detto, di valore vincolante. Negli stessi giorni l'Assemblea generale adottava la Convenzione sul genocidio, alla quale facevano quindi seguito altre convenzioni settoriali. Già nel 1946, con la risoluzione 5(I) del Consiglio economico e sociale era stata istituita la Commissione dei diritti umani delle Nazioni Unite, alla quale erano attribuite sia funzioni di studio e sviluppo dei diritti dell'uomo sia di controllo sul rispetto di tali diritti. A questo organo ha quindi fatto seguito, nel 2006, il Consiglio dei diritti umani, istituito con la risoluzione 60/251 dell'Assemblea generale. Si tratta peraltro di strumenti di garanzia ancora assai imperfetti e soprattutto incentrati su meccanismi di controllo tipo intergovernativo.

L'ulteriore sviluppo verso il riconoscimento della titolarità di posizioni soggettive in capo ad individui è dovuto essenzialmente a convenzioni tese a tutelare categorie generali di diritti fondamentali, sia sul piano universale che su quello regionale. Sul piano universale, conviene menzionare soprattutto i due Patti delle Nazioni Unite del 1966 concernenti rispettivamente i diritti civili e politici e i diritti economici, sociali e culturali.

Tali strumenti contengono una elencazione tendenzialmente completa di diritti individuali e prevedono strumenti di controllo della loro osservanza. In particolare, il Patto sui diritti civili e politici istituisce un Comitato dei diritti dell'uomo. Si tratta di un organo composto da individui e, quindi, dotato di indipendenza nei confronti degli Stati membri. Esso ha il compito di esaminare i rapporti periodici degli Stati sul rispetto dei diritti individuali nell'ambito della propria giurisdizione, nonché di ricevere ed esaminare comunicazioni di uno Stato parte del Patto relative a violazioni commesse da un altro Stato. Un Protocollo facoltativo annesso al Patto sui diritti civili e politici prevede inoltre la competenza del Comitato a ricevere comunicazioni da parte di individui circa la pretesa violazione dei diritti garantiti dal Patto ad opera di uno Stato membro, in seguito alle quali si può instaurare una sorta di procedimento in contraddittorio fra l'individuo e lo Stato.

Il controllo sul rispetto del secondo Patto è invece demandato al Comitato dei diritti economici, sociali e culturali, istituito dal Consiglio economico e sociale con la risoluzione 1985(XVII) del 28 maggio 1985. Il Comitato non è competente a ricevere comunicazioni individuali; tuttavia una tale competenza è prevista dal Protocollo facoltativo adottato dall'Assemblea generale con la risoluzione 63/117 del 10 dicembre 2008, attualmente in vigore fra ventisei Stati, tra i quali l'Italia.

La tutela dei diritti individuali fondamentali è stata assicurata, sul piano regionale europeo, dalla Convenzione europea dei diritti dell'uomo e delle libertà fondamentali, del 4 novembre 1950. La Convenzione europea, insieme ai suoi vari protocolli aggiuntivi, contiene un elenco assai ampio di diritti individuali. Essa istituisce altresì un sofisticato sistema di controllo sul rispetto di tali diritti da parte di un organo giurisdizionale, la Corte europea dei diritti dell'uomo. La Corte ha competenza a decidere sia ricorsi interstatali, proposti da uno Stato contro un altro, sia ricorsi individuali.

La possibilità della Corte europea dei diritti dell'uomo di decidere ricorsi individuali ha rappresentato, al momento della sua istituzione, una novità significativa nel panorama degli strumenti di controllo del rispetto di diritti dell'uomo. Il meccanismo del ricorso individuale consente a qualsiasi individuo, o gruppo di individui, il quale pretenda di aver subito una violazione dei diritti convenzionali ad opera di uno Stato parte, di rivolgersi direttamente alla Corte. Il ricorso individuale viene definito con sentenza, in seguito ad un procedimento in contraddittorio fra l'individuo ricorrente e lo Stato convenuto (sui criteri di ricevibilità dei ricorsi individuali e sugli effetti delle sentenze della Corte europea, v. *infra*, parte IV, par. 11). Il meccanismo previsto dalla Convenzione europea è servito da modello per analoghi meccanismi istituiti in altri ambiti regionali, ad opera della Convenzione interamericana dei diritti dell'uomo e della Carta africana dei diritti dell'uomo e dei popoli.

La Convenzione europea dei diritti dell'uomo costituisce probabilmente il sistema più avanzato di tutela dei diritti individuali. Essa è stata conclusa nell'ambito del Consiglio d'Europa, una organizzazione regionale sul piano europeo la cui funzione principale è proprio la predisposizione di convenzioni aperte alla ratifica degli Stati membri.

La Convenzione europea garantisce, fin dal suo testo originario, un catalogo di diritti civili. Alcuni devono essere assicurati in maniera incondizionata: il diritto alla vita, il divieto di tortura e trattamenti degradanti, il diritto di libertà e il divieto di arresto arbitrario, il divieto di lavori forzati, il diritto ad un equo processo, il principio di legalità delle pene. La Convenzione stabilisce inoltre, negli articoli da 8 ad 11, una serie di diritti il cui contenuto va determinato sulla base di un processo di bilanciamento con interessi di tipo collettivo: il diritto al rispetto della vita privata e familiare, la libertà di pensiero, di coscienza e di religione, la libertà di espressione, la libertà di riunione. L'art. 15 della Convenzione prevede la possibilità di deroga esclusivamente in presenza di gravi emergenze nazionali, sotto il controllo del Segretario generale del Consiglio d'Europa. Taluni diritti, peraltro, ovvero il diritto alla vita, il divieto di tortura, il divieto di riduzione in schiavitù e il principio di legalità delle pene, non possono essere derogati neanche in tali situazioni.

All'originario catalogo dei diritti previsti dalla Convenzione, se ne sono aggiunti altri ad opera dei vari Protocolli addizionali. In particolare, il Primo protocollo, del 1952, prevede una serie di diritti economici e sociali: il diritto al rispetto della proprietà privata, il diritto all'istruzione, il diritto a libere elezioni. Il Protocollo n. 4, del 1963, pone il divieto della reclusione per debiti, il divieto di espulsione dei cittadini, il divieto di espulsioni collettive di stranieri. Il Protocollo n. 6, del 1983, poi completato dal Protocollo n. 13, del 2002, stabilisce il divieto assoluto e incondizionato della pena di morte, precisando altresì l'inapplicabilità della clausola di deroga prevista dalla Convenzione. Il Protocollo n. 7, del 1984, stabilisce una serie eterogenea di diritti: il diritto ad esperire procedure di ricorso contro un provvedimento di espulsione; il diritto al doppio grado di giurisdizione in materia penale; il diritto al risarcimento in caso di errore giudiziario; il principio di *ne bis in idem* in materia penale; il principio dell'eguaglianza dei coniugi. Il Protocollo n. 12, del 2000, stabilisce infine il generale principio di eguaglianza davanti alla legge, superando il più limitato principio di eguaglianza nel godimento dei diritti convenzionali, stabilito dal testo originario della Convenzione. Il Protocollo n. 12, del 2000, non ratificato dall'Italia, estende in via generale il divieto di discriminazione, assicurato dall'art. 14 della Convenzione solo limitatamente al godimento dei diritti convenzionali.

Assai più scarno è invece il contenuto dei diritti dell'uomo garantiti dal diritto generale. La giurisprudenza internazionale tende a tutelare l'individuo solo rispetto a violazioni gravi e massicce dei diritti fondamentali, quali il genocidio, la tortura, la discriminazione razziale, le deportazioni di massa.

Già nel parere relativo alle *Riserve alla Convenzione per la prevenzione e la repressione del crimine di genocidio*, del 28 maggio 1951, la Corte internazionale di giustizia ha affermato che «i principi che sono alla base della Convenzione sono dei principi riconosciuti dalle nazioni civili come vincolanti gli Stati anche in assenza di obbligo convenzionale» (p. 23). La Corte ha altresì indicato che il genocidio equivale al «diniego del diritto all'esistenza di un intero gruppo umano». Più recentemente, nella sentenza del 3 febbraio 2006, *Attività armate sul territorio del Congo* (*Congo c. Ruanda*), la Corte ha affermato che il divieto di genocidio ha «certamente» natura cogente (v. il par. 64).

Nel famoso *dictum*, contenuto nella sentenza *Barcelona Traction* del 5 febbraio 1970, relativo al carattere *erga omnes* di alcune categorie di obblighi internazionali, la Corte internazionale di giustizia ha menzionato, quali esempi di «norme riconosciute dal diritto generale a protezione dei diritti fondamentali della persona umana», oltre al divieto di genocidio, anche il divieto di riduzione in schiavitù e di discriminazione razziale (par. 34).

La contrarietà della pratica dell'*apartheid* ai «diritti fondamentali dell'uomo» e, quindi, allo scopo e ai principi della Carta delle Nazioni Unite è stata poco dopo ribadita dalla Corte nel parere, reso il 21 giugno 1971, relativo alle *Conseguenze giuridiche della presenza dell'Africa del Sud in Namibia nonostante la risoluzione 276 (1970) del Consiglio di sicurezza* (par. 131).

Nel parere relativo alla *Liceità della minaccia o dell'impiego di armi nucleari* dell'8 luglio 1996, la Corte internazionale di giustizia sembra indicare, pur se implicitamente, che il diritto alla vita e il divieto di uccisioni arbitrarie stabilito dall'articolo 6 del Patto sui diritti civili e politici corrisponda ad una norma di diritto generale (par. 25).

5. *La titolarità delle regole che stabiliscono diritti ed obblighi nei confronti di individui*

La circostanza che varie regole internazionali, consuetudinarie o convenzionali, riconoscano certi diritti individuali non è ancora sufficiente a concludere nel senso che esse creano effettivamente posizioni soggettive in capo a singoli individui. È possibile, invero, che esse si fondino sullo schema classico secondo il quale i titolari delle posizioni soggettive sono sempre gli Stati parti della regola, mentre gli individui rimarrebbero meri beneficiari di fatto.

Conviene rilevare, innanzi tutto, che le regole sui diritti dell'uomo hanno una struttura *erga omnes*, diversa quindi dalla struttura reciproca che caratterizza la gran parte delle regole internazionali. Come abbiamo visto (v. *supra*, parte II, capitolo IV, sezione IV, par. 4), il rispetto delle norme sui diritti dell'uomo è dovuto innanzitutto da uno Stato destinatario nei confronti di ciascuno degli altri Stati. Ciò in quanto tali regole non sono stabilite nell'interesse di uno Stato in particolare, come accade invece per le regole sul trattamento dello straniero, che sono stabilite solo a favore dello Stato nazionale di un individuo materialmente leso. Le regole sui diritti dell'uomo sono invece stabilite nell'interesse collettivo della comunità internazionale nel suo insieme ovvero della comunità degli Stati parte di una determinata convenzione. Difatti le regole sui diritti dell'uomo possono essere invocate da qualsiasi Stato, pur in assenza di legami particolari con l'individuo leso, come accade nel caso in cui sia lo stesso Stato nazionale a violare i diritti dell'uomo nei confronti dei propri cittadini.

Neanche la struttura *erga omnes* delle regole sui diritti dell'uomo è ancora sufficiente a concludere che tali regole si indirizzino direttamente agli individui. È ben possibile, infatti, che esse si limitino a creare un rapporto soggettivo fra ciascuno degli Stati tenuti ad una certa condotta e la comunità degli altri destinatari, come accade, ad esempio, per altre regole *erga omnes* dell'ordinamento internazionale che non concernono diritti individuali. Si pensi, per esempio, alle regole *erga omnes* nel campo della tutela ambientale, a quelle che vietano di utilizzare unilateralmente spazi internazionali, e così via.

Al fine di affermare la titolarità dei diritti dell'uomo da parte di singoli individui occorre invece dimostrare che tali regole stabiliscano un rapporto soggettivo del quale siano parti direttamente gli individui. In altre parole, occorre dimostrare che gli individui possano esigere direttamente il rispetto dei propri diritti ovvero che, nei loro confronti, si possa esigere direttamente il rispetto dei loro obblighi.

Ciò appare agevole per quanto riguarda gli obblighi posti agli individui assistiti dalla previsione di sanzioni per la loro inosservanza. L'esistenza di norme che sanzionano direttamente gli individui per le loro condotte sembra infatti dimostrare che l'ordinamento internazionale pone tali obblighi direttamente nei confronti di individui, ne reclama direttamente da essi l'osservanza e pone in essere meccanismi che li sanzionano in caso di mancato adempimento. Questo è proprio il caso dei crimini *iuris gentium*, i quali costituiscono delle vere e proprie regole internazionali di carattere penale, le quali cioè definiscono la condotta criminosa nonché le sanzioni in caso di inosservanza.

La titolarità individuale di obblighi previsti dai crimini *iuris gentium* non è messa in discussione per il fatto che talvolta le norme internazionali penali si limitano a prevedere le condotte criminose e rinviano invece per l'esercizio della giurisdizione penale agli ordinamenti nazionali. In tal caso, l'ordinamento internazionale prevede direttamente il sorgere di posizioni soggettive individuali, le quali però saranno assicurate attraverso l'apparato giurisdizionale degli Stati.

È frequente il caso di convenzioni internazionali che stabiliscono condotte criminose individuando poi gli ordinamenti nazionali competenti per l'esercizio della giurisdizione penale. Un esempio è dato dalla Convenzione sulla tortura, la quale stabilisce all'art. 5 una serie di criteri in base ai quali determinare gli Stati che hanno l'obbligo di esercitare la giurisdizione penale. È chiaro però, anche dal tenore letterale della Convenzione, che da essa derivano direttamente diritti e obblighi per gli individui, pur se, in assenza di rimedi autonomamente predisposti dalla Convenzione, tali diritti e tali obblighi andranno fatti valere attraverso gli ordinamenti nazionali. Un esempio molto chiaro è dato dall'art. 14, par. 1, che impone agli Stati di apprestare le condizioni affinché un individuo leso possa ottenere la riparazione dovuta per atti di tortura. La disposizione distingue, in proposito, fra il diritto alla riparazione derivante dall'ordinamento internazionale e quello, eventualmente concorrente, dovuto ai sensi del diritto interno degli Stati parte.

Condotte criminose previste dal diritto generale possono essere punite da ciascuno Stato della comunità internazionale, agente sulla base di un criterio di giurisdizione universale. Le convenzioni internazionali stabiliscono peraltro la giurisdizione di alcuni Stati sulla base di criteri speciali di collegamento. La Convenzione sul genocidio stabilisce, come si è visto, la competenza dello Stato sul territorio del quale siano state poste in essere condotte genocidarie. L'art. 5 della Convenzione sulla tortura stabilisce una serie di possibili criteri di giurisdizione: la commissione di atti di tortura sul territorio statale, la cittadinanza del torturatore, la cittadinanza del soggetto sottoposto a tortura. La Convenzione poi stabilisce un criterio di giurisdizione residuale in relazione alla semplice presenza sul proprio territorio del presunto torturatore, temperato però dalla clausola *aut dedere aut iudicare*, che consente allo Stato di non esercitare la propria giurisdizione a condizione però di estradare il soggetto verso un diverso Stato che abbia giurisdizione sulla base di altri criteri convenzionali e abbia avanzato un'apposita domanda di estradizione.

Variegato è anche il panorama dei rapporti fra la giurisdizione conferita a tribunali internazionali penali e la giurisdizione di ordinamenti statali. È noto, ad esempio, come la giurisdizione dei Tribunali penali internazionali *ad hoc* stabiliti da risoluzioni del Consiglio di sicurezza prevalga rispetto alla giurisdizione degli ordinamenti statali. Di converso, la giurisdizione della Corte penale internazionale è solo complementare rispetto alle giurisdizioni interne degli Stati, come previsto dagli articoli 17 e 18 dello Statuto di Roma (v. *infra*, parte IV, par. 12).

Veniamo ora alla questione dell'esistenza nell'ordinamento internazionale di diritti a favore di individui. Applicando il criterio indicato sopra, sembra ragionevole ritenere che gli individui siano titolari, e non meri beneficiari, di regole internazionali che stabiliscono diritti a loro favore allorché essi abbiano il potere di reclamare il rispetto di tali regole e di far valere la loro violazione.

Conviene precisare come vi siano regole internazionali che sembrano conferire diritti agli individui anche al di fuori del campo dei diritti dell'uomo. Nella sentenza del 27 giugno 2001, relativa al caso *LaGrand (Germania c. Stati Uniti d'America)*, la Corte internazionale di giustizia ha stabilito che l'art. 36, par. 1, della Convenzione di Vienna sulle relazioni consolari stabilisce un diritto per l'individuo arrestato all'estero di avvalersi dell'assistenza consolare da parte del proprio Stato nazionale (v. soprattutto il par. 77 della sentenza). Secondo la Corte, si tratterebbe di un vero e proprio diritto garantito all'individuo nell'ambito dell'ordinamento internazionale e non già di un diritto che uno Stato ha l'obbligo di far sorgere nel proprio ordinamento interno. Ciò in quanto, la disposizione della Convenzione pone il divieto di intervento delle autorità consolari qualora il cittadino interessato si opponga. La natura "individuale" di tale diritto è stata ribadita nella recente sentenza del 17 luglio 2019, relativa al caso *Jadhav* (*India c. Pakistan*), par. 116.

Nella successiva sentenza del 31 marzo 2004 relativa al caso *Avena ed altri nazionali messicani (Messico c. Stati Uniti d'America)*, la Corte sembra quindi indicare che il diritto all'assistenza consolare, ancorché abbia natura di diritto individuale, non costituisce invece un diritto dell'uomo (v. soprattutto il par. 124).

A differenza dei diritti dell'uomo, i diritti individuali non hanno struttura *erga omnes* e non creano quindi un rapporto giuridico di tipo collettivo. Sarebbe quindi inapplicabile, ad esempio, la regola dell'art. 48 degli Articoli sulla responsabilità internazionale (v. *infra*, parte V, capitolo II). In senso contrario, tuttavia, si è espressa la Corte interamericana dei diritti umani nel parere OC-16/99, del 1° ottobre 1999, relativo al *Diritto di informazione sull'assistenza consolare nel quadro delle garanzie dell'equo processo*. Secondo la Corte interamericana, il diritto all'assistenza consolare costituisce una delle garanzie minime dell'equo processo poiché permette agli stranieri, altrimenti svantaggiati dal fatto di essere giudicati secondo le regole di un ordinamento giuridico e processuale a loro estraneo, di preparare correttamente la propria difesa (par. 119-124).

Meccanismi di tutela dei diritti dell'uomo attivabili direttamente dagli individui sono previsti, come si è visto, in varie convenzioni internazionali sui diritti dell'uomo. La presenza di tali meccanismi di tutela, accanto alle regole sostanziali che stabiliscono diritti dell'uomo, dovrebbe essere sufficiente a dimostrare la titolarità dei diritti a favore degli individui.

Questa conclusione è stata talvolta posta in discussione da alcuni autori i quali sostengono che anche i meccanismi di tutela predisposti dalle convenzioni internazionali producano effetti unicamente sul piano normativo e siano invece insuscettibili di assicurare una tutela effettiva a favore degli individui senza la cooperazione degli Stati. Secondo questa impostazione, ad esempio, neanche il fatto che un individuo abbia il potere di attivare il meccanismo di accertamento giudiziario previsto dalla Convenzione europea dei diritti dell'uomo costituirebbe un indice sufficiente a concludere nel senso della sua titolarità dei diritti convenzionali. La sentenza non avrebbe infatti che effetti obbligatori per lo Stato autore della violazione. Di fronte al rifiuto dello Stato di conformarsi alla sentenza, l'individuo non disporrebbe di alcuno strumento per garantirne l'esecuzione e, quindi, per assicurare l'effettività dei diritti convenzionali. Da questa osservazione, si dovrebbe quindi dedurre l'incapacità dell'individuo di esercitare effettivamente la titolarità di diritti e obblighi senza la cooperazione degli Stati. In quanto detentori esclusivi del potere coercitivo, gli Stati rimarrebbero quindi unici titolari delle posizioni soggettive internazionali.

Come già notato ad altri fini, questa costruzione appare davvero poco convincente e poggia su un assioma la cui solidità è discutibile: quello cioè che il potere coercitivo costituisca l'unico elemento utile a determinare la capacità di un ente di esercitare posizioni soggettive internazionali. L'idea che gli Stati possano disattendere determinazioni degli organi di controllo dei diritti dell'uomo, inoltre, è fondata su un'idea monolitica degli Stati che non trova riscontro, se non eccezionalmente, nell'attuale situazione storica. Essa non tiene conto della particolare effettività che hanno, in pratica, i sistemi normativi a tutela dei diritti dell'uomo, pur se non assistiti da meccanismi coercitivi in senso proprio. Invero, le norme sostanziali a tutela dei diritti individuali, nonché le determinazioni degli organi internazionali di controllo, acquistano sovente effettività attraverso l'azione degli organi giurisdizionali interni e degli organi esecutivi periferici, i quali ben possono imporre un orientamento diverso da quello dell'amministrazione centrale.

È più controverso vedere se gli individui siano titolari di posizioni soggettive derivanti dalle norme internazionali generali sui diritti dell'uomo. In proposito si può osservare una certa asimmetria nello sviluppo del diritto internazionale. Da un lato, sono sempre più numerose le regole internazionali generali che riconoscono diritti fondamentali individuali. D'altro lato, allo sviluppo di tali regole non corrisponde un eguale sviluppo del sistema di rimedi che gli individui possano attivare al fine di assicurare l'osservanza dei propri diritti fondamentali e far valere le conseguenze della loro violazione. Tuttavia, sembra emergere dalla prassi come l'intervento di Stati ovvero di istituzioni internazionali, tesi a far cessare gravi violazioni di diritti fondamentali individuali, concepiscano tale intervento come una forma di garanzia a favore degli individui.

La Corte internazionale di giustizia nel menzionato caso *LaGrand*, sentenza del 27 giugno 2001, ha riconosciuto la natura individuale del diritto all'assistenza consolare, pur in assenza di rimedi giuridici attivabili direttamente dall'individuo. Come si è detto, la Corte si è fondata sulla circostanza che la Convenzione di Vienna proibisce allo Stato nazionale di attivare tale assistenza in caso di opposizione dell'individuo. Dopo aver stabilito, su tale base, che il diritto all'assistenza consolare costituisce un diritto individuale, la sentenza ha indicato come l'esercizio di tale diritto nel procedimento giudiziario venisse assicurato non già dall'individuo – il quale non ha legittimazione ad attivare la giurisdizione della Corte internazionale di giustizia – bensì dal proprio Stato attraverso lo strumento della protezione diplomatica.

Un ragionamento analogo ha ispirato anche la sentenza della Corte internazionale di giustizia nel caso *Diallo*, del 24 maggio 2007, *Repubblica di Guinea c. Repubblica democratica del Congo, competenza e ricevibilità*, par. 39. La Corte ha precisato come il diritto strumentale di uno Stato ad agire in protezione diplomatica costituisce un rimedio non solo per i diritti vantati dallo Stato relativi al trattamento di propri cittadini, ma anche per i diritti individuali, che si incardinano direttamente in capo a questi ultimi.

In relazione alla esistenza di diritti individuali, si pone altresì il problema di verificare se agli individui spetti altresì il diritto secondario alla riparazione, che consegue alla violazione del diritto primario. Rispetto a questo ulteriore, e difficile, problema la prassi è ancora controversa. Una indicazione, ancorché ambigua, a favore della titolarità di un diritto individuale alla riparazione nel caso di violazione di obblighi *erga omnes* viene dall'art. 48, par. 2, lett. *c*) degli Articoli sulla responsabilità degli Stati adottati definitivamente dalla Commissione del diritto internazionale nel 2001. La regola prevede che, in caso di violazione di obblighi *erga omnes*, ciascuno Stato della comunità internazionale possa chiedere allo Stato autore dell'illecito di prestare riparazione a favore dello Stato leso ovvero dei beneficiari dell'obbligo violato. La disposizione sembra quindi indicare che la violazione di una norma internazionale generale posta a tutela dei diritti dell'uomo comporti l'obbligo di assicurare la riparazione a favore degli individui nel cui interesse la regola è stata stabilita.

Ulteriori elementi a favore dell'esistenza di un diritto individuale alla riparazione emergono dalla sentenza della Corte internazionale di giustizia del 19 giugno 2012, relativa sempre al caso *Diallo*, che tratta proprio dell'indennizzo dovuto dal Congo nei confronti della Guinea per i danni subiti da un individuo. Nel par. 57, la Corte sembra indicare che la Guinea avesse un obbligo di devolvere all'individuo l'indennizzo relativo ai danni sofferti da quest'ultimo.

Nel senso dell'inesistenza di un diritto alla riparazione a favore di individui non depone la menzionata sentenza della Corte internazionale di giustizia del 3 febbraio 2012, nel caso delle *Immunità giurisdizionali degli Stati (Germania c. Italia)*. Nei par. 94 e 102 della sentenza, invero, la Corte ha escluso che, in presenza di accordi transattivi sui danni di guerra, conclusi dai belligeranti, gli individui possano vantare un proprio diritto alla riparazione. La Corte non ha, quindi, escluso l'esistenza di un diritto individuale alla riparazione. Essa ha soltanto indicato come tale diritto ben possa essere limitato o escluso attraverso un trattato internazionale concluso dagli Stati. Ciò equivale a dire che il diritto individuale alla riparazione, se esistente, non avrebbe carattere cogente e potrebbe essere oggetto di deroga ad opera degli Stati, agenti nell'interesse dei propri cittadini.

Sull'esistenza di un diritto individuale alla riparazione, nell'ambito di un sistema convenzionale, si è recentemente pronunciata la Corte europea dei diritti dell'uomo. Nella decisione sul ricorso interstatale di Cipro contro la Turchia relativo alla riparazione, la Corte europea sembra aver ricostruito l'esistenza di tale diritto, individuandone il fondamento nella Convenzione europea (*Cipro c. Turchia*, sentenza del 12 maggio 2014, ricorso n. 25781/94). La Corte europea ha stabilito, nell'ambito di un ricorso interstatale, che l'indennizzo spettante a Cipro per le violazioni dei diritti convenzionali subite dai cittadini di origine greca nella parte dell'isola soggetta a controllo turco, dovessero essere distribuite alle vittime (par. 58).

CAPITOLO V

LA TUTELA DELLA PERSONALITÀ DELLO STATO: IL REGIME DELLE IMMUNITÀ E PRIVILEGI

SOMMARIO: 1. Introduzione: le varie forme di immunità. – 2. L'immunità funzionale. – 3. L'immunità dello Stato. – 4. L'immunità personale di organi di Stato stranieri. – 5. Regime delle immunità e attività contrarie al diritto internazionale. – 6. La dottrina dell'*Act of State*. – 7. Regole sull'immunità e crimini internazionali.

1. *Introduzione: le varie forme di immunità*

Il diritto internazionale ha sviluppato una serie di regimi relativi alle immunità di Stati stranieri e di suoi organi.

Il primo regime è relativo alle immunità accordate a organi di Stati stranieri in relazione a condotte poste in essere per conto del proprio Stato (immunità funzionale, ovvero *ratione materiae*). Solo impropriamente tali regole costituiscono delle vere e proprie forme di immunità. Si tratta invece di regole sull'imputazione: regole, cioè, che imputano le condotte organiche allo Stato per il quale sono state operate e non già all'individuo che le ha poste materialmente in essere.

Un secondo gruppo è dato dalle regole che stabiliscono immunità di Stati stranieri dalla giurisdizione civile. Tali regole hanno lo scopo di tutelare la personalità internazionale degli Stati evitando che essi possano essere convenuti di fronte ai tribunali di un altro Stato. Le regole sull'immunità degli Stati stranieri si fondano sul presupposto che le controversie fra Stati debbono essere risolte sul piano del diritto internazionale e non nell'ambito dell'ordinamento interno di uno di essi. Tali regole, quindi, sono tese a prevenire interferenze derivanti dalla doppia personalità, interna ed internazionale, degli Stati. Questa esigenza è quella che si esprime con la formula latina *par in parem non habet iurisdictionem*.

Un terzo gruppo è composto dalle regole che assicurano forme di immunità a favore di particolari organi statali per condotte private (immunità *ratione personae*). Esse si applicano al personale diplomatico, ai Capi di Stato e di governo e ai Ministri responsabili per le relazioni internazionali. L'immunità risponde soprattutto all'esigenza di assicurare la libertà di azione degli organi supremi dello Stato e di mantenere aperti i canali diplomatici.

2. *L'immunità funzionale*

Come si è detto, le regole sull'immunità *ratione materiae* non assicurano delle vere e proprie forme di immunità. Si tratta invece di regole sull'imputazione. Esse infatti impongono di imputare le condotte poste in essere da organi di Stati stranieri nell'esercizio delle proprie funzioni allo Stato per il quale tali condotte sono state operate.

Tale regola riveste notevole importanza pratica. Essa infatti ha l'effetto di sottrarre una certa condotta all'applicazione del diritto interno di uno Stato e di consegnarla al diritto internazionale.

Si pensi alle condotte operate nell'ambito di operazioni coercitive. Se venissero imputate ai singoli individui organi che le hanno poste in essere, tali condotte sarebbero verosimilmente rilevanti ai sensi del diritto interno di uno Stato. Condotte operate nel contesto di azioni belliche potrebbero allora essere qualificate come di atti di omicidio, di danneggiamento, e così via. Una questione del genere si è posta nel menzionato caso *Caroline*: una nave che era stata attaccata e distrutta da truppe britanniche sul territorio statunitense, al fine di evitare che potesse portare sostegno ai ribelli canadesi. Uno dei soldati che aveva partecipato all'azione, McLeod, si venne a trovare, vario tempo dopo, sul territorio degli Stati Uniti e venne sottoposto a procedimenti penali. Il carteggio diplomatico che intercorse fra la Gran Bretagna e gli Stati Uniti evidenzia l'accordo fra i due Stati nel considerare che la condotta posta in essere da McLeod in qualità di soldato andasse imputata allo Stato britannico. In caso di condotta illecita, quindi, la Gran Bretagna sarebbe stata responsabile sul piano internazionale nei confronti degli Stati Uniti, senza tuttavia che l'eventuale illiceità dell'azione potesse comportare una imputazione diretta in capo all'individuo.

Recentemente la questione si è posta nel caso, assai noto, dell'uccisione dell'agente italiano Calipari, in Iraq, ad opera di militari statunitensi. Nel negare che potesse essere esercitata la giurisdizione penale italiana nei confronti del militare statunitense responsabile dell'omicidio, Lozano, la Corte di cassazione ha affermato che «ogni Stato, indipendente e sovrano, è libero di stabilire la propria organizzazione interna e individuare le persone autorizzate ad agire per suo conto, sicché, una volta determinate la qualità di organo e la sua competenza, le relative condotte individuali esprimono l'esercizio di una funzione pubblica e sono imputabili allo Stato, comportandone, senza indebite interferenze da parte dei tribunali di un altro Stato, solo la responsabilità per l'eventuale illecito internazionale da far valere nei rapporti fra lo Stato leso e lo Stato responsabile, a garanzia dell'assetto strutturale della stessa comunità e delle relazioni internazionali nel rispetto delle reciproche sovranità fra gli Stati» (Corte di cassazione (Sezione I penale), *Imp. Lozano*, sentenza del 19 giugno 2008, n. 31171).

Una posizione diversa è stata assunta dalla Corte di cassazione, Sezione V penale nella sentenza del 29 novembre 2012, n. 46340, relativa al caso del sequestro di Abu Omar, un individuo sospettato di legami con il terrorismo islamico, sequestrato da agenti degli Stati Uniti e deportato in Egitto, dove è stato sottoposto a tortura. La Corte ha condannato gli agenti ritenendo che l'immunità funzionale non è prevista da un principio consuetudinario di portata generale ma da «norme specifiche» applicabili «soltanto ad alcune categorie di organi» (par. 23.7). Peraltro, gli agenti statunitensi condannati hanno evitato l'incarcerazione attraverso forme totali o parziali di grazia da parte del Presidente della Repubblica, concessa verosimilmente al fine di evitare una difficile controversia sul rispetto della regola internazionale dell'immunità.

L'esistenza e il contenuto di una norma sull'immunità funzionale è stata riconosciuta nella lunga controversia che ha opposto l'Italia all'India nella crisi c.d. dei due marò.

Come è noto, la controversia trae origine dall'arresto in un porto indiano di due soldati italiani, imbarcati sulla petroliera *Enrica Lexie* dove svolgevano attività di protezione nell'ambito di una missione antipirateria, e successivamente sottoposti a procedimento penale in India perché accusati di aver ucciso nel febbraio 2012 dei pescatori nella zona economica esclusiva di questo Paese. Dopo qualche iniziale esitazione, l'Italia ha sostenuto, infatti, che la condotta dei soldati non potesse essere loro imputata in quanto posta in essere da organi dello Stato italiano nell'ambito di una missione ufficiale.

Una diversa posizione è stata sostenuta da parte dell'Alta Corte del Kerbala in una decisione del 24 maggio 2012. La Corte non ha negato l'esistenza di una regola sull'immunità funzionale, ma ha escluso di poter imputare allo Stato italiano la condotta tenuta dai due soldati in quanto questi non avrebbero agito nell'ambito di una missione ufficiale, trovandosi a bordo di una nave privata e sotto il comando del capitano della nave.

Se pure la circostanza che i due soldati operassero a bordo di una nave privata può aver reso più ambigua la loro posizione, ad una analisi accurata non vi sono molti dubbi sul carattere ufficiale della missione. Essa era infatti disciplinata dal D.L. 12 luglio 2011, n. 107, convertito con l. 2 agosto 2011, n. 130, il cui art. 5, comma 2, assicura al personale militare la responsabilità esclusiva delle attività di contrasto alla pirateria, in conformità alle direttive e alle regole di ingaggio adottate dal Ministero della difesa.

L'esistenza di una regola generale sull'immunità funzionale non è stata esclusa neanche dalla Corte suprema indiana nella sentenza del 18 gennaio 2013. La sentenza ha indicato come la Federazione indiana, e non lo Stato del Kerbala, avesse giurisdizione relativamente ad eventi occorsi in mare, nella zona economica esclusiva dell'India, lasciando, però, impregiudicata la questione centrale relativa alla pretesa italiana di possedere giurisdizione esclusiva sulla condotta dei soldati in forza della regola consuetudinaria sull'immunità funzionale.

Infine, il Tribunale arbitrale costituito sulla base della Convenzione delle Nazioni Unite sul diritto del mare, al fine di dirimere la controversia, ha confermato che la regola della immunità funzionale è parte del diritto internazionale generale e la ha applicata ai soldati italiani i quali avevano agito per conto dello Stato. V. la sentenza sul caso della *Enrica Lexie*, Corte permanente di arbitrato, sentenza del 21 marzo 2020, n. 2015-28, *Repubblica italiana c. India*, par. 838 ss. Sulla controversa questione della giurisdizione del Tribunale arbitrale, v. *infra*, parte IV, par. 2.3.

La regola sull'imputabilità allo Stato di condotte dei propri organi, una volta assoluta, comporta oggi delle eccezioni.

Risalente nel tempo è la regola che consente agli Stati di imputare direttamente agli individui particolari tipi di condotte quali, ad esempio, lo spionaggio e le attività di polizia condotte clandestinamente sul territorio di uno Stato straniero, pur se poste in essere in qualità di organi di uno Stato. Le ragioni di tale eccezione non sono del tutto chiare. Essa non ha origine nell'illiceità della condotta svolta, dato che, come si è visto, anche condotte contrarie al diritto internazionale vanno imputate non direttamente agli individui organi bensì allo Stato per conto del quale sono state operate. Probabilmente l'origine della regola consiste nella concezione di attività di questo tipo come attività non solo illecite ma anche "sleali" e, quindi, nel particolare giudizio di disvalore etico che le accompagna.

Rilievo maggiore ha nella prassi un'altra eccezione, che si riconnette all'esistenza di crimini internazionali indicati anche, in latino, come, *crimina iuris gentium* (v. *infra*, par. 7). Si tratta di regole internazionali che si rivolgono direttamente agli individui, ponendo in capo ad essi l'obbligo di non violare valori fondamentali della comunità internazionale e stabiliscono sanzioni penali per la loro mancata osservanza. Qualora tali regole siano violate da individui che agiscono in qualità di organi, la condotta viene imputata, oltre che allo Stato, anche direttamente agli individui. Viene quindi a cadere, in tali ipotesi, lo schermo protettivo rappresentato dalla regola sull'imputabilità allo Stato di condotte organiche.

3. *L'immunità dello Stato*

Nel diritto internazionale classico, le regole sull'immunità avevano una portata assai ampia e coprivano virtualmente ogni attività imputabile allo Stato. Questo regime giuridico, noto con il nome di immunità assoluta, escludeva in maniera radicale la possibilità di convenire in giudizio uno Stato straniero. Esso era reso possibile dalla relativa omogeneità fra i membri della comunità internazionale e dalla esistenza di una comune concezione circa le funzioni esercitate e le attività poste in essere dagli Stati.

Il venir meno di questi presupposti ha messo in crisi, nei primi decenni del XX secolo, il principio della immunità assoluta. Tale principio, infatti, non distingueva fra l'esercizio di funzioni tipicamente sovrane e l'esercizio invece di attività tipicamente commerciali. Rispetto alle prime, l'immunità costituisce una conseguenza necessaria del principio della sovrana eguaglianza fra Stati. Di converso, non sembra, infatti, congruo riconoscere allo Stato l'immunità dalla giurisdizione straniera allorché esso partecipi a transazioni commerciali con modalità del tutto simili a quelle di un soggetto privato. Il riconoscimento dell'immunità rischia, infatti, di accordare un vantaggio competitivo agli Stati alterando così la pari condizione degli operatori sul mercato.

Su considerazioni di questo tipo si fonda il principio dell'immunità ristretta, oggi riconosciuto pressoché universalmente, il quale tende a riservare l'immunità alle azioni statali che costituiscano esercizio di funzioni sovrane, negandola invece per le attività commerciali, nelle quali gli Stati agiscono alla stregua di soggetti privati. Tale principio distingue quindi fra attività *iure imperii*, per le quali l'immunità viene riconosciuta, e attività *iure gestionis*, per le quali, invece, l'immunità viene negata.

In forza di tale distinzione, uno Stato non può essere chiamato a rispondere davanti ai tribunali di un altro Stato per i danni causati da azioni belliche. Esso potrà invece essere chiamato in giudizio per i danni causati da proprie attività di carattere privato, quali, ad esempio, per l'inadempimento di un contratto di acquisto di beni o servizi.

Ovviamente, tutte le regole relative all'immunità si applicano esclusivamente al caso in cui uno Stato o suoi organi vengano convenuti in giudizio in uno Stato straniero e non già innanzi ai tribunali nazionali. Di conseguenza il diritto internazionale non pone alcun ostacolo alla competenza degli organi giudiziari interni ad uno Stato a definire controversie nelle quali sia convenuto il medesimo Stato o organi di esso. Nel caso *Markovic*, ad esempio, alcuni cittadini iugoslavi hanno citato in giudizio lo Stato italiano davanti al Tribunale di Roma per ottenere il risarcimento dei danni causati dalla partecipazione italiana alle attività militari operate dalla NATO contro la sede della radiotelevisione serba nel corso della guerra del Kosovo, nel 1999. La Corte di cassazione, in sede di regolamento preventivo di giurisdizione ha negato l'esercizio della giurisdizione in base al carattere politicamente discrezionale dell'atto di Governo, e non facendo ricorso all'immunità dello Stato che non poteva essere invocata davanti ai giudici italiani (Corte di cassazione (Sezioni Unite civili), *Presidenza del Consiglio dei Ministri c. Dusan Markovic*, ordinanza dell'8 febbraio 2002, dep. 5 giugno 2002, n. 8157; sulla ordinanza, relativamente ai profili dei rapporti fra ordinamento interno e norme internazionali, cfr. *infra*, parte VI). Qualora la medesima questione fosse invece insorta innanzi ad un tribunale di uno Stato straniero, l'Italia ben avrebbe potuto invocare la propria immunità dalla giurisdizione.

Non è agevole distinguere, in pratica, fra le attività *iure imperii* e quelle *iure gestionis*. Sembra chiaro, innanzi tutto, che il carattere *iure imperii* vada determinato in relazione alla natura e alle modalità dell'attività, e non della finalità perseguita. In caso contrario, dato che uno Stato agisce comunque per il perseguimento di interessi pubblici, anche ponendo in essere attività di carattere privatista, la distinzione fra atti *iure imperii* e *atti iure gestionis* non avrebbe alcun effetto. L'esercizio della giurisdizione è quindi consentito rispetto ad attività di uno Stato straniero aventi natura obiettivamente privatista, quali appunto transazioni commerciali e così via. Sono invece sottratte alla giurisdizione le attività che rientrano classicamente nell'ambito delle funzioni sovrane, quali, ad esempio, la funzione legislativa o quella esecutiva.

L'applicazione di tale criterio crea tuttavia una serie di difficoltà, in particolare rispetto ad attività composite, alle quali concorrono in varia misura interventi di carattere pubblicista e interventi di carattere privatista.

Un esempio di attività di questo tipo è dato dall'intervento di Stati, e altri enti pubblici, nei mercati delle obbligazioni. L'emissione di obbligazioni è una tipica attività di carattere privatista alla quale possono far seguito però, in caso di difficoltà, interventi di carattere pubblicista. Un esempio recente è quello delle leggi argentine n. 25.561 e n. 25.565 del 6 gennaio 2002 adottate allo scopo di dichiarare lo stato di emergenza pubblica in materia sociale, economica finanziaria e cambiaria. Con tali leggi si autorizzava il Ministro dell'economia a compiere ogni atto necessario al fine di adeguare i servizi del debito estero alle possibilità di pagamento del Governo nazionale, si differivano i pagamenti del servizio del debito estero, costituito in larga parte da titoli dello Stato argentino collocati sui normali mercati obbligazionari, e si delegava il Governo al riordino del sistema finanziario ed alla ristrutturazione del debito. Di fronte alla pretesa di rimborso dei creditori, l'Argentina ha quindi invocato l'immunità dalla giurisdizione sostenendo che il rifiuto del rimborso costituiva un atto sovrano. L'immunità dalla giurisdizione è stata riconosciuta dalla Corte di cassazione (Sezioni Unite civili), *Borri c. Repubblica argentina*, ordinanza del 27 maggio 2005, n. 11225. La soluzione adottata dalla Corte di cassazione non appare però convincente. La prassi è chiara nell'indicare che l'elemento che rileva al fine di determinare l'esistenza dell'immunità, infatti è la natura dell'attività che ha dato luogo ad un rapporto giuridico con soggetti privati e non invece l'atto con il quale uno Stato interviene successivamente a modificare tale rapporto. In altri termini, quel che occorre considerare ai fini dell'immunità è il carattere privatista dell'emissione di obbligazioni e del loro collocamento e non la natura indubbiamente pubblicista della legge che ha alterato il rapporto di credito. Se fosse altrimenti, uno Stato potrebbe sempre invocare l'immunità, in relazione a qualsiasi tipo di attività, sol che abbia l'accortezza di alterare a proprio favore il rapporto giuridico con i privati a mezzo di un atto pubblico.

Il criterio di distinzione fra attività *iure imperii*, e attività *iure gestionis* è generalmente accolto dalla prassi e dalla dottrina. Esso è stato accolto, pur con qualche modifica, dalla Convenzione delle Nazioni Unite sull'immunità degli Stati dalla giurisdizione, adottata dall'Assemblea generale nel 2004, in seguito ad una serie di lavori preparatori svolti nell'ambito della Commissione del diritto internazionale. La Convenzione non mette i due principi sul medesimo piano. Essa, all'art. 5, stabilisce la regola dell'immunità, precisando, in via di eccezione, che tale regola non si applica in relazione ad una serie di attività specificate negli articoli da 10 a 17, fra le quali le attività di tipo commerciale.

La Convenzione appare quindi meno "avanzata" rispetto alle soluzioni affermatesi sul piano consuetudinario e rappresenta quindi uno di quei casi nei quali la codificazione ha rappresentato un regresso, piuttosto che uno sviluppo, del diritto consuetudinario. Ciò si spiega agevolmente, dato che la distinzione fra attività *iure imperii* e attività *iure gestionis* ha origini giurisprudenziali mentre la Convenzione rispecchia le esigenze degli esecutivi nazionali, favorevoli a estendere la portata del principio immunitario.

L'applicazione del criterio descritto sopra comporta difficoltà in caso di controversie relative a rapporti di lavoro fra uno Stato e i suoi dipendenti. Non è agevole infatti distinguere i casi in cui uno Stato abbia agito nell'ambito di un rapporto di lavoro in quanto potenza pubblica dai casi nei quali esso abbia agito invece come semplice soggetto privato.

La giurisprudenza italiana ha inizialmente tracciato la distinzione in base alle mansioni alle quali il lavoratore veniva adibito, ritenendo che l'esercizio della giurisdizione comportasse una interferenza nell'organizzazione dello Stato straniero qualora il lavoratore svolgesse mansioni connesse alle funzioni pubbliche di questo. Tale criterio, apparentemente logico, comporta notevoli difficoltà applicative, in quanto anche un lavoratore adibito a mansioni strettamente esecutive, come ad esempio, un autista, partecipa di fatto all'esercizio della funzione pubblica, rendendone, con la propria opera, possibile lo svolgimento.

Successivamente la giurisprudenza ha adottato un criterio relativo all'oggetto della pretesa dedotta in giudizio. La giurisdizione sussisterebbe quindi solo qualora la controversia riguardi aspetti meramente patrimoniali del rapporto di lavoro. Essa non sussisterebbe invece qualora la pretesa fosse di carattere non patrimoniale, quale, ad esempio, la reintegrazione nel posto di lavoro.

La prassi internazionale sembra invece orientarsi verso un criterio di diverso tipo, che attiene all'intensità della connessione fra il lavoratore e lo Stato del foro. Secondo l'art. 5 della Convenzione europea sull'immunità degli Stati, conclusa a Basilea il 16 maggio 1972, nell'ambito del Consiglio d'Europa, «uno Stato contraente non può invocare l'immunità dalla giurisdizione dinnanzi a un tribunale di un altro Stato contraente qualora il procedimento concerna un contratto di lavoro concluso tra lo Stato e una persona fisica, se il lavoro debba essere prestato sul territorio dello Stato del foro». Il secondo paragrafo dello stesso articolo precisa che però l'immunità può essere invocata se «la persona fisica possiede la cittadinanza dello Stato datore di lavoro» e se «al momento della conclusione del contratto, essa non possedeva la cittadinanza dello Stato del foro né aveva la propria residenza abituale sul territorio di tale Stato».

La Convenzione delle Nazioni Unite sull'immunità degli Stati sembra invece fondata sul contemperamento fra vari criteri: il criterio del luogo della prestazione, quello del tipo di mansioni svolte e quello cittadinanza del lavoratore. L'art. 11 della Convenzione assume come criterio generale quello del luogo della prestazione prevedendo, al paragrafo 1, che lo Stato non possa invocare l'immunità in una procedura relativa ad un contratto d'impiego con una persona fisica per un lavoro da compiersi totalmente o in parte nel territorio dello Stato del foro. Al par. 2, tuttavia, l'art. 11 prevede una serie di "contro-eccezioni", di varia natura, così estese da lasciare un ambito di applicazione del tutto residuale alla regola generale. La prima di tali "contro-eccezioni" è un tipico esempio di applicazione del criterio delle mansioni svolte dal lavoratore; si stabilisce infatti che lo Stato straniero possa avvalersi dell'immunità qualora il lavoratore sia stato assunto per compiere «funzioni particolari nell'esercizio di poteri di governo».

In linea di principio, le norme sull'immunità dello Stato si applicano sia alla giurisdizione cognitiva (relativa all'accertamento dei diritti ed obblighi del richiedente nei confronti dello Stato straniero) sia alla giurisdizione esecutiva (relativa all'adozione di misure coattive nei confronti dello Stato straniero). In relazione a quest'ultima, tuttavia, la distinzione fra attività *iure imperii*, rispetto alle quali l'immunità è dovuta, e attività *iure gestionis*, per le quali invece non è dovuta, appare particolarmente difficoltosa.

La prassi recente si è decisamente orientata verso un criterio che attiene alla destinazione del bene da aggredire: lo Stato straniero gode di immunità solo in relazione a beni utilizzati per finalità pubbliche. Il criterio è generalmente considerato con una certa generosità dalla prassi internazionale, che tende ad estenderlo anche a beni non aventi necessariamente una destinazione unicamente pubblica, quali, ad esempio, i conti correnti depositati all'estero.

La Convenzione delle Nazioni Unite sull'immunità degli Stati prevede una generale immunità dei beni dello Stato dalle misure esecutive, salvo che lo Stato stesso non vi abbia consentito. Un'ulteriore importante eccezione è prevista, in relazione alle sole misure esecutive successive al giudizio di merito, e quindi non per le misure cautelari, dall'art. 19, lett. *c*), nel caso in cui il bene sia specificamente usato dallo Stato per scopi commerciali e si trovi sul territorio dello Stato del foro. In questi casi, l'esecuzione forzata è comunque possibile solo su beni che abbiano una connessione con l'ente contro il quale era stata intentata la causa di merito.

4. *L'immunità personale di organi di Stati stranieri*

Il diritto internazionale assicura inoltre l'immunità dalla giurisdizione a taluni organi di Stati stranieri per le attività poste in essere al di fuori delle proprie funzioni (immunità *ratione personae*). Queste spettano ai rappresentanti degli Stati accreditati presso altri Stati o organizzazioni internazionali, cioè, agli agenti diplomatici, e, entro una certa misura, ai consoli.

Più incerta è l'identificazione di altri organi titolari di immunità. Se si parte dal presupposto che queste forme di immunità siano riconosciute al fine di assicurare libertà di manovra agli organi abilitati ad esprimere la posizione internazionale dello Stato, l'immunità dovrebbe essere ristretta a titolari della funzione di intrattenere relazioni internazionali, e, quindi, ai Capi di Stato o di governo e ai Ministri degli affari esteri.

La disciplina delle immunità diplomatiche è il frutto di una evoluzione secolare del diritto consuetudinario. Essa è ora codificata nella Convenzione di Vienna sulle relazioni diplomatiche del 1961.

La Convenzione disciplina in maniera tendenzialmente completa l'intero settore delle relazioni diplomatiche. Essa si apre, all'art. 2, con il principio per il quale lo stabilimento di relazioni diplomatiche si fonda sul mutuo consenso. È quindi lecito per qualsiasi Stato, far sospendere o far cessare le relazioni diplomatiche con un altro Stato. Difatti, la sospensione delle relazioni diplomatiche costituisce una manifestazione inamichevole ma non è, in via generale, una condotta illecita. Egualmente lecita è la decisione dello Stato territoriale di non accogliere una determinata persona come membro della missione diplomatica e, quindi, di dichiararla *persona non grata*, con il conseguente dovere da parte dello Stato di invio di richiamarlo o di porre fine alle sue funzioni, a pena della perdita delle immunità e dei privilegi che gli spetterebbero (art. 9). Queste norme hanno un certo rilievo in quanto tendono a definire le possibili forme di reazione dello Stato territoriale nei confronti di un abuso delle funzioni diplomatiche (v. *infra*, parte V, capitolo I, par. 8).

Le immunità diplomatiche sono disciplinate dalla Convenzione in maniera disorganica. La Convenzione non distingue sempre con chiarezza fra immunità che spettano alla missione diplomatica e ai suoi membri nell'esercizio della funzione diplomatica (*ratione materiae*) ed immunità che vanno invece riconosciute ai membri della missione per le loro attività private (*ratione personae*).

Questa distinzione è peraltro di importanza notevole, sia dal punto di vista concettuale che pratico. Difatti, come già detto, l'immunità spettante agli agenti diplomatici per attività operate nell'esercizio della propria funzione dovrebbero segue la disciplina dell'imputabilità allo Stato delle condotte poste in essere dai propri organi. Ne consegue che l'immunità è assoluta, con l'eccezione dei *crimina iuris gentium*, e non cessa con la cessazione dell'ufficio di agente diplomatico. Invece le immunità per attività personali sono concesse al fine di non impedire il libero esercizio della funzione diplomatica, hanno una serie di limiti e cessano al momento in cui l'individuo interessato abbia cessato di esercitare una funzione diplomatica.

La cessazione delle immunità diplomatiche al momento in cui l'agente lascia il territorio dello Stato è prevista dall'art. 39, par. 2 della Convenzione, la quale prevede inoltre che l'agente continui a godere dell'immunità funzionale. Questa differenza di regime giuridico è stata indirettamente riconosciuta dalla Corte internazionale di giustizia nella già menzionata sentenza del 14 febbraio 2002 relativa al *Mandato di arresto dell'11 aprile 2000* (*Repubblica Democratica del Congo c. Belgio*), la quale peraltro non riguardava un caso di immunità diplomatiche bensì un caso di immunità di un Ministro degli affari esteri.

Le immunità diplomatiche, al pari di quelle funzionali, sono comunque oggetto di un diritto dello Stato di invio, e non già del singolo funzionario che possa eventualmente avvalersene (v. la sentenza della Corte internazionale di giustizia nel caso *Certe questioni relative alla cooperazione giudiziaria in materia penale (Gibuti c. Francia)*, del 4 giugno 2008, par. 196). Difatti, ai sensi dell'art. 32, par. 1, della Convenzione, lo Stato di invio può sempre rinunciare all'immunità giurisdizionale dei propri agenti. La norma è stata considerata come corrispondente al diritto generale dalla Corte internazionale di giustizia nella menzionata sentenza del 14 febbraio 2002 relativa al *Mandato di arresto dell'11 aprile 2000* (par. 61); la Corte ha precisato che la norma debba intendersi nel senso che solo lo Stato di invio può rinunciare all'immunità. Sarebbe quindi priva di effetto una rinuncia espressa dall'agente diplomatico agente non a nome dello Stato di invio ma nella propria personale capacità. Verosimilmente al fine di non assicurare una protezione eccessiva all'agente diplomatico, l'art. 32, par. 3, prevede che non possa invocare l'immunità l'agente diplomatico che avvii una procedura giudiziaria e sia successivamente fatto oggetto di domanda riconvenzionale.

L'art. 32, par. 2, precisa, inoltre, che la rinuncia deve essere espressa. La norma ha lo scopo di stabilire in maniera inequivoca la volontà di rinunciare all'immunità e di evitare le difficoltà insite nella ricostruzione di una volontà "implicita". La questione della validità di una rinuncia implicita all'immunità è sorta nell'ambito della lunga crisi fra Italia e India, occasionata dall'arresto e dalla sottoposizione a procedimenti penale da parte indiana di due soldati italiani per condotte operate nell'ambito di una missione ufficiale (per una descrizione più dettagliata, v. *infra*, capitolo V). Tale rinuncia sarebbe stata contenuta, secondo la ricostruzione indiana, in un *affidavit* sottoscritto dall'Ambasciatore italiano, il quale aveva garantito il ritorno in India dei due soldati al termine di un permesso temporaneo di espatrio. In seguito alla decisione italiana di trattenere i due soldati, la Corte Suprema indiana, con decisione del 14 marzo 2013, dopo aver indicato che la garanzia era stata prestata "*on behalf of the Republic of Italy*", aveva ordinato all'Ambasciatore italiano di non lasciare il Paese. Con nota del giorno successivo, l'Italia qualificava tale decisione come incompatibile con la Convenzione di Vienna, in particolare, con i suoi articoli 29 e 31, par. 1. La questione perdeva però rilievo in seguito alla successiva decisione del governo italiano di consentire il ritorno in India dei due soldati.

La Convenzione disciplina quindi, con notevole grado di dettaglio, le varie forme di immunità personale: l'immunità personale degli agenti diplomatici; l'immunità della sede, delle abitazioni private, degli archivi e della corrispondenza ufficiale della missione e dell'agente: l'immunità degli agenti diplomatici dalla giurisdizione penale, civile e amministrativa; i privilegi e le esenzioni fiscali.

Hanno carattere assoluto le immunità relative alla sede diplomatica, così come anche quelle relative alla residenza privata degli agenti, nonché le immunità personali dell'agente. La sede e la residenza privata non possono essere oggetto di alcuna forma di ispezione o esecuzione e lo Stato territoriale ha un obbligo di protezione (art. 22). L'agente diplomatico non può essere oggetto di forme di arresto, detenzione o ispezione (art. 29).

La prassi ammette peraltro che si possano operare misure coercitive sulla persona dell'agente diplomatico nella misura strettamente richiesta dall'esigenza di evitare condotte illecite o gravemente pregiudizievoli da parte di questi. Il valore consuetudinario di tale prassi è stato confermato anche dalla Corte internazionale di giustizia nel caso relativo alla liceità del sequestro e della detenzione del *Personale diplomatico e consolare degli Stati Uniti a Teheran (Stati Uniti c. Iran)*, sentenza del 24 maggio 1980, par. 86.

L'immunità dalla giurisdizione penale è, secondo prassi consolidata, assoluta. L'esercizio della giurisdizione civile è invece ammesso rispetto alle azioni reali, alle azioni successorie, alle azioni connesse ad attività commerciali o professionali dell'agente (art. 31, par. 1). Come si è detto sopra, un agente può comunque essere adito in via riconvenzionale. Rispetto alle ipotesi nelle quali è ammesso l'esercizio della giurisdizione cognitiva, è egualmente ammessa la giurisdizione esecutiva, a condizione, tuttavia, che le misure esecutive non interferiscano con le immunità che spettano alla persona dell'agente e alla sua residenza (art. 31, par. 3).

5. *Regime delle immunità e attività contrarie al diritto internazionale*

Le varie forme di immunità costituiscono, nel loro complesso, un sistema teso a tutelare l'organizzazione degli Stati e a garantire l'esercizio di funzioni sovrane, evitando quindi che l'esercizio della giurisdizione interna di altri Stati possa interferirvi.

Di conseguenza, tali regole tendono a mantenere la loro efficacia anche nei confronti di attività statali contrarie al diritto internazionale. È anzi proprio rispetto a tali attività che esse manifestano al massimo grado la propria utilità. Uno Stato risulta quindi immune di fronte ai tribunali di un diverso Stato anche in relazione a controversie relative alla liceità internazionale della propria condotta. Tale sarebbe, ad esempio, la pretesa a che uno Stato risarcisca il danno provocato da un'azione militare illecita dal punto di vista del diritto internazionale.

In relazione alla funzione delle regole sull'immunità si pone quindi il problema di vedere se tali regole possano essere violate a titolo di contromisura, in risposta, cioè, ad un illecito altrui (v. *infra*, parte V, capitolo I, par. 8). Alla questione è sovente data risposta negativa. Se fosse possibile invocare un illecito da parte di uno Stato per negare l'applicazione delle regole sull'immunità, si finirebbe con il pregiudicare la funzione stessa di tali regole. Sarebbe, ad esempio, sufficiente invocare la commissione di un illecito per negare ad uno Stato l'immunità dalla giurisdizione civile che ha lo scopo proprio di evitare l'esercizio unilaterale della giurisdizione interna rispetto a condotte di uno Stato sovrano. Analogamente, sarebbe sufficiente invocare un illecito, dell'agente diplomatico o di altro organo statale, al fine di negare il regime delle immunità diplomatiche che ha lo scopo proprio di assicurare lo svolgimento della funzione diplomatica. Ancor più incongruo sarebbe imputare direttamente ad un individuo la condotta operata per conto dello Stato sul presupposto dell'illiceità di tale condotta. Ad esempio, lo Stato A potrebbe considerare che una azione armata dello Stato B sia illecita e, quindi, imputare tale condotta direttamente in capo ai militari che l'hanno posta in essere. In tal modo, quindi, il regime della responsabilità internazionale si trasformerebbe in un regime di responsabilità interno.

La ragione di queste difficoltà è data dal fatto che le regole sull'immunità hanno una funzione particolare. Esse non si limitano a disciplinare un certo comportamento, ma sono piuttosto tese ad assicurare la struttura paritaria dell'ordinamento internazionale e a salvaguardare, così, il principio della sovrana eguaglianza degli Stati. Si tratta allora di regole che, al di là del loro contenuto tecnico, riflettono i caratteri strutturali dell'ordinamento internazionale. Esse non dovrebbero quindi soggiacere alle usuali dinamiche normative di tale ordinamento.

Il problema dell'applicazione del regime delle contromisure alle regole sulle immunità è stato esaminato, sia pure in maniera fuggevole, dalla Corte internazionale di giustizia nella sentenza del 24 maggio 1980 relativa al caso del *Personale diplomatico e consolare degli Stati Uniti a Teheran*. L'Iran, che peraltro non si era costituito in giudizio, aveva prospettato l'idea che la violazione dell'immunità della sede e degli agenti diplomatici fosse giustificata in reazione ad un abuso della funzione diplomatica da parte degli agenti statunitensi, che avrebbero operato attività di spionaggio e di interferenza negli affari interni iraniani. La Corte ha però rigettato questo argomento. Essa ha indicato che il regime delle immunità diplomatiche prevede già al suo interno le forme di reazione nei confronti dei comportamenti degli agenti diplomatici indicati dall'Iran. Esse consistono nella dichiarazione dei membri della missione come *personae non gratae* e nel loro allontanamento dal Paese ospite. L'esistenza di un abuso non giustifica invece una corrispondente violazione dell'immunità a titolo di contromisure. La Corte ha aggiunto che ciò sarebbe stato una conseguenza del carattere autosufficiente (*self-contained*) del regime delle immunità diplomatiche; regime che predispone esso stesso le forme di reazione all'illecito ed esclude quindi l'applicazione delle regole generali sulla responsabilità, fra le quali la possibilità di operare contromisure (par. 85-86).

Questa indicazione è stata recepita dagli Articoli sulla responsabilità degli Stati adottati nel 2001 dalla Commissione del diritto internazionale (v. *infra*, parte V). Gli Articoli includono le norme sull'inviolabilità degli agenti, dei locali, degli archivi e dei documenti consolari e diplomatici fra quelle che non sarebbe possibile violare a titolo di contromisura (art. 50). Non è peraltro chiaro se il divieto di violare le regole sull'immunità a titolo di contromisura è limitato alle sole regole sull'inviolabilità personale o si estende anche a quelle relative all'immunità giurisdizionale degli agenti.

Tale soluzione non appare comunque del tutto convincente. Come la prassi dimostra, infatti, vi sono dei casi in cui è ben possibile operare una violazione del regime dell'immunità in reazione ad una condotta illecita altrui. In particolare, la prassi, risalente nel tempo, evidenzia la possibilità di violare le immunità diplomatiche come forma di contromisura specifica, in reazione cioè ad una corrispondente violazione delle immunità ad opera di un altro Stato (nei tempi meno recenti il fenomeno assumeva contorni cruenti; sono noti i casi in cui i diplomatici di uno Stato venivano messi a morte in risposta ad una corrispondente azione dell'altra parte). Sarebbe quindi accettabile, dal punto di vista delle dinamiche delle norme sull'immunità, rifiutare l'immunità di un diplomatico in risposta ad una analoga violazione dello Stato di invio, nel rispetto comunque delle altre norme che costituiscono un limite alle contromisure, fra le quali quelle relative alla garanzia dei diritti dell'uomo. L'ordinamento non vieta quindi in maniera assoluta di violare le regole sull'immunità a titolo di contromisura. Esso vieta però di equiparare le regole sull'immunità alle altre regole internazionali, in virtù della particolare funzione che esse assicurano.

6. *La dottrina dell'*Act of State

Le regole sull'immunità degli Stati si limitano a vietare l'esercizio della giurisdizione su uno Stato straniero. Esse non vietano però ai giudici di uno Stato di accertare incidentemente l'illiceità di un atto o di un comportamento di uno Stato straniero, nell'ambito di un giudizio fra altre parti.

Un esempio chiarirà questo punto. Qualora un individuo convenga in giudizio uno Stato straniero chiedendo il risarcimento del danno causato dalla espropriazione illecita dei propri beni, il giudice dovrà applicare la regola sulla immunità degli Stati stranieri e non potrà, quindi, accertare il carattere illecito della espropriazione. Qualora invece un individuo rivendichi in giudizio taluni propri beni, trasferiti in capo ad un altro individuo in seguito ad una espropriazione illegittima di uno Stato straniero, tale Stato straniero non sarà parte del giudizio; di conseguenza non si applicherà la regola sulla immunità degli Stati stranieri e il giudice, al fine di determinare la titolarità dei beni contestati, avrà il potere di accertare il carattere illecito della espropriazione compiuta dallo Stato straniero.

In ambedue i casi, la pronuncia giurisdizionale comporterà una interferenza rispetto all'esercizio di sovranità dello Stato straniero. Eppure nel primo caso, le regole sull'immunità impediranno al giudice di accertare la conformità al diritto internazionale della condotta di uno Stato straniero, mentre nel secondo caso, il giudice avrà il potere di giudice di pronunciarsi su tale profilo.

La dottrina dell'*Act of State* è tesa proprio a rimediare a questa apparente incoerenza sistematica. Tale dottrina si è sviluppata soprattutto nei Paesi anglosassoni in seguito al rifiuto dei giudici di esercitare la propria competenza a definire controversie la cui soluzione dipenda dalla conformità al diritto internazionale di un'azione sovrana di uno Stato straniero posta in essere nel proprio ambito di competenza territoriale.

Questa tendenza tende quindi ad impedire l'applicazione del diritto internazionale da parte dei giudici interni allorché esso sia invocato al fine di opporsi ad un atto sovrano di uno Stato adottato nell'ambito della propria competenza territoriale.

Questa tendenza si è affermata negli Stati Uniti a partire dalla celebre sentenza della Corte Suprema nel caso *Sabbatino* (*Banco Nacional de Cuba* v. *Sabbatino*, 376 U.S. 398 (1964), sentenza del 23 marzo 1964). In un certo senso, questa dottrina ha lo scopo di impedire un uso "offensivo" del diritto internazionale ad opera degli ordinamenti interni e di affermare la competenza esclusiva dell'ordinamento internazionale a definire controversie relative alla liceità di atti di sovranità (su questa tendenza, in generale, cfr. *infra*, parte V).

La dottrina dell'*Act of State* non è una regola sulla immunità. Essa, tuttavia, produce effetti analoghi alle regole sulla immunità. La differenza è che le regole sulla immunità si applicano in relazione alla qualità personale del soggetto convenuto in giudizio: che esso sia uno Stato straniero ovvero un organo di uno Stato straniero. Di converso, la dottrina dell'*Act of State* non si applica in relazione alla qualità personale del soggetto convenuto in giudizio, quanto piuttosto all'atto o all'attività dedotti in giudizio. Essa indica l'impropriertà di determinare la liceità internazionale di un atto o di una condotta adotta da uno Stato straniero nell'ambito del proprio ambito di sovranità attraverso meccanismo giurisdizionali interni. Difatti la dottrina dell'*Act of State* è sovente presentata come rispondente alla medesima esigenza che ha dato vita alle regole sulla immunità; quella di evitare che questioni relative alla liceità di condotte che dovrebbero essere oggetto di controversie fra Stati, vengano decise nel foro interno di uno di essi.

È però evidente che questa sorta di estensione dell'ambito di applicazione delle regole sulla immunità avrebbe l'effetto di restringere grandemente il ruolo dei giudici interni nella determinazione e nella applicazione delle regole internazionali. Proprio in quanto il regime delle immunità costituisce una eccezione rispetto all'esercizio della giurisdizione nazionale, non sembra ragionevole estenderne l'applicazione sulla base di considerazioni di ordine funzionale. Né, d'altronde, la dottrina dell'*Act of State* appare sorretta da una prassi tale da poterla presentare come una regola consuetudinaria.

7. *Regole sull'immunità e crimini internazionali*

In vari casi della prassi recente si è posta la questione della invocabilità dell'immunità per impedire l'accertamento da parte dei giudici interni di gravi violazioni dei principi fondamentali dell'ordinamento internazionale.

Alcune convenzioni internazionali prevedono che l'immunità funzionale e, più raramente, l'immunità degli organi supremi dello Stato, non possa essere invocata nei procedimenti penali tesi ad accertare e punire i *crimina iuris gentium*.

Si veda, ad esempio, la Convenzione sul genocidio del 1948, e la Convenzione sulla tortura del 1984. Quest'ultima definisce la tortura come atto commesso da funzionari statali. Nello stabilire la giurisdizione di giudici statali per atti di tortura, quindi, la Convenzione eccettua implicitamente la possibilità di invocare lo schermo dell'immunità funzionale, altrimenti l'intera Convenzione risulterebbe inapplicabile. È dubbio invece che la Convenzione consenta l'esercizio della giurisdizione nei confronti di organi supremi dello Stato ancora in carica, a titolo quindi di eccezione rispetto alla regola sull'immunità personale.

Si pone peraltro la questione di vedere se esista una regola generale che stabilisce l'inapplicabilità delle regole sull'immunità in procedimenti giudiziari interni avviati per accertare la commissione di gravi violazioni dei diritti individuali.

La questione si è posta rispetto a ciascuno dei vari regimi sull'immunità descritti nei paragrafi precedenti: sia nei confronti della regola dell'immunità funzionale, sia nei confronti delle regole sull'immunità degli Stati, sia, infine nei confronti delle immunità diplomatiche e delle immunità che spettano agli organi supremi dello Stato per attività private.

i) *Giurisdizione penale e immunità funzionale: il caso* Pinochet

Nel 1998 i giudici spagnoli aprirono un procedimento penale nei confronti dell'ex dittatore cileno Pinochet, che si trovava temporaneamente nel Regno Unito, richiedendone l'estradizione. In quel momento, Pinochet non era più Capo di Stato e non era quindi coperto da immunità di carattere personale. Egli, nondimeno, era coperto da immunità funzionale in quanto le condotte imputategli – torture, sparizioni forzate, sequestri di persone, omicidi di massa – erano state poste in essere in un periodo nel quale era a capo della giunta militare al governo in Cile e, quindi, nella sua qualità di organo dello Stato cileno. I giudici inglesi, richiesti di pronunciarsi sulla domanda di estradizione da parte spagnola, vennero quindi chiamati a valutare se Pinochet avesse titolo ad invocare l'immunità, nonostante che gli atti per i quali era in corso il procedimento penale nei suoi confronti costituissero crimini *iuris gentium*. Al termine di una tormentata vicenda processuale, la Camera dei *Lords* ha finito per ammettere l'estradizione, ma esclusivamente sulla base della Convenzione sulla tortura del 1984, e, quindi, per atti di tortura nei confronti di cittadini spagnoli operati dopo l'entrata in vigore della Convenzione fra Cile e Regno Unito (Camera dei *Lords*, *Ex Parte Pinochet*, sentenza del 24 marzo 1999).

ii) *Giurisdizione civile e immunità funzionale: i casi* Filartiga c. Peña-Irala *e* Jones

Sempre in relazione all'immunità funzionale, conviene ricordare una giurisprudenza statunitense, peraltro risalente nel tempo, tendente ad ammettere la giurisdizione civile nei confronti di ufficiali di polizia di Stati stranieri per atti di tortura compiuti nell'ambito delle proprie mansioni ufficiali. Il caso *Filartiga c. Peña-Irala* (Corte d'Appello degli Stati Uniti, Secondo Distretto, 630 F.2d 876, sentenza del 30 giugno 1980), che ha dato origine a questo orientamento, concerneva una richiesta di risarcimento del danno nei confronti di un ispettore generale di polizia paraguaiano, Norberto Peña-Irala, che aveva torturato e ucciso il figlio diciassettenne del ricorrente, Joel Filartiga, in ragione delle attività politiche del padre. La giurisprudenza statunitense, peraltro, non ha fatto riferimento alla categoria dei crimini. Essa ha piuttosto teso a negare che la commissione di atti di tortura possa rientrare nell'ambito delle funzioni statali, affermando quindi, per questo motivo, la propria giurisdizione sulla base di una specifica legislazione interna: l'*Alien Tort Claims Act*.

L'inapplicabilità della disciplina sulle immunità è stata quindi espressamente affermata dalle corti statunitensi in una serie di altri casi riguardanti azioni per il risarcimento del danno dovuto ad atti di tortura operati da organi di Stati stranieri (v. Corte distrettuale del Massachussetts, *Xuncax and others v. Gramajo*, *Ortiz v. Gramajo*, 886 F. Supp. 162 (D. Mass. 1995), sentenza del 12 aprile 1995; nonché Corte distrettuale di New York, *Cabiri v. Assasie Gymah*, 921 F. Supp. 1189 (S.D.N.Y. 1996), sentenza del 18 aprile 1996, riguardante i danni derivanti da atti di tortura commessi da ufficiali dei servizi di sicurezza del Ghana).

Ad una soluzione diversa è pervenuta la Corte europea dei diritti dell'uomo nel caso *Jones* (sentenza del 14 gennaio 2014, ricorsi n. 34356/06 e 40528/06). Richiamando quanto deciso dalla Corte internazionale di giustizia nel caso delle *Immunità giurisdizionali dello Stato (Germania c. Italia)*, la Corte europea ha concluso che il diritto consuetudinario non ammette una eccezione alla regola sull'immunità funzionale degli organi statali quando sia in causa la loro responsabilità civile perché accusati di aver commesso crimini internazionali (par. 200-215).

iii) *Giurisdizione civile e immunità dello Stato: i casi* Al-Adsani, Ferrini, Mitchell and Jones

La questione dei rapporti fra immunità di Stati stranieri e crimini internazionali è venuta in essere in un certo numero di casi. Sul piano del diritto generale, è noto l'orientamento inaugurato dalla Corte di cassazione italiana che ha ammesso l'esistenza della giurisdizione italiana a giudicare di richieste di risarcimento dei danni presentate da cittadini italiani nei confronti della Repubblica federale di Germania per la deportazione e i lavori forzati ai quali i richiedenti erano stati sottoposti durante il periodo nazista. La Corte di cassazione ha così negato l'immunità dalla giurisdizione civile alla Repubblica federale fondandosi sulla gravità della violazione commessa, configurabile come crimine di guerra e crimine contro l'umanità. Tale orientamento ha preso avvio con la sentenza n. 5044 resa l'11 marzo 2004 nel caso *Ferrini*, ed è stato poi confermato dalla Corte in una serie di ordinanze rese in sede di regolamento preventivo di giurisdizione nel 2008 (v., in particolare, Corte di cassazione, Sezioni Unite civili, *Germania c. Mantelli e altri, Daimlerchrysler c. Mantelli e altri*, ordinanza del 29 maggio 2008, n. 14201).

La questione è stata proposta anche nell'ambito della Convenzione europea dei diritti dell'uomo. Nel caso *Al-Adsani c. Regno Unito* (ricorso n. 35763/97, sentenza del 21 novembre 2001) il ricorrente, un membro delle forze armate del Kuwait, sosteneva di essere stato torturato in Kuwait in seguito alla scoperta di video compromettenti concernenti un membro della famiglia reale. Egli aveva quindi citato il Kuwait davanti ai giudici britannici chiedendo un risarcimento del danno. Su richiesta del Kuwait, tuttavia, i giudici avevano declinato la propria giurisdizione riconoscendo l'immunità del Kuwait dalla giurisdizione civile britannica. *Al-Adsani* aveva quindi adito la Corte europea dei diritti dell'uomo contro la Gran Bretagna, sostenendo che il riconoscimento dell'immunità a favore dello Stato del Kuwait, e il mancato esercizio della giurisdizione civile, ledesse il suo diritto ad un equo processo garantito dall'art. 6 della Convenzione. La Corte ha però rigettato, a strettissima maggioranza, il ricorso ed ha affermato che l'esigenza di garantire le immunità stabilite dal diritto internazionale costituisce un limite nei confronti del diritto individuale all'equo processo. La Corte ha, fra l'altro, negato l'esistenza di una regola di diritto internazionale che escluda l'applicazione delle immunità in presenza di gravi violazioni dei diritti dell'uomo, e ciò nonostante il carattere cogente di tali diritti.

Questa costruzione è anche alla base della sentenza del 14 giugno 2006 della Camera dei *Lords*, *Jones v. Ministry of Interior of the Kingdom of Saudi Arabia, Mitchell and others v. Al-Dali and others and Ministry of Interior of the Kingdom of Saudi Arabia.*

Come si è detto, sulla questione si è pronunciata la Corte internazionale di giustizia. In seguito alle sentenze dei giudici italiani che avevano ammesso l'esistenza della giurisdizione rispetto alla richiesta di risarcimento dei danni avanzata da vittime dei crimini di guerra e dei crimini contro l'umanità commesse dalla Germania al tempo del nazismo, la Repubblica federale di Germania ha infatti adito la Corte internazionale di giustizia sostenendo che l'esercizio della giurisdizione da parte dei giudici italiani violasse il proprio diritto all'immunità giurisdizionale. Nella menzionata sentenza del 3 febbraio 2012 relativa al caso delle *Immunità giurisdizionali dello Stato (Germania c. Italia)*, la Corte ha quindi accertato che l'esercizio della giurisdizione italiana nei confronti della Germania, al fine di accertare il diritto al risarcimento del danno degli individui danneggiati dai crimini nazisti, costituisce un illecito. Rilievo centrale nell'argomentazione della sentenza è dato dal carattere meramente procedurale delle regole sull'immunità. Tali regole, infatti, non sono tese ad escludere il carattere illecito delle attività operate dalla Germania nel periodo nazista. Esse si limitano ad escludere la giurisdizione dei tribunali italiani a conoscere delle conseguenze di tali attività.

Nella prospettiva della Corte internazionale di giustizia, la risposta non cambia in ragione del carattere cogente delle regole violate dalla Germania nazista. Il riconoscimento dell'immunità non esclude infatti l'esistenza di una violazione del diritto cogente, né l'obbligo da parte dello Stato tedesco di sopportare le conseguenze di tali violazioni, ma si limita precludere la possibilità di azionare nei confronti dello Stato straniero ricorsi di diritto interno. Ad avviso della Corte internazionale di giustizia, un conflitto fra norme sull'immunità e norme cogenti non sorgerebbe neanche qualora i rimedi internazionali per far valere le conseguenze della violazione di norme cogenti non abbiano dato alcun esito e i rimedi interni costituiscano, di conseguenza, l'unica via di ricorso a disposizione degli individui danneggiati dalla violazione. Per una discussione di questo punto, si rinvia a quanto già detto *supra*, parte II, capitolo IV, sezione IV, par. 7).

iv) *Giurisdizione penale e immunità personali: il caso* Yerodia

Nel caso relativo al *Mandato di arresto dell'11 aprile 2000 (Repubblica democratica del Congo c. Belgio)*, sentenza del 14 febbraio 2002, si mescolano sia questioni di immunità personali degli organi supremi che questioni di immunità funzionale. Il caso ha avuto origine da un mandato d'arresto emesso dalle autorità giudiziarie belghe nei confronti di un soggetto, Yerodia, accusato di incitazione al genocidio e crimini contro l'umanità. Al momento della commissione di tali atti, Yerodia era Ministro degli esteri del Congo e, quindi, coperto da immunità personale per il periodo della permanenza in carica. Il Congo adiva la Corte internazionale di giustizia al fine di far accertare l'illiceità del comportamento del Belgio, che avrebbe adottato un mandato d'arresto in violazione delle regole internazionali sull'immunità. La sentenza ha accertato l'illiceità della condotta belga, ed ha ordinato la revoca del mandato. La lettura della sentenza ingenera l'impressione che la Corte abbia voluto solo escludere che l'immunità personale venga meno in relazione all'eventuale commissione di un crimine. La Corte sembra invece lasciare aperta la possibilità di far venire meno l'immunità funzionale e, quindi, imputare tale crimine direttamente all'individuo che l'ha commesso, a patto però che tale individuo non goda, al momento del procedimento, di alcuna forma di immunità di tipo personale.

L'inopponibilità dell'immunità *ratione personae* degli organi uno Stato accusati di crimini davanti a tribunali internazionali (non, si badi, di fronte a tribunali di un altro Stato) è stata riaffermata dalla Corte speciale per la Sierra Leone (Camera di appello, *Prosecutor v. Charles Taylor*, *decisione sull'immunità dalla giurisdizione*, 31 maggio 2004, par. 51-52) e recentemente considerata un'eccezione ormai sancita dal diritto consuetudinario dalla Corte penale internazionale (Pre-Trial Chamber, *Prosecutor v. Al Bashir*, decisione del 12 dicembre 2011, par. 43: «*customary international law creates an exception to Head of State immunity when international courts seek a Head of State's arrest for the commission of international crimes*»).

* * *

La prassi rapidamente esaminata non sembra offrire una soluzione certa a tutti i problemi dei rapporti fra immunità e violazioni gravi del diritto internazionale. Essa, anzi, sembra testimoniare proprio la difficoltà di rinvenire una soluzione equilibrata a un problema che appare pressoché insormontabile.

Le difficoltà sembrano derivare dal fatto che i regimi in questione hanno origini e finalità del tutto eterogenee e sono ispirati a logiche assai diverse. Il regime delle immunità, nelle sue varie articolazioni, riflette un corollario del principio della sovrana eguaglianza degli Stati e della struttura paritaria dell'ordinamento internazionale. D'altra parte, il regime dei crimini internazionali riflette invece il rilievo sempre maggiore degli interessi collettivi della comunità internazionale e, in particolare, di quelli che attengono alla tutela di diritti fondamentali dell'uomo. Negare l'esercizio della giurisdizione interna di fronte ad atrocità poste al bando della comunità internazionale ferisce, intuitivamente, la coscienza giuridica del nuovo ordine mondiale.

Al di là di queste affermazioni di principio, non è facile determinare se vi sia un vero e proprio conflitto fra il regime delle immunità e le regole che tutelano gli interessi fondamentali della comunità internazionale.

Nella prospettiva classica, si ha un conflitto fra due regole solo qualora esse impongano obblighi incompatibili; tali, cioè, che l'adempimento dell'uno impedisca l'adempimento dell'altro.

L'applicazione di tale nozione consentirebbe di concludere che un conflitto fra immunità e crimini insorga soltanto nel caso delle immunità funzionali. La regola sull'immunità funzionale impone, infatti, di imputare una certa condotta – ad esempio, un atto di tortura – non all'individuo che l'ha materialmente commessa, bensì allo Stato in nome del quale essa è stata commessa; la regola sui crimini individuali impone invece di imputare la medesima condotta, vale a dire la tortura, oltre che allo Stato, anche all'individuo che l'ha posta in essere. Come si vede, quindi, le due regole sono materialmente in conflitto in quanto l'applicazione dell'una rende giuridicamente impossibile l'applicazione dell'altra.

Secondo la nozione classica di conflitto, come la situazione creata da obblighi che impongono condotte incompatibili, non vi sarebbe invece un conflitto in senso proprio fra crimini internazionali e altri tipi di immunità.

Difatti, uno Stato che riconosca l'immunità dalla propria giurisdizione ad uno Stato straniero accusato di violazioni di regole che tutelano diritti fondamentali non viola, a propria volta, tali regole. Una cosa è il divieto di tortura, lavori forzati e così via; altra e ben diversa cosa è il riconoscimento dell'immunità a favore di uno Stato accusato di aver commesso tali condotte. Analogamente, uno Stato che riconosca l'immunità personale a favore del Presidente di uno Stato straniero in carica, accusato di aver ordinato atti di genocidio, non ha violato le regole che vietano tali atroci condotte.

In tale prospettiva – molto formale, invero – è evidente che il mancato esercizio della giurisdizione interna non comporta alcun coinvolgimento nella commissione dei crimini eventualmente commessi da Stati stranieri ovvero dai loro organi apicali. Ciò deriva dalla circostanza che la normativa sulle immunità ha natura procedurale. Essa, infatti, si limita a paralizzare l'esercizio della giurisdizione statale, impedendo l'accertamento delle condotte che costituiscono crimini internazionali, ovvero l'irrogazione delle conseguenze di tali condotte. Il riconoscimento dell'immunità non esclude affatto il rilievo criminoso di tali condotte per il diritto internazionale, né la possibilità che esse siano accertate e represse attraverso altri meccanismi di garanzia.

È però evidente che le regole sulla immunità, siano pur non direttamente confliggenti con le regole che proibiscono la commissione di crimini internazionali, costituiscono un ostacolo all'esercizio della giurisdizione interna rispetto a condotte criminose e, quindi, possono attenuare o financo pregiudicare l'effettività di queste regole. Soprattutto allorché non vi siano altri rimedi disponibili per le vittime di crimini internazionali, l'applicazione delle regole sull'immunità, nelle loro varie articolazioni, infatti, può avere l'effetto di rendere impossibile l'accertamento della commissione di un crimine e la sua repressione.

Il riconoscimento di immunità a favore di un Capo di Stato accusato di crimini internazionali, ad esempio, equivale, sovente, ad una garanzia di impunità a favore di tale individuo. Il riconoscimento di immunità a favore di uno Stato straniero nei confronti di pretese risarcitorie di individui danneggiati da comportamenti criminali, quali la tortura, preclude, sovente, ogni forma di risarcimento a favore di tali individui. Allo stesso modo, il riconoscimento dell'immunità dalla giurisdizione interna a favore di una organizzazione internazionale nell'ambito di un procedimento civile teso ad ottenere il risarcimento dei danni conseguenti alla commissione di crimini internazionali da parte di suoi agenti comporta con tutta probabilità l'impossibilità di far valere le conseguenze di tali condotte nei confronti dell'organizzazione (v. la sentenza della Corte europea dei diritti dell'Uomo dell'11 giugno 2013 nel caso noto come *The Mothers of Srebrenica*, ricorso n. 65542/12).

Questa osservazione evidenzia l'esistenza di uno iato fra la normativa internazionale di carattere sostanziale, che tende in misura sempre crescente a garantire i diritti fondamentali degli individui, e la normativa procedurale, che tende a limitare o escludere rimedi sul piano internazionale a favore degli individui. Il ricorso alla giurisdizione interna rappresenta quindi, in molti casi, l'unico rimedio posto a disposizione degli individui per far valere i diritti fondamentali assicurati dall'ordinamento internazionale.

Ne consegue che un conflitto fra regole sull'immunità e crimini internazionali, inesistente in via generale, ben può insorgere in casi specifici, laddove l'applicazione dell'immunità pregiudichi in radice l'effettività delle regole internazionali che vietano la commissione di crimini. Queste forme occasionali di conflitto vanno quindi risolte caso per caso, sulla base di tecniche di composizione e di bilanciamento fra gli interessi sottesi alle rispettive regole, e alla luce degli effetti pratici che l'applicazione integrale di uno dei due regimi può produrre rispetto alla effettività dell'altro.

Una analisi di un caso specifico di conflitto fra immunità e crimini, relativo al diniego da parte dell'Italia delle immunità spettanti alla Germania in procedimenti civili aperti da richieste di risarcimento delle vittime di atrocità commesse durante il periodo nazista, sarà svolta *infra*, Parte VI, Capitolo II, par. 3.

ITINERARI BIBLIOGRAFICI

Capitolo I – LO STATO

Seguire i fili della riflessione scientifica interno al problema della soggettività dello Stato non è agevole. Conviene indicare alcuni contributi classici ai quali si aggiungeranno dei contributi più recenti.

Fra le trattazioni generali, v. R. QUADRI, *Stato (diritto internazionale)*, in *Nuovo Digesto Italiano*, vol. XII, Torino, 1940, p. 815 ss. e in *Scritti giuridici*, vol. I, Milano, 1988, p. 189 ss.; G. ARANGIO RUIZ, *Gli enti soggetti dell'ordinamento internazionale*, Milano, 1951; J. VERHOEVEN, *La reconnaissance internationale dans la pratique contemporaine*, Paris, 1975; J. CRAWFORD, *The Creation of States in International Law*, Oxford, 1979 (2ª ed. 2006); M. MANCINI, *Statualità e non riconoscimento nel diritto internazionale*, Torino, 2020.

Sui temi più specifici dei requisiti della statualità e del riconoscimento, cfr. L. CONDORELLI, *Le droit international face à l'autodétermination du Sahara Occidental*, in *Comunità internazionale*, 1978, p. 396 ss.; I. BROWNLIE, *Recognition in Theory and Practice*, in *British Year Book of International Law*, 1982, p. 197 ss.; J. SALMON, *Reconnaissance d'Etats*, in *Revue belge de droit international*, 1992, p. 226 ss.; J. CRAWFORD, *Democracy and International Law*, in *British Year Book of International Law*, 1993, p. 113 ss.; J. VERHOEVEN, *La reconnaissance internationale: déclin ou renouveau?*, in *Annuaire français de droit international*, 1993, p. 7 ss.; *L'Etat souverain à l'aube du XXIe siècle*, a cura della *Société française pour le droit international*, Paris, 1994; G. PALMISANO, *Nazioni Unite e autodeterminazione interna*, Milano, 1997; A. CASSESE, *Self-Determination of Peoples*, Cambridge, 1998; J. QUIGLEY, *The Statehood of Palestine: International Law in the Middle East Conflict*, Cambridge, 2010.

Sulla successione degli Stati nei trattati, v. i vari contributi nel volume *La succession d'États: la codification à l'épreuve des faits*, La Haye, 2000, a cura di P.-M. Eisemann e M. Koskenniemi; M.T. KAMMINGA, *State Succession in Respect of Human Rights Treaties*, in *European Journal of International Law*, 1996, p. 469 ss.

Sulle problematiche più recenti, con particolare riguardo all'evoluzione del principio di autodeterminazione e alla secessione, cfr. A. TANCREDI, *La secessione nel diritto internazionale*, Padova, 2001; J. D'ASPREMONT, *La création internationale d'États démocratiques*, in *Revue générale de droit international public*, 2005, p. 889 ss.; *Secession: International Law Perspectives*, a cura di M.G. Kohen, Cambridge, 2006; T.M. FRANCK, *The Emerging Right to Democratic Governance*, in *American Journal of International Law*, 1992, p. 46 ss.; U.M. WELLER, *Settling Self-Determination Conflicts: Recent Developments*, in *European Journal of International Law*, 2009, p. 111 ss.; G. WILSON, *Self-Determination, Recognition and the Problem of Kosovo*, in *Netherlands International Law Review*, 2009, p. 456 ss.; G. ZYBERI, *Self-

Determination Through the Lens of the International Court of Justice, in *Netherlands International Law Review*, 2009, p. 429 ss.; A. TANCREDI, *Il parere della Corte internazionale di giustizia sulla dichiarazione d'indipendenza del Kosovo*, in *Rivista di diritto internazionale*, 2010, p. 994 ss.; *Il parere della Corte internazionale di giustizia sulla dichiarazione di indipendenza del Kosovo – Un'analisi critica*, a cura di L. Gradoni ed E. Milano, Padova, 2011; *Autonomie und Selbstbestimmung – in Europa und im internationalen Vergleich*, a cura di P. Hilpold, Baden-Baden, 2016 (edizione in lingua inglese *Autonomy and Self-determination: Between Legal Assertions and Utopian Aspirations*, Cheltenham, 2018); E. CANNIZZARO, I*n Defense of Front Polisario. The ECJ as a Global Jus Cogens-Maker*, in *Common Market Law Review*, 2018, p. 569 ss.

Capitolo II – ENTI STATALI A "SOVRANITÀ LIMITATA"

N. AKPINARLI, *The Fragility of the 'Failed State' Paradigm: A Different International Law Perception of the Absence of Effective Government*, Leiden-Boston, 2010; D. GUILFOYLE, *Piracy Off Somalia: UN Security Council Resolution 1816 and IMO Regional Counter-Piracy Efforts*, in *International and Comparative Law Quarterly*, 2008, p. 690 ss.; R. KOSKENMÄKI, *Legal Implications Resulting from State Failure in Light of the Case of Somalia*, in *Nordic Journal of International Law*, 2004, p. 1 ss.; H. NEUHOLD, *The International Community and Rogue States*, in *Frieden in Freiheit, Peace in Liberty, Paix en liberté: Festschrift für Michael Bothe zum 70. Geburtstag*, a cura di A. Fischer-Lescano, H.P. Gasser, T. Marauhn e N. Ronzitti, Baden-Baden-Zürich, 2008, p. 215 ss.; J.B. SCHWARTZ, *Dealing with a "Rogue State": The Libya Precedent*, in *American Journal of International Law*, 2007, p. 553 ss.; D. THÜRER, *The "Failed State" and International Law*, in *International Review of the Red Cross*, 1999, p. 731 ss.; A. YUSUF, *Government Collapse and State Continuity: The Case of Somalia*, in *Italian Yearbook of International Law*, 2005, p. 11 ss.

Capitolo III – GLI ENTI A SOGGETTIVITÀ LIMITATA

Sulla personalità di organizzazioni internazionali, v. F. SEYERSTED, *Objective International Personality of Intergovernmental Organizations: Do Their Capacities Really Depend Upon the Conventions Establishing Them?*, Copenhagen, 1963; B. CONFORTI, *La personalità internazionale delle Unioni di Stati*, in *Diritto internazionale*, 1964, p. 324 ss.; R.A. WESSEL, *The International Legal Status of the European Union*, in *European Foreign Affairs Review*, 1997, p. 109 ss.; P. KLEIN, *La responsabilité des organisations internationales dans les ordres juridiques internes et en droit des gens*, Bruxelles, 1998; J. KLABBERS, *Presumptive Personality: The European Union in International Law*, in *International Law Aspects of the European Union*, a cura di M. Koskenniemi, The Hague, 1998, p. 231 ss.; A. TIZZANO, *La personalità giuridica dell'Unione europea*, in *Il diritto dell'Unione europea*, 1998, p. 377 ss.; E. CANNIZZARO, *The Scope of EU Foreign Power*, in *The European Union as an Actor in International Relations*, a cura di E. Cannizzaro, The Hague-Boston-London, 2002, p. 297 ss.; N. BLOKKER, *International Institutional Law*, 6ª ed., Leiden, 2018.

Capitolo IV – GLI INDIVIDUI

Al tema della personalità internazionale di individui sono stati dedicati molti contributi ad opera della dottrina meno recente, la quale risolveva il problema prevalentemente in maniera negativa. La questione è meno trattata dalla dottrina recente, la quale si occupa prevalentemente di analizzare i profili tecnici relativi all'esercizio di posizioni soggettive da parte di individui.

Per alcune indicazioni, v. R.A. MULLERSON, *Human Rights and the Individual as Subject of International Law*, in *European Journal of International Law*, 1990, p. 33 ss.; A. PELLET, *Human Rightism and International Law*, in *Italian Yearbook of International Law*, 2000, p. 316 ss.; A. ORAKHELASHVILI, *The Position of the Individual in International Law*, in *California Western International Law Journal*, 2001, p. 241 ss.; R. PISILLO MAZZESCHI, *Reparation Claims by Individuals for State Breaches of Humanitarian Law and Human Rights: An Overview*, in *Journal of International Criminal Justice*, 2003, p. 339 ss.; A. CLAPHAM, *Human Rights Obligations of Non-State Actors*, Oxford, 2006; B. SIMMA, *Der Einfluss der Menschenrechte auf das Völkerrecht: ein Entwurf*, in *International Law between Universalism and Fragmentation. Festschrift für Gerhard Hafner*, a cura di I. Buffard, J. Crawford, A. Pellet e S. Wittich, Leiden, 2008, p. 729 ss.; A.A. CANÇADO TRINDADE, *The Access of Individuals to International Justice*, Oxford, 2011; A. CASSESE, *The Human Dimension of International Law. Selected Papers*, a cura di P. Gaeta e S. Zappalà, Oxford, 2008; nonché il *symposium* organizzato dallo *European Journal of International Law*, 2010, sul tema *The Human Dimension of International Law*, con contributi di P. Gaeta, G. Gaja, C. Tomuschat, A. Clapham, L. Condorelli, F. Francioni; K. PARLETT, *The Individual in the international Legal System*, Oxford, 2011; C. FOCARELLI, *La persona umana nel diritto internazionale*, Bologna, 2013; C. REUS-SMIT, *Individual Rights and the Making of the International System*, Cambridge, 2013; E. CANNIZZARO, *Is There an International Right to Reparation?*, in *Unité et diversité du droit international/Unity and Diversity of International Law, Essays in honour of Professor Pierre Marie* Dupuy, Martinus Nijhoff, Leiden, 2014, p. 492 ss.; A. PETERS, *Jenseits der Menschenrechte. Die Rechtsstellung des Individuums im Vōlkerrecht*, Tubingen, 2014 (edizione in lingua inglese, *Beyond Human Rights: The Legal Status of the Individual in International Law*, Cambridge, 2016); A. KJELDGAARD-PEDERSEN, *The International Legal Personality of the Individual*, Oxford, 2018; R. PISILLO MAZZESCHI, *Diritto internazionale dei diritti umani. Teoria e prassi*, Torino, 2020.

Capitolo V – LA TUTELA DELLA PERSONALITÀ DELLO STATO: IL REGIME DELLE IMMUNITÀ E PRIVILEGI

Sulle varie forme di immunità

Per un quadro di carattere generale, v. *Le droit international des immunités: contestations ou consolidation?*, a cura di J. Verhoeven, Paris-Bruxelles, 2004. Per un'analisi di problemi recenti, v. *Le immunità nel diritto internazionale: temi scelti*, a cura di A. Lanciotti e A. Tanzi, Torino, 2007.

Sulle immunità diplomatiche, v. la classica opera di M. GIULIANO, *Le relazioni e immunità diplomatiche*, Milano, 1968; Più recentemente, v. A. TANZI, *L'immunità dalla giurisdizione degli agenti diplomatici*, Padova, 1991.

Ricca è la letteratura in tema di immunità dello Stato. V. R. LUZZATTO, *Stati stranieri e giurisdizione nazionale*, Milano, 1972; S. SUCHARITKUL, *Immunities of Foreign States before National Authorities*, in *Recueil des cours de l'Académie de droit international*, vol. 149, 1976, p. 87 ss.; I. PINGEL-LENUZZA, *Les immunités des États en droit international*, Bruxelles, 1997; C. SCHREUER, *State Immunity: Some Recent Developments*, Cambridge, 1988 (2ª ed., 1993); R. LUZZATTO, *La giurisdizione sugli Stati stranieri tra Convenzione di New York, norme internazionali generali e diritto interno*, in *Comunicazioni e studi*, 2007, p. 1 ss.; R. PAVONI, *La jurisprudence italienne sur l'immunité des États dans les différends en matière de travail: tendances récentes à la lumière de la Convention des Nations Unies*, in *Annuaire français de droit international*, 2007, p. 211 ss.; H. FOX, *The Law of State Immunity*, 3ª ed., Oxford, 2015; nonché il volume *Le immunità giurisdizionali degli stati e degli altri enti internazionali*, a cura di N. Ronzitti e G. Venturini, Padova, 2008. Sulla recente vicenda dei c.d. *bonds* argentini, v. B.I. BONAFÈ, *State Immunity and the Protection of Private Investors: The Argentine Bonds Case before Italian Courts*, in *Italian Yearbook of International Law*, 2006, p. 165 ss.; R. NIGRO, *Le immunità giurisdizionali dello Stato e dei suoi organi e l'evoluzione della sovranità nel diritto internazionale*, Milano, 2018.

Sul tema dell'immunità funzionale, v. P. DE SENA, *Diritto internazionale e immunità funzionale degli organi statali*, Milano 1996; per il dibattito suscitato in Italia dal caso Calipari, v. N. RONZITTI, *L'immunità funzionale degli organi stranieri dalla giurisdizione penale: il caso Calipari*, in *Rivista di diritto internazionale*, 2008, p. 1033 ss.; B. CONFORTI, *In tema di immunità funzionale degli organi statali stranieri*, in *Rivista di diritto internazionale*, 2010, p. 5 ss.

Sulla dottrina dell'atto di Stato, v. H. FOX, *Reexamining the Act of State Doctrine: An Integrated Conflicts Analysis*, in *Harvard International Law Journal*, 1992, p. 521 ss.

Sulla immunità dalla giurisdizione cautelare e esecutiva, v. J. CRAWFORD, *Execution of Judgments and Foreign Sovereign Immunity*, in *American Journal of International Law*, 1981, p. 820 ss.; L. RADICATI DI BROZOLO, *La giurisdizione esecutiva e cautelare nei confronti degli Stati stranieri*, Milano, 1992.

Negli ultimi anni la letteratura sulle immunità si è concentrata in particolare sui rapporti fra immunità e violazioni di valori fondamentali. Per alcune indicazioni, nell'ambito di una bibliografia ampia e assai varia, v. M. REIMANN, *A Human Rights Exception to Sovereign Immunity: Some Thoughts on Princz v. Federal Republic of Germany*, in *Michigan Journal of International Law*, 1995, p. 403 ss.; A. ZIMMERMAN, *Sovereign Immunity and Violation of International Jus Cogens – Some Critical Remarks*, in *Michigan Journal of International Law*, 1995, p. 433 ss.; J. BRÖHMER, *State Immunity and the Violation of Human Rights*, The Hague, 1997; A. BIANCHI, *Immunity versus Human Rights: the Pinochet Case*, in *European Journal of International Law*, 1999, p. 237 ss.; P. DE SENA, *Immunità di ex-capi di Stato e violazioni individuali del divieto di tortura: sulla sentenza del 24 marzo 1999 della Camera dei Lords nel caso Pinochet*, in *Rivista di Diritto internazionale*, 1999, p. 933 ss.; A. CASSESE, *When May Senior State Officials Be Tried for International*

Crimes? Some Comments on the Congo v. Belgium *Case*, in *European Journal of International Law*, 2002, p. 853 ss.; F. DE VITTOR, *Immunità degli Stati dalla giurisdizione e tutela dei diritti umani fondamentali*, in *Rivista di diritto internazionale*, 2002, p. 573 ss.; L.M. CAPLAN, *State Immunity, Human Rights, and Jus Cogens: A Critique of the Normative Hierarchy Theory*, in *American Journal of International Law*, 2003, p. 741 ss.; B.I. BONAFÉ, *Imputazione all'individuo di crimini internazionali e immunità dell'organo*, in *Rivista di diritto internazionale*, 2004, p. 393 ss.; P. DE SENA e F. DE VITTOR, *State Immunity and Human Rights*, in *European Journal of International Law*, 2005, p. 89 ss.; C. TOMUSCHAT, *L'immunité des Etats en cas de violations graves des droits de l'homme*, in *Revue générale du droit international public*, 2005, p. 51 ss.; A. ORAKHELASHVILI, *State Immunity and International Public Order Revisited*, in *German Yearbook of International Law*, 2007, p. 327 ss.; C. FOCARELLI, *Diniego dell'immunità giurisdizionale degli Stati stranieri per crimini*, jus cogens *e dinamica del diritto internazionale*, in *Rivista di diritto internazionale*, 2008, p. 738 ss.; M. FRULLI, *Immunità e crimini internazionali. Esercizio della giurisdizione penale e civile nei confronti degli organi statali*, Torino, 2009; E. CANNIZZARO, B.I. BONAFÉ, *Of Rights and Remedies: Sovereign Immunity and Fundamental Human Rights*, in *From Bilateralism to Community Interest. Essays in Honour of Bruno Simma*, a cura di U. Fastenrath *et al.*, Oxford, 2011, p. 825 ss.

Parte IV

LA SOLUZIONE DELLE CONTROVERSIE E LA FUNZIONE GIUDIZIARIA

SOMMARIO: 1. Introduzione. – 2. Forme tradizionali della funzione giudiziaria internazionale: l'arbitrato. – 3. L'istituzionalizzazione della funzione giudiziaria: tribunali permanenti a competenza generale. – 4. La Corte internazionale di giustizia. – 5. La funzione contenziosa: l'attribuzione di competenza alla Corte. – 6. Il meccanismo di attuazione delle sentenze della Corte. – 7. La funzione consultiva della Corte internazionale di giustizia. – 8. Il ruolo della Corte internazionale di giustizia fra *self-restraint* e attivismo giudiziario. – 9. I Tribunali settoriali. Gli organi di soluzione delle controversie nell'Organizzazione mondiale del commercio. – 10. Funzione giudiziaria internazionale e attività individuali. – 11. La Corte europea dei diritti dell'uomo. – 12. La Corte penale internazionale. – 13. Pluralità di tribunali internazionali e frammentazione della funzione giudiziaria.

1. *Introduzione*

In un ordinamento a struttura paritaria quale quello internazionale, l'affermazione di una funzione giudiziaria di soluzione delle controversie è particolarmente difficile. La funzione giudiziaria, come si è affermata nelle strutture statali, è infatti una funzione tipicamente centralizzata. Essa tende a realizzare un tipico interesse pubblico: quello di assicurare ai consociati la garanzia dell'accertamento delle loro posizioni soggettive ad opera di organi imparziali e sulla base dell'applicazione del diritto. A propria volta, l'attuazione delle decisioni giudiziarie è affidata ad organi e procedure previste dall'ordinamento.

Questo modello integrato non si realizza certo nell'ambito dell'ordinamento internazionale classico, ispirato piuttosto ad una assai rigorosa applicazione del principio di sovranità. In applicazione di esso, un ente sovrano non ha alcun obbligo di sottoporre le proprie controversie ad un accertamento autoritativo ad opera di un organo giudiziario.

In tale modello, il ricorso al regolamento giudiziario delle controversie e il suo funzionamento sono possibili solo in presenza del consenso degli Stati parte della controversia. Il consenso delle parti è, innanzi tutto, necessario per conferire giurisdizione al giudice. La volontà delle parti è altresì necessaria al fine di determinare le regole di composizione e di funzionamento dell'organo giudiziario. La volontà delle parti finisce con il disciplinare addirittura l'esecuzione della sentenza internazionale la quale, di per sé, fonda solo un obbligo delle parti di adempiervi.

In questo modello, la soluzione giudiziaria delle controversie risulta più simile ad una definizione contrattuale – nella quale, cioè, le parti si impegnano ad osservare ciò che sarà determinato da un terzo – che ad una vera e propria forma di regolamento giudiziario.

Il carattere "privatista" della funzione giudiziaria riflette quindi il principio generale secondo il quale non vi è alcun obbligo per le parti di risolvere una controversia avvalendosi di organi o procedure giudiziarie. Come si è visto, l'art. 33 della Carta delle Nazioni Unite contiene solo un obbligo per le parti di una controversia di ricercare la soluzione con mezzi pacifici. I mezzi giudiziari di soluzione delle controversie sono solo uno dei possibili modi ai quali gli Stati possono ricorrere a tal fine.

L'art. 33 sembra quindi considerare indifferente il ricorso a mezzi giudiziari o a mezzi diplomatici per la soluzione di una controversia. Una vaga preferenza per i mezzi di soluzione giudiziaria viene espressa dall'art. 36, par. 3, della Carta, a termini del quale «il Consiglio di sicurezza deve tener presente che le controversie giuridiche dovrebbero, di regola, essere deferite alla Corte internazionale di giustizia, in conformità alle disposizioni dello Statuto della Corte».

La distinzione tra mezzi diplomatici e mezzi giudiziari di soluzione delle controversie è intuitivamente chiara. Sono mezzi giudiziari quelli che prevedono il deferimento del potere di risolvere la controversia ad un giudice; sono mezzi diplomatici quelli incentrati sull'azione politica degli Stati parte della controversia. Empiricamente, si può dire che la distinzione consiste nel fatto che nelle soluzioni giudiziali il consenso di ciascuna delle parti è necessario solo ad attribuire al giudice la competenza a definire la controversia, mentre nelle soluzioni diplomatiche occorre che ciascuna parte esprima il proprio consenso sui termini del regolamento. In genere, inoltre, il regolamento giudiziario è fondato sull'applicazione del diritto mentre il regolamento diplomatico si fonda sulla ricerca di una soluzione politicamente accettabile per le parti e, quindi, appare più simile ad una forma di transazione. È comprensibile quindi che gli Stati tendano ad utilizzare maggiormente gli strumenti di tipo diplomatico, dato il maggior controllo che hanno sull'esito della procedura.

Fra i mezzi diplomatici utilizzati più frequentemente, conviene menzionare i negoziati, i buoni uffici, l'inchiesta, la mediazione e la conciliazione. Il negoziato consiste in contatti diretti fra le parti aventi come scopo la ricerca di una soluzione. Nei buoni uffici, i contatti non sono diretti, ma si realizzano attraverso uno Stato terzo o un organismo internazionale, il quale presta la sua opera allo scopo di avvicinare le posizioni delle parti. L'inchiesta ha lo scopo di accertare punti di fatto controversi. Essa è quindi solitamente affidata ad un organismo dotato di terzietà. La mediazione ha, rispetto ai buoni uffici, un maggior grado di coinvolgimento di soggetti terzi ai quali è affidato il compito di ricercare, insieme alle parti, una soluzione di merito. Nella conciliazione, la definizione di merito della controversia è infine affidata interamente ad un soggetto terzo, mentre le parti rimangono libere di accettare o meno la soluzione proposta. A volte il ricorso a regolamento giudiziario è subordinato dalle parti al previo esperimento di mezzi diplomatici di soluzione delle controversie.

La distinzione fra mezzi diplomatici e mezzi giudiziari di soluzione delle controversie tende però ad attenuarsi in presenza di casi che rilevano dell'una o dell'altra fattispecie, quali, ad esempio, regolamenti giudiziari nei quali l'autonomia del giudice risulti particolarmente limitata, ovvero meccanismi diplomatici fondati su un potere di decisione ad opera di organi indipendenti. Qualora l'esito della conciliazione sia obbligatorio per le parti, in virtù di un consenso preventivo, questo strumento presenta tracce di analogia con le forme giudiziarie di regolamento.

L'osservatore odierno dei fenomeni giuridici internazionali troverà una situazione parzialmente diversa da quella appena indicata. L'ordinamento internazionale è oggi caratterizzato da una tendenza più marcata a definire controversie attraverso regolamento giudiziario. Vari trattati internazionali, sia bilaterali che multilaterali, stabiliscono la competenza di organi di natura giudiziaria per la soluzione di controversie internazionali. L'ordinamento internazionale si è quindi dotato di organi giudiziari permanenti a carattere generale, quale la Corte internazionale di giustizia, ovvero a carattere settoriale, quali, ad esempio, il Tribunale internazionale per il diritto del mare, gli organi di soluzione delle controversie nell'ambito dell'Organizzazione mondiale del commercio, vari organi di controllo sul rispetto dei diritti dell'uomo, tribunali aventi competenza nel campo del diritto internazionale penale.

Questi organi hanno un notevole grado di istituzionalizzazione: funzionano sulla base di regole prestabilite, applicano il diritto internazionale e sono dotati di garanzie di terzietà e indipendenza. Gli organi giudiziari internazionali hanno quindi sviluppato un sofisticato corpo di principi giurisprudenziali, sia di carattere sostanziale che di carattere processuale, ed esercitano un influsso significativo sullo sviluppo del diritto internazionale. Il loro numero è tale, anzi, da dar vita a vari problemi di coordinamento nell'esercizio delle rispettive funzioni.

La fase storica attuale è insomma caratterizzata da una crescente istituzionalizzazione dell'esercizio della funzione giudiziaria internazionale.

Si tratta, beninteso, di una istituzionalizzazione parziale e non certo paragonabile a quella da tempo occorsa nell'esperienza giuridica statale. Accanto a forme evolute di istituzionalizzazione della funzione giudiziaria, permangono infatti istituti e meccanismi di soluzione delle controversie di carattere puramente privatista.

Lo sviluppo della funzione giudiziaria internazionale mostra quindi una asimmetria fra la tendenza verso l'istituzionalizzazione e il permanere di forme tipiche di giustizia privata. Da un lato, l'ordinamento internazionale tende a stabilire organi e procedure giudiziali predeterminati. D'altro lato, la giurisdizione di tali organi non si fonda ancora su regole generali ma richiede pur sempre il consenso degli Stati parte della controversia.

Nel descrivere le forme di regolamento giudiziario, conviene cominciare dall'istituto più semplice, l'arbitrato, nel quale l'intera procedura, ivi compresa la composizione e il funzionamento del tribunale, dipende dalla volontà delle parti. Si passerà quindi all'analisi dei tribunali permanenti, per trattare infine dei problemi di coordinamento che nascono dalla coesistenza di più organi giudiziari e dalla interferenza fra la rispettiva sfera di competenza.

2. *Forme tradizionali della funzione giudiziaria internazionale: l'arbitrato*

La forma più semplice di soluzione giudiziaria è data dall'arbitrato. L'istituto dell'arbitrato è sostanzialmente rimasto immutato nel tempo. Esso consiste nella competenza di un soggetto terzo – un individuo, un collegio arbitrale composto da individui, ovvero uno Stato – a definire una controversia attraverso l'applicazione del diritto o, più raramente, attraverso equità, con effetti obbligatori per le parti.

Nella prassi meno recente era frequente identificare l'organo giudicante con un Capo di Stato straniero. In questi casi, evidentemente, la soluzione giudiziaria esprimeva il punto di vista dello Stato, piuttosto che dell'individuo che rivestiva la carica.

Così, ad esempio, la sentenza arbitrale del 22 marzo 1888, relativa all'*Interpretazione del Trattato di frontiera tra Costa Rica e Nicaragua del 15 luglio 1858*, è stata resa dal Presidente degli Stati Uniti, Cleveland. Questa tendenza si è affievolita ma non è scomparsa del tutto neanche in tempi recenti. La sentenza arbitrale del 18 febbraio 1977, concernente la *Controversia fra Argentina e Cile relativa al Canale di Beagle*, è stata, ad esempio, resa dalla Regina del Regno Unito.

Questa soluzione conferiva autorevolezza politica alle decisioni arbitrali, a discapito, però, del peso assegnato alle argomentazioni giuridiche. Nella prassi recente questo fenomeno è raro.

Gli organi arbitrali sono infatti oggi composti da individui che non rappresentano il punto di vista di uno Stato. Tuttavia, è frequente la presenza, in un collegio arbitrale, di un componente designato da ciascuna delle parti della controversia. La presenza nel collegio di un componente designato dalle parti ha evidentemente una funzione di garanzia politica, pur senza avere, ovviamente, alcun vincolo di rappresentanza.

Questo meccanismo opera anche rispetto ad alcuni tribunali permanenti. Ad esempio, qualora una delle parti di una controversia deferita alla Corte internazionale di giustizia non abbia, fra i componenti della Corte, un giudice della propria nazionalità, essa ha il diritto di nominare un giudice *ad hoc*, che sieda cioè nella Corte limitatamente alla trattazione di tale controversia (v. art. 31, par. 2 ss., dello Statuto della Corte).

L'accordo che conferisce ad un arbitro la competenza a definire una controversia è detto compromesso. Il conferimento di competenza può essere anche limitato ad una parte sola della controversia, come, ad esempio, la liceità di una condotta, o l'interpretazione da dare ad una certa norma.

La competenza dell'arbitro può essere anche precostituita attraverso una clausola inserita in un trattato. La clausola prende il nome di clausola compromissoria e conferisce ad un arbitro la competenza a conoscere di controversie relative alla interpretazione e alla applicazione dell'accordo nel quale è inclusa. Clausole compromissorie sono relativamente frequenti, sia in accordi bilaterali che nei moderni accordi multilaterali che tendono a stabilire la disciplina organica di un certo settore. La presenza di una clausola compromissoria è, ad esempio, costante nei vari accordi di amicizia, commercio e navigazione conclusi dagli Stati Uniti con vari Paesi.

Di per sé, una clausola compromissoria obbliga bensì le parti a ricorrere ad arbitrato ma non ha necessariamente l'effetto di precostituire la competenza di un organo arbitrale. Generalmente, essa ha solo l'effetto di un *pactum de contrahendo*. Per stabilire la competenza dell'arbitro occorrerà che le parti lo istituiscano, di comune accordo, attraverso la stipulazione di un compromesso.

Qualora invece sia la stessa clausola compromissoria a radicare la competenza in capo ad un organo giudiziario definito, qualora cioè essa indichi altresì l'arbitro o preveda una procedura obiettiva per istituirlo, la competenza dell'arbitro è attivabile in via unilaterale da ciascuna delle parti di una controversia, senza cioè bisogno di una ulteriore forma di consenso delle altre parti. In questo caso, la clausola compromissoria è anche completa, nel senso che essa ha sia l'effetto di precostituire il consenso delle parti intorno alla soluzione arbitrale della controversia, sia l'effetto di radicare la competenza in capo ad un organo determinato.

Una clausola compromissoria completa è, ad esempio, quella contenuta nell'art. IX della Convenzione sulla prevenzione e sulla repressione del crimine di genocidio, del 1948. La clausola prevede che controversie fra le parti relative alla interpretazione o alla applicazione della Convenzione, incluse controversie relative alla responsabilità per genocidio ovvero per altre condotte proibite dalla Convenzione, saranno sottoposte alla Corte internazionale di giustizia su richiesta di una qualsiasi delle parti della controversia.

Dato che il consenso delle parti su una clausola compromissoria si esprime in un momento antecedente rispetto al sorgere di una certa controversia, questo meccanismo ha l'effetto di facilitare grandemente il ricorso all'arbitrato. Si realizza quindi una sorta di predeterminazione del giudice, che è caratteristica di un ordinamento giudiziale evoluto. Attraverso previsioni di questo genere, quindi, si possono anche costituire tribunali arbitrali permanenti, aventi competenza limitata all'ambito di applicazione del trattato. Vedremo alcuni esempi in un prossimo paragrafo.

D'altra parte, le clausole compromissorie hanno lo svantaggio di limitare la giurisdizione del giudice alle controversie che ricadono nell'ambito di applicazione di un trattato. Ciò comporta il problema di determinare l'esistenza della giurisdizione rispetto a controversie complesse, che attengono in parte alla interpretazione e all'attuazione di obblighi derivanti da un trattato, ma che riguardano soprattutto aspetti relativi ad altre norme internazionali. Il problema si è posto, ad esempio, nella controversia fra Georgia e Russia relativa allo *status* della Abkhazia e della Ossezia del sud, sfociato nel 2008 in un confronto armato fra i due Paesi. La Georgia ha adito la Russia davanti alla Corte internazionale di giustizia sulla base di una clausola compromissoria contenuta nell'art. 22 della Convenzione sulla eliminazione di ogni forma di discriminazione razziale del 1965. La Corte ha riconosciuto la possibilità di identificare, all'interno di una controversia complessa relativa ad aspetti quali la liceità dell'impiego della forza e l'esistenza di violazioni dei diritti dell'uomo e del diritto umanitario, anche aspetti relativi alla pretesa violazione della Convenzione che avrebbero potuto radicare la sua giurisdizione. Tuttavia, constatata l'assenza di condizioni di ordine procedurale, la Corte ha declinato la propria giurisdizione (ordinanza del 1° aprile 2011 nel caso della *applicazione della Convenzione sull'eliminazione di ogni forma di discriminazione razziale* (*Georgia c. Federazione russa, eccezioni preliminari*), spec. par. 139).

Una volta accertata l'esistenza della giurisdizione che deriva da una clausola compromissoria, sorge l'ulteriore problema di identificare la normativa applicabile alla controversia. La clausola compromissoria delimita infatti solo la giurisdizione del giudice, indicando che essa si estende solo a controversie, ovvero a parti di controversie, che riguardano l'interpretazione e l'applicazione del trattato al quale accede. Nell'esempio precedente, quindi, la Corte internazionale di giustizia avrebbe avuto una giurisdizione limitata alla liceità delle condotte russe che, ad avviso della Georgia, costituivano violazione della Convenzione sulla eliminazione di ogni forma di discriminazione razziale. Le clausole compromissorie non hanno, però, la funzione di limitare il diritto applicabile alla controversia. Può accadere, infatti, che il convenuto, in via di eccezione rispetto alla pretesa dell'attore fondata sul trattato che contiene la clausola compromissoria, tenda a estendere la controversia invocando l'applicazione di altre regole giuridiche che possano giustificare le proprie condotte incompatibili con tale trattato. Ne consegue che, al fine di definire una controversia limitata alla interpretazione o alla applicazione delle norme di un trattato, il giudice ben potrà applicare altre regole del diritto internazionale che disciplinano la controversia, fornendo, ad esempio, una causa di giustificazione per condotte altrimenti illecite.

Nel caso del *Sequestro e della detenzione del personale diplomatico e consolare a Teheran*, ad esempio, l'Iran sostenne, in maniera peraltro irrituale, che la controversia portata dagli Stati Uniti di fronte alla Corte internazionale di giustizia non rilevava soltanto dell'applicazione degli strumenti convenzionali in relazione alla cui applicazione era stabilita la competenza della Corte, ossia, le due Convenzioni di Vienna, rispettivamente del 1961 sulle relazioni diplomatiche, e del 1963 sulle relazioni consolari. Ad avviso dell'Iran, infatti, la questione della liceità del sequestro e della detenzione del personale diplomatico e consolare non poteva essere valutata solo alla luce delle due convenzioni menzionate, in quanto inserite nel contesto di una pluriennale attività di interferenza degli Stati Uniti negli affari interni iraniani. Ad avviso dell'Iran, l'illiceità della condotta degli Stati Uniti avrebbe dato titolo all'Iran di reagire a titolo di contromisura, violando, a propria volta, le regole sulle immunità diplomatiche. La Corte non ha accolto questo argomento ritenendo che il regime delle immunità diplomatiche precostituisse la reazione all'eventuale illecito lamentato dall'Iran. In sostanza, l'Iran avrebbe dovuto reagire agli illeciti lamentati attraverso la dichiarazione dei membri della delegazione come *personae non gratae*, e non avrebbe invece potuto adottare nei loro confronti misure di sequestro e detenzione (v. la sentenza della Corte internazionale di giustizia del 24 maggio 1980, spec. par. 86). L'argomento utilizzato dalla Corte sembra indicare che una clausola compromissoria inclusa in un trattato non *self-contained* conferisce al giudice il potere di verificare se la violazione del trattato, invocata da una delle parti, non sia giustificata da una previa violazione di altre norme internazionali ad opera della controparte.

La tendenza dei giudici internazionali ad utilizzare clausole compromissorie al fine di definire controversie non ricadano, ovvero che ricadano solo parzialmente nell'ambito di applicazione del trattato nel quale sono contenute si è accentuata negli ultimi anni. Questa tendenza si è manifestata, in particolare, nella sentenza del Tribunale arbitrale che ha definito la lunga e complessa controversia fra Italia e India, relativa alla giurisdizione penale su due soldati italiani in missione a bordo della nave privata *Enrica Lexie*, i quali avevano sparato su un battello da pesca indiano, in alto mare, uccidendo alcuni pescatori a bordo (caso della *Enrica Lexie*, Corte permanente di arbitrato, sentenza del 21 marzo 2020, n. 2015-28, *Repubblica italiana c. India*). L'Italia aveva chiesto al Tribunale di accertare che l'India, esercitando la giurisdizione penale sui due soldati, avesse violato la regola sulla immunità funzionale. Dopo aver escluso che la Convenzione delle Nazioni Unite sul diritto del mare fornisse una base giuridica alla pretesa italiana all'immunità, il Tribunale ha ritenuto nondimeno di possedere la giurisdizione a decidere su tale pretesa in quanto la questione dell'immunità dei due soldati avrebbe costituito una "questione incidentale" per la soluzione della controversia (v. par. 808 ss.). Su tale base, il Tribunale ha quindi riconosciuto che i soldati italiani godessero della immunità funzionale e, di conseguenza, non potessero essere soggetti a procedimento penale da parte dell'India.

La soluzione raggiunta dal Tribunale arbitrale nel merito della controversia appare indubbiamente corretta. Dato che i soldati italiani avevano agito come organi dello Stato, nell'ambito di una missione ufficiale, la loro condotta andava attribuita allo Stato e, di conseguenza, non avrebbero potuto essere sottoposti a procedimento penale da parte dell'India.

Non appare, invece, corretta la soluzione sul punto della giurisdizione. A differenza di quanto indicato dal Tribunale, infatti, l'accertamento della immunità non costituiva una questione incidentale rispetto ad altra questione di carattere principale. Al contrario, la questione della immunità funzionale era oggetto di una specifica domanda posta dall'Italia al Tribunale e andava, per tanto considerata come una domanda principale (v. le domande precisate dall'Italia nel procedimento arbitrale, par. 45, (2), (f) della sentenza). La situazione sarebbe stata diversa, evidentemente, qualora l'immunità fosse stata invocata dall'Italia per opporsi ad una pretesa indiana di consegnare i soldati al fine di sottoporli a procedimento penale sulla base di un titolo fondato sulla Convenzione delle Nazioni Unite sul diritto del mare.

La competenza di un organo arbitrale può inoltre derivare da un trattato di arbitrato. Si tratta di un trattato il cui oggetto è proprio quello di stabilire la competenza di un organo arbitrale per tutte, o per determinate categorie di controversie, che dovessero insorgere fra le parti. In analogia con la clausola compromissoria, il trattato generale di arbitrato ha lo scopo di stabilire la competenza arbitrale in anticipo rispetto all'insorgere di una controversia. A differenza di quanto avviene con la clausola compromissoria, che conferisce al giudice solo la competenza a decidere controversie relative all'interpretazione o all'applicazione del trattato nel quale essa è inserita, il trattato di arbitrato conferisce al giudice la competenza a definire qualsiasi controversia che insorga fra gli Stati parte.

Analogamente a quanto accade per le clausole compromissorie, il trattato generale di arbitrato non ha necessariamente l'effetto di precostituire la competenza arbitrale ma solo quello di obbligare le parti a stipulare un compromesso al fine di individuare l'organo arbitrale e deferire ad esso la competenza. Qualora invece il trattato di arbitrato sia anche completo, stabilisca cioè, direttamente o indirettamente, la composizione dell'organo arbitrale, la procedura arbitrale potrà essere attivata unilateralmente da ciascuna delle parti di una controversia.

Il trattato generale di arbitrato completo costituisce il grado più elevato di istituzionalizzazione della funzione arbitrale. Un trattato di arbitrato a carattere universale sarebbe teoricamente capace di istituire un organo giudiziario avente competenza generale. Attraverso tale trattato si istituirebbe una vera e propria funzione giudiziaria dell'ordinamento internazionale. Peraltro, non sembra proprio che una tale prospettiva sia realizzabile, data la riluttanza degli Stati a sottoporre le proprie controversie ad un giudice indipendente.

Maggior successo hanno avuto i tentativi di promuovere trattati generali di arbitrato a livello regionale, laddove l'omogeneità geopolitica degli Stati consente di realizzare un grado di integrazione giuridica maggiore di quanto non accada a livello universale. Un trattato generale di arbitrato è, ad esempio, la Convenzione europea per la risoluzione pacifica delle controversie del 29 aprile 1957, conclusa nell'ambito del Consiglio d'Europa, e della quale sono attualmente parti quattordici Stati europei. L'art. 1 della Convenzione attribuisce alla Corte internazionale di giustizia la competenza a definire ogni controversia giuridica che sorga fra le parti; in particolare, quelle concernenti: l'interpretazione d'un trattato; ogni altra questione di diritto internazionale; l'esistenza di un fatto che, se accertato, costituirebbe la violazione d'un obbligo internazionale; la natura o l'ampiezza della riparazione dovuta per la violazione di un obbligo internazionale.

3. *L'istituzionalizzazione della funzione giudiziaria: tribunali permanenti a competenza generale*

L'esigenza di un grado maggiore di istituzionalizzazione nell'esercizio della funzione giudiziaria si è espressa nell'istituzione di tribunali permanenti a competenza generale, posti a disposizione degli Stati che intendano deferire ad essi le loro controversie. Il trattato istitutivo, che funge da statuto, precostituisce vari aspetti relativi alla composizione e al funzionamento del tribunale, svincolando la scelta dei giudici dalla volontà delle parti della controversia e, quindi, conferendo maggiore autorevolezza e indipendenza all'organo.

Ciò ha consentito lo sviluppo di alcuni caratteri tipici di una funzione giudiziaria: l'esistenza di regole processuali uniformi, nonché la formazione di un corpo di principi giurisprudenziali atti a prestare prevedibilità nell'applicazione del diritto e a fungere da guida per la soluzione di un caso. Tale corpo giurisprudenziale costituisce un precedente autorevole al quale guardano anche altri organi giudiziari internazionali per la soluzione dei casi pendenti innanzi ad essi.

L'esistenza di un corpo di principi giurisprudenziali comuni a vari organi giudiziari potrebbe consentire di delineare una generale funzione giudiziaria internazionale, che non solo applica lo stesso diritto, ma che è altresì ispirata dai medesimi principi interpretativi e che attinge ad un corpo giurisprudenziale unitario.

La Corte permanente di arbitrato venne istituita dalla Convenzione de L'Aja per la soluzione pacifica delle controversie nel 1899, ha sede a L'Aja ed è ancora oggi funzionante. Invero, la Corte permanente di arbitrato non costituisce un vero e proprio tribunale permanente. Essa consiste infatti in una lista di arbitri, alla quale gli Stati possono attingere per formare organi arbitrali, che sono assistiti da una struttura amministrativa permanente. Vi sono nondimeno alcuni aspetti tipici di un tribunale permanente. In primo luogo, infatti, la Convenzione stabilisce le regole di procedura alle quali le parti e gli arbitri devono attenersi, salvo che le parti non vi abbiano espressamente derogato; inoltre la Corte dispone di una cancelleria e un apparato amministrativo. Le sentenze sono pubblicate in una raccolta specifica delle sentenze della Corte permanente di arbitrato, la *PCA Award Series*.

Un vero e proprio tribunale permanente venne quindi istituito sulla base dell'art. 14 della Carta della Società delle Nazioni. Si tratta della Corte permanente di giustizia internazionale, il cui Statuto venne adottato nel 1920 e che cominciò i propri lavori a L'Aja nel 1922. La Corte era composta da quindici giudici eletti dall'Assemblea e dal Consiglio della Società delle Nazioni, i quali restavano in carica per nove anni. La Corte permanente non era un organo della Società delle Nazioni se pure strettamente collegata con essa. Accanto ad una competenza di tipo arbitrale, la Corte venne altresì dotata di una competenza di tipo consultivo aperta agli organi politici della Società. Queste competenze sono oggi passate alla Corte internazionale di giustizia, succeduta alla Corte permanente in virtù dell'art. 37 del suo Statuto.

4. *La Corte internazionale di giustizia*

La Corte internazionale di giustizia è stata istituita dalla Carta delle Nazioni Unite, la quale la definisce, all'art. 92, come il principale organo giurisdizionale delle Nazioni Unite. La seconda parte dell'art. 92 precisa che la

Corte funziona in base allo Statuto, che corrisponde in gran parte allo Statuto della Corte permanente di giustizia internazionale e che forma parte integrante della Carta.

Lo Statuto della Corte internazionale di giustizia costituisce un trattato autonomo, ma collegato alla Carta delle Nazioni Unite. Ai sensi dell'art. 93, l'adesione alla Carta comporta *ipso facto* l'adesione allo Statuto. Tuttavia, è possibile aderire allo Statuto senza aderire alla Carta. In tal caso, l'adesione allo Statuto deve essere, ai sensi dell'art. 93, autorizzata dall'Assemblea generale su raccomandazione del Consiglio.

Lo Statuto disciplina quindi la composizione e il funzionamento della Corte internazionale di giustizia. La Corte ha sede a L'Aja. Essa è composta da quindici giudici eletti dall'Assemblea generale e dal Consiglio di sicurezza – i cui membri permanenti non godono del diritto di veto (art. 10, par. 2) – fra le persone incluse in un elenco predisposto dai gruppi nazionali della Corte permanente di arbitrato. I giudici sono eletti sulla base di un criterio che assicuri la rappresentanza delle aree geopolitiche mondiali, godono di garanzie di indipendenza e devono possedere requisiti per la nomina delle alte magistrature nazionali o essere giureconsulti di riconosciuta competenza.

Lo Statuto stabilisce anche, al capitolo III, regole di procedura relative, in particolare, al potere di adottare misure cautelari, alla articolazione del procedimento nella fase scritta e nella fase orale, alla assunzione di mezzi di prova, al procedimento *in absentia*, alla maggioranza necessaria per l'adozione di decisioni, al potere dei singoli giudici di allegare alla decisione opinioni individuali o dissidenti, agli effetti del giudicato, al potere di intervento. Ciascuna regola procedurale è stata poi precisata nel regolamento di funzionamento dell'organo e nella prassi giurisprudenziale.

La Corte ha, ad esempio, interpretato lo Statuto nel senso della possibilità di intervenire in un procedimento contenzioso pur in assenza di un legame giurisdizionale fra lo Stato interveniente e le altre parti della controversia (v. la sentenza del 13 settembre nel caso della *Controversia frontaliera terrestre, insulare e marittima (Salvador/Honduras; Nicaragua interveniente)*, 1990, spec. par. 100). Analogamente, essa ha interpretato lo Statuto nel senso della obbligatorietà delle misure cautelari adottate nell'ambito di un procedimento contenzioso (v. la sentenza del 27 giugno 2001 nel caso *LaGrand (Germania c. Stati Uniti)*, par. 102 e 109). Così pure la Corte ha interpretato lo Statuto nel senso della sua competenza a disporre misure di riparazione (v. la sentenza del 9 aprile 1949 nel caso del *Passaggio nello stretto di Corfù (Regno Unito c. Albania)* e la sentenza del 27 giugno 1986 nel caso delle *Attività militari e paramilitari in Nicaragua e contro il Nicaragua (Nicaragua c. Stati Uniti)*, par. 283).

Lo Statuto distingue due funzioni affidate alla Corte. La Corte ha innanzi tutto una funzione contenziosa, ovvero di soluzione giudiziaria di controversie fra Stati. In tale ambito, essa funziona essenzialmente come un organo arbitrale, pur con i temperamenti che derivano dalla sua qualifica di organo giudiziario delle Nazioni Unite. In secondo luogo, la Corte ha anche una funzione consultiva. Ai sensi dell'art. 96 della Carta, l'Assemblea generale e il Consiglio di sicurezza possono chiedere alla Corte pareri consultivi su qualsiasi questione giuridica. Su autorizzazione dell'Assemblea, anche altri organi delle Nazioni Unite, nonché le organizzazioni specializzate, possono chiedere pareri alla Corte in materie di loro competenza. In tale funzione, emerge in maniera prevalente l'aspetto istituzionale dell'attività della Corte nell'ambito del sistema delle Nazioni Unite.

5. *La funzione contenziosa: l'attribuzione di competenza alla Corte*

Ai sensi dell'36, par. 1, dello Statuto la competenza della Corte si estenda alle controversie che le parti le attribuiscano, nonché ai casi previsti dalla Carta delle Nazioni Unite e dalle convenzioni in vigore. Dato che la Carta non contiene alcuna clausola attributiva di convenzione, la Corte avrà giurisdizione sulla base dei tradizionali strumenti utilizzati per l'attribuzione di competenza ad un arbitro, vale a dire, attraverso un compromesso, una clausola compromissoria o un trattato generale di arbitrato. La funzione contenziosa della Corte è aperta solo agli Stati, ai sensi dell'art. 34, par. 1, dello Statuto.

Nei capitoli precedenti si sono visti vari casi nei quali la competenza è stata attribuita alla Corte sulla base di tali meccanismi. Ad esempio, nel caso del *Progetto Gabčíkovo-Nagymaros (Ungheria c. Slovacchia)*, le parti hanno deferito alla Corte la competenza a risolvere la loro controversia, già insorta, attraverso un compromesso.

Nel caso delle *Piattaforme petroliere (Iran c. Stati Uniti)*, l'Iran ha adito la Corte sulla base di una clausola compromissoria contenuta nell'accordo bilaterale di amicizia, commercio e navigazione con gli Stati Uniti, ancora in vigore nonostante le relazioni fra i due Paesi versassero da anni in uno stato di profonda crisi. La Corte ha quindi accertato di avere competenza nonostante che gli Stati Uniti avessero obiettato che la controversia era originata da uno scontro armato e non ricadesse quindi nell'ambito di applicazione dell'accordo.

Nel caso delle *Immunità giurisdizionali degli Stati (Germania c. Italia; Grecia interveniente)*, la Germania ha adito la Corte sulla base di un trattato generale di arbitrato, la Convenzione europea per la soluzione pacifica delle controversie adottata dai membri del Consiglio d'Europea il 29 aprile 1957. La controversia, decisa con sentenza del 3 febbraio 2012, traeva origina dalla giurisprudenza dei giudici italiani che negavano alla Germania l'immunità dalla giurisdizione in procedimenti civili concernenti la richiesta di risarcimenti da parte di vittime di gravi violazioni dei diritti dell'uomo.

Lo Statuto prevede un ulteriore mezzo di attribuzione di competenza alla Corte internazionale di giustizia, fondato anch'esso, peraltro, sul consenso delle parti. Secondo il par. 2 dell'art. 36, ciascuno Stato aderente allo Statuto può, in qualsiasi momento, effettuare una dichiarazione unilaterale con la quale riconosce la competenza della Corte a definire controversie che possano insorgere con qualsiasi altro Stato che abbia effettuato una dichiarazione analoga. Il meccanismo stabilito dall'art. 36, par. 2, tende quindi a facilitare l'attribuzione di competenza alla Corte dato che il consenso delle parti può essere ricavato dall'effetto convergente di due dichiarazioni unilaterali.

Le due sentenze del 1984 e del 1986, nel caso delle *Attività militari e paramilitari in Nicaragua e contro il Nicaragua* (*Nicaragua c. Stati Uniti*), hanno tratto origine dalla richiesta unilaterale del Nicaragua fondata sulla dichiarazione di accettazione della giurisdizione obbligatoria della Corte fatta da entrambi gli Stati ai sensi dell'art. 36, par. 2, dello Statuto, oltre che sulla base dell'art. XXIV del Trattato di amicizia commercio e navigazione tra gli Stati Uniti e il Nicaragua. La dichiarazione di accettazione delle parti, ai sensi dell'art. 36, par. 2, è stata quindi alla base della giurisdizione della Corte nel caso della *Caccia alla balena nell'Antartico (Australia c. Giappone; Nuova Zelanda (interveniente))*, sentenza del 31 marzo 2014.

Questo meccanismo ha quindi l'effetto di estendere considerevolmente la competenza della Corte. Con una dichiarazione unilaterale, infatti, le parti accettano in via generale la competenza della Corte internazionale di giustizia rispetto a qualsiasi controversia con un altro Stato che abbia egualmente fatto tale dichiarazione. La dichiarazione unilaterale, quindi, non ha effetti limitati ad uno o più Stati esattamente identificati, ma si dirige a qualsiasi Stato che abbia già fatto analoga dichiarazione, ovvero che la faccia in futuro. Il consenso si viene a creare, allora, anche fra Stati che, altrimenti, non avrebbero stipulato un accordo fra loro al fine di deferire la competenza alla Corte.

Una larga accettazione della competenza della Corte attraverso dichiarazioni unilaterali potrebbe produrre una situazione assai simile all'attribuzione alla Corte di una giurisdizione precostituita. L'art. 36, par. 2, ha quindi l'effetto proprio di un trattato generale di arbitrato la cui adesione è aperta a tutti gli Stati parte dello Statuto, che corrispondono a gran parte degli Stati della comunità internazionale.

La difficoltà di prevedere esattamente nei confronti di quali Stati, e relativamente a quali controversie, la dichiarazione di accettazione finirà per operare è tuttavia alla base di una notevole cautela da parte degli Stati nel rendere dichiarazioni unilaterali. Molti Stati si sono finora astenuti dal renderla. Altri hanno apposto alla propria dichiarazione riserve tendenti, in vario modo, a limitarne gli effetti. Altri, infine, hanno addirittura revocato la propria dichiarazione.

Alcuni Stati hanno revocato la propria dichiarazione unilaterale dopo che questa era stata utilizzata per radicare la competenza della Corte a definire questioni politicamente delicate. L'esempio più noto è quello degli Stati Uniti d'America, i quali hanno revocato la propria dichiarazione il 7 ottobre 1985 (si veda la nota del Segretario di Stato statunitense in *International Legal Materials*, 1985, p. 246), dopo che la Corte aveva accertato di avere giurisdizione sulla controversia fra Stati Uniti e Nicaragua, poi definita nel merito con sentenza del 27 giugno 1986.

Conviene soffermarsi brevemente sulla prassi degli Stati di limitare la competenza della Corte apponendo riserve alle proprie dichiarazioni di accettazione. Molte riserve tendono a escludere la competenza della Corte su materie percepite come intimamente legate alla sovranità dello Stato. Non sono infrequenti riserve che mirano ad escludere dalla competenza della Corte controversie relative a materie appartenenti alla c.d. giurisdizione domestica dello Stato, ovvero controversie relative all'uso della forza, o di carattere territoriale. Assai contestate in dottrina sono talune dichiarazioni tendenti a limitare addirittura l'automaticità della competenza della Corte, facendola dipendere da un ulteriore atto di volontà dello Stato dichiarante. La compatibilità di tali riserve con lo spirito dell'art. 36, par. 2, appare assai dubbia, dato che esse si propongono di eliminare l'effetto tipico della disposizione, dato appunto dalla precostituzione della competenza della Corte internazionale di giustizia.

In conseguenza dell'apposizione di riserve, l'ambito di applicazione di una dichiarazione unilaterale finisce con il variare su base di reciprocità. La Corte avrà competenza solo se la controversia ricade nell'ambito di applicazione delle dichiarazioni rese da tutte le parti di una controversia. Qualora, ad esempio, uno Stato abbia eccettuato dalla propria dichiarazione un certo tipo di controversie, esso non potrà adire innanzi alla Corte un altro Stato avvalendosi della dichiarazione incondizionata effettuata da questi.

Nel caso della *Caccia alla balena nell'Antartico (Australia c. Giappone; Nuova Zelanda (interveniente))*, il Giappone ha invocato una riserva apposta dalla Australia che escludeva dalla giurisdizione della Corte le controversie relative alla delimitazione di spazi marittimi nonché quelle relative allo sfruttamento di risorse marine in zone oggetto di contestazione. La Corte ha confermato che la riserva australiana potesse venisse invocata, in via di reciprocità, dal Giappone. Essa, tuttavia, ha interpretato la riserva in senso restrittivo, affermando così la propria giurisdizione.

6. *Il meccanismo di attuazione delle sentenze della Corte*

La Carta delle Nazioni Unite contiene, all'art. 94, par. 2, un meccanismo teso a garantire coattivamente l'attuazione delle sentenze della Corte. Si tratta di una disposizione non priva di singolarità, soprattutto se si pensa che la Corte non ha, come si è visto, competenza precostituita ma fonda di volta in volta la propria competenza sulla base del consenso delle parti di una controversia. Evidentemente non vi è nel sistema delle Nazioni Unite un interesse ad imporre agli Stati di risolvere le loro controversie per via giudiziaria. Una volta scelta tale strada, però, gli Stati dovranno adeguarsi alle decisioni della Corte. Se una delle parti di una controversia non si conforma alla soluzione decisa dalla Corte, l'altra può ricorrere al Consiglio di sicurezza, il quale può fare raccomandazioni o anche decidere misure per l'attuazione della sentenza.

La dottrina ha molto discusso della collocazione sistematica delle misure che il Consiglio può adottare al fine di assicurare l'esecuzione di una sentenza della Corte internazionale di giustizia ad opera delle parti; se cioè si tratti di misure che il Consiglio può adottare ai sensi del Capitolo VI e del Capitolo VII della Carta. La questione non è irrilevante, dato che nei confronti di misure adottate ai sensi del Capitolo VII non vale, come si è visto, il limite del dominio riservato previsto dall'art. 2, par. 7, né è fatto obbligo allo Stato parte della controversia di astenersi dal voto, ai sensi dell'art. 27, par. 3. La prassi in materia è però assai scarna. In seguito alla sentenza di merito della Corte nel caso Nicaragua, una proposta di risoluzione che raccomandava misure di adempimento venne ritenuta come non adottata in seguito al voto contrario degli Stati Uniti (v. *UN Security Council, Verbatim Report, meeting* 2718, 28 ottobre 1986, UN Doc. S/PV.2718). Ciò parrebbe indicare che il Consiglio di sicurezza abbia inquadrato la risoluzione nell'ambito del Capitolo VII dato che, altrimenti, gli Stati Uniti avrebbero dovuto astenersi dal voto in quanto parti della controversia.

Vi sono però argomenti per sostenere che le misure di attuazione di una sentenza della Corte internazionale di giustizia adottate dal Consiglio di sicurezza non rientrino né nel capitolo VI né nel capitolo VII della Carta, ma siano, piuttosto, oggetto di un potere autonomo. In caso contrario, infatti, il Consiglio potrebbe agire solo in presenza dei presupposti di azione stabiliti rispettivamente dall'art. 33, par. 1, ovvero dall'art. 39 della Carta, vale a dire dall'esistenza di una minaccia, potenziale o attuale, per la pace e la sicurezza internazionale. Ne conseguirebbe che il Consiglio di sicurezza avrebbe la competenza ad agire per l'esecuzione di una sentenza della Corte solo qualora il mancato adempimento costituisca, in atto o in potenza, una minaccia alla pace. Non solo tale conclusione limiterebbe irragionevolmente il potere del Consiglio e depotenzierebbe il meccanismo di esecuzione delle sentenze della Corte. Essa, inoltre renderebbe l'art. 94, par. 2, del tutto inutile, dato che, in presenza di una minaccia alla pace, potenziale o attuale, il Consiglio avrebbe comunque la competenza ad agire ai sensi del Capitolo VI ovvero ai sensi del Capitolo VII della Carta.

Sembra quindi ragionevole ritenere che l'art. 94, par. 2, abbia inteso istituire un vero e proprio meccanismo centralizzato di attuazione delle sentenze della Corte internazionale di giustizia, che operi sulla base di un autonomo presupposto di azione. Il Consiglio, allora, ben potrebbe raccomandare o decidere misure da adottare al fine di assicurare l'attuazione delle sentenze della Corte, pur senza dimostrare l'esistenza dei presupposti di azione previsti dal Capitolo VI ovvero di quelli previsti dal Capitolo VII della Carta.

L'assenza di prassi significativa relativa all'attuazione dell'art. 94, par. 2, della Carta denota tuttavia il ruolo assai limitato che gli Stati sembrano assegnare all'art. 94 e, in generale, all'esistenza di un meccanismo centralizzato di attuazione delle sentenze della Corte. Nella prassi l'attuazione di sentenze della Corte è sovente affidata ad un processo di negoziato fra le parti.

7. *La funzione consultiva della Corte internazionale di giustizia*

Ai sensi dell'art. 96 della Carta, l'Assemblea generale o il Consiglio di sicurezza possono chiedere alla Corte internazionale di giustizia un parere consultivo su qualsiasi questione giuridica. Anche gli altri organi delle Nazioni Unite, e le organizzazioni internazionali collegate con il sistema delle Nazioni Unite, e cioè gli Istituti specializzati, possono chiedere pareri alla Corte, ma con due limitazioni: innanzi tutto devono essere autorizzati dall'Assemblea generale; la richiesta di parere, inoltre, deve vertere su questioni che ricadano nell'ambito delle loro rispettive competenze.

La Corte ha quindi declinato di rispondere ad una questione posta dall'Organizzazione mondiale per la sanità concernente la *Liceità dell'impiego di armi nucleari ad opera di uno Stato nell'ambito dei conflitti armati*, ritenendo troppo tenue il collegamento logico fra tale questione e le competenze attribuite all'Organizzazione (parere dell'8 luglio 1996). Come si è detto, con un parere reso nella stessa data (l'8 luglio 1996), la Corte ha invece accettato di rispondere alla questione concernente la *Liceità della minaccia o dell'uso di armi nucleari*, postale dall'Assemblea generale con risoluzione 49/75 K del 15 dicembre 1994.

I pareri consultivi della Corte internazionale di giustizia non sono obbligatori né vincolanti. Nessun organo o organizzazione è obbligato a richiederli né, una volta che essi siano stati richiesti, è vincolato a conformarvisi. Ciò non è illogico se si considera che il diritto costituisce uno fra i molteplici elementi che concorrono a formare la volontà degli organi politici.

Pareri consultivi vincolanti sono invece quelli che la Corte internazionale di giustizia rende al fine di definire controversie fra Stati e Istituzioni specializzate delle Nazioni Unite. In questo caso, peraltro, l'istituto dei pareri consultivi è utilizzato a fini contenziosi. Questa modalità singolare di impiego dei pareri è resa necessaria dalla circostanza che, come si è visto, solo gli Stati possono essere parti del procedimento contenzioso davanti alla Corte internazionale di giustizia. Al fine di risolvere con un parere una controversia fra Stati e Istituzioni specializzate, peraltro, si rende necessario un accordo fra le parti della controversia con il quale esse si vincolano preventivamente a conformarsi al parere che la Corte renderà, su richiesta dell'organizzazione.

L'assenza di effetti formalmente vincolanti non esclude che i pareri della Corte abbiano molta importanza nella ricostruzione del diritto internazionale. L'autorevolezza tipica delle pronunce della Corte è ulteriormente accentuata, nel caso dei pareri, dalla circostanza che essi prescindono dall'esistenza di una controversia fra Stati.

L'influsso dei pareri consultivi sull'evoluzione del diritto internazionale è costante e si distende per l'intero periodo di attività della Corte. Basti ricordare, a titolo di esempio, il parere sulla *Riparazione per danni subiti al servizio delle Nazioni Unite*, dell'11 aprile 1949, che ha definito il quadro concettuale della personalità di organizzazioni internazionali, il parere sulle *Riserve alla Convenzione del genocidio*, del 21 maggio 1951, che ha dato avvio alla revisione del diritto in tema di riserve, i due pareri rispettivamente sulla *Namibia (Sud-Ovest africano)* del 21 giugno 1971 e sul *Sahara occidentale* del 16 ottobre 1975, in tema di autodeterminazione dei popoli. Più recentemente, la Corte ha adottato il parere dell'8 luglio 1996 sulla *Liceità della minaccia o dell'uso delle armi nucleari*, e quello del 9 luglio 2004, sulle *Conseguenze giuridiche della costruzione di un muro nei territori palestinesi occupati*, con i quali ha definito lo stato del diritto in materie di bruciante attualità. Infine, il 22 luglio 2010, la Corte ha reso un parere richiesto dall'Assemblea generale relativamente alla *Conformità al diritto internazionale della dichiarazione unilaterale di indipendenza da parte dell'Autorità provvisoria del Kosovo*.

Si può notare come le ultime richieste di pareri provengano dall'Assemblea generale e vertano su questioni politicamente assai controverse, sulle quali si sono verificate profonde divergenze fra gli Stati della comunità internazionale. Questa circostanza sembra evidenziare quindi una tendenza dell'Assemblea generale ad attivare la Corte internazionale di giustizia al fine di contestare gli orientamenti degli Stati più forti che hanno, di fatto, il controllo del Consiglio di sicurezza: una tendenza, insomma, ad utilizzare il diritto per opporsi ad orientamenti di tipo politico.

È probabile che la Corte venga chiamata, anche in futuro, a rendere pareri in situazioni di gravi divergenze fra Stati, senza che questi intendano sottoporre le loro controversie a regolamento giudiziale. Si pone quindi il problema di vedere se la Corte debba esercitare la propria funzione consultiva, e rendere quindi pareri, rispetto a questioni che siano oggetto di controversie fra Stati.

La questione ha origini antiche. Essa è stata posta già nel 1923, allorché il Consiglio della Società delle Nazioni chiese alla Corte permanente di giustizia internazionale un parere sulla *Situazione giuridica della Carelia orientale*. La Corte ritenne però di non poter rendere il parere in quanto vertente su una questione oggetto di controversia fra Finlandia e Russia. Questa conclusione venne motivata con l'esigenza di non aggirare il principio consensuale alla base della funzione contenziosa e, quindi, di non pervenire ad una soluzione giuridica di una controversia senza il consenso delle parti. Si tratta di un argomento tendente a far prevalere il carattere bilaterale proprio della funzione contenziosa della Corte internazionale di giustizia sul carattere istituzionale che caratterizza invece la funzione consultiva.

Il precedente della Carelia orientale, pur invocato più volte, non è stato applicato dalla giurisprudenza successiva, la quale ha tuttavia costantemente ribadito il principio secondo il quale l'esercizio della funzione consultiva non deve sovrapporsi al principio consensualista tipico della funzione contenziosa.

Finalmente, nel parere sulle *Conseguenze giuridiche della costruzione di un muro nei territori palestinesi occupati*, la Corte sembra aver completato un processo di revisione di tale principio, che potrebbe affermare la definitiva autonomia della funzione consultiva. In questa occasione, infatti, la Corte ha chiarito che una cosa è definire una controversia fra Stati nell'ambito della funzione contenziosa; altra, e ben diversa, cosa è fornire agli organi politici delle Nazioni Unite i chiarimenti giuridici necessari per l'esercizio delle competenze che ad essi incombono in virtù della Carta (paragrafi 48-50). In altre parole, i pareri consultivi della Corte non sono indirizzati agli Stati ma hanno effetti nell'ambito della sfera istituzionale delle Nazioni Unite. L'assenza del consenso degli Stati al regolamento pacifico delle proprie controversie non ha quindi l'effetto di limitare o di influenzare l'azione istituzionale delle Nazioni Unite.

In effetti, la questione dei rapporti fra competenza contenziosa e competenza consultiva non ha alcuna ragione di porsi qualora si consideri che esse sono distinte espressioni della funzione giudiziaria assegnata alla Corte. La competenza contenziosa presuppone la struttura paritaria della comunità internazionale, nell'ambito della quale la sottoposizione di uno Stato a regolamento giudiziario non può che avvenire sulla base del suo consenso. La funzione consultiva esprime invece la dimensione istituzionale dell'ordinamento internazionale, tesa alla tutela di interessi collettivi attraverso dinamiche di tipo pubblicista. Alle diversità delle competenze assegnate alla Corte corrispondono diverse dimensioni che coesistono nell'ordinamento internazionale senza che alcuna di esse sia subordinata all'altra.

La Corte ha affermato anche in termini più generali di poter rifiutare di dar seguito alla richiesta di parere. Tale potere, peraltro, non è stato mai esercitato. La Corte ha indicato che la propria qualità di principale organo giudiziario delle Nazioni Unite pone un obbligo di collaborazione con gli organi politici dell'Organizzazione. In tali condizioni, un rifiuto potrebbe essere giustificato solo con l'esigenza imperiosa di tutelare la funzione giudiziaria della Corte. Si veda, recentemente, il parere del 2004 relativo alle *Conseguenze giuridiche della costruzione di un muro nei territori palestinesi occupati*, par. 44, e il parere del 2010 relativo alla *Conformità al diritto internazionale della dichiarazione unilaterale di indipendenza da parte dell'Autorità provvisoria del Kosovo*, par. 30 ss.

Si è talvolta posto il problema di vedere se la Corte sia legittimata, se non addirittura obbligata, a non rendere il parere, in assenza di norme che definiscano la questione oggetto del parere.

Il problema del potere della Corte di non definire una questione giuridica in presenza di una lacuna del diritto si potrebbe porre sia nell'ambito della competenza consultiva che nell'ambito della competenza contenziosa. Esso non riguarda quindi l'esercizio della funzione giudiziaria quanto piuttosto il problema della completezza dell'ordinamento giuridico.

In un passaggio assai noto del parere del 1996 relativo alla *Liceità della minaccia o dell'uso delle armi nucleari* la Corte, dopo aver affermato che l'impiego di armi nucleari è «generalmente» contrario a norme del diritto umanitario, ha affermato di non poter però escludere che tale impiego possa essere giustificato alla luce del diritto di legittima difesa, in una situazione estrema che ponga in pericolo l'esistenza stessa dello Stato attaccato. Questa conclusione è stata talvolta indicata come un esempio di rinuncia a definire una questione giuridica a causa dell'assenza di regole internazionali. Questa ricostruzione non appare però convincente. Il parere si è infatti limitato ad escludere l'esistenza di una norma che stabilisca in via generale la liceità o l'illiceità dell'impiego di armi nucleari. La Corte sembra invece indicare che il diritto internazionale disciplini bensì l'impiego di armi nucleari, ma non già con una norma a carattere generale. Si potrebbe invece trattare di una norma che determini la liceità della minaccia o dell'uso delle armi nucleari sulla base di un bilanciamento fra i diversi elementi che vengono in considerazione in situazioni specifiche: fra l'esigenza di evitare danni indiscriminati alla popolazione civile e all'ambiente, da un lato; l'esigenza di consentire allo Stato attaccato il ricorso a mezzi estremi al fine di garantire la propria sopravvivenza, dall'altro.

8. *Il ruolo della Corte internazionale di giustizia fra* self-restraint *e attivismo giudiziario*

La valutazione del ruolo della Corte internazionale di giustizia nelle dinamiche dell'ordinamento internazionale è resa complessa da più fattori, alcuni dei quali verranno rapidamente indicati in questo paragrafo.

Il primo elemento è di carattere sistematico e attiene alla composizione della Corte. L'ordinamento internazionale è, come si è visto, un ordinamento di Stati; un ordinamento, cioè, composto da comunità territoriali politicamente organizzate. La Corte internazionale di giustizia, come ormai la massima parte degli organi giudiziari internazionali, è un organo composto da individui. È ben possibile che un gruppo di individui abbia una diversa percezione degli interessi e valori dell'ordinamento internazionale rispetto a quella che hanno gli Stati. Mentre questi ultimi sono naturalmente portati a considerare in via prioritaria propri interessi unilaterali, i giudici della Corte potrebbero dare maggiore considerazione agli interessi collettivi o universali dell'ordinamento internazionale. Difatti, alla Corte internazionale di giustizia, come anche ad altri giudizi internazionali, è stata talvolta rimproverata la tendenza a ricostruire una sorta di diritto internazionale astratto, che non tiene in debito conto l'assetto di potere reale vigente nell'ordinamento.

Il secondo è un elemento di tecnica giuridica e concerne l'assenza di una generale precostituzione della competenza della Corte internazionale di giustizia in materia contenziosa. Gli Stati mantengono il potere di deferire o meno una certa controversia alla Corte, con atto di attribuzione *ad hoc* o attraverso più sofisticati meccanismi, quali quello previsto dall'art. 36, par. 2. Né sono mancati, nella prassi recente, casi di revoca della dichiarazione opzionale da parte di uno Stato qualora la Corte abbia adottato decisioni contrastanti con i propri interessi (v. *supra*, par. 5). Non vi è dubbio, insomma, che il carattere consensuale della competenza ha l'effetto di condizionare grandemente la politica giudiziaria della Corte. Tale organo è politicamente indipendente dagli Stati ma, in pratica, la sua capacità di incidere sull'evoluzione del diritto internazionale è direttamente dipendente dalla sua capacità di attrarre il consenso degli Stati. È difficile per la Corte avere un ruolo rilevante nell'ordinamento internazionale se solo occasionalmente gli Stati si rivolgono ad essa per la soluzione delle proprie controversie.

Da un lato, si potrebbe pensare quindi che un atteggiamento di *self-restraint*, che eviti intrusioni giudiziarie in campi politicamente sensibili, possa risultare gradito agli Stati, ed incrementare la loro propensione ad accettare la competenza della Corte. D'altro lato, però, è verosimile che la capacità della Corte di attrarre il consenso degli Stati dipenda anche dalla sua autorevolezza e dal grado di indipendenza che essa è in grado di assicurare, in particolare nei confronti degli Stati più forti.

Un terzo elemento è dato dalla difficoltà di rinvenire strumenti efficaci per assicurare l'attuazione delle decisioni della Corte internazionale di giustizia. Allo stato attuale, questa si fonda pressoché unicamente sull'autorevolezza dell'organo e sulla forza persuasiva di ciascuna decisione. Ne consegue una certa propensione della Corte a non pronunciare sentenze che abbiano, per ragioni politiche, scarsa possibilità di essere attuate dalle parti. Fra i fattori che la Corte considera nell'adottare una decisione, insomma, un posto non secondario spetta quindi anche alla capacità di essa di imporsi alle parti e di orientare le loro condotte successive.

Questo argomento, peraltro, è a doppio taglio. Anche pronunce che hanno scarse possibilità di essere eseguite, quali quelle dirette nei confronti di Stati in posizione dominante nel panorama delle relazioni internazionali, possono, con la loro autorevolezza, indurre le parti a rinvenire una soluzione negoziale, altrimenti difficilmente realizzabile sul piano puramente politico.

Non è quindi agevole determinare univocamente il ruolo della Corte internazionale di giustizia o, più in generale, quello della funzione giudiziaria nell'ordinamento internazionale. È, anzi, ben difficile qualificare l'atteggiamento della Corte facendo ricorso alle usuali categorie di politica giudiziaria impiegate sul piano interno. È difficile dire se la Corte sia prevalentemente ispirata ad un atteggiamento attivista, teso cioè a sovrapporre un proprio indirizzo di politica giudiziaria alle dinamiche politiche dell'ordinamento internazionale, o, invece, ad un atteggiamento di *self-restraint*, atto cioè a lasciare maggiore spazio alla definizione delle tensioni sociali attraverso il processo politico.

Nell'assolvere alla propria funzione la Corte è apparsa costantemente consapevole della fragilità del suo ruolo, che deriva dalla sua composizione a base individuale, dalla necessità di salvaguardare e semmai rafforzare il fondamento consensuale della propria competenza, nonché dalla necessità di produrre decisioni che non incontrino solo il consenso della dottrina ma che siano anche capaci di orientare il comportamento delle parti e, in ultima analisi, della comunità internazionale.

Non tutte le soluzioni adottate dalla Corte internazionale di giustizia appaiono quindi spiegabili unicamente con argomenti giuridici. La Corte ha considerato sovente le conseguenze politiche delle decisioni che si apprestava ad adottare, evitando di sovrapporre l'astratta applicazione del diritto alle dinamiche sociali.

Ne consegue che talune espressioni giudiziarie fanno effettivamente pensare ad un atteggiamento di *self-restraint*. A volte la Corte sembra infatti aver evitato di cogliere tutte le conseguenze derivanti dall'applicazione delle regole giuridiche. Ciò si è verificato soprattutto in due situazioni.

La prima è quella nella quale la Corte ha verosimilmente avvertito l'esistenza di una certa discrepanza fra regole giuridiche e realtà sociale, ed ha evitato quindi di pronunciare una decisione che sarebbe apparsa come ingiusta pur se conforme a diritto. Essa ha quindi utilizzato gli strumenti a propria disposizione per evitare di pervenire ad una sentenza di merito.

Un caso di questo tipo è verosimilmente il caso *Lockerbie*, che si è trascinato per molti anni ed è poi stato definito da un accordo politico. Ad un atteggiamento analogo sembra ispirata la soluzione adottata dalla Corte in relazione alle richieste di accertare la compatibilità con il diritto internazionale delle azioni aeree in Kosovo, avanzata dalla Repubblica Federale di Iugoslavia nei confronti di una serie di Stati parte della NATO. Come si è visto, la Corte ha declinato la propria competenza facendo ricorso ad argomenti assai poco convincenti.

In una seconda serie di casi, la Corte sembra aver evitato di applicare regole e istituti giuridici elaborati più sul piano dottrinario che sul piano della prassi internazionale e, quindi, forse non del tutto maturi per una piena accettazione ad opera della comunità internazionale.

Un esempio di questo tipo è dato verosimilmente dalla sentenza del 20 dicembre 1974 relativa al caso degli *Esperimenti nucleari (Nuova Zelanda c. Francia)*. In quel caso, la Corte potrebbe aver considerato non ancora del tutto mature le tendenze della comunità internazionale in tema di responsabilità per danni da attività pericolose, ed ha quindi ritenuto sufficiente, per far venir meno l'oggetto della controversia, l'impegno unilaterale francese a cessare gli esperimenti nucleari nell'atmosfera nell'area sovrastante l'atollo di Mururoa, nel Pacifico. Nel caso di *Timor Est (Portogallo c. Australia)*, sentenza del 30 giugno 1995, essa potrebbe aver valutato l'insufficiente accettazione da parte della comunità internazionale di tutte le conseguenze derivanti dal carattere *erga omnes* degli obblighi in tema di autodeterminazione dei popoli allorché ha deciso nel senso della propria incompetenza a pronunciarsi sulla controversia.

D'altra parte, l'atteggiamento di prudenza si è attenuato, fino a lasciar posto ad un atteggiamento di attivismo giudiziario, in una serie di altre situazioni, nelle quali la Corte ha evidentemente ritenuto che le soluzioni che si accingeva a proporre coincidessero con le aspettative della comunità internazionale.

Un primo gruppo di casi è quello nei quali la Corte ha mostrato un attivismo "giuridico". Questo atteggiamento emerge soprattutto nelle pronunce con le quali la Corte ha ritenuto maturi i tempi per applicare regole e istituti giuridici ancora in via di formazione, svolgendo così un ruolo di promotore dello sviluppo del diritto internazionale.

Si vedano, soprattutto, la sentenza del 9 aprile 1949 nel caso del *Passaggio nello stretto di Corfù (Regno Unito c. Albania)* e il parere consultivo relativo alle *Riserve alla Convenzione sul genocidio* del 1951. Anche recentemente non mancano indicazioni nella medesima direzione. Una tendenza del medesimo tipo sembra aver ispirato la Corte anche nel parere dell'8 luglio 1996 relativo alla *Liceità della minaccia o dell'uso di armi nucleari*, ad esempio, nella parte in cui la Corte ha affermato che gran parte delle norme del diritto internazionale umanitario costituiscono «principi inderogabili del diritto internazionale consuetudinario» (par. 79).

In una situazione assai diversa, la Corte ha mostrato anche un attivismo "politico", pervenendo alla definizione di controversie apertamente osteggiata da uno Stato o da un gruppo di Stati, e pur nella consapevolezza della difficoltà di attuare la sentenza.

L'esempio migliore in questa direzione è probabilmente il caso *Nicaragua*, nel quale la Corte ha impiegato sofisticate metodologie di rilevamento delle regole generali sull'uso della forza al fine di pervenire alla definizione di una controversia fra Stati Uniti e Nicaragua. La Corte doveva peraltro essere ben consapevole dei rilevantissimi risvolti politici della controversia che avrebbero impedito l'applicazione della decisione da parte degli Stati Uniti. La decisione della Corte di accettazione della propria competenza ha anzi portato, come si è visto *supra*, al ritiro della dichiarazione opzionale di accettazione della sua giurisdizione da parte di questo Stato. In questo caso, che rappresenta apparentemente un caso di affermazione del diritto al di sopra della realtà sociale, la Corte ha probabilmente avvertito l'aspettativa della comunità internazionale di una riaffermazione delle regole giuridiche nei confronti degli Stati più forti. Il rischio, poi verificatosi, di lasciare inattuata la sentenza – o addirittura quello di causare la revoca dell'accettazione della clausola opzionale da parte degli Stati Uniti – deve essere sembrato alla Corte un prezzo accettabile da pagare di fronte all'effetto simbolico della pronuncia e all'indubbio rafforzamento del suo prestigio presso la gran parte della comunità internazionale.

9. *I Tribunali settoriali. Gli organi di soluzione delle controversie nell'Organizzazione mondiale del commercio*

In tempi recenti, ai tribunali permanenti a competenza generale, si sono venuti affiancando una serie di tribunali a competenza settoriale. Essi sono stati istituiti con trattato e la loro competenza si estende, in forza di una clausola compromissoria, alle sole controversie ricadenti nell'ambito di applicazione del trattato stesso.

Nell'ampia ed eterogenea categoria dei tribunali settoriali, occorre tener distinti quelli che giudicano unicamente di controversie fra Stati dai tribunali che hanno, a vario titolo, competenza in relazione a diritti ed obblighi individuali. Conviene dedicare qualche cenno, fra i primi, agli organi di soluzione delle controversie istituiti nell'ambito dell'Organizzazione mondiale del commercio. Questa è una organizzazione internazionale a carattere tendenzialmente universale che opera nell'ambito dei rapporti economici e, in particolare, della disciplina degli scambi commerciali fra Stati. L'Accordo istitutivo dell'Organizzazione fa parte dell'Atto finale dei negoziati commerciali multilaterali dell'Uruguay Round (1986-1994), firmato a Marrakech il 15 aprile del 1994 ed entrato in vigore il 1° gennaio 1995.

Nel primo Allegato dell'Accordo istitutivo sono contenuti una serie di accordi commerciali fra i quali: l'Accordo generale sulle tariffe doganali ed il commercio (*General Agreement on Tariffs and Trade*, GATT 1994), il quale sostituisce il precedente Accordo generale del 1947 (GATT 1947) applicato in via provvisoria fino al 1994; l'Accordo generale sugli scambi dei servizi (*General Agreement on Trade in Services*, GATS); l'Accordo sui diritti di proprietà intellettuale attinenti al commercio (*Trade Related Aspects of Intellectual Property Rights* – TRIPs).

Il secondo Allegato contiene l'Intesa sulle regole e procedure relative alla soluzione delle controversie (*Understanding on Dispute Settlement Procedures*, DSU). Il meccanismo stabilito dall'Intesa è sostanzialmente di natura giudiziaria. Le controversie sono infatti definite da organi dotati di terzietà rispetto alle parti; la decisione si fonda sull'applicazione del diritto e risulta giuridicamente vincolante per le parti.

Il sistema di soluzione delle controversie si articola in due gradi di giudizio, previo esperimento di un tentativo obbligatorio di conciliazione. Il primo grado di giudizio si svolge di fronte ad un *Panel* composto da tre esperti o cinque esperti nominati in relazione alle singole controversie da definire (v. gli artt. 6 ss.). L'Intesa stabilisce inoltre, all'art. 17, un Organo di appello permanente. L'Organo di appello è composto da sette membri ma siede in Camere composte da tre membri. Sia i membri dei *Panels* che quelli dell'Organo di appello operano a titolo personale e non in quanto rappresentanti di alcuno Stato e devono rispondere a requisiti di competenza, imparzialità e indipendenza. Mentre i *Panels* sono competenti ad accertare i fatti e la compatibilità delle misure contestate con le disposizioni degli accordi OMC, l'Organo di appello può decidere soltanto questioni di legittimità, confermando, annullando o modificando in tutto o in parte una precedente conclusione di un *Panel*.

L'effetto vincolante non deriva direttamente dalle decisioni dei *Panels* o dell'Organo di appello. I rapporti redatti dai *Panels* ed eventualmente dall'Organo di appello debbono infatti essere successivamente adottati da un organismo di carattere politico, l'Organo di soluzione delle controversie, del quale fanno parte i rappresentanti degli Stati membri. Un tale effetto è però automatico a meno che tale organo, all'unanimità, non rigetti il rapporto (v. gli artt. 16, e 17, par. 14). Ai sensi dell'art. 19 dell'Intesa, la decisione dei *Panels* ovvero dell'Organo di appello indica altresì le misure che lo Stato inadempiente deve adottare al fine di porre termine alla violazione.

L'Intesa disciplina la fase di esecuzione di una decisione adottata dagli organi di soluzione delle controversie. L'art. 21, ai par. 3 e 4, indica il termine entro il quale lo Stato destinatario deve adottare le misure indicate nella decisione.

Ai sensi dell'art. 21, par. 5, l'eventuale controversia relativa all'attuazione della decisione potrà essere, a propria volta, definita sulla base delle procedure previste dall'Intesa e, quindi, attraverso la costituzione di un *Panel* e l'eventuale fase di appello. Agli organi di soluzione delle controversie vanno altresì indirizzate le richieste di attuazione unilaterale di misure di compensazione, generalmente indicate come contromisure. L'adeguatezza e la proporzionalità di tali contromisure, che hanno come unico scopo il ripristino dell'equilibrio alterato dall'illecito, possono essere sottoposte, ai sensi dell'art. 22, par. 6 e 7, ad arbitrato ad opera sempre degli organi di soluzione delle controversie.

Come si vede, il sistema dell'OMC prevede un articolato sistema giudiziario di soluzione delle controversie, che si spinge fino ad autorizzare l'adozione di misure unilaterali di compensazione e a supervisionarne l'adeguatezza. Il meccanismo di soluzione appare peraltro assai complesso e comporta tempi lunghi di attuazione. Tale meccanismo, inoltre, non prevede strumenti coercitivi di garanzia diversi dal ripristino dell'equilibrio fra le posizioni delle parti. Alla luce di tale elemento, si comprende quindi come questo sistema, ancorché apparentemente teso ad una soluzione delle controversie di carattere giudiziario, lasci tuttavia ampio spazio a dinamiche di tipo diplomatico e, in particolare, al negoziato diretto fra le parti di una controversia.

10. *Funzione giudiziaria internazionale e attività individuali*

Nell'ambito della funzione giudiziaria internazionale occorre collocare l'imponente sviluppo di tribunali internazionali che hanno giurisdizione rispetto a diritti ed obblighi indirizzati dall'ordinamento internazionale ad individui.

Si tratta di una funzione diversa rispetto alla classica funzione di soluzione delle controversie fra Stati. Questi organi giudiziari esercitano infatti una funzione tipicamente assegnata ai tribunali interni: quella cioè di accertare posizioni soggettive individuali e di determinare le conseguenze della loro violazione. I tribunali istituiti dalle convenzioni sui diritti dell'uomo sono generalmente chiamati ad accertare violazioni di tali diritti da parte degli Stati e a determinare le conseguenze che ne derivano a favore degli individui. I tribunali istituiti dalle convenzioni di diritto internazionale penale sono invece chiamati ad accertare la violazione di norme del diritto internazionale penale da parte di individui e a irrogare loro sanzioni di carattere penale.

L'esercizio della giustizia internazionale nei confronti di individui pone una problematica di carattere teorico, relativa alla legittimazione di tribunali internazionali, costituiti da Stati attraverso un trattato, a esercitare funzioni giurisdizionali rispetto ad individui. Al di là della problematica di carattere teorico, pur assai rilevante, si pone inoltre il problema del rapporto di interazione culturale che un organo giurisdizionale deve necessariamente possedere rispetto alla comunità sociale nella quale opera. È infatti nota l'obiezione rivolta verso questo tipo di funzione giudiziaria, alla quale si rimprovera di esercitare una forma astratta di giustizia, priva cioè della necessaria sensibilità che deriva dall'appartenenza dei giudici alla medesima comunità sociale nella quale le loro decisioni produrranno effetti.

Nei confronti di queste obiezioni si può però osservare che l'esercizio di giurisdizione internazionale nei confronti di individui costituisce il frutto, ancora provvisorio, di una importante evoluzione concettuale che interessa l'ordinamento internazionale. Nell'ambito di tale evoluzione, l'ordinamento internazionale tende infatti ad esercitare alcune delle funzioni tipiche di ordinamenti a base interindividuale e sembra quindi attingere ad una esperienza giuridica che travalica la dimensione interstatale per assumere carattere tendenzialmente universale. In altri termini, i giudici internazionali, chiamati a giudicare sui diritti e sugli obblighi fondamentali degli individui, esercitano funzioni giurisdizionali nell'ambito di una comunità tendenzialmente composita, costituita sia da Stati che da individui. Come si è visto nella parte III, l'esistenza di rimedi giurisdizionali attraverso i quali gli individui possano esercitare diritti ed essere chiamati a rispondere di obblighi loro conferiti dall'ordinamento internazionale costituisce un indice essenziale della loro soggettività parziale.

Questo paragrafo è quindi dedicato ai tribunali internazionali istituiti dai trattati sui diritti dell'uomo e, in particolare, alla Corte europea dei diritti dell'uomo. Il prossimo paragrafo sarà invece dedicato alla Corte penale internazionale: un tribunale a competenza generale nel campo del diritto internazionale penale.

11. *La Corte europea dei diritti dell'uomo*

La Corte europea dei diritti dell'uomo è stata istituita dalla Convenzione europea dei diritti dell'uomo e delle libertà fondamentali. La Convenzione, conclusa nel 1950 nell'ambito del Consiglio d'Europa, è entrata in vigore nel 1953 e ne sono parti tutti i 47 Stati membri del Consiglio d'Europa. L'art. 6, par. 2, del Trattato sull'Unione europea prevede un obbligo di adesione alla Convenzione da parte dell'Unione europea.

La Corte è composta da un numero di giudici pari a quello degli Stati parte della Convenzione. I giudici sono eletti dall'Assemblea parlamentare del Consiglio d'Europa su una lista di tre candidati presentata da ciascuno Stato parte. L'adesione alla Convenzione comporta il riconoscimento automatico della competenza della Corte e l'accettazione del sistema di ricorso individuale.

L'art. 19 della Convenzione assegna alla Corte europea il compito di assicurare il rispetto dei diritti garantiti dalla Convenzione e dai suoi Protocolli aggiuntivi. A tal fine, la Convenzione stabilisce due meccanismi di ricorso.

Il primo è il classico ricorso interstatale, attivato cioè da uno Stato nei confronti di un altro Stato parte della Convenzione, accusato di aver violato i propri obblighi convenzionali. Il ricorso interstatale è uno strumento utilizzato molto raramente, dato lo scarso interesse degli Stati a reclamare il rispetto di diritti che la Convenzione stabilisce a favore di individui.

Ben più rilevante è il meccanismo del ricorso individuale, attivato, cioè, dagli individui che chiedono alla Corte europea di accertare la violazione dei propri diritti convenzionali da parte di uno Stato: solitamente, il proprio Stato nazionale ovvero di residenza. Proprio in virtù del potere conferito agli individui di adire la Corte europea nei confronti di qualsiasi Stato che violi i diritti assicurati dalla Convenzione, compreso il proprio Stato nazionale, la Convenzione europea costituisce il meccanismo più avanzato di accesso individuale alla giustizia internazionale. Il meccanismo del ricorso individuale costituisce il vero e proprio cuore del sistema di tutela dei diritti convenzionali.

Numerosi altri trattati sui diritti dell'uomo stabiliscono altresì forme e procedure di controllo sul rispetto dei loro obblighi. A livello universale, il Patto internazionale sui diritti civili e politici del 1966 ha istituito il Comitato dei diritti dell'uomo; la Convenzione sull'eliminazione di tutte le forme di discriminazione razziale del 1965 ha istituito il Comitato per l'eliminazione della discriminazione razziale; la Convenzione per l'eliminazione della discriminazione nei confronti delle donne del 1979 ha istituito il Comitato per l'eliminazione della discriminazione nei confronti delle donne; la Convenzione sui diritti dell'infanzia del 1989 ha istituito il Comitato dei diritti dell'infanzia; la Convenzione contro la tortura del 1984 ha istituito il Comitato contro la tortura. Il controllo sul rispetto del Patto sui diritti economici sociali e culturali del 1966 è invece demandato al Consiglio economico e sociale delle Nazioni Unite, il quale ha però a sua volta istituito con risoluzione 1985/17 un Comitato dei diritti economici sociali e culturali.

La competenza di tali organi è tuttavia spesso limitata all'esame di rapporti periodicamente presentati dagli Stati, mentre la competenza a decidere su ricorsi o comunicazioni interstatali è subordinata ad una specifica dichiarazione di accettazione da parte dello Stato membro. Ancora più limitata è la competenza a decidere su ricorsi presentati da individui vittime di violazioni. Tale competenza infatti non sempre è contemplata e spesso lo è solo ad opera di protocolli addizionali (è il caso ad esempio del primo protocollo addizionale al Patto sui diritti civili e politici). L'efficacia dell'attività di tali organi è ulteriormente limitata dal fatto che essi possono emanare solo raccomandazioni o rapporti e non vere e proprie sentenze vincolanti per gli Stati.

Più incisiva è invece la competenza degli organi giurisdizionali istituiti dalle convenzioni sui diritti dell'uomo concluse in ambito regionale. Tra tali organi vanno ricordati, oltre alla Corte europea dei diritti dell'uomo, la Corte interamericana dei diritti dell'uomo e la più recente Corte africana dei diritti dell'uomo e dei popoli.

Accanto al sistema dei ricorsi – quello interstatale e quello individuale – si aggiunge ora, ad opera Protocollo n. 16, entrato in vigore il 1° agosto 2018, un ulteriore strumento di tutela dei diritti convenzionali: quello dei pareri consultivi, che la Corte europea può adottare su richiesta delle Corti supreme degli Stati parte.

Nei due sotto-paragrafi che seguono, si analizzerà il funzionamento del meccanismo dei ricorsi individuali e quello, appena entrato in vigore, dei pareri consultivi.

a) *I ricorsi individuali*

L'intero meccanismo dei ricorsi individuali è stato recentemente riformato ad opera del Protocollo n. 14, entrato in vigore il 1° giugno 2010.

Ai sensi dell'art. 34 della Convenzione la Corte può essere investita di un ricorso da parte di «una persona fisica, un'organizzazione non governativa o un gruppo di privati che sostenga d'essere vittima di una violazione da parte di una delle Alte Parti contraenti».

Perché un ricorso possa essere esaminato nel merito è necessario che esso sia previamente dichiarato ricevibile. I motivi di irricevibilità sono precisati nell'art. 35. Il ricorrente deve aver previamente esaurito i ricorsi interni previsti dall'ordinamento dello Stato ad opera del quale egli pretenda di aver subito una violazione e deve presentare il ricorso alla Corte entro il termine di sei mesi dalla decisione interna definitiva. Il ricorso inoltre deve concernere uno dei diritti garantiti dalla Convenzione e non essere identico ad altro precedente esaminato. Esso inoltre non deve essere anonimo o risultare manifestamente infondato o abusivo.

La regola del previo esaurimento dei ricorsi interni indica che la violazione della Convenzione segue solo a una compressione dei diritti individuali che abbia carattere definitivo. I rimedi della Convenzione sono quindi sussidiari rispetto a quelli assicurati nell'ambito dell'ordinamento interno. La Corte ha tuttavia spesso affermato che qualora un ricorso interno non sia accessibile ed effettivo, ovvero non garantisca la cessazione della violazione ed un'idonea riparazione alla vittima, il suo previo esaurimento non è necessario ai fini della competenza della Corte; nella sentenza del 28 luglio 1999 nel caso *Selmouni c. Francia*, ricorso n. 25803/94, ad esempio, la Corte europea ha ritenuto ricevibile il ricorso presentato da una persona che aveva subito torture da parte della polizia francese nonostante il processo nei confronti dei poliziotti fosse ancora in corso davanti ai giudici nazionali. La Corte ha affermato infatti che l'eccessiva durata del processo (la prima comparsa degli imputati aveva avuto luogo solo sette anni dopo gli eventi) rendesse del tutto inefficace quel procedimento e giustificasse pertanto il ricorso direttamente alla Corte europea.

Ai sensi dell'art. 27 della Convenzione, come emendato dal Protocollo n. 14, la competenza a decidere sull'irricevibilità di un ricorso individuale spetta, in primo luogo, ad un giudice unico.

Se il ricorso non è dichiarato irricevibile, la competenza nel merito spetterà a un Comitato composto da tre giudici qualora la questione possa essere agevolmente risolta sulla base della consolidata giurisprudenza della Corte. Altrimenti, la competenza spetterà ad una delle Sezioni della Corte (*Chamber*), composta da sette giudici. Sia il Comitato che la Sezione ritengono comunque il potere di riesaminare la ricevibilità del ricorso.

Ciascuna Sezione potrà declinare la propria competenza a favore delle Sezioni Unite (*Grand Chamber*) allorché ritenga che la soluzione comporti una complessa questione interpretativa della Convenzione o possa dar luogo a conflitti con la precedente giurisprudenza. Le Sezioni Unite fungono anche da organo di revisione delle sentenze camerali. Ai sensi dell'art. 43, ogni parte di una controversia definita con sentenza di una Sezione può infatti chiedere entro tre mesi che il caso sia rinviato dinanzi alle Sezioni Unite. La norma non istituisce però un vero e proprio diritto di appello. Per essere esaminata nel merito, infatti, una domanda di revisione deve essere considerata ricevibile da un collegio di cinque giudici, il quale valuta se la questione oggetto del ricorso sollevi «gravi problemi di interpretazione o di applicazione della Convenzione o dei suoi protocolli, o comunque un'importante questione di carattere generale».

Le sentenze della Corte hanno l'effetto di accertare una violazione dei diritti convenzionali. Esse possono anche pronunciare una condanna nei confronti dello Stato che si è reso responsabile di una violazione. Secondo l'art. 41, qualora il diritto interno non consenta di riparare integralmente la violazione, la Corte può accordare «un'equa soddisfazione alla parte lesa».

La disposizione è stata per lungo tempo intesa nel senso che essa contenesse una deroga alle normali conseguenze dell'illecito internazionale e che, in particolare, essa non consentisse alla Corte europea dei diritti dell'uomo di indicare misure di riparazione in forma specifica. Negli orientamenti più recenti della giurisprudenza non mancano però spunti che potrebbero essere valorizzati in una direzione diversa. Come si è già ricordato, in talune sentenze la Corte ha espressamente indicato come dalla Convenzione derivi altresì l'obbligo di rivedere sentenze definitive di uno Stato pronunciate in violazione dei principi del giusto processo.

V., ad esempio, la sentenza nel caso *Somogyi c. Italia*, del 18 maggio 2004, ricorso n. 67972/01. Questi nuovi orientamenti potrebbero maturare nel senso di ricostruire l'art. 41 della Convenzione come una norma che offre una garanzia minima a favore dell'imputato ma che non osta invece all'accertamento da parte della Corte europea dei diritti dell'uomo delle conseguenze dell'illecito derivanti dal diritto generale, quali, appunto, la riparazione in forma specifica.

Il controllo del rispetto delle sentenze della Corte è demandato al Comitato dei Ministri del Consiglio d'Europa.

La Corte non ha quindi il potere di accertare la contrarietà alla Convenzione di leggi e altri atti normativi interni, ma solo di pronunciarsi rispetto all'esistenza attuale di una violazione a carico del ricorrente. È questo uno dei limiti maggiori del meccanismo giudiziale di controllo disposto dalla Convenzione. Esso è stato però parzialmente superato dalla giurisprudenza della Corte. La Corte ha ritenuto di poter indicare le disposizioni normative interne che risultino strutturalmente in conflitto con i diritti convenzionali e che gli Stati parte hanno l'obbligo di rimuovere.

Tale orientamento è stato, come è noto, inaugurato con le due sentenze del 10 novembre 2004 nei casi *Sejdovic c. Italia*, ricorso n. 56581/00, e *Broniowski c. Polonia*, ricorso n. 31443/96. Si tratta di violazioni strutturali, che attengono cioè ad una strutturale incompatibilità fra l'ordinamento nazionale e la Convenzione sì da rendere inevitabile la reiterazione della violazione. Alcuni gruppi di casi relativi all'Italia rientrano nelle violazioni strutturali della CEDU: quelli relativi alle occupazioni acquisitive, all'ammontare degli indennizzi conseguenti a espropri legittimi, e infine alla durata eccessiva dei processi civili.

b) *I pareri consultivi*

L'art. 47 della Convenzione prevedeva già la possibilità che la Corte rendesse pareri consultivi su richiesta del Comitato dei Ministri. Tuttavia, a differenza di quanto accaduto nel sistema della Convenzione interamericana, i pareri consultivi previsti dall'art. 47 della Convenzione europea hanno avuto un ruolo del tutto marginale, verosimilmente in ragione della scarsa propensione del Comitato dei Ministri ad avvalersi di tale strumento.

Il Protocollo n. 16 modifica in profondità lo strumento dei pareri consultivi. L'art. 1 del Protocollo conferisce alle Corti supreme degli Stati parte il potere di chiedere alla Corte europea dei diritti dell'uomo un parere consultivo nell'ambito di un caso pendente innanzi ad esse. Il parere deve concernere questioni di principio relative alla interpretazione o alla applicazione delle norme convenzionali. La Corte europea potrà quindi essere chiamata da un giudice a chiarire il contenuto e la portata di un diritto convenzionale in via preliminare rispetto alla decisione nazionale definitiva.

Le differenze fra i pareri consultivi e il classico strumento dei ricorsi individuali appaiono evidenti. I ricorsi individuali sono proponibili solo dopo l'esaurimento dei ricorsi interni, vale a dire dopo la decisione definitiva presa dai giudici nazionali. Ne consegue che la Corte europea non potrà influire sull'esito del procedimento giudiziario interno ma potrà solo accertare la violazione della Convenzione. Proprio l'esistenza di una sentenza nazionale definitiva costituisce un pesante ostacolo all'attuazione delle decisioni della Corte europea, che solo in rari casi comportano l'obbligo per gli Stati membri di riaprire il procedimento giudiziario.

Di converso, i pareri consultivi consentono alla Corte europea di chiarire il contenuto dei diritti convenzionali prima che il giudice nazionale abbia adottato la sua decisione definitiva e, quindi, di prevenire una violazione della Convenzione. Inoltre, dato che la Corte europea si pronuncerà rispetto a "questioni di principio", sia pure nell'ambito di un caso, la Corte sarà verosimilmente meno legata alle vicende specifiche del caso, e potrà meglio chiarire questioni di diritto relative alla interpretazione o alla applicazione della Convenzione.

Lo strumento dei pareri consultivi reca qualche traccia di analogia con lo strumento del rinvio pregiudiziale alla Corte di giustizia, previsto dai Trattati istitutivi dell'Unione europea. Ambedue tali strumenti realizzano una forma di cooperazione fra giudici nazionali e giudici europei. Non mancano, però, le diversità. A differenza di quanto accade con il rinvio pregiudiziale, la richiesta di pareri consultivi è riservata alle Corti supreme e non può essere quindi attivata dai giudici inferiori. Inoltre, i giudici nazionali non hanno mai l'obbligo, ma sempre la mera facoltà, di richiedere un parere consultivo alla Corte europea. Infine, i pareri consultativi non hanno, almeno formalmente, alcun effetto vincolante, pur se la sentenza nazionale che si discosti da un parere potrà fare oggetto di un ricorso individuale al termine del quale, verosimilmente, la Corte europea accerterà una violazione della Convenzione.

Proprio l'analogia con il rinvio pregiudiziale potrebbe creare problemi di coordinamento nell'utilizzazione del nuovo strumento dei pareri consultivi. Un giudice nazionale di ultima istanza, il quale debba applicare i diritti fondamentali individuali in una questione che rientra nell'ambito di applicazione del diritto dell'Unione europea, avrà a disposizione, infatti, due strumenti di cooperazione con una corte sovranazionale: egli potrà disporre un rinvio pregiudiziale alla Corte di giustizia dell'Unione europea oppure chiedere un parere consultivo alla Corte europea. Non vi è, peraltro, alcuna regola che stabilisca una priorità nella loro utilizzazione. Inoltre, le differenze nella disciplina di tali strumenti potranno dar luogo ad ulteriori incertezze, dato che i giudici non di ultimo grado hanno la facoltà di sollevare un rinvio pregiudiziale alla Corte di giustizia dell'Unione, ma non possono invece chiedere un parere consultivo alla Corte europea. Inoltre, i giudici di ultima istanza hanno un obbligo di sollevare rinvio pregiudiziale alla Corte di giustizia dell'Unione, mentre hanno una mera facoltà di chiedere un parere consultivo alla Corte europea dei diritti dell'uomo.

Conviene precisare che, al momento in cui si scrive, il Protocollo n. 16 non è stato ratificato dall'Italia. Per il momento, dunque, i giudici italiani non potranno chiedere alla Corte pareri consultivi. Tuttavia, i pareri consultivi resi su richiesta di altri giudici costituiranno indubbiamente un precedente autorevole nell'interpretazione della Convenzione che difficilmente i giudici italiani potranno ignorare. Ne consegue che, di fatto, i pareri consultivi adottati dalla Corte europea orienteranno l'interpretazione della Convenzione anche nei confronti dei giudici italiani senza però che questi possano avvalersi di tale strumento.

12. *La Corte penale internazionale*

La Corte penale internazionale è la prima giurisdizione penale internazionale a carattere permanente istituita attraverso un trattato, che ne contiene anche lo Statuto. Lo Statuto della Corte è stato adottato dalla Conferenza di Roma il 17 luglio 1998 ed è aperto alla ratifica e all'adesione di tutti gli Stati. Esso è entrato in vigore il 1° luglio 2002 (l'Italia ha ratificato lo Statuto con legge 12 luglio 1999, n. 232).

Si ricordi che il Tribunale internazionale penale per l'ex Iugoslavia e il Tribunale internazionale penale per il Ruanda sono stati istituiti dal Consiglio di sicurezza sulla base del Capitolo VII della Carta delle Nazioni Unite, rispettivamente con le risoluzioni 827 (1993) e 955 (1994). Altri tribunali penali internazionali sono stati istituiti in seguito ad accordi tra le Nazioni Unite e il Paese nel cui territorio si è verificato il crimine e successivamente recepiti in una risoluzione del Consiglio di sicurezza; questo è il modello seguito per la istituzione della Corte speciale per la Sierra Leone nel 2002 e del Tribunale speciale per il Libano nel 2006.

La Corte penale internazionale è un'organizzazione indipendente, posta al di fuori del sistema delle Nazioni Unite. Essa ha sede a L'Aja e il suo funzionamento, per quanto non regolato dallo Statuto, è disciplinato dall'Assemblea degli Stati parte. La Corte si compone di 4 organi: la Presidenza, le Sezioni (*Chambers*), composte da un totale di 18 giudici e articolate in sezioni preliminari, di primo grado e di appello, l'Ufficio del Procuratore e la Cancelleria.

La Corte può esercitare la sua competenza in relazione ai crimini di guerra, ai crimini contro l'umanità e ai crimini di genocidio commessi da individui. La Conferenza di revisione tenuta a Kampala nel 2010, vi ha aggiunto anche il crimine individuale di aggressione, ora disciplinato dall'art. 8-*bis* dello Statuto. La giurisdizione della Corte penale internazionale sul crimine di aggressione è stata attivata a partire dal 17 luglio 2018.

Tuttavia, la competenza della Corte non è universale. Essa può essere esercitata solo nell'ipotesi in cui l'accusato sia cittadino di uno Stato parte o di uno Stato che ha accettato la competenza della Corte, ovvero qualora il crimine sia stato commesso sul territorio di uno Stato parte o sul territorio di uno Stato che ha accettato la competenza della Corte. Tale limitazione, peraltro, non si applica allorché la giurisdizione della Corte venga attivata dal Consiglio di sicurezza ai sensi dell'art. 13, lett. *b*), dello Statuto.

La competenza della Corte incontra anche un limite temporale. Infatti, essa non può essere esercitata in relazione a condotte poste in essere prima del 1° luglio 2002, data di entrata in vigore dello Statuto di Roma. Per gli Stati che divengano parte dello Statuto dopo questa data, la Corte ha competenza solo riguardo ai fatti verificatisi successivamente all'entrata in vigore dello Statuto per lo Stato medesimo, salvo che quest'ultimo non abbia accettato la giurisdizione anche per il periodo precedente all'adesione.

Anche qualora la Corte sia competente sulla base dei criteri menzionati, non necessariamente essa potrà esercitare la propria competenza. L'esercizio della giurisdizione della Corte ha infatti carattere sussidiario rispetto alla giurisdizione nazionale. Sono quindi irricevibili quei casi che sono oggetto di un'inchiesta o di un procedimento penale da parte di uno Stato parte che abbia competenza. Tuttavia, la Corte può esercitare la propria giurisdizione nei casi in cui, in base all'art. 17 dello Statuto, si riscontra un «difetto di volontà» o una «incapacità» dello Stato di perseguire i crimini di sua competenza. Un caso può essere dichiarato irricevibile anche qualora la Corte giudichi che il fatto non sia di gravità sufficiente a giustificare ulteriori azioni da parte sua.

I presupposti per l'esercizio della giurisdizione della Corte penale internazionale sono quindi formalmente diversi da quelli indicati, nei rispettivi Statuti, per il Tribunale internazionale penale per l'ex Iugoslavia (art. 9) e per il Tribunale internazionale penale per il Ruanda (art. 8). Queste disposizioni riconoscono una competenza concorrente fra giurisdizione internazionale e giurisdizioni nazionali, coordinata attraverso un meccanismo di supremazia della giurisdizione internazionale in base al quale l'esercizio di competenza da parte del tribunale internazionale comporta il venir meno della competenza delle giurisdizioni nazionali.

La giurisdizione della Corte penale internazionale può essere attivata dal Procuratore, sia d'ufficio che su richiesta di uno Stato parte o del Consiglio di sicurezza. Il Consiglio di sicurezza ha utilizzato questa facoltà deferendo al Procuratore la situazione del Darfur (si veda la risoluzione 1593 (2005) del 31 marzo 2005). Più recentemente, il Consiglio di sicurezza, con la risoluzione 1970 (2011), ha deferito al Procuratore la situazione in Libia per eventi successivi al 15 febbraio 2011.

Il Consiglio di sicurezza è anche in grado di bloccare l'attività della Corte. L'art. 16 dello Statuto afferma, infatti, che «nessuna indagine e nessun procedimento penale possono essere iniziati o proseguiti ai sensi del presente Statuto per il periodo di dodici mesi successivi alla data in cui il Consiglio di Sicurezza, con risoluzione adottata ai sensi del Capitolo VII della Carta delle Nazioni Unite, ne abbia fatto richiesta alla Corte; tale richiesta può essere rinnovata dal Consiglio con le stesse modalità». Su tale base, il Consiglio di sicurezza ha bloccato la giurisdizione della Corte in relazione alle attività del personale appartenente ad operazioni di *peacekeeping* delle Nazioni Unite (si veda la risoluzione 1422 (2002) del 12 luglio 2002 e la risoluzione 1487 (2003) del 12 giugno 2003).

13. *Pluralità di tribunali internazionali e frammentazione della funzione giudiziaria*

La pluralità di tribunali internazionali produce il rischio di frammentazione della funzione giudiziaria e moltiplica le occasioni di conflitti, positivi o negativi, fra organi giudiziari.

Una delle principali cause di conflitto è data dall'istituzione di organi a competenza settoriale, ai quali la competenza è attribuita in forza di una clausola compromissoria. La clausola compromissoria ha infatti limiti strutturali di utilizzo. Essa accede ad un trattato e, quindi, limita il proprio effetto rispetto alle controversie relative a tale trattato. Controversie complesse, che rilevino di più settori del diritto internazionale, potrebbero rientrare, in tutto o in parte, nella competenza di più organi giudiziari.

La difficoltà di stabilire la competenza di tribunali settoriali rispetto ad una controversia dal contenuto ampio è esemplificata dalla controversia fra Comunità europea e Cile concernente il c.d. mare preferenziale. La controversia aveva inizio con il rifiuto da parte del Cile di consentire lo sbarco e il transito sul proprio territorio di pesce pescato da navi comunitarie nel Pacifico, al largo delle coste cilene, in violazione di un limite alla pesca in alto mare istituito unilateralmente dal Cile. La Comunità, ritenendo che il rifiuto di sbarco e di transito del pesce fosse contrario alla disciplina dell'Organizzazione mondiale del commercio, richiedeva quindi all'Organizzazione la costituzione di un *Panel* (*Cile, Misure che pregiudicano il transito e l'importazione di pesce spada*, 19 aprile 2000, WT/DS193). Il Cile, ritenendo che la pesca nella propria zona di "mare preferenziale" fosse contraria alla Convenzione delle Nazioni Unite sul diritto del mare, adiva il Tribunale internazionale per il diritto del mare (*Caso n. 7, concernente la conservazione e lo sfruttamento sostenibile di stock di pesce spada nella zona sud-est dell'oceano Pacifico, Cile c. Comunità europea*, 20 dicembre 2000). I due casi venivano dapprima sospesi e poi definitivamente cancellati dal ruolo in seguito ad un accordo transattivo fra le parti.

Si tratta quindi di vedere se vi siano regole atte a coordinare l'esercizio della competenza concorrente di più organi giudiziari internazionali.

A volte i trattati che stabiliscono un titolo di competenza a favore di un organo giudiziario contengono altresì regole unilaterali di coordinamento rispetto alla competenza di altri organismi giurisdizionali.

L'art. 282 della Convenzione delle Nazioni Unite sul diritto del mare prevede, ad esempio, la priorità di meccanismi di soluzione delle controversie stabiliti in altri accordi rispetto a quelli stabiliti dalla Convenzione stessa. Una soluzione opposta è adottata da altri sistemi convenzionali, che tendono ad assicurare invece l'esclusività dei propri meccanismi interni di soluzione delle controversie. L'art. 55 della Convenzione europea dei diritti dell'uomo, ad esempio, contiene un obbligo degli Stati parte di non avvalersi di altri strumenti giurisdizionali per la soluzione di controversie relative alla interpretazione e all'applicazione della Convenzione. L'art. 344 TFUE (*ex* art. 292 Trattato CE) prevede il divieto per gli Stati membri di deferire una controversia relativa all'interpretazione o all'applicazione dei Trattati istitutivi ad un modo di composizione diverso da quelli previsti da essi. Meccanismi di questo genere non sono però particolarmente efficaci. Essi stabiliscono solo un obbligo per le parti di avvalersi dei mezzi per la soluzione delle controversie previsti dal trattato stesso. Essi non sembrano invece capaci di incidere sulla competenza di un altro organo al quale le parti abbiano attribuito la competenza a definire una controversia, discostandosi così dagli obblighi previsti dal precedente trattato.

Nel caso *Ijzeren Rijn (Belgio c. Paesi Bassi)*, un tribunale arbitrale incaricato di risolvere una controversia che lambiva la sfera di applicazione del Trattato CE si è posto la questione di vedere se la controversia rientrasse nell'ambito di applicazione del Trattato CE, evidenziando una certa disponibilità, in caso di esito positivo dell'accertamento, a declinare la propria competenza (decisione del 24 maggio 2005). Dato che l'accertamento ha dato esito negativo, peraltro, ciò non è avvenuto.

Una questione analoga è sorta recentemente in relazione alla controversia fra Regno Unito e Irlanda relativa alla liceità della costruzione di un impianto industriale per il riciclaggio del plutonio proveniente da combustibili nucleari situato sulle rive britanniche del Mare d'Irlanda e ritenuto pericoloso per l'ambiente marino da parte dell'Irlanda.

La controversia veniva portata inizialmente dall'Irlanda innanzi al Tribunale internazionale per il diritto del mare, dato che essa rilevava dell'applicazione delle norme sulla protezione dell'ambiente marino. Peraltro la Commissione europea, ritenendo che la controversia rilevasse anche dell'applicazione del Trattato CE, ha avviato una procedura di infrazione nei confronti dell'Irlanda. Della controversia era stato investito inoltre un tribunale arbitrale istituito ai sensi dell'art. 32 della Convenzione per la protezione dell'ambiente marino dell'Atlantico nordorientale.

In conseguenza della procedura di infrazione avviata dalla Commissione nei confronti dell'Irlanda, il Tribunale internazionale per il diritto del mare ha sospeso, con provvedimento atipico, la propria competenza ritenendo opportuno attendere l'accertamento della Corte di giustizia dell'Unione europea (v. *Mox Plant, Irlanda c. Regno Unito*, ordinanza n. 3 del 24 giugno 2003 sulla *sospensione della procedura sulla giurisdizione e sul merito e richiesta di misure provvisorie*). La Corte di giustizia, con sentenza pronunciata dalla Grande Sezione il 30 maggio 2006, in causa C-459/03, *Commissione delle Comunità europee c. Irlanda*, ha quindi condannato l'Irlanda ritenendo che le disposizioni della Convenzione sul diritto del mare relative alla tutela ambientale ricadono nella competenza dell'Unione e non in quella degli Stati membri. La Corte non ha però preso posizione sulla interpretazione dell'art. 344 del TFUE suggerita dall'Avvocato generale, secondo il quale esso imporrebbe agli Stati l'obbligo di non avvalersi di strumenti alternativi per la soluzione di qualsiasi controversia rientrante anche in minima parte nell'ambito di applicazione del diritto dell'Unione (v. soprattutto i par. 13 e 14 delle Conclusioni del 18 gennaio 2006). Una interpretazione di questo tipo avrebbe la conseguenza di impedire agli Stati membri della Comunità di avvalersi di altri strumenti di regolamento in una serie amplissima e potenzialmente illimitata di controversie astrattamente suscettibili di lambire l'ambito di applicazione del diritto comunitario.

A parte questi strumenti unilaterali di coordinamento, di incerto funzionamento, non vi sono molti modi per risolvere il problema delle interferenze fra clausole compromissorie. Illusoria appare la possibilità di utilizzare meccanismi di carattere procedurale, quali l'istituto della cosa giudicata o della litispendenza. Tali istituti, che si applicano in ordinamenti integrati quali quelli statali, non possono funzionare in presenza di clausole compromissorie che conferiscono ad organi diversi la competenza a risolvere controversie sull'interpretazione e sull'applicazione di trattati diversi. Talora la dottrina ha evocato, in proposito, l'applicazione di strumenti quali il *self-restraint* o la *comitas* giudiziale, il senso di deferenza cioè che ciascun giudice dovrebbe prestare rispetto all'esercizio della funzione giudiziale di un altro organo. Si tratta peraltro di strumenti incerti quanto al contenuto, al fondamento giuridico e alle modalità di applicazione. Se una certa tendenza all'autolimitazione da parte dei vari giudici, e la comune sensibilità che deriva dall'esercizio della medesima funzione, possono essere di ausilio nella soluzione di conflitti spinosi, è difficile fondare su di essi una teoria giuridica dei conflitti fra giurisdizioni internazionali.

Non appare agevole, insomma, trattare con strumenti procedurali l'esistenza di controversie complesse, che ricadono parzialmente nell'ambito di applicazione di diversi strumenti convenzionali, e soggiacciono quindi alla competenza parziale di diversi organi di soluzione delle controversie. Dato che la competenza di ciascun organo si fonda su strumenti convenzionali diversi, è assai difficile infatti che tale competenza possa essere ridotta o eliminata dalla concomitante competenza di un altro giudice.

Le difficoltà derivanti dalla moltiplicazione dei fori giudiziari internazionali possono essere ridotte, ma non eliminate, ricorrendo a due strumenti. Il primo è l'unità del diritto applicabile. È possibile infatti che il conflitto fra gli effetti prodotti da giudicati diversi si possa ridurre allorché i diversi giudici applichino le medesime norme giuridiche. Non si tratta allora di coordinare l'esistenza di più regole attributive di competenza, quanto piuttosto di assicurare che tale competenza venga esercitata sulla base di un parametro normativo identico.

È diffusa l'idea che i tribunali settoriali, la cui competenza è limitata a controversie relative all'applicazione di un trattato, debbano limitarsi ad applicare le norme di tale trattato. Tale conclusione non è però convincente. Pur se, infatti, la competenza dell'arbitro è limitata a controversie ricadenti nell'ambito di applicazione del trattato, tali controversie vanno tuttavia definite sulla base del diritto internazionale applicabile nelle relazioni fra le parti, ivi comprese altre norme di diritto internazionale che interferiscano con l'applicazione del trattato. Si faccia l'esempio di una controversia fra due Stati, nella quale lo Stato A chieda ad un giudice di accertare la difformità del comportamento di B rispetto al trattato X. La controversia ricade certamente nell'ambito di applicazione del trattato. Tuttavia B, al fine di giustificare il proprio comportamento, potrebbe invocare l'applicazione di una diversa norma giuridica che interferisca con l'applicazione del trattato affermando, ad esempio, che il trattato è stato violato a titolo di contromisura. Al fine di risolvere la controversia, pertanto, il giudice dovrà applicare l'intero corpo di norme internazionali vincolanti per le parti.

La distinzione tra giurisdizione e diritto applicabile ad una controversia internazionale è sottolineata anche nella sentenza della Corte internazionale di giustizia del 6 novembre 2003 nel caso delle *Piattaforme petroliere (Iran c. Stati Uniti)*, par. 41. Sulla differenza fra l'ambito della giurisdizione che deriva da una clausola compromissoria e il diritto applicabile per la soluzione delle controversie v. la sentenza della Corte internazionale di giustizia del 20 aprile 2010 relativa alle *Cartiere sul fiume Uruguay* (*Argentina c. Uruguay*), par. 48 ss. spec. par. 64 ss.

L'applicazione delle medesime norme giuridiche può però attenuare ma non certo eliminare gli accertamenti diversi e potenzialmente confliggenti da parte di vari giudici. Tale possibilità potrebbe essere ulteriormente ridotta qualora si considerasse che una sentenza che definisca una controversia ai sensi di un determinato trattato vale come norma vincolante per le parti e, quindi, dovrà essere applicata da qualsiasi altro giudice, in un diverso procedimento di soluzione delle controversie che intercorra fra le stesse parti. Ad esempio, una sentenza che definisca una controversia fra due Stati, accertando che una certa condotta costituisce violazione della Convenzione sul diritto del mare dovrà essere applicata dagli organi di soluzione delle controversie dell'OMC, qualora tale accertamento costituisca una questione preliminare rispetto alla soluzione di una controversia fra le medesime parti relativa all'applicazione di norme dell'OMC.

Questo metodo di soluzione dei conflitti giurisdizionali internazionali è quindi fondato sull'idea che una sentenza internazionale, che non costituisce cosa giudicata ai sensi di un diverso procedimento giudiziario, debba nondimeno essere applicata in tale procedimento come norma sostanziale vincolante per le parti. Un segnale in questa direzione viene dalla recente sentenza della Corte internazionale di giustizia del 26 febbraio 2007 sull'*Applicazione della Convenzione sul genocidio (Bosnia-Erzegovina c. Serbia e Montenegro)*, nella quale la Corte ha dato rilievo alla giurisprudenza del Tribunale penale internazionale per la ex Iugoslavia, sia al fine di accertare fatti rilevanti in ambedue i procedimenti sia anche al fine di qualificare giuridicamente fattispecie che ricadono sotto la competenza del Tribunale.

Di converso, la Corte ha ritenuto di discostarsi dalla giurisprudenza del Tribunale in riferimento a questioni che, ad avviso della Corte, il Tribunale non aveva la competenza a giudicare.

ITINERARI BIBLIOGRAFICI

Alla funzione giudiziaria internazionale e al processo internazionale la dottrina italiana ha dedicato alcuni studi ormai classici. V. i volumi che raccolgono gli scritti di G. MORELLI, *Studi sul processo internazionale*, Milano, 1963, e *Nuovi studi sul processo internazionale*, Milano, 1972; nonché la raccolta *Il processo internazionale, Studi in onore di Gaetano Morelli*, in *Comunicazioni e studi*, vol. XIV, Milano, 1975; v. inoltre, V. STARACE, *Processo internazionale*, in *Enciclopedia del Diritto*, vol. XXXVI, Milano, 1987, p. 147 ss., *Il ruolo del giudice internazionale nell'evoluzione del diritto internazionale e comunitario*, a cura di F. Salerno, Milano, 1995. Per una rassegna dei principali tribunali internazionali, v. *The Manual on International Courts and Tribunals*, 2ª ed., a cura di R. Mackenzie, C. Romano, Y. Shany e P. Sands, Oxford, 2010.

Sulla Corte internazionale di giustizia cfr., fra i lavori nella letteratura italiana, V. STARACE, *La competenza della Corte internazionale di giustizia in materia contenziosa*, Napoli, 1970; P. BENVENUTI, *L'accertamento del diritto mediante i pareri consultivi della Corte internazionale di giustizia*, Milano, 1985; S. FORLATI, *The International Court of Justice. An Arbitral Tribunal or a Judicial Body?*, Berlin, 2014. Fra le opere recenti di carattere sistematico, v. S. ROSENNE, *The Law and Practice of the International Court, 1920-2005*, 4ª ed., The Hague, 2006; *Enhancing the Rule of Law through the International Court of Justice*, a cura di G. Gaja, The Hague, 2014; H. THIRLWAY, *The International Court of Justice*, Oxford, 2016; M. SHAW, *Rosenne's Law and Practice of the International Court: 1920-2015*, 5ª ed., Leiden, 2016, e il commentario *The Statute of the International Court of Justice: A Commentary*, 3ª ed., a cura di Andreas Zimmermann, Christian J. Tams, Karin Oellers-Frahm, Christian Tomuschat, Oxford, 2019.

Sulla politica giudiziaria della Corte internazionale di giustizia v. P. KOOIJMANS, *The ICJ in the 21st Century: Judicial Restraint, Judicial Activism, or Proactive Judicial Policy*, in *International and Comparative Law Quarterly*, 2007, p. 741 ss.

Una trattazione generale dei tribunali internazionali penali istituiti negli ultimi decenni è contenuta in C. Jorda, *Du tribunal pénal pour l'ex-Yougoslavie à la Cour pénale internationale. De quelques observations et enseignements*, in *Recueil des cours de l'Académie de droit international*, vol. 307, 2004, p. 9 ss. Sul funzionamento della Corte penale internazionale, v. *The Rome Statute of the International Criminal Justice*, a cura di M. Politi e G. Nesi, Aldershot, 2001; *Essays on the Rome Statute of the International Criminal Court*, a cura di F. Lattanzi e W.A. Schabas, Roma, 1999-2004; il commentario *The Rome Statute of the International Criminal Court. A Commentary*, a cura di A. Cassese, P. Gaeta, e J.R.W.D. Jones, Oxford, 2002. Più recentemente, v. *The Oxford Companion to International Criminal Justice*, a cura di A. Cassese, Oxford, 2009; W.A. SCHABAS, *The Internatio-*

nal Criminal Court. A Commentary on the Rome Statute, 2ª ed., Oxford, 2016; *The Crime of Aggression. A Commentary*, a cura di C. Kreß, Cambridge, 2017.

Per un'analisi dei tribunali penali misti, v. E. CIMIOTTA, *I tribunali penali misti*, Padova, 2009.

Sui sistemi di garanzia dei trattati sui diritti dell'uomo, v. C. TOMUSCHAT, *Human Rights. Between Idealism and Realism*, 2ª ed., Oxford, 2008. Sui meccanismi della Convenzione europea, in particolare, v. *The European Convention on Human Rights*, 7ª ed., a cura di F.G Jacobs, R.C.A. White e C. Ovey, Oxford, 2017.

Sui pareri consultivi della Corte europea dei diritti dell'uomo, si veda il volume *La richiesta di pareri consultivi alla Corte di Strasburgo da parte delle più alte giurisdizioni nazionali*, a cura di E. Lamarque, Torino, 2015.

La questione del coordinamento nell'esercizio della giurisdizione di più tribunali internazionali è stata oggetto di una serie ampia e variegata di contributi dottrinali. Cfr. gli altri, v. J.I. CHARNEY, *Is International Law Threatened by Multiple International Tribunals?*, in *Recueil des cours de l'Académie de droit international*, vol. 271, 1998, p. 101 ss.; P.-M. DUPUY, *L'unité de l'ordre juridique international. Cours général de droit international public*, in *Recueil des cours de l'Académie de droit international*, vol. 297, 2002, p. 9 ss.; F. POCAR, *The Proliferation of International Criminal Courts and Tribunals*, in *Journal of International Criminal Justice* 2004, p. 304 ss.; A. GATTINI, *Un regard procédural sur la fragmentation du droit international*, in *Revue générale de droit international public*, 2006, p. 303 ss.; R. HIGGINS, *A Babel of Judicial Voices? Ruminations from the Bench*, in *International and Comparative Law Quarterly*, 2006, p. 791 ss.; E. CANNIZZARO, *Interconnecting International Jurisdictions. A Contribution from the Genocide Decision of the ICJ*, in *European Journal of Legal Studies*, 2007, *www.ejls.eu*; J. VERHOEVEN, *Sur les relations entre le juge communautaire et les «autorités» internationales*, in *Annuaire français de droit international*, 2008, p. 1 ss.; P. WEBB, *International Judicial Integration and Fragmentation*, Oxford, 2016; M. IOVANE, *L'influence de la multiplication des juridictions internationales sur l'application du droit international*, in *Recueil des cours de l'Académie de droit international*, vol. 383, 2017, p. 233 ss.

Parte V

CENTRALIZZAZIONE E DECENTRALIZZAZIONE NELLA DISCIPLINA DELLA RESPONSABILITÀ INTERNAZIONALE

CAPITOLO I

IL RAPPORTO BILATERALE DI RESPONSABILITÀ

SOMMARIO: 1. Introduzione. – 2. La codificazione del diritto della responsabilità internazionale. – 3. Struttura e natura del rapporto di responsabilità. – 4. Gli elementi costitutivi dell'illecito internazionale. Il carattere illecito della condotta. – 5. Le cause di giustificazione. In particolare, lo stato di necessità. – 6. L'attribuzione della condotta illecita ad uno Stato. – 7. Colpa e diligenza in diritto internazionale. – 8. Il contenuto della responsabilità internazionale: le conseguenze sostanziali del fatto illecito. – 9. Le conseguenze strumentali dell'illecito: il sistema delle garanzie.

1. *Introduzione*

Molti dei nodi problematici nella costruzione dell'ordinamento internazionale si raggruppano nel diritto della responsabilità. In tale ambito, infatti, assume rilievo la questione di determinare le modalità centralizzate o decentralizzate di accertamento dell'illecito e di garanzia delle posizioni soggettive.

Negli ordinamenti statali, dotati di salde strutture istituzionali, l'accertamento dell'illecito e l'irrogazione della sanzione costituiscono tipiche attività pubbliciste e vengono esercitate con carattere di obiettività ed imparzialità, attraverso procedure e meccanismi centralizzati.

Diversa è, evidentemente, la situazione nell'ambito dell'ordinamento internazionale, nel quale la carenza di strutture istituzionali fa sì che anche molte delle attività connesse all'accertamento e alla repressione di condotte illecite siano operate a livello decentrato, ad opera cioè dei medesimi soggetti che sono anche destinatari della norma sostanziale violata e vittime dell'illecito.

Questa situazione può apparire singolare a un osservatore che abbia come punto di riferimento la disciplina dei vari tipi di responsabilità negli ordinamenti interni. La carenza di meccanismi centralizzati di garanzia potrebbe essere vista come una carenza strutturale del diritto internazionale, tale da mettere addirittura in dubbio, secondo ricostruzioni estreme, la sua completezza ordinamentale.

Nei paragrafi che seguono vedremo però come l'ordinamento internazionale, proprio al fine di compensare la carenza di meccanismi istituzionali di accertamento e di reazione all'illecito, abbia sviluppato regole e procedure assai sofisticate. Esse costituiscono, nel loro insieme, il complesso sistema giuridico della responsabilità internazionale.

Si vedrà quindi come l'ordinamento internazionale assicuri un posto di rilievo agli strumenti unilaterali di accertamento e di garanzia, destinati a tutelare la sfera degli interessi individuali di singoli Stati. D'altra parte, tale ordinamento non è del tutto privo di strumenti collettivi o istituzionali di accertamento e di reazione, utilizzati soprattutto al fine di tutelare la sfera degli interessi fondamentali che fanno capo alla comunità internazionale nel suo insieme.

La tensione fra reazione decentralizzata e reazione istituzionale all'illecito costituirà quindi il filo conduttore della trattazione. Nella prima parte si tratterà soprattutto del rapporto individuale di responsabilità: del rapporto, cioè, che si stabilisce fra singoli Stati e concerne la tutela di interessi individuali di ciascuno di essi. Una parte successiva è dedicata agli aspetti particolari del rapporto collettivo di responsabilità. Esso si stabilisce fra lo Stato o gli Stati autori di un illecito, da una parte, e l'intera comunità internazionale, dall'altra, ed è occasionato dalla lesione di interessi fondamentali della comunità internazionale nel suo insieme. In questa seconda parte, in particolare, si vedrà come la funzione di garantire tali interessi possa essere esercitata sia attraverso l'azione di singoli Stati che, eccezionalmente, attraverso l'azione istituzionale di organi della comunità internazionale.

2. *La codificazione del diritto della responsabilità internazionale*

Le difficoltà concettuali e pratiche che si incontrano nella ricostruzione delle regole sulla responsabilità internazionale, sono testimoniate dai tempi eccezionalmente lunghi dei lavori di codificazione.

Con Risoluzione 799 (VIII) del 7 dicembre 1953 l'Assemblea generale chiedeva alla Commissione del diritto internazionale di includere il tema della responsabilità nella agenda dei lavori di codificazione. La Commissione ha quindi, di lì a poco, dato avvio ai lavori di codificazione nominando quale relatore speciale García-Amador. Il relatore speciale ha quindi presentato sei rapporti, tra il 1956 e il 1961, relativi in particolare alla responsabilità per violazione delle regole sul trattamento dello straniero. Fra il 1962 e il 1963, la Commissione decideva di allargare l'analisi ai profili generali del diritto della responsabilità e nominava come relatore speciale Roberto Ago. Il nuovo relatore speciale sottoponeva alla Commissione, tra il 1969 e il 1980, otto rapporti più un *addendum* all'ottavo rapporto, che, nel loro complesso, costituiscono una delle più imponenti raccolte di studi in argomento. Il relatore speciale proponeva quindi un progetto di articoli sull'origine della responsabilità che la Commissione approvava in prima lettura nel 1980.

Nelle intenzioni della Commissione, tale progetto avrebbe rappresentato solo la prima parte di un progetto più generale, alla quale avrebbe fatto seguito una seconda parte, relativa al contenuto della responsabilità, e una terza parte da dedicare agli strumenti di garanzia. La seconda e la terza parte del progetto venivano quindi redatte sulla base dei rapporti presentati dei nuovi Relatori speciali Willem Riphagen dal 1979, Gaetano Arangio Ruiz dal 1987 e James Crawford dal 1997.

Il progetto definitivo, redatto anche sulla base delle osservazioni dei governi, veniva quindi approvato in seconda lettura dalla Commissione nel 2001. Il testo degli Articoli sulla responsabilità degli Stati è stato quindi posto all'attenzione della VI Commissione dell'Assemblea generale delle Nazioni Unite. Con risoluzione 56/83 del 12 dicembre 2001 l'Assemblea generale ha preso atto del testo degli Articoli, senza però decidere se avviare i lavori per una convenzione di codificazione. Allo stato attuale, gli Articoli sulla responsabilità degli Stati costituiscono quindi un documento di indubbia autorevolezza sullo stato del diritto della responsabilità ma privo di valore vincolante.

Nel 2002 la Commissione ha dato avvio ai lavori di codificazione delle regole sulla responsabilità delle organizzazioni internazionali, ed ha nominato come relatore speciale Giorgio Gaja. Il relatore speciale ha presentato otto rapporti, sulla base dei quali la Commissione ha adottato in seconda lettura, nel 2011, il testo di sessantasette Articoli sulla responsabilità delle organizzazioni internazionali. Con risoluzione 66/100 del 27 febbraio 2012 l'Assemblea generale delle Nazioni Unite ha preso atto del lavoro di codificazione della Commissione rinviando a successive sessioni la decisione relativa alla definitiva natura giuridica del testo.

La scelta di codificare il diritto della responsabilità degli Stati in un testo di Articoli privo di effetti vincolanti, se definitivamente adottata, sarebbe felice per una serie di considerazioni.

Innanzitutto, nel campo del diritto della responsabilità, forse più che in altri, si avverte lo stato incerto e mutevole del diritto internazionale, che appare in piena fase evolutiva. La scelta di non irrigidire il valore formale degli Articoli consente quindi di influenzare lo sviluppo della prassi senza tuttavia ostacolarlo ed evita molti degli inconvenienti che si sono segnalati a proposito della codificazione attraverso atti formali. Nonostante gli Articoli sulla responsabilità degli Stati costituiscano un punto di riferimento essenziale in argomento, la loro configurazione sistematica, nonché varie delle soluzioni accolte, rimangono ancora controverse.

Questa soluzione appare appropriata soprattutto alla luce della latente tensione che pervade il testo degli Articoli sulla responsabilità degli Stati fra le tradizionali concezioni bilateraliste e la graduale affermazione di valori collettivi o universali, nonché fra strumenti unilaterali e strumenti collettivi o istituzionali di garanzia. Da un lato, in assenza di meccanismi istituzionali di garanzia, gli Stati tendono tradizionalmente ad avvalersi di strumenti unilaterali per tutelare le proprie posizioni soggettive; d'altro lato, è evidente una certa tendenza a istituzionalizzare la funzione di accertamento dell'illecito e di garanzia, soprattutto laddove siano in gioco interessi e valori comuni.

In secondo luogo, la sistemazione del diritto della responsabilità è frutto soprattutto di uno sforzo di carattere intellettuale, data la scarsità e, talora, la contraddittorietà della prassi esistente. Sovente gli Stati hanno mostrato ostilità di vario tipo nei confronti dei lavori di codificazione e di talune delle soluzioni accolte dagli Articoli sulla responsabilità degli Stati. Anche in ragione di questa considerazione, una convenzione in argomento non avrebbe verosimilmente attirato il consenso di molti Stati, indebolendo quindi, e non certo rafforzando, l'autorevolezza delle sue regole.

Una ulteriore considerazione riguarda la circostanza che le regole incluse negli Articoli sulla responsabilità degli Stati, redatte in termini generali, sono destinate ad essere applicate in via residuale, allorché cioè non si siano sviluppate delle regole *ad hoc* nell'ambito di singoli settori del diritto internazionale.

L'art. 55, intitolato *Lex specialis*, prevede che le norme indicate dagli Articoli sulla responsabilità degli Stati non si applichino qualora le condizioni per l'esistenza di un atto internazionalmente illecito, il contenuto o l'attuazione della responsabilità internazionale di uno Stato siano disciplinate da norme speciali di diritto internazionale.

Molte delle regole contenute negli Articoli rappresentano delle regole-quadro, che vanno poi integrate o modellate sulla base delle esigenze proprie dei diversi settori normativi del diritto internazionale. Ad esempio, in tema di riparazione, gli Articoli sembrano indicare una priorità a favore della riparazione in forma specifica rispetto alla riparazione per equivalente, ammettendo però che il contenuto della norma primaria possa incidere sulla scelta della forma di riparazione più appropriata (v. *infra*, par. 8, lett. *c*). Di fatto, come meglio si vedrà, in alcuni settori la prassi si è orientata in una diversa direzione, escludendo o limitando notevolmente la possibilità di esigere la riparazione in forma specifica. La considerazione degli Articoli come mero punto di riferimento nella ricostruzione della normativa applicabile appare quindi particolarmente felice in quanto consente di elaborare regole generali, destinate a valere in ogni possibile situazione, senza però escludere l'applicazione di regole particolari, applicabili in settori specifici.

Ancorché privi di valore vincolante, gli Articoli sulla responsabilità degli Stati hanno quindi un effetto che va ben oltre quello formale. Essi rappresentano infatti il punto di riferimento per chiunque si accosti al diritto della responsabilità: sia per la giurisprudenza, che vi attinge in larga misura, sia per la dottrina e per la prassi diplomatica, che ad essi fanno costante riferimento.

Nel parere del 9 luglio 2004 relativo alle *Conseguenze giuridiche della costruzione di un muro nei territori palestinesi occupati*, ad esempio, la Corte internazionale di giustizia ha fatto riferimento al testo dell'articolo 25 per valutare se Israele potesse validamente invocare lo stato di necessità come fattore escludente l'illiceità della costruzione nel muro. Una raccolta della prassi più recente che utilizza gli Articoli sulla responsabilità degli Stati come diritto consuetudinario è presente nel Rapporto del Segretario generale delle Nazioni Unite: *Materials on the Responsibility of States for Internationally Wrongful Acts*, ST/LEG/SER B/25, 2012.

Conviene illustrare brevemente la struttura degli Articoli. La prima parte è dedicata a definire le due condizioni alle quali insorge responsabilità internazionale: che vi sia una condotta contraria al diritto internazionale; che tale condotta sia attribuita ad uno Stato. La prima condizione attiene quindi ad un elemento oggettivo dell'illecito, dato dalla condotta contraria a diritto. La seconda attiene ad un elemento soggettivo, dato dall'imputabilità della condotta ad uno Stato. Sempre nella prima parte, in una sezione apposita, gli Articoli disciplinano le circostanze che escludono l'illiceità.

La seconda parte degli Articoli è dedicata al contenuto della responsabilità, e cioè alle regole che stabiliscono le conseguenze sul piano normativo della commissione di un illecito.

La parte terza è infine dedicata agli strumenti di garanzia per l'attuazione della responsabilità e, in particolare, alle contromisure.

3. *Struttura e natura del rapporto di responsabilità*

La struttura del rapporto di responsabilità è stata oggetto di ricostruzioni di vario tipo. In una prospettiva normativista, la violazione di regole primarie dà luogo all'applicazione di regole secondarie. Secondo questa concezione, le regole secondarie sono norme che disciplinano il rapporto giuridico che si produce in relazione alla violazione delle norme primarie. Esse stabiliscono gli obblighi che incombono in conseguenza di un illecito sullo Stato che ne è l'autore nonché i corrispettivi diritti a favore dello Stato leso. Il mancato adempimento di questi obblighi giustifica quindi l'attivazione degli strumenti di garanzia, tesi ad indurre lo Stato autore ad assumersi la responsabilità e, per questa via, a ripristinare la legalità dell'ordinamento violata dall'illecito.

Questa struttura concettuale è chiaramente tributaria di un particolare rapporto di responsabilità di tipo interno, la responsabilità civile. Tale rapporto si articola in due fasi. L'inadempimento di un obbligo determina il sorgere di determinate conseguenze giuridiche, normalmente di carattere restitutorio. Allorché queste non siano spontaneamente adempiute, l'ordinamento stabilisce forme di garanzia alle quali il creditore può fare ricorso al fine di realizzare la pienezza della propria sfera giuridica lesa.

Questo schema logico, peraltro, non è che uno dei possibili modi nei quali si presenta il rapporto di responsabilità, sia negli ordinamenti interni, sia, a maggior ragione, nell'ordinamento internazionale. Non sempre, infatti, in diritto internazionale il rapporto di responsabilità si articola secondo l'ordinata consecuzione logico-normativa che abbiamo descritto sopra. La carenza di strumenti istituzionali di accertamento e di garanzia fa sì che, non di rado, uno Stato vittima di un illecito tenda a realizzare direttamente le proprie posizioni soggettive, sia operando in via coercitiva, al fine di imporre allo Stato autore la cessazione dell'illecito e la riparazione, sia operando in via esecutiva, provvedendo quindi ad assicurare direttamente il risultato voluto dalla norma violata, sia infine infliggendo una sanzione privativa e ripristinando, quindi, in maniera negativa l'equilibrio normativo voluto dalla norma violata.

Appare quindi assai difficile configurare in maniera unitaria la struttura e la natura del rapporto di responsabilità, il quale, anzi, assume forme assai diverse a seconda dei vari possibili settori nei quali esso si manifesta. Di regola, il rapporto di responsabilità si svolge secondo lo schema classico, il quale prevede che l'illecito faccia scattare una serie di obblighi secondari di riparazione, di soddisfazione e così via. Non è però affatto escluso che, a seconda della natura e dell'importanza dell'illecito, gli strumenti di garanzia siano direttamente funzionali ad indurre l'autore dell'illecito ad assicurare il rispetto della norma primaria violata o costituiscano, addirittura, uno strumento attraverso il quale lo Stato leso realizzi direttamente la propria sfera soggettiva violata dall'illecito.

La trattazione delle regole sulla responsabilità seguirà lo schema che, in ampia misura, è stato adottato dagli Articoli sulla responsabilità degli Stati. La prima parte sarà quindi dedicata all'illecito e ai suoi elementi costitutivi. Ad essa, farà seguito la parte dedicata alle conseguenze sostanziali dell'illecito. Infine, si tratterà degli strumenti di garanzia.

In queste parti, sarà trattato fondamentalmente il classico rapporto bilaterale di responsabilità, che si stabilisce fra l'autore dell'illecito e lo Stato leso. Un rapporto di responsabilità più complesso sorge dalla violazione di regole poste a tutela di interessi collettivi o universali. Questo argomento sarà isolato e trattato in una sezione a parte.

4. *Gli elementi costitutivi dell'illecito internazionale. Il carattere illecito della condotta*

Affinché vi sia illecito occorre in primo luogo che vi sia una condotta antigiuridica: contraria, cioè, ad una regola del diritto internazionale e non giustificata da una delle cause di esclusione dell'illecito. Tali condotte potranno consistere sia in condotte di tipo materiale, sia in provvedimenti amministrativi, legislativi o giudiziari. Al fine di stabilire l'esistenza di una condotta antigiuridica, occorrerà quindi preliminarmente ricostruire il contenuto dell'obbligo asseritamente violato.

In genere, la violazione del diritto internazionale fa seguito a un comportamento di organi esecutivi. Ciò in quanto l'ordinamento internazionale pone sovente obblighi materiali, che non sono quindi violati da astratte previsioni legislative.

Anche condotte di organi legislativi però possono essere direttamente lesivi di regole internazionali. Una legge di espropriazione, che abbia l'effetto di mutare il titolo di proprietà di un bene, può risultare in conflitto con le norme internazionali che vietano la nazionalizzazione dei beni di cittadini stranieri.

In generale, una legge viola il diritto internazionale solo se vi è un obbligo di avere o di non avere una certa norma di legge nel proprio ordinamento. Ad esempio, un trattato sul commercio internazionale che vieti di introdurre certi dazi doganali sarà violato da una legge che li preveda. Una legge che vieti l'importazione di certe merci risulta di per sé incompatibile con un trattato di libero scambio. Una normativa interna che comporti una discriminazione di diritto o di fatto tra le navi straniere è contraria all'art. 42, par. 2, della Convenzione delle Nazioni Unite sul diritto del mare del 1982.

Anche l'assenza di legge può costituire una condotta contraria al diritto internazionale, ad esempio allorché un trattato imponga l'esistenza di norme legislative di attuazione. L'esempio più noto è quello delle direttive dell'Unione europea, le quali risultano violate per il semplice fatto della loro mancata attuazione ad opera di norme interne, senza bisogno che siano posti in essere comportamenti di fatto difformi da essa.

Anche nel campo dei diritti dell'uomo, una condotta antigiuridica consiste di solito in una condotta di carattere materiale, come un atto di tortura o un imprigionamento arbitrario. Anche in questo campo, peraltro, la sola esistenza di una legge può costituire violazione. Nel caso *Dudgeon*, per esempio, la Corte europea dei diritti dell'uomo ha ritenuto che la semplice vigenza in Irlanda del Nord di una legge che qualificava come reato alcuni atti omosessuali tra adulti consenzienti costituisse di per sé violazione dell'art. 8 della Convenzione europea dei diritti dell'uomo, indipendentemente dalla sua applicazione nel caso di specie (*Dudgeon c. Regno Unito*, ricorso n. 7525/76, sentenza del 22 ottobre 1981).

L'attività giudiziaria può a propria volta violare direttamente norme internazionali, in particolare quelle che impongono un obbligo di esercitare o di non esercitare la giurisdizione, ovvero obblighi relativi a certi comportamenti da tenere nell'amministrazione della giustizia, quali, ad esempio, gli obblighi in tema di equo processo formulati dalla Convenzione europea dei diritti dell'uomo.

Nella più volte menzionata sentenza del 3 febbraio 2012 sulle *Immunità giurisdizionali (Germania c. Italia)*, la Corte internazionale di giustizia ha accertato che l'esercizio della giurisdizione civile da parte di tribunali italiani nei confronti della Germania costituisce violazione delle regole consuetudinarie sull'immunità degli Stati.

La circostanza che la responsabilità per fatto illecito sia ingenerata da una condotta antigiuridica fa sorgere inoltre il problema di vedere se vi siano forme di responsabilità per condotte lecite.

La possibilità che sorga responsabilità internazionale in assenza dell'elemento oggettivo della illiceità della condotta è stata ampiamente discussa, in dottrina e nei lavori di codificazione dedicati dalla Commissione del diritto internazionale alla c.d. responsabilità per atti leciti. La possibilità di forme di responsabilità senza illecito è stata configurata in particolare in uno specifico settore del diritto internazionale, quello dei danni procurati ad altri Stati, nonché ad interessi collettivi, quale l'ambiente, da attività alle quali si accompagna un alto rischio di incidenti catastrofici. L'esercizio della sovranità territoriale configurata in termini assoluti potrebbe infatti consentire a uno Stato di intraprendere sul proprio territorio attività rischiose per Stati terzi e, quindi, di porre il rischio di eventi catastrofici a carico degli altri soggetti della comunità internazionale.

I lavori della Commissione si sono quindi orientati in due direzioni. Da un lato, gli Stati non hanno una libertà assoluta di porre in essere attività che comportano un alto rischio di incidenti catastrofici. Essi, anzi, hanno l'obbligo di valutare il rischio e porre in essere attività pericolose solo in presenza di un rapporto accettabile fra i benefici arrecati ed i rischi che esse comportano, soprattutto quelli a carico di altri soggetti o di beni collettivi. Ne consegue che la condotta dello Stato è soggetta ad obblighi di diligenza e di precauzione, consistenti nell'adottare *standards* di sicurezza e nell'astenersi dal porre in essere attività pericolose in presenza di un rischio eccessivo.

Il carattere unilaterale di tale accertamento viene temperato, nella prassi, dalla tendenza degli Stati vicini, o comunque potenzialmente interessati da un eventuale incidente, a chiedere informazioni o addirittura a essere coinvolti nel processo di accertamento. In secondo luogo, soprattutto in presenza di un incidente catastrofico, vi sarebbe comunque l'obbligo da parte dello Stato che ha posto in essere l'attività pericolosa, di indennizzare gli Stati vittima e, quindi, di attuare una forma di equa distribuzione sociale del danno. Tale obbligo viene quindi sovente attuato mediante forme di assicurazione interna.

Ciò sembrerebbe indicare l'inesistenza di una forma di responsabilità da atto lecito. Da un lato, infatti, lo Stato territoriale è responsabile qualora non si sia adeguato agli obblighi di diligenza e di precauzione atti a minimizzare il rischio. D'altro lato, esso è tenuto a non porre le conseguenze pregiudizievoli di tali attività a carico di altri Stati.

Dopo aver inizialmente intrapreso la codificazione unitaria del tema della responsabilità dello Stato per fatti leciti, nel 1997 la Commissione ha quindi deciso di dividere il tema in due sottosezioni da trattare separatamente. Ciò ha portato all'approvazione nel 2001 del Progetto di articoli relativo alla *Prevenzione dei danni transfrontalieri causati da attività pericolose*, mentre nel 2006 la Commissione ha approvato il testo dei *Principi relativi alla ripartizione dei danni causati da tali attività*.

5. *Le cause di giustificazione. In particolare, lo stato di necessità*

L'astratta contrarietà di una condotta a regole di diritto potrebbe comunque non dar luogo a responsabilità allorché vi sia una forma di giustificazione stabilita dal diritto internazionale.

Gli Articoli sulla responsabilità degli Stati disciplinano, nel capitolo V, una serie di ipotesi nelle quali una condotta astrattamente contraria a regole internazionali non è causa di illecito e, quindi, non produce responsabilità. Come causa di esclusione dall'illecito, vengono indicati il consenso dell'avente diritto, la circostanza della forza maggiore e lo stato di necessità, nelle sue due articolazioni del *distress* e dello stato di necessità in senso proprio.

Ancorché le cause di esclusione eliminino l'illiceità della condotta, nondimeno l'art. 27 indica espressamente la possibilità che un indennizzo sia comunque dovuto per i danni materiali provocati dall'azione. Dovrebbe quindi trattarsi di una forma di indennizzo per attività lecite o, per meglio dire, di una condizione per l'invocazione della causa di esclusione dell'illecito, derivante dalla necessità di evitare che il costo per un'azione astrattamente illecita ricada su un soggetto estraneo. È, ad esempio, logico ritenere che uno Stato che arrechi danni a uno Stato terzo in situazione di necessità, al fine ad esempio di porre rimedio agli effetti di una catastrofe naturale, debba indennizzare tali danni.

Il progetto include altresì fra le cause di esclusione dell'illecito l'azione in legittima difesa e in contromisura. In tali casi, peraltro, la condotta è oggetto di una specifica norma che conferisce allo Stato agente, in determinate condizioni, il potere di adottare azioni in legittima difesa o contromisure. Non dovrebbe trattarsi, quindi, in senso proprio, di una causa di esclusione dall'illecito ma di condotta di per sé lecita in quanto prevista da una norma primaria. Né dovrebbe essere prestato, in tali ipotesi, alcun indennizzo a meno che le azioni non siano effettuate con modalità illecite (v. *infra*, par. 7, lett. *b*).

Fra le cause di esclusione dell'illecito, conviene dedicare qualche cenno di approfondimento a quella che appare teoricamente più controversa, vale a dire lo stato di necessità.

Lo stato di necessità è figura di grande fascino teorico in qualsivoglia ordine giuridico. Negli ordinamenti contemporanei essa può essere soddisfacentemente inquadrata come una clausola generale di eccezione, che consente comportamenti in deroga alle regole dell'ordinamento in relazione a esigenze non codificabili ma derivanti dalla necessità sociale. Nella circostanza che si tratti di necessità sociale e non fisica risiede la differenza con l'altra figura, parzialmente analoga, della forza maggiore.

Gli ordinamenti contemporanei tendono a restringere l'ambito di azione della regola sullo stato di necessità in quanto disciplinano in maniera assai dettagliata i comportamenti dei consociati. Lo stato di necessità finisce quindi con l'operare in spazi assai ristretti. Ben diversa la situazione nell'ordinamento internazionale, nel quale l'assenza di strutture centralizzate di produzione del diritto fa sì che l'evoluzione dei valori sociali venga non di rado incanalata giuridicamente attraverso la necessità.

Comportamenti astrattamente contrari a regole pre-esistenti, ma che nondimeno riflettano un nuovo e più accettabile assetto di valori sociali, sono sovente giustificati inizialmente con ricorso alla figura dello stato di necessità per poi gradualmente condurre alla formazione di nuove regole giuridiche. Nell'ordinamento internazionale, quindi, lo stato di necessità svolge anche una importante funzione come fattore di ricambio del diritto.

La struttura logica della figura tende proprio in questa direzione. Conviene, a tal fine, seguire la formulazione accolta dagli Articoli sulla responsabilità degli Stati. L'art. 25, par. 1, indica che la necessità giustifica un'azione contraria a una regola di diritto a condizione che tale azione sia indispensabile per salvaguardare un interesse essenziale da un pericolo grave ed imminente e che essa non pregiudichi in maniera grave un interesse essenziale dello Stato nei cui confronti si viola tale regola.

Nella prassi meno recente, i casi di stato di necessità hanno riguardato soprattutto ipotesi estreme di autoconservazione. Fra quelli più noti, si possono menzionare i casi del *Neptune*, nel 1797, in cui il dirottamento di una nave venne giustificato con lo stato di carestia nel territorio dello Stato agente, e del *Virginius*, nel 1873, in cui una nave statunitense fu catturata dalla Spagna in alto mare per evitare che portasse soccorso ai ribelli cubani. In quest'ultimo caso, gli Stati Uniti e il Regno Unito protestarono ritenendo che la Spagna, la quale aveva dopo la cattura provveduto a giustiziare gli occupanti della nave fra i quali vi erano cittadini di questi due Paesi, fosse andata ben al di là di quanto imposto dalla necessità.

In tempi più recenti l'invocazione dello stato di necessità ha riguardato proprio l'inadeguatezza dell'assetto normativo di una certa regola alla luce delle nuove esigenze sociali emergenti. Così, alcuni autori trattano del caso della *Torrey Canyon* come di un intervento operato in stato di necessità. Come si ricorderà, il caso concerneva la liceità di un bombardamento da parte di aerei britannici di una nave liberiana, precedentemente evacuata, che, in seguito ad un incidente, riversava idrocarburi in alto mare davanti alla costa della Cornovaglia. L'azione venne considerata pienamente appropriata alle circostanze dato che l'interesse britannico a evitare un danno catastrofico era ben superiore rispetto all'interesse dello Stato di bandiera al rispetto della sua autorità esclusiva sulla nave.

Lo stato di necessità venne altresì invocato dall'Ungheria per giustificare la mancata attuazione nei confronti della Slovacchia di un progetto di dighe sul Danubio, c.d. Progetto *Gabčíkovo-Nagymaros*, che, secondo l'Ungheria avrebbe causato un grave dissesto ambientale e avrebbe potuto causare rischi di inondazione del territorio ungherese. La questione venne definita dalla Corte internazionale di giustizia con sentenza del 25 settembre 1997, *Progetto Gabčíkovo-Nagymaros (Ungheria c. Slovacchia)*. La Corte ha respinto la pretesa ungherese in assenza del requisito dell'imminenza del danno. Essa sembra peraltro indicare come l'emergenza di una diversa sensibilità per gli interessi ambientali avrebbe giustificato una richiesta di rinegoziare parti del trattato ai sensi di una clausola del trattato stesso.

6. *L'attribuzione della condotta illecita ad uno Stato*

L'art. 2 degli Articoli stabilisce che la responsabilità sorge per un Stato in conseguenza di una condotta antigiuridica che gli possa essere attribuita.

La regola fondamentale di attribuzione è stabilita dall'art. 4 secondo il quale va attribuita allo Stato ogni condotta di un suo organo, quale che sia la funzione che questi esercita e la sua posizione nell'organizzazione dello Stato. Lo Stato risponde inoltre di condotte operate sia da organi dell'amministrazione centrale che da enti territoriali decentrati.

La regola, elaborata al tempo della personificazione dello Stato, esprime la concezione unitaria dello Stato-persona secondo la quale un ente risponde del comportamento di qualsiasi dei suoi organi che abbia agito in tale qualità.

La definizione della nozione di organo comporta difficoltà concettuali notevoli. Come si è in parte già visto (v. *supra*, parte III, capitolo V, par. 5), la soluzione classica consiste nel ritenere che la qualità di organo vada riconosciuta sulla base di un criterio formale, dato dal fatto che un soggetto rivesta la qualità di organo secondo il diritto interno di ciascuno Stato (organi *de iure*). Questa regola sembra riflettersi nella formulazione dell'art. 4, par. 2 degli Articoli sulla responsabilità degli Stati. La disposizione, redatta peraltro in termini ambigui, indica che la nozione di organo *include* ogni persona o ente che abbia tale qualità secondo il diritto interno.

Si pone peraltro il problema di vedere se possano nondimeno essere attribuiti ad uno Stato condotte di soggetti non aventi formalmente la qualità di organo, ma dotati di un intenso legame con tale Stato. Secondo l'art. 8 degli Articoli sulla responsabilità degli Stati, tale possibilità andrebbe ristretta a casi eccezionali: rispetto cioè a condotte operate da soggetti privati sotto la direzione e il controllo dello Stato stesso.

Il problema assume rilievo in situazioni nelle quali lo Stato si avvale tacitamente di individui o gruppi agenti formalmente senza mandato, per la realizzazione di politiche statali. Si pensi ai vari "squadroni della morte" che sono frequentemente istituiti in regimi totalitari. Mentre, da un lato, occorre evitare che lo Stato eluda la propria responsabilità affidando in via di fatto lo svolgimento di attività "sporche" a gruppi privati, occorre, d'altro lato, dimostrare una certa intensità del legame fra individui e Stato, al fine di evitare che questi risponda di atti operati da privati che si collochino semplicemente nell'ambito di orientamenti politici del governo operando, però, senza alcuna forma di coinvolgimento da parte di questo.

Il problema non è soddisfacentemente risolto dall'art. 8. Il criterio adottato da tale disposizione, elaborato, nelle sue linee fondamentali, dalla Corte internazionale di giustizia nel caso delle *Attività militari e paramilitari in Nicaragua e contro il Nicaragua (Nicaragua c. Stati Uniti)*, sentenza del 27 giugno 1986, esige infatti la dimostrazione che ciascuna condotta sia stata operata sotto la direzione e il controllo di organi dello Stato.

Un diverso criterio, più estensivo, è stato adottato dalla Camera d'appello del Tribunale internazionale penale per la ex Iugoslavia nella sentenza del 15 luglio 1999 relativa al caso *Tadic* (*Prosecutor c. Dusko Tadić*, IT-94-1-A, sentenza del 15 luglio 1999). In tale sentenza, la Camera d'appello ha adottato un criterio noto con il nome di *overall control* (controllo generale), secondo il quale va imputata a uno Stato la condotta di individui e gruppi gerarchicamente organizzati sui quali esso esercita un controllo di carattere generale, senza che occorra dimostrare che ciascuna condotta di tali individui o gruppi sia stata operata sotto la direzione e il controllo statale.

In una prospettiva concettuale diversa si è mossa invece la Corte internazionale di giustizia nella menzionata sentenza del 26 febbraio 2007 relativa alla *Applicazione della convenzione per la prevenzione e la repressione del crimine di genocidio (Bosnia-Erzegovina c. Serbia e Montenegro)*. Secondo la Corte l'esistenza di un rapporto organico potrebbe stabilirsi non solo sulla base di criteri formali ma anche sulla base di criteri *de facto* allorché lo Stato eserciti un controllo totale sull'azione di individui o gruppi di individui, atto cioè a predeterminarne completamente i comportamenti. In assenza di legame organico, sia esso di tipo formale ovvero di tipo fattuale, una condotta individuale potrebbe essere attribuita a uno Stato solo ai sensi dell'art. 8 degli Articoli sulla Responsabilità internazionale degli Stati; allorché, cioè, l'azione individuale sia operata sotto la direzione e il controllo di organi statali.

Il sistema elaborato dalla Corte tende quindi a dare maggior rilievo all'esistenza di legami fattuali fra Stato e individui. Qualora questi siano particolarmente intensi, vi sarebbe un vero e proprio legame organico *de facto*. In caso contrario, non vi sarebbe un legame organico e l'attribuzione di una condotta privata ad uno Stato costituirebbe un fatto eccezionale.

Tuttavia, il criterio del controllo totale adottato dalla Corte per accertare l'esistenza di un legame organico *de facto* sembra eccessivamente rigoroso. Se venisse applicato in via generale, esso probabilmente produrrebbe il risultato sorprendente di non attribuire allo Stato comportamenti di molti organi *de iure*, sui quali il controllo statale è ben lungi dall'essere totale. La scelta di un criterio così restrittivo è probabilmente dovuta alla circostanza che, una volta riconosciuta l'esistenza di un rapporto organico *de facto*, ogni azione di tali individui o enti non formalmente inquadrati nell'organizzazione statale sarà nondimeno imputata allo Stato, indipendentemente dall'esistenza di una forma di controllo specifico sulla singola condotta.

È evidente la difficoltà di rinvenire un sistema concettuale coerente per disciplinare i profili di attribuzione del fatto illecito. Il sistema classico, imperniato da un lato sulla regola generale del rinvio al diritto interno, temperata dall'attribuzione eccezionale allo Stato di condotte individuali operate sotto la direzione di organi statali, non sembra capace di descrivere l'infinita varietà di situazioni che si possono presentare in pratica. Né è emerso un criterio univoco in virtù del quale determinare un legame organico *de facto*.

Queste difficoltà potrebbero forse essere risolte qualora si rinunciasse a ricostruire un criterio generale in tema di attribuzione e si accettasse invece l'idea che l'attribuzione allo Stato di una certa condotta vada compiuta sulla base di una valutazione caso per caso, che tenga cioè conto dell'intensità del legame fra lo Stato e il soggetto che pone in essere la condotta. In questa prospettiva sia i criteri formali che quelli fattuali costituiscono solo criteri di carattere presuntivo che possono essere utilizzati al fine di accertare l'intensità del legame fra condotte individuali e un certo Stato.

L'art. 5 degli Articoli prevede che sia attribuita allo Stato la condotta di soggetti privati operata nell'esercizio di specifiche funzioni pubbliche loro assegnate con provvedimento *ad hoc*. L'esistenza di un atto statale di attribuzione eliminerebbe quindi l'esigenza di dimostrare, in ciascuna situazione, l'esistenza di una forma di direzione e controllo. Sarebbe imputabile allora allo Stato la condotta di forze di polizia private che operano nell'ambito di attività di sicurezza loro assegnate con provvedimento statale. Più in generale sembra possibile attribuire a uno Stato le condotte di forze armate private non inquadrate quindi nella catena di comando dell'esercito regolare alle quali siano tuttavia affidati compiti, soprattutto di pattugliamento e di sicurezza, attraverso contratti privati (*private contractors*).

7. *Colpa e diligenza in diritto internazionale*

Nella prassi, e nei testi di codificazione, il rapporto di responsabilità sorge obiettivamente, indipendentemente da elementi di carattere psicologico, quali la colpa, nelle sue infinite varietà, o il dolo.

Ciò non vuol dire, però, che la responsabilità internazionale non dia rilievo alla partecipazione cosciente del soggetto autore dell'illecito. Anche nel diritto internazionale, come in diritto interno, vi sono infinite forme del rapporto di responsabilità, da quelle che si stabiliscono in relazione ad un semplice evento dannoso – comunemente qualificate come responsabilità assoluta ed obiettiva – a quelle che si stabiliscono solo in relazione alla partecipazione psicologica all'illecito da parte del soggetto. Tuttavia, le regole internazionali tendono, per così dire, ad obiettivizzare l'accertamento dei moventi di tipo psicologico, evitando che essi siano oggetto di accertamento autonomo, particolarmente complesso rispetto a persone giuridiche quali gli Stati.

L'esigenza di stabilire un nesso di cosciente partecipazione fra l'autore e la condotta illecita non è quindi solitamente espressa, in diritto internazionale, attraverso l'elemento della colpa o per ricorso ad altri elementi di tipo psicologico, quanto piuttosto attraverso la predisposizione di modelli e *standards* predeterminati di condotta.

Un esempio potrà chiarire questo punto. Determinate regole internazionali consentono, a certe condizioni e per certi fini, alle navi militari di uno Stato di fermare e visitare navi straniere in alto mare (vedi art. 110 della Convenzione delle Nazioni Unite sul diritto del mare del 1982). Al fine di evitare abusi, le modalità di esercizio di questo potere sono precisate ad opera di norme e prassi applicative del diritto internazionale. Tali regole hanno proprio lo scopo di determinare lo *standard* al quale una nave militare deve attenersi al fine di non mettere a repentaglio la sicurezza della navigazione. L'adozione di modelli comportamentali che emergano dalle norme applicative e dalla prassi ha quindi proprio lo scopo di stabilire il livello di diligenza voluto dall'ordinamento e, quindi, di rendere oggettivo l'accertamento della colpa. Uno Stato che si sia attenuto a tali *standards* ben difficilmente potrà essere ritenuto responsabile di eventuali incidenti.

Questa tecnica ha quindi come effetto quello di spostare l'accertamento della colpa dal livello delle norme secondarie, che concernono cioè le condizioni alle quali sorge la responsabilità, al livello delle norme primarie, che stabiliscono obblighi di condotta. Spesso sono infatti le norme primarie a determinare, oltre agli obblighi veri e propri, anche i modelli comportamentali concreti che devono guidare il processo di attuazione e che, se correttamente eseguiti, escludono la responsabilità dell'agente.

Tecniche di questo tipo sono diffuse in vari settori del diritto internazionale, in particolare in quelli nei quali l'accertamento della responsabilità dipende dalla cosciente partecipazione dell'agente alla condotta illecita. Così, ad esempio, varie norme in tema di controllo del territorio, di tutela dell'ambiente, di esercizio di attività pericolose e così via, hanno oggettivizzato l'elemento della colpa facendo dipendere la responsabilità da *standards* particolari di condotta.

Così, ad esempio, la valutazione di liceità della condotta di una motovedetta che spara su una imbarcazione che si avvicina alla costa dipende dalla proporzionalità dell'azione, alla luce dei comportamenti seguiti correntemente nella prassi internazionale; la valutazione della liceità del comportamento di uno Stato in seguito ad un inquinamento transfrontaliero causato da impianti installati presso il confine dipende dalla circostanza che si siano seguiti gli *standards* internazionali di sicurezza; la liceità di danni collaterali a civili in occasione di conflitti armati dipende dal grado di diligenza nel definire le modalità dell'attacco in maniera da minimizzare il rischio di incidente, e così via.

Anche in diritto internazionale si vanno diffondendo regimi speciali di responsabilità oggettiva, indipendenti quindi dal grado di cosciente partecipazione dell'agente. L'esempio paradigmatico è quello della Convenzione sulla responsabilità internazionale per i danni cagionati da oggetti spaziali, conclusa a Londra il 29 marzo 1972. La Convenzione prevede all'art. II che «lo Stato di lancio ha la responsabilità assoluta di risarcire il danno cagionato da un suo oggetto spaziale alla superficie terrestre o agli aeromobili in volo».

Le difficoltà legate all'accertamento dei moventi psicologici nella commissione di un illecito potrebbero aver contribuito alla tendenza a collegare la responsabilità internazionale con quella interna e a spostare sul piano interno l'esigenza di riparare il danno provocato a singoli individui da attività sovrane. Questa tendenza è evidente soprattutto nel campo della tutela ambientale, nel quale la responsabilità internazionale è sovente subordinata al mancato indennizzo, in caso di incidente, dei danni provocati a privati da attività statali pericolose, senza quindi aver riguardo necessariamente ad elementi incerti quali il grado di diligenza dell'autore. In un certo senso, queste tendenze hanno avuto dei precedenti nell'ambito delle regole sull'indennizzo susseguente a nazionalizzazione di beni di cittadini stranieri. In tali casi, infatti, la prassi tende a riconoscere un indennizzo, indipendentemente dal carattere lecito o illecito della nazionalizzazione, con la conseguenza che un rapporto di responsabilità sorge solo in caso di mancato indennizzo. Nella prassi, quindi, la distinzione fra nazionalizzazione lecita o illecita tende a sfumare dato che anche la nazionalizzazione illecita ha, come si vedrà, pressoché come unica conseguenza l'obbligo di prestare un indennizzo.

D'altro lato, non mancano regole internazionali che espressamente richiedono una forma di partecipazione cosciente dello Stato all'illecito.

Ad esempio, l'art. 2 della Convenzione sul genocidio del 1948 definisce il genocidio come una serie di condotte materiali quali lo sterminio o l'uccisione di massa, accompagnate dall'intento specifico di distruggere un gruppo nazionale, etnico, razziale o religioso. Pur se elaborata essenzialmente in riferimento a condotte criminose operate da individui, la regola è applicabile anche al fine di determinare la responsabilità di uno Stato, come chiarito dalla Corte internazionale di giustizia nella sentenza del 26 febbraio del 2007 nel caso della *Applicazione della Convenzione per la prevenzione e la repressione del crimine di genocidio* (*Bosnia Erzegovina c. Serbia e Montenegro*). La Convenzione, peraltro, non ha stabilito alcun parametro attraverso cui accertare l'esistenza di tale forma di partecipazione psicologica dello Stato.

A prima vista, l'elemento psicologico dello Stato sembrerebbe coincidere con quello dell'individuo organo che ha posto in essere la condotta materiale. Questa soluzione sarebbe tuttavia assai semplicista. Da un lato, essa non tiene conto della possibilità di attribuire un genocidio a uno Stato pur in assenza di un intento specifico in capo ai singoli individui che hanno contribuito, in varia misura, a realizzarlo. Di converso, sembra eccessivo ritenere che l'esistenza di un intento in capo ad un singolo individuo organo sia sufficiente ad ingenerare la responsabilità dello Stato. È ragionevole ritenere quindi che l'intento genocidiale dello Stato richieda invece la consapevolezza da parte degli organi supremi dello Stato di porre in essere un piano genocidiale complesso alla realizzazione del quale possano contribuire singole condotte individuali.

8. *Il contenuto della responsabilità internazionale: le conseguenze sostanziali del fatto illecito*

La seconda parte degli Articoli sulla responsabilità degli Stati disciplina il contenuto della responsabilità. Essa, in altri termini, stabilisce regole relative alle conseguenze che derivano dall'illecito sul piano dei rapporti giuridici fra lo Stato autore e lo Stato vittima.

Fra le conseguenze sostanziali dell'illecito, gli Articoli includono la cessazione, l'obbligo di assicurare la non ripetizione e l'obbligo di riparazione. Quest'ultima, a propria volta, assume le forme del ripristino della situazione che sarebbe esistita in assenza dell'illecito, del risarcimento del danno e della soddisfazione.

Sulla sistemazione teorica delle conseguenze sostanziali dell'illecito, e sui loro rapporti reciproci, molto si è discusso; la prassi, tuttavia, è assai incerta e non consente di avanzare soluzioni definitive.

Secondo una antica definizione contenuta nella sentenza della Corte permanente di giustizia internazionale relativa alla *Fabbrica di Chorzów* del 13 settembre 1928 «la riparazione deve, per quanto possibile, cancellare tutte le conseguenze del fatto illecito e ristabilire lo stato di cose che sarebbe verosimilmente esistito se il suddetto fatto non fosse stato commesso». La Corte permanente ha anche elencato le forme della riparazione che dovrebbero portare a tale risultato: «restituzione in natura, o, se questa non è possibile, pagamento di una somma corrispondente al valore che avrebbe la restituzione in natura; prestazione, se del caso, di un risarcimento del danno per le perdite subite e che non sarebbero coperte dalla restituzione in natura o dal pagamento che ne fa le veci».

In una prospettiva tutto sommato analoga, gli Articoli sulla responsabilità degli Stati sembrano indicare una sorta di ordine di priorità fra cessazione dell'illecito, *restitutio* e risarcimento del danno.

a) *Cessazione e garanzia di non ripetizione*

Qualora l'illecito non sia di carattere istantaneo, il soggetto autore ha l'obbligo di cessarlo e riprendere la condotta conforme alla regola violata.

Secondo l'opinione prevalente, l'obbligo di cessazione non costituisce neanche una conseguenza dell'illecito in senso proprio, quanto piuttosto un effetto della medesima norma primaria violata. Nel caso di obblighi di carattere continuativo, infatti, l'illecito non sospende l'efficacia della norma violata. Lo Stato autore dell'illecito avrà quindi, in primo luogo, l'obbligo di cessare la condotta illecita, ad esempio, rilasciando un soggetto indebitamente trattenuto in violazione delle regole sull'immunità diplomatica e ristabilire così una condotta conforme alla norma violata.

Una delle conseguenze dell'illecito è l'obbligo di prestare garanzie di non ripetizione. Nella prassi recente, tale obbligo ha assunto un contenuto assai pregnante. Un esempio è dato dal modo con il quale la Corte internazionale di giustizia ha ricostruito il contenuto dell'obbligo di non ripetizione nella sentenza del 27 giugno 2001, relativa al caso *LaGrand*. Come si ricorderà, la sentenza ha accertato la violazione dell'obbligo degli Stati Uniti di assicurare l'assistenza consolare a due cittadini stranieri sottoposti a procedimento penale. La Corte ha quindi accertato che, al fine di assicurare la non ripetizione dell'illecito, gli Stati Uniti avrebbero dovuto modificare il proprio diritto interno in maniera da assicurare, in futuri procedimenti, l'assistenza consolare, nonché prevedere la revisione di futuri procedimenti giudiziari condotti in violazione di tale obbligo. Nella motivazione della sentenza, la Corte ha altresì preso inoltre atto della dichiarazione degli Stati Uniti di aver avviato un programma di informazione degli organi di polizia sugli obblighi imposti dalla convenzione violata. Conviene notare che la controversia riguardava un procedimento che si era concluso con la condanna a morte di due cittadini tedeschi, e che la sentenza era stata nel frattempo eseguita; non sarebbe stato quindi possibile per gli Stati Uniti operare una revisione della sentenza e, quindi, assicurare un nuovo procedimento da condurre nel rispetto dell'obbligo di assistenza consolare.

Nella successiva sentenza del 31 marzo 2004 relativa al caso *Avena e altri nazionali messicani (Messico c. Stati Uniti)*, concernente egualmente una violazione dell'obbligo di assistenza consolare da parte degli Stati Uniti nei confronti di cittadini messicani ancora detenuti, la Corte ha invece stabilito che al fine di assicurare la riparazione dell'illecito, gli Stati Uniti avrebbero dovuto operare una revisione della sentenza e, quindi, un nuovo procedimento penale a favore dei cittadini messicani condannati.

b) *La riparazione*

Oltre a cessare l'illecito, l'autore dovrà provvedere alla riparazione. Questa, a propria volta, si articola nella riparazione in forma specifica, che consiste nell'obbligo per lo Stato autore di ripristinare la situazione che sarebbe esistita in assenza dell'illecito, e nella riparazione per equivalente, consistente essenzialmente nell'obbligo di prestare un indennizzo. Una forma di riparazione dei danni morali è quella che trova espressione nell'obbligo di soddisfazione.

La regola che prevede l'obbligo di ripristino *in integrum* (*restitution in kind*) impone allo Stato autore di eliminare retroattivamente le conseguenze dell'illecito. Il tipo di condotta necessaria a tal fine dipenderà evidentemente dal contenuto dell'obbligo violato. Se l'illecito consiste nell'aver esatto dazi doganali contrari a un certo trattato, la riparazione consisterà nella restituzione dei dazi in questione; se l'illecito risiede nell'aver introdotto una legislazione sui dazi contraria a quanto previsto dal trattato, lo Stato dovrà abrogare retroattivamente quella data legge, e così via.

La riparazione è possibile anche qualora l'illecito consista in una condotta giurisdizionale. Se un giudice ha ritenuto di esercitare la propria giurisdizione in contrasto con quanto previsto da una norma sull'immunità dalla giurisdizione, la cassazione della sentenza in un ulteriore grado di giudizio costituirà riparazione adeguata. In caso di procedimento giudiziario condotto in violazione di obblighi internazionali potrebbe essere necessaria la revisione della sentenza, e così via.

Nella sentenza del 3 febbraio 2012 relativa al caso delle *Immunità giurisdizionali dello Stato (Germania c. Italia)* la Corte internazionale di giustizia ha ordinato all'Italia di prendere le misure necessarie affinché non sia data esecuzione alle sentenze pronunciate nei confronti della Germania in violazione delle regole sull'immunità degli Stati dalla giurisdizione civile e affinché le sentenze stesse siano private di qualsiasi effetto giuridico (par. 137). Si è visto come, nella sentenza *Avena*, la Corte internazionale di giustizia abbia configurato l'obbligo di revisione come una articolazione della riparazione.

In questo senso, si sta orientando anche la giurisprudenza della Corte europea dei diritti dell'uomo. La Corte europea ritiene che, in via di principio, le proprie sentenze abbiano effetto dichiarativo e che spetti allo Stato, ai sensi dell'art. 46 della Convenzione, individuare i mezzi per porre termine alla violazione e per rimuoverne le conseguenze. Tuttavia, nella sua giurisprudenza recente, la Corte ha altresì indicato come ciò escluda il potere della Corte di indicare allo Stato le misure più adeguate per raggiungere tale obiettivo. Sulla base della giurisprudenza, si possono distinguere due tipi di misure: le misure individuali e le misure generali.

Le misure individuali sono relative al singolo caso nel quale la Corte ha accertato una violazione della Convenzione. Ad esempio, nel caso *Somogyi c. Italia* (ricorso n. 67972/01, sentenza del 18 maggio 2004) la Corte europea dei diritti dell'uomo ha ritenuto che la condanna penale di un imputato fosse stata pronunciata in seguito ad un processo non equo (si trattava di una condanna in contumacia non giustificata dalle circostanze del caso). Di conseguenza, la Corte ha indicato allo Stato italiano l'esigenza di riaprire il procedimento penale e giudicare nuovamente l'imputato.

Allorché la violazione della Convenzione non abbia carattere episodico o occasionale, ma derivi da una strutturale difformità dell'ordinamento di uno Stato rispetto alla Convenzione, quale l'esistenza di normativa statale di per sé contraria alla Convenzione, la Corte ritiene di poter indicare misure generali chiedendo allo Stato la rimozione della normativa in questione, o l'adozione di una normativa conforme, anche al fine di moltiplicare violazioni "ripetitive". Questa giurisprudenza, elaborata nei casi *Assanidze c. Georgia*, ricorso n. 71503/01, sentenza dell'8 aprile 2004; *Broniowski c. Polonia*, ricorso n. 31443/96, sentenza del 22 giugno 2004; *Sejdovic c. Italia*, ricorso n. 56581/00, sentenza del 1° marzo 2006, ha trovato più di recente applicazione nel caso Cestaro c. Italia, ricorso n. 6884/11, sentenza del 7 aprile 2015. Il caso riguardava le torture e i trattamenti inumani o degradanti inflitti da appartenenti ai corpi di polizia italiani nel 2001, in occasione della riunione del G8 a Genova. La Corte ha rilevato l'inadeguatezza della legislazione italiana a sanzionare in maniera efficace e dissuasiva atti di tortura commessi dai propri organi, evidenziata dalla mancata collaborazione delle forze di polizia alle indagini, dalla assenza di procedimenti disciplinari e dalla sostanziale impunità dei colpevoli. La Corte ha quindi indicato l'esigenza che l'Italia colmasse questa deficienza strutturale dotandosi degli strumenti atti a dissuadere dal compimento di atti di tortura e a sanzionarli adeguatamente ed effettivamente. Anche in relazione a tali eventi, il Parlamento ha finalmente adottato la legge 14 luglio 2017, n. 110. La legge introduce bensì nell'ordinamento italiano una specifica fattispecie di tortura – pur se non perfettamente corrispondente alla nozione convenzionale –, ma non sembra capace di prevenire per il futuro il clima di omertà che ha reso possibili i tragici fatti di Genova.

L'impossibilità, totale o parziale, di una riparazione in forma specifica farebbe quindi operare l'obbligo del risarcimento. Al risarcimento del danno spetterebbe quindi un ruolo residuale, al fine di riparare un illecito che non possa essere riparato in forma specifica.

Normalmente, per impossibilità si intende soltanto l'impossibilità fisica e non l'impossibilità giuridica. Non costituisce, ad esempio, impossibilità di riparazione la circostanza che l'illecito sia prodotto direttamente o indirettamente da una sentenza passata in giudicato.

L'impossibilità giuridica di riparazione in forma specifica, e la sua sostituzione con la riparazione per equivalente, può invece essere presa in considerazione in regimi speciali di responsabilità che hanno origine pattizia. Per riferimenti alla situazione nell'ambito della Convenzione europea dei diritti dell'uomo, v. *supra*, parte IV, par. 11.

Il risarcimento del danno costituisce una tipica conseguenza dell'illecito in molti settori del diritto internazionale e costituisce non di rado oggetto di accertamento ad opera di tribunali internazionali. Nella sentenza del 1° luglio 1999, relativa al caso *M/V "Saiga" (No. 2)* deciso dal Tribunale internazionale del diritto del mare, Saint Vincent e le Grenadine hanno ottenuto un risarcimento dalla Guinea in seguito al fermo illegale e alla detenzione di un vascello e del suo equipaggio. Nel caso del Progetto *Gabčíkovo-Nagymaros* la Corte internazionale di giustizia ha affermato l'obbligo per l'Ungheria di risarcire alla Slovacchia i danni da essa subiti a causa della sospensione e dell'abbandono dei lavori di costruzione di una diga sul Danubio previsti da un accordo in vigore fra i due Paesi. La sentenza arbitrale del 6 luglio 1986 nel caso del *Rainbow Warrior (Nuova Zelanda c. Francia)* ha condannato la Francia a pagare un risarcimento per i danni subiti dalla Nuova Zelanda a causa dell'attentato commesso da forze speciali francesi nei confronti di una nave britannica in un porto neozelandese. Altri esempi di risarcimento possono essere il frutto di un negoziato tra lo Stato che ha realizzato l'illecito e lo Stato leso; si veda, ad esempio l'accordo intercorso tra Stati Uniti e Iran per la determinazione del risarcimento dei danni causati dall'abbattimento di un aereo iraniano il 3 luglio 1988, il quale ha determinato la cessazione della materia del contendere nel relativo procedimento pendente innanzi alla Corte internazionale di giustizia (v. ordinanza del 22 febbraio 1996).

Il risarcimento del danno è la tipica forma di riparazione in caso di danni causati dalla violazione di norme internazionali relative al trattamento dello straniero. Spesso, in caso di nazionalizzazioni che abbiano causato danni ad una moltitudine di individui, tali risarcimenti prendono la forma di un unico indennizzo prestato a favore dello Stato di cittadinanza (*lump sum agreements*). Lo Stato poi, solitamente, distribuisce la somma tra i suoi cittadini. Tale circostanza non modifica, tuttavia, la natura interstatale del risarcimento.

La soddisfazione è, infine, una sorta di riparazione del danno morale, che consiste sostanzialmente nel riconoscimento dell'illecito. La giurisprudenza internazionale si orienta sovente nel senso di ritenere che l'accertamento dell'illecito ad opera di un tribunale internazionale costituisce adeguata realizzazione dell'obbligo di soddisfazione.

Questa soluzione trova spazio nella prassi sin da tempi non recenti. Nel caso relativo al *Passaggio nello stretto di Corfù (Regno Unito c. Albania)*, sentenza del 9 aprile 1949, per esempio, la Corte internazionale di giustizia affermò che la constatazione della violazione della sovranità territoriale dell'Albania da parte della marina militare britannica, la quale aveva provveduto unilateralmente a bonificare le zone minate in acque territoriali albanesi, costituiva di per sé un'adeguata soddisfazione per lo Stato albanese.

Oltre che nella giurisprudenza tipicamente interstatale, il valore satisfattorio della constatazione della violazione è spesso affermato anche nell'ambito di controversie tra Stati ed individui in materia di diritti dell'uomo. Nella giurisprudenza della Corte europea dei diritti dell'uomo non mancano esempi di questo tipo, soprattutto in relazione alle richieste di risarcimento del danno morale. Così per esempio nel caso *Riolo c. Italia* (ricorso n. 42211/07, sentenza del 17 luglio 2008) la Corte ha considerato che la constatazione della violazione dell'art. 10 nei confronti del ricorrente, il quale era stato ingiustamente condannato in Italia per diffamazione, costituisse un'equa soddisfazione del danno morale; nel caso *Hüseyin Şimşek c. Turchia* (ricorso n. 68881/01, sentenza del 20 maggio 2008) la Corte è giunta alla stessa conclusione in relazione ad una condanna per violazione dell'art. 6 della Convenzione; nel caso *Lietzow c. Germania* (ricorso n. 24479/94, sentenza del 13 febbraio 2001) la Corte ha considerato che la constatazione della violazione dell'art. 5, par. 4, per carenze del controllo giurisdizionale sulla detenzione provvisoria costituisse una soddisfazione equa del danno morale subito dal ricorrente.

c) Segue. *I rapporti fra le varie forme di riparazione*

Fra i vari tipi di riparazione previsti dall'ordinamento generale, non sembra possibile tracciare alcun ordine di priorità. In particolare, e nonostante qualche diversa posizione in giurisprudenza, non sembra di poter assegnare, in via generale, priorità alla riparazione in forma specifica rispetto al risarcimento dei danni. La determinazione della forma di riparazione più appropriata va piuttosto compiuta caso per caso, in relazione alla funzione e al contenuto di ciascuna singola norma violata.

È intuitivo, ad esempio, e la prassi conferma tale impressione, che la violazione delle norme sull'immunità produca, nei casi in cui ciò sia possibile, un obbligo di cessazione e di riparazione in forma specifica.

In relazione al diniego dell'immunità dello Stato tedesco dalla giurisdizione per le cause di risarcimento dei danni conseguenti a crimini commessi nel corso della Seconda guerra mondiale, si veda la più volte menzionata sentenza del 3 febbraio 2012 nel caso delle *Immunità giurisdizionali dello Stato (Germania c. Italia)*, par. 137.

In altre ipotesi, tuttavia, vale una soluzione diversa. Nel campo delle norme sul trattamento economico degli stranieri, l'unico rimedio esperibile a favore dello Stato leso è il risarcimento del danno. Ad esempio, una nazionalizzazione, pur illecita, non comporta la restituzione ma solo l'obbligo di pagare un indennizzo. Anzi, in tali ipotesi, gli Stati controvertono raramente intorno alla liceità della nazionalizzazione. Di fatto, in tali settori, la responsabilità finisce con l'assumere un carattere esclusivamente risarcitorio, e l'indennizzo costituisce il costo da pagare, per uno Stato, per poter realizzare nazionalizzazioni difformi dal diritto internazionale.

Questa situazione è all'origine di una tendenza dottrinale la quale sostiene che, in questi settori, non vi sarebbe un comportamento illecito dal quale sorge un obbligo di indennizzo. L'indennizzo sarebbe invece condizione di liceità, per modo che un illecito sorgerebbe solo qualora a certi comportamenti, ad esempio ad una espropriazione dei beni, non faccia seguito un indennizzo.

Vi sono inoltre sistemi convenzionali che danno rilievo al risarcimento come forma di riparazione, in alternativa rispetto alla riparazione in forma specifica.

Tale è, ad esempio, il regime stabilito dalla Convenzione europea sui diritti dell'uomo il cui celebre art. 41 prevede che, «qualora il diritto interno consenta solo parzialmente di riparare la violazione dei diritti convenzionali, la Corte europea dei diritti dell'uomo, accertata tale violazione, accorda un equo indennizzo alla vittima». La collocazione sistematica dell'art. 41 nell'ambito delle conseguenze dell'illecito è peraltro particolarmente complessa. È verosimile che la previsione di un equo indennizzo si limiti ad escludere la *restitutio in integrum* rispetto alla singola fattispecie decisa dalla Corte, ma non escluda tutte le altre conseguenze derivanti dall'illecito, in particolare la garanzia di non ripetizione (v. *supra*, par. *b*). Come si è detto, la giurisprudenza più recente della Corte sembra riconoscere un obbligo degli Stati membri a modificare il proprio diritto interno in maniera da evitare la reiterazione delle violazioni della Convenzione che fanno necessariamente seguito all'applicazione di una regola di diritto interno (c.d. violazioni strutturali). Si sta peraltro delineando una tendenza della Corte europea dei diritti dell'uomo a riconoscere altresì una forma di riparazione in forma specifica. Ad esempio, nei casi di violazione dell'art. 6 della Convenzione che garantisce il diritto ad un giusto processo nell'ambito di procedimenti contumaciali, la Corte ha stabilito che il rimedio più appropriato consiste nel riaprire la procedura giudiziaria e consentire all'accusato di godere nella nuova procedura dei diritti garantiti dalla Convenzione.

In una certa misura, anche il sistema dell'Organizzazione mondiale del commercio sembra ammettere che forme di compensazione possano sostituire l'esigenza di restituzione *in integrum*. Peraltro, in tale sistema non si verifica un vero e proprio meccanismo di indennizzo monetario, quanto piuttosto una sorta di compensazione unilaterale mediante la revoca, da parte dello Stato vittima di un illecito, di vantaggi economici nei confronti dello Stato autore, i quali finiscono con l'annullare i benefici che tale Stato ricava dall'illecito. Per questo motivo, il sistema di responsabilità stabilito nell'ambito dell'OMC non è un vero e proprio sistema risarcitorio, quanto piuttosto un sistema fondato sull'equilibrio fra i diritti e i vantaggi che le parti si riconoscono reciprocamente.

Più in generale, si può notare come la prassi internazionale tenda a dare maggior rilievo alle conseguenze "morali" rispetto a quelle "materiali". In altri termini, gli Stati denotano maggior interesse per la cessazione dell'illecito, per la soddisfazione e per la garanzia di non ripetizione, piuttosto che per la *restitutio* o il risarcimento. Anche quando la *restitutio* o il risarcimento vengono richiesti, essi sembrano non di rado concepiti come aventi funzione punitiva, tese a rafforzare il riconoscimento dell'illecito e le garanzie di non ripetizione, piuttosto che come strumenti di carattere restitutorio.

9. *Le conseguenze strumentali dell'illecito: il sistema delle garanzie*

La parte terza degli Articoli sulla responsabilità degli Stati concerne il sistema di garanzie posto a disposizione di uno Stato vittima di un illecito. Nella prima sezione sono contenute le regole che consentono di individuare le parti fra le quali si articola il rapporto di responsabilità.

Qualora l'illecito sorga dalla violazione di regole reciproche, il rapporto di responsabilità avrà struttura bilaterale, nel senso che ciascuno Stato leso avrà titolo per invocare autonomamente la responsabilità dell'autore. Così, ad esempio, se la condotta illecita si concreta nella violazione di norme sul trattamento dello straniero e se essa riguarda stranieri di diverse nazionalità, ciascuno Stato nazionale avrà un proprio titolo per agire a tutela dei propri diritti. Questo principio, che si ricava agevolmente dalla prassi, è formulato dall'art. 42, lett. *a*), e specificato ulteriormente dall'art. 46.

L'art. 42, lett. *a*), prevede che uno Stato è leso da un illecito, e potrà quindi invocare la responsabilità dello Stato autore dell'illecito, qualora l'obbligo violato gli sia dovuto individualmente. L'art. 46 prevede che, in presenza di una pluralità di Stati lesi, ciascuno di essi potrà individualmente invocare la responsabilità dello Stato autore.

L'art. 42, lett. *b*), conferisce titolo individuale ad uno Stato per invocare la responsabilità che fa seguito alla violazione di regole a tutela di interessi collettivi o universali, a condizione che esso sia specialmente leso dalla violazione. A tale concetto dedicheremo qualche svolgimento nel paragrafo concernente la struttura e il contenuto del rapporto collettivo di responsabilità (v. *infra*, capitolo II, par. 4).

L'art. 43 stabilisce degli adempimenti preliminari all'attivazione degli strumenti di garanzia. A tal fine, occorre che lo Stato leso notifichi allo Stato autore la richiesta di cessazione o di riparazione specificando, in tale caso, la forma di riparazione richiesta. La norma intende quindi dare allo Stato autore la possibilità di assumersi la responsabilità dell'illecito, o comunque di facilitare l'avvio di un processo negoziale teso a determinare concordemente le forme di responsabilità, prima di attivare gli strumenti unilaterali di garanzia. La conformità della regola al diritto generale è comunque dubbia, almeno nei casi in cui, come vedremo, tali strumenti hanno lo scopo di realizzare direttamente il risultato voluto dalla regola primaria violata. Si noterà peraltro che, a differenza dei successivi artt. 44 e 45, l'art. 43 non sembra configurare tali adempimenti come condizioni di procedibilità dell'azione.

Le disposizioni degli artt. 44 e 45 subordinano la possibilità di invocare la responsabilità da parte di uno Stato leso all'esistenza di talune condizioni in tema di nazionalità e di previo esaurimento dei ricorsi interni. Tali condizioni sono particolarmente importanti per invocare la violazione delle regole sul trattamento dello straniero. In tali ipotesi, infatti, l'azione internazionale potrà essere condotta solo dallo Stato con il quale l'individuo oggetto della violazione ha un legame effettivo di nazionalità e a condizione che tale individuo abbia preventivamente esaurito i ricorsi posti a sua disposizione nell'ordinamento interno dello Stato autore dell'illecito.

Conviene osservare che gli Articoli sulla responsabilità degli Stati accolgono una concezione procedurale sia del requisito della nazionalità effettiva che di quello del previo esaurimento dei ricorsi interni. La dottrina prevalente tende invece a ricostruire l'assenza di una di queste condizioni come condizione ostativa per il sorgere del rapporto di responsabilità. Questo non sorgerebbe in assenza del vincolo di nazionalità, perché lo Stato agente non avrebbe la qualifica di Stato leso e mancherebbe quindi l'elemento soggettivo dell'illecito. Non sorgerebbe in caso di mancato esaurimento dei ricorsi interni perché la condotta costituirebbe un illecito solo una volta divenuta definitiva; prima di allora, mancherebbe l'elemento oggettivo dell'illecito.

a) *Le contromisure nel rapporto bilaterale di responsabilità*

Non vi è in diritto internazionale alcuno strumento istituzionale di garanzia delle posizioni soggettive di singoli Stati. L'unico strumento a disposizione dello Stato leso per garantire la propria sfera giuridica violata dall'illecito è dato dalla reazione unilaterale. È generalmente accettata l'idea che lo Stato leso abbia il potere di reagire con l'adozione di contromisure nei confronti dell'autore dell'illecito.

Il potere di adottare contromisure comprende sia la possibilità per lo Stato leso di violare a propria volta regole internazionali nei confronti dell'autore dell'illecito, sia la possibilità di reagire con misure bensì inamichevoli ma, di per sé, non contrarie a norme di diritto. La terminologia tradizionale impiegava due distinte formule: con il termine ritorsioni si indicava tale ultima categoria di misure; il termine rappresaglie indicava invece misure di reazione implicanti la violazione di regole di diritto.

Controversa è però la funzione delle contromisure. Gli Articoli sulla responsabilità degli Stati indicano, all'art. 49, par. 1, che il potere di adottare contromisure è funzionale allo scopo di indurre lo Stato autore ad assumersi la responsabilità e, quindi, a ottenere la cessazione dell'illecito nonché eventuali garanzie di non ripetizione e la riparazione, nelle varie forme descritte sopra. Le contromisure avrebbero quindi una funzione essenzialmente coercitiva: quella di fare pressioni sullo Stato autore al fine di indurre quest'ultimo ad assumersi la responsabilità e, quindi, a ripristinare una situazione conforme a diritto.

La disciplina delle modalità di adozione e dei limiti delle contromisure è quindi stabilita in coerenza con la funzione coercitiva loro assegnata. Il par. 3 dell'art. 49 precisa che le contromisure devono avere carattere provvisorio e non devono pregiudicare la futura osservanza della norma violata. Sarebbero quindi vietate contromisure di carattere normativo, tese cioè ad alterare in via permanente il contenuto di una determinata norma. L'art. 52 stabilisce modalità che tendono ad istituzionalizzare, per quanto possibile, il procedimento di adozione di contromisure. Lo Stato vittima dovrà effettuare una sorta di "messa in mora" dello Stato autore, intimando di riprendere l'osservanza della norma violata, offrendo di aprire un negoziato e prospettando il ricorso ad azioni unilaterali. L'adozione di contromisure è comunque vietata in pendenza di soluzione giudiziale della controversia nonché qualora la condotta illecita sia cessata. L'adozione di contromisure in via provvisoria sarà ammissibile solo nella misura in cui essa sia necessaria per salvaguardare i diritti dello Stato vittima.

Queste regole tendono a incanalare l'esercizio di contromisure nell'ambito di un procedimento tipizzato di garanzia. Attraverso tale procedimento, l'ordinamento mira quindi ad attenuare gli inconvenienti insiti in uno strumento unilaterale di reazione e a compensare così, almeno in parte, l'assenza di strumenti istituzionali.

Questa disciplina non appare però sempre conforme alla prassi. La funzione coercitiva caratterizza solo reazioni a illeciti assai gravi, che ledono interessi collettivi della comunità internazionale, quali, ad esempio, l'aggressione o il genocidio (v. *infra*, capitolo II). In casi come questi, il rilievo dell'interesse violato è tale da esigere che venga reintegrata, per quanto possibile, una situazione conforme a diritto. L'obiettivo della reazione sarà, di conseguenza, quello di ottenere la cessazione o la riparazione in forma specifica.

In altri casi, la prassi evidenzia una varietà di funzioni assegnate alle contromisure.

Nella prassi meno recente, le contromisure svolgevano una funzione tipicamente retributiva: quella di infliggere allo Stato autore un costo per la commissione dell'illecito. Nel periodo nel quale l'uso unilaterale della forza era permesso, si poteva reagire, ad esempio, a un bombardamento oltre frontiera con misure del medesimo tipo e intensità. Le contromisure retributive non intendevano quindi realizzare le conseguenze dell'illecito attraverso la cooperazione dell'autore. Il danno inflitto unilateralmente dalla vittima all'autore non aveva quindi alcuna funzione coercitiva, ma unicamente una funzione afflittiva: la pena per la condotta illecita. Si tratta di una visione particolarmente primitiva dell'autotutela, che ben si esprime nell'idea che ogni condotta illecita debba costare all'autore un danno equivalente a quello causato dall'illecito. Nel diritto internazionale contemporaneo, tuttavia, questa concezione tende a scomparire. Essa è infatti difficilmente compatibile con la funzione strumentale di garanzia assegnata alle contromisure dagli Articoli sulla responsabilità internazionale degli Stati.

Una concezione più sofisticata caratterizza le contromisure normative, la cui funzione non è quella di chiedere il rispetto della regola o infliggere una punizione. Lo Stato vittima ha invece come obiettivo quello di mutare il contenuto della regola violata e di riprodurre quindi negativamente il sinallagma originario alterato dall'illecito.

Il diritto dei trattati ci offre un esempio di questo tipo di contromisure dato dal provvedimento di estinzione di un trattato bilaterale effettuato da una delle parti in seguito a una violazione sostanziale operata dall'altra. Anche sul piano del diritto consuetudinario, uno Stato vittima di una violazione può reagire dichiarando l'inapplicabilità della regola nei suoi rapporti con lo Stato autore. Si faccia l'esempio di un provvedimento dello Stato A che limiti la libertà di movimento degli agenti diplomatici dello Stato B. Quest'ultimo potrebbe reagire applicando reciprocamente la regola consuetudinaria in maniera corrispondente all'applicazione che ne ha dato lo Stato A. Nei rapporti fra i due Stati, quindi, la regola sulla libertà di movimento dei diplomatici si applicherà con il contenuto che risulta dall'azione di A e dalla reazione di B.

Carattere in un certo senso intermedio fra le contromisure normative e quelle coercitive hanno le contromisure compensative che gli Stati possono adottare nell'ambito dell'Organizzazione mondiale del commercio. La violazione di regole dell'OMC, una volta accertata attraverso gli organi di soluzione delle controversie di quel sistema, comporta un obbligo per lo Stato autore di cessare la violazione; in mancanza, la vittima è autorizzata ad adottare contromisure compensative, atte cioè ad annullare i vantaggi economici e commerciali che derivano all'autore dalla violazione. Le contromisure compensative hanno quindi l'effetto di abbassare reciprocamente il livello dei vantaggi che ciascuna parte consegue dalla sua appartenenza al sistema.

Le contromisure sono infine caratterizzate da una funzione esecutiva allorché esse tendano a realizzare direttamente l'esecuzione della regola violata ovvero un risultato analogo a quello voluto da tale regola. Attraverso l'adozione di contromisure, quindi, lo Stato vittima, titolare di un diritto inadempiuto, verrebbe sostanzialmente a sostituirsi all'autore dell'illecito nell'adempimento degli obblighi di quest'ultimo.

Contromisure esecutive erano largamente ammesse nella prassi meno recente. Così, ad esempio, il mancato pagamento di un obbligo pecuniario poteva comportare l'occupazione e lo sfruttamento di parte del territorio dello Stato autore (v. l'occupazione da parte della Francia della regione tedesca della Ruhr nel 1923, a seguito del ritardo nel pagamento delle riparazioni di guerra da parte della Germania).

Un tipico caso di contromisura esecutiva è dato dagli interventi extraterritoriali limitati al fine di liberare ostaggi (v. *supra*, parte I, capitolo I, par. 6, lett. *b*) ovvero di prelevare cose o individui che lo Stato territoriale avrebbe l'obbligo di consegnare. È nota, ad esempio, l'azione di agenti segreti israeliani in Argentina al fine di catturare il dirigente delle SS, Eichmann, nel 1960. Nel 1985, in relazione alla vicenda del sequestro della nave Achille Lauro da parte di un gruppo di palestinesi, e dell'uccisione di un passeggero statunitense di origine ebrea, gli Stati Uniti hanno dapprima prospettato la possibilità di un intervento sulla nave e, successivamente, in seguito al rilascio della nave sulla base di un accordo con le autorità italiane, hanno dirottato un aereo egiziano che trasportava i dirottatori, costringendolo ad un atterraggio forzato nella base aerea degli Stati Uniti, a Sigonella, in Sicilia, dove aveva quindi luogo un confronto fra una squadra militare statunitense, che intendeva procedere all'arresto, ed una squadra di militari italiani che impediva finalmente la cattura.

La prassi internazionale sembra invece consentire che uno Stato agisca con contromisure esecutive sul proprio territorio, ad esempio, operando misure esecutive sui beni di uno Stato straniero al fine di soddisfare propri diritti violati da quest'ultimo.

Un recente esempio di contromisure esecutive potrebbe essere dato dalla decisione italiana, annunciata con un comunicato del Ministero degli esteri dell'11 marzo 2013, di trattenere in Italia, alla scadenza di un permesso concesso dalle autorità indiane, i due marò italiani detenuti in India e sottoposti a procedimento penale (v. *supra*, parte III, capitolo V). La decisione italiana, motivata con la violazione da parte dell'India delle regole internazionali sull'immunità funzionale, veniva peraltro revocata qualche giorno dopo.

b) *I limiti al potere di adottare contromisure*

Il principale limite di carattere generale posto al potere di agire unilateralmente in contromisura è dato dalla proporzionalità della reazione.

Che la reazione debba essere proporzionata all'illecito che vi ha dato causa è principio di carattere generale che si potrebbe invero desumere anche sulla base di un processo logico di deduzione. È difficile per un ordinamento giuridico ammettere una reazione sproporzionata all'illecito. Difatti, nell'ordinamento internazionale non vi è alcun dato della prassi in cui uno Stato abbia rivendicato un diritto di adottare contromisure sproporzionate.

L'esistenza di un limite di proporzionalità è univocamente indicata dalla prassi. Fra i casi meno recenti viene comunemente citata la sentenza arbitrale del 21 luglio 1928 nel caso *Naulilaa (Portogallo c. Germania)*. La controversia era insorta in seguito ad un attacco portato dalla Germania nei confronti del forte di Naulilaa, nell'Angola portoghese, in reazione all'uccisione di due ufficiali tedeschi. Il tribunale arbitrale che giudicò sulla controversia qualificò come illecita la contromisura tedesca in quanto manifestamente sproporzionata.

Recentemente la proporzionalità è stata utilizzata come parametro di valutazione della liceità di contromisure dalla Corte internazionale di giustizia nel caso delle *Piattaforme petroliere (Iran c. Stati Uniti)*, sentenza del 6 novembre 2003. La Corte ha infatti ritenuto che la distruzione di tre piattaforme petroliere iraniane da parte di forze militari statunitensi fosse un atto non necessario e sproporzionato rispetto agli attacchi subiti da navi americane nel Golfo Persico. La Corte peraltro non ha fatto altro che confermare quanto aveva già affermato nella più volte menzionata sentenza relativa alle *Attività militari e paramilitari in Nicaragua (Nicaragua c. Stati Uniti)*, laddove aveva detto che «la legittima difesa giustifica solo misure proporzionate all'aggressione armata subita e necessarie per rispondervi».

L'art. 51 degli Articoli sulla responsabilità degli Stati indica la proporzionalità come limite alle contromisure. Esso definisce tuttavia la proporzionalità nel suo aspetto quantitativo, come nesso di equivalenza fra l'illecito e la reazione. Sarà quindi sproporzionata una reazione che comporti danni superiori a quelli subiti, anche in considerazione della gravità giuridica della violazione.

Una certa relazione quantitativa fra illecito e reazione è implicita nel concetto di proporzionalità. Tuttavia, la definizione meramente quantitativa della proporzionalità accolta dall'art. 51 sembra legata all'idea tradizionale delle contromisure retributive, come diritto di arrecare allo Stato autore un danno eguale e contrario a quello causato dall'illecito. Essa appare quindi difficilmente compatibile con le altre funzioni assegnate alle contromisure, soprattutto alla luce della più moderna concezione delle contromisure come strumento di garanzia delle posizioni soggettive internazionali.

La prassi sembra quindi evidenziare come la proporzionalità vada valutata non già in maniera puramente quantitativa: come equivalenza materiale, cioè, fra illecito e reazione. Sovente, essa viene piuttosto valutata nella sua consistenza qualitativa, come nesso di ragionevole congruità fra l'obiettivo della reazione e i mezzi posti in essere al fine di realizzarlo.

Qualora l'ordinamento consenta di adottare contromisure coercitive, quindi, la proporzionalità della reazione dovrà essere valutata in relazione allo scopo di ottenere la cessazione e la riparazione in forma specifica. In questo caso, evidentemente, la reazione potrà comportare danni materiali anche superiori a quelli causati dall'illecito in virtù dell'alto valore giuridico del bene che essa si propone di realizzare. Nel caso di gravi violazioni di diritti dell'uomo, ad esempio, è logico che la reazione venga valutata alla luce della sua congruità rispetto all'obiettivo e non rispetto ai danni causati dall'illecito. Si pensi al caso delle sanzioni commerciali operate dagli Stati occidentali nei confronti di Myanmar (ex Birmania) sin dal 1997 in risposta alle gravi violazioni del divieto di lavoro forzato perpetrate in questo paese, nonché le sanzioni individuali adottate già a partire dal 2003 e, successivamente, nel 2009 dall'Unione europea in seguito alla condanna e alla prigionia della leader dell'opposizione, premio Nobel per la pace, Aung San Suu Kyi. Carattere coercitivo hanno avuto, per lo meno inizialmente, le sanzioni adottate dai Paesi occidentali nei confronti della Federazione russa per aver favorito il distacco della Crimea dalla Ucraina e la successiva annessione alla Russia, nel marzo 2014. V., ad esempio, la dichiarazione del Presidente del Consiglio europeo, Van Rompuy, resa in margine alla riunione del Consiglio europea del 10 e 21 marzo 2014, che indica come le finalità delle misure sanzionatorie adottate dall'Unione non avessero finalità punitive ma mirassero, invece, a indurre la Russia a cessare la violazione ed a ricercare una soluzione negoziata della crisi.

La valutazione di proporzionalità implica una serie di complesse operazioni logiche. Occorre innanzi tutto valutare se la misura sia idonea e necessaria per la realizzazione del fine. Occorre inoltre valutare se essa non comporti un pregiudizio eccessivo rispetto al beneficio che ci si aspetta di ricavare. Quest'ultima è la valutazione della proporzionalità in senso stretto, che si traduce in un bilanciamento tra l'esigenza di tutelare la sfera giuridica lesa dall'illecito e l'interesse dello Stato autore a non dover sopportare danni eccessivi. Sarà, ad esempio, sproporzionato adottare un provvedimento di blocco totale dei rapporti commerciali nei confronti di uno Stato al fine di indurlo a osservare una singola clausola di un accordo in tema di trattamento dello straniero.

c) *Altri limiti al potere di agire in contromisura*

L'art. 50, par. 1, contiene una elencazione di altri limiti al potere di agire in contromisura: il divieto di uso della forza; l'obbligo di tutela dei diritti dell'uomo, taluni obblighi umanitari; il diritto cogente. Il par. 2 precisa che il potere di agire in contromisura non comporta la possibilità di violare obblighi in tema di soluzione pacifica delle controversie nonché obblighi concernenti l'inviolabilità degli agenti, delle sedi e degli archivi diplomatici e consolari.

Si tratta di una elencazione astrattamente superflua, dato che ciascuno dei limiti indicati può essere facilmente ricavato da una valutazione di proporzionalità o, comunque, sulla base di una semplice operazione logica. I limiti indicati nel primo paragrafo attengono infatti a regole che tutelano interessi collettivi. Essi quindi non sono disponibili nei rapporti bilaterali fra l'autore dell'illecito e lo Stato leso. Inoltre, molti di essi sono anche stabiliti da norme cogenti e, quindi, sono collocati, di regola, in una sfera normativa superiore delle norme violate dall'autore dell'illecito (v. *supra*, parte II, capitolo IV, sezione IV).

Il divieto di usare la forza a titolo di contromisura ha un pronunciato significato, sia sul piano teorico che su quello pratico. Esso impedisce, nella maggior parte dei casi, che lo Stato vittima possa unilateralmente imporre l'osservanza delle regole violate, senza cioè la cooperazione dell'autore dell'illecito. In altri termini, attraverso questa limitazione l'ordinamento consente all'autore di mantenere la condotta illecita, sol che sia disposto a tollerare il costo sociale della violazione.

Il divieto di violare a titolo di contromisura gli obblighi in tema di soluzione pacifica delle controversie deriva dalla particolare funzione di quest'ultime. Sarebbe logicamente assurdo che tali obblighi, che hanno la funzione di facilitare l'accertamento obiettivo di un illecito e il contenuto della responsabilità, possano essere violati in contromisura in seguito ad un accertamento unilaterale. A una logica parzialmente analoga si ispira il divieto di violare le regole sull'inviolabilità degli agenti e delle sedi diplomatiche. Tali regole hanno la funzione di mantenere aperti i canali diplomatici e facilitare, quindi, la soluzione della controversia. D'altra parte, si è già visto che essere possono essere violate a titolo di contromisura specifica, in reazione cioè ad analoghe violazioni ad opera dell'altra parte.

CAPITOLO II

IL RAPPORTO COLLETTIVO DI RESPONSABILITÀ

SOMMARIO: 1. Introduzione. Violazioni gravi di interessi collettivi e responsabilità aggravata. – 2. I crimini internazionali di Stati. – 3. Il contenuto della responsabilità aggravata. – 4. Il titolare del rapporto di responsabilità e il concetto di Stato leso da un crimine internazionale. – 5. Reazione decentralizzata e reazione istituzionale nel rapporto collettivo di responsabilità.

1. *Introduzione. Violazioni gravi di interessi collettivi e responsabilità aggravata*

Nei paragrafi precedenti abbiamo esaminato il classico rapporto bilaterale di responsabilità: quello che insorge dalla violazione di una norma reciproca, il cui contenuto si scinde in un fascio corrispettivo di diritti ed obblighi che incombono singolarmente a ciascun destinatario. In questo caso, il rapporto di responsabilità si svolge su un piano strettamente bilaterale, fra lo Stato autore dell'illecito e lo Stato che ne è vittima.

Il rapporto bilaterale di responsabilità attiene quindi alla tutela di posizioni soggettive dello Stato leso ed ha quindi natura essenzialmente privatista. Il carattere bilaterale è ulteriormente accentuato dalla circostanza che il diritto internazionale generale non ha sviluppato alcuno strumento istituzionalizzato di garanzia, di modo che anche la fase dell'attuazione del diritto della responsabilità si svolge su base strettamente bilaterale.

Questo schema sembra idoneo a disciplinare gran parte dei rapporti che sorgono da un illecito. La violazione di un accordo bilaterale in materia economica, ad esempio, genera un rapporto di responsabilità circoscritto rigorosamente all'autore e alla vittima dell'illecito: gli unici ad avere un interesse giuridico all'adempimento dell'accordo.

Come abbiamo visto, però, il diritto internazionale contiene anche regole poste a tutela di interessi collettivi. La regola che vieta il genocidio, ad esempio, non è posta nell'interesse di uno o più Stati singolarmente identificati. Essa tutela piuttosto un interesse dell'intera comunità internazionale. Se pure alcuni Stati possono avere un interesse particolare a reprimere eventuali violazioni di tale regola – ad esempio perché alcune condotte genocidiarie hanno avuto luogo sul loro territorio, ovvero perché sono stati coinvolti propri cittadini – non vi è dubbio che tutti gli altri Stati della comunità internazionale abbiano un interesse giuridico alla sua osservanza.

Si è quindi affermata da tempo, nel diritto internazionale, l'idea che, accanto alla responsabilità ordinaria, la quale concerne le conseguenze giuridiche della violazione di obblighi reciproci, vi sarebbe una diversa forma di responsabilità, la quale consegue alla violazione di obblighi che tutelano interessi collettivi. Difatti, l'art. 40 degli Articoli sulla responsabilità internazionale degli Stati indica l'esistenza di una forma di responsabilità aggravata, che è innescata dalla violazione grave di un obbligo prodotto da una norma cogente.

La disposizione si riferisce, quindi, alla violazione di obblighi che tutelano interessi fondamentali della comunità internazionale nel suo insieme e non di singoli Stati ovvero di una comunità parziale. Come si è già visto, vi sono, infatti, alcune categorie di obblighi *erga omnes* i quali, però, tutelano interessi non già della comunità internazionale nel suo insieme quanto piuttosto di singoli Stati appartenenti a una comunità convenzionale (di una comunità di interessi, volta all'esercizio di diritti di navigazione fluviale, parlava, ad esempio, già la Corte permanente di giustizia internazionale nella sentenza del 10 settembre 1929, n. 16, relativa al caso della *Giurisdizione territoriale della Commissione internazionale del fiume Oder*). Una esempio ben noto di comunità convenzionale è quella della Convenzione europea dei diritti dell'uomo. Tutte gli obblighi della Convenzione europea, volti a tutelare i diritti dell'uomo, hanno carattere *erga omnes*. Ma solo eccezionalmente le norme della Convenzione corrispondono al diritto internazionale cogente. Le norme cogenti tutelano interessi collettivi di tutta la comunità internazionale e appartengono, quindi, ad una sorta di sfera pubblica dell'ordinamento internazionale. Tale è, ad esempio, il divieto di genocidio. La responsabilità aggravata, alla quale si riferisce l'art. 40 concerne, quindi, solo le norme cogenti. A tale categoria di norme si riferiranno i paragrafi che seguono.

2. *I crimini internazionali di Stati*

L'idea di un rapporto collettivo di responsabilità originato dalla violazione di regole poste a tutela di interessi fondamentali della comunità internazionale è emersa nell'ambito dei lavori di codificazione del diritto della responsabilità. La Commissione del diritto internazionale discusse lungamente di tale possibilità e decise di inserire, tra gli articoli approvati in prima lettura nel 1980, una disposizione, l'art. 19 del progetto, che tendeva a distinguere fra due forme di illeciti: gli illeciti ordinari, che darebbero luogo a una forma ordinaria di responsabilità, e gli illeciti qualificati, che darebbero invece luogo ad una forma di responsabilità aggravata.

L'art. 19, intitolato significativamente «Crimini e delitti internazionali», era quindi formulato nei termini seguenti:

«1. Un atto di uno Stato che costituisce una violazione di un obbligo internazionale è un atto internazionalmente illecito quale che sia l'oggetto dell'obbligo violato.

2. Un atto internazionalmente illecito, che risulta dalla violazione da parte di uno Stato di un obbligo internazionale tanto essenziale per la protezione di interessi fondamentali della comunità internazionale che la sua violazione è riconosciuta come un crimine da tale comunità nel suo insieme, costituisce un crimine internazionale.

3. Con riserva del 2° comma e secondo le norme del diritto internazionale in vigore, un crimine internazionale può, tra l'altro, risultare da:

a) una violazione grave di un obbligo internazionale di importanza essenziale per il mantenimento della pace e della sicurezza internazionale, quale quello che vieta l'aggressione;

b) una violazione grave di un obbligo internazionale di importanza essenziale per la salvaguardia del diritto di autodeterminazione dei popoli, quale quello che vieta la istituzione o il mantenimento con la forza di una dominazione coloniale;

c) una violazione grave su larga scala di un obbligo internazionale di importanza fondamentale per la salvaguardia dell'essere umano, quali quelli che vietano la schiavitù, il genocidio e l'apartheid;

d) una violazione grave di un obbligo internazionale di importanza essenziale per la salvaguardia e la conservazione dell'ambiente umano, quali quelli che vietano l'inquinamento massiccio dell'atmosfera o dei mari.

4. Ogni atto internazionalmente illecito che non è un crimine internazionale ai sensi del 2° comma costituisce un delitto internazionale».

Il termine «crimini», però, recava con sé una connotazione di carattere penalistico. In quanto tale veniva criticato nel corso dei successivi lavori di codificazione e, pertanto, successivamente abbandonato.

Negli Articoli sulla responsabilità degli Stati, approvati in seconda lettura nel 2001, la Commissione del diritto internazionale ha eliminato il termine crimini e, quindi, l'allusione ad elementi di carattere penalista. Tali condotte sono invece indicate come «gravi violazioni di obblighi derivanti dal diritto cogente».

La parte II degli Articoli, dedicata al contenuto della responsabilità, contiene una sezione terza che concerne, appunto, le conseguenze di gravi violazioni di obblighi derivanti dal diritto cogente. Gli Articoli sulla responsabilità degli Stati sembrano quindi accettare l'idea di distinguere una responsabilità ordinaria da una forma aggravata di responsabilità. Per indicare il tipo di illeciti dai quali sorge la responsabilità aggravata, gli Articoli utilizzano nel diritto della responsabilità un concetto – quello di diritto cogente – elaborato nell'ambito delle fonti normative internazionali.

Sul concetto di crimine internazionale, ovvero su quello di grave violazione di norme cogenti, secondo la terminologia impiegata dalla Commissione del diritto internazionale, si è quindi sviluppato un ampio dibattito dottrinale che ha accompagnato e seguito i lavori di codificazione. Ampia parte della dottrina sembra aver accolto l'idea che vi siano delle forme differenziate di responsabilità e, in particolare, che si debba distinguere una forma di responsabilità ordinaria da una forma di responsabilità aggravata. Rimane peraltro assai difficile identificare sia il contenuto sia soprattutto i meccanismi di garanzia.

3. *Il contenuto della responsabilità aggravata*

Particolarmente complessa si è rivelata l'identificazione del contenuto della responsabilità aggravata. Avendo escluso che essa possa assumere natura penalista, il suo elemento distintivo dovrebbe consistere nella circostanza che l'intero processo di attuazione della responsabilità, dalla definizione delle conseguenze dell'illecito fino agli strumenti di garanzia, sia teso a reintegrare la situazione giuridica lesa. Sarebbe infatti incompatibile la permanenza nell'ordinamento degli effetti di una lesione di interessi e valori sentiti come fondamentali dall'intera comunità internazionale.

Difatti, l'art. 41, par. 1 e 2, indica che la violazione grave di interessi fondamentali della comunità internazionale comporta, oltre alle conseguenze "ordinarie" dell'illecito, anche delle conseguenze ulteriori. Tali conseguenze si articolano in un obbligo di carattere positivo e in un obbligo di carattere negativo.

Il primo, stabilito dall'art. 41, par. 1, è l'obbligo degli Stati di cooperare al fine di porre termine alla violazione. Il secondo, stabilito dall'art. 41, par. 2, è dato dall'obbligo degli Stati di non riconoscere una situazione costituita attraverso una grave violazione di interessi essenziali della comunità internazionale. Ad esso, l'art. 41, par. 2, aggiunge l'obbligo di non prestare aiuto o assistenza nel mantenimento di tale situazione.

L'art. 41, par. 3, precisa comunque che queste non sono necessariamente le sole conseguenze "speciali" che conseguono a una violazione grave di interessi fondamentali della comunità internazionale. La disposizione precisa infatti che l'indicazione dei par. 1 e 2 non è tassativa e non pregiudica quindi la possibilità di individuare ulteriori conseguenze ai sensi del diritto internazionale.

Il primo obbligo, di carattere positivo, ha un contenuto particolarmente tenue. Innanzi tutto, i singoli Stati non hanno l'obbligo di por termine alla violazione, ma solo di cooperare a tal fine. La mancata cooperazione costituisce una violazione di tale obbligo. Di converso, nessuno Stato potrà essere considerato responsabile per la mancata cessazione della violazione. La disposizione, inoltre, non intende aggiungere uno speciale strumento di garanzia. Essa è infatti inclusa nella sezione dedicata al contenuto del diritto della responsabilità e non in quella concernente gli strumenti per la sua attuazione.

Nonostante la tenuità del suo contenuto, l'art. 41, par. 1, produce un effetto normativo di particolare interesse. Esso trasforma la generica facoltà di ciascuno Stato, di reagire a violazioni di obblighi *erga omnes* in un vero e proprio dovere di reazione rispetto a violazioni di norme cogenti; di quelle norme che ledano, quindi, un interesse fondamentale della comunità internazionale.

Per propria natura, anche tale obbligo ha carattere *erga omnes*, nel senso che ciascuno Stato può pretenderne l'osservanza da parte degli altri. Il carattere innovativo di questa forma di reazione collettiva è peraltro attenuato dalla circostanza che, nella prassi, solo gli Stati che hanno un interesse particolare tendono a reagire e, solitamente, essi si astengono dal pretendere l'osservanza dell'obbligo di cooperazione da parte degli altri Stati.

La natura consuetudinaria di questo obbligo è stata affermata in due occasioni dalla Corte internazionale di giustizia. Nel parere consultivo del 9 luglio 2004, relativo alle *conseguenze giuridiche della costruzione di un muro nei territori palestinesi occupati*, la Corte, dopo aver indicato che la costruzione di un muro da parte di Israele sui territori palestinesi occupati, viola il diritto di autodeterminazione del popolo palestinese, ha soggiunto che gli Stati hanno l'obbligo di cooperare al fine di porre termine a questa violazione (par. 159). Più recentemente, nel parere consultivo del 25 febbraio 2019, relativo agli *effetti giuridici della separazione delle isole Chagos da Mauritius nel 1965*, la Corte, dopo aver accertato che lo scorporo delle isole Chagos da Mauritius, effettuato dal Regno Unito, viola il diritto all'autodeterminazione, ha aggiunto che tutti gli Stati della comunità internazionale hanno l'obbligo di cooperare con le Nazioni Unite al fine di far cessare l'illecito.

Ancor più consolidato appare l'obbligo di non riconoscimento. La prassi annovera, ad esempio, il disconoscimento degli atti di governo del Sud Africa adottati in relazione al territorio del Sud ovest africano (Namibia), il disconoscimento

scimento dell'annessione di Gerusalemme est da parte di Israele, il disconoscimento di atti di disposizione ad opera del Marocco per lo sfruttamento delle risorse del Sahara occidentale (v. *Letter dated 29 January 2002 from the Under-Secretary-General for Legal Affairs, the Legal Counsel, addressed to the President of the Security Council*, UN Doc. S/2002/161).

La "conclusione 19" del progetto di conclusioni sulle norme imperative del diritto internazionale generale (*ius cogens*), approvato in prima lettura dalla Commissione del diritto internazionale riproduce, pressoché letteralmente, l'art. 41 degli Articoli sulla responsabilità internazionale. Il commentario indica espressamente che tali disposizioni sono parte del diritto generale. A differenza del commentario agli Articoli sulla responsabilità internazionale, tuttavia, il commentario alle "conclusioni" sembra escludere che la reazione degli Stati a una violazione del diritto cogente possa comprendere una violazione di altre regole, pur non cogenti, del diritto internazionale (A/74/10, p. 195). Il commentario aggiunge che la reazione alle violazioni del diritto cogente dovrebbe assumere carattere collettivo. Alla luce dei limiti posti alla reazione individuale e della riluttanza degli Stati a contribuire a una reazione collettiva, non sembra di poter dire che le "conclusioni" stabiliscono un sistema efficace di garanzia contro la violazione di norme cogenti.

Un limite all'obbligo di non riconoscimento sembra dato dall'esigenza di non far gravare la reazione sugli individui non coinvolti nella violazione. Sarebbe, ad esempio, incongruo non riconoscere atti di governo relativi, ad esempio, a *status* familiari, dato che il mancato riconoscimento andrebbe a colpire una popolazione già oggetto di gravi violazioni di diritti fondamentali.

Si pone poi il problema di vedere se il principio del non riconoscimento di situazioni costituite attraverso una violazione di regole fondamentali dell'ordinamento internazionale trovi un limite nell'acquiescenza da parte dei soggetti a favore dei quali l'obbligo è stabilito. Il problema si pone, in particolare, per situazioni territoriali realizzate in seguito alla minaccia o all'uso della forza, le quali siano successivamente fatte oggetto di una sorta di transazione negoziale ad opera delle stesse parti in confitto. Si pensi, per fare un esempio, a un accordo di carattere transattivo fra Israele e l'Autorità nazionale palestinese, che riconosca parzialmente l'annessione ad Israele di parti dei territori occupati. Un altro esempio potrebbe essere quello di un accordo fra le parti in conflitto nell'isola di Cipro che riconosca la ripartizione etnica realizzata con trasferimenti forzati delle popolazioni. Si potrebbe infatti sostenere che le parti in conflitto non possano liberamente disporre, mediante accordo, di diritti fondamentali spettanti alla comunità internazionale. Gli Stati dovrebbero quindi continuare a non riconoscere situazioni costituite in violazione di tali diritti, pur in seguito al loro riconoscimento ad opera delle parti in conflitto. Questa difficile situazione si potrebbe risolvere ammettendo che un accordo delle parti interessate possa sanare la violazione solo con il consenso della comunità internazionale, espresso attraverso le strutture istituzionali di questa, vale a dire, con il consenso degli organi delle Nazioni Unite.

4. *Il titolare del rapporto di responsabilità e il concetto di Stato leso da un crimine internazionale*

Il dibattito sull'esistenza e sulle forme di responsabilità aggravata si è prevalentemente concentrato sull'individuazione di forme appropriate di garanzia. Si tratta infatti di vedere come la previsione di valori e interessi collettivi della comunità internazionale vada conciliata con la tradizionale struttura decentrata dell'ordinamento, che non ha istituito organi e procedure per la tutela di tali valori. Si possono, in proposito, delineare tre linee principali di tendenza.

La prima tende a valorizzare la struttura *erga omnes* degli obblighi violati. Se tutti i soggetti della comunità internazionale sono lesi da una grave violazione di obblighi derivanti dal diritto cogente, ciascuno di essi avrebbe, secondo tale tendenza, una propria legittimazione ad agire nei confronti dell'autore. Questa opinione tende quindi a traslare nel campo della responsabilità aggravata la struttura essenzialmente bilaterale che caratterizza l'ordinario rapporto di responsabilità, con l'ovvia differenza che tale rapporto sussiste fra l'autore della violazione, da un lato, e ciascuno dei membri della comunità internazionale, dall'altro lato. In tal modo, il rapporto collettivo di responsabilità finirebbe con l'essere nulla più che una sommatoria di rapporti bilaterali che si instaurerebbero fra lo Stato autore dell'illecito e ciascun singolo Stato della comunità internazionale.

Una seconda tendenza, di carattere istituzionalista, tende invece a negare la legittimazione ad agire ai singoli soggetti internazionali. Dato che le regole violate producono posizioni soggettive non in capo a ciascuno Stato, bensì in capo alla comunità internazionale nel suo insieme, sarebbe quest'ultima, concepita come soggetto distinto dai singoli Stati, l'unico ente titolare di posizioni soggettive collettive e, quindi, l'unico legittimato ad agire attraverso i propri organi.

Nell'attuale stadio di sviluppo dell'ordinamento, peraltro, la struttura organica della comunità internazionale sembra limitata alle Nazioni Unite, le quali, come si è visto, incontrano una serie di limiti alla propria azione. Qualora si pensasse che la reazione a gravi violazioni di interessi fondamentali della comunità internazionale vada incanalata entro gli stretti limiti di competenza delle Nazioni Unite, il risultato pratico sarebbe, quindi, che molte di queste violazioni non incontrerebbero alcuna reazione.

Anche in considerazione di queste difficoltà, una ipotesi intermedia, che tenga conto sia della natura istituzionale della reazione che dell'esigenza di consentire un esercizio decentralizzato, è quella di considerare che, in assenza di reazione istituzionale, ciascuno Stato della comunità internazionale sia legittimato ad agire, ma non a tutela di una propria posizione soggettiva, bensì per conto della comunità internazionale. La possibilità di una reazione di singoli Stati, agenti per conto della comunità internazionale, comporta peraltro la necessità di stabilire delle forme di coordinamento sia fra gli Stati agenti, sia fra questa forma decentralizzata di reazione ed eventuali forme di azione istituzionale.

Dal punto di vista teorico, tale prospettiva comporta l'esigenza di conciliare l'esistenza di una sfera di interessi pubblici, che quindi fanno capo alla comunità internazionale come soggetto distinto da quello degli Stati, con l'esistenza di forme decentrate di accertamento dell'illecito e di irrogazione della sanzione.

La prassi internazionale, pur non priva di ambiguità, sembra indicare come la violazione di interessi fondamentali della comunità internazionale, quali la commissione di genocidio, la violazione del divieto di uso della forza, del principio di autodeterminazione, la violazione grave e sistematica dei diritti fondamentali, abbia giustificato due tipi di reazioni: da un lato, la reazione unilaterale di alcuni Stati, prevalentemente ma non esclusivamente gli Stati occidentali; d'altro lato, ad essa si è talvolta accompagnata la reazione istituzionale ad opera delle Nazioni Unite, sul presupposto che tali violazioni costituissero una minaccia alla pace ai sensi dell'art. 39 della Carta.

Conviene esaminare innanzitutto le forme individuali di reazione, ad opera, cioè, di singoli Stati o gruppi di Stati. In proposito, gli Articoli sulla responsabilità degli Stati tendono a distinguere due diverse situazioni: la reazione ad opera di uno o più Stati "specialmente lesi" dall'illecito, da un lato; la reazione ad opera di altri Stati, i quali non possiedono alcun interesse qualificato, dall'altro.

L'art. 42, lett. *b*), indica la possibilità di individuare, nell'ambito del rapporto collettivo di responsabilità, uno Stato "specialmente leso" dalla condotta illecita. Tale sarà, ad esempio, in caso di aggressione, lo Stato aggredito. Lo Stato "specialmente leso" avrà quindi titolo a far valere nei confronti dell'autore dell'illecito tutte le conseguenze dell'illecito, alla stregua di un rapporto individuale di responsabilità.

La situazione giuridica di tutti gli altri Stati che non possano vantare una posizione speciale da far valere nei confronti dello Stato che abbia commesso una grave violazione di interessi e valori fondamentali della comunità internazionale è quindi disciplinata dall'art. 48, par. 2. Tale disposizione indica come l'interesse collettivo alla cessazione dell'illecito possa essere fatto valere da ciascuno degli Stati della comunità internazionale, pur non "specialmente leso" dall'illecito, agente individualmente. Ciascuno Stato "non specialmente leso" potrà agire altresì per la riparazione del danno, ma solo a favore dello Stato "specialmente leso" dall'illecito ovvero dei beneficiari della regola violata. Ad esempio, in caso di aggressione, ciascuno Stato della comunità internazionale potrà chiedere all'aggressore di cessare la propria condotta e di indennizzare lo Stato aggredito; nel caso di gravi violazioni di diritti fondamentali individuali, ciascuno Stato della comunità internazionale potrà chiedere allo Stato autore dell'illecito di cessare la violazione e di prestare riparazione a favore degli individui i cui diritti sono stati violati.

La distinzione fra la posizione giuridica dello Stato "specialmente leso" e quella di tutti gli altri Stati "non specialmente lesi" soddisfa intuitivamente l'idea che una violazione di obblighi *erga omnes* produca, oltre ad un pregiudizio giuridico per tutti gli Stati della comunità internazionale, anche un pregiudizio materiale per uno o taluni Stati singolarmente individuati. Di fronte ad una aggressione, ad esempio, la posizione dello Stato aggredito è ben diversa da quella di tutti gli altri Stati della comunità internazionale. Mentre il primo agisce a tutela della propria sfera di sovranità territoriale, gli altri agiscono solo a tutela dell'interesse collettivo al mantenimento della pace e della sicurezza internazionale. Difatti, al primo l'ordinamento riconosce il potere di agire in legittima difesa, mentre ai secondi questo potere è precluso senza il consenso dello Stato aggredito. Tale differenza può essere apprezzata anche nell'ambito del rapporto di responsabilità. È naturale che lo Stato aggredito possa far valere tutte le conseguenze dell'illecito. Sarebbe invece incongruo pensare che gli Stati non specialmente lesi possano pretendere il risarcimento dei danni causati dall'aggressione.

Non è però sempre possibile identificare uno Stato "specialmente leso". Nel caso di una grave violazione dei diritti dell'uomo, ad esempio, nessuno Stato può vantare una posizione speciale nel rapporto di responsabilità, dato che le regole internazionali sui diritti dell'uomo non tutelano interessi di Stati bensì interessi individuali. Di conseguenza, tutti gli Stati della comunità internazionale hanno la medesima posizione giuridica, essendo tutti, egualmente, titolari dell'interesse alla tutela dei diritti dell'uomo.

Taluni autori hanno peraltro sostenuto che anche in questo caso si possa individuare uno Stato specialmente leso. Tale sarebbe, ad esempio, lo Stato nazionale degli individui. Esso sarebbe infatti interessato a doppio titolo dalla condotta illecita: in primo luogo, in quanto titolare, come tutti gli altri Stati della comunità, dell'interesse generale alla tutela dei diritti individuali; in secondo luogo, in quanto titolare, singolarmente, del diritto al trattamento dei propri cittadini da parte di uno Stato straniero. Nella prassi la violazione dei diritti dell'uomo viene invocata soprattutto da Stati che hanno un particolare interesse ad agire, dato dalla circostanza che fra gli individui colpiti vi siano propri cittadini.

Come si vede da questi due esempi, la "particolare lesività" deriva dal fatto che una medesima condotta può originare più rapporti di responsabilità: un rapporto collettivo, del quale sono egualmente parte tutti gli Stati della comunità internazionale; un rapporto individuale, del quale è parte soltanto lo Stato titolare di diritti lesi dalla condotta illecita. Nel caso dell'aggressione, lo Stato aggredito è specialmente leso in quanto, oltre a subire la violazione dell'interesse generale al mantenimento della pace e della sicurezza internazionale, subisce altresì la violazione del proprio diritto di sovranità territoriale. Nel caso della violazione di diritti dell'uomo, lo Stato specialmente leso sarebbe quello che, oltre a far valere l'interesse generale alla tutela dei diritti dell'uomo, ha anche un interesse particolare dato dal rapporto di cittadinanza rispetto ad alcuni individui colpiti dalla violazione.

Se così fosse, tuttavia, la nozione di Stato "specialmente leso" non atterrebbe ad una posizione giuridica particolare assunta da uno o più Stati nel rapporto collettivo di responsabilità. Essa semplicemente tenderebbe a far valere come alla violazione di obblighi *erga omnes*, rispetto alla quale tutti gli Stati della comunità internazionale sono posti sul medesimo piano, sovente si accompagni anche una violazione di diritti individuali propri di uno o più Stati determinati. In questa prospettiva, la formula dello Stato "specialmente leso" finisce allora col perdere significato giuridico. Essa rappresenta solo un modo riassuntivo per indicare come la medesima condotta possa generare, ad un tempo, sia un rapporto collettivo di responsabilità, del quale sono parti tutti gli Stati della comunità internazionale, sia un rapporto bilaterale di responsabilità, del quale sono parti soltanto lo Stato autore dell'illecito e lo Stato leso.

Nella sentenza relativa al caso *Habré* (*Questioni concernenti l'obbligo di perseguire o estradare (Belgio c. Senegal)*, sentenza del 20 luglio 2012), la Corte internazionale di giustizia ha affermato che, in relazione alla natura *erga omnes* degli obblighi derivanti dalla Convenzione contro la tortura del 1984, ciascuno Stato parte avesse il diritto di agire in giudizio al fine di accertarne la violazione (par. 68-69). Pertanto, il Belgio non era tenuto a dimostrare un interesse speciale ad agire per la presunta violazione da parte del Senegal dell'obbligo di esercitare la propria giurisdizione penale o, in alternativa, di estradare l'ex Capo di Stato del Ciad, Habré, accusato di aver commesso atti di tortura, rifugiatosi nel territorio senegalese (par. 70). In termini ancora più chiari, la Corte internazionale di giustizia ha indicato nell'ordinanza del 23 gennaio 2020, relativa alla richiesta di misure cautelari nell'ambito della controversia fra Gambia e Myanmar concernente le condotte genocidiarie asseritamente perpetrate da Myanmair nei confronti della popolazione dei Rohinga, che

> ogni Stato parte della Convenzione sul genocidio, e non solo uno Stato specialmente leso, può invocare la responsabilità di un Stato parte al fine di accertare la pretesa violazione dei suoi obblighi *erga omnes*, e di ottenerne la cessazione (par. 41).

La questione dell'esistenza di uno Stato specialmente leso ha assunto un certo rilievo in relazione ai lavori di codificazione del diritto della protezione diplomatica, che hanno portato, nel 2006, all'approvazione in seconda lettura di un progetto di articoli, il cui destino non è però ancora chiaro (cioè se diventerà una convenzione di codificazione o se invece rimarrà allo stato di documento non vincolante come quello sulla responsabilità degli Stati). Durante i lavori di codificazione si è posto il problema di determinare i rapporti fra l'azione in protezione diplomatica, che spetta allo Stato nazionale qualora siano lesi diritti dei suoi cittadini, e le azioni a tutela dei diritti dell'uomo che spettano a tutti gli Stati della comunità internazionale, in ragione della natura *erga omnes* dei relativi obblighi. La profonda diversità delle regole sostanziali violate rende peraltro preferibile tenere distinte le relative azioni di garanzia. Le azioni a tutela dei diritti dell'uomo quindi spetteranno a tutti gli Stati della comunità internazionale o, in caso di violazione di regole convenzionali, a tutti gli Stati parte dello strumento convenzionale, senza la possibilità di individuare uno Stato specialmente leso dalla violazione. Lo Stato nazionale di cittadini colpiti dalla violazione avrà quindi un proprio autonomo titolo di intervento, costituito dall'azione in protezione diplomatica.

La distinzione fra Stato "specialmente leso" dalla violazione e altri Stati egualmente parti del rapporto collettivo di responsabilità si avverte infine rispetto al potere strumentale di attivare strumenti di garanzia e, quindi, del potere di adottare contromisure.

Lo Stato "specialmente leso" ha un generale potere di adottare contromisure, nel perseguimento degli scopi e nel rispetto dei limiti che incontra qualsiasi Stato vittima in un rapporto bilaterale di responsabilità. Secondo l'art. 54, invece, uno Stato "non specialmente leso" potrà adottare misure lecite al fine di ottenere la cessazione dell'illecito e la riparazione a favore dello Stato "specialmente leso" ovvero dei beneficiari della norma violata.

La disposizione, redatta in termini volutamente ambigui, ha quindi evitato di affermare espressamente il potere di ciascuno Stato della comunità internazionale di adottare contromisure per gravi violazioni di obblighi *erga omnes*. L'utilizzazione della formula "misure lecite" in luogo di quella tecnicamente più corretta di contromisure esprime quindi la grande cautela che ha ispirato la redazione dell'art. 54 e la volontà della Commissione del diritto internazionale di mantenere su questo punto una certa ambiguità che consenta l'ulteriore sviluppo del diritto internazionale.

Il termine "misure lecite" non chiarisce infatti se tali misure debbano essere lecite *ab origine*, ovvero se si possa trattare di misure astrattamente contrarie a regole internazionali, ma lecite in quanto adottate al fine di reagire ad una condotta illecita altrui. In quest'ultimo senso si è peraltro espresso esplicitamente l'*Institut de droit international* nella risoluzione *Obligations erga omnes in international law*, adottata nella sessione di Cracovia del 2005. L'art. 5 della risoluzione indica l'esistenza di un potere in capo a ciascuno Stato della comunità internazionale di adottare «contromisure non implicanti l'uso della forza per reagire alla violazione di siffatto obbligo alle stesse condizioni previste per gli Stati che possano considerarsi particolarmente lesi». Come si è detto, la "conclusione 21" del progetto di conclusioni sulle norme imperative del diritto generale (*ius cogens*), sembra, invece, adottare, nell'ambito delle reazioni a violazioni del diritto cogente, una interpretazione particolarmente ristretta della nozione di "misure lecite", che escluderebbe di poter ricorrere a contromisure implicanti la violazione di regole ordinarie di diritto internazionale.

La prassi sembra, però, evidenziare l'esistenza di un potere per gli Stati non "specialmente lesi" di utilizzare lo strumento delle contromisure in presenza di gravi violazioni di valori fondamentali. Tale tendenza, pur non cospicua, è tuttavia abbastanza consolidata. Un antecedente storico è rappresentato dalla reazione alla politica di apartheid del Sud Africa, che è andata al di là di quanto deciso o raccomandato dagli organi delle Nazioni Unite. Un gruppo di Stati, membri della Lega Araba e della Organizzazione della Conferenza islamica, da vari anni tende a reagire con contromisure alla violazione del diritto di autodeterminazione del popolo palestinese da parte di Israele. Fra i casi più noti di reazioni unilaterali, si ricorda inoltre la reazione degli Stati occidentali alla invasione delle isole *Falklands/Malvinas* da parte dell'Argentina nel 1982, alla invasione dell'Afghanistan da parte dell'Unione Sovietica nel 1979, alla cattura e detenzione di diplomatici statunitensi da parte dell'Iran nel 1979.

La tendenza a reagire unilateralmente si è affievolita, senza peraltro scomparire, in tempi più recenti, in relazione alla più frequente attivazione di meccanismi istituzionali delle Nazioni Unite (v., recentemente, le reazioni degli Stati occidentali rispetto alle gravi violazioni commesse dal governo siriano nei confronti della propria popolazione civile a partire dal 2011, nonché le reazioni rispetto all'annessione della Crimea alla Russia a seguito di un intervento militare della seconda nel 2014; V., ad esempio, la decisione 2014/386/PESC del Consiglio, del 23 giugno 2014, concernente misure restrittive in risposta all'annessione illegale della Crimea e di Sebastopoli).

5. *Reazione decentralizzata e reazione istituzionale nel rapporto collettivo di responsabilità*

La disciplina delle forme di reazione nei confronti di gravi violazioni di interessi fondamentali della comunità internazionale, descritta nei paragrafi precedenti, non è esente da una certa ambiguità.

Da un lato, essa sembra indicare l'esistenza di un rapporto collettivo di responsabilità, che si instaura non già fra l'autore dell'illecito e ciascuno degli altri Stati della comunità internazionale singolarmente considerato, bensì fra l'autore e l'insieme della comunità internazionale.

D'altra parte, allorché si passa a delineare le garanzie che assistono le regole poste a tutela di interessi collettivi, gli Articoli sulla responsabilità degli Stati si mantengono nell'alveo concettuale tradizionale del diritto della responsabilità e sembrano concepire la reazione come essenzialmente decentrata: sono infatti sempre gli Stati che reagiscono, sia pure a tutela di interessi collettivi.

Questa apparente contraddizione bene esprime lo stato del diritto internazionale in materia, che da un lato ha sviluppato e continua a sviluppare nozioni che richiamano l'esistenza di una sfera di interessi pubblici, mentre dall'altro è imperniato, quanto ai meccanismi di garanzia, sulla reazione individuale dei singoli Stati. Questa mescolanza fra interessi collettivi e interessi privati degli Stati agenti costituisce anzi uno dei limiti più evidenti del sistema.

A temperare questa conclusione, gli Articoli sulla responsabilità degli Stati contengono una indicazione che va nel senso di un possibile sviluppo di forme istituzionali di garanzia nei confronti di gravi violazioni di interessi fondamentali della comunità. L'art. 59 contiene una clausola di salvaguardia che fa salva l'applicazione dei meccanismi previsti dalla Carta delle Nazioni Unite.

A prima vista tale indicazione non appare pertinente. Come si è visto, la Carta non assegna agli organi delle Nazioni Unite alcuna competenza in tema di accertamento e di sanzione di condotte illecite. Essa, infatti, non ha inteso centralizzare tale funzione bensì solo l'esercizio dell'uso della forza in relazione all'esigenza di mantenimento della pace e della sicurezza internazionale. Non mancano, tuttavia, interferenze fra le competenze centralizzate in capo al Consiglio e il regime della responsabilità internazionale. In particolare, è ben possibile che l'esistenza di condotte illecite, e in particolare di quelle condotte gravemente lesive di interessi fondamentali della comunità internazionale, rappresenti altresì una minaccia alla pace che giustifichi l'attivazione dei meccanismi centralizzati di azione da parte del Consiglio di sicurezza.

Questa prospettiva è espressamente indicata dal documento conclusivo del *World Summit* del 15 settembre 2005 adottato dall'Assemblea generale (A/60/L.1). Nella parte del documento relativa alla responsabilità di proteggere (par. 138-139) si indica come la competenza del Consiglio di sicurezza includa l'adozione di «misure collettive» ai sensi del Capitolo VII della Carta in caso di commissione di genocidi, crimini di guerra, pulizie etniche e crimini contro l'umanità.

Come si è visto nella parte I, il Consiglio di sicurezza ha utilizzato il proprio potere di accertamento dell'esistenza di una minaccia alla pace in maniera da includervi anche le gravi violazioni di regole poste a tutela di interessi fondamentali della comunità internazionale. È del resto assai difficile che eventi quali la commissione di un genocidio, la violazione del principio di autodeterminazione, la violazione massiccia di diritti individuali, non costituiscano, per lo meno in forma potenziale, una minaccia alla pace.

Da un punto di vista pratico, insomma, vi è una certa sovrapposizione fra i presupposti di azione del Consiglio di sicurezza e la commissione di condotte gravemente lesive di interessi fondamentali della comunità internazionale. Nell'esercitare le proprie funzioni nel campo del mantenimento della pace e della sicurezza internazionale, quindi, il Consiglio svolge anche un ruolo di accertamento e di repressione di condotte che violano interessi fondamentali della comunità internazionale. Si realizza così, sia pure in forme assai imperfette, una funzione istituzionale di reazione rispetto a illeciti particolarmente qualificati: quelli che violano norme superiori dell'ordinamento internazionale poste a tutela di interessi di natura collettiva o universale.

Nella prassi delle Nazioni Unite non mancano esempi di risoluzioni del Consiglio di sicurezza che raccomandano o decidono l'adozione di misure che gli Stati avrebbero potuto adottare in via decentralizzata. Si vedano, ad esempio, la risoluzione 252 (1968) del 21 maggio 1968 con la quale il Consiglio ha dichiarato invalidi gli atti legislativi o amministrativi, incluse le espropriazioni di terre, adottati da Israele e volti a modificare lo *status* giuridico di Gerusalemme; la risoluzione 276 (1970) del 30 gennaio 1970 che dichiarava invalida la presenza sudafricana in Namibia; più di recente, la risoluzione 662 (1990) del 9 agosto 1990 nella parte in cui dichiarava nulla e non avvenuta l'annessione del Kuwait da parte dell'Iraq. Risoluzioni di questo tipo non fanno altro che istituzionalizzare e ribadire nei singoli casi l'obbligo generale degli Stati di non riconoscere situazioni sorte in seguito a violazioni gravi di norme imperative.

Le regole che disciplinano la competenza e gli effetti di atti del Consiglio di sicurezza stabiliscono quindi un coordinamento fra la reazione istituzionale all'illecito e la reazione decentrata ad opera di singoli Stati.

Il Consiglio di sicurezza non ha una competenza esclusiva a reagire a illeciti che colpiscono interessi fondamentali della comunità internazionale. Esso ha tuttavia una competenza esclusiva nel campo dell'impiego dell'uso della forza. Una differenza fondamentale fra la reazione istituzionale e quella decentrata, ad opera degli Stati, è dunque che la prima potrà comprendere misure implicanti l'uso della forza che sono invece vietate agli Stati.

La differenza è assai significativa anche dal punto di vista teorico. Come si è visto, il divieto di uso della forza comporta, in molti casi, l'impossibilità di assicurare l'attuazione in forma specifica della norma violata. Per fermare gravi violazioni dei valori fondamentali della comunità internazionale, in altri termini, gli Stati possono operare azioni coercitive non implicanti però l'uso della forza. La possibilità di impiegare la forza al fine di imporre coercitivamente la cessazione di una grave violazione di valori fondamentali della comunità internazionale è quindi una competenza esclusiva alle Nazioni Unite.

Esempi di misure implicanti l'uso della forza volte alla cessazione dell'illecito provengono da molti dei casi di operazioni di mantenimento della pace realizzate con forze delle Nazioni Unite o attraverso l'autorizzazione agli Stati ad usare la forza (v. *supra*, parte I, capitolo II, par. 7 ss.). Si è anche visto come il Consiglio di sicurezza abbia anche utilizzato i propri poteri al fine di far valere le conseguenze di gravi violazioni di interessi fondamentali della comunità internazionale. Un esempio particolarmente interessante è dato dalla risoluzione 687 (1991) dell'8 aprile 1991 che ha stabilito le condizioni per il cessate il fuoco tra l'Iraq e la coalizione alleata del Kuwait che era stata autorizzata ad utilizzare la forza in risposta all'aggressione irachena con la risoluzione 678 (1990) del 22 novembre 1990. Le parti A, B e C della risoluzione sembrano infatti volte a garantire la non ripetizione dell'illecito. In particolare, la parte A) concerne il rispetto della linea di frontiera tra Iraq e Kuwait; la parte B) determina la garanzia di tale rispetto con l'istituzione di una zona cuscinetto controllata da una missione di osservatori delle Nazioni Unite; la parte C) stabilisce il divieto del possesso di armi di distruzione di massa e la loro distruzione sotto controllo delle Nazioni Unite. La parte D) è invece volta alla restituzione dei beni kuwaitiani sottratti dall'Iraq, mentre la parte E) è volta a garantire il rispetto degli obblighi di riparazione.

Di converso, sia le forme di reazione istituzionale, sia quelle decentrate, ad opera di singoli Stati, potranno impiegare misure non implicanti l'uso della forza. Il coordinamento fra le due forme concorrenti di reazione si attuerà quindi sulla base del principio del valore vincolante degli atti del Consiglio sugli Stati membri e, quindi, del primato della reazione istituzionale rispetto a quella decentrata. Ne consegue che, in assenza di atti del Consiglio di sicurezza, gli Stati mantengono una ampia discrezionalità sugli obiettivi e sugli strumenti di reazione. L'esistenza di atti sanzionatori del Consiglio restringe invece la competenza degli Stati all'adozione di misure che non pregiudichino l'efficacia dell'azione istituzionale.

I rapporti fra misure adottate unilateralmente e misure adottate dal Consiglio non sono disciplinati dall'art. 41. Talvolta le sanzioni sono adottate autonomamente dagli Stati membri, in assenza cioè di intervento da parte del Consiglio. Talvolta, esse vanno al di là di quanto disposto dal Consiglio di sicurezza. Un esempio è dato dall'embargo commerciale e dal congelamento di fondi iracheni all'estero adottato da Stati Uniti e Stati membri dell'Unione europea all'indomani dell'invasione del Kuwait da parte dell'Iraq del 2 agosto 1990. Il Consiglio di sicurezza, con la risoluzione 660 (1991), si era limitato a chiedere il ritiro immediato e incondizionato dell'Iraq. Si vedano inoltre le misure adottate unilateralmente dall'Unione europea nei confronti della Repubblica Federale di Iugoslavia con la Posizione comune 98/240/PESC del Consiglio del 19 marzo 1998 in relazione alla crisi umanitaria in Kosovo alle quali ha poi fatto seguito la risoluzione del Consiglio di sicurezza 1160 (1998) del 31 marzo 1998.

Un esempio di come le sanzioni unilaterali possano andare al di là di quanto chiesto dal Consiglio di sicurezza è rappresentato dalle sanzioni adottate nel 1986 dagli Stati Uniti contro il Sud Africa. Nel 1985, quando il governo sudafricano dichiarò lo stato d'emergenza in larghe parti del paese, il Consiglio di sicurezza, con risoluzione 569 (1985) del 26 luglio 1985, raccomandò l'adozione di un boicottaggio economico settoriale e un congelamento delle relazioni sportive e culturali; il Congresso statunitense adottò una legge generale contro l'apartheid (*Comprehensive Anti-Apartheid Act*) che, andando oltre quanto chiesto dalle Nazioni Unite, sospendeva anche i diritti di atterraggio delle compagnie aeree sudafricane sul territorio degli Stati Uniti.

L'esistenza di un doppio canale di garanzie, istituzionali e decentrate, nella tutela di interessi collettivi tende quindi a conciliare due esigenze diverse. Da un lato, vi è l'esigenza di consentire le tradizionali forme di reazione individuale ad opera di singoli Stati. Allo stato attuale di sviluppo del diritto internazionale, sembra infatti ben difficile far affidamento solo sull'azione istituzionale. La debolezza politica delle Nazioni Unite, e le difficoltà di funzionamento del suo sistema istituzionale sono tali infatti che gran parte degli illeciti più gravi, quelli che colpiscono interessi fondamentali della comunità internazionale, rimarrebbero altrimenti non sanzionati.

D'altra parte, l'azione di singoli Stati non è uno strumento congruo per la tutela di interessi collettivi. In genere, infatti, gli Stati fanno dipendere la reazione, soprattutto se comporta costi economici e umani, dall'esistenza di un proprio interesse, il quale diventa così il "motore invisibile" della tutela di interessi collettivi. Dato il rilievo degli interessi messi in gioco in un rapporto collettivo di responsabilità, inoltre, il rischio di abuso insito nell'azione unilaterale è assai alto. Nell'assetto attuale di valori della comunità internazionale, neanche l'esigenza di tutelare interessi collettivi giunge fino al punto di consentire l'uso individuale della forza in capo ai singoli Stati.

Come si è visto, ciò è dovuto alla volontà di garantire il funzionamento dell'amministrazione istituzionale della forza, che procede sulla base di un accertamento obiettivo delle condizioni che ne impongono il ricorso.

Il sistema delineato quindi tende a contemperare l'esigenza di consentire agli Stati di agire singolarmente, senza però pregiudicare la possibilità di una reazione istituzionale.

D'altra parte, l'esistenza di una competenza esclusiva delle Nazioni Unite a determinare i presupposti e le condizioni di impiego della forza stabilisce una forma di controllo sociale sullo strumento di reazione maggiormente problematico – l'impiego della forza – e tende quindi a limitare la possibilità di abusi.

ITINERARI BIBLIOGRAFICI

Anche in relazione al lungo e complesso lavoro di codificazione, la letteratura in tema di responsabilità internazionale è molto ampia. Si segnaleranno quindi, senza alcuna pretesa di esaustività, alcuni fra i testi che hanno segnato lo sviluppo del pensiero giuridico in materia.

Una sistematica degli elementi costitutivi della responsabilità è contenuta già nel classico lavoro di R. AGO, *Le délit international*, in *Recueil des cours de l'Académie de droit international*, vol. 68, 1939, p. 415 ss. I lavori di Ago in materia di responsabilità, ivi compresi i suoi lavori come *rapporteur* presso la Commissione del diritto internazionale, sono contenuti nella raccolta *Scritti sulla responsabilità internazionale*, Napoli, 1979-1986. Riveste interesse, fra gli scritti della prima parte del XX secolo, l'opera di K. STRUPP, *Das völkerrechtliche Delikt*, Stuttgard, 1920, anche per riferimenti alla responsabilità per violazione di regole poste a tutela di interessi collettivi.

È dopo l'approvazione provvisoria della prima parte del progetto di articoli sulla responsabilità che si registra un rinnovato interesse per il tema.

Fra le opere generali di quegli anni, v. *United Nations Codification of State Responsibility*, a cura di B. Simma e M. Spinedi, New York, 1987; *Responsabilité internationale*, a cura di K. Zemanek and J. Salmon, Paris 1987, I. BROWNLIE, *System of the Law of Nations: State Responsibility*, Part I, Oxford, 1983.

Il completamento dell'attività di codificazione ha quindi generato una serie di opere di commento. V. il volume *The International Law Commission's Articles on State responsibility*, a cura di J. Crawford, Cambridge, 2002; A. PELLET, *Les articles de la C.D.I. sur la responsabilité de l'Etat pour fait internationalement illicite. Suite – en fin?*, in *Annuaire français de droit international*, 2002, p. 1 ss.; nella dottrina più recente, v. J. CRAWFORD, *State Responsibility. The General Part*, Cambridge, 2014; A. GIANELLI, *Il contributo della dottrina italiana al tema della responsabilità internazionale degli Stati per fatto illecito: qualche osservazione*, in *Rivista di diritto internazionale*, 2016, p. 1042 ss.; R. KOLB, *The International Law of State Responsibility*, Cheltenham, 2017.

Un lavoro sistematico di commento è dato dall'opera collettanea *The Law of International Responsibility*, a cura di J. Crawford, A. Pellet e S. Olleson, Oxford, 2010; v. inoltre *La codificazione della responsabilità degli Stati alla prova dei fatti*, a cura di M. Spinedi, A. Gianelli e M. Alaimo, Milano, 2006.

Per indicazioni sugli elementi costitutivi dell'illecito, nonché sulla natura e sul contenuto della responsabilità, v. L. CONDORELLI, *L'imputation à l'Etat d'un fait internationalement illicite: solutions classiques et nouvelles tendances*, in *Recueil des cours de l'Académie de droit international*, vol. 189, 1984, p. 9 ss.; P.-M. DUPUY, *Le fait générateur de la responsabilité internationale des Etats*, in *Recueil des cours de l'Académie de droit international*, vol. 188, 1984, p. 9 ss.; R. PISILLO MAZZESCHI,

"Due diligence" e responsabilità internazionale degli Stati, Milano, 1989; M. IOVANE, *La riparazione nella teoria e nella prassi dell'illecito internazionale*, Milano, 1990; C. GRAY, *The Choice between Restitution and Compensation*, in *European Journal of International Law*, 1999, p. 413 ss.; G. PALMISANO, *Les garanties de non répétition entre codification et réalisation juridictionelle du droit: à propos de l'affaire La Grand,* in *Revue générale de droit international public*, 2002, p. 753 ss.; P. D'ARGENT, *Les réparations de guerre en droit international public: la responsabilité internationale des Etats à l'épreuve de la guerre*, Bruxelles, 2002; A. GATTINI, *Le riparazioni di guerra nel diritto internazionale*, Padova, 2003; R. PISILLO MAZZESCHI, *Reparation Claims by Individuals for State Breaches of Humanitarian Law and Human Rights*, in *Journal of International Criminal Justice*, 2003, p. 339 ss.; P. BENVENUTI, *Lo stato di necessità alla prova dei fatti*, in *La codificazione della responsabilità internazionale degli Stati alla prova dei fatti, cit.*, p. 107 ss.; P. PALCHETTI, *L'organo di fatto dello Stato nella responsabilità internazionale*, Milano, 2007; G. BARTOLINI, *Riparazione per violazioni dei diritti dell'uomo e ordinamento internazionale*, Napoli, 2009; *The Practice of Shared Responsibility in International Law*, a cura di A. Nollkaemper e I. Plakokefalos, Cambridge, 2017.

La reazione unilaterale all'illecito, la sua funzione e i suoi limiti, sono stati oggetto di una serie di contributi. Cfr., fra gli altri, A. DE GUTTRY, *Le rappresaglie non comportanti la coercizione militare nel diritto internazionale*, Milano, 1981; E. ZOLLER, *Peacetime Unilateral Remedies: An Analysis of Countermeasures*, New York, 1984; A. SICILIANOS, *Les réactions décentralisées à l'illicite*, Paris, 1990; D. ALLAND, *Justice privée et ordre juridique international*, Paris, 1994; C. FOCARELLI, *Le contromisure nel diritto internazionale*, Milano, 1994; E. CANNIZZARO, *The Role of Proportionality in the Law of International Countermeasures*, in *European Journal of International Law*, 2001, p. 889 ss.; L. GRADONI, Regime Failure *nel diritto internazionale*, Padova, 2009; M. DAWIDOWICZ, *Third-Party Countermeasures in International Law*, Cambridge, 2017.

I rapporti fra responsabilità dello Stato per crimini internazionali e le forme di responsabilità internazionale degli individui sono trattati da B.I. BONAFÉ, *The Relationship between State and Individual Responsibility for International Crimes*, Leiden-Boston, 2009.

Negli ultimi anni si può registrare un intenso dibattito sul rapporto collettivo di responsabilità, configurato peraltro dalla dottrina in maniera assai varia. Per alcuni studi di carattere generale, cfr. G. GAJA, *Obligations* Erga Omnes, *International Crimes and* Jus Cogens*: A Tentative Analysis of Three Related Concepts*, in *International Crimes of States*, a cura di J.H.H. Weiler, A. Cassese e M. Spinedi, Berlin-New York, 1989, p. 151 ss.; G. GAJA, *Réflexions sur le rôle du Conseil de sécurité dans le nouvel ordre mondial. A propos des rapports entre maintien de la paix et crimes internationaux des Etats*, in *Revue générale de droit international public*, 1993, p. 297 ss.; B. SIMMA, *From Bilateralism to Community Interest in International Law*, in *Recueil des cours de l'Académie de droit international*, vol. 250, 1994, p. 217 ss.; P. PICONE, *Obblighi erga omnes e codificazione della responsabilità degli Stati*, in *Rivista di diritto internazionale*, 2005, p. 893 ss.; C. TAMS, *Enforc-*

ing Obligations Erga Omnes *in International Law*, Cambridge, 2006; *The Fundamental Rules of the International Legal Order.* Jus Cogens *and Obligations* Erga Omnes, a cura di C. Tomuschat e J.M. Thouvenin, Leiden-Boston, 2006; M. FORTE, *Droit de la sécurité collective et droit de la responsabilité internationale de l'Etat*, Paris, 2006; E. CANNIZZARO, *On the Special Consequences of a Serious Breach of Obligations Arising out of Peremptory Rules of International Law*, in *The Present and Future of* Jus Cogens – *Gaetano Morelli Lectures Series*, Roma, 2015, p. 133 ss.; D. COSTELLOE, *Legal Consequences of Peremptory Norms in International Law*, Cambridge, 2017; M. ARCARI, *The United States' Decision to Transfer the Seat of its Embassy to Jerusalem and the Scope of the Obligation of Non-Recognition under International Law*, in *Rivista di diritto internazionale*, 2018, p. 547 ss.

Più in generale, sugli strumenti di protezione degli interessi della comunità internazionale, v. G. GAJA, *The Protection of General Interests in the International Community*, in *Recueil des cours de l'Académie de droit international*, vol. 364, 2014, p. 9 ss.; *Community Interests Across International Law*, a cura di E. Benvenisti e G. Nolte, Oxford, 2018.

PARTE VI

CONCEZIONI UNIVERSALISTE E CONCEZIONI PARTICOLARISTE NEI RAPPORTI FRA DIRITTO INTERNAZIONALE E DIRITTO INTERNO

INTRODUZIONE

Nelle parti precedenti abbiamo analizzato l'ordinamento internazionale senza riguardo ai suoi rapporti con gli ordinamenti nazionali e, anzi, immaginando che le norme internazionali vengano prodotte, interpretate ed applicate unicamente nella sfera dell'ordinamento internazionale. Abbiamo, in altri termini, isolato il sistema internazionale e l'abbiamo analizzato presupponendone la totale autosufficienza. Questo tipo di analisi è stata utile al fine di evidenziare il funzionamento delle varie funzioni dell'ordinamento: la funzione di produzione normativa, quella relativa all'accertamento del diritto e quella esecutiva.

Questa analisi, tuttavia, appare solo parziale. Invero, l'ordinamento internazionale è, ancora oggi, composto soprattutto da Stati, vale a dire da soggetti dotati di un proprio ordinamento giuridico interno. Gli Stati, tuttavia, sono a propria volta entità complesse, la cui base sociale è composta da individui. Le regole internazionali si rivolgono bensì generalmente agli Stati. Esse, tuttavia, pongono obblighi il cui adempimento comporta sovente l'esercizio della funzione normativa interna agli Stati al fine di regolamentare le attività interindividuali in conformità rispetto al diritto internazionale. Ne consegue che, non di rado, le regole internazionali non possono realizzare i propri fini se non attraverso l'ordinamento interno degli Stati ai quali si rivolgono.

Si pensi alle regole sulle immunità diplomatiche. Tali regole impongono agli Stati di riconoscere l'immunità dalla giurisdizione interna a favore di certi soggetti. Al fine di ottenere questo effetto, tuttavia, occorre adottare nell'ordinamento interno degli Stati delle disposizioni legislative che stabiliscano l'esenzione dalla giurisdizione interna delle persone o dei rapporti giuridici ai quali si riferiscono le norme internazionali.

Un altro esempio è quello di un trattato internazionale con il quale uno Stato assuma l'obbligo di assicurare un certo trattamento ai cittadini stranieri, ad esempio concedendo il diritto di stabilimento sul proprio territorio, quello di offrire servizi e così via. Tale risultato potrà generalmente essere assicurato solo da leggi che regolamentino tali diritti sul piano dell'ordinamento interno, e ne determinino le modalità di esercizio.

Come si vede da questi esempi, sono innumerevoli le situazioni nelle quali l'adempimento di obblighi internazionali comporta la produzione di effetti giuridici nell'ordinamento interno degli Stati che ne sono destinatari. È evidente che in questi casi il diritto interno diventa uno strumento per garantire l'attuazione di regole internazionali.

La problematica oggetto di questo capitolo è quindi quella di vedere come si producono negli ordinamenti interni gli effetti normativi necessari per l'adempimento di obblighi internazionali. In genere, gli ordinamenti nazionali tendono a presentarsi come ordinamenti "chiusi" che, in via di principio, riconoscono come norme giuridiche soltanto quelle prodotte dalle fonti normative interne. In questo caso, la normatività dell'ordinamento internazionale si fermerebbe sulla soglia degli ordinamenti statali, che rimarrebbero quindi ordinamenti autonomi e distinti. L'ordinamento internazionale porrebbe bensì obblighi agli Stati. Tali obblighi andrebbero attuati negli ordinamenti nazionali secondo le dinamiche normative proprie di ciascun ordinamento.

Una diversa conclusione si imporrebbe qualora gli ordinamenti nazionali fossero "aperti" nei confronti delle fonti normative internazionali. In questo caso, le regole internazionali sarebbero dotate di giuridicità e potrebbero direttamente disciplinare rapporti giuridici interni. Non è però facile rinvenire degli esempi di ordinamenti nazionali caratterizzati da una totale apertura nei confronti delle fonti internazionali. Qualora l'ordinamento internazionale avesse il potere di operare direttamente le modifiche normative negli ordinamenti interni necessarie per l'adempimento dei suoi obblighi, esso si salderebbe agli ordinamenti degli Stati per formare un unico ordinamento di carattere universale, dotato dei mezzi necessari per realizzare i propri obiettivi anche nell'ambito degli ordinamenti statali.

Questi due modelli corrispondono a due paradigmi culturali tutt'oggi presenti nella tematica dei rapporti fra diritto internazionale e diritto interno.

Da un lato, la tendenza all'universalismo giuridico. Essa caratterizza le varie dottrine moniste, che hanno come tratto comune quello dell'estroversione: il riconoscimento cioè dell'unitarietà dell'esperienza giuridica e dell'apertura degli ordinamenti nazionali nei confronti di norme e principi dell'ordinamento internazionale. D'altro lato, la tendenza al particolarismo giuridico. Essa caratterizza variamente le dottrine dualiste, che affermano la reciproca autonomia e l'originarietà dei due ordinamenti, quello interno e quello internazionale. Le varie dottrine dualiste sono caratterizzate quindi, generalmente, da un atteggiamento introverso; di chiusura, cioè, verso norme e principi estranei alla tradizione giuridica e al sistema di valori interni.

Ambedue tali tendenze hanno radici culturali complesse e sono presenti, in proporzioni diverse, pressoché in tutti gli ordinamenti statali contemporanei.

CAPITOLO I

QUESTIONI GENERALI: MONISMO E DUALISMO NELL'ESPERIENZA CONTEMPORANEA

SOMMARIO: 1. Monismo e tendenze universaliste. – 2. Dualismo e tendenze alla chiusura degli ordinamenti statali. – 3. La dottrina dell'adattamento. – 4. Monismo e dualismo nella storia del pensiero giuridico. – 5. Le soluzioni adottate negli ordinamenti contemporanei. – 6. Prospettive evolutive.

1. *Monismo e tendenze universaliste*

Le dottrine moniste sono caratterizzate dall'idea di una strutturale omogeneità fra l'esperienza giuridica internazionale e quella interna. La più nota di queste dottrine, elaborata da Kelsen nei primi decenni del XX secolo, costituisce una coerente espressione del moderno universalismo giuridico, dato dal tentativo di includere l'esperienza giuridica interna e quella internazionale in uno schema unitario. Questo è visivamente rappresentato da uno schema di tipo piramidale, nel quale ciascuna norma trae fondamento dalla norma superiore. Il diritto statale trae quindi fondamento dal diritto internazionale, al cui apice si collocano i principi fondanti di questo. Questa concezione presuppone quindi che il diritto internazionale e il diritto nazionale siano in una relazione assai simile a quella che intercorre fra gli ordinamenti nazionali e quelli delle entità substatali.

Questo modello tende quindi a presentare l'ordinamento internazionale come espressione di una esperienza giuridica più ampia di quella dei singoli Stati e, di conseguenza, prevalente rispetto ad essa. Nelle sue aspirazioni ideali, esso esprime l'idea della continuità fra ordinamenti nazionali, di carattere parziale, e ordinamento internazionale, di carattere universale, saldati in una concezione unitaria dell'esperienza giuridica. Le regole internazionali si dirigerebbero bensì agli Stati, pretendendo però, attraverso l'azione di questi, di governare direttamente le comunità individuali che costituiscono, indirettamente, i loro destinatari ultimi. Le regole internazionali, quindi, avrebbero una naturale vocazione a realizzare il proprio contenuto normativo, direttamente o indirettamente, nell'ambito degli ordinamenti nazionali.

Ai modelli monisti non è del tutto estranea l'idea di una ingenua contrapposizione fra gli ordinamenti nazionali, ispirati dal perseguimento egoista di interessi particolari, e l'ordinamento internazionale, ispirato da principi universali di bene comune. Mentre gli ordinamenti statali riflettono un sistema di interessi e valori propri della comunità nazionale, l'ordinamento internazionale esprime un assetto di interessi e valori propri di una esperienza giuridica che trascende quella nazionale e che costituisce una sorta di sostrato comune dell'esperienza universale. Di qui, l'esigenza di aprire gli ordinamenti nazionali all'influsso benefico del diritto universale.

Questa costruzione presuppone quindi che il diritto internazionale, ancorché rivolto in primo luogo agli Stati, crei norme che producono effetti negli ordinamenti di questi e tende, quindi, a governare direttamente i comportamenti interindividuali. In questa concezione, gli ordinamenti interni costituiscono quindi l'ambiente giuridico nel quale le norme internazionali trovano la propria naturale realizzazione.

Nella versione più estrema di tale dottrina, i due ordinamenti, quello interno e quello internazionale, sono perfettamente integrati ed organizzati su scala gerarchica. Le norme internazionali fanno quindi parte dell'ordinamento giuridico interno con rango gerarchico superiore rispetto alle norme nazionali.

Carattere comune alle concezioni moniste è quindi l'idea che le regole internazionali siano automaticamente dotate dei caratteri del primato e degli effetti diretti. Esse, in altri termini, sono di per sé idonee a operare nella sfera degli ordinamenti interni e a disciplinare direttamente attività individuali, senza bisogno di alcuna forma di ricezione ad opera di norme nazionali. Esse, inoltre, prevalgono rispetto a qualsiasi norma nazionale confliggente.

2. *Dualismo e tendenze alla chiusura degli ordinamenti statali*

Le concezioni dualiste tendono ad attribuire caratteri di autonomia ed originarietà a ciascuno degli ordinamenti, quello interno e quello internazionale. Nessuno di essi trae dall'altro la fonte della propria giuridicità e, di conseguenza, ciascuno di essi determina autonomamente i propri rapporti con l'altro ordinamento.

Le concezioni dualiste affondano le proprie radici ideologiche nella più generale dottrina pluralista che ha ispirato, ed ispira ancora, gran parte del pensiero giuridico contemporaneo. La dottrina pluralista si fonda sul presupposto che non esista un criterio universale per il riconoscimento della giuridicità di una norma. Al contrario, ciascun ordinamento definisce unilateralmente il carattere giuridico delle proprie norme le quali sono, di conseguenza, le uniche dotate di giuridicità per tale ordinamento.

Le dottrine dualiste costituiscono a propria volta espressione rigorosa del principio di esclusività degli ordinamenti giuridici. Secondo questo principio, tipico del positivismo giuridico moderno, un ordinamento originario è necessariamente esclusivo in quanto riconosce come giuridiche soltanto le regole formate in base a procedimenti da esso stabiliti. In tale ordinamento, quindi, le regole giuridiche prodotte secondo procedimenti di altri ordinamenti non avranno carattere giuridico, e non spiegheranno alcun effetto. L'esistenza di più ordinamenti esclusivi determina quindi la necessità di un loro coordinamento. In assenza di criteri comuni, il coordinamento viene disposto unilateralmente da ciascun ordinamento.

Il principio di esclusività, unitamente alla premessa dell'autonomia di ciascun ordinamento statale, ha come effetto l'assoluta separazione fra la sfera normativa interna rispetto a quella internazionale. Una fonte di diritto internazionale, come ad esempio un trattato, non produce di per sé effetto negli ordinamenti nazionali. Per realizzarne i fini, occorre invece che sia adottata una corrispondente norma nazionale, la quale produca nell'ordinamento interno gli effetti voluti dal trattato.

L'esistenza di più ordinamenti esclusivi, e la diversità dei loro criteri di coordinamento, ha quindi come conseguenza il fatto che i conflitti fra le rispettive norme siano generalmente risolti in maniera diversa. Ad esempio, i conflitti fra norme internazionali e norme nazionali possono ben trovare soluzioni diverse nell'ordinamento internazionale e, rispettivamente, negli ordinamenti nazionali. Generalmente, il diritto internazionale si fonda sul principio che gli obblighi internazionali non trovano ostacolo nell'esistenza di norme interne. Come si è visto, ad esempio, l'art. 27 della Convenzione di Vienna sul diritto dei trattati prevede che uno Stato non possa invocare alcuna norma interna per giustificare l'inadempimento di obblighi derivanti da un trattato. Come si vedrà, invece, l'ordinamento interno di molti Stati non riconosce la prevalenza delle norme di attuazione di un trattato rispetto a norme costituzionali o anche rispetto a norme legislative interne.

Le dottrine dualiste sono parte della più generale tendenza culturale favorevole ad affermare l'autonomia della sfera giuridica nazionale dalla sfera internazionale. Le tendenze dualiste costituiscono quindi espressione del particolarismo giuridico, caratterizzato dal principio della relatività dei valori giuridici e dall'idea della strutturale diversità fra ordinamenti nazionali e ordinamento internazionale. Gli ordinamenti nazionali costituiscono il diritto delle comunità naturali, formate dagli individui. L'ordinamento internazionale disciplina invece le relazioni giuridiche fra Stati, vale a dire fra le varie comunità nazionali politicamente organizzate.

Rispetto all'universalismo delle impostazioni moniste, le tendenze dualiste sono quindi ispirate da una notevole diffidenza nei confronti dell'ordinamento internazionale. In contrapposizione agli evoluti ordinamenti nazionali, caratterizzati da principi e valori di civiltà giuridica, l'ordinamento internazionale sarebbe dominato dal confronto fra interessi nazionali contrapposti e da esigenze di *realpolitik*. In talune concezioni, tale contrapposizione assume un marcato carattere ideologico: l'esigenza di difesa dei valori giuridici nazionali deriverebbe dal carattere democratico degli ordinamenti nazionali, in opposizione al carattere non democratico o oligarchico dell'ordinamento internazionale.

Questa costruzione tende a quindi concepire una assoluta quanto teorica estraneità, in senso giuridico, fra l'ordinamento interno e quello internazionale, nel senso che ciascuno di essi riconosce unicamente le proprie regole come dotate di giuridicità. Le norme internazionali quindi producono effetti solo nella sfera dei rapporti giuridici internazionali e sono obbligatorie solo per i soggetti di tale ordinamento. Tali norme non producono invece alcun effetto negli ordinamenti interni degli Stati membri, data la separazione che esiste fra i due ordinamenti. Qualora un obbligo internazionale comporti, per essere attuato, una modifica nella sfera del diritto interno, occorrerà quindi che una norma interna produca nel proprio ordinamento le modifiche necessarie per l'adempimento.

3. *La dottrina dell'adattamento*

Le dottrine dualiste tendono quindi a negare ambedue le conseguenze che derivano dall'accoglimento della prospettiva monista: gli effetti diretti e il primato delle norme internazionali. Le regole internazionali non possono disciplinare direttamente rapporti giuridici interni. Qualora per la loro attuazione sia necessaria una regola interna, questa dovrà quindi essere adottata sulla base dei procedimenti normativi di ciascuno Stato. I rapporti fra le norme di attuazione del diritto internazionale e altre norme nazionali saranno quindi regolati dalle usuali regole di conflitto stabilite dall'ordinamento interno.

In stretto rapporto con i presupposti fondamentali del pensiero dualista, e, in particolare, partendo dal presupposto dell'inidoneità strutturale delle norme internazionali a spiegare effetti nell'ordinamento interno, si è quindi sviluppata la dottrina dell'adattamento, elaborata nei suoi tratti fondamentali nei primi decenni del XX secolo. La dottrina dell'adattamento parte dal presupposto che gli obblighi internazionali vincolano lo Stato solo nella sfera del diritto internazionale. Qualora l'adempimento degli obblighi comporti una modifica dell'ordinamento interno, gli Stati provvedono ad adottare norme interne di attuazione e, quindi, a rendere conforme il proprio ordinamento rispetto agli obblighi internazionali.

L'adattamento del diritto interno al diritto internazionale consiste quindi nelle modifiche normative che occorre apportare all'ordinamento interno al fine di attuare gli obblighi internazionali.

Questo fine può essere assicurato attraverso particolari tecniche di adattamento. Si distingue, in generale, l'adattamento ordinario dall'adattamento speciale. L'adattamento ordinario consiste nell'adozione di un atto normativo interno che recepisca materialmente il contenuto dell'obbligo internazionale, disponendo le modifiche interne necessarie per la sua attuazione. Qualora, ad esempio, un trattato imponga obblighi in tema di responsabilità civile per danni transfrontalieri, occorre l'adozione di una legge che stabilisca regole speciali per tale fattispecie, in deroga a quelle generali.

I provvedimenti di adattamento speciale utilizzano una diversa tecnica. Invece di recepire il contenuto materiale dell'obbligo, essi si limitano ad ordinare l'attuazione interna della norma internazionale. Tipico provvedimento di adattamento speciale è l'ordine di esecuzione di un trattato. Questo provvedimento non riformula il contenuto normativo di un trattato, ma si limita ad ordinare l'attuazione del trattato nei rapporti interni facendo rinvio ad esso. Sarà quindi compito dell'operatore giuridico nazionale trarre dal trattato il contenuto della normativa interna di adattamento.

4. *Monismo e dualismo nella storia del pensiero giuridico*

Presentate talvolta come schemi puramente logici, il monismo e il dualismo traggono invece radici dalle complesse vicende istituzionali che hanno contrassegnato la formazione dello Stato moderno.

Il problema dei rapporti fra diritto internazionale e diritto interno, infatti, non aveva ragione di porsi nella fase storica che ha preceduto l'avvento delle moderne carte costituzionali, e cioè, in Europa, fino alla seconda metà del XIX secolo. Nel modello di Stato assoluto, infatti, si era affermata una sorta di monismo istituzionale molto pragmatico. Sia il potere normativo verso l'interno – il potere cioè di legiferare – che il potere normativo verso l'esterno – il potere cioè di assumere impegni internazionali – si concentrava nelle mani del Sovrano. In una situazione di questo tipo, le regole internazionali ben potevano spiegare direttamente effetti sul piano interno in quanto corrispondenti alla volontà dell'unico soggetto titolare sia del potere normativo "interno" che del potere normativo "esterno".

Ad una fase più tarda dell'evoluzione del pensiero giuridico appartiene la distinzione concettuale fra la fase della formazione di obblighi sul piano internazionale e la fase dell'attuazione nell'ordinamento interno. A tale distinzione si giunse infatti con le prime costituzioni nazionali, le quali hanno scisso l'unitario potere normativo del Sovrano. Mentre questo manteneva tendenzialmente il potere estero, prerogativa tradizionalmente connessa alla funzione esecutiva, a esso veniva invece sottratto il potere legislativo interno, sul quale si stabiliva il monopolio da parte del Parlamento, organo rappresentativo della volontà popolare.

Il problema dei rapporti fra norme internazionali e ordinamento interno venne quindi in essere inizialmente non tanto per ragioni logiche quanto piuttosto per soddisfare esigenze pratiche di carattere istituzionale, al fine cioè di determinare i rapporti fra il potere esecutivo, che comprendeva, e comprende ancora oggi, il potere di concludere trattati, il cosiddetto *treaty-making power*, e il potere legislativo. È proprio in relazione a questo fenomeno che venne a maturazione nel pensiero scientifico la distinzione fra la ratifica di un trattato, atto che conclude il procedimento di formazione sul piano internazionale, normalmente di pertinenza dell'esecutivo, e la legge di attuazione, che opera invece sul piano interno ed è, come le altre leggi, di pertinenza degli organi parlamentari.

Il riconoscimento della distinzione fra sfera normativa interna e sfera normativa internazionale prelude quindi ad una evoluzione in senso dualista. Almeno inizialmente, però, tale evoluzione non ha condotto a sostenere la strutturale separazione fra l'esperienza giuridica interna e quella internazionale. Anzi, l'unitarietà della sfera interna e di quella esterna venne mantenuta imponendo semplicemente che il potere dell'esecutivo di fare trattati venisse condizionato alla previa autorizzazione da parte dell'organo titolare della funzione normativa interna, e cioè, prevalentemente del Parlamento. L'esigenza di salvaguardare la sfera normativa interna veniva quindi realizzata imponendo un parallelismo fra le procedure interne di formazione dei trattati e le procedure di formazione delle leggi interne. Dal punto di vista istituzionale, infatti, non vi è ragione di escludere che i trattati possano spiegare effetti normativi corrispondenti a quelli di una legge qualora essi siano stati conclusi su autorizzazione del medesimo organo titolare della funzione legislativa, vale a dire del Parlamento.

In altri termini, le prime forme storiche di dualismo erano lontane dalla teoria dualista classica, che postula una strutturale separazione fra ordinamento internazionale e ordinamento interno. Esse si limitavano invece a sostenere la necessità di distinguere concettualmente la fase della formazione delle norme internazionali da quella della loro attuazione interna. Tali dottrine non escludevano affatto, però, che le fonti internazionali potessero produrre direttamente i loro effetti nell'ordinamento interno, qualora nel loro procedimento di formazione si rispettassero le prerogative degli organi titolari della funzione di produzione normativa interna.

Come mai si giunse allora all'affermazione della versione radicale del dualismo, che postula una strutturale inconciliabilità fra norme internazionali e ordinamento interno?

Il motivo di questa ulteriore e radicale evoluzione del dualismo va probabilmente ricercato in due elementi. Da un lato, un elemento di carattere teorico. Sul finire del XIX secolo, si venne affermando in termini sempre più imperiosi la tendenza alla chiusura e all'autosufficienza degli ordinamenti statali, fino alla identificazione fra lo Stato e il suo ordinamento giuridico. Dall'altro lato vi era però anche un elemento di carattere istituzionale, dato dall'esistenza di taluni ordinamenti che non prevedevano l'autorizzazione parlamentare per la conclusione di tutti i trattati suscettibili di incidere nella sfera legislativa interna.

Tale era l'ordinamento italiano all'epoca dello Statuto albertino, il cui art. 5 prevedeva che spettasse al Re il potere di stipulare i trattati «di pace, d'alleanza, di commercio ed altri, dandone notizia alle Camere tosto che l'interesse e la sicurezza dello Stato il permettano, ed unendovi le comunicazioni opportune». La medesima disposizione prevedeva poi che l'autorizzazione parlamentare fosse necessaria soltanto per i trattati che comportavano un onere alle finanze, o variazione di territorio dello Stato. Con questa limitata eccezione, il Re aveva quindi il potere di assumere impegni internazionali che interferivano nella sfera legislativa senza bisogno dell'autorizzazione del Parlamento.

In un sistema di questo tipo, il riconoscimento di effetti interni ai trattati stipulati dal solo esecutivo rischiava di mettere in pericolo il monopolio parlamentare nella sfera legislativa. Di qui l'idea, sviluppata dai dualisti italiani, che i trattati stipulati dal Re non avrebbero comunque avuto effetto nella sfera normativa interna. Essi avrebbero imposto invece solo obblighi sul piano internazionale. L'attuazione di trattati che avessero comportato modifiche di legge avrebbe richiesto l'adozione di una legge ad opera del Parlamento.

In questa seconda concezione, il dualismo finisce quindi con l'assumere il carattere di tutela dell'ordinamento statale e dei suoi valori particolari nei confronti delle interferenze esterne. Tale dottrina ha quindi dato forma teorica all'esigenza di difendere le prerogative parlamentari nei confronti del *treaty-making power*, rimasto, anche dopo il processo di costituzionalizzazione dello Stato moderno, nelle mani dell'esecutivo.

Questa esigenza riemerge periodicamente nella storia del pensiero giuridico. Anche recentemente, come si vedrà, l'autonomia degli ordinamenti interni rispetto al diritto internazionale è stata affermata come una forma di difesa dei valori costituzionali interni messi in pericolo dall'esigenza di attuare obblighi internazionali.

5. *Le soluzioni adottate negli ordinamenti contemporanei*

È assai raro rinvenire presso gli ordinamenti contemporanei delle realizzazioni integrali delle due totalizzanti dottrine, sia di quella dualista che di quella monista.

Le soluzioni adottate nella maggior parte degli ordinamenti contemporanei tendono piuttosto a contaminare la purezza ideologica di questi due schemi e a rinvenire un equilibrio fra le loro rispettive esigenze: l'esigenza di autonomia del sistema giuridico interno rispetto alle norme internazionali, da un lato; l'esigenza di una apertura alle norme e ai principi dell'ordinamento internazionale, dall'altro.

Molti ordinamenti contemporanei adottano generalmente una logica dualista quanto alla produzione degli effetti di norme internazionali, esigendo quindi l'esistenza di norme interne di esecuzione. Si tratta comunque di una applicazione moderata dei presupposti dualisti, generalmente limitata all'esigenza che vi sia un atto interno che ordini l'applicazione delle regole internazionali. Vi è invece una grande varietà di soluzioni quanto ai rapporti fra norme di origine internazionale e norme interne.

Ad una logica dualista "moderata" si ispira l'ordinamento della Repubblica Federale di Germania. Una norma costituzionale, l'art. 25, stabilisce la conformità dell'ordinamento interno al diritto internazionale generale. Le norme generali prevalgono quindi sulle leggi interne e sono sottoposte al limite del rispetto dei principi fondamentali della Legge fondamentale (*Grundgesetz*). I trattati sono oggetto di attuazione *ad hoc* mediante un ordine di esecuzione contenuto generalmente in una legge ordinaria. Di conseguenza, essi prevalgono su leggi antecedenti e possono essere derogati da leggi successive. La Legge fondamentale dispone inoltre forme di garanzia nei confronti di categorie particolari di trattati. L'art. 24 consente il trasferimento di poteri sovrani ad organizzazioni internazionali e l'adesione della Germania a strumenti di sicurezza collettiva; l'art. 23 stabilisce una tutela specifica e particolarmente intensa per i trattati istitutivi dell'Unione europea. La giurisprudenza costituzionale ha poi articolato altre forme meno intense di tutela a favore dei trattati che stabiliscono forme di cooperazione internazionale e realizzano, in tal modo, il principio dell'apertura costituzionale dell'ordinamento interno verso il diritto internazionale.

Un modello maggiormente ispirato a una logica monista, è quello adottato dalla Costituzione francese del 1958. L'art. 53, dopo aver stabilito, al par. 1, la necessità di una previa autorizzazione legislativa per la ratifica delle categorie più importanti di trattati, precisa, al par. 2, che, in seguito alla loro ratifica, tali trattati spiegheranno effetti interni. L'art. 55 stabilisce poi la prevalenza dei trattati sulla legislazione interna, a condizione di reciprocità. Tale generale effetto di prevalenza è stato tuttavia attenuato nella prassi giurisprudenziale, sia attraverso il richiamo alla condizione di reciprocità che attraverso il richiamo alla natura non *self-executing* di taluni trattati. L'art. 54 stabilisce comunque la subordinazione dei trattati alle norme costituzionali.

Ad una logica parzialmente monista si ispira l'ordinamento degli Stati Uniti d'America. I trattati, ratificati in seguito all'autorizzazione del Senato espressa a maggioranza dei due terzi, costituiscono fonti di diritto federale, senza bisogno di provvedimenti di attuazione *ad hoc*, e prevalgono rispetto al diritto degli Stati federati. La prassi costituzionale ha poi esteso questo *status* anche ai trattati conclusi in seguito all'autorizzazione dei due rami del Congresso, espressa a maggioranza semplice. I trattati hanno quindi valore corrispondente a quello delle leggi federali e subordinato a quello della Costituzione federale. Come si vedrà, tuttavia, i notevoli elementi di "monismo" di tale ordinamento tendono a ridursi nella prassi giurisprudenziale, in specie recente, in particolare per quanto attiene alla produzione diretta di effetti nell'ordinamento interno.

Un ordinamento ispirato nei suoi presupposti fondamentali dalla dottrina monista è quello dell'Unione europea. L'art. 216 TFUE prevede infatti che gli accordi conclusi dall'Unione producano effetti interni e prevalgano rispetto al diritto derivato. Essi, quindi, sono sottoposti solo al rispetto dei Trattati istitutivi, che costituiscono il diritto primario dell'Unione. Anche in questo caso, il carattere "monista" di tale ordinamento è stato attenuato nella prassi, che ha teso a limitare il primato delle norme internazionali ricorrendo a strumenti di vario tipo, alcuni dei quali saranno analizzati nei paragrafi successivi.

Come si vede, una volta venuta meno la carica teorica che ha accompagnato la genesi di queste due dottrine, il problema della natura monista o dualista di un ordinamento può essere pragmaticamente scisso in due questioni: la questione degli effetti diretti e la questione della prevalenza del diritto internazionale sul diritto interno. Un ordinamento ispirato ad una logica di apertura verso il diritto internazionale tende a dare una risposta positiva alle due questioni. Viceversa, un ordinamento maggiormente ispirato alla tutela dei valori interni tende a dare alle due questioni risposta negativa.

È però difficile rinvenire ordinamenti positivi ispirati ad una logica di assoluta apertura o, corrispettivamente, ad una logica di assoluta chiusura, nei confronti del diritto internazionale. Difatti, l'osservazione empirica dimostra che gli ordinamenti moderni tendono a dosare variamente i due fattori sopra menzionati, al fine di assicurare un assetto bilanciato dei rapporti con l'ordinamento internazionale, nel quale si rinvengono elementi di apertura ed elementi di chiusura. In relazione alla maggiore propensione di un ordinamento a riconoscere il primato delle regole internazionali corrisponde generalmente una minore propensione a riconoscere gli effetti diretti di tali regole, e viceversa.

Conviene inoltre avvertire che il "tasso di internazionalismo" di un ordinamento non è misurato soltanto dalle disposizioni costituzionali ma anche, ed in misura notevole, dall'atteggiamento assunto dalla giurisprudenza. La giurisprudenza infatti tende a bilanciare gli eccessi che derivano da un atteggiamento di eccessiva apertura o di eccessiva chiusura verso il diritto internazionale. Dedicheremo quindi particolare attenzione, nei prossimi capitoli alle tendenze recenti della giurisprudenza italiana in questa materia.

6. *Prospettive evolutive*

In un diverso ambito concettuale si possono verosimilmente inquadrare talune dottrine che tendono a stabilire forme strutturali di collegamento fra gli ordinamenti interni e l'ordinamento internazionale.

Conviene ricordare, in particolare, la dottrina della c.d. protezione equivalente. Tale dottrina, già menzionata in precedenti capitoli, è stata utilizzata da alcune corti interne le quali hanno riconosciuto a favore di norme esterne l'esenzione da controlli interni di validità a condizione che controlli analoghi, ma non necessariamente identici, vengano assicurati nell'ordinamento di origine di tali norme.

La dottrina della protezione equivalente è stata elaborata inizialmente dalle corti costituzionali nazionali al fine di escludere il sindacato di costituzionalità nei confronti di atti dell'Unione europea. L'esclusione venne espressamente o implicitamente condizionata all'esistenza, nell'ordinamento dell'Unione, di forme di controllo sul rispetto di principi costituzionali "equivalenti" in via generale rispetto a quelli interni (v. soprattutto l'ordinanza della Corte costituzionale tedesca del 22 ottobre 1986, c.d. *Solange II*, e la sentenza della Corte costituzionale italiana n. 232 del 1989, *Fragd*).

Da allora, la portata della dottrina si è notevolmente allargata. Essa è stata ad esempio utilizzata, in varie versioni, dalla Corte europea dei diritti dell'uomo al fine di escludere il sindacato sul rispetto della Convenzione europea in relazione ad atti dell'Unione europea (v. la decisione della Commissione europea dei diritti dell'uomo del 9 gennaio 1990, *M & Co. c. RFA* (n. 13258/87), e la sentenza della Corte europea dei diritti dell'uomo del 30 giugno 2005, *Bosphorus c. Irlanda*, ricorso n. 45036/98) oppure, al contrario, per giustificare un simile sindacato nei confronti degli atti delle Nazioni Unite (sentenza della Corte europea dei diritti dell'uomo del 26 novembre 2013, *Al-Dulimi*, ricorso n. 5809/08). Sempre nell'ambito della giurisprudenza della Corte europea dei diritti dell'uomo, un meccanismo analogo è stato utilizzato al fine di escludere l'incompatibilità con la Convenzione delle regole internazionali sull'immunità delle organizzazioni internazionali (v. le due sentenze del 18 febbraio 1999, ricorso n. 26083/94, *Waite and Kennedy c. Germania*, spec. par. 67 ss.; e ricorso n. 28934/95, *Beer and Regan c. Germania*, spec. par. 57 ss.).

La dottrina è stata evocata dalla Corte di giustizia dell'Unione europea al fine di definire il quadro dei rapporti fra diritto dell'Unione e risoluzioni del Consiglio di sicurezza (v. la più volte menzionata sentenza del 3 settembre 2008, cause riunite C-402/05 P e C-415/05 P, *Kadi e Al Barakaat International Foundation c. Consiglio*).

Come si vede, la dottrina è stata principalmente applicata nei rapporti con organizzazioni internazionali, aventi cioè un maggior grado di integrazione rispetto all'ordinamento internazionale generale.

La dottrina della protezione equivalente stabilisce un coordinamento fra ordinamenti fondato su un principio di autonomia "vigilata". Si tratta peraltro di un coordinamento che non rientra né in uno schema di tipo monista né in uno di tipo dualista ma costituisce una sorta di combinazione fra i due modelli.

Da un lato, gli ordinamenti interni acconsentono alla produzione di effetti giuridici da parte di norme di origine internazionale, rinunciando ad imporre loro il rispetto delle condizioni di validità imposte nei confronti delle norme interne. In questo senso, gli ordinamenti interni riconoscono la competenza dell'ordinamento di origine a determinare le condizioni di validità delle proprie norme e ad esercitare i relativi controlli sul rispetto di tali condizioni. D'altro lato, però, il riconoscimento della competenza esclusiva dell'ordinamento internazionale non comporta una rinuncia ad ogni forma di controllo.

Il controllo non viene però esercitato sulle singole norme di origine esterna quanto sul complessivo assetto normativo dell'ordinamento esterno. Esso tende in sostanza ad accertare l'idoneità di tale ordinamento ad imporre alle proprie norme il rispetto di principi e valori fondamentali analoghi a quelli che determinano le condizioni di validità delle norme interne.

È evidente quindi il mutamento di paradigma teorico. Nel riconoscere la competenza di un diverso ordinamento a stabilire criteri di validità delle proprie norme, tale dottrina tende ad un superamento del presupposto dell'esclusività degli ordinamenti giuridici. Essa va piuttosto collocata in un quadro concettuale diverso, nel quale i diversi ordinamenti interagiscono sulla base di un rapporto di fiducia quanto alla loro capacità di espletare in maniera soddisfacente le proprie funzioni ordinamentali.

Insomma, la dottrina della protezione equivalente, sviluppata con finalità essenzialmente pratiche, sembra indicare un percorso teorico ambizioso e complesso per la ricostruzione di una teoria dei rapporti fra ordinamenti fondata su nessi di presupposizione e sul riconoscimento di reciproche sfere di competenza. Si tratta, peraltro, di una prospettiva ancora in gran parte inesplorata, la quale presenta peraltro, rispetto alle concezioni tradizionali, vantaggi e svantaggi che vanno attentamente soppesati per una sua equilibrata valutazione. Vedremo nei prossimi capitoli qualche applicazione pratica di tale prospettiva.

CAPITOLO II

I RAPPORTI FRA ORDINAMENTO ITALIANO E NORME INTERNAZIONALI: L'ADATTAMENTO AL DIRITTO GENERALE

SOMMARIO: 1. Premessa. L'art. 10, 1° comma, Cost. e l'apertura internazionalista della Costituzione nei confronti del diritto generale. – 2. L'ambito di applicazione e il contenuto della garanzia disposta dall'art. 10, 1° comma, Cost. – 3. I rapporti fra diritto internazionale generale e regole costituzionali: la sentenza della Corte costituzionale n. 238 del 2014.

1. *Premessa. L'art. 10, 1° comma, Cost. e l'apertura internazionalista della Costituzione nei confronti del diritto generale*

I rapporti fra ordinamento italiano e norme internazionali generali sono disciplinati dall'art. 10, 1° comma, Cost.: «(l)'ordinamento giuridico italiano si conforma alle norme del diritto internazionale generalmente riconosciute».

Le ragioni che hanno indotto il Costituente a disciplinare con una norma *ad hoc* i rapporti con il diritto internazionale generale vanno verosimilmente individuate nella convinzione che le regole dotate di generale riconoscimento esprimono le tendenze e gli orientamenti di fondo della comunità internazionale, la cui mancata osservanza condurrebbe lo Stato italiano in una condizione di isolamento. L'esigenza di rispettare norme internazionali generalmente riconosciute corrisponde quindi a un interesse costituzionale dell'ordinamento italiano.

2. *L'ambito di applicazione e il contenuto della garanzia disposta dall'art. 10, 1° comma, Cost.*

Sia la formulazione testuale che la *ratio* dell'art. 10, 1° comma, Cost. inducono a limitare il suo ambito di applicazione alle sole norme del diritto internazionale generale.

È rimasta quindi minoritaria l'opinione tendente a riferire la disposizione costituzionale anche ai trattati. Tale dottrina si fondava su un argomento di carattere esclusivamente logico. Essa tendeva a valorizzare l'esistenza di una regola consuetudinaria, la norma *pacta sunt servanda*, considerata comunemente come il fondamento giuridico dell'obbligatorietà dei trattati. Assicurando una garanzia costituzionale a favore della norma *pacta sunt servanda*, l'art. 10, 1° comma, Cost. avrebbe avuto quindi l'effetto di estendere ai trattati l'ambito di applicazione del meccanismo di garanzia costituzionale. Tale ricostruzione non considerava però che la disposizione costituzionale ha inteso disporre un meccanismo selettivo di tutela, limitato alle norme considerate, in virtù della loro generalità, come espressione di interessi e valori condivisi dall'intera comunità internazionale.

La norma dell'art. 10, 1° comma, Cost. ha un duplice contenuto normativo. Essa opera sia sul piano dell'adattamento, stabilendo una procedura per l'attuazione delle norme internazionali generali, sia sul piano del valore di tali norme nell'ordinamento interno.

In primo luogo, la norma costituzionale assicura automaticamente la conformità dell'ordinamento italiano alle norme generali, senza che occorra a tal fine un provvedimento di attuazione *ad hoc*. In una prospettiva dualista, essa produce direttamente le norme interne necessarie per l'adempimento degli obblighi derivanti dalle regole internazionali generali. Si tratterebbe allora di un procedimento speciale di adattamento che opera nei confronti di una particolare categoria di fonti internazionali definita in relazione alla loro portata generale. In altri termini, l'art. 10, 1° comma, produrrebbe nell'ordinamento interno le modifiche normative che sono di volta in volta necessarie per assicurare la conformità dell'ordinamento italiano al diritto generale. Secondo una espressione di Perassi, la disposizione opera come un "trasformatore permanente"; un meccanismo cioè che produce effetti interni in relazione al sorgere, al modificarsi e all'estinguersi di norme generali.

In una prospettiva monista, l'art. 10, 1° comma, Cost. ha piuttosto la funzione di consentire alle regole internazionali generali di produrre direttamente effetti nell'ordinamento interno. Metaforicamente, si tratterebbe allora di una sorta di valvola che opera una apertura selettiva nei confronti del diritto internazionale, consentendo l'ingresso nell'ordinamento interno alle sole regole dotate di carattere generale. In tal modo, il diritto internazionale generale diventerebbe parte dell'ordinamento interno.

Secondo l'espressione utilizzata dalla Corte Suprema degli Stati Uniti nel celebre caso *The Paquete Habana*, 175 U.S. 677 (1900), 8 gennaio 1900, il diritto internazionale generale è parte del diritto interno e dovrà essere applicato dai giudici interni per risolvere controversie circa l'esistenza di posizioni soggettive fondate su regole internazionali: «*International law is part of our law, and must be ascertained and administered by the courts of justice of appropriate jurisdiction, as often as questions of right depending upon it are duly presented for their determination*».

In secondo luogo, l'art. 10, 1° comma, Cost. conferisce una garanzia normativa particolarmente forte al diritto internazionale generale. Tali norme, ovvero le corrispondenti norme interne di adattamento, hanno rango costituzionale nell'ordinamento italiano. Ciò vuol dire non solo che la generica esigenza di apertura verso il diritto internazionale costituisce un interesse di rilievo costituzionale, ma anche che l'esigenza di osservare ciascuna singola regola del diritto internazionale generale assume nell'ordinamento interno valore costituzionale.

Ciò appare in sintonia con l'intento di aprire l'ordinamento italiano ai principi e ai valori di fondo dell'ordinamento internazionale. La regola dell'art. 10, 1° comma, sembra ispirata ad un internazionalismo idealista: all'idea cioè che le norme internazionali generali esprimano valori universali che debbono per ciò imporsi con rango costituzionale anche nell'ambito dell'ordinamento italiano.

Talvolta, la ricostruzione del diritto internazionale generale da parte della Corte costituzionale lascia trasparire una tendenza ad estrapolare, sul piano universale, principi e valori giuridici che sono propri della tradizione giuridica interna, o, al più, di una ristretta cerchia di Stati. Ne costituisce esempio la sentenza n. 306 del 29 luglio 2008, nella quale la Corte ha affermato che «tra le norme del diritto internazionale generalmente riconosciute rientrano quelle che, nel garantire i diritti fondamentali della persona indipendentemente dall'appartenenza a determinate entità politiche, vietano discriminazioni nei confronti degli stranieri, legittimamente soggiornanti nel territorio dello Stato». Non sarebbe facile, infatti, ricostruire una norma generale avente questo contenuto.

Se esercitata con moderazione, tuttavia, la tendenza delle Corti costituzionali a ispirarsi ai valori costituzionali interni nel ricostruire il diritto generale potrebbe avere l'effetto positivo di orientare lo sviluppo del diritto internazionale verso valori analoghi a quelli interni. Evidentemente una sentenza isolata non può, di per sé, produrre una nuova regola consuetudinaria né mutare il contenuto di una regola consuetudinaria esistente. A tal fine, occorre che si formi un orientamento condiviso dai giudici interni di altri Stati e tale da fondare una nuova regola di diritto consuetudinario (v. *infra*).

Il riconoscimento di rango costituzionale alla normativa internazionale generale ha delle rilevanti conseguenze sul piano dei rapporti con le norme legislative interne.

Una disposizione legislativa confliggente con una regola del diritto internazionale generale risulta infatti incostituzionale. Il giudice che rilevi l'esistenza di tale conflitto, e che ritenga che esso non possa essere risolto attraverso lo strumento dell'interpretazione conforme, avrà quindi il dovere di sollevare questione di legittimità costituzionale della legge, in riferimento alla norma internazionale generale, nonché all'art. 10, 1° comma, Cost. (v., ad esempio, sentenza del 17 giugno 1992, n. 278, e sentenza del 15 maggio 2001, n. 131).

3. *I rapporti fra diritto internazionale generale e regole costituzionali: la sentenza della Corte costituzionale n. 238 del 2014*

Un problema in gran parte ancora irrisolto concerne il rapporto fra le norme internazionali generali e le norme della Costituzione; in particolare quelle che tutelano i diritti fondamentali dell'uomo.

Vi è una latente tensione fra le due categorie di norme. Pur se in tempi recenti il diritto internazionale sembra evolvere verso un riconoscimento sempre più ampio dei diritti fondamentali dell'uomo, le regole consuetudinarie classiche sono ancora, in larga parte, modellate sull'esigenza di regolamentare i rapporti fra Stati e di tutelare i loro interessi fondamentali. Tali regole, quindi, ben possono entrare in conflitto, allora, con la sfera delle libertà individuali tutelate dalle Costituzioni moderne.

Questa tensione si avverte in maniera particolare rispetto alla normativa internazionale sulle immunità. Nella prospettiva internazionale, le immunità tendono a tutelare valori assai rilevanti, quali il rispetto della parità fra Stati e l'esigenza di non interferire con l'esercizio di funzioni sovrane altrui. Tuttavia, in una prospettiva costituzionale interna, esse possono essere viste come norme di mero privilegio in quanto tendono a sottrarre gli Stati e i loro organi all'uniforme esercizio della giurisdizione interna: uno dei valori fondamentali dei moderni ordinamenti costituzionali.

Un problema analogo si è posto, anche nell'ambito del sistema della Convenzione europea dei diritti dell'uomo. La giurisprudenza della Corte europea dei diritti dell'uomo tende peraltro a giustificare una limitazione del diritto alla tutela giurisdizionale assicurato dall'art. 6 della Convenzione, operata al fine di consentire agli Stati il rispetto dei loro obblighi internazionali; a patto, però, che il nucleo essenziale di tale diritto venga preservato. La Corte ha indicato, ad esempio, che il riconoscimento delle immunità a favore di organizzazioni internazionali è compatibile con la Convenzione europea qualora il principio della tutela giurisdizionale venga soddisfatto in forma equivalente nell'ordinamento giuridico interno della organizzazione interessata. (v. la menzionata sentenza del 18 febbraio 1999, *Waite and Kennedy c. Germania*, ricorso n. 26083/94).

Nella recente sentenza del 14 gennaio 2014, *Jones e altri c. Regno Unito*, ricorsi n. 34356/06 e 40528/06, la Corte europea ha indicato, peraltro, come il diritto alla tutela giurisdizionale degli individui non sia violato dal riconoscimento della immunità dalla giurisdizione civile a favore di agenti di uno Stato straniero, senza interrogarsi sull'esistenza di rimedi alternativi a favore degli individui rimasti privi dei rimedi predisposti all'interno del proprio Stato. La deferenza verso il diritto internazionale mostrata in questo caso dalla Corte europea sembra davvero eccessiva, soprattutto se si considera che l'immunità era invocata rispetto a richieste di risarcimento di danni causati da attività di tortura. Inoltre, l'esistenza stessa di una regola consuetudinaria che imponga l'immunità dalla giurisdizione civile a favore di funzionari di uno Stato estero per condotte che costituiscono gravi violazioni dei diritti fondamentali appare assai controversa.

La Corte costituzionale italiana si è occupata del conflitto fra immunità e valori costituzionali in due occasioni.

In una prima occasione, nella sentenza *Russel*, del 18 giugno 1979, n. 48, la Corte ha sostanzialmente affermato il primato del diritto internazionale generale rispetto al sistema costituzionale interno.

La questione concerneva la compatibilità della norma consuetudinaria sull'immunità degli agenti diplomatici dalla giurisdizione civile con l'art. 24 della Costituzione, che assicura il diritto individuale alla tutela giurisdizionale. In quella occasione, la Corte ha indicato che le norme consuetudinarie hanno rango costituzionale e prevalgono, quindi, in virtù del criterio della specialità, sulle altre norme costituzionali. La Corte ha inoltre precisato come le norme consuetudinarie già esistenti al momento dell'entrata in vigore della Costituzionale non incontrino alcun limite neanche nell'esigenza di rispettare principi fondamentali della Costituzione. Solo le norme consuetudinarie formate dopo l'entrata in vigore della Costituzione incontrano il limite del rispetto dei principi fondamentali. Questo criterio temporale – singolarmente invertito rispetto all'usuale funzionamento del criterio della successione delle norme nel tempo – ha quindi evitato la pronuncia di illegittimità delle regole internazionali sull'immunità diplomatica, le quali, pur derogando ad un principio di carattere fondamentale quale il principio della tutela giurisdizionale, si sono certamente formate in epoche antiche e preesistono quindi alla Carta costituzionale.

Nella recente sentenza n. 238 del 2014, la Corte costituzionale ha radicalmente modificato questo sistema, affermando, invece, il primato dei principi fondamentali della Costituzionale sulla normativa internazionale generale.

La sentenza si inserisce nel quadro della complessa vicenda concernente azioni di risarcimento avviate di fronte ai tribunali italiani nei confronti della Germania da parte delle vittime di gravi crimini commessi durante il periodo nazista. I giudici italiani avevano negato l'immunità invocata dalla Germania ritenendo che la norma consuetudinaria sulla immunità fosse in conflitto con la norma internazionale cogente, di rango superiore, che proibisce condotte gravemente lesive dei diritti dell'uomo. La Germania aveva quindi adito la Corte internazionale di giustizia chiedendole di accertare che il diniego dell'immunità costituisse una violazione degli obblighi derivanti dal diritto internazionale consuetudinario da parte dell'Italia. Nella sentenza del 4 febbraio 2012, la Corte ha accolto la richiesta della Germania, ritenendo che l'esercizio della giurisdizione italiana non fosse giustificato nemmeno dall'esigenza di accertare una grave violazione del diritto cogente da parte della Germania.

In seguito a questa sentenza, i giudici italiani avrebbero dovuto quindi declinare la propria giurisdizione. Tuttavia, il Tribunale di Firenze ha sollevato la questione di legittimità alla Corte costituzionale affinché questa accertasse se la normativa internazionale sull'immunità, come accertata dalla Corte internazionale di giustizia, fosse contraria ai principi fondamentali della Costituzione italiana.

La sentenza n. 238 del 2014 ha confermato, in linea con la precedente giurisprudenza, che la normativa internazionale generale opera nell'ordinamento italiano con il rango proprio delle norme costituzionali. Norme di legge confliggenti con norme internazionali consuetudinarie sono quindi contrarie al sistema costituzionale e vanno dichiarate illegittime ad opera della Corte costituzionale.

La sentenza ha invece mutato il sistema dei rapporti fra norme internazionali consuetudinarie e sistema costituzionale, indicando con molta nettezza il primato dei principi fondamentali della Costituzione rispetto al diritto internazionale consuetudinario. Di conseguenza, la Corte costituzionale ha stabilito che la normativa consuetudinaria sull'immunità non può impedire l'esercizio della giurisdizione italiana volta ad accertare la violazione da parte di uno Stato straniero dei diritti fondamentali dell'uomo tutelati dalla Costituzione.

Questo accertamento non ha però condotto ad una dichiarazione di illegittimità costituzionale della norma consuetudinaria. La Corte costituzionale ha infatti precisato che il meccanismo di adattamento dell'art. 10, 1° comma, non opera rispetto a norme internazionali consuetudinarie contrarie ai principi fondamentali della Costituzione, le quali, quindi, non entreranno a far parte dell'ordinamento giuridico italiano. Di conseguenza, la Corte costituzionale si è limitata a sancirne l'inapplicabilità ad opera dei giudici nazionali. Questa soluzione, tecnicamente molto problematica, non sembra giustificata se non sulla base di una esasperata concezione dualista.

La sentenza n. 238 ha invece dichiarato l'illegittimità costituzionale dell'art. 94 della Carta delle Nazioni Unite, il quale prevede l'obbligo per gli Stati di osservare le sentenze della Corte internazionale di giustizia. La dichiarazione di illegittimità dell'art. 94 opera, però, non in via generale, ma solo in quanto esso presta carattere obbligatorio alla sentenza del 4 febbraio 2012. La sentenza n. 238 ha infine dichiarato l'illegittimità costituzionale delle norme di legge ordinaria adottate al fine di assicurare l'attuazione di tale sentenza nell'ordinamento italiano.

Ancorché adottata in reazione ad una pronuncia della Corte internazionale di giustizia non particolarmente convincente (v. *supra*, Parte III, capitolo V, par. 7), la sentenza della Corte costituzionale n. 238 del 2014 appare criticabile rispetto a numerosi profili.

Innanzi tutto, la Corte si è dichiarata incompetente ad accertare l'esistenza di una eccezione alla regola dell'immunità sulla base del diritto internazionale e ha invece posto l'accento sul contrasto fra tale regola e i diritti fondamentali tutelati dall'ordinamento nazionale. Questa scelta – che si colloca nel solco della generale tendenza dei tribunali interni a far valere i propri valori costituzionali nei confronti di quelli internazionali – appare poco persuasiva da un punto di vista di politica giudiziaria. Da un lato, la Corte costituzionale sembra aver perso una occasione per contribuire allo sviluppo del diritto internazionale verso una maggiore tutela dei diritti individuali. D'altro lato, essa finisce con il prestare legittimazione ad analoghe pretese di altri Stati i cui ordinamenti siano, magari, ispirati a principi ben diversi da quelli che ispirano la Costituzione italiana. Da un punto di vista culturale, questa sentenza costituisce un esempio, anche molto evidente, di arroccamento dei giudici nel proprio ordinamento e di rifiuto radicale verso le esigenze proprie di un mondo giuridico più ampio.

In secondo luogo, da un punto di vista tecnico, la Corte non ha considerato come il rispetto del diritto internazionale costituisca, di per sé, un valore fondamentale del sistema costituzionale italiano. Questa esigenza è ancor più rafforzata dall'esistenza di una sentenza della Corte internazionale di giustizia. Pur qualora non condivisibili nel merito, le sentenze della

Corte internazionale di giustizia assicurano una soluzione giudiziale delle controversie e contribuiscono, per questo aspetto, alla realizzazione di un ordinamento internazionale fondato, ai sensi dell'art. 11 della Costituzione, sulla pace e la giustizia fra le nazioni.

Quale comporre allora i possibili conflitti fra norme internazionali consuetudinarie e principi costituzionali? Come conciliare l'esigenza di apertura dell'ordinamento costituzionale ai valori internazionali con l'esigenza di non ledere i valori irrinunciabili del sistema costituzionale e, anzi, promuovere l'evoluzione del diritto generale verso modelli compatibili con il sistema costituzionale interno?

Sembra innanzitutto ragionevole ritenere che questi conflitti, che mettono in gioco esigenze di fondo dei due sistemi, quello internazionale e quello costituzionale, non siano risolvibili sulla base di un criterio formale che dia prevalenza all'una o all'altra categoria di norme. Indipendentemente dal loro valore formale, infatti, sia le norme costituzionali che quelle consuetudinarie tutelano interessi di diverso rilievo. Anche fra le norme consuetudinarie, insomma, occorre distinguere fra regole, per così dire, "ordinarie" e regole che esprimono valori essenziali del sistema internazionale. La violazione di queste ultime potrebbe comportare l'isolamento dello Stato italiano dalle tendenze e dagli orientamenti di fondo della comunità internazionale. L'esigenza di rispettare queste regole potrà quindi comportare deroghe anche profonde al sistema dei valori costituzionali interni.

Insomma, il coordinamento fra regole costituzionali e regole consuetudinarie dovrà essere compiuto caso per caso, sulla base di un bilanciamento delle rispettive esigenze di ciascun caso concreto, nonché tenendo conto della profonda eterogeneità degli interessi in gioco: da un lato l'interesse dello Stato a rispettare regole internazionali; dall'altro, l'interesse ad assicurare diritti di carattere individuale.

Questo è proprio il caso del conflitto fra la normativa delle immunità e il diritto alla tutela giurisdizionale. Da un lato, è certamente incongruo porre interamente a carico di un individuo il costo sociale della realizzazione di un interesse collettivo, quale il rispetto del diritto internazionale; d'altro lato, occorre considerare che la realizzazione di un interesse individuale deve tener conto delle logiche peculiari dell'ordinamento internazionale, ispirato a valori e interessi diversi rispetto a quelli costituzionali interni.

L'eterogeneità degli interessi in gioco dovrebbe indurre, quindi, a considerare, in ultima istanza, la possibilità che essi possano essere realizzati attraverso forme alternative di soddisfazione.

Una prima strada consiste nel trasferire a livello internazionale la pretesa dell'individuo che non possa percorrere la strada dei rimedi interni in virtù del regime delle immunità. In altri termini, lo Stato, ente esponenziale degli interessi collettivi, avrebbe un obbligo costituzionale di agire sul piano internazionale, con tutti i mezzi consentiti in questo ordinamento, al fine di soddisfare le legittime aspettative dell'individuo al quale siano preclusi i rimedi interni in virtù del regime delle immunità.

Qualora questa strada rimanga infruttuosa, e il rispetto delle regole sull'immunità finisca con il precludere all'individuo ogni possibile rimedio per il soddisfacimento dei propri interessi, l'ultima possibilità di composizione del conflitto risiede nell'esigenza di "collettivizzare" i danni che l'individuo sia chiamato a sopportare per la realizzazione di un interesse collettivo. In altri termini, la realizzazione integrale dell'interesse collettivo al rispetto delle regole sull'immunità dovrebbe comunque comportare forme di distribuzione sociale del danno attraverso la prestazione di un indennizzo a favore dell'individuo che non ha potuto disporre dei rimedi interni a tutela dei propri diritti.

In una prospettiva evolutiva, ci si potrebbe chiedere se le esigenze a base dei moderni ordinamenti costituzionali non debbano comportare una revisione del regime delle immunità e promuovere lo sviluppo di norme che tutelino bensì le esigenze alla base del sistema internazionale attenuando però l'odioso aspetto di privilegio che talora vi si accompagna. Anche a proposito, in altri termini, gli ordinamenti statali potrebbero subordinare il rispetto delle immunità alla condizione che l'ordinamento internazionale sviluppi al proprio interno dei meccanismi atti ad assicurare una protezione equivalente ai principi costituzionali che ne risultano sacrificati.

CAPITOLO III

L'ADATTAMENTO AI TRATTATI

SOMMARIO: 1. Adattamento ordinario e ordine di esecuzione. – 2. I rapporti fra trattati e leggi interne. – 3. *Segue*. Il contenuto dell'art. 117, 1° comma, Cost. – 4. L'ambito di applicazione della garanzia costituzionale. – 5. Il coordinamento con le altre garanzie speciali disposte dalla Costituzione nei confronti di categorie particolari di obblighi. – 6. *Segue*. Considerazioni conclusive sulla portata dell'art. 117, 1° comma, Cost. – 7. Trattati e norme costituzionali. – 8. L'attuazione dei trattati da parte delle Regioni. – 9. L'adattamento ad atti istituzionali e a sentenze internazionali.

1. *Adattamento ordinario e ordine di esecuzione*

Secondo la dottrina prevalente, non vi è nella Costituzione italiana una norma che disciplini il procedimento di attuazione dei trattati. L'art. 80 Cost., disciplina infatti solo il procedimento di formazione dei trattati, mentre l'art. 117, 1° comma, introdotto nella Costituzione con legge costituzionale 18 ottobre 2001, n. 3, concerne solo il trattamento interno della normativa di attuazione.

In assenza di una disciplina costituzionale, l'adattamento ai trattati va quindi disposto con provvedimenti *ad hoc*. Tali provvedimenti sono necessari solo qualora l'ordinamento non sia già conforme rispetto agli obblighi derivanti da un trattato. Essi dovranno essere adottati con atti di rango costituzionale, legislativo o sub-legislativo, a seconda del livello delle modifiche normative necessarie per l'attuazione del trattato.

Per l'attuazione di un trattato si potrà utilizzare la tecnica dell'adattamento ordinario o quella dell'adattamento speciale. L'adattamento ordinario consiste in un provvedimento che contiene le regole materiali necessarie per consentire l'adempimento degli obblighi internazionali. Esso, quindi, ha l'effetto di trasformare le regole internazionali in corrispondenti regole di diritto interno.

L'adattamento speciale, invece, consiste nell'adozione di un ordine di esecuzione. Quest'ultimo è un provvedimento privo di un proprio contenuto materiale, che si limita a ordinare l'esecuzione del trattato nell'ordinamento interno. Sarà quindi compito dell'operatore giuridico interno, il giudice o la pubblica amministrazione, ricostruire, sulla base delle disposizioni internazionali, il contenuto della normativa di adattamento.

La prassi tende tuttavia ad unificare la fase della formazione dei trattati con la fase dell'adattamento. Lo stesso atto legislativo che contiene l'autorizzazione alla ratifica contiene altresì l'ordine di esecuzione del trattato. Evidentemente, l'ordine di esecuzione potrà produrre i propri effetti solo una volta che il trattato sia entrato in vigore.

Questa prassi è dettata prevalentemente dall'esigenza pratica di evitare che il Parlamento debba intervenire due volte: la prima nella fase della formazione dei trattati, per autorizzarne la conclusione ai sensi dell'art. 80 Cost.; la seconda dopo l'entrata in vigore del trattato stesso, al fine di disporne l'attuazione. Essa ha l'effetto di semplificare l'intera procedura e di adottare un unico provvedimento legislativo con il quale il Parlamento acconsente alla formazione di un trattato disponendone al tempo stesso la produzione di effetti nell'ordinamento interno.

Da questa esigenza pratica, tuttavia, possono anche conseguire effetti di carattere generale. L'esistenza di un provvedimento che contiene sia l'autorizzazione alla conclusione del trattato sia l'ordine di esecuzione interna sembra infatti indicare che i trattati conclusi sulla base di una previa pronuncia parlamentare possano spiegare direttamente i loro effetti nell'ordinamento interno e concorrere alla regolamentazione di rapporti giuridici interindividuali.

In questa diversa prospettiva l'ordine di esecuzione è visto come un provvedimento che si limita ad autorizzare la produzione di effetti normativi interni ad opera di una fonte esterna. L'ordine di esecuzione avrebbe quindi l'effetto di rendere direttamente applicabile il trattato a rapporti giuridici interni, abbattendo, metaforicamente, la barriera normativa che separa l'ordinamento interno e l'ordinamento internazionale. Tale prospettiva tende a sottolineare l'unitarietà dell'esperienza giuridica interna e internazionale e ad attenuare l'idea di una artificiale separazione fra i due ordinamenti. Dal punto di vista teorico, tale prospettiva si fonda sull'idea che certe norme internazionali siano già di per sé idonee a regolamentare fattispecie interne, ma difettino della forza normativa che può essere loro conferita solo da una fonte interna. L'ordine di esecuzione conferirebbe tale forza normativa, consentendo così che la disciplina materiale predisposta attraverso un trattato sia applicata a rapporti giuridici interni.

La saldatura fra fase della formazione e fase dell'adattamento consente una notevole apertura dell'ordinamento italiano nei confronti dei trattati. Questi saranno interpretati e applicati come fonti di diritto internazionale, ancorché volte a disciplinare fattispecie di tipo interno. D'altra parte, solo trattati conclusi nel rispetto del procedimento previsto dalla Costituzione potranno costituire la fonte di regolamentazione di rapporti interindividuali.

2. *I rapporti fra trattati e leggi interne*

Veniamo ora al difficile problema di determinare i rapporti fra trattati e leggi interne. Alla luce del crescente rilievo dei trattati nella disciplina di rapporti interni, la questione appare centrale per determinare il "tasso di internazionalismo" di un ordinamento nazionale.

Prima della riforma costituzionale del 2001, si riteneva generalmente che un trattato assumesse nell'ordinamento interno il valore della fonte che ne aveva disposto l'attuazione. Trattati resi esecutivi con legge, quindi, avrebbero assunto nell'ordinamento interno il valore proprio delle norme di legge, prevalendo rispetto a leggi antecedenti, e cedendo, in caso di conflitto, rispetto a leggi successive. Questo stato di cose era ritenuto poco soddisfacente. Trattati, magari di grande rilievo, potevano venire disattesi qualora il legislatore, sovente inconsapevolmente, avesse adottato successivamente leggi interne incompatibili con le regole convenzionali.

Questo stato di cose è radicalmente mutato in seguito alla adozione della legge costituzionale 18 ottobre 2001, n. 3 che ha modificato il Titolo V della Costituzione. Il nuovo art. 117, 1° comma, Cost. prevede che «(l)a potestà legislativa è esercitata dallo Stato e dalle Regioni nel rispetto della Costituzione, nonché dei vincoli derivanti dall'ordinamento comunitario e dagli obblighi internazionali».

Secondo l'opinione prevalente in dottrina e in giurisprudenza, questa disposizione opera essenzialmente rispetto ai trattati e stabilisce a loro favore un meccanismo di prevalenza rispetto alle leggi interne. La sua discutibile redazione, peraltro, produce una serie di problemi che conviene analizzare da vicino. Ci occuperemo quindi, in successione, del contenuto, della portata e del funzionamento tecnico del meccanismo di garanzia stabilito dall'art. 117, 1° comma. Alla fine dell'analisi, ci interrogheremo sull'opportunità di introdurre e di mantenere nel sistema costituzionale un meccanismo generale di garanzia nei confronti dei trattati.

3. Segue. *Il contenuto dell'art. 117, 1° comma, Cost.*

L'art. 117, 1° comma, Cost. non disciplina, come si è detto, la procedura di adattamento dell'ordinamento italiano al diritto internazionale. Ne consegue che gli obblighi internazionali vanno attuati nell'ordinamento interno attraverso i consueti procedimenti di adattamento: attraverso l'art. 10, 1° comma, Cost., per quanto riguarda il diritto generale; attraverso l'ordine di esecuzione ovvero attraverso i procedimenti di adattamento ordinario, per quanto riguarda i trattati.

L'art. 117, 1° comma, inoltre, non altera il valore formale delle norme di attuazione delle varie categorie di obblighi. Esso si limita a stabilire un meccanismo costituzionale di garanzia nei loro confronti. Se, ad esempio, un trattato è stato eseguito con un ordine di esecuzione contenuto in una legge ordinaria, la normativa di adattamento continuerà ad avere rango di legge ordinaria. Essa, quindi, derogherà a norme di legge anteriori, prevarrà nei confronti di norme di rango regolamentare, e sarà invece subordinata rispetto alle norme costituzionali.

L'art. 117, 1° comma, pone però alla funzione legislativa il vincolo del rispetto degli obblighi internazionali. La disposizione, insomma, costituzionalizza l'interesse dell'ordinamento italiano a osservare obblighi internazionali, senza però costituzionalizzare le singole fonti internazionali. Una legge difforme rispetto ad un obbligo internazionale contrasta con l'art. 117, 1° comma, Cost. ed è quindi viziata da illegittimità costituzionale.

Questa soluzione è stata accolta dalla Corte costituzionale. Nelle due sentenze del 24 ottobre 2007, n. 348 e n. 349, la Corte ha stabilito che il contrasto fra una legge ordinaria e la Convenzione europea dei diritti dell'uomo dà luogo ad una questione di legittimità della norma interna per contrasto con l'art. 117, 1° comma, Cost. Si legge nella sentenza n. 348/2007: «il nuovo testo dell'art. 117, 1° comma, Cost., se da una parte rende inconfutabile la maggior forza di resistenza delle norme CEDU rispetto a leggi ordinarie successive, dall'altra attrae le stesse nella sfera di competenza di questa Corte, poiché gli eventuali contrasti non generano problemi di successione delle leggi nel tempo o valutazioni sulla rispettiva collocazione gerarchica delle norme in contrasto, ma questioni di legittimità costituzionale». Nella sentenza n. 349/2007, la Corte ha quindi precisato che «(c)iò non significa, beninteso, che con l'art. 117, 1° comma, Cost., si possa attribuire rango costituzionale alle norme contenute in accordi internazionali». La Corte ha quindi qualificato la normativa di attuazione come «norma interposta»: subordinata alla Costituzione ma che costituisce parametro di legittimità nei confronti delle leggi interne.

L'art. 117, 1° comma, ha quindi l'effetto di trasferire ogni conflitto fra leggi ed obblighi internazionali nell'ambito del giudizio di legittimità costituzionale. Questa soluzione non appare felice. Essa infatti identifica nel giudizio di legittimità costituzionale l'unica sede per la soluzione di conflitti fra norme sub-costituzionali. Il ruolo della Corte costituzionale in tali situazioni sarebbe assai limitato. Una volta accertata la difformità fra una legge ed un obbligo internazionale, la Corte dovrebbe automaticamente dedurne l'illegittimità della prima. Dato il numero dei potenziali conflitti di questo tipo la Corte costituzionale verrebbe investita da un alto numero di questioni di legittimità.

Verosimilmente al fine di evitare effetti di questo tipo, la Corte costituzionale ha ritagliato per i giudici ordinari un ruolo maggiore di quanto non risulti sulla base del testo della disposizione costituzionale. La Corte ha precisato che il dovere del giudice ordinario di sollevare questione incidentale di costituzionalità non sorge in presenza di qualsiasi difformità fra leggi e trattati. L'obbligo di rinvio alla Corte sorge solo in presenza di un vero e proprio conflitto. I giudici ordinari rimangono invece competenti a verificare se il conflitto non sia solo apparente, e non possa quindi essere composto per via interpretativa, attraverso cioè il principio dell'interpretazione conforme ovvero attraverso il criterio della specialità.

V. la recente sentenza del 26 novembre 2009, n. 311, nella quale la Corte costituzionale ha ribadito, in termini assai netti, che il giudice ordinario, prima di sollevare questione di legittimità costituzionale, ha il dovere di verificare se il conflitto fra leggi e diritto internazionale non possa essere risolto per via interpretativa. Anche prima della riforma del 2001, d'altronde, lo strumento dell'interpretazione conforme era utilizzato dalla giurisprudenza al fine di evitare conflitti fra trattati e leggi successive.

L'interpretazione conforme è un classico strumento per evitare l'insorgenza di un conflitto fra norme interne e obblighi internazionali. Essa è stata utilizzata anche in altri ordinamenti, soprattutto in quelli che prevedono che le norme di origine internazionale possano essere derogate ad opera di leggi posteriori. V. nella giurisprudenza degli Stati Uniti la celebre sentenza della Corte Suprema nel caso *Murray v. The Schooner Charming Betsy*, 6 U.S. 2 Cranch 64 (1804), nel quale la Corte Suprema degli Stati Uniti ha affermato la necessità di interpretare leggi interne, ove possibile, in conformità a quanto previsto dal diritto delle genti.

Il secondo strumento che i giudici potrebbero utilizzare per evitare l'insorgere di conflitti fra trattati e leggi è dato dal criterio di specialità. Anche questo strumento è stato ampiamente utilizzato dalla giurisprudenza italiana prima dell'entrata in vigore dell'art. 117, 1° comma, Cost. Si tratta però di uno strumento che ha limiti evidenti di funzionamento, dato che non sempre è possibile ricostruire la disciplina convenzionale come speciale rispetto a quella legislativa.

4. *L'ambito di applicazione della garanzia costituzionale*

L'art. 117, 1° comma, Cost. non si riferisce, come talvolta si ritiene, solo ai rapporti fra trattati e leggi interne, ma pone un vincolo alla legislazione in relazione all'esistenza di obblighi internazionali. La formulazione testuale della disposizione indica quindi un campo di applicazione assai vasto. La funzione legislativa verrebbe limitata dall'esistenza di qualsiasi obbligo internazionale, indipendentemente dalla sua natura e dalla sua procedura di formazione. La funzione legislativa potrebbe in tal modo essere vincolata al rispetto di obblighi assunti dall'esecutivo anche senza il previo assenso parlamentare, che è previsto dall'art. 80 Cost. solo per alcune categorie di trattati.

Sulla base della formulazione letterale della disposizione, si potrebbe addirittura concludere che il vincolo alla funzione legislativa possa sorgere anche rispetto ad accordi conclusi dall'Esecutivo in violazione rispetto alla procedura costituzionale prevista dall'art. 80 Cost.

Questa interpretazione sarebbe però irragionevole. Essa, infatti, capovolgerebbe completamente la logica istituzionale sulla quale è fondato l'art. 80. Come si è visto, l'art. 80 Cost. ha precisamente lo scopo di tutelare le prerogative legislative da interferenze ad opera dell'esecutivo. Questo principio sarebbe vanificato se il Parlamento fosse vincolato all'osservanza di obblighi assunti in violazione di una procedura che ha lo scopo proprio di salvaguardare le sue prerogative.

Appare quindi ragionevole limitare l'ambito di applicazione dell'art. 117, 1° comma, ai soli obblighi internazionali che si sono formati nel rispetto delle procedure costituzionali o, in senso ancor più garantista per le prerogative parlamentari, ai soli obblighi assunti previa l'autorizzazione parlamentare alla ratifica prevista dall'art. 80 Cost.

5. *Il coordinamento con le altre garanzie speciali disposte dalla Costituzione nei confronti di categorie particolari di obblighi*

Prima della riforma del 2001, il sistema costituzionale italiano non assicurava pari trattamento a tutte le categorie di obblighi internazionali. Esso disponeva delle forme di garanzia solo nei confronti di categorie particolari di obblighi internazionali, in relazione alla loro portata generale ovvero in relazione al loro contenuto. L'adozione, nell'art. 117, 1° comma, di un meccanismo generale di tutela disposto a favore di tutti gli obblighi internazionali pone quindi il problema di determinarne i rapporti rispetto ai meccanismi di garanzia già esistenti nel sistema.

Il problema è di facile soluzione rispetto ai rapporti con l'art. 10, 1° comma, Cost. Come si è visto, tale disposizione include nel suo ambito di applicazione solo gli obblighi derivanti da norme internazionali generali. L'art. 10, 1° comma, si applicherà quindi a titolo di norma speciale nei confronti di tale categoria di obblighi. Ad essi, di conseguenza, non si applicherà il meccanismo generale di garanzia dell'art. 117, 1° comma, Cost.

Un problema di coordinamento si pone invece rispetto al meccanismo stabilito dall'art. 11 Cost.

Secondo l'art. 11, «(l)'Italia ripudia la guerra come strumento di offesa alla libertà degli altri popoli e come mezzo di risoluzione delle controversie internazionali; consente, in condizioni di parità con gli altri Stati, alle limitazioni di sovranità necessarie ad un ordinamento che assicuri la pace e la giustizia fra le Nazioni; promuove e favorisce le organizzazioni internazionali rivolte a tale scopo».

Dai lavori preparatori della Costituzione, emerge come l'art. 11 sia stato ideato in reazione alle concezioni nazionaliste, sfociate nel regime fascista, che avevano condotto alla tragedia della seconda guerra mondiale. L'art. 11 formula, in primo luogo, un generale principio di favore nei confronti del diritto internazionale, visto come antidoto rispetto a tali concezioni e come strumento per realizzare, sul piano esterno, i valori del nuovo ordine costituzionale, fondato sulla pace e sulla giustizia fra le Nazioni. La disposizione formula, in secondo luogo, un principio di favore per le forme di integrazione sul piano internazionale, vale a dire per le organizzazioni internazionali specificamente volte a realizzare tali valori. I lavori preparatori indicano come tale indicazione si riferisse in primo luogo alle forme di integrazione sul piano universale e, quindi, alle Nazioni Unite, la cui Carta era, all'epoca, già stata elaborata. Emerge come essa si riferisse altresì ai processi di integrazione sul piano europeo, che cominciavano allora a fuoriuscire dall'ambito del pensiero utopico e ad essere tradotti in principi di azione politica.

Il problema di coordinamento con l'art. 11 si pone in quanto l'art. 117, 1° comma, Cost. ha un ambito di applicazione generale. Esso infatti si riferisce sia agli obblighi internazionali sia ai «vincoli derivanti dall'ordinamento comunitario». Si potrebbe quindi avere l'impressione che le due categorie di obblighi siano ora parificate a fini costituzionali.

Questa possibilità è stata peraltro esclusa dalla giurisprudenza. La Corte costituzionale ha bensì indicato che il meccanismo generale di tutela dall'art. 117, 1° comma, Cost. si applica sia agli obblighi internazionali che a quelli derivanti dal diritto dell'Unione europea. A questi ultimi, tuttavia, si applica altresì la tutela più pregnante assicurata loro dall'art. 11 Cost. Di fatto, quindi, le due categorie di obblighi esterni hanno un diverso meccanismo di tutela costituzionale.

V. recentemente, la sentenza n. 227 del 2010. Vi si legge: «Il limite all'esercizio della funzione legislativa imposto dall'art. 117, 1° comma, Cost., è tuttavia solo uno degli elementi rilevanti del rapporto tra diritto interno e diritto dell'Unione europea, rapporto che, complessivamente considerato e come disegnato da questa Corte nel corso degli ultimi decenni, trova ancora «sicuro fondamento» nell'art. 11 Cost.».

Gli effetti di tale differenziazione si avvertono in particolare rispetto ai rapporti con le leggi interne. Mentre le leggi confliggenti con norme dell'Unione europea aventi effetti diretti andranno disapplicate dal giudice ordinario, le leggi confliggenti con obblighi convenzionali dovranno essere dichiarate illegittime ad opera della Corte costituzionale.

La Corte costituzionale, nelle due sentenze n. 348 e n. 349 del 2007, ha escluso in termini assai netti la competenza del giudice a disapplicare norme di legge contrarie a trattati internazionali. In un passaggio poco felice delle due sentenze, la Corte sembra indicare che ciò sia dovuto al fatto che i trattati, a differenza delle norme dell'Unione europea, non hanno effetti diretti. Se questa fosse la motivazione, essa non sarebbe però corretta. Non vi è dubbio che anche le norme di trattati internazionali possono avere effetti diretti, qualora sia possibile dedurre dalle loro disposizioni la disciplina di rapporti individuali. Fra l'altro, le due sentenze n. 348 e n. 349 del 2007 riguardavano gli effetti interni della Convenzione europea dei diritti dell'uomo, un trattato al quale da tempo la dottrina e la giurisprudenza hanno riconosciuto la possibilità di produrre effetti diretti. È difficile pensare quindi che la Corte costituzionale abbia inteso modificare questa conclusione ed escludere la possibilità che la Convenzione europea dei diritti dell'uomo possa operare direttamente nell'ordinamento interno.

L'affermazione della Corte acquista significato alla luce del particolare significato assunto dalla nozione di "effetti diretti" nello speciale ordinamento dell'Unione europea. Secondo la Corte di giustizia dell'Unione europea, infatti, le norme dell'Unione aventi effetti diretti devono essere senz'altro applicate dai giudici nazionali, senza riguardo all'esistenza di norme interne confliggenti. Ne consegue che le leggi aventi contenuto difforme dovranno essere disapplicate direttamente, senza che si possa dar luogo al rinvio alla Corte costituzionale. La Corte di giustizia ha infatti stabilito che l'obbligo posto al giudice ordinario di sollevare questione di legittimità delle leggi interne confliggenti con norme dell'Unione aventi effetti diretti dilazionerebbe l'applicazione diretta di tali norme e violerebbe quindi i Trattati istitutivi dell'Unione (v. *Amministrazione delle finanze dello Stato c. SpA Simmenthal*, causa 106/77, sentenza del 9 marzo 1978).

Il doppio regime delle garanzie disposte rispettivamente dall'art. 11 Cost. a favore delle norme dell'Unione e dall'art. 117, 1° comma, Cost., a favore degli obblighi internazionali può ben comportare problemi di coordinamento. Nella recente sentenza n. 80 del 2011 la Corte costituzionale ha chiarito che la futura adesione dell'Unione alla Convenzione europea dei diritti dell'uomo avrà l'effetto di stabilire un "doppio binario" nel trattamento dei conflitti fra leggi interne e norme della Convenzione. I conflitti che ricadranno nell'ambito di applicazione del diritto dell'Unione europea saranno definiti dal giudice ordinario mediante lo strumento della disapplicazione. In tale ambito, infatti, si applicherà il meccanismo di tutela previsto dall'art. 11. Un diverso esito è invece stabilito per i conflitti che ricadranno al di fuori dell'ambito di applicazione del diritto dell'Unione europea. In questo ambito, infatti, si applicherà il diverso meccanismo di tutela disposto dall'art. 117, 1° comma, Cost. Tali conflitti andranno quindi definiti attraverso lo strumento del giudizio di legittimità costituzionale delle leggi.

6. Segue. *Considerazioni conclusive sulla portata dell'art. 117, 1° comma, Cost.*

L'adozione, con il nuovo art. 117, 1° comma, Cost. di un meccanismo generale di garanzia a favore degli obblighi internazionali ha l'effetto di irrigidire notevolmente il rapporto fra trattati e leggi interne. La disposizione costituzionale stabilisce un vincolo alla legislazione in relazione ad un elemento di carattere formale: l'esistenza cioè di un obbligo nell'ordinamento internazionale, indipendentemente dal suo contenuto e dal rilievo che esso assume nella dinamica delle relazioni internazionali. Tale vincolo è particolarmente gravoso. Anche trattati di rilievo minore, infatti, costituiscono un vincolo rispetto alla legislazione interna. L'art. 117, 1° comma, ha quindi l'effetto di precludere al legislatore ampi spazi normativi coperti da obblighi convenzionali.

L'esistenza di un accordo internazionale ha quindi l'effetto di cristallizzare lo stato della legislazione, impedendo che essa si adegui al mutare del costume sociale. Riforme legislative, anche assai importanti, potrebbero essere dilazionate o addirittura impedite per il fatto che esse insistono in materie coperte da trattati, magari remoti nel tempo e di rilievo minore per l'equilibrio normativo internazionale.

Queste ragioni, unitamente alle perplessità ingenerate dal funzionamento tecnico del meccanismo disposto dall'art. 117, 1° comma, avevano indotto una parte della dottrina a prospettare una diversa funzione della disposizione costituzionale. Con essa non si sarebbe voluto formulare una garanzia costituzionale rispetto alla generalità degli obblighi internazionali, quanto piuttosto stabilire un meccanismo di coordinamento fra le leggi e gli accordi internazionali conclusi rispettivamente da Stato e Regioni. Difatti, la disposizione è collocata nel Titolo V della Costituzione che concerne appunto i rapporti fra Stato e Regioni. In altre parole, l'art. 117, 1° comma, avrebbe costituito un meccanismo per governare le incongruenze che derivano da una asimmetrica distribuzione delle competenze normative esterne di Stato e Regioni rispetto alle competenze rispettivamente possedute da questi enti sul piano interno. Questa prospettiva avrebbe presentato anche il vantaggio di porre rimedio a talune delle più evidenti incongruenze tecniche alle quali dà luogo l'applicazione dell'art. 117, 1° comma, Cost.

In ragione delle varie difficoltà segnalate, la giurisprudenza costituzionale ha subito più di una oscillazione. Nelle sue evoluzioni recenti, essa sembra tesa a bilanciare l'eccessiva apertura internazionalista che si riflette nell'art. 117, 1° comma, e di mitigare il principio del primato dei trattati. Essa, in particolare, ha prospettato sia la possibilità di operare una interpretazione "adeguatrice" della normativa di attuazione dei trattati in senso conforme al sistema costituzionale interno, sia la possibilità, come rimedio di ultima istanza, di sindacare la legittimità costituzionale della normativa di attuazione di un trattato.

Le indicazioni della giurisprudenza sono peraltro ancora assai incerte. L'esigenza di interpretare il diritto internazionale in maniera conforme alla Costituzione, in particolare, non sembra molto appropriata dato che il diritto internazionale ha sviluppato proprie regole di interpretazione. Il giudice interno dovrebbe quindi interpretare gli atti internazionali nel significato che essi assumono nel proprio ordinamento.

Nondimeno, nella sentenza n. 348 del 2007 la Corte sembra affermare la possibilità di interpretare la Convenzione europea dei diritti dell'uomo in senso conforme al sistema costituzionale. Questa indicazione sembra peraltro mutata nella successiva sentenza 4 dicembre 2009, n. 317, nella quale la Corte ha precisato di non poter «sostituire la propria interpretazione di una disposizione CEDU a quella della Corte di Strasburgo ...». Come si vedrà, tuttavia, un vincolo assoluto ad interpretare la Convenzione secondo la giurisprudenza della Corte europea dei diritti dell'uomo non sembra parimenti giustificato (v. *infra*, capitolo III, par. 9). In ogni caso, la Corte costituzionale ha aggiunto di poter «valutare come e in qual misura il prodotto dell'interpretazione della Corte europea si inserisca nell'ordinamento italiano». Nella sentenza n. 311 del 2009 la Corte costituzionale ha anche chiarito che il vincolo di conformità delle leggi interne non opera rispetto a obblighi internazionali contrari alla Costituzione.

La tendenza a ridimensionare il principio del primato degli obblighi internazionali e, in particolare, di quelli derivanti dalla Convenzione europea dei diritti dell'uomo, facendo leva sull'esigenza di tutelare in via prioritaria i valori costituzionali interni si avverte soprattutto nella sentenza della Corte costituzionale n. 49 del 2015. La sentenza riguardava la questione della conformità rispetto alla Convenzione europea di una disposizione italiana che consentiva al giudice penale di pronunciare la confisca di terreni sui quali era stata compiuta una edificazione abusiva, pur se per il reato di abuso edilizio fosse maturata la prescrizione. Ciò sarebbe possibile, secondo l'ordinamento italiano, alla luce della qualificazione della confisca come sanzione amministrativa. Di converso, la Corte europea dei diritti dell'uomo riteneva che, alla luce della natura afflittiva della sanzione, essa avesse natura penale ai sensi della Convenzione (v. la sentenza *Varvara c. Italia* del 29 ottobre 2013, n. 17475/09). La Corte costituzionale ha ribadito la conformità alla Costituzione delle disposizioni in tema di confisca amministrativa, anche alla luce delle esigenze costituzionali di assicurare un ordinato assetto urbanistico e del paesaggio. Essa ha altresì indicato come, in principio, le sentenze della Corte europea non producano effetti *erga omnes*, a meno che, in seguito a loro consolidamento, esse non diventino parte del diritto vivente della Convenzione europea. Al di là di tali argomenti, tecnicamente non irragionevoli, la Corte ha tuttavia affermato, con espressione inutilmente retorica, il "predominio assiologico della Costituzione sulle norme della CEDU". Una tale espressione, non certo necessaria per risolvere la questione, illustra meglio di ogni altra, il ritorno della giurisprudenza costituzionale a un nazionalismo giuridico non facilmente compatibile con l'ispirazione internazionalista della Costituzione repubblicana che si esprime, in particolare, nel suo art. 11.

7. *Trattati e norme costituzionali*

L'art. 117, 1° comma, non ha alterato il valore formale della normativa di attuazione dei trattati. A meno che non sia stata introdotta nell'ordinamento interno con legge di revisione costituzionale, tale normativa è, in via di principio, subordinata alle regole della Costituzione.

L'unico caso di attuazione di un trattato disposta con norma di revisione costituzionale è la legge costituzionale 21 giugno 1967, n. 1, la quale, in attuazione della Convenzione sul genocidio del 1948, esclude l'applicazione al crimine di genocidio degli articoli 10, 4° comma, e 26, 2° comma, Cost. che vietano l'estradizione per motivi politici.

Anche prima della riforma costituzionale del 2001, tuttavia, la giurisprudenza costituzionale ha teso ad attenuare il principio del primato della Costituzione rispetto ai trattati. Questo orientamento giurisprudenziale era implicitamente fondato sulla considerazione che le norme internazionali sono tese a soddisfare soprattutto esigenze proprie dell'ordinamento internazionale nel quale esse sono destinate primariamente ad operare. Sarebbe quindi irragionevole pretendere che esse debbano, a pena di illegittimità, sottostare integralmente al sistema costituzionale interno. Una tale pretesa sarebbe inoltre in contrasto con l'ispirazione internazionalista della Costituzione, che non mira certo ad imporre i propri valori a livello universale, bensì a rispettare le esigenze poste alla base dell'ordinamento internazionale.

Vi sono varie situazioni nelle quali la valutazione di costituzionalità di un trattato comporta l'adozione di un parametro diverso e più attenuato rispetto a quello che si impone alle leggi interne. Se ne possono prospettare alcune a titolo esemplificativo.

Innanzitutto, la conclusione di un trattato può essere necessaria per la disciplina di rapporti transnazionali la cui regolamentazione richiede il consenso di un altro Stato. Si tratta di situazioni che si presentano con frequenza nella vita delle relazioni internazionali. L'esempio migliore è quello di una regolamentazione transattiva di una controversia internazionale, che comporta evidentemente la necessità di acquisire il consenso della controparte, la quale, d'altra parte, non è vincolata al rispetto del parametro di costituzionalità interno. Sarebbe irregolare pretendere che tale regolamentazione sia sottoposta ai medesimi limiti costituzionali posti alle leggi interne.

Un secondo tipo di situazioni si presenta allorché la realtà delle relazioni internazionali imponga agli organi titolari del potere estero una condotta parzialmente difforme rispetto al sistema interno di valori. Un esempio potrebbe essere quello di una crisi internazionale, le cui dinamiche di sviluppo, evidentemente, non sono governate dal sistema costituzionale interno ma dipendono da interessi e da rapporti di forza fra i soggetti internazionali.

Un terzo tipo di situazioni deriva infine dall'esigenza di considerare che lo Stato realizza la propria dimensione esterna nell'ambito di un ordinamento, quello internazionale, sorretto da proprie dinamiche, sia fattuali che normative. Sarebbe incongruo pensare che l'azione internazionale dello Stato debba essere ispirata unicamente da un sistema di valori interni, senza riguardo all'assetto di interessi e valori propri dell'ordinamento internazionale. Ne consegue che la valutazione di un trattato non dovrà avvenire soltanto alla luce del sistema interno di valori, ma dovrà anche considerare i valori e gli interessi propri della comunità internazionale che esso realizza.

Così, ad esempio, sarebbe irragionevole pretendere che la Convenzione di Roma istitutiva della Corte penale internazionale si conformi pienamente alla normativa italiana sul giusto processo.

Tecnicamente, queste esigenze possono essere soddisfatte considerando che l'ordinamento costituzionale italiano contiene un generale principio di apertura costituzionale nei confronti dell'ordinamento internazionale, considerato come l'ordinamento nel quale si realizza la dimensione esterna dello Stato. Tale principio integra quindi il parametro di costituzionalità. Nell'applicare le norme della Costituzione come parametro di legittimità della normativa di origine internazionale, il giudice dovrà tenere conto del fatto che tale normativa non è destinata a spiegare effetti solo nell'ordinamento interno; essa, al contrario, è destinata a operare primariamente nell'ambito dell'ordinamento internazionale. Il sistema costituzionale di valori dovrà quindi essere adattato al fine di considerare lo scopo e le funzioni della norma nell'ambito del proprio ordinamento di origine.

Conviene peraltro chiedersi se l'art. 117, 1° comma, Cost. abbia effetti sui rapporti fra trattati e leggi costituzionali. Astrattamente, tale disposizione si limita a rafforzare il rilievo costituzionale degli obblighi internazionali pattizi. Di conseguenza, la conformità di un trattato rispetto al sistema costituzionale andrà valutata effettuando un bilanciamento fra i diversi valori costituzionali in gioco: i valori materiali della Costituzione, eventualmente compressi da un trattato, da un lato; l'interesse riconnesso dall'art. 117, 1° comma, all'osservanza degli obblighi derivanti dal trattato, dall'altro.

Si è già osservato, tuttavia, come la giurisprudenza recente della Corte costituzionale tenda a sottolineare con molta cura l'esigenza che i trattati risultino conformi al sistema costituzionale. Ciò, verosimilmente, al fine di attenuare il primato dei trattati rispetto alle leggi interne e, quindi, di bilanciare il meccanismo di garanzia dell'art. 117, 1° comma. Se così fosse, occorrerebbe quindi attendersi un maggior rigore nella valutazione di costituzionalità dei trattati rispetto a quanto avveniva in passato. È paradossale che l'effetto del primato dei trattati rispetto alle leggi produca, indirettamente, un rafforzamento del primato della Costituzione rispetto ai trattati.

8. *L'attuazione dei trattati da parte delle Regioni*

L'art. 117, 5° comma, Cost. prevede che «(l)e Regioni e le Province autonome di Trento e di Bolzano, nelle materie di loro competenza, partecipano alle decisioni dirette alla formazione degli atti normativi comunitari e provvedono all'attuazione e all'esecuzione degli accordi internazionali e degli atti dell'Unione europea, nel rispetto delle norme di procedura stabilite da legge dello Stato ...».

La norma costituzionale riconosce dunque alle Regioni il potere di attuare accordi allorché l'adozione di norme di attuazione ricada nell'ambito delle competenze regionali. Ancorché la norma menzioni i soli accordi, essa va interpretata in senso estensivo, includendo quindi anche il potere regionale di adottare norme di attuazione del diritto internazionale generale.

La norma costituzionale definisce quindi, in senso favorevole alla competenza delle Regioni, una questione che si è trascinata per molti anni e che, almeno inizialmente, era stata risolta dalla Corte costituzionale a favore di una competenza esclusiva dello Stato ad adottare norme di attuazione del diritto internazionale.

L'argomento più frequentemente utilizzato per affermare una riserva di competenza statale era quello relativo alla unitarietà della personalità dello Stato nella sfera dei rapporti internazionali e alla responsabilità che sarebbe ricaduta sullo Stato in caso di mancato adempimento ad opera delle Regioni. Si è già vista la debolezza di tale argomento, la cui integrale applicazione porterebbe a un risultato palesemente assurdo: quello cioè di giustificare la compressione di ogni forma di autonomia garantita della Costituzione sul piano interno al fine di salvaguardare il carattere unitario dello Stato nella sfera dei rapporti internazionali (v. *supra*, parte III, capitolo III, par. 4).

L'art. 117, 5° comma, tuttavia non assegna alle Regioni una competenza esclusiva. Nella prassi, anzi, il ruolo delle Regioni nell'attuazione del diritto internazionale è particolarmente modesto. Gli obblighi internazionali sono infatti attuati in primo luogo dagli organi che hanno concorso alla loro formazione. In particolare, i trattati conclusi in seguito all'autorizzazione del Parlamento vengono resi esecutivi solitamente attraverso un ordine di esecuzione contenuto nella stessa legge statale che ha autorizzato la loro conclusione.

Alle Regioni dovrebbe spettare quindi solo la competenza ad adottare le norme interne eventualmente necessarie a precisare e integrare l'ordine di esecuzione. Tale competenza sarebbe esclusiva rispetto alle norme di attuazione ricadenti nell'ambito delle proprie materie di competenza esclusiva. Nei campi di competenza concorrente, anche questo potere incontra il limite del rispetto dei principi stabiliti con legge dello Stato.

Tale conclusione deriva dal principio del parallelismo fra il potere di assumere un obbligo internazionale e il potere di disporne l'attuazione, generalmente osservato negli ordinamenti contemporanei. Nel campo specifico della ripartizione di competenze fra ente centrale e enti decentrati, cfr., ad esempio, la nota sentenza della Corte Suprema degli Stati Uniti, *Missouri v. Holland*, 252 U.S. 416 (1920).

Tuttavia, l'art. 6 della legge di attuazione del titolo V (legge 5 giugno 2003, n. 131, c.d. legge La Loggia) tende a limitare il potere di attuazione delle Regioni ai soli «accordi internazionali ratificati». Non è chiaro il motivo che ha indotto il legislatore a riformulare la disposizione contenuta nell'art. 117, 5° comma, Cost. e restringere così il potere di attuazione delle Regioni ai soli accordi conclusi in forma solenne. Essa appare restrittiva addirittura rispetto all'assetto che si era affermato nel sistema preesistente alla riforma costituzionale del 2001.

Al fine di evitare che l'inadempimento regionale possa comportare l'insorgere di responsabilità per lo Stato, la Costituzione prevede tuttavia delle forme di sostituzione. La prima concerne l'attuazione in via legislativa. L'art. 117, 5° comma, prevede che la legge dello Stato disciplini il potere sostitutivo dello Stato in caso di inadempienza. L'art. 120 concerne invece l'attuazione in via amministrativa e precisa che «(i)l Governo può sostituirsi a organi delle Regioni, delle Città metropolitane, delle Province e dei Comuni nel caso di mancato rispetto di norme e trattati internazionali o della normativa comunitaria».

Il potere sostitutivo è disciplinato dall'art. 8 della c.d. legge La Loggia, il quale peraltro si riferisce solo all'attuazione in via amministrativa. La disposizione prevede che il Presidente del Consiglio dei Ministri assegni all'ente interessato un termine per provvedere e che lo stesso possa adottare i provvedimenti necessari solo alla scadenza del termine. La sostituzione nelle funzioni legislative delle Regioni dovrebbe seguire una strada analoga, salvo che i provvedimenti necessari devono essere adottati solo provvisoriamente dal Governo, a mezzo di un decreto-legge, e devono essere quindi adottati in via definitiva dall'organo titolare della funzione legislativa, vale a dire dal Parlamento.

9. *L'adattamento ad atti istituzionali e a sentenze internazionali*

a) *L'attuazione interna di atti di organizzazioni internazionali*

Sovente trattati internazionali prevedono dei meccanismi di produzione normativa. Questo fenomeno è particolarmente frequente nell'ambito di trattati istitutivi di organizzazioni internazionali.

Numerose sono le organizzazioni internazionali alle quali i trattati istitutivi conferiscono il potere di adottare norme giuridiche.

Se ne sono visti alcuni esempi nelle parti precedenti. La Carta delle Nazioni Unite, ad esempio, prevede che il Consiglio di sicurezza e l'Assemblea generale adottino risoluzioni vincolanti e raccomandazioni non vincolanti. Gli Stati parte della NATO hanno attribuito al Consiglio atlantico la competenza ad adottare misure di esecuzione del Trattato. Un esempio assai noto è inoltre quello dei Trattati istitutivi dell'Unione europea, i quali conferiscono all'Unione poteri normativi assai ampi, che arrivano a definire un vero e proprio sistema delle fonti dell'Unione. Per le sue caratteristiche peculiari, tale sistema non sarà però trattato nei dettagli.

Occorre peraltro distinguere i veri e propri atti derivati, prodotti cioè sulla base di un procedimento specifico istituito da un trattato, da atti che, nonostante siano previsti da un trattato, hanno comunque natura di accordi in forma semplificata. La distinzione, chiara in teoria, può risultare difficile in situazioni specifiche. Il criterio distintivo consiste, in via generale, nella procedura di adozione di un certo atto. Se tale procedura si fonda unicamente sul consenso unanime di ciascuna delle parti, espresso secondo i propri procedimenti costituzionali, si tratterà verosimilmente di un accordo in forma semplificata. Esso avrà invece natura istituzionale qualora venga adottato sulla base di una procedura istituzionale, diversa, sia pure in parte, da quella prevista dal diritto dei trattati.

Il problema dell'attuazione di atti istituzionali consiste essenzialmente nel vedere se tali atti possano spiegare automaticamente effetti nell'ordinamento interno, sulla base cioè dei meccanismi di adattamento disposti nei confronti dell'accordo di base, ovvero se occorra procedere ad attuazione separata, vale a dire con provvedimenti *ad hoc*. Nell'ordinamento italiano si tratta quindi di vedere se l'ordine di esecuzione del trattato di base abbia anche l'effetto di produrre l'adattamento dell'ordinamento rispetto agli atti derivati.

La soluzione affermativa risponde maggiormente ad una esigenza di apertura dell'ordinamento interno nei confronti di norme internazionali. Essa ammette infatti che un trattato internazionale possa produrre effetti nell'ordinamento interno non soltanto quanto alle sue norme sostanziali ma altresì quanto alle norme che predispongono procedimenti di produzione normativa.

La seconda soluzione – che consiste nel dare attuazione ad atti di organizzazioni internazionali attraverso specifici provvedimenti di adattamento – è quella che meglio assicura la tipicità dei procedimenti di produzione normativa previsti dalla Costituzione. Tale soluzione quindi impedisce che un trattato possa dar vita a procedimenti atipici di formazione di norme giuridiche senza che siano rispettate le garanzie di democraticità e di legittimazione assicurate dal sistema costituzionale interno. Essa presenta inoltre il vantaggio di consentire ai soggetti dell'ordinamento interno una migliore conoscenza della normativa che disciplina i loro comportamenti.

Sul piano logico, non vi è ragione per escludere che l'ordine di esecuzione di un trattato sia tecnicamente in grado di operare anche rispetto alle norme di esso che stabiliscono procedimenti normativi. Di conseguenza, l'ordine di esecuzione di un trattato istitutivo di una organizzazione internazionale avrebbe l'effetto di consentire agli atti derivati di tale organizzazione di produrre automaticamente effetti nell'ordinamento interno.

Il problema, semmai, si converte nel vedere se l'istituzione di procedimenti normativi diversi da quelli istituiti dalla Costituzione italiana sia compatibile con il sistema costituzionale. In proposito, non sembra molto ragionevole dedurre dalla Costituzione un principio assoluto di chiusura del sistema interno delle fonti. Sembra anzi ragionevole pensare che il principio internazionalista della Costituzione italiana, che si riflette in particolare nell'art. 11 Cost., consenta che attraverso un trattato si possa disporre l'adattamento ad atti di organizzazioni internazionali volte ad assicurare la cooperazione internazionale e a promuovere valori rilevanti per il sistema costituzionale interno.

In tal modo si finisce con il dar vita a procedimenti normativi autonomi rispetto al sistema di valori costituzionali interni. Dato che si formano in un ambiente istituzionale esterno, infatti, tali procedimenti tendono a sottrarsi ai vincoli interni e ad affermare la propria autonomia. Ad esempio, un atto di una organizzazione internazionale tenderà a conformarsi ai principi stabiliti nel trattato istitutivo di tale organizzazione e non già ai principi costituzionali interni.

È ragionevole pensare che tale problema possa essere risolto sulla base di un principio di omogeneità fra il sistema normativo esterno, che esige il rispetto della propria autonomia, e il sistema costituzionale interno, che esige invece la sottoposizione ai propri valori di tutte le norme che spiegano effetti interni. Tanto più l'ordinamento costituzionale sarà propenso ad ammettere tale autonomia, e quindi a rinunciare alle forme costituzionali di controllo, quanto più l'organizzazione internazionale interessata sia fondata su principi omogenei a quelli che ispirano l'ordine costituzionale interno. Sarà, ad esempio, giustificato sottrarre al sindacato interno di costituzionalità gli atti di una organizzazione internazionale dotata al proprio interno di norme e procedure che assicurino il rispetto dei diritti fondamentali (v. *supra*, capitolo I, par. 6).

Un ulteriore limite agli effetti interni di atti di organizzazioni internazionali viene dal rispetto dell'ambito della competenza assegnata a tali organizzazioni. Il problema si è posto soprattutto in riferimento agli atti dell'Unione europea. In tale ambito ci si è chiesti se l'esistenza di un meccanismo interno di controllo sulle competenze dell'Unione non comporti l'attribuzione all'Unione del potere di determinare autonomamente l'ambito della propria competenza. Ciò equivarrebbe quindi ad attribuire all'Unione un vero e proprio potere costituente: un potere che neanche le Carte costituzionali degli Stati membri potrebbero legittimamente attribuire all'Unione.

L'inconveniente principale che deriva dalla produzione di effetti nell'ordinamento interno da parte di atti di organizzazioni internazionali consegue al fatto che la posizione soggettiva dei singoli verrebbe modificata attraverso norme prodotte secondo procedimenti atipici e prive dei meccanismi di pubblicità che assistono l'applicazione delle norme interne. È noto come la pubblicità degli atti normativi rappresenta una esigenza rilevante anche nel sistema costituzionale di valori.

Una soluzione che contemperi queste varie esigenze si può fondare sulla distinzione a seconda dei vari effetti che un atto di una organizzazione internazionale potrebbe produrre nell'ordinamento interno. Tali atti potrebbero cioè entrare a far parte dell'ordinamento interno e, quindi, fondare pretese soggettive degli individui nei confronti dell'autorità pubblica. Essi non potrebbero invece, di per sé, imporre obblighi a carico di soggetti dell'ordinamento interno a meno che non siano adempiuti i requisiti di pubblicità imposti per le norme interne di pari valore.

Questa soluzione sembra quella applicata per determinare gli effetti di atti di organizzazioni internazionali nell'ordinamento interno dell'Unione europea. V. la sentenza del 20 settembre 1990, causa C-192/89, *Sevince*, nella quale la Corte ha ammesso che un individuo possa invocare nei confronti delle autorità pubbliche i diritti stabiliti a suo favore da una decisione del Consiglio di associazione CEE-Turchia, pur se tale decisione non era stata pubblicata. La Corte ha però escluso che una decisione di tale organismo non pubblicata possa avere l'effetto di imporre obblighi a carico di un individuo.

Nella prassi, gli atti di organizzazioni internazionali vengono attuati con specifici provvedimenti di attuazione. Questa scelta appare particolarmente opportuna allorché tali provvedimenti tendano ad imporre delle condotte nei confronti di singoli individui. Ciò accade, ad esempio, con le risoluzioni del Consiglio di sicurezza che impongono restrizioni a carico di singoli individui, quali, ad esempio, restrizioni al commercio dei beni, o addirittura sanzioni individuali quali il blocco dei beni o le restrizioni alla libertà di movimento (v. *supra*, parte V, capitolo II, par. 6).

b) *L'attuazione interna di sentenze internazionali*

Il problema dell'attuazione interna si pone anche rispetto a decisioni giudiziarie internazionali.

A differenza degli atti normativi, le sentenze internazionali non producono nuovo diritto ma si limitano a interpretare e applicare il diritto esistente. Esse, tuttavia, vincolano gli Stati ai quali sono dirette e pongono in capo ad essi l'obbligo di conformarsi.

Si tratta, sovente, di un obbligo di risultato, che comporta per il suo adempimento una attività di carattere normativo. Una sentenza che stabilisca, ad esempio, l'illiceità di una condotta statale prevista da una legge comporta la necessità di abrogazione o di modifica di tale legge.

Tuttavia, le sentenze internazionali possono produrre effetti significativi per i soggetti dell'ordinamento interno. Una sentenza che definisca una controversia relativa all'interpretazione di un trattato sarà, ad esempio, vincolante per gli Stati parte della controversia e, quindi, per gli organi giudiziari incaricati di interpretare il trattato nei rapporti interni.

Questo fenomeno ha rilievo soprattutto per le sentenze adottate nell'ambito di procedimenti fra uno Stato e un individuo. Al fine di determinare gli effetti interni di una sentenza internazionale che interpreti un trattato occorre però ricostruire con attenzione gli effetti e la portata della sentenza sul piano internazionale. Ad esempio, gli Stati parte di un procedimento innanzi alla Corte europea dei diritti dell'uomo sono obbligati a conformarsi alla sentenza, in forza dell'art. 46 della Convenzione, nei casi che hanno dato origine al procedimento. Anche i giudici interni saranno allora vincolati dalla sentenza della Corte nell'eventuale seguito giudiziario della questione. Non si può invece fondare sulla Convenzione l'esistenza di un vincolo generale per i giudici interni ad interpretare la Convenzione in conformità agli orientamenti interpretativi della Corte europea dei diritti dell'uomo. La Convenzione, difatti, non stabilisce un obbligo di precedente, né per la Corte stessa né, a maggior ragione, per i giudici nazionali. Questi hanno, a propria volta, la funzione di interpretare ed applicare la Convenzione tenendo conto, ovviamente, delle regole generali sull'interpretazione dei trattati. In tal modo, i giudici interni contribuiscono all'evoluzione del sistema convenzionale, in rapporto di mutua interazione con la Corte europea. Ciò non vuol dire, beninteso, che i giudici interni non debbano tener conto della giurisprudenza della Corte europea dei diritti dell'uomo nell'interpretazione delle disposizioni convenzionali. La Corte rappresenta, anzi, ai sensi dell'art. 32

della Convenzione, un autorevole interprete della Convenzione e ne determina il c.d. diritto vivente. L'autorevolezza dell'interpretazione di una disposizione convenzionale ad opera della Corte europea varia, tuttavia, in relazione al grado di consolidamento della sua giurisprudenza. Soprattutto nei momenti di formazione degli orientamenti giurisprudenziali della Corte europea, ovvero in occasione dell'emergenza di nuovi elementi che possano indurre ad un processo di revisione di tali orientamenti, i giudici interni ben possono far valere esigenze atte ad incidere sull'interpretazione della Convenzione.

Oltre ad accertare l'esistenza di un illecito, una sentenza internazionale può altresì determinare le conseguenze dell'illecito, ivi comprese le misure che uno Stato dovrà adottare al fine di ripristinare la situazione preesistente e di prestare riparazione. La questione si pone, in particolare, allorché la sentenza internazionale incida su una situazione giuridica definitiva, coperta, cioè dall'autorità di cosa giudicata secondo il diritto interno. L'esecuzione della sentenza comporta quindi la cessazione degli effetti del giudicato. A tal fine è normalmente necessario un intervento da parte del legislatore nazionale. In assenza di intervento legislativo, occorre verificare se sia possibile desumere direttamente, sulla base della sentenza internazionale, il contenuto delle misure che uno Stato deve adottare a titolo di riparazione. In assenza di intervento da parte del legislatore, la Corte costituzionale, con la sentenza n. 113 del 2011, ha dichiarato l'illegittimità costituzionale dell'art. 630 del codice di procedura penale nella parte in cui esso non prevede un caso di revisione delle decisioni penali passate in giudicato e non consenta, quindi, la riapertura del processo, quando ciò sia necessario per conformarsi ad una sentenza definitiva della Corte europea dei diritti dell'uomo.

Nella sentenza *Somogyi c. Italia* del 12 luglio 2006, n. 32678, dep. 3 ottobre 2006, la Corte di cassazione ha riconosciuto gli effetti automatici delle sentenze della Corte europea dei diritti dell'uomo che hanno determinato il contenuto dell'obbligo di riparazione a favore di individui. La Corte europea dei diritti dell'uomo aveva accertato che il procedimento penale nei confronti di *Somogyi*, concluso con una sentenza definitiva di condanna, era stato condotto in violazione del diritto ad un equo processo garantito dall'art. 6 della Convenzione europea. La Corte aveva anche stabilito che, in conseguenza della violazione, lo Stato italiano avesse l'obbligo di riaprire il procedimento facendo venir meno gli effetti del giudicato penale. La Corte di cassazione ha quindi ritenuto che la sentenza della Corte europea fondasse di per sé la pretesa dell'individuo alla restituzione in termini del diritto di proporre appello contro la sentenza definitiva, che non sarebbe invece stata giustificata sulla base delle norme processuali interne.

La determinazione delle conseguenze di un illecito internazionale potrebbe comportare effetti interni anche se la sentenza è stata pronunciata nell'ambito di una controversia fra Stati. Ciò accade in particolare, allorché la norma violata intendesse stabilire diritti a favore di individui. In questi casi, evidentemente, anche le conseguenze dell'illecito possono verosimilmente creare effetti a favore di singoli individui. Questa era, ad esempio, la pretesa avanzata nell'ordinamento statunitense da cittadini messicani che chiedevano la revisione di sentenze penali pronunciate in seguito a procedimenti giudiziari condotti in violazione del diritto all'assistenza consolare. Tale diritto si sarebbe fondato direttamente sulla sentenza della Corte internazionale di giustizia del 31 marzo 2004 nel caso *Avena ed altri nazionali messicani (Messico c. Stati Uniti d'America)*, più volte menzionata, la quale aveva stabilito un obbligo di revisione di tali procedimenti a titolo di riparazione. Tuttavia, come si è già detto, la Corte Suprema degli Stati Uniti, nel caso *Medellin v. Texas*, 552 U.S. 491 (2008), del 25 marzo 2008, ha negato che tale sentenza potesse costituire un fondamento nell'ordinamento interno statunitense alle pretese individuali dei richiedenti.

La questione si era posta, peraltro, in relazione all'esecuzione della sentenza della Corte internazionale di giustizia del 3 febbraio 2012 relativa al caso delle *Immunità giurisdizionali (Germania c. Italia)*. Come si ricorderà, la sentenza aveva accertato l'illiceità dell'esercizio di giurisdizione dei giudici italiani nei confronti della Germania, relativamente alla richiesta di risarcimento del danno avanzata da individui che avevano subito gravi violazioni dei diritti dell'uomo da parte del regime nazista. Di conseguenza, la Corte internazionale di giustizia aveva indicato come la riparazione dell'illecito comportasse l'obbligo di far cessare gli effetti delle sentenze ormai passate in giudicato. Inizialmente, la giurisprudenza italiana si era orientata a dare automatica attuazione alla sentenza, fondando su di essa un caso di revocazione delle sentenze civili passate in giudicato. Successivamente, il legislatore aveva adottato una norma, inserita nell'art. 3, par. 2 della legge n. 5 del 2013, la quale prevedeva che l'esistenza di una sentenza della Corte internazionale di giustizia che riconoscesse l'immunità dalla giurisdizione civile costituisse una autonoma causa di revocazione di sentenze passate in giudicato, ai sensi dell'art. 395 del codice di procedura civile. Tale norma non predisponeva, quindi, uno strumento di portata generale, ma si limitava a disporre per il singolo caso specifico. Peraltro, la disposizione è stata travolta dalla pronuncia di illegittimità costituzionale della disciplina sull'immunità di Stati stranieri dalla giurisdizione civile, pronunciata dalla Corte costituzionale con sentenza n. 238/2014.

Capitolo IV

GLI EFFETTI DIRETTI DELLE NORME INTERNAZIONALI E LE NUOVE TENDENZE DEGLI ORDINAMENTI CONTEMPORANEI

1. *Norme* self-executing *e norme* non self-executing

Abbiamo visto come la questione degli effetti diretti delle norme internazionali costituisca uno degli indici per valutare il grado di apertura internazionalista di un ordinamento statale. Un ordinamento che consenta alle norme internazionali di operare direttamente al suo interno, senza alcuna trasformazione, sarà infatti maggiormente aperto all'influsso del diritto internazionale rispetto ad un ordinamento che preveda invece un procedimento di riformulazione del diritto esterno ad opera delle fonti nazionali.

Le norme internazionali, però, hanno come fine principale quello di creare diritti e obblighi per i soggetti dell'ordinamento internazionale, in particolare per gli Stati. Per poter operare direttamente negli ordinamenti interni degli Stati che ne sono destinatari, quindi, una norma internazionale dovrà risultare idonea non solo a disciplinare rapporti interstatali, ma altresì rapporti giuridici interni.

La strutturale differenza fra i soggetti internazionali, gli Stati, e i soggetti dell'ordinamento interno, gli individui, era considerata nel pensiero dualista un ostacolo insormontabile rispetto alla possibilità di ammettere che norme internazionali potessero spiegare effetti diretti. Secondo tale prospettiva, al fine di operare, indirettamente, negli ordinamenti interni, le norme internazionali, dirette agli Stati, avrebbero dovuto subire un processo di trasformazione ad opera di norme interne. Queste avrebbero quindi svolto il contenuto normativo degli obblighi internazionali diretti agli Stati traendo da essi delle norme atte ad operare nei rapporti interindividuali.

L'esperienza empirica dimostra che ci sono, in effetti, norme internazionali destinate a operare esclusivamente nella sfera dei rapporti internazionali e, di conseguenza, inidonee a disciplinare direttamente rapporti giuridici interni.

Tale è, ad esempio, l'art. 3 della Convenzione di Montreal sulla repressione di atti illeciti contro la sicurezza della navigazione aerea civile del 1971, che prevede un obbligo per gli Stati parte di punire certe condotte, quali il dirottamento aereo, con pene severe. La disposizione appare strutturalmente inidonea a essere direttamente applicata a condotte individuali. Al fine di poter irrogare una sanzione ad un individuo che compia atti di dirottamento aereo, infatti, il giudice interno dovrà attendere un intervento del legislatore, che determini l'ammontare della sanzione. È quindi evidente che l'art. 3 della Convenzione di Montreal si limita a porre un obbligo per gli Stati nella sfera del diritto internazionale. In assenza di un intervento di recepimento materiale da parte del legislatore, esso non produrre effetti diretti nell'ordinamento interno.

Accanto a queste, ci sono però altre regole internazionali che, direttamente o indirettamente, stabiliscono non solo obblighi per gli Stati parte ma altresì posizioni soggettive individuali.

Si prenda, ad esempio, l'art. 14, par. 1, della Convenzione di Vienna del 1980 sulla vendita internazionale di merci: «(u)na proposta di contratto, rivolta a una o più persone determinate, costituisce un'offerta, qualora sia sufficientemente precisa e ove indichi la volontà del suo autore di essere vincolato in caso di accettazione. Una proposta è sufficientemente precisa quando indica le merci e, espressamente o implicitamente, fissa la quantità e il prezzo o dà indicazioni atte a determinarle». Norme di questo tipo, non infrequenti, sono formulate in maniera da porre in primo piano la disciplina di condotte individuali. Ad un lettore disattento, esse appaiono come indistinguibili da norme nazionali. Nel nostro esempio, l'art. 14, par. 1, della Convenzione di Vienna tende a disciplinare direttamente la condotta delle persone che propongono ad altre un contratto di vendita e ben si presta ad essere applicata da qualsiasi operatore giuridico interno che si trovi a risolvere una controversia di diritto privato. È semmai più difficile dedurre da essa il contenuto dell'obbligo internazionale. A tal fine, occorre procedere ad una sorta di "adattamento alla rovescia"; l'obbligo per gli Stati deve infatti essere desunto dalla disposizione che contiene la disciplina di rapporti interindividuali. Gli Stati parte della Convenzione avranno allora l'obbligo di avere nel proprio ordinamento interno una norma dal contenuto corrispondente alla disposizione internazionale.

Questo è un esempio di regole internazionali aventi un contenuto normativo immediatamente significativo nell'ambito degli ordinamenti nazionali, nel senso che esse sono di per sé idonee a produrre diritti e obblighi per i soggetti degli ordinamenti interni. Possono però esservi regole internazionali che formulano immediatamente obblighi nei confronti degli Stati, dia quali però, un giudice interno ben potrà, sulla base di una operazione logica assai semplice, determinare diritti e obblighi di carattere individuale.

L'art. 28, par. 2, della Convenzione delle Nazioni Unite sul diritto del mare del 1982 prevede, ad esempio, il divieto per lo Stato costiero di esercitare misure di esecuzione civile su una nave straniera in passaggio nel proprio mare territoriale, a meno che l'esecuzione non sia finalizzata a garantire obblighi sorti proprio in relazione al transito. La disposizione pone in evidenza l'obbligo rivolto allo Stato: quello di non esercitare misure di esecuzione nel proprio mare territoriale nei confronti di navi straniere in transito. La disposizione, tuttavia, ben si presta a essere invocata ed applicata in un giudizio interno. Sarà agevole per l'operatore giuridico interno dedurre dalla norma il contenuto delle posizioni soggettive individuali che essa produce negli ordinamenti nazionali. Il proprietario di una nave battente la bandiera di uno Stato ha il diritto di esigere che non vengano esercitate misure esecutive nei confronti della propria nave allorché questa transiti nel mare territoriale di un altro Stato.

Gli esempi riportati sopra ci aiutano a classificare, in maniera ancora sommaria, le diverse categorie di obblighi internazionali a seconda della loro idoneità ad operare direttamente nei rapporti giuridici interni.

Una prima categoria è costituita dalle regole che hanno un contenuto dispositivo tale da poterne desumere solo obblighi nei confronti degli Stati che ne sono destinatari. Una seconda categoria è costituita dalle regole internazionali il cui contenuto è tale da poterne desumere immediatamente la disciplina di posizioni soggettive individuali. Una terza categoria è costituita dalle regole internazionali che esplicitano gli obblighi posti agli Stati, dai quali è però agevole ricavare, mediante una operazione logica assai semplice, la disciplina di posizioni soggettive individuali.

2. *La nozione classica di norme* self-executing

La prima categoria non pone molti problemi. Si tratta di norme che spiegano effetti esclusivamente nella sfera del diritto internazionale e producono obblighi a carico degli Stati. Questi saranno bensì obbligati ad attuarle attraverso una corrispondente attività normativa interna, che ne "traduca" il contenuto in proposizioni normative significative per gli operatori giuridici interni. Solo l'esistenza di tale normativa di attuazione, applicabile dagli operatori giuridici interni, consentirà l'adempimento degli obblighi internazionali dello Stato. In assenza di tale normativa, però, tali norme non risultano direttamente applicabili negli ordinamenti interni.

La situazione appare piuttosto diversa per la seconda e per la terza categoria. Ambedue contengono regole dalle quali si può dedurre – immediatamente per la prima categoria, attraverso una semplice operazione logica, per la seconda – il contenuto di posizioni soggettive individuali: diritti, obblighi, e così via. Per tali norme, quindi, non vi sarà alcun bisogno di una attività normativa di trasposizione. Una volta rese esecutive attraverso un ordine di esecuzione, tali norme potranno spiegare effetti diretti negli ordinamenti nazionali.

In altri termini, norme di questo tipo sono "auto-applicative". Esse non hanno bisogno di essere trasformate nel loro contenuto normativo attraverso corrispondenti norme interne ma possono essere applicate direttamente dagli operatori giuridici nazionali al fine di desumere da esse la disciplina di rapporti giuridici interni.

Norme di questo tipo sono quindi "*self-executing*". Con tale espressione si indicano quelle norme internazionali che possono essere applicate negli ordinamenti interni e concorrere così con le altre norme interne nella disciplina delle condotte individuali.

Il criterio decisivo per stabilire se una norma internazionale abbia carattere *self-executing* è dato dal suo contenuto normativo. Norme aventi pienezza di contenuto dispositivo, dunque tali da poterne desumere agevolmente la disciplina di rapporti interni, sono *self-executing*. Viceversa, norme che non hanno un contenuto dispositivo idoneo a disciplinare rapporti soggettivi interni, non sono *self-executing*. Esse producono solo obblighi internazionali per gli Stati ma non possono essere applicate dai giudici e dagli altri operatori giuridici interni. Per poter essere applicate internamente, occorre un intervento normativo che trasformi il contenuto della norma internazionale traendo da essa precetti normativi aventi significato per l'ordinamento interno.

La differenza fra norme *self-executing* e norme *non self-executing* è rilevante ai fini della scelta fra gli strumenti di adattamento cui ricorrere.

Nei confronti di una norma *self-executing*, un ordine di esecuzione sarà necessario e sufficiente ad operare l'adattamento. Esso è necessario in quanto una fonte esterna non può, di per sé, produrre effetti normativi nell'ordinamento interno. Esso è anche sufficiente in quanto la norma *self-executing* ha un contenuto normativo completo e non abbisogna, quindi, di alcuna trasformazione.

Nei confronti di norme non *self-executing*, invece, l'adattamento dovrà essere operato attraverso strumenti di adattamento ordinario, che trasformino il contenuto di un obbligo internazionale in una norma che possa essere applicata a rapporti individuali. Per adattare l'ordinamento ad obblighi internazionali contenuti in norme *non self-executing*, quindi, l'ordine di esecuzione non è necessario né sufficiente.

Nella prassi, tuttavia, l'ordine di esecuzione è comunque utilizzato anche nei confronti di norme non *self-executing*. In tal caso, l'ordine di esecuzione avrà l'effetto di "autorizzare" la produzione di effetti giuridici da parte di una norma internazionale, la quale però non ha la completezza di contenuto necessaria per poter disciplinare direttamente rapporti giuridici individuali. L'esistenza di una norma non *self-executing* nell'ordinamento nazionale non è però del tutto priva di effetti. Se essa non potrà disciplinare compiutamente rapporti giuridici interni, nondimeno tale norma potrà ben produrre una serie di effetti indiretti. Essa potrà essere utilizzata sia a fini interpretativi, sia al fine di costituire il parametro di validità di norme gerarchicamente inferiori. Inoltre, una regola non *self-executing* può "saldarsi" con altre norme interne e formare, in combinazione con esse, una regola completa.

Secondo questa concezione, insomma, le norme internazionali, una volta rese esecutive, diventano parte del diritto interno. Le norme *self-executing*, aventi completezza di contenuto dispositivo, saranno senz'altro abilitate a fondare posizioni soggettive individuali. Saranno quindi applicate direttamente dal giudice interno e saranno assistite da tutti gli strumenti di garanzia attraverso i quali l'ordinamento garantisce l'attuazione di norme interne.

Conviene sottolineare quest'ultima conseguenza, implicita ma molto importante.

Se le norme *self-executing* costituiscono parte del diritto interno, un individuo potrà invocarle a proprio vantaggio di fronte a qualsiasi operatore giuridico nazionale e utilizzare tutti gli strumenti procedurali concessi dall'ordinamento interno a garanzia delle sue posizioni soggettive.

Tali posizioni soggettive non derivano però da una norma interna. Esse derivano invece da una norma internazionale, la quale produce anche obblighi a carico degli Stati nella sfera dell'ordinamento internazionale. Ne consegue che, utilizzando l'apparato strumentale dell'ordinamento interno al fine di assicurare le proprie posizioni soggettive, un individuo finisce indirettamente anche per assicurare l'attuazione degli obblighi internazionali che ne derivano.

Come si vede, l'ordinamento nazionale finisce con il porre il proprio formidabile apparato esecutivo al servizio degli obblighi internazionali dello Stato, fino a colmare, se necessario, la debolezza del sistema di garanzie predisposto dallo stesso ordinamento internazionale. In tal modo, l'applicazione interna finisce con il diventare il più efficace strumento di garanzia del diritto internazionale.

3. *La trasformazione della nozione di norma* self-executing *e le tendenze neomoniste*

Questa premessa può forse aiutare a comprendere alcune recenti tendenze della prassi in materia di attuazione interna di norme *self-executing*.

In particolare, la nozione di norma *self-executing*, elaborata al fine di facilitare l'attuazione interna del diritto internazionale, è stata distorta rispetto al suo contenuto originale, ed è stata utilizzata per una finalità del tutto diversa: quella di impedire che il diritto interno possa fungere da strumento di garanzia del diritto internazionale. Paradossalmente, ciò è avvenuto soprattutto in ordinamenti di carattere prevalentemente monista, al fine, verosimilmente, di bilanciare l'apertura internazionalista di questi.

Un contributo decisivo in questo senso è venuto dalla giurisprudenza di alcuni giudici interni secondo i quali, per valutare se una norma internazionale abbia carattere *self-executing*, non è sufficiente guardare alla sua formulazione, ovvero alla sua completezza dispositiva. Occorre invece valutare se essa è stata posta in essere nell'ordinamento internazionale al fine di disciplinare direttamente fattispecie interne.

Questo nuovo orientamento emerge da varie linee giurisprudenziali. La prima è stata sviluppata dalla Corte di giustizia dell'Unione europea nella sua ormai trentennale giurisprudenza relativa agli effetti interni dell'Accordo generale sulle tariffe e sul commercio (GATT). La Corte ha costantemente negato che il GATT possa essere applicato nell'ordinamento interno, quindi invocato da soggetti dell'ordinamento interno, nonostante molte delle sue disposizioni siano formulate in maniera da poterne chiaramente dedurre la disciplina di rapporti individuali.

Nella sentenza *International Fruit* (sentenza del 12 dicembre 1972, cause riunite da 21 a 24 /72) la Corte ha fondato questa conclusione sulla circostanza che il GATT sarebbe caratterizzato da una «grande flessibilità delle sue disposizioni, in specie di quelle relative alla possibilità di deroghe, ai provvedimenti ammessi in caso di difficoltà eccezionali e alla composizione delle controversie fra i contraenti».

Questo criterio è stato precisato nella giurisprudenza successiva. Nella sentenza *Portogallo c. Consiglio* (causa C-149/96, sentenza del 23 novembre 1999), la Corte ha affermato l'inidoneità dell'Accordo generale a essere applicato internamente in quanto fondato sulla reciprocità delle posizioni giuridiche delle parti. Secondo la Corte, assisterne l'attuazione con strumenti di garanzia interni equivarrebbe a privare le istituzioni politiche della necessaria discrezionalità di azione nei confronti delle proprie controparti commerciali.

La Corte di giustizia ha mantenuto tale orientamento anche dopo la riforma del GATT, avvenuta nel 1994, che ha incluso l'Accordo generale nel quadro della nuova Organizzazione mondiale del commercio (OMC), dotata, come si è visto, di meccanismi di carattere giudiziale per la soluzione delle controversie. Nella sentenza *Van Parys* (causa C-377/02, sentenza del 1° marzo 2005), la Corte ha espressamente affermato che affidare al giudice interno la garanzia dell'attuazione delle decisioni giudiziarie dell'OMC comporterebbe un'alterazione dell'equilibrio normativo sotteso a tali accordi. L'assenza di effetti interni per le norme OMC è stata così giustificata con la volontà degli Stati parte di affidare le garanzie della loro osservanza unicamente a dinamiche e strumenti di garanzia di tipo interstatuale.

L'orientamento tendente a escludere effetti delle norme dell'Organizzazione mondiale per il commercio negli ordinamenti nazionali è stato affermato anche attraverso il processo politico. Sia l'Unione europea che gli Stati Uniti, nei rispettivi atti di conclusione o di attuazione degli accordi istitutivi dell'OMC, hanno indicato che le disposizioni di tali accordi non sono di natura tale da spiegare effetti interni. V. per l'Unione europea, la decisione 94/800/ CE del Consiglio del 22 dicembre 1994 relativa alla conclusione a nome della Comunità europea, per le materie di sua competenza, degli accordi dei negoziati multilaterali dell'Uruguay Round (1986-1994).

In una seconda, e per ora solo accennata, linea giurisprudenziale, la Corte di giustizia ha indicato un ulteriore criterio per determinare se un accordo internazionale possa spiegare effetti diretti. Nella sentenza *Intertanko* (3 giugno 2008, causa C-308/06) la Corte ha escluso che la Convenzione delle Nazioni Unite sul diritto del mare del 1982 abbia la capacità di produrre effetti diretti, in quanto la Convenzione non prevede l'insorgere di diritti e obblighi per gli individui. La sentenza *Intertanko*, peraltro di difficile interpretazione, sembra dunque indicare che l'effetto diretto di un accordo consegue alla intenzione delle parti di conferire diritti ed obblighi a favore di individui. Prima di applicare un accordo nei rapporti interni, quindi, il giudice dovrebbe verificare se, sulla base dell'oggetto del trattato e dell'intenzione delle parti, questo è concepito come norma destinata ad operare solo sul piano dei rapporti fra Stati, ovvero se esso è stato concluso al fine di disciplinare rapporti giuridici individuali.

Un orientamento tendente a ridurre l'impatto del diritto internazionale nell'ordinamento interno si è da tempo affermato anche in altri ordinamenti giuridici. Esso è stato elaborato in particolare nell'ordinamento degli Stati Uniti d'America, nel quale gli organi politici e quelli giudiziari hanno elaborato una serie di dottrine tese ad ostacolare l'applicazione interna di norme internazionali.

La tendenza a negare la produzione di effetti interni da parte di norme internazionali trova la sua massima espressione del caso dei trattati sui diritti dell'uomo. Abbiamo visto come questo tipo di norme abbia una naturale vocazione a spiegare effetti negli ordinamenti statali, dato che esse sono redatte in maniera da far risaltare l'esistenza di diritti che gli individui possano far valere nei confronti degli Stati. Tuttavia, nell'aderire alle principali convenzioni internazionali sui diritti dell'uomo, gli Stati Uniti hanno apposto una riserva, o una dichiarazione interpretativa, secondo la quale tali convenzioni non sono di natura tale da spiegare effetti diretti nell'ordinamento interno. V. le dichiarazioni interpretative allegate dagli Stati Uniti alla ratifica del Patto internazionale sui diritti civili e politici (dichiarazione n. 1), della Convenzione sulla tortura (riserva n. III), e della Convenzione sull'eliminazione di tutte le forme di discriminazione razziale (dichiarazione n. III). La Corte suprema degli Stati Uniti ha quindi, nel caso *Sosa v. Alvarez-Machain et al.*, 542 U.S. 692 (2004), negato l'invocabilità del Patto di fronte ai tribunali interni statunitensi.

Secondo alcuni giudici interni, inoltre, la circostanza che una norma internazionale sia idonea a spiegare effetti diretti non è ancora sufficiente per poterla invocare a fondamento di un'azione privata. Non tutte le azioni per la tutela dei diritti disciplinate dall'ordinamento interno sarebbero esperibili al fine di attuare posizioni soggettive fondate su norme internazionali, ma solo quelle specificamente indicate negli strumenti di esecuzione. Echi di questa dottrina si avvertono nella ordinanza della Corte di Cassazione del 5 giugno 2002, n. 8157, *Presidenza del Consiglio dei Ministri c. Markovic.* La questione concerneva una richiesta di risarcimento dei danni causati dal bombardamento della sede della televisione serba a Belgrado da parte di aerei della NATO nel 1999, in occasione della crisi del Kosovo. Secondo gli attori, il bombardamento di edifici adibiti ad attività civili costituiva una violazione del I Protocollo aggiuntivo alle Convenzioni di Ginevra del 1949. La Cassazione ha però ritenuto che vi fosse carenza assoluta di giurisdizione. Fra l'altro, la Corte ha escluso che le norme del Protocollo che disciplinano la conduzione delle ostilità fossero invocabili in un giudizio interno, in quanto tali norme sarebbero esclusivamente dirette a disciplinare rapporti fra Stati. A sostegno di questa conclusione, la Corte ha menzionato la circostanza che «gli stessi trattati strutturano i procedimenti per accertare le violazioni, prevedono le sanzioni in caso di responsabilità, indicano le Corti internazionali competenti ad affermarla». Infine, la Corte ha indicato come «(l)e leggi che vi hanno dato applicazione nello Stato italiano non contengono per contro norme espresse che consentano alle persone offese di chiedere allo Stato riparazione dei danni loro derivati dalla violazione delle norme internazionali».

Queste tendenze giurisprudenziali, fra loro molto diverse, sembrano ispirate da una motivazione comune: quella di arginare l'applicazione interna delle norme *self-executing* qualora lo Stato non intenda rispettare tali norme nella sfera del diritto internazionale.

Esse sono state oggetto di severe critiche in dottrina. Molti autori hanno sottolineato come l'esito finale di tali orientamenti sia quello di consentire agli organi politici di uno Stato la possibilità di violare a proprio piacimento il diritto internazionale, senza soggiacere a controlli giurisdizionali.

Un esempio paradigmatico viene proprio dal caso dell'applicazione interna delle norme dell'Organizzazione mondiale del commercio (OMC). Qualora, infatti, lo Stato A, magari per motivi di carattere sociale, ambientale e così via, non intenda applicare le norme che liberalizzano lo scambio internazionale di merci, lo Stato B, danneggiato da tale condotta potrà bensì avvalersi degli strumenti per la soluzione delle controversie disposte nell'ambito dell'OMC. Tali procedure, tuttavia, non solo sono lunghe e costose; esse non sono neppure in grado di assicurare il puntuale adempimento degli obblighi imposti dall'OMC. Come si è visto, le procedure giudiziarie predisposte nel quadro dell'OMC possono assicurare solo rimedi compensatori, atti cioè a garantire allo Stato danneggiato la possibilità di negare nei confronti dell'autore dell'illecito vantaggi economici corrispondenti agli svantaggi subiti.

Ben maggiore efficacia avrebbero, invece, i rimedi che un operatore economico danneggiato potrebbe attivare nell'ordinamento interno dello Stato A, autore dell'illecito, al fine di far valere i propri diritti individuali fondati direttamente sugli accordi OMC. Qualora tale operatore si sia visto negare, ad esempio, l'autorizzazione ad importare prodotti dallo Stato B, egli potrebbe chiedere al giudice di annullare il diniego, fondandosi sul carattere *self-executing* delle norme che garantiscono la libera circolazione delle merci nel quadro dell'OMC. È difficile negare che la giurisprudenza della Corte di giustizia abbia proprio l'obiettivo di evitare questo effetto: di evitare, cioè, che un individuo, invocando norme dell'OMC in un giudizio interno, possa imporre all'Unione di adempiere i propri obblighi in maniera molto più efficace di quanto non si possa fare sul piano internazionale.

Una motivazione analoga ha verosimilmente ispirato la giurisprudenza degli Stati Uniti relativa agli effetti interni dei trattati sui diritti dell'uomo. Tale tendenza ha trovato il suo acme nella decisione della Corte suprema nel caso *Alvarez-Machein.* La Corte suprema ha opposto il carattere *non self-executing* dei trattati internazionali sui diritti dell'uomo a un individuo che aveva invocato il Patto delle Nazioni Unite sui diritti civili e politici del 1966, in un giudizio interno teso a far valere l'illiceità di condotte di organi esecutivi degli Stati Uniti.

Dal punto di vista teorico, quindi, tali tendenze sembrano incompatibili con l'idea che l'applicazione ad opera degli ordinamenti nazionali costituisca la forma naturale di garanzia delle norme internazionali e tenda a compensare una debolezza strutturale dell'ordinamento internazionale, data dalla sua incapacità di garantire in maniera assoluta l'adempimento di un obbligo internazionale.

Al di là di alcune applicazioni davvero sconcertanti, però, il nucleo concettuale di tali tendenze, che possiamo definire come "neomoniste", è interessante e merita un approfondimento. Esse colgono taluni profili problematici dei rapporti fra diritto internazionale e diritto interno non adeguatamente considerati nella dottrina classica. In particolare, esse tendono a sottolineare l'esigenza di rispettare l'autonomia ordinamentale del diritto internazionale nella sua applicazione interna, evitando una semplicistica equiparazione rispetto alle altre norme dell'ordinamento nazionale.

Questa prospettiva, adeguatamente sviluppata, potrebbe contribuire ad individuare un assetto equilibrato nei rapporti fra diritto interno e diritto internazionale. Essa, ad esempio, potrebbe giustificare una generalizzata applicazione della dottrina della protezione equivalente, atta a conferire autonomia alla normativa internazionale – evitando che essa incontri i limiti derivanti dalle Costituzioni nazionali – a condizione che l'ordinamento internazionale sviluppi al proprio interno un sistema di limiti complessivamente adeguato alle funzioni da esso svolte.

ITINERARI BIBLIOGRAFICI

Gli schemi concettuali del monismo e del dualismo sono stati elaborati essenzialmente fra la fine del XIX secolo e l'inizio del XX secolo. La lettura dei testi fondamentali in materia si rivela ancora assai interessante al fine di identificarne le logiche originarie, che hanno peraltro subito un processo di costante evoluzione.

Per qualche lettura, si rinvia alla classica opera di D. ANZILOTTI, *Il diritto internazionale nei giudizi interni*, pubblicato nel 1905, ora in *Scritti di diritto internazionale pubblico*, vol. I, Padova, 1956, p. 285 ss.; H. TRIEPEL, *Völkerrecht und Landesrecht*, Leipzig, 1899 (trad. it., *Diritto internazionale e diritto interno*, a cura di G.C. Buzzati, Torino, 1913); H. KELSEN, *Das Problem der Souveränität und die Theorie des Völkerrechts. Beitrag zu einer Reinen Rechtslehre*, Tübingen, 1920; H. KELSEN, *Les rapports de système entre le droit interne et le droit international public*, in *Recueil des cours de l'Académie de droit international*, vol. 13, 1926, p. 4 ss.

Per un'analisi delle origini storiche delle dottrine del monismo e del dualismo, e per qualche considerazione sulla loro successiva evoluzione, rinvio a E. CANNIZZARO, *Trattato (esecuzione al)*, in *Enciclopedia del diritto*, vol. XLIV, Milano, 1991, p. 1394 ss.; P. GRAGL, *Legal Monism. Law, Philosophy, and Politics*, Oxford, 2018.

Per diverse posizioni in argomento, v. F. SALERNO, *Il neo-dualismo della Corte costituzionale nei rapporti tra diritto internazionale e diritto interno*, in *Rivista di diritto internazionale*, 2006, p. 340 ss. V. inoltre i vari contributi nel volume *New Perspectives on the Divide between National and International Law*, a cura di J. Nijman and A. Nollkaemper, Oxford, 2007. Per una analisi di nuovi sviluppi della prassi, v. E. CANNIZZARO, B.I. BONAFÈ, *Beyond the Archetypes of Modern Legal Thought. Appraising Old and New Forms of Interaction Between Legal Orders*, in *Transnational Law. Rethinking European Law and Legal Thinking*, a cura di M. Maduro, K. Tuori e S. Sankari, Cambridge, 2014, p. 78 ss. Gli approdi e le prospettive della dottrina italiana in materia sono oggetto di verifica nel volume *Il diritto internazionale ed europeo nei giudizi interni*, a cura di G. Palmisano, Napoli, 2020, il quale raccoglie gli atti del XXIV convegno della Società italiana di diritto internazionale e dell'Unione europea.

Un'analisi comparata delle soluzioni prevalentemente accolte negli ordinamenti contemporanei è contenuta in A. CASSESE, *Modern Constitutions and International Law*, in *Recueil des cours de l'Académie de droit international*, vol. 192, 1985, p. 331 ss. Più recentemente, si veda Y. IWASAWA, *Domestic Application of International Law*, in *Recueil des cours de l'Académie de droit international*, vol. 378, 2016, p. 9 ss.

Il sistema italiano relativo ai rapporti con le norme internazionali ha prodotto negli anni una letteratura assai ampia. Uno scritto classico in materia è quello di T. PERASSI, *La Costituzione italiana e l'ordinamento internazionale*, Milano, 1952.

Sull'adattamento al diritto internazionale generale, v., nel periodo successivo, gli scritti di A. CASSESE, *Art. 10*, in *Commentario alla Costituzione*, a cura di G. Branca, vol. I, Bologna, 1975, p. 497 ss.; e L. CONDORELLI, *Il "riconoscimento generale" delle consuetudini internazionali nella Costituzione italiana*, in *Rivista di diritto internazionale*, 1979, p. 5 ss. Più recentemente, v. E. CANNIZZARO, A. CALIGIURI, *Art. 10*, in *Commentario alla Costituzione*, a cura di R. Bifulco, A. Celotto e M. Olivetti, vol. 1, Padova, 2006, p. 242 ss.

Specificamente, sulla sentenza della Corte costituzionale italiana n. 238 del 2014, si veda, *ex multis*, G. CATALDI, *La Corte costituzionale e il ricorso ai 'controlimiti' nel rapporto tra consuetudini internazionali e diritti fondamentali:* oportet ut scandal eveniant, in *Diritto internazionale e diritti umani*, 2015, p. 41 ss.; R. PISILLO MAZZESCHI, *La sentenza n. 238/2014 della Corte costituzionale ed i suoi possibili effetti sul diritto internazionale*, *ibidem*, p. 23 ss.; E. SCISO, *La regola sull'immunità giurisdizionale dello Stato davanti alla Corte costituzionale*, *ibidem*, p. 61 ss.; E. CANNIZZARO, *Jurisdictional Immunities and Judicial Protection: The Decision of the Italian Constitutional Court n. 238 of 2014*, in *Rivista di diritto internazionale*, 2015, p. 126 ss.; F. PALOMBINO, *Quale futuro per i giudizi di costituzionalità delle norme internazionali generali? Il modello rivisitato della sentenza interpretativa di rigetto*, *ibidem*, p. 151 ss.

Sul sistema di adattamento ai trattati, antecedente alla riforma costituzionale del 2001, v. L. CONDORELLI, *Il giudice italiano e i trattati internazionali*, Padova, 1974; G. GAJA, in *The Effect of Treaties in Domestic Law*, a cura di G. Jacobs e S. Roberts, London, 1987; E. CANNIZZARO, *Trattati internazionali e giudizio di costituzionalità*, Milano, 1991. Per un quadro generale, v. G. CATALDI, *Rapporti tra norme internazionali e norme interne*, in *Digesto delle discipline pubblicistiche*, vol. XII, Torino, 1997, p. 391 ss.

Sull'interpretazione del nuovo articolo 117, 1° comma, Cost., v. E. CANNIZZARO, *La riforma "federalista" della costituzione e gli obblighi internazionali*, in *Rivista di diritto internazionale*, 2001, p. 921 ss.

Sull'esecuzione di decisioni di organismi internazionali negli ordinamenti nazionali, v., recentemente, *La Convenzione europea dei diritti dell'uomo e il giudice italiano*, a cura di F. Salerno e R. Sapienza, Torino, 2016; G. CATALDI, *La mise en œuvre des décisions des tribunaux internationaux dans l'ordre interne*, in *Recueil des cours de l'Académie de droit international*, 2017, vol. 386, p. 267 ss.

Per recenti analisi sugli effetti del diritto internazionale nell'ordinamento dell'Unione europea, cfr. A. GIANELLI, *Unione europea e diritto internazionale consuetudinario*, Torino, 2004; F. CASOLARI, *L'incorporazione del diritto internazionale nell'ordinamento dell'Unione europea*, Milano, 2008; nonché i vari contributi nel volume *International Law as Law of the European Union*, a cura di E. Cannizzaro, P. Palchetti e R.A. Wessel, Boston-Leiden, 2012.

LISTA DELLA GIURISPRUDENZA CITATA

CORTE PERMANENTE DI GIUSTIZIA INTERNAZIONALE

Vapore Wimbledon, sentenza del 17 agosto 1923, *Collection of Judgments*, Series A – No. 1, 1923.

Lotus, sentenza del 7 settembre 1927, *Collection of Judgments*, Series A – No. 10, 1927.

Fabbrica di Chorzów, sentenza del 13 settembre 1928, *Collection of Judgments*, Series A – No. 17, 1928.

Giurisdizione territoriale della Commissione internazionale del fiume Oder, sentenza del 10 settembre 1929, *Collection of Judgments*, Series A – No. 23, 1929.

Regime doganale tra la Germania e l'Austria, parere del 5 settembre 1931, *Collection of Judgments, Orders, and Advisory Opinions*, Series A/B – No. 41, 1931.

Caso delle zone franche dell'Alta Savoia e del Paese del Gex, sentenza del 7 giugno 1932, *Collection of Judgments, Orders, and Advisory Opinions*, Series A/B – No. 46, 1932.

Status giuridico della Groenlandia orientale, sentenza del 5 aprile 1933, *Collection of Judgments, Orders, and Advisory Opinions*, Series A/B – No. 53, 1933.

CORTE INTERNAZIONALE DI GIUSTIZIA

Passaggio nello stretto di Corfù (Regno Unito c. Albania), sentenza del 9 aprile 1949, *I.C.J. Reports* 1949, p. 4.

Riparazione per danni subiti al servizio delle Nazioni Unite, parere dell'11 aprile 1949, *I.C.J. Reports* 1949, p. 174.

Diritto d'asilo (Colombia c. Perù), sentenza del 20 novembre 1950, *I.C.J. Reports* 1950, p. 266.

Riserve alla convenzione per la prevenzione e la repressione del crimine di genocidio, parere del 28 maggio 1951, *I.C.J. Reports* 1951, p. 15.

Pescherie (Regno Unito c. Norvegia), sentenza del 18 dicembre 1951, *I.C.J. Reports* 1951, p. 116.

Diritti dei cittadini statunitensi in Marocco (Francia c. Stati Uniti), sentenza del 27 agosto 1952, *I.C.J. Reports* 1952, p. 176.

Diritto di passaggio su territorio indiano (India c. Portogallo), sentenza del 12 aprile 1960, *I.C.J. Reports* 1960, p. 6.

Certe spese delle Nazioni Unite, parere del 20 luglio 1962, *I.C.J. Reports* 1962, p. 151.

Piattaforma continentale del mare del nord (Germania c. Danimarca; Germania c. Paesi Bassi), sentenza del 20 febbraio 1969, *I.C.J. Reports* 1969, p. 3.

Barcelona Traction Light and Power Company, Limited (nuovo ricorso: 1962) (Belgio c. Spagna), sentenza del 5 febbraio 1970, *I.C.J. Reports* 1970, p. 3.

Conseguenze giuridiche per gli Stati della presenza continua dell'Africa del Sud in Namibia (Sud-Ovest africano) nonostante la risoluzione 276 (1970) del Consiglio di sicurezza, parere del 21 giugno 1971, *I.C.J. Reports* 1971, p. 16.

Pescherie islandesi (Regno Unito c. Islanda), Giurisdizione della Corte, sentenza del 2 febbraio 1973, *I.C.J. Reports* 1973, p. 3.

Competenza in materia di pescherie (Regno Unito c. Islanda), Merito, sentenza del 25 luglio 1974, *I.C.J. Reports* 1974, p. 3.

Competenza in materia di pescherie (Repubblica Federale di Germania c. Islanda), Merito, sentenza del 25 luglio 1974, *I.C.J. Reports* 1974, p. 175.

Esperimenti nucleari (Nuova Zelanda c. Francia), sentenza del 20 dicembre 1974, *I.C.J. Reports* 1974, p. 457.

Sahara occidentale, parere del 16 ottobre 1975, *I.C.J. Reports* 1975, p. 12.

Piattaforma continentale del mare Egeo (Grecia c. Turchia), sentenza 19 dicembre 1978, *I.C.J. Reports*, 1978, p. 3.

Personale diplomatico e consolare statunitense a Teheran (Stati Uniti d'America c. Iran), sentenza del 24 maggio 1980, *I.C.J. Reports* 1980, p. 3.

Attività militari e paramilitari in Nicaragua e contro il Nicaragua (Nicaragua c. Stati Uniti d'America), Competenza e ricevibilità, sentenza del 26 novembre 1984, *I.C.J. Reports* 1984, p. 392.

Attività militari e paramilitari in Nicaragua e contro il Nicaragua (Nicaragua c. Stati Uniti), Merito, sentenza del 27 giugno 1986, *I.C.J. Reports* 1986, p. 14.

Controversia frontaliera terrestre, insulare e marittima (Salvador/Honduras; Nicaragua interveniente), sentenza del 13 settembre 1990, *I.C.J. Reports* 1990, p. 92.

Caso relativo all'applicazione della Convenzione sulla prevenzione e repressione del crimine di genocidio (Bosnia-Erzegovina c. Iugoslavia (Serbia e Montenegro)), ordinanza del 13 settembre 1993, *I.C.J. Reports* 1993, p. 325.

Delimitazioni Marittime e delle questioni territoriali fra il Qatar e il Bahrein (Qatar c. Bahrein) giurisdizione e ammissibilità, sentenza del 1° luglio 1994, *I.C.J. Reports* 1994, p. 112.

Timor orientale (Portogallo c. Australia), sentenza del 30 giugno 1995, *I.C.J. Reports* 1995, p. 90.

Incidente aereo del 3 luglio 1988 (Iran c. Stati Uniti), ordinanza del 22 febbraio 1996, *I.C.J. Reports* 1996, p. 9.

Liceità della minaccia o dell'uso di armi nucleari, parere dell'8 luglio 1996, *I.C.J. Reports* 1996, p. 226.

Applicazione della Convenzione per la prevenzione e la repressione del crimine di genocidio (Bosnia-Erzegovina c. Serbia e Montenegro), Eccezioni preliminari, sentenza dell'11 luglio 1996, *I.C.J. Reports* 1996, p. 595.

Piattaforme petroliere (Repubblica islamica dell'Iran c. Stati Uniti), sentenza del 12 dicembre 1996, *I.C.J. Reports* 1996, p. 803.

Progetto Gabcíkovo-Nagymaros (Ungheria c. Slovacchia), sentenza del 25 settembre 1997, *I.C.J. Reports* 1997, p. 7.

Questioni sull'interpretazione e applicazione della Convenzione di Montreal del 1971 derivante dall'incidente aereo di Lockerbie (Libia c. Regno Unito), Eccezioni preliminari, sentenza del 27 febbraio 1998, *I.C.J. Reports* 1998, p. 9.

Questioni sull'interpretazione e applicazione della Convenzione di Montreal del 1971 derivante dall'incidente aereo di Lockerbie (Libia c. Stati Uniti d'America), Eccezioni preliminari, sentenza del 27 febbraio 1998, *I.C.J. Reports* 1998, p. 115.

LaGrand (Germania c. Stati Uniti d'America), ordinanza del 3 marzo 1999 (misure cautelari), *I.C.J. Reports* 1999, p. 9.

LaGrand (Germania c. Stati Uniti d'America), sentenza del 27 giugno 2001, *I.C.J. Reports* 2001, p. 466.

Mandato di arresto dell'11 aprile 2000 (Repubblica Democratica del Congo c. Belgio), sentenza del 14 febbraio 2002, *I.C.J. Reports* 2002, p. 3.

Caso della frontiera terrestre e marittima tra il Camerun e la Nigeria (Camerun c. Nigeria), sentenza del 10 ottobre 2002, *I.C.J. Reports* 2002, p. 303.

Piattaforme petrolifere (Iran c. Stati Uniti d'America), sentenza del 6 novembre 2003, *I.C.J. Reports* 2003, p. 161.

Conseguenze giuridiche della costruzione di un muro nei territori palestinesi occupati, parere del 9 luglio 2004, *I.C.J. Reports* 2004, p. 136.

Avena ed altri nazionali messicani (Messico c. Stati Uniti d'America), sentenza del 31 marzo 2004, *I.C.J. Reports* 2004, p. 12.

Liceità dell'uso della forza (Serbia e Montenegro c. Belgio), Eccezioni preliminari, sentenza del 15 dicembre 2004, *I.C.J. Reports* 2004, p. 279.

Liceità dell'uso della forza (Serbia e Montenegro c. Canada), Eccezioni preliminari, sentenza del 15 dicembre 2004, *I.C.J. Reports* 2004, p. 429.

Liceità dell'uso della forza (Serbia e Montenegro c. Francia), Eccezioni preliminari, sentenza del 15 dicembre 2004, *I.C.J. Reports* 2004, p. 575.

Liceità dell'uso della forza (Serbia e Montenegro c. Germania), Eccezioni preliminari, sentenza del 15 dicembre 2004, *I.C.J. Reports* 2004, p. 720.

Liceità dell'uso della forza (Serbia e Montenegro c. Italia), Eccezioni preliminari, sentenza del 15 dicembre 2004, *I.C.J. Reports* 2004, p. 865.

Liceità dell'uso della forza (Serbia e Montenegro c. Olanda), Eccezioni preliminari, sentenza del 15 dicembre 2004, *I.C.J. Reports* 2004, p. 1011.

Liceità dell'uso della forza (Serbia e Montenegro c. *Portogallo)*, Eccezioni preliminari, sentenza del 15 dicembre 2004, *I.C.J. Reports* 2004, p. 1160.

Liceità dell'uso della forza (Serbia e Montenegro c. Regno Unito), Eccezioni preliminari, sentenza del 15 dicembre 2004, *I.C.J. Reports* 2004, p. 1307.

Attività armate nel territorio del Congo (Repubblica Democratica del Congo c. Uganda), sentenza del 19 dicembre 2005, *I.C.J. Reports* 2005, p. 7.

Attività armate sul territorio del Congo (Repubblica Democratica del Congo c. Ruanda), sentenza del 3 febbraio 2006, *I.C.J. Reports* 2006, p. 6.

Repubblica di Guinea c. Repubblica democratica del Congo, competenza e ricevibilità, sentenza del 24 maggio 2007, *I.C.J. Reports* 2007, p. 582.

Controversia territoriale e marittima tra il Nicaragua e la Colombia (Nicaragua c. Colombia) (Eccezioni preliminari), sentenza del 13 dicembre 2007, *I.C.J. Reports* 2007, p. 832.

Applicazione della Convenzione per la prevenzione e la repressione del crimine di genocidio (Bosnia-Erzegovina c. Serbia e Montenegro), sentenza del 26 febbraio 2007, *I.C.J. Reports* 2007, p. 43.

Certe questioni concernenti la mutua assistenza in materia penale (Gibuti c. Francia), sentenza del 4 giugno 2008, *I.C.J. Reports* 2008, p. 177.

Domanda di interpretazione della sentenza del 31 marzo 2004 nel caso Avena ed altri cittadini messicani (Messico c. Stati Uniti d'America), Richiesta di indicazione di misure cautelari, ordinanza del 16 luglio 2008, *I.C.J. Reports* 2008, p. 311.

Applicazione della Convenzione internazionale sull'eliminazione di ogni forma di discriminazione razziale (Georgia c. Federazione Russa), Eccezioni preliminari, ordinanza del 15 ottobre 2008, *I.C.J. Reports* 2008, p. 353.

Domanda di interpretazione della sentenza del 31 marzo 2004 nel caso Avena ed altri cittadini messicani (Messico c. Stati Uniti d'America), sentenza del 19 gennaio 2009, *I.C.J. Reports* 2009, p. 3.

Diritti di navigazione e diritti connessi (Costa Rica c. Nicaragua), sentenza del 13 luglio 2009, *I.C.J. Reports* 2009, p. 353.

Cartiere sul fiume Uruguay (Argentina c. Uruguay), sentenza del 20 aprile 2010, *I.C.J. Reports* 2010, p. 14.

Conformità al diritto internazionale della dichiarazione unilaterale di indipendenza da parte dell'Autorità provvisoria del Kosovo, parere del 22 luglio 2010, *I.C.J. Reports* 2010, p. 403.

Applicazione dell'Accordo provvisorio del 13 settembre 1995 (ex Repubblica iugoslava di Macedonia c. Grecia), sentenza del 5 dicembre 2011, *I.C.J. Reports* 2011, p. 644.

Immunità giurisdizionali degli Stati (Germania c. Italia; Grecia interveniente), sentenza del 3 febbraio 2012, *I.C.J. Reports* 2012, p. 99.

Questioni concernenti l'obbligo di perseguire o estradare (Belgio c. Senegal), sentenza del 20 luglio 2012, *I.C.J. Reports* 2012, p. 422.

Controversia marittima (Perù c. Cile), sentenza del 27 gennaio 2014, *I.C.J. Reports* 2014, p. 3.

Caccia alla balena nell'Antartico (Australia c. Giappone; Nuova Zelanda (interveniente)), sentenza del 31 marzo 2014, *I.C.J. Reports* 2014, p. 226.

Applicazione della Convenzione sull'eliminazione di ogni forma di discriminazione razziale (Qatar c. Emirati Arabi Uniti), ordinanza del 23 luglio 2018, misure provvisorie, *I.C.J. Reports* 2018, p. 406.

Effetti giuridici della separazione delle isole Chagos da Mauritius nel 1965, parere consultivo del 25 febbraio 2019, *I.C.J. Reports* 2019, p. 95.

Caso *Jadhav (India c. Pakistan)*, sentenza del 17 luglio 2019, non ancora pubblicata.

Interpretazione e applicazione della Convenzione sulla prevenzione e sulla repressione del crimine di genocidio (Gambia c. Myanmar), ordinanza del 23 gennaio 2020 (misure cautelari), non ancora pubblicata.

TRIBUNALE INTERNAZIONALE DEL DIRITTO DEL MARE

Caso N. 1, M/V Saiga (Saint Vincent e Grenadines c. Guinea), sentenza del 4 dicembre 1997.

Caso N. 2, M/V Saiga (Saint Vincent e Grenadines c. Guinea), sentenza dell'1 luglio 1999.

TRIBUNALE PENALE INTERNAZIONALE PER LA EX-IUGOSLAVIA

Prosecutor c. Tadić, *Defence Motion for Interlocutory Appeal on Jurisdiction* (Camera d'appello) IT-94-1-T, decisione del 2 ottobre 1995.

Prosecutor v. Erdemovic, IT-96-22-T, sentenza del 29 novembre 1996.

Prosecutor v. Dusko Tadic, IT-94-1-A, sentenza del 15 luglio 1999.

Prosecutor c. Kupreskic, IT-95-16-T, sentenza del 14 gennaio 2000.

Prosecutor v. Aleksovski, IT-95-14/1-A, sentenza del 24 marzo 2000 (Camera d'appello).

Prosecutor v. Zejnil Delalic, Zdravko Mucic, Hazim Delic, Esad Landzo (Celebci Case), IT-96-21-A, sentenza del 20 febbraio 2001.

Prosecutor v. Kunarac et al. (T-96-23-T e IT-96-23/1-T), sentenza del 22 febbraio 2001.

TRIBUNALE PENALE INTERNAZIONALE PER IL RUANDA

Prosecutor c. Kanyabashi, ICTR-96-15-T, *Decision on the Defence Motion for Interlocutory Appeal on Jurisdiction* del 18 giugno 1997.

CORTE SPECIALE PER LA SIERRA LEONE

Prosecutor c. Taylor, SCSL-2003-01-I, decisione del 7 marzo 2003.

CORTE INTERAMERICANA DEI DIRITTI UMANI

Ivcher-Bronstein (Baruch Ivcher Bronstein vs. Peru), decisione sulla competenza del 24 settembre 1999.

Parere OC-16/99, del 1° ottobre 1999, relativo al *Diritto di informazione sull'assistenza consolare nel quadro delle garanzie dell'equo processo.*

CORTE EUROPEA DEI DIRITTI DELL'UOMO

Dudgeon c. Regno Unito, ricorso n. 7525/76, sentenza del 22 ottobre 1981.

Belilos c. Svizzera, ricorso n. 10328/83, sentenza del 29 aprile 1988.

Soering c. Regno Unito, ricorso n. 14038/88, sentenza del 7 luglio 1989.

Weber c. Svizzera, ricorso n. 11034/84, sentenza del 22 maggio 1990.

Loizidou c. Turchia, ricorso n. 15318/89, sentenza del 23 marzo 1995 (Eccezioni preliminari).

Waite and Kennedy c. Germania, ricorso n. 26083/94, sentenza del 18 febbraio 1999.

Selmouni c. Francia, ricorso n. 25803/94, sentenza del 28 luglio 1999.

Lietzow c. Germania, ricorso n. 24479/94, sentenza del 13 febbraio 2001.

Cipro c. Turchia [GC], ricorso n. 2578169481/94, sentenza del 10 maggio 2001.

Al-Adsani c. Regno Unito, ricorso n. 35763/97, sentenza del 21 novembre 2001.

Assanidze c. Georgia, ricorso n. 71503/01, sentenza dell'8 aprile 2004.

Somogyi c. Italia, ricorso n. 67972/01, sentenza del 18 maggio 2004.

Decisione sulla competenza della Corte a rendere un parere consultivo, decisione del 2 giugno 2004.

Broniowski c. Polonia, ricorso n. 31443/96, sentenza del 22 giugno 2004.

Sejdovic c. Italia, ricorso n. 56581/00, sentenza del 10 novembre 2004.

Broniowski c. Polonia, ricorso n. 31443/96, sentenza del 10 novembre 2004.

Bosphorus c. Irlanda, ricorso n. 45036/98, sentenza del 30 giugno 2005.

Sejdovic c. Italia [GC], ricorso n. 56581/00, sentenza del 1° marzo 2006.

Agir Behrami e Bekir Behrami c. Francia, ricorso n.71412/01 e *Ruzhdi Saramati c. Francia, Germania e Norvegia*, ricorso n. 78166/01 (cause riunite), decisione del 2 maggio 2007.

Parere consultivo su certe questioni giuridiche relative alle liste dei candidati presentate in vista dell'elezione dei giudici della Corte europea dei diritti dell'uomo, decisione del 12 febbraio 2008.

Hüseyin Şimşek c. Turchia, ricorso n. 68881/01, sentenza del 20 maggio 2008.

Riolo c. Italia, ricorso n.42211/07, sentenza del 17 luglio 2008.

Gasparini c. Italia, ricorso n.10750/03, decisione del 12 maggio 2009.

Parere consultivo su certe questioni giuridiche relative alle liste dei candidati presentate in vista dell'elezione dei giudici della Corte europea dei diritti dell'uomo, numero 2, decisione del 22 gennaio 2010.

Nada c. Svizzera, ricorso n. 10593/08, sentenza del 12 settembre 2012.

Stichting Mothers of Srebrenica e altri c. Paesi Bassi, ricorso n. 65542/12, sentenza dell'11 giugno 2013.

Varvara c. Italia, ricorso n. 17475/09, sentenza del 29 ottobre 2013.

Al-Dulimi e Montana Management Inc. c. Svizzera, ricorso n. 5809/08, sentenza del 26 novembre 2013.

Jones e altri c. Regno Unito, ricorsi n. 34356/06 e 40528/06, sentenza del 14 gennaio 2014.

Cipro c. Turchia, ricorso n. 25781/94, sentenza del 12 maggio 2014.

CORTE DI GIUSTIZIA DELL'UNIONE EUROPEA

Corte di giustizia, *Defrenne c. Sabena*, causa 43/75, sentenza dell'8 aprile 1976, ECLI:EU:C:1976:56.

Corte di giustizia, parere *1/78* del 4 ottobre 1979, ECLI:EU:C:1979:224.

Corte di giustizia, parere 1/94 del 15 novembre 1994, ECLI:EU:C:1994:384.

Corte di giustizia, *Amministrazione delle finanze dello Stato c. SpA Simmenthal*, causa 106/77, sentenza del 9 marzo 1978, ECLI:EU:C:1978:49.

Corte di giustizia, *Francia c. Commissione*, causa C-327/91, sentenza del 9 agosto 1994, ECLI:EU:C:1994:305.

Corte di giustizia, *Racke GmbH & Co. c. Hauptzollamt Mainz*, causa C-162/96, sentenza del 16 giugno 1998, ECLI:EU:C:1998:293.

Corte di giustizia, *Portogallo c. Consiglio*, causa C-149/96, sentenza del 23 novembre 1999, ECLI:EU:C:1999:574.

Corte di giustizia, *Commissione c. Banca centrale europea*, causa C-11/00, sentenza del 10 luglio 2003, ECLI:EU:C:2003:395.

Corte di giustizia, *Francia c. Commissione*, causa 233/02, sentenza del 23 marzo 2004, ECLI:EU:C:2004:173.

Corte di giustizia, *Van Parys*, causa C-377/02, sentenza dell'1 marzo 2005, ECLI:EU:C:2005:121.

Tribunale di primo grado, *Kadi* c. *Consiglio e Commissione*, causa T-315/01, sentenza del 21 settembre 2005, ECLI:EU:T:2005:332.

Tribunale di primo grado, *Yusuf e Al Barakaat International Foundation* c. *Consiglio e Commissione*, causa T-306/01, sentenza del 21 settembre 2005, EU:T:2005:331.

Corte di giustizia, *Commissione c. Irlanda*, causa C-459/03, sentenza del 30 maggio 2006, ECLI:EU:C:2006:345.

Corte di giustizia, *Parlamento c. Consiglio*, causa C-133/06, sentenza 6 maggio 2008, ECLI:EU:C:2008:257.

Corte di giustizia, *The Queen, on the application of International Association of Independent Tanker Owners, Intertanko, and Others c. Secretary of State for Transport*, causa C-308/06, sentenza del 3 giugno 2008, ECLI:EU:C:2008:312.

Corte di giustizia, *Kadi e Al Barakaat International Foundation* c. *Consiglio*, cause riunite C-402/05 P e C-415/05 P, sentenza del 3 settembre 2008, ECLI:EU:C:2008:461.

Corte di giustizia, *Firma Brita GmbH c. Hauptzollamt Hamburg-Hafen*, causa C-386/08, sentenza del 25 febbraio 2010, ECLI:EU:C:2010:91.

Tribunale di primo grado, *Kadi c. Commissione*, causa T-85/09, sentenza del 30 settembre 2010, ECLI:EU:T:2010:418.

Corte di giustizia, *Commissione europea et al. C. Kadi*, cause riunite C-584/10 P, C-593/10 P e C-595/10 P, sentenza del 18 luglio 2013, ECLI:EU:C:2013:518.

Corte di giustizia, *Consiglio c. Front Polisario*, causa C-104/16 P, sentenza del 21 dicembre 2016, ECLI:EU:C:2016:973.

Tribunale di primo grado, *NF c. Consiglio europeo*, causa T-192/16, ordinanza del 28 febbraio 2017, ECLI:EU:T:2017:128.

Corte di giustizia, *Western Sahara Campaign UK c. Commissioners for Her Majesty's Revenue and Customs, et al.*, causa C-266/16, sentenza del 27 febbraio 2018, ECLI:EU:C:2018:118.

Corte di giustizia, parere 1/17, del 30 aprile 2019, ECLI:EU:C:2019:341.

CORTE PERMANENTE DI ARBITRATO

Caso dell'Isola di Palmas (o Miangas) (Stati Uniti d'America c. Paesi Bassi), sentenza del 4 aprile 1928.

Belgio c. Paesi Bassi (Ijzeren Rijn), sentenza del 24 maggio 2005.

Caso della Enrica Lexie, Repubblica italiana c. India, sentenza del 21 marzo 2020, n. 2015-28.

TRIBUNALI ARBITRALI

Interpretazione del Trattato di frontiera tra Costa Rica e Nicaragua del 15 luglio 1858, sentenza del 22 marzo 1888, in *Moore, Digest*, vol. II, p. 1946.

Caso Naulilaa (Portogallo c. Germania), sentenza arbitrale del 31 luglio 1928, *Reports of International Arbitral Awards*, vol. II, p. 1012.

Petroleum Dev., Trucial Coast, Ltd. v. Sheik of Abu Dhabi, in *International Legal Materials*, 1951, p. 144.

Controversia fra Stati Uniti e Francia sull'interpretazione dell'accordo sui servizi di trasporto aereo, sentenza arbitrale del 22 dicembre 1963, in *Reports of International Arbitral Awards*, vol. XVI, p. 5.

Interpretazione dell'accordo sui servizi di trasporto aereo fra Stati Uniti e Italia, sentenza arbitrale del 17 luglio 1965, in *Reports of International Arbitral Awards*, vol. XVI, p. 75.

Controversia tra Argentina e Cile relativa al Canale di Beagle, sentenza arbitrale del 18 febbraio 1977, *Reports of International Arbitral Awards*, vol. XXI, p. 53.

Rainbow Warrior (Nuova Zeland/Francia), sentenza arbitrale del 6 giugno 1986, *Reports of International Arbitral Awards*, vol. XIX, p. 199.

Caso relativo alla delimitazione dei confini marittimi tra Guinea-Bissau e Senegal, sentenza arbitrale del 31 luglio 1989, *Reports of International Arbitral Awards*, vol. XX, p. 119.

Contratto di prestito tra l'Italia e il Costa Rica (controversia vertente sul recupero di un credito), sentenza arbitrale del 26 giugno 1998, *Reports of International Arbitral Awards*, vol. XXV, p. 21.

ORGANI GIURISDIZIONALI DELL'OMC

Appellate Body Report, *United States – Import Prohibition of Certain Shrimp and Shrimp Products (Shrimp*-I), WT/DS58/AB/R, 12 ottobre 1998, par. 130.

Panel Report, *United States – Import Prohibition of Certain Shrimp and Shrimp Products (Shrimp-II) (Article 21.5 – Malaysia)*, WT/DS58/RW, 15 giugno 2001.

Panel Report, *European Communities – Measures Affecting the Approval and Marketing of Biotech Products*, WT/DS291/R, WT/DS/292R, WT/DS/293/R, 29 settembre 2006.

Panel Report, *European Communities – Measures Affecting the Transit and Importation of Swordfish*, Doc. WT/DS193/3/Add.4 del 17 dicembre 2007.

GIURISDIZIONI ITALIANE

Corte costituzionale italiana, sentenza del 7 febbraio 1978, n. 16.

Corte costituzionale italiana, sentenza del 18 giugno 1979, n. 48.

Corte costituzionale italiana, sentenza del 19 dicembre 1984, n. 295.

Corte costituzionale, sentenza del 21 aprile 1989, n. 232.

Corte costituzionale, sentenza del 4 giugno 1992, n. 278.

Corte costituzionale, sentenza del 15 maggio 2001, n. 131.

Corte costituzionale, sentenza del 19 luglio 2004, n. 238.

Corte costituzionale, sentenza del 24 ottobre 2007, n. 348.

Corte costituzionale, sentenza del 24 ottobre 2007, n. 349.

Corte costituzionale, sentenza del 26 novembre 2009, n. 311.

Corte costituzionale, sentenza del 30 novembre 2009, n. 317.

Corte costituzionale, sentenza dell'11 marzo 2011, n. 80.

Corte costituzionale, sentenza del 22 ottobre 2014, n. 238.

Corte costituzionale, sentenza dell'1 aprile 2015, n. 49.

Corte di cassazione (Sezione I civile), *Di Lazzaro*, sentenza del 21 luglio 1995, n. 7950.

Corte di cassazione (Sezioni Unite civili), *Presidenza del Consiglio dei Ministri c. Dusan Markovic*, ordinanza dell'8 febbraio 2002 (dep. 5 giugno 2002), n. 8157.

Corte di cassazione (Sezioni Unite civili), *Ferrini c. Repubblica Federale di Germania*, sentenza dell'11 marzo 2004, n. 5044.

Corte di cassazione (Sezioni Unite civili), *Borri c. Repubblica Argentina*, ordinanza del 27 maggio 2005, n. 11225.

Corte di cassazione (Sezione I penale) *Somogyi c. Italia*, sentenza del 12 luglio 2006 (depositata il 3 ottobre 2006), n. 32678.

Corte di cassazione (Sezioni Unite civili), *Repubblica Federale di Germania c. Mantelli e altri; Daimlerchrysler c. Mantelli e altri*, ordinanza del 29 maggio 2008, n. 14201.

Corte di cassazione (Sezioni Unite civili), *Repubblica federale di Germania c. Presidenza Consiglio dei ministri e Maietta*, sentenza del 29 maggio 2008, n. 14209.

Corte di cassazione (Sezione I penale), *Imp. Lozano*, sentenza del 19 giugno 2008 (dep. 24 luglio 2008), n. 31171.

Corte di cassazione (Sezione V penale), *Abu Omar*, sentenza del 29 novembre 2012, n. 46340.

Tribunale di Firenze, *Toldo c. Repubblica federale tedesca*, sentenza del 14 marzo 2012, n. 16410/2004.

Tribunale di Firenze, *Alessi e altri c. Repubblica federale tedesca*, ordinanza del 21 gennaio 2014, n. 1300/2012.

CORTI INTERNE DI ALTRI PAESI

– STATI UNITI D'AMERICA

Corte Suprema, *Murray v. The Schooner Charming Betsy*, 6 U.S. 2 Cranch 64 (1804).

Corte Suprema, *The Paquete Habana*, 175 U.S. 677 (1900), sentenza del 8 gennaio 1900.

Corte Suprema, *Missouri vs. Holland*, 252 U.S. 416 (1920), sentenza del 19 aprile 1920.

Corte Suprema, *Banco Nacional de Cuba* v. *Sabbatino*, 376 U.S. 398 (1964), sentenza del 23 marzo 1964.

Corte Suprema, *Lawrence v. Texas*, 539 U.S. 558 (2003), sentenza del 26 giugno 2003.

Corte Suprema, *Sosa v. Alvarez-Machain et al.*, 542 U.S. 692 (2004), sentenza del 29 giugno 2004.

Corte Suprema, *Medellin v. Texas*, 552 U.S. 491 (2008), sentenza del 25 marzo 2008.

Corte d'Appello degli Stati Uniti, Secondo Distretto, *Filartiga c. Peña Irala*, 630 F. 2d 876, sentenza del 30 giugno 1980.

Corte distrettuale del Massachussetts, *Xuncax and others v. Gramajo*, *Ortiz v. Gramajo*, 886 F. Supp. 162 (D Mass 1995), sentenza del 12 aprile 1995.

Corte distrettuale di New York, *Cabiri v. Assasie Gymah*, 921 F. Supp. 1189 (S.D.N.Y. 1996), sentenza del 18 aprile 1996.

– REGNO UNITO DI GRAN BRETAGNA E IRLANDA DEL NORD

Alta Corte, Queen's Bench Division, *Republic of Somalia v. Woodhouse Drake & Carey (Suisse) SA* [1993], QB 54, sentenza del 13 marzo 1992.

Camera dei Lords, *Regina v. Bartle and the Commissioner of Police for the Metropolis and Others Ex Parte Pinochet. Regina v. Evans and Another and the Commissioner of Police for the Metropolis and Others Ex Parte Pinochet*, sentenza del 24 marzo 1999.

Camera dei *Lords*, *Jones v. Ministry of Interior Al-Mamlaka Al-Arabiya AS Saudiya (the Kingdom of Saudi Arabia) and other* [2006], UKHL 26, sentenza del 14 giugno 2006.

INDICE ANALITICO

(*sono state omesse le voci di immediata reperibilità attraverso l'indice-sommario*)

B

C

D

E

F

G

I

K

L

M

N

O

P

Finito di stampare nel mese di settembre 2022
nella Rotolito S.p.A. – Via Sondrio, 3
20096 Pioltello (MI)